フローと再帰性の社会学

Economies of Signs & Space

記号と空間の経済

スコット・ラッシュ　ジョン・アーリ 著

安達智史 監訳

中西眞知子・清水一彦・川崎賢一
藤間公太・笹島秀晃・鳥越信吾 訳

晃洋書房

ECONOMIES OF SIGNS AND SPACE

by

Scott Lash and John Urry

日本語版への序文

『記号と空間の経済（邦題：フローと再帰性の社会学——記号と空間の経済）』は、フローをめぐる、つまり、情報、コミュニケーション、商品、移民、リスク、金融といったフローについての作品である。ジョン・アーリと私が本書を一九九四年に公刊して以来、多くのことが生じている。なかでももっとも重大で悲しむべき出来事は、二〇一六年三月のジョン・アーリの早すぎる死であろう。ジョンの逝去は大変残念なことである。

私がこの序文を書いている二〇一七年一〇月という時期に、本書はいまだ重要性を有しているのだろうか。二三年前、われわれは首尾良くポスト産業社会へと突入したのかもしれない。そのため、マルクス主義の想定や、おおむね一九世紀の終わりから一九六〇年代までのほとんどの社会がそうであったように、主たる分断はおそらく階級間に生じるものではなくなっている。『記号と空間の経済』は、グローバル化をめぐる最初の書籍の一冊に数えられている。なぜならば、そのなかで扱われているフローは、グローバルなフローだったからである。現時点で主たる分断は、グローバル化の推進者とその反対者との間にあるであろう。後者には、ドナルド・トランプやブレグジット（Brexit）といった、グローバル化が残していったものが含まれる。ウルリッヒ・ベックが『危険社会』を執筆したとき、リスクの勝者と敗者について語ることができた。今日では、——もはや一九九四年ではないが、——グローバル化の勝者と敗者について語ることができるのである。

一九四五年から一九八九年にソビエトの共産主義が崩落するまで、東側と西側の間には冷戦という一種のコンセンサスが存在した。このコンセンサスは当時でさえ、その大部分がパクス・アメリカーナ（アメリカによる平和）を意味していた。一九九四年頃——およそ一九八九年からおそらくは二〇〇五年あたりまで——は、唯一の超大国と純粋なパクス・アメリカーナの時代であった。むろんそれは、フランシス・フクヤマによる『歴史の終わり』の時代であった。そこで、栄光に向けて大行進がおこなわれ、イデオロギーが終焉することとなった。そして将来、法の秩序をともなった資本主義と民主主義が存在するようになると思われた。一九九四年に、中国の台頭を夢想する者など誰一人いなかったのである。二つの超大国によって世界が構成されるようになるとは、誰も夢見ることはなかった。二つの超大国が君臨する世界では、貴族制と君主制が民主主義と競い合っている。それは驚くべきことなのだろうか。事実、アリストテレスの『政治学』にも、民主制、貴族制、君主制の台頭と崩壊が記されていたではないか。

記号と空間の経済をめぐる、おそらくもっとも重要な再編を意味する中国の台頭によって、何が生じているのだろうか。一例をあげれば、中国の台頭は日本を大いに不安定にしている。韓国は、独自路線をとる日本よりも、より容易に中国と再び関係をもつことができる。韓国の歴史は、儒教に基づく世襲的官僚主義の歴史であった。それに対して、日本の歴史は、君主から相当程度自律した武士封建階級の歴史であった。それは、西洋の封建制の歴史と似ていた。一九九四年まで話を進めると、日本はその時点でなお、西洋経済の手本となるモデルであった。およそ二〇一二五年もの間、日本がほとんど成長をやめてしまうとは、誰も思わなかったのである。国家的で内向き志向の日本は、ネオリベラリズムに基づくグローバル化とうまく結びつくことができなかった。それは、本質的にグローバル化の推進者であった、アジアの四頭の虎（韓国、香港、台湾、シンガポール）や中国とは大きく異なる点である。

近年、記号と空間の経済をめぐり、一つの点がいくぶんはっきりとしてきた。グローバルな成長が生じるには、多かれ少なかれ安定したグローバルな秩序が存在しなければならないということである。そこでは、何らかの「平和（pax）」が必要なのである。むろん私は、古典的なパクス・ロマーナについて述べている。アウグストゥスによるパクス・ロマーナ以前のローマは、平和を、戦間期の空白期間としてとらえていた。敵やライバルがこっぴどくやられ、反撃できないときにのみ、パクスや平和が存在したのであった。後にアウグストゥスは、すべての潜在的な主要なライバルを含む支配的集団を結び合わせることを通じて、パクス・ロマーナを形成した。それは、マックス・ヴェーバーが物理的暴力手段の一種の独占と呼ぶ事態をもたらした。アウグストゥスのすべての潜在的なライバルは、それが可能にした自由貿易から物質的に利益を得ることができた。パクス・ロマーナは、マルクス・アウレリウスの皇帝統治を通じて二〇〇年の間存続した。重要な点は、平和なしに、フローも交易路もありえないということである。また、多かれ少なかれ、「帝国による秩序」なしに、平和はありえなかったということである。同時に二つの帝国による秩序がありうる。国家は王をもつことができる。だが、国家、王、軍の指揮官は、フローにとって望ましいものではない。フローにとって必要なのは、王をもつ国家ではなく、皇帝をもつ帝国なのである。それは、漢王朝下で生じたものであり、また秦の始皇帝とともにはじまり、唐の時代（六一八―九〇七年）まで続いた。万里の長城は、秦の時代に建設され、その後、明王朝において再建された。万里の長城は、満州族、モンゴル族、女真族などの「蛮族」から国を守った。だが、蛮族の進攻がすでに十分に食い止められていなければ、万里の長城を建設することはできなかったであろう。それゆえ、最初の記号と空間の経済となったのが、中国からその南方や西方への商品の移動であり、またインドから唐王朝下の中国への仏教の伝来という形態をとるシンボルの移動であった。

さらに二つのものが、パクス・ロマーナにもパクス・シニカ（中国による平和）にも付随して生じている。第一のものはむろん、ヴェーバーが述べる物理的暴力手段の独占である。加えて、封建制の領地ではなく、それに代わる官僚制の役人を通じたルールも必要となる。両者は、一つのコインがもつ二つの側面である。物理的暴力手段が集中化していないとき、貿易ルートは山賊、封建領主、あるいはその両者によって危機にさらされる。たとえば、一九三〇年代の中国の山東省のようにである。封建的ルールと官僚的ルール（あるいはヴェーバーが家産制と呼んだもの）は対立する。封建制において領地は、世代から世代へと引き継がれていく。官僚制の役職は、中国や韓国の儒教に基づく官僚制にみられるように、そうしたあり方とは異なるものである。それは、記号と空間の経済の最初の条件である。そしてそうした条件は、ある意味でいまなお妥当している。物理的暴力手段の独占が多かれ少なかれ必要なのである。それは再び、今日の日本にとって重要であり、また一般的にも重要な点である。日本は、かなり強固な封建制をとる唯一のアジアの国であった。それは、多かれ少なかれドイツやフランスと同一線上にある。その点は韓国と大きく異なっている。韓国は、名目上独立していたものの、中国の皇帝に大小の貢物を送っていたのである。それに対して日本は、貢物を送っておらず、中国からかなり独立していた。記号と空間の経済が、急速に現れつつある超大国中国に依存するなかで、いま何が起ころうとしているだろうか。歴史上、国際関係には二種類のモデルがある。それは、協定と朝貢制である。協定モデルとは、程度の差はあれ国家を基盤とした、非帝国的な権力が互いに結ぶ平和協定である。たとえば、一六四八年のウエストファリア条約が例にあげられる。だが、中国の台頭にともない、朝貢制モデルがそうした協定モデルを凌駕するのだろうか。あるいは、新たなパラダイムが存在するのであろうか。こうした流れと関係するのが、過去数十年にわたりおこなわれている、中国でのさまざまなインフラの建設である。その一例が二〇一四年に提唱された一帯一路（One Belt, One Road）であり、それは儒教的官僚組織ではなく技術者たちによって管理されるものである。

パクス・ロマーナの後、キリスト教による支配を経て、暗黒の時代が到来した。貿易ルートは分断され、無知と膨大な蛮行が存在するようになった。トランプやブレグジットといった排他主義をみるとき、そうした蛮行の再来と、記号と空間の経済のフローが切断されてしまう可能性が十分に存在するようにみえる。

『記号と空間の経済』は、フランシス・フクヤマの『歴史の終わり』の二年後に世にでた。本書は、ジョン・アーリと私の『組織化資本主義の終焉』の二年後に発表された、デイヴィッド・ハーヴェイの『ポストモダニティの条件』のさらに五年後に出版されている。これらの作品はすべて、社会学におけるある種の「地理学的転回」を表すものであった。たとえば、マニュエル・カステルの『情報化社会』やポスト・フォード主義に関する作品がそうである。どの作品も、古典的産業資本主義と結びついた階級間対立の重要性の低下と同時に生じた、地理的フローと関わっている。古典的資本主義とは、フォード主義、あるいはわれわれが「組織化資本主義」と呼んだものである。もしフォード主義において問題となるのが大量生産および大量消費であるならば、ポスト・フォード主義における問題は、フレキシブルな生産と専門特化した消費である。われわれの二冊の本は、階級的関係の解体とその再結合をめぐる議論を、フローからなるグローバル経済についての分析へと結びつけたのである。

　われわれは、階級社会がグローバル社会ではなく国民社会であり、またそれは産業戦略と結びついたケインズ主義的経済政策を実施する傾向にあったことを思いだす必要がある。こうした組織化資本主義およびケインズ主義に基づく関係を、コーポラティズムという表題のもと把握した文献が存在している。コーポラティズムとは、ケインズ主義的福祉国家に、労働組合の代表や雇用者組合といった国民的組織の参加を加えたものである。その際、「コーポラティズム」に注目する著者――たとえば、ヴォルフガング・シュトレーク、フィリップ・シュミッター、コリン・クラウチ――は、日本が目標だと考えた。彼らは、日本経済が高度にコーポラティズム化され、西欧に先んじているととらえた。それは、一九八八―九年のことであり、その際、――一九九四年においてさえ――日本経済の減速は意識されていなかった。ここで、日本経済が韓国経済ほど「国家化」されなかった点に注意しなければならない。ロナルド・ドーアがそのベンチマークとなる作品で記したように、日本的封建制は財閥文化のなかで存続していたのである。他方で、(非封建制的な)儒教的および国家的官僚主義という背景から、韓国の財閥はより国家化された。だが、いずれのケースにしろ、「組織化資本主義」に基づく産業戦略ないし政策が存在していた。

　『組織化資本主義の終焉』とともに『記号と空間の経済』は、ネオリベラリズムの誕生を記録するものであった。フーコーが明確に述べたように、――ドイツのオルド自由主義やシカゴ経済学派の装いをもっていようが――ネオリベラリズムは、可能な限り純粋な市場に近づけることで競争を美徳とするものである。したがって、純粋な競争や労働市場の純市場化に反する労働組合は、弱体化されなくてはならないのである。また、政府が「勝者」を支援するような産業政策は、国際市場で企業間および国家間の純粋な競争を阻害する。組織化資本主義は、そのはじまりにおいて重商主義的であった。それは、力強い福祉国家、強固な労働組合、産業政策、そしてケインズ主義的な赤字支出を通じて、比較的高いレベルの社会的平等を追求した。二〇一七―八年に生じているグローバル化への挑戦、つまり記号と空間の経済への挑戦は、ポピュリズム的右派に加えて、社会民主主義者ではなく社会主義左派からおこなわれている。加えて、そうした挑戦には、産業政策が含まれている。ソビエト連邦や中華人民共和国のような実際に存在した共産主義社会にみる古典的社会主義が、国家経済や五年計画といった産業政策を有していた点を思いだす必要がある。フランスは五年計画を実施していた。フランス、イギリス、イタリアは、その四〇%が国家によって占められた経済を有していた。ハイエクによる計画経済へのネオリベラリズム的批判は、西洋民主主義の産業政策にも向けられていたのである。

フロー、モビリティのロジスティクス──情報秩序

『記号と空間の経済』においてフローに向けられた焦点は、一九九〇年代半ばにジョン・アーリや彼の同僚によって執筆・調査された数多くの研究のなかで、「モビリティーズ」へと移った。多くの点で、われわれの著作、とりわけ再帰的客体についての章──文化産業についての章──は、ブルーノ・ラトゥールやグレアム・ハーマンといった、すべての客体や事物と関係する新唯物論に先立つものであった。だからこそ、フローとモビリティは、物のフローのまさに中心を占めていたのである。だが、二〇一七–八年におけるそうしたフローは、おそらくはロジスティクスとしてよりよく理解されるはずだと、私には思われる。「ロジスティクス」について語ることは、人々についての記録よりも、物、操作、機械やインフラについての記録へと向かわせる。

ここでわれわれは、「文化的事物」と関係することとなる。われわれは、人々を人間的物体としてとらえる。それは、道教における道、陰、陽、あるいは道教や仏教の万物（10,000 things）のようなものである。ジャン・ボードリヤールや『物の体系』にまでさかのぼることができるとはいえ、『記号と空間の経済』は客体をめぐる理論の先駆的作品である。だが、一九九四年以来、単に地政学だけでなく、思想それ自体が東洋化されつつある。だからこそわれわれは、万物のプリズムを通じて、客体を認識しなければならない。なぜ一万なのか。英語の「一万（myriad）」という語の由来であるギリシア語は、万物を意味している。詩人ミルトンは、さまざまな一万や「一万角形（myriagon）」について語った──ただし、文字通り一万の面からなる幾何学図形を提示したかどうかは議論の余地はあるが。万物は、荘子や道教に由来するが、その起源は同様に仏教にもある。実際、汪暉（Wang Hui）によって描かれるような万物からなるディスコースは、章炳麟（Zhang Taiyan）を通じて中国の批判理論に組み入れられた。その影響は、道教よりも仏教で、さらには日本を介して再び流通するようになった仏教へと及んだ。中国における万物（wan wu）、日本における「万」、仏教における万物は、相互連関やすべてが一つであるような統一性と多様性の同時性を意味している。さらに、禅宗では、万物が自己を確証することを啓発と呼んでいる。老子には、道（dao）が一を生みだし、一が二を生みだし、二が

三を生みだし、三が万物を生みだすとある。再び禅宗では、自己を超えた物の優位性を見出すことができる。「自己が万物を促進し確証することを、錯覚と呼ぶ。万物が自己を促進し確証することを、啓発と呼ぶ」。さらに、一三世紀の道元禅師において、「自己を忘却することは、万物によって啓発されることを意味している。万物によって啓発されることは、自己と万物との統一性を認めることである」。

したがって、今日の記号と空間の経済は、かつての物の文化、客体の文化、物と客体の経済以上のものである。それはロジスティクスである。ハーニーとモートンの『アンダーコモンズ』、メッザードラとニールソンの『方法としての境界』のようなテクストをみると、現在おこなわれている議論はロジスティクス資本主義であることがわかる。その意味で、特にソーシャル・メディアや電子決済システムなどと結びついた今日の資本主義は、拡張あるいは肥大した記号と空間の経済のフローなのである。オックスフォード英語辞典およびWikipediaによると、ロジスティクスとは、複雑なオペレーションからなるきめ細かい組織や遂行を意味している。それは、マネジメント、とりわけ、デジタル・インフラを通じて、起点から消費点の間の物のフローからなるマネジメントのことである。いくつかのケースのなかでももっとも言及されるのが、ポート／港、Amazon（あるいは淘宝（Taobao））、一帯一路である。いずれのケースにおいても、物はロジスティクス・メカニズムを通じて流通する。だがロジスティクスは、モバイル決済システムのように、物の生産と移動とを統合させることができる。ロジスティクスは、情報とあらゆる種類の文化的客体の移動を含む必要がある。ここで人は、他の物、つまり万物のなかに包含される。テクノロジー、メディア、市場は、軍隊の先例にいつも従っているかのようにみえる。シャノン、ウィーバー、フォン・ノイマン、チューリングは、第二次世界大戦における戦略の一部であったのであり、したがってインターネットは、軍によるＡＲＰＡＮＥＴ（Advanced Research Projects Agency Network）をその起源としているのである。そして、ビジネスであれ、メディア／文化であれ、ロジスティクスは、最古の軍隊という先例に基づいている。軍隊のロジスティクスは環境を設定すること、すなわち倉庫（同様にＩＴやメディアのストレージ）の管理をおこない、また敵の補給ラインを分断する一方で、味方の補給ラインを維持することを目的としている。たとえば女真族の攻撃などが存在しなければ、古代シルクロードの記号経済のビジネスや文化的移動の供給ラインは分断されることはなかったであろう。資源と輸送がなければ、軍隊は無防備なのである。もっとも偉大なロジスティクスの天才は、東方のアレクサンダー大帝、そして紀元前二四七―一八三年の間、ローマ共和国と闘った西方カルタゴのハンニバル将軍である。ハンニバル将軍のロジスティクスは、ローマ共和国に抵抗する同盟を保護することと結びついていた。だからこそ、われわれはサプライ・チェーン・マネジメントについて語るのである。したがって、いくつかのサプライ・チェーン・マネジメントとロジスティクスは、チームと互換可能である。実際、ロジスティクス管理協会は、全米サプライ・チェーン・マネジメント専門家協会と現在では呼ばれているのである。軍隊のロジスティクスもまた、在庫管理、購入、輸送、倉庫管理をともなっているからである。

かつてのフローやモビリティの問題をロジスティクスが調整しているところが、ストレージである。それは、単に移動している社会的アクターではなく、電子媒体、より多くの機械や機械の操作性、あるいはインフラを含んでいる。新たなシルクロード（一帯一路）やホテルは、今日のすべての道路投資と同様に、それ事態がインフラなのである。プラットフォームを特徴づけているのがさまざまなポートであり、そのなかには空港、ポータル、電車のプラットフォーム、ＩＴのプラットフォームが含まれている。プラットフォームは、電子的な運用でフローを制御し管理しているUber、滴滴（Didi）、Airbnbは言うまでもなく、Google、百度（Baidu）、FacebookやAmazonがおこなっているように、それ自体でトラフィックを操作している。同じように、デファクトスタンダードとなったアップル社は、iPhoneという端末機器を通じてトラフィックを統御している。デジタル企業が金融機関さえも乗っ取ってしまうように、こうしたロジスティクス資本主義やデジタル資本主義は、つまりは記号と空間の経済なのである。ロジスティクスについてオックスフォード英語辞典は、その起源がフランス語の動詞loger――格納すること（to lodge）――にあり、つまり貯蔵（storage）という側面を有していると指摘している。さらにロジスティクスは、科学でも、芸術でも、ビジネス・マネジメントですらなく、エンジニアリングの一部門であると明確に述べられなければならない。コンピューター・サイエンスはそれ自体科学ではなく、エンジニアリングの一部門なのである。ロジスティックは、叙述、形式的記述、科学的分類を通じて作用するのではなく、代わりに、行為を通じて機能する。

ロジスティクスは、ある論理に従った流通ネットワークを通じた移動をともなっている。たとえそれがいわゆる数学の純粋論理ではなく、再びエンジニアリングの応用論理であるとしても、ロジスティクスには論理の次元が存在する。フローとモビリティは、システムを目的としないが、ロジスティクスはそれを目的としている。それは、単に人々のシステムというだけでなく、機械のシステムでもある。したがってロジスティクスにおいて重要なのが、配送／配信（delivery）と「ラスト・マイル」（事業者と利用者を結ぶ最後の部分）のロジスティクスなのである。それには、消費や購入も含まれている。たとえば、DeliverooやAmazonによる自宅への配達、あるいはオフィスや自宅への光ファイバーのラスト・マイルである。Uberや滴滴はまた、われわれにラスト・マイルを与えてくれる。それはバスや電車とは異なり、家にまで到達するものである。ここで配送／配信が、キーワードとなる。

だからこそ、機械可読コード（machine-readable codes）という、より近年の記号と空間の経済におけるイノベーションを軽視してはならないのである。機械可読コードには、バーコードとＱＲコードがある。これらは、一九九四年の日本で、自動車のパーツのフローを管理するためにトヨタの子会社であるデンソーウェーブによって開発された。バーコードとＱＲコードはどちらも、光学的に機械で読み取れる印刷されたコードである。バーコードとＱＲコードのスキャンはともに、ロジスティクスの一部をなしており、それはいまや、空間経済の物の移動の一部となっている。だが、バーコードは、品物に貼られるラベルであり、そのなかに品物の情報が含まれている。ＱＲコードはさらに先をいっている。ＱＲ（クイック・レスポンス）コードでは、より多くのことが可能である。たとえば、アマゾンのパレット（仕分け荷台）には、バーコードが表示されている。バーコードは一次元的であるが、ＱＲコードは二次元的である。バーコードはデータを水平方向にのみ蓄えることができるのに対して、ＱＲコードは垂直および水平方向の双方に蓄えることができる。その意味で、ＱＲコードは二次元的なのである。バーコードはおよそ二〇の数を記録することができるが、ＱＲコードはおよそ七一〇〇の数と数百の文字を記録することができるのである。広告に記載されているＱＲコードは、販売会社のＵＲＬを瞬時に開く。したがって、ＱＲコードは広告の理想型である。ＱＲコードは、オフラインでもまた機能するような、イメージに基づくハイパーテクストなのである。たとえば、広州で地元の道路に設置されている自動販売機で一本のミネラル・ウォーターを購入する際、売店の壁のＱＲコードをスキャンする。すると価格が現れ、支払いボタンを押すこととなる。ＱＲコードは、製品ではなく、自動販売機に、そしてこの場合、その企業に付されている。微信（WeChat）のＱＲコードは、友達を追加するときに用いられる。ＱＲコードがスキャンされると、まるでInstagramのフォロワーのように、友人が作られていく。そしてフォローされた人物はブランドとなる。

上記のすべての点が、一九九四年から二〇一八年の間に記号と空間の経済が強化されている点を記録しており、本書をかつてなく重要なものとしているのである。

スコット・ラッシュ

二〇一七年一〇月

まえがき

本書に含まれているアイデアや草稿にコメントをいただいた、下記の方々に深く感謝申しあげる。ニック・アバークロンビー、アシュ・アミン、ウルリッヒ・ベック、アリステア・ブラック、サラ・フランクリン、ミカエラ・ガードナー、アンソニー・ギデンズ、ロビン・グローブ-ホワイト、コリン・ヘイ、シュゼット・ヘルド、ケビン・ヘザーリントン、マーティン・ジャイ、ボブ・ジェソップ、ウルリッヒ・ユルゲンス、C・W・ルイ、セリア・ラリー、サスキア・サッセン、ダン・シャピロ、ジョースト・ヴァン・ルーン、シルビア・ワルビー、アラン・ウォード、ブライアン・ウィン、そしてとりわけニゲル・スリフトに。

第五章は、ニック・アバークロンビー、セリア・ラリー、ダン・シャピロ、スコット・ラッシュが実施した、ロンドンの文化産業におけるインタビュー調査をもとにしている。それぞれの研究者が、調査をおこなった産業について資料を作成した。この章は、それらすべての資料に基づいた、スコット・ラッシュによる未刊行の報告書を、本書の文脈に合わせて再構成したものである。

目　次——フローと再帰性の社会学

第Ⅲ部　空間と時間の経済

1 イントロダクション——組織化資本主義の後に

いま誰がマルクスを読むだろうか。資産売却によるキャッシュ・フローの獲得（ＬＢＯ）、オゾン層へのグローバルな関心の高まり、そしてとりわけ「東欧」の共産主義体制の崩壊を経験したこの一〇年の後、マルクスほど古臭く「時代遅れな」著述家はいるだろうか。一九八〇年代という時代は、たしかにマルクスの棺を永遠に封印し、彼とその恐るべき作品を歴史のゴミ箱へと追いやった。われわれは歴史の終わりに立っていないにしても、いぜんとして工業資本主義のなかで展開する矛盾の分析に基づく、マルクスによって描かれた歴史の終わりに間違いなく立ち会っている。そうした社会や矛盾は、疑いようもなく永遠に過ぎ去ったのである。

だが、工業資本主義の理論家とは異なる、「近代」の最初の分析者であるもう一人のマルクスがいる。それは、『組織化資本主義の終焉』でわれわれが採用したマルクスである。つまり、近代になり「形あるものすべてが霧消していく」ありさまを、三〇歳という驚くべき若さで分析したマルクスである。さらに、二一世紀にさしかかる現在、破竹の勢いで展開する社会構造の変化の分析に大きく貢献した、もう一人のマルクスがいる。その分析は、いまや悪評に満ちた『資本論』第二巻に見出される。

こうした世紀転換期の変化は、時間と空間の希薄化プロセスのなかで、徐々に意味をもち始めている。第二巻は、資本の循環過程について論じ、またそれを副題としている。もし生産がある時間にある場所で生じているのであれば、循環は生産に変化の余地を与えることになる。というのも、商品は流れに身を任せ、モビリティを獲得することにより、変化する時間のなかで変容する空間を流れるからである。資本の複数の循環について論じた第二巻の冒頭部分で、マルクスはどのように資本はある形態から別の形態へと変容するのかを論じている。そこには、貨幣資本、生産資本、商品資本という三つの循環が存在している。生産資本は、生産手段あるいは不変資本、および労働力あるいは可変資本から成り立っている。このように、これらの循環プロセスには、貨幣資本、商品、生産手段、労働力の四つのタイプの資本が関与している。それらは、空間を通して移動し、移りゆく異なる時点で作用しているのである。

現代のマルクス主義者は同様の分析法を採用している。現代のマルクス主義者だけが、資本の循環に関するマルクスの抽象的モデルを用い、それを具体化しているのである。この点が、現代のマルクス主義者のオリジナリティである。彼女／彼らは、循環が現実に実在する地理的・社会的空間のなかで生じていることを認めている。同様に、時間の観点から、マルクスの抽象的モデルを具体的なものとして理解している。マルクスの支持者は、同じモデルが資本主義の歴史全体を通じて妥当すると考えるかもしれない。彼が提示した四つのタイプの資本は、歴史的に変わらぬやり方で常に循環し、また経路を移動するであろう。

だが対立する点として、現代のマルクス主義者は、次のような時間的変化に関する区分をおこなっている（その一つは『組織化資本主義の終焉』において採用された）。第一に、一九世紀の「自由主義的」資本主義では、異なるタイプの資本が、比較的わずかな交わりや重なり合いをもちながら、地域（local）あるいは地方の（regional）レベルで多少とも作動していた。第二に、二〇世紀の「組織化」資本主義では、生産手段、消費者向け商品、労働が、国家規模で流通するようになった。先進社会では、垂直的に統合した、あるいはいくつかの場合、国家の範囲で水平的に統合した大規模な官僚的な企業が現れた。加えて、ローカルな基盤をもつ職業別労働組合は、その基盤が国家の次元にまで「広がる」産業別労働組合にとって代わられた。商品市場、資本市場、そして労働市場までもが、国家経済全体で重要性をもつようになったのである。

第三に、資本主義の「脱組織化」にともなう断片的でフレキシブルな生産において、こうした循環は国際的な規模で生じている。二〇世紀の終わりに、商品、生産資本、貨幣の循環は著しく拡大し、グローバル貿易、海外直接投資、グローバル金融の運動の発展という点で国際的なものとなっている。それは、一九八〇年代に特に生じた。OECD諸国の工業製品の生産は年三％増加したのに対して、海外貿易は年平均七％も増加したのである。海外直接投資はより急速な成長をみせ、一九八三年から一九八八年まで年二〇％ずつ拡大した。貨幣資本に関して、国際的な証券取引量は、一九八三年の一五〇〇億ドルから一九八八年の四六〇〇億ドルへと上昇した。国際的な株式市場の取引量は、一九八九年に七三〇億ドルであったが、一九八八年には一兆二一二〇億ドルに達したのである。

このように変容する政治経済は、大量生産および大量消費の時代を引き継いでいるという点で「ポスト・フォード主義的」であり、またポスト近代的でもある。われわれが以前、単に国際的空間を循環するものとして記述した三つの形態——貨幣、生産資本、商品——をとる資本は客体（objects）であり、また、第四の可変資本あるいは労働力は主体（subjects）である。このようにマルクスが記述した資本の循環は同時に客体と主体の循環でもあり、したがって両者を互いに区別することがますます困難になっている。さらに、組織化資本主義から脱組織化資本主義への転換のなかで、資本主義的政治経済の多様な主体と客体の循環は、ますます距離が離れた経路を沿って進むだけでなく、——特に電子ネットワークの台頭とその能力の高まりによって——かつてない速度に達している。

より高速化するこうした客体の循環は、「消費資本主義」の構成要素となっている。これまでになく回転時間が短くなることで、客体は文化的加工品と同様に使い捨てられ、意味を失っている。コンピューター、テレビ受像機、ビデオ、ハイ・ファイ装置のようないくつかの客体は、文化的加工品や文化的記号（シニフィアン）を生みだしている。それは、人びとが対応できる限界を超えるものである。人びとは「シニフィエ」を浴びせられ、シニフィアンや意味に愛着をもつことがますます難しくなっている。ゲオルグ・ジンメルが提示した最初の「近代的主体」である神経が衰弱した遊歩者（flâneur）のように、人びとは都市における記号の爆撃を通じた過剰な刺激によって無感動になっている。文化的加工品の無秩序さやその循環速度の高まりという点で、ポスト近代主義は、近代主義の批判や根本的な拒絶というよりも、その徹底した誇張なのである。ポスト近代主義は、近代主義よりも近代的である。ポスト近代主義は、回転時間、循環速度、そして主体と客体の使い捨て可能性が高まるプロセスを誇張し、際立たせている。

こうしたポスト近代の経済および社会の分析は、過去一〇年間におこなわれた左派と右派の間の論争を支配してきた。もし近代主義が神の死によって西欧の伝統的基盤をとり除くものであったとすれば、ポスト近代主義は、残されたわずかな基盤すら失った「人間の終焉」を宣言するものである。近代主義によっておこなわれた抽象化、意味の喪失、伝統と歴史への挑戦は、ポスト近代主義において極端なものにならざるをえない。この点で、新保守主義の分析家と多くのマルクス主義者は一致している。いずれにせよ、両者の分析は驚くほど収斂しているだけでなく、その悲観的な診断もまた類似している。

いまやこの悲観論の多くは、妥当なものである。それに対して、こうした悲観論の解決法について論じることが本書の一つの目的である。ここで論じるのは、組織化資本主義の結果として普及する「記号と空間の経済」が、意味の喪失、単一化、抽象化、アノミー、主体の破壊を単に増幅させただけではないという点である。もう一つ別の種類の根源的に異なるプロセスが、同時に進行している。そのプロセスは、仕事や余暇の意味を作りかえ、コミュニティや特殊的なものを再構成し、変転する主体性を再構築し、そして空間や日常生活を異質化ないし複雑化する可能性を広げることができるかもしれない。

かなり多くの分析者が未来について同様の悲観的シナリオを描く一つの理由は、社会的プロセスをめぐる露骨な構造主義的概念への信頼にある。そうした概念は、構造主義およびポスト構造主義の立場をとる、政治的左派と右派の両者の間で普及している。本書では、主体性(subjectivity)、なかでもますます重要性が高まる人間の再帰的な主体性に焦点を合わせることで、こうした見解に対する修正を試みる。そのなかで、「再帰的近代化」のプロセスと結びついた主体性の原因と結果について解明するつもりである。

このような分析は、『組織化資本主義の終焉』ではみられなかった。そこでは、主体と客体が驚くほど流動的で、そうしたモビリティが構造化し、また構造化される空間の経済について十分に検討されなかった。本書の後半の章では、仕事を求めアメリカやヨーロッパに移住する移民や、旅行やツーリズムに参加するかなり多くの一時的な移動といった、さまざまな種類のモビリティの原因と結果について検討がおこなわれる。異なる社会の経済、社会構造、文化的解釈の様式に対するこうした大規模なフローの影響を分析することなしに、現代社会を解明することは不可能である。同様に、ポスト・フォード主義的ゲットーやポスト・フォード主義的な旅行パターンの出現といった、移動のあり方にいくつかの重要な変化が生じていることが明らかにされるであろう。

だが、主体の性質だけではなく、モビリティに関与する客体の性質に変化が生じている点もまた検討される。客体は物質的内容を次第に空白化している。ますます生産されるようになっているのは、物質的な客体ではなく記号なのである。そうした記号には、二つの種類が存在している。一つが、主に認知的内容をもつポスト工業財あるいは情報財である。もう一つが、主に美的な(aesthetic)内容をもつ、ポスト近代財と呼ばれるものである。後者の発展は、本質的に美的な内容をもつ客体(ポップ・ミュージック、映画、雑誌、ビデオなど)の増殖だけではなく、記号価値やイメージがますます物質的客体の構成要素となっている点からも認識することができる。このような物質的客体の美化（aestheticization）は、そうした財の生産、流通、そして消費において生じている。

本書で検討するように、こうした美化は生産に例をみることができる。生産において、デザイン要素が商品の価値に占める割合がますます高まる一方で、労働過程それ自体は付加価値への貢献という点であまり重要ではなくなっている。この点は、工業生産においても真実であり、研究開発や「デザイン集約性」がますます高まっていることからも理解することができる。研究開発集約性の高まりは、衣料、靴、家具、自動車のデザイン、電化製品などにみられるように、多くの場合、重要な点でその本質において美的なものである。耐久消費財は、建物、部屋、衣料、自動車、オフィスと同様に、一種の構築された「ミクロ環境」として機能している。

したがってわれわれは、組織化資本主義の後に、そうした固有の「記号と空間の経済」が存在している点を示そうと思う。その意味で、現代のグローバルな秩序あるいは無秩序は、フローからなる構造であり、言い換えれば、脱中心化した一連の記号と空間の経済なのである。だが、この非対称的なフローのネットワークに沿った、あるいはそれに反する、根本的に異なる一連の展開の兆しがますますみられるようになっている。同じ個人、つまりそうした空間の経済にますます従属しつつも、その主体となっている同じ人間が、同時に空間の経済に対してますます再帰的になっているのである。ものいわぬ多数者、テレビ中毒者、ボードリヤールによる記号的景観の「ブラックホール」に加え、新たな情報社会の諸制度に対して、ますます批判的に、そして再帰的に距離をとる多くの男女が存在しているのである。

成長を続ける空間は、そうした批判的再帰性の発展を容易にするものである。それは、部分的には文化的能力がさらに浸透していること、また部分的には新たな秩序を担う「専門家システム」への信頼が徐々に失われていることを原因としている。第一に、再帰性の増大は、個人化を基調とする後期近代の根源的な進展の要となっている。したがってそこには、脱伝統化へと向かう目下進行中のプロセスが存在しており、そのなかで社会的エージェントは、社会構造の複数の他律的な統制や管理からますます自由になり、自己を再帰的にモニタリングし、自己に対して再帰的になっているのである。こうした加速する個人化のプロセスは、エージェンシーが構造から自由になるプロセスである。それは、かつて社会構造自体が有していた権力を奪還するようエージェンシーに駆りたてることが、近代化における構造変動そのものでもあるようなプロセスなのである。たとえば、経済の構造変化が、フォード主義的な労働過程の構造的硬直性から個人を自由にしている。つまり、労働力がより自己再帰的になること、そして職場の規則や資源と関わる再帰性が高まることが、ますます経済の構造変動の要件に、つまり今日の資本蓄積の前提条件になっているのである。したがって本書では、経済的活動における再帰的蓄積のプロセスの発展についていくぶん深く議論をおこなう。

それゆえ本書は、単なるグローバルなフロー――移民のフロー、ツーリストのフロー、およびコミュニケーション、イメージ、貨幣、情報、時間のフロー――の社会学以上のものである。それは同時に、国際的な、そしてローカルな再帰性の社会学でもある。現在の再帰性をめぐる多数の文献は、この現象をもっぱら認知的な意味で理解している。関連する文献の多くは、科学社会学を出発点としている。そこで再帰性は、理論がもつ仮説を理論それ自体に広範に適用することを意味している。あるいはより一般的に言えば、再帰性は専門家システムの自己モニタリングを意味しており、専門家システムは自身の仮説に基づきながら自身に疑問を呈するのである。構築主義の見解にさほど傾倒していない科学社会学者は、再帰性の概念を拡張することで、

——科学界の自己再帰性に代わり——科学や専門家システムそれ自体の想定に再帰的に疑問を呈する、個人化が進んだ一般人のそうした気質の高まりをもとり込んできた。さらに、社会学理論では、どのように社会的エージェントが自身の個人的生活をめぐるナラティブを観察し、組織化することが可能となるのか、またどのように社会それ自体、——社会科学を経由することで——一層自己生成的になることができるのかといった議論のなかで、認知的な再帰性の考え方を用いることがいまだより一般的である。以下の章では、このような再帰性の認知的次元に多くの関心を向けることとなる。とりわけそこでは、他の分析者とは異なり、経済的活動に焦点を当て、「再帰的生産」や「再帰的消費」といった現象についていくぶん詳細に論じる。

だが、この現象と並んでおそらくもう一つ別の点が、後期近代社会の発展にとって同様に重要になるであろう。それは、認知的再帰性ではなく、次第に浸透する美的再帰性である。認知的再帰性が、近代の啓蒙主義的伝統を引き継ぐ合理主義やデカルトの仮説に起源を求めるのであれば、この別次元の再帰性は、もう一つの近代、つまり美的近代主義の仮説と実践にルーツを有している。それは、デカルトではなくボードレールによる、またルソーではなくランボーによる近代なのである。認知的再帰性が、自己「モニタリング」の問題、つまり社会―構造上の役割と資源の問題であるのならば、美的再帰性は、自己解釈および社会の背後にある実践の解釈をともなうものである。認知的再帰性が判断を前提としているのならば、美的再帰性は、現象学やガダマーとともに「前判断」に基づいている。認知的再帰性が自己と物自体および社会的世界との間に主体―客体関係を仮定するのであれば、美的・解釈学的再帰性は、それと同時に世界内存在としての自己を前提としている。

美的再帰性は、日常生活のますます多くの領域でみられるようになっている。経済をみると、多くの経済セクターで「デザイン集約性」の重要性がかつてないほど高まっている。財やサービスの知識集約性が、サービスの有用性に体現されるのであれば、デザイン集約性は、財やサービスの「表現的要素」によって具体化されている。そうした要素は、文化産業の商品から客室乗務員の「心の管理」にいたるまで重要性を帯びている。消費者の実践も同様に、美的再帰性に基礎づけられている。それは、ツーリストや旅行者によって構築され、また脱構築される「場所の神話」にみることができる。美的再帰性は、今日の時間感覚に埋め込まれている。それは、クロック・タイムや時間の組織化に関するあらゆる種類の功利主義的計算に対する拒絶の広がりに現れている。美的および解釈学的再帰性は、背後にある前提に具体化されている。つまりは、「新たな」コミュニティのなかで意味を日常的に作りだしている、互いに結びつきのない複数の実践に具体化されているのである。そうしたコミュニティには、サブカルチャー、想像の共同体、エコロジカルな運動や、その他の二〇世紀後期の社会運動のような「創られた共同体」が含まれる。このように美的再帰性は、認知的再帰性と同様に、本書全体を通じたテーマとなっている。

経験的に基礎づけられた社会学的な時代診断を試みる論考である『フローと再帰性の社会学——記号と空間の経済』は、フローの社会学および再帰性の社会学の双方を含むものである。先に示唆したように、フローと再帰性は本質的に矛盾し、また対立する現象である。だがそれは、唯一の可能性ではない。再帰性と関わる現象の前提となっている個人化テーゼは、一九八〇年代末から一九九〇年代初頭にかけて西欧社会の社会理論に加えられるようになった。それは、アメリカでは合理的選択理論の普及により、ヨーロッパでは再帰的近代化論や再帰的近代の理論の影響を通じて、そして、イギリスでは、社会といったものなどなく強権的な国家のなかで将来性ある起業家精神を有した一連の個人だけが存在するという、元首相マーガレット・サッチャーによる論争的な発言によりもたらされた。また個人化の考え方は、「社会的なもの」が内部から解体しているという、ジャン・ボードリヤールの啓示的な宣言に記録されている。

われわれは、既存の社会構造が自律性を強めるエージェンシーをモニタリングする力を以前と比べ減少させているという点に、どちらかといえば率直に経験的な意味で同意している。だが、それにより、単に構造的原因がある意味で無効になったと主張しているわけではない。反対に、今日の再帰的個人には構造的な基盤が存在していると提起しているのである。しかもそれは、社会構造ではなく、次第に広がりをみせる情報コミュニケーション構造なのである。われわれは、国家規模の社会構造が、グローバルな情報コミュニケーション（I＆C）構造にとって代わられるプロセスが、一つの傾向として開始されていると論じている。情報コミュニケーション構造は、まさにネットワーク化したフローであり、本書の主題となる記号と空間の経済そのものである。したがって、構造化した情報のフローと蓄積は、認知的再帰性の基礎である。また、イメージや表現的記号からなる構造化したフローや蓄積が、美的再帰性の急成長の条件となっている。つまり、空間に漂う記号の経済が、認知的再帰性と美的再帰性の双方を条件づけているのである。

本書は四部構成をとっている。第一部では、本書の二つの構造化原理であるフローのネットワーク、および再帰性と関連する現象について明らかにしている。第二章では、コミュニケーション地理学者の成果に基づき、情報、コミュニケーション、貨幣、資本投資からなるフローの経済について描写する。フローの経済が最初に生みだすのが、非対称的な一連のフローのネットワーク、つまりグローバル都市を拠点とする制度的に統治された一連のフローである。そこで、かつてないほど長い距離をかつてないほど早い速度で移動する、物質的およびポスト物質的客体のフローの構造が描かれる。こうした「加速」と「伸張」は、かつて客体と主体が有していた内容や意味の空白化に加え、両者が作動する空間―時間関係の空白化をまずもってもたらしている。

第三章では、再帰性の対抗原理の発展について詳細に論じる。それは、ウルリッヒ・ベックやアンソニー・ギデンズによるリスク、専門家システム、個人化をめぐる研究の細部にわたる検討を通じておこなわれる。そこでベックの主張は、過少社会化や方法論的個人主義を暗黙裡に前提とし、社会を「学習過程」であると考えるホイッグ主義的前提に基づいている点から批判がなされる。ギデンズの議論は、「存在論的安心」という中心的な仮説が、道具的で合理的な人間行為の理解や、専門家システムがもつ役割へのデュルケム的な無批判な理解を導いていることから批判がなされる。われわれは、ベックとギデンズの両者にみられる認知主義的バイアスを避けつつ、マルセル・モースやピエール・ブルデューによる分類やハビトゥスの前認知的理解、およびチャールズ・テイラーの美的で究極的には寓話的な近代的自己の源泉をめぐる議論を経由しながら、再帰性の美的次元についての展開を試みる。

第二部は、再帰性の構造的条件について論じる第四章から開始される。それは、日本、ドイツ、先進セクター（英米）の生産システムによる「再帰的蓄積」の分析によってはじまる。この章は、所与の生産システムにおける情報のフローや知識の習得を条件づける「情報システム」をめぐる、日本の社会科学者によって発展させられた考え方が出発点となる。その点と関連し、三つの形態の再帰的蓄積に注意が向けられる。その際、アメリカとイギリスの事例では、情報構造により再帰的消費が促される一方で、ドイツや日本の「コーポラティズム的」ないし前近代的な情報構造による制度的ガバナンスは、それらの国々にみられる、より高度に近代化した再帰的生産にとって望ましいものとなる。

第五章では、これらの原理が文化産業のより詳細な研究のなかでとり扱われる。イメージをめぐる消費と生産の双方で美的再帰性を発展させる条件となる、映画、テレビ、レコード、出版、広告といった産業にみられる脱垂直統合のプロセスに光が当てられる。そのなかで、文化製品はいまや文化産業を担う企業の外部でもっぱら生産され、文化企業自体はそうした製品のための資金調達やマーケティングにおいて主に役割を果たすようになっている。したがって、文化産業の企業は、商業化したり、事業者的になっているというよりは、事業者サービス（business service）［企業の中核となる業務を支援するための金融、法律、マーケティング、総務、流通など周辺業務を提供するサービス］のようになっているのである。生じていることは、文化と経済の間の印象的な脱分化である。そのなかで、一事業者サービスである広告産業が美的加工品の生産にますます巻き込まれる一方で、文化企業自体は事業者サービスとなっている。

第四、五章が、再帰的近代における三分の二社会の「勝者」について検討するものであるとすれば、第六、七章は、西欧世界のエスニック・マイノリティや移民といった「敗者」の状況について論じるものである。第六章では、今日の経済的・社会的・文化的規制の欠如を特徴とする空間に暮らす、現代の「アンダークラス」をめぐる社会―空間的分析をおこなう。そうした空間では、旧来の組織化資本主義の社会構造――工業労働市場、教会や家族のネットワーク、社会福祉制度、労働組合――は解体し、あるいは少なくとも外部へと移転している。都市中心部や郊外の空間と唯一異なるのは、そうした空間において旧来の組織化資本主義の社会構造が、いまだ情報コミュニケーション構造にとって代わられていないという点にある。その結果生じるガバナンスと規制の欠如は、現代アメリカの黒人ゲットーの社会的脱組織化の条件であり、またそうした黒人に対応する、イギリスの公営住宅に住む白人にも当てはめることができる。さらに、ガバナンスと規制の欠如は、東ドイツの若者による人種主義の部分的な原因となっている。東ドイツでは、「フォード主義」と共産主義／国家主義に基づく社会構造が消滅する一方で、情報コミュニケーション構造がいまだ到来していないのである。第七章では、類似する文脈でドイツの事例に焦点を当て、ポスト組織化資本主義における移民について理解を深める。そこでわれわれは、生産と結びついた効果的な情報コミュニケーション構造の条件（第四章）であるコーポラティズム的制度が、エスニック・マイノリティや女性を、市民社会自体から徹底的に排除するとともに、そうした情報コミュニケーション構造からも排除するよう作用している点を考察する。

第三部では、空間と時間の経済について引き続き検討をおこなう。第八章は、ポスト工業主義、およびますますデザイン集約的になる多様なサービスがもつ重要性の高まりの原因と結果に特に関心を向けている。そこで、そうしたサービスがもつ労働の性質はどのようなものか、民間部門と公共部門の双方でどのような固有の形態をとる再編が生じているのか、そしてそうしたサービスが成長する場所でどのような結果が生じているのか、といった点が明らかにされる。一般的に消費者サービス（consumer service）［消費者個人の生活利便性を高めるための住宅ローン、医療、保険などのサービス］は、現代の記号と空間の経済において、かつて認識されていたよりもより重要な役割を担っている。そうしたサービスは、特に象徴を帯びており、単に情報に基づいているわけではない。人、場所、社会集団はすべて、そうしたサービスの際限のない複雑なフローによって変容しているのである。

それに対して、第九章では時間の性質に関心を向ける。時間に対する既存の社会学的アプローチへの批判を通して、多くの異なる「時間」が存在していること、本質的に時間の象徴として理解されているクロック・タイムは、実際には人間の構築物であること、そして自然的時間をニュートン主義あるいはデカルト主義的な時間と同一視しなければ、自然的時間と社会的時間の間に多くの類似点を見出すことができることが明らかにされる。とりわけ、組織化資本主義が成立した時代にクロック・タイムが支配的になるにともない、どのように社会的時間が変容したのか、そしてクロック・タイムがいまや瞬間的時間および氷河的（glacial）時間や進化論的時間にとって代わられつつある点に注意が向けられる。また、両方の形態をとる時間と再帰性が、どのように結びついているのかが詳細に検討される。このように脱組織化資本主義は、時間と記憶のかなり固有の構造を導いているのである。

第九章で触れられる時間（むろん空間も）を通した旅行の重要性は、とりわけ第三部で考察される。それは、グローバルな規模で拡大しているフローに関する具体的な研究に基づいている。第一〇章では、旅行について論じる。そこではまず、大衆旅行が近代的世界を構成する一つの特徴となり、それをリスクというカテゴリーによって分析する必要性を説明する。また、モビリティが、人びとのアイデンティティを変容させていることが明らかとなる。物理環境ないし社会環境に対する再帰性が増大し、結果としてどのように「コスモポリタニズム」の立場が生みだされるのかという点に特別の注意が払われる。そこでは、「解釈者」が「立法者」にとって代わるのである。より一般的には、脱組織化資本主義において、「ツーリズム」と現代社会のその他の多くの社会的実践との間に脱分化が生じていることが議論される。これは、ツーリズムに関わる固有の交換、特に「視覚的財」や、いわゆる日常生活の「美化」の金銭との交換の観点から分析される。

第一一章では、貨幣と金融、自然と環境、グローバルな文化と国民性という、社会的活動をめぐる三つの異なる点から、グローバル化の問題に対して直接検討をおこなう。それぞれの章では、関連するグローバルおよびローカルなプロセスに固有の構造が存在することが明らかにされる。そこで、グローバルなプロセスは、ある特有のローカルな構造を前提としていることが示される。この点は、グローバルな金融ネットワークの発展の事例を通じてより詳細に論じられる。環境をめぐる事例では、変容する「自然」に関する再帰性が、自然と人間の活動との関係に、ある決定的な変化をもたらしていることが例示される。さらに、グローバルに考えローカルに行動するという再帰的な要求に関わる、いくつかの矛盾について検討を加える。グローバル化についてさらなる主張が、いわゆる「グローバルな文化」に関する論争の見地から考察される。そこでわれわれは、グローバルな形態をとる文化によってナショナルおよびローカルな差異は抹消されず、逆に固有のアイデンティティが再度際立つようになる点を検討する。

本章および結論となる最終章が扱う一般的なテーマは、市民権がもつ性質の変化を、本書で分析される情報とコミュニケーションのフローの観点から考察することである。つまり、国民国家を中心とする伝統的なシティズンシップの考え方が、どのように変化しているのかという点が検討される。そこで実際に、フローと再帰性の社会学的分析が示す、異なる可能性をもつ複数のシナリオを詳しく論じる。一方で、組織化資本主義社会の「伝統」から切り離された「新たなソシエーション（sociations）［選択的で、緩やかな結びつきをもつ社会集団］」に満ちた、楽観的なポスト工業的で脱中心化した情報社会が存在している。他方にあるのが、ますます荒廃した領域（wild zones）によって構成されるようになっている希望のないディストピアである。そこは、絶えず変化する情報コミュニケーション構造や、露骨な象徴に満ち溢れた管理された領域（tame zones）を急いで通り抜けるツーリストによって、不毛化させられている。両方の事態が生じる可能性があり、おそらく互いは相並び進行している。本書では、そうした異なる可能性をもつ未来について議論するためのカテゴリーや理論の再構築を試みる。

『組織化資本主義の終焉』に対する批判は、現代社会が再組織化よりも脱組織化していると論じたことに向けられた。本書では、可能な限り説得的なやり方で、現代の資本主義が脱組織化している点を明らかにする。それが意味するのは、主体と客体のフローが国家の境界の内側で互いに結びつかなくなっているという点である。つまり、個々の国に影響を与えるきわめて強力な組織が複数存在する一方で、それらのパターンが互いに結びつく理由はないのである。また実際に、異なる組織が、異なる時間で活動をおこなっている。そのような時間には、コンピューターによる瞬間的時間から、環境変化と関連する氷河的時間まで幅広く存在している。後者は、いまだ生まれていない世代や他の動植物に対する自身の行動がもつ影響について、個人が考慮できるよう促している。そのため、個々の社会は、脱同期化に体系的に服するようになっており、ある意味において地球全体でそうなっているのである。今日の世界は、「リスク社会」である。つまり、グローバルな問題を生みだし、その帰結をモニタリングし、そうした問題の少なくとも一部分を解決する方法を発展させるために、人間自身がますます再帰的になりつつある。リスク社会の基礎にある個人化のプロセスは、制度の弱体化と数多くの主要な組織の文字通りの終焉を前提としている。そのため、現代的生活は、再帰性の社会的組織化に基づいている。むろん、再帰性がそうしたリスクの規模を制限し、最小化するよう組織化されるか否かには、疑問の余地が存在するわけであるが。

本書には、詳しく論じることができない多数のテーマが存在している。その理由の一端は、どのような大部の著作でも、あらゆるテーマを網羅することができないということにある。また部分的には、そうしたテーマについてわれわれが語るべき点は、ありふれたものであるからである。本書で検討されていない具体的なテーマには、以下のものが含まれる。家父長制の理論、「東欧」革命、ECの発展、（日本を除く）太平洋沿岸地域の影響力の増大、国家形態の発展、科学およびテクノロジーの性質、（再び日本を除く）北大西洋沿岸地域の外部においてこれらのさまざまなプロセスがもつ影響である。本書は、中心（the centre）について論じる著作である。つまり、新たな世界秩序の主要な権力、新たなグローバル都市、そのような中心の内外への移住、そしてそうした中心を検討するのにふさわしい理論的洞察と経験的資料についての著作なのである。

だが、ここで論じられるのは、制御された中心ではない。脱組織化資本主義は、すべてを脱組織化している。いかなるものも、固定され、前提とされ、また確実なものとみなされることはない。他方で、すべては拡大する知識と情報、つまり制度化した再帰性に依存している。人びとは、実際に知っていることがどれほど少ないのかという点について、ますます知るようになっている。増大し続ける制御不能な記号と空間の経済は、桁外れに複雑でかつてない発展をみせる情報、知識、美的判断なしに認識されることはできない。再帰性がもつ意図せざる結果――つまり、構造が再帰的なエージェンシーの影響にますます左右されるようになること――により、多くの場合、さらなる脱組織化がもたらされるのである。

第I部

客体と主体の経済

2 移動する客体

本章の目的は、二〇世紀後期の社会を特徴づける、複数のフローについての分析枠組みの概要を示すことにある。そうしたフローは、資本、労働、商品、情報、イメージによって構成されるものである。第一節では、ディストピア的シナリオ、すなわちポスト近代における政治経済の暗黒面について分析をおこなう。そこで、主体と客体が多重空間を放浪するなかでめまぐるしく循環し、その結果、どのように両者がその意味と重要性を空白化しているのかという点に、特に注目しながら説明をおこなう。

本章の第二節は、第一節の理念型モデルへの多くの修正のために当てられる。そこで、主体と客体のフローは、みた目ほど自由でも「脱規則的」でもないことが示される。実際、両者のフローは、特定の時間と空間にかなり固有なものである。労働、資本、記号が流れる、こうした固有の時間や空間は、特定の一連の制度によって規定されている。後者の制度は、もともと経済を規制するものであったが、それは同時に空間を規制するものとして現れている。

さらに第三節では、ポスト組織化資本主義の秩序のなかで新たに現れている経済的「中核」について詳細に論じる。新たな中核は、グローバル都市の主要な国際企業の本社に集中する制御機能の周囲にクラスター状に集まっている。この中核には、拠点に情報を提供するコミュニケーション・サービス産業だけでなく、事業者向け先進サービス産業も含まれている。それは、グローバル都市のマス・コミュニケーション産業や文化産業をも包含している。新たな中核は、電気通信設備やコンピューター設備の生産に従事する、グローバル都市を中心とした都市集積地域にまで及んでいる。それは、航空サービス産業、航空宇宙産業、旅行やレジャー産業の重要な部分をも含み、ビジネスや消費者にサービスを提供している。情報にあふれ、豊富なサービスを有し、コミュニケーションに依存した中核は、フォード主義産業による旧秩序の中心的クラスターからの大幅な変化を示している。フレキシブルな専門化、ローカル化、グローバル化といったもっとも重要なプロセスは、再編された旧来の製造セクターではなく、この新たな中核で進行している。

第四節では、中心―周辺関係の変容についてより詳細な説明をおこなう。それは、とりわけ情報や来訪者にみられる、さまざまなグローバルなフローの性質の変化によって生みだされるものである。本書の残りの大部分では、高度に情報化した社会―経済的中核が現代の文化や社会の多くの側面に影響を与えている点を分析する。

一節　空白化――主体、空間―時間、客体

ゲオルグ・ジンメル――おそらくは最初の、そしてもっとも洞察力溢れる近代の分析者――は、空間と同様に時間の社会学者でもあった。彼は、主体と急速に循環する客体との関係を分析しただけでなく、かつてない速度で循環する主体間の関係について研究をおこなった（Simmel 1950）。ジンメルは、近代における主体間の相互行為を、伝統社会のそれと対比した。近代における主体間の相互行為は、はかなく、激しく、そして多様性に満ちている（ここで彼は多数の異なるタイプの他者との相互行為を念頭に置いている）。それに対して、伝統社会の相互行為は、長い期間継続し、散漫で、画一的である（したがって、相互行為は、わずかな数の似通った他者との間でおこなわれる。Needelmann 1988）。メトロポリスの電車や徒歩による移動にみられるジンメル主義的な主体の循環は、ポスト近代において、大規模な飛行機旅行や、いまやいたるところでみられる高速道路を通じて段階的に加速している。組織化資本主義時代に人と人との関係がすでに一時的なものであったならば、現在それはどれほどはかないものとなっているのだろうか。同様にポスト近代では、近代にすでに見出されているものを過度に取り入れることで、客体のみならず主体までもがその意味を失ってしまうであろう。

　ポスト近代における政治経済のテーゼとは、かつてない速度で循環する主体と客体についてのテーゼである。だが、それはまた、客体の「空白化」についてのテーゼでもある。ギデンズ（Giddens 1984=2015; 1990=1993）によれば、近代化とは「時間―空間の分離」プロセスである。つまり、時間と空間が「空白化」ないしより抽象化し、物や人が具体的な空間と時間から「脱埋め込み化」されるプロセスなのである。たとえば、目抜き通りにベネトン社、マクドナルド社、ネクスト社の店舗を擁している都市には、街路樹を備えた大通りとグリッド構造に基づく住宅番号が存在している。そうした都市は、曲がりくねった道があり、住居番号をもたない前近代の都市に比べて、より抽象的で、またより空白化されている。前近代社会において道は、通り抜ける空間ではなく、住まう空間だったのである（Mumford 1960）。空間―時間の分離プロセスを経由したギデンズの理論は、近代化理論の新たな出発点であるように思える。それは、近代化をもっぱら構造的分化と機能的統合のプロセスとして理解した、スペンサーからパーソンズを経由し、ハーバマスへといたる旧来のネオダーウィン主義と対照的である。ただし、新たな種類のパラダイムは、デュルケムやモースにも見出すことができる。彼らは、同様の脱埋め込み化や空白化のプロセスを経て、部族社会から近代社会へといたる一つの系譜を説明している。デュルケム、そして特にモースにとって、近代化のなかで空白化しているものは、人びとが世界を分類するためのカテゴリーなのである。加えて、二人は、空間―時間の脱埋め込み化プロセスに注意を向けている。たとえば、時間が近代化していく道筋が説明されている。それは、部族社会の季節のリズムや動物のシンボルを用いた中国の天宮図を経て、近代の計算可能な時間による記録へといたるものである。

　実際、マルクスそしてポスト―マルクス主義の政治経済学が描く主体と客体の循環にとって、時間と空間はますます抽象的になることが必要となるだろう。この空間―時間的エーテルは、抽象性を帯びなくてはならない。それは、市場が国内の空間を超え、国際的な空間へと「拡張する」ためだけでなく、市場のなかを循環する客体を同様に拡

張するためでもある。実際、客体は数世紀に及ぶ近代化の長いプロセスを経て、そこに付与されている意味や感情的な要素を空白化している。ボードリヤールは、資本主義における「客体の危機」は交換価値による支配とともに現れたのではなく、使用価値による支配とともにすでに存在していたと述べている（Baudrillard 1981=1982）。ここで示唆されていることは、使用価値による支配のなかで、大部分の意味がすでに客体から脱埋め込み化していたという点である。モース主義者による贈与関係にみられるように、伝統社会の象徴交換において交換の客体は、コミュニティの社会的・政治的関係によって「満た」されていた。いわば、神と悪魔で満ちていたのである。効用が支配的になるにつれ、つまり客体の機能主義（近代建築はこの特質をマルクス主義者による使用価値と分かち合っている）がその象徴的意義を引き継ぐにつれ、固有の象徴はすでに客体から脱埋め込み化されていたのである。

その意味でマルクスの誤りは、使用価値を特殊的かつ具体的なものとして、交換価値を一般的かつ抽象的なものとして特徴づけたことにある。限界効用理論や合理的選択理論の選好表に容易に見出されるように、使用価値はすでに抽象的で、一般的で、数量化できるものであった（Coleman 1990=2004-6）。ボードリヤールにとって交換価値とは、使用価値のシミュラークルのことである。ここでシミュラークルとは、オリジナルなきコピーを意味している。つまり、交換価値とは使用価値のコピーのことである。だが、もっぱら使用価値によって条件づけられているとき、客体はすでにその意味を喪失し、つまりその具体的で固有の基礎を失っている。いかなる実質的な意味でも、使用価値は「オリジナル」ではないのである。

だが、ポスト近代の「記号価値」は、近代主義者の交換価値よりも一層抽象的である。それは、ボードリヤールが、「シミュラークルの

シミュラークル」と呼ぶものと類似している。もし交換価値が、数量化可能な単位としての価格を通した対象の価値をめぐる計算可能性の問題、すなわち一般効用の問題であるならば（Simmel 1990）、そのとき記号価値は、客体と結びついたイメージが有するある種「なんでもあり」の吸収作用により、そうした計算可能性すら無効化してしまう。記号価値は、その大部分が失われつつある客体にとっての最後の基礎までとり除いている。それは、すでにそのほとんどが脱領土化されている客体に残存する、領土化の最後の痕跡すらも一掃してしまうのである。

だが、現代の政治経済において客体は、単に象徴的な内容だけでなく、物質的な内容をも次第に空白化させている。物質的客体ではなく、記号がますます生産されるようになっている。そうした記号には大きく分けて二つのタイプがある。一つは、主に認知的な内容を帯びたポスト工業財ないし情報財である。もう一つは、――そのもっとも広い意味において――もっぱら美的な内容をもつ、主要なポスト近代財である（Eagleton 1989=1996）。記号は、本質的に美的要素（ポップ・ミュージック、映画、雑誌、ビデオなど）からなる、非物質的な客体の増殖のなかでのみ生じているわけではない。それに加えて、物質的客体の記号価値やイメージを構成する要素が増殖する際にも生じている。このような物質的客体の美化は、ポスト近代財の生産においても、流通や消費においても生じている。

生産においてデザインが、商品価値のますます多くの部分を占めるようになっている。固有の労働過程が付加価値に果たす重要性は低下しつつあり、「デザイン工程」が徐々に中心になりつつある。このことは、工業生産においてでさえ、研究開発や「デザイン集約性」が拡大していることにみてとることができる。衣料、靴、家具、自動車のデザインにみられるように、増大する研究開発集約性は多くの場合、

その本性上、重要な点で美的なものなのである。加えて、マーケティング担当者と広告会社が商品にイメージを付与する「ブランド化」の工程を通じて、商品は記号価値という特性を帯びる。これは通常、生産者ではなく、事業者サービスによる「象徴的暴力」を通じてもたらされる。しかし、それはまた、生産者と消費者の共犯関係によっても生じている。消費者はまさに、美化ないしブランド化の媒体の役割を担っているのである。たとえば、ツーリストは、サービスや経験を記号に変換することにより、つまり記号論的変換作業を通じて消費するのである（Urry 1990c=1995）。いわばツーリストは、もともと美的でなかった客体を美化している。彼ないし彼女は、指示物をシニフィエへと変換する。こうした旅行者の活動は、需要側からのある種の記号論的作業なのである。それが、フェザーストンが現代の日常生活の美化と呼ぶ事態を特徴づけている（Featherstone 1991=2003）。

ここでは、一見すると終わりがなく途方もない「空間の放浪」について、言い換えれば、ますます長い距離を猛スピードで移動する主体と客体について議論をおこなう。客体は、意味（ポスト近代）と物質的な内容（したがってポスト工業）の双方を空白化させている。主体も同様にますます空白化され、フラットになり、感情を欠落させている。この点は、近年の社会理論に反映されている。たとえば、主体を脱構築するポスト構造主義や、主体を選好表に基づく打算的な単位行為に還元する合理的選択理論がその例である。ポスト近代主義は、（超近代主義のように）まさに後期資本主義の文化的論理なのである。

前近代社会では、支配階級の文化的ヘゲモニーは、意味と内容に満ちた、つまり神と悪魔で満たされた象徴システムを通じて行使された。近代社会では、文化的支配は、自由主義、平等、進歩、科学といった、空白化あるいは抽象化したイデオロギーを通じて実行されている。それに対して、ポスト近代の資本主義の支配は、象徴的暴力によって実施されている。そうした暴力は、さらに空白化され、さらに脱領土化され、最低限の基礎すら一掃されてしまっている。このことは、空間、時間、イデオロギーにおいてはっきりと現れている。

まず、空間に関して述べよう。近代主義的支配は、空白化、抽象化、コード化した空間を通じて行使されている。それは、水平的には幾何学的な道路計画により、垂直的には国際的な流行となっている高層ビルによりグリッド化した都市のなかにみられる。そうであるならば、ポスト近代における支配は、終着点であったそうしたグリッド構造を破壊し、目の回るような空間のなかで方向感覚を喪失させることによって生みだされている（Jameson 1984; Harvey 1989=1999 において分析されている）。

次に時間について説明する。前近代社会では、時間は感情で満たされたシンボルを通じてコード化され、社会に埋め込まれていた。近代主義的支配は、いまや脱埋め込み化されてしまった進歩というメタナラティブを通して、時間という領域において行使されている。そこでは、推進力をもつ主体と、工場と余暇の双方の時間をめぐるより精密な合理的計算が原因となる。ポスト近代および後期資本主義の象徴的暴力は、最後のニヒリズムを通じて現れている。それにより、最後に残った時間的基礎は破壊され、時間は互いに切り離された偶有的な出来事へと切り詰められている。ポップ・ビデオや「三分間文化」の登場がその良い例である。もし近代主義的時間が、文学的パラダイムに基づくのであれば、ポスト近代主義的時間は、ある種のビデオ的パラダイムに基づいていると言える。そこでは、注意を要する時間は短く、物語の順序が、巻き戻し、早送り、チャンネル・ホッピングを通じてごちゃ混ぜにされている。

最後に、近代主義的支配は、機会の均等や社会主義といった「イデオロギー」を通じて、つまり（前近代にみられる神と悪魔のような感情を帯びたシンボルと比べ、）すでに空白化した抽象的理念を通じて作動している。そうした象徴的暴力は、意味を通じて生みだされ、社会的支配階級の再生産のために機能している。それに対して、ポスト近代において象徴的暴力が行使される形式は、ほんのわずかな意味しか有していない。メディアは、社会的なものに対してかつてないほど大きな自律性と権力を手にするようになっている。メディアは、専門「領域」として自己の利益に従う一方で、社会的領域における支配階級の利益の再生産にますます貢献しなくなっている。たとえば、シャンパーニュが熱心に示したところによると、メディアはもっぱら視聴者を惹きつけることを目的とし、暴力や華やかな文化からなる見世物となるような出来事に焦点を当てるようになっている（Champagne 1990=2004）。それは、ストライキを描く際、特定の階級への偏向を反映させようとする、旧来の近代主義的メディア実践とは異なるものである。シャンパーニュは、階級的バイアスに代わる、「メディア・バイアス」について説明している。それは、影響力をもつ半自律的な領域であるメディアが、自己利益に偏向する事態を指している。見世物を通じて作動するメディアは、同時に、貧困、人種、その他の社会問題を私化し、社会的なものを分断したり、その重要度を相対的に低下させることに寄与している（Balaczs 1991）。

「近代的」資本主義において批判は、労働者階級の集合的権力、あるいは美的アバンギャルドを通じて可能となった。両者はともに、もう一つの理想的世界のなかで意味を回復しようとする試みである。政治的アバンギャルドにとってそうした批判は、社会的ユートピアのなかで徹頭徹尾おこなわれてきた。美的アバンギャルドにとって批判とは、形而上学的形式を通じて影の世界を描くことであった。それは、ピカソ、クレー、カンディンスキー、フランツ・マルク、ピエト・モンドリアンといった、形態にこだわりをもつ人物たちが描いた世界にみることができる。問題は、ポスト近代の政治経済学において美的・政治的アバンギャルドは「燃え尽き」てしまい、明確な出口を示すことができなかったように思われる点にある。

二節　資本主義の空間的制度——新たな中核

これまで、実際には理念型によるものであったが、ディストピア的なポスト近代化の視点から議論をおこなってきた。本節では、そうした説明はかなりの程度の修正を必要とする一方で、決して否定されてはならないということが示される。これまでの説明が等閑視してきたことは、グローバルな規模で展開する主体と客体の自由なフローが、一連の固有の制度、すなわち「経済的ガバナンス」の制度によってかなり規定され、媒介されているという点である。ウィリアムソンは、資本主義の経済的取引が、典型的には、企業間の「市場」を通じて、あるいは「ヒエラルキー構造」ないし大規模で官僚的な企業の内部で生じていると述べている（Williamson 1975=1980）。より最近では、別の分析者が、国家、労働組合、コーポラティズム的機構、コミュニティといった経済的ガバナンス制度についてさらに調査をおこなっている（Schmitter 1988; Campbell, Hollingsworth and Lindberg 1991）。同様に注目すべきは、経済的ガバナンスの制度は、同時に空間的ガバナンスの制度でもあり、人、貨幣、財、情報の移動のための重要な経路となっているという点である。

本節では、第一に、そうしたガバナンス制度の存在のために、理念型モデルはどの程度修正されなければならないかを示す。第二に、ポスト組織化資本主義における経済秩序の分析へと向かう際、そうした制度的な媒介に関するいくつかの形態上の変化の足跡をたどる。その上で、第三に、ポスト組織化資本主義における秩序の新たな「中核」

がもつ性質について概観することに着手する。

組織化資本主義の中核を担った旧来のフォード主義の特徴は、自動車、化学製品、電気および鉄鋼産業で構成される重工業の拠点を中心に、クラスター状に集められた一連の生産ネットワークにある。金融、サービス、流通機能は、工業生産機能に従属するか、あるいはそれによって駆動させられるものであった。二つのプロセスが、この古いシステムを相当程度掘り崩している。第一が、旧来の中核が、金融、流通、不動産、サービス、知識や研究開発といった、それぞれ自律性を有した諸機能と切り離されるプロセスである。第二が、新たな中核形成のプロセスである。それは、「旧秩序のポスト工業主義という尾っぽが、フォード主義や工業主義という犬本体を揺り動かしはじめる」プロセスである。新たな中核は、電気通信、航空会社、旅行やレジャーの主要部分を含むその他のサービスに加え、情報、コミュニケーション、事業者向け先進サービスを中心としてクラスター状に集まっている。空間の観点からみると、これらの多くのサービスは、広大な都市集積地域のなかのグローバル都市に集中している。そこで、これらのサービスは複数の産業によって支えられている。経済的有用性の観点からみると、ローカル化のもっとも重要な発展は、われわれが「グローバル化したローカル化」と名づけるであろう事態である。

では、主体と客体のフローや資本と労働のフローは、経済的制度によってどのように規制されているのだろうか。市場はそれ自体、主要なガバナンス制度である。西欧および世界における市場ガバナンスの変化は、一九七〇年代後半から、もっぱら「規制緩和」の名のもとで発展した。それは規制の撤廃ではなく、市場を通じた規制に向けた変革であった。制度としての市場の不規則な空間的配置は、主体と客体の「自由な」国際的フローからの大いなる逸脱を導いている。商品、労働、貨幣、情報は、市場が存在しない場所で流通することはない。たとえば、東欧で国家による経済的ガバナンスが荒廃しているからといって、市場によるガバナンスがその場所を自動的に占拠するとは限らないのである。その結果、東ドイツでは、短期から中期的にはすべての種類の経済的ガバナンスが急速に停滞している。その帰結は、国家から市場による規制への移行ではなく、あまりに大きな規制の欠如である。多数の制度により構成されている経済的空間は空白化しつつあり、人口の空白化がそれに続いている。後者は、ガバナンス制度や働き口がより高い密度で存在する、西ドイツへの大規模な人口流出によって引き起こされている。

同様のことが、アメリカの黒人ゲットーで生じている。組織化資本主義におけるゲットーは、古典的なゲットーとむしろかなり似通っている。エスニック・マイノリティ集団は特定の空間に住むよう強制されていたが、そうしたゲットーには、支配集団のためのより広範な空間に存在する中心的制度が再現されていた。脱組織化資本主義のゲットーは、この種の支配的な制度的空間を再生産することはない。その代わりに、制度がゲットーを空白化させている。経済的ガバナンスを担っている制度の多くが流出しているのである。労働市場や、ピザ屋、スポーツ店、銀行の支店のような小商店を含む、あらゆる種類の市場が消えてしまう。その結果、ヒエラルキー構造は、大工場とともに、郊外のはるか向こう側へと再配置される。福祉国家機構が批判にさらされるにつれ、国家によるガバナンスもまた停滞している。そのため、薬物乱用者向けのクリニック、図書館、国庫補助学校、補足給付金を分配するソーシャル・ワーカーといった、国家によるガバナンスの具体物が消え失せてしまうのである。アメリカにおけるゲットーの空洞化は、特に悲劇的である。というのも、経済的ガバナンスに関する同様の制度が、空間的・社会的・文化的ガバナンスの制度を兼ねているからである。制度的規制を欠き、それにより主体が流出している東欧のように、主要なインナー・シティのゲットーの人口は減少している(Wilson 1987=1999; Wacquant 1991、本書第六章以降)。

さまざまな分析家によると、今日の世界経済秩序の周縁で生じているこの種の制度的変容は、その中核の内側で生じている変化によって引き起こされている(Sassen 1988=1992, 1991; Mulgan 1991)。とりわけ、中核の変容の中心にあるのが、資本市場の変化である。現在、相互に結びついた三つの重要なプロセス、すなわち証券化、規制緩和、電子化が、今日新たな形で統合されている資本市場を特徴づけている。

「証券化」とは、旧来の組織化資本主義において広くおこなわれていた、銀行から企業への貸し付けではなく、株式の発行を通して企業が資金を調達することを意味している。その際、銀行が株式の発行を引き受けている。金融機関と産業界の借り手とのこうした初期の取引が、証券の「発行」市場を形成した。このように生みだされた債券が交換される市場が、証券の「流通」市場である。債券取引の機会を大幅に増加させたのが、初期の債務証券化である(Daniels 1991: 156)。一九八五年までに、ニューヨーク証券取引所の株式価値は一兆三〇二〇億ポンド、東京証券取引所では六四八〇億ポンド、ロンドン証券取引所では二四五〇億ポンドに達していた(Hepworth 1991: 133)。いくつかの固有の変化が、投資銀行の機能を担い、証券発行市場のもっとも大きなプレイヤーとなりつつある商業銀行に影響を与えている。その結果、引き受けられるリスクの持続時間は相当程度減少している。ここで、銀行がリスクにさらされる時間は、流通市場で発行証券が流通する時間に限定されている。その時間は、電子取引や情報ネットワークの利用を通じてさらに短くなっている(Daniels 1991: 156)。

債務のさらなる証券化は、アメリカで、銀行の継続的な規制緩和をめぐる議題となっている。アメリカでは、銀行が有価証券の発行を引き受ける投資銀行業務を担うことを禁じた、一九三三年のグラス・スティーガル法が効果をもち続けている(Hepworth 1991: 143)。この規制は、国際銀行制度の大規模な導入にともない、一九八一年に緩和された。それにより、アメリカの銀行が、国際銀行業務においてグラス・スティーガル法による規制を免れ、ニューヨークの銀行がユーロ金融市場のおよそ一〇％をとり戻すことを可能にした(Daniels 1991: 156)。もし、一九九一年六月二八日に下院の銀行委員会を通過した、アメリカの金融システム改革をめぐる計画が法制化されるならば、そうした規制緩和は国内の活動にも拡張されるかもしれない。この計画は、商業銀行が、提携を通じて証券引き受け業務に従事するだけでなく、国境を越えて支店を広げることも可能にしている(*Economist* 6-12 July 1991: 14)。

証券化のもっとも重要な原因は、年金基金や保険会社が投資家として台頭したことにある。一九八六年のロンドン・シティにおける金融ビッグバンの際、アメリカの個人年金基金の総資産は一兆二五〇〇億ドルであり、イギリスでは二四三〇億ドル、日本では一四五〇億ドルに達していた。それに対して、ドイツとフランスではそれぞれ、わずか四八〇億ドルと一二〇億ドルにすぎなかった(Hepworth 1991: 141)。スウェーデンと同様に、これらの国では、公的年金基金のかなりの額が証券に投資されている(Heclo 1974)。一九九〇年代初頭、そうした機関投資家――年金ファンド、保険ファンド、ユニット型投資信託――が、イギリスの上場企業株式の三分の二を支配している。たとえば、ノリッジ・ユニオン社は、四〇〇―五〇〇の異なる企業に対して投資されている、およそ一八〇〇億ポンドの資金を管理している。これらの機関投資家は、「短期筋」と非難され、カジノ資本主義の世界で大金をかけるギャンブラーの役割を割りあてられている。だが投資ファンドは、一般的には株式の頻繁な売り買いをおこなうような短期収益主義には従わない。一度に数カ月の間、ある企業に投資した資金を留めておくのである。実際、直近の一九九〇―一年、ファンド・マネージャーたちは主要な株主として、投資した企業のガバナンスにたびたび介入していたが、それはむしろ「長期収益主義」の指標となるものであろう。短期収益主義は、企業買収（TOB）の際、ファンド・マネージャーたちが決定をおこなう局面で特に生じている。買収される会社の株価が上昇しすぎて売らずにいられないほどに達した場合、「食い逃げ」にあたるような決定がなされることになる（*The Guardian* 11 July 1991: 15、ノリッジ・ユニオン社の筆頭投資家マイク・サンドランドへのインタビュー）。一九八〇年代末のレバレッジを用いた多額の買い占めの失敗により、一九九〇年代にはそうした数多くの法外な入札は減少することとなった。

年金基金や保険の成長は、私的／公的双方の福祉国家の給付措置に基づく、大規模な組織化資本主義の発展によるものである。だが、皮肉なことにその成長は、組織化資本主義の枠組みそれ自体を解体し、とり除いてしまう諸構造のクラスターのなかで重大な役割を果たすようになっている。したがって、旧経済の時代に、主に需要側で機能を果たしていたものが、現在では供給側で機能を担うようになっている。いずれにせよ、投資銀行や証券会社とともに、年金基金や保険会社は、再編された資本市場において、主たる、かつ独自の参加者となっている。以上四組の主要な参加者は、貸付サービスではなく、金融サービスの供給者である。同様に、個人消費者もまたその例にならっている。個人財務の世界において個人は、金融機関を債権者のように自身の預貯金の保管場所としてではなく、そうした預貯金を間接的に株式の保有へと向かわせるサービスの提供者として利用している。

証券化にともない、資本市場に対する規制はかなり緩和されつつある。この方向には、二つの大きな段階が存在している。第一が、一九七〇年代末の主要通貨に対する為替管理の撤廃である。これは、海外に向けた本格的な証券投資の発展をもたらした。一九八六年までに、アメリカは一〇二〇億ドルの海外証券を所有していた。他方で、アメリカにおいて外国人はおよそ二七七〇億ドルの株式を保有していたのである。イギリスは、アメリカでの海外直接投資において先頭にいたが（一九九〇年におよそ一〇〇〇億ドル）、日本が「投資資金」の点で先を走っていた。日本の企業や個人は、一九八三年時点では、海外においてわずか一六〇億ドルの株式と債券を所有していたにすぎなかった。一九八五年には、この数は六〇〇億ドルにまで上昇し、アメリカで発行されているもののうち、実に七八％を占めるにいたった。一九七九年の取引規制の撤廃は、イギリスの年金基金の海外証券への投資割合を一九八六年までに九％から二三％へと上昇させ、保険会社の海外証券投資を六％から一三％へと引き上げた。また、一九八六年における、年金基金をもとにした投資資金の海外への流出割合は、イギリスでは二三％、日本では一〇％、そしてアメリカでは三・六％に達した（Hepworth 1991: 140）。

第二の規制緩和の段階は一九八〇年代に生じ、金融機関に取引特権が与えられるようになったが、それはとりわけ海外証券取引所のメンバーにとって重要なことであった。これこそが、一九八六年におけるロンドンの金融ビッグバンの主要な中身であった。また多くの先進国でも、同様の変化が生じていた。それには、いくつかのプロセスが存在している。第一に、大規模な多国籍企業が、多くの国の証券取引所で上場するようになったこと。第二に、金融機関が、他の国の株式取引で、かなりの割合の企業株式を購入することが容易になったこと。第三に、通常、海外証券会社が、提携している主要商業銀行を通して国内産業の株式発行を引き受け、その株を流通市場で取引することができ、さもなければ、海外のグローバル都市の証券取引所の会員となることによってしばしば自社で取引することができるようになったことである。

この最後のプロセスはいまや変化しつつあるとはいえ、日本ではより緩やかに進行している。一九八三年までに、わずか六つの海外証券会社が東京証券取引所で取引認可を得ているにすぎなかった。それは、当時七七の企業が、証券取引所から情報を集めるために東京にオフィスを構えていたにもかかわらずである。逆に、日本の証券会社は当時一七の国で九六の支店を操業していた。その活動にもっとも影響を受けていたのがロンドン・シティであった。一九世紀には、ロンドンおよびロンドン投資銀行は、外国政府が発行債権を国際市場に供給するための集散地となっていた。一九八六年の金融ビッグバンの直前には、国際融資はロンドンによって支配されていた。たとえば、イギリス人所有の銀行やイギリスにある海外銀行の子会社は、国債決済銀行への国別報告書に記載されているすべての国際与信のおよそ二五％を占めていた。それは、アメリカや日本で運営されている銀行のとり扱いの二倍以上にあたる。さらに、ロンドンは、世界のユーロバンキングの三〇％を占めており、日本の銀行による国際取引の四〇％とアメリカの銀行取引の二五％が、ロンドンにある支店や子会社を通しておこなわれている（Daniels 1991: 163）。金融ビッグバン直後の一九八六年には、ロンドンにおける証券会社の株式の六〇％が、外国によって所有されていた（Hepworth 1991: 142）。だが同時期、イギリスの投資銀行は、海外オフィスの数をかなり増やしていた。たとえば、シュローダー社では、すべてのスタッフの六〇％が海外で雇われるようになっていた（Daniels 1991: 156）。

資本市場における第三の主要な変化である「電子化」は、証券取引のための新たな流通市場の形成を可能にしている。たとえば、コンピューター取引システムは、国内の証券取引所と競合している。一九八五年までには、アメリカのＮＡＳＤＡＱ（店頭銘柄気配自動通報システム）の取引高は、ニューヨークと東京に次いで世界第三位になっていた。「物理的な」そして「コンピューター化した」証券取引の双方は、取引市場での供給をめぐり、ビジネス上競合関係にある。両者は、証券取引に関連する情報と取引に従事するためのライセンスを、「出資者」やメンバーに提供している。オンライン上で情報を提供する企業が、コンピューター化した取引ネットワークをサポートしている。たとえば、ロイター通信社のネットワークは、そうした企業によって「提供されている」のである。そのうちもっとも目を引く企業として、たとえばアメリカのテレレート社やクォートロン社、ヨーロッパのエクステル社やデータストリーム社などのオンライン上の金融情報サービス企業があげられる（Mulgan 1991: 30）。多くの国際証券取引所から集められた株価、年次報告など企業に関するデータ、金利の変化などの金融ニュース、そしてより一般的な政治的・経済的情報が、これらの経路を通じて供給されている（Hepworth 1991: 137-8）。

電気通信はまた、その他の銀行機能を変化させている。たとえば、国際銀行間ネットワークであるＳＷＩＦＴ（国際銀行間通信協会）は、ある銀行口座から別の口座への資金移転業務を通じて、およそ千の銀行を結びつけている。銀行における電気通信の重要性は増大している。たとえば、ニューヨークのシティコープ社のような主要金融機関にとって、電気通信に当てられるコストは、給与と建物に次いで、三番目に高額となっている（Daniels 1991: 161; Mulgan 1991: 229-31）。

だが、給与はいまだ重要である。というのも、電子的な銀行業務と証券取引は、一見するよりもずっと労働集約的だからである。専用ネットワークは、コンピューター切替およびデータ加工のための施設を必要としている。そのようなデータ・センターは、通常郊外に、つまり賃料が高額な主要都市の外部に置かれている。そこで企業は、比較的安価な女性労働力を活用しているのである。たとえば、自動データ処理（ＡＤＰ）のためのデータ・センターは、ニューヨークではなくニュージャージーにある。また、ＮＡＳＤＡＱのデータ加工センターは、コネティカット州のターンブルに設置されている（Hepworth 1991: 140）。

＊＊＊

これまで、特に資本市場の性質をめぐるいくつかの劇的な変化について考察してきた。だが、ヒエラルキー構造の重要性が継続していることが、脱組織化資本主義に固有の空間的ガバナンス体制の変化よりも重要である。それは、（Williamson 1985 の意味における）ヒエラルキー構造が、市場取引を通じたより小規模な企業間の関係へと分解するという、われわれが提示してきた主張と矛盾するように聞こえるかもしれない（Lash and Urry 1987、ならびに本書第四、五章）。だが、今日の先進資本主義社会における市場とヒエラルキー構造との関係の変化は、複雑で矛盾したものである。次の議論が、その点を示している。

第一に、「脱統合した（disintegrated）」小企業が、脱組織化資本主義の唯一無二の経済的形態ではないことは明らかである。実際、恒常的なイノベーションの必要性と製品市場の予測不可能性の増大は、経済的ガバナンスに二つの効果をもたらしている。それは、マーケティング、販売、研究開発、中間財や原材料の生産といった、大規模で官僚的なヒエラルキー構造をもつ企業の諸機能を市場へと分解すること、そして、そうした大企業内部の機能を分割することで情報や従業員の移動（内部労働市場での昇進を含む）が、垂直方向よりも水平方向で生じはじめていることである（Aoki 1990; Coriat 1990; Kanter 1984）。これらの点は、第四、五章で詳細に論じられる。

第二に、グローバル化のプロセスによる国民国家の凋落の結果、とりわけ多国籍企業の「ヒエラルキー構造」が新たな経済的調整のなかで果たす役割が高まっている。その意味で、請負、提携、あるいはジョイント・ベンチャーといった、ハイブリッドなガバナンス形式がよりはっきりと現れてきたことは、ヒエラルキー構造の影響力が減少していることを示唆するものではない。それはむしろ、政治的アクターとしてヒエラルキー構造の役割が、現在高まっていることの証のように思える。というのも、政治的空間が国民国家の衰退の後、その空白を埋めるべく残されているからである。たとえばヒエラルキー構造は、擬似－政治的地位を有し、ジョイント・ベンチャーや提携企業との「協定」の締結といった、他の企業との対外関係を自ら推し進めている。そうしたメゾ・レベルの経済的ヒエラルキー構造の影響力の高まりは、下請企業が親会社の周辺にますます組織化されるようになっている日本で顕著になっている。それに対して、下請企業自体も国境を越えることで、日本政府や経済産業省、そして財閥の影響からかつてない自由を享受している（O'Brien 1989）。

第三に、飛び地的にフレキシブルな専門化がおこなわれている場所で、あるいは少なくとも脱垂直統合した小企業間の豊かな市場取引関係を有するネットワークが存在する場所では、通常、ネットワークの拠点に大規模な取引企業が控えており、多くの取引がそうした企業との間でおこなわれている。たとえば、事業者サービスの分野で、多数の小企業はしばしば、グローバル都市にある主要な多国籍企業の本社と取引をおこなっている。レコード産業や映画産業のような文化セクターでは、一人企業を含めた相当数の小企業が、「主要企業」と多くの取引をおこなっている。ハイテク産業では、小企業と大企業との間でかなりの交換がおこなわれているようである。古典的なフレキシブルな専門化が存在する地方でさえ、事情はそれほど異なっていないかもしれない。たとえば、シュトゥットガルト地方では、機械部品産業の企業規模はそれほど小さくはないが、その多くは一〇〇―五〇〇人の従業員を抱える中規模なものである。これらの企業は、大抵の場合、地元企業とほとんど取引をおこなうことはない。通常、これらの企業はシュトゥットガルト地方の外にある企業に製品を輸送し、より多くの場合、国外に輸出をおこなっている（Herrigel 1988）。また第三のイタリアでは、多数の取引が、明らかに小規模な（従業員が九人以下の）製造企業とベネトン社のようなかなり大規模なヒエラルキー構造をもつ流通企業との間でなされている。そのため、アミンとロビンズのようなフレキシブルな専門化論に対する批判者が指摘するように、ヒエラルキー構造は大きな権力を保持し、重要な局面で、以前よりも多くの影響力を得ているのである（Amin and Robins 1990）。

しかし第五に、ヒエラルキー構造は、脱組織化資本主義において万能であるわけではない。それには多くの理由が存在している。ヒエラルキー構造は、政治権力のマクロ関係のなかで、かつてより強い影響力を有しているかもしれない。だが、労働関係のミクロ社会学では、その重要性はさほど大きくはない。ほとんどとは言えないにしろ、多くの労働者にとって日常生活は大きく変わってしまった。一人で働いたり、ヒエラルキー構造によって間接的に支配されている小企業で働くことは、親会社のために働くこととかなり異なっている。ヒエラルキー構造の重要性の多くの部分は、補助的業務にある。それは、本社や提携企業で働く高所得の管理職に供給されている消費者サービスや、金融サービスのなかで生みだされている。これらの労働者は究極的にはヒエラルキー構造に依存しているが、その日常生活の経験は、組織化資本主義のものとは異なっている。出版、映画、食料製品、衣料といったいくつかのセクターでは、集積した流通企業が、製造企業の影響力が小さくみえるほど巨大な力を有している。もっとも影響力のあるヒエラルキー構造のいくつかは、非製造セクターでみられる。他方で、文化産業、一部のハイテク、衣料といったその他のセクターでは、実際の生産のかなり多くの部分が他の企業に外部委託されている。そのため、かつての製造企業はこれまで以上に、製造産業固有の業務よりも、ビジネスや金融サービス、商品開発の提供者の役割を担うようになっている。最後に、以前われわれが論じたように、ほとんどのセクターでグローバル化とは、多国籍企業の増加にもかかわらず、個々のヒエラルキー構造が有する寡占による影響力が減少することを意味している。それは、国内の製品市場占有率によって測ることができる（Lash and Urry 1987: ch.7）。

今日の先進社会における「市場」と「ヒエラルキー構造」の対立をめぐる問題は複雑であり、市場あるいはヒエラルキー構造の重要性のどちらか一方の側に立って議論をおこなうことにほとんど意味はない（Hirst and Zeitlin 1990; Amin and Robins 1990）。それには、さらに多くの理由が存在している。第一に、グローバル化は多国籍企業に国民国家に対峙する力を与えたが、そのプロセスはまた、国内の製品市場を支配する国民国家の影響力をも掘り崩していること。第二に、国際的プレイヤーとなる組織の影響力の拡大は、そうした企業の空洞化をともなうこと。第三に、もっとも重要な脱統合した先進セクターの多くが、多国籍企業自体がもつ集権化した影響力により条件づけられつつ生みだされていることである。そうしたセクターには、事業者サービス、金融サービス、ハイテクおよび電気通信産業が含まれ、主として生産者向け先進サービスを提供している。

時間と空間を横断する、資本、貨幣、商品、労働、情報、イメージの運動とフローは、「ネットワーク」を考慮に入れることによってのみ理解されることができる。というのも、ネットワークを通じて、主体と客体はモビリティを獲得することができるからである。市場、ヒエラルキー構造、国家、コーポラティズムといったいかなる形態の制度的ガバナンスが支配的であろうとも、統治される主体と客体はネットワークを通じて移動しなければならない。経済地理学の定式がここで有効性を発揮する。たとえば、ブルンとラインバッハは、「世界を、濃密なネットワーク、希薄なネットワーク、および空白地からなる、コミュニケーションと輸送手段の『橋』でできた地図として」認識している（Brunn and Leinbach 1991: xvii）。この文脈で問題となるのは、ポスト組織化資本主義の秩序に関する地図を作成する際、どのような形態上の変化が生じているのかという点である。つまり、こうした地図のなかで、どの場所で、どのような種類の「網の目」が濃くなり、また相対的に薄くなっているのかという問題である。ネットワークは、少数の基礎的な要素によって構成されている。それは、あるネットワークの点と点を結びつける「橋」もしくは「リンク」である。これらの橋は、「背景」や「支持構造」から、多かれ少なかれ切り離されている。リンクに沿って動く実体は、「トラフィック」と呼ばれる。こうしたトラフィックは、電子信号を用いて運ばれることもあれば、それ以外の方法で運ばれることもある。ドキュメント・ファイルを含む通信は、電子信号を用いて運ばれるトラフィックである。資本、労働、情報といったその他のトラフィックは、電子信号ではなく、輸送を通じて運ばれる。ネットワーク上でリンクにより結ばれる点が、「シンプレックス」である（Gould 1991: 25-6）。シンプレックスは個人でも組織でも、端末、送信器、受信器でもありうる。

　電気通信で用いられる六つの主要な「メディア」が存在する。それらは、電子信号化された、あるいは印字された情報を、橋とノードに沿ってある場所から別の場所へと伝達する。それぞれの媒体は、コスト、通信スピード、小口需要者にとっての利用しやすさ、運ばれる情報量（帯域幅）、および確実性といった点で、多かれ少なかれ価値を有している。

　六つのメディアのうち最初のものが、輸送である。輸送は、郵便や速達便を含み、安価で小口需要者にも利用されることができるが、そのスピードは遅い。それは、書類の原本の輸送にとって重要なメディアである。第二が、メタル・ケーブルである。それには、頑丈さという利点はあるが、伝達できる情報量が少ないという欠点がある。そのため、メタル・ケーブルは画像通信に必要とされる十分な情報を送ることができない。第三のメディアが、同軸ケーブルである。その帯域幅は、音声やデータだけでなく、画像を送るのにも十分な容量を有している。それは、確実性は高いが高額である。第四が、マイクロ波である。それは、大きな帯域幅と廉価性を備えているが、信号が大気の状況によって遮られ、影響を受ける点で確実性は低い。近年のマイクロ波を利用した成功例が、携帯電話である。この媒体は、点と点の間のコミュニケーションよりも、マス・コミュニケーションにより適している（Abler 1991: 31-2）。第五の通信衛星は、必要とする通信機が安価で、孤立した地域によく適している。たとえば、一九六四年にはじまるＩＮＴＥＬＳＡＴ（国際電気通信衛星機構）は、一〇〇カ国で四〇〇以上の地上局を有している（Janelle 1991: 62）。最後に、大きな帯域幅をもった光ケーブルがある。光ケーブルは、同時におよそ四万の会話を扱い、毎秒二四六ビットの情報を送ることができる（Janelle 1991: 61; Mulgan 1991）。それはまた、最高度の信号の質を誇っているが、問題は高額であるという点にある。そのため光ケーブルの出現は、第三世界や先進社会の田舎のような孤立した地域にはなんら利益をもたらさない。

　このような新たなテクノロジーという文脈を前提とするならば、組織化資本主義から脱組織化資本主義への移行は、グローバル化、ローカル化、そして階層化のプロセスをともなうことになる。以下、その点について順に説明する。

組織化資本主義時代のモビリティの典型的なメディアとして、鉄道、メタル・ケーブルを介した電話、郵便、そして近年の道路網があげられる。そのすべては、主にナショナルな規模で（イギリス帝国におけるこれらのメディアの役割は注目に値するが）、「時間―空間の圧縮」や「時間―コストの圧縮」をもたらしている。それに対して、脱組織化資本主義の典型的な移動メディアが、光ケーブル、通信衛星、航空輸送である。これらは、グローバルな規模で時間―空間および時間―コストの圧縮を導いている。

ナショナルな鉄道網は、一九世紀後半の初期の組織化資本主義において現れた。鉄道は、効率的なナショナルな郵便網の前提条件の一つであった。第一次世界大戦直前に、効率的なナショナルな電話網がそれに続いた。アメリカでは、そうしたすべてのネットワークの相互連関性が、テオドール・ヴェイルのキャリアに表れている。ヴェイルは、一八七八―一八八七年、そして一九〇七―一九一九年の間、AT&T社の最高経営責任者であり、一八七八年以前にはアメリカ合衆国郵便公社の鉄道郵便局の局長であった。第一次世界大戦へといたる一〇年の間、AT&T社において彼は、統合された国内電話ネットワークを主導する立場にあった（Abler 1991: 37）。

「空間調整技術」によってもたらされた時間―空間の圧縮は、ある場所から別の場所への移動時間の短縮を意味している。鉄道、高速道路、鉄道郵便サービスを通じた組織化資本主義の輸送システムは、二つの大都市間の移動と同じくらい、二つの比較的小さな都市間の移動時間を大きく節約させた。だが、現代の航空会社は、事態を根本的に変化させている。ヨーロッパでは、小規模な空港しかない場所間の移動に関して鉄道の方が早い場合がしばしばあるとはいえ、主要空港間の移動時間はいまや時間―空間の圧縮によっておおむね縮小している。ポスト組織化資本主義時代の空間調整技術により、たとえばイギリス、ドイツ、イタリアの主要都市から（ヨーロッパのなかでもっとも濃い「網の目」を有する拠点である）フランスへの旅行に要する時間は、自国の地方の町への旅行に要する時間よりも短くなっている。場所間の一定の長さのコミュニケーションにかかるコストの縮小を意味する「時間―コストの圧縮」は、ナショナルなレベルよりも、いまやグローバルなレベルで生じている。というのも、衛星や光ケーブルが、ある国の特定の場所間のつながりよりも、異なる国家のグローバル都市間のつながりを作りあげているからである。「相対的所在地」、つまり人が結びつけられるあり方は、「絶対的所在地」よりも重要なのである（Brunn and Leinbach 1991: xvii）。

ここでは、こうした技術革新という文脈からローカル化について考えてみよう。世界的な電気通信ネットワークは、ヨーロッパ内部および北アメリカ、日本、ヨーロッパの間で、すなわちもっとも重要な貿易ルートに沿ってもっとも濃くなっている。だが、そうしたネットワークは、グローバル都市のなかでのみ際立つものであり、範囲で言えば「ローカル・ループ」式の電話交換局と同程度である。ときにこうしたネットワークの分厚い回路や交換処理能力は、グローバル都市の特定の場所に集中している。おそらく世界でもっとも「ワイヤーが張り巡らされた」都市であるニューヨークは、世界最大規模の通信センターを擁し、マイクロ波、衛星、光ケーブルといった通信チャンネルへの大規模なアクセスを可能にしている。それにより、一連の効果的で戦略的な「スマート・ビルディング」に、社内および企業間で用いられる最新の電気通信機器を備えた電子回路が供給されている。その回路には、速達サービスのピックアップ・ボックスから、衛星受信アンテナまで含まれている（Abler 1991: 33）。エンパイア・ステート・ビルディングや世界貿易センターのようなスマート・ビルディングは、ニューヨーク・テレポートのネットワークのノードとして機能している。ニューヨーク都市集積地域全体が、光ケーブルへの投資の中心地となっている。そこには、六ダース以上の光ケーブル・システムが存在するのである（Daniels 1991: 164; Mulgan 1991: 65）。

この種のローカル化は、ピオレとセーブルによって語られているものとは、かなり異なっている（Piore and Sabel 1984=1993）。それは、エミリア＝ロマーニャ州の伝統的で前近代的ユートピアにおけるローカル化ではなく、グローバル都市のよりコスモポリタン的で国際的なネットワークのなかにあるローカル化なのである。最先端をいく今日の資本主義の観点からみたとき、こうした脱統合は、主要都市の先進サービス産業や、同じ都市集積地域の周縁でそうした主要都市に向けてハイテク技術を供給する企業のなかで発展している。したがって、脱組織化資本主義は、市場とヒエラルキー構造を競合させるものではなく、むしろ、少なくとも中期的には、市場と、組織化資本主義でより顕著であった国家、コーポラティズム、アソシエーションといったその他の形態によるガバナンスの双方の勝利を示すものとなっている。

このことは、経済地理学者の間でおこなわれている重要な議論を説明するのに役立つかもしれない。一九七〇年代後半から一九八〇年代前半にかけて、マッシーなど「再編（restructuring）」という考え方を提唱する分析者によって、企業がさまざまな生産機能の空間的分散プロセスを経験していると論じられた。生産機能には、研究開発、熟練マニュアル労働、オフィス労働、そして多くの場合、国内の（しかしまた国を横断した）多様な場所でおこなわれている非熟練組立労働およびそれに類する労働が含まれている（Massey 1984=2000）。空間的分散をめぐるわれわれの当初の議論のなかでなされた分析は、マッシーや再編主義者に則したものであった（Lash and Urry 1987: ch.4 and 5、「再編」調査計画を徹底的に検討したものとして Bagguley et al. 1990）。

だがより近年、スコットやクリストファーソンとストーパーは、脱垂直統合した地区の新興セクターで集積が生じていると述べている（Scott 1988b; Christopherson and Storper 1986）。それは、生産システムの二つの段階の変化プロセスを含み、フォード・リバー・ルージュ・コンプレックス（complex）にみられる、垂直統合され、また空間的に集中している古典的なフォード主義的工場を変容させている。第一が、「再編」論の主張に従い、それまで垂直統合されていた企業が空間的に分散する段階である。第二が、そうした分散した企業が脱垂直統合を果たし、その後、特定の都市集積地域の豊かな市場ネットワークへと空間的に再び集まるプロセスである（Storper and Harrison 1990）。

だが、そこに再編理論の唯一の矛盾が存在している。現実世界では、両者のプロセスは同時に起こっているのである（Mulgan 1991; Garnham 1990; Sassen 1991; Sklair 1990=1995; King 1990）。垂直的（そして機能的）に統合した企業の空間的分散は、主要な都市集積地域にある脱垂直統合を果たした経済地区の成長とともに生じている。もっとも重要なことは、それが世界規模で生じている点である。前者のプロセスが、後者を引き起こしている。かなり大きなポスト工業に固有な構成要素に加え、多国籍企業は空間的に分散していることから、電気通信や高度な先進サービスの供給に対する大きなニーズを生みだしている（Castells 1989）。そのギャップは、脱垂直統合を果たした企業によって埋め合わされるようになっている。そうした企業は、生産者向け先進サービスおよびいくつかの消費者サービスを担っている。

さらに、脱垂直統合を果たした製造企業、先進サービス産業、および本社からなるクラスターは、都市集積地域の周縁に配置されたコンピューター会社や電気通信機器会社によって互いに結びつけられ統合されている。そうした電気通信企業は巨大な規模を誇っている。たとえば、一九八五年に、BT（ブリティシュ・テレコム）社は、二四万五〇〇〇人の従業員を擁し、六九億ポンドを売り上げ、九二億ポンドの資産を所有していた。それは、タイムス五〇〇インデックスにおいて、投下資本の点で五位、利益の点で六位であった。その投資計画は、年間一七億ポンドにまで及んだのである。当時、電気通信機器産業の三つの主要な供給者——GEC社、プレッシー社、STC社——は、それぞれ二一億ポンドから二五億ポンドの売上を記録していた（Garnham 1990: 136）。つけ加えるならば、電気通信とコンピュータ産業を分割する境界は早くも崩れつつある。というのも、アメリカで電気通信に対する規制緩和が決定された理由として、AT&T社がその機器子会社であるウェスタン・エレクトリック社を通じて、世界のコンピューター市場の巨人であるIBM社と競合できると見込まれたからである（Garnham 1990: 151）。さらに、文化ないしマス・コミュニケーション産業は、電気通信産業とますます区別できなくなってきている。国際ニュース・ネットワークおよび（現在のところアナログ電子信号を通じて放送されている）テレビのデジタル化、そしてそれを可能にする光ファイバーによる通信がその原因である。たとえば、画像、活字、音声には入力および出力経路が求められるが、将来のISDN（サービス総合ディジタル網）において両者の間に「入出力が組み合わさったデジタルの流れ」が存在するようになる（Garnham 1990: 137）。軍事研究を通じて多くのイノベーション、ツーリズム、レジャーを生みだしている航空会社や航空宇宙産業は、情報に満ち、サービス豊かで、コミュニケーション依存的な中核という、ポスト組織化資本主義の経済秩序が有する特性をすべて備えているのである。

三節　中核と周辺

このように相互に結びついた一連のプロセスは、中核と周辺の階層化に変化をもたらしている。それは、ブルジョアジーとプロレタリアートという古典的パラダイムとも、国家間の階層化をめぐる世界システム論とも異なっている。われわれの説明では、中核は、多少ともグローバル化した都市間の高度なネットワークにより形成されている。それは、「互いに隣接しないコミュニティがネットワークによって結ばれる村」なのである。それに対して周辺は、同じ国、かつての東欧、そして第三諸国の孤立した地域によって構成されている。われわれの見込みでは、時間―空間の圧縮の視点からみた場合、再編された世界秩序の中核と周辺の不均衡はますます大きくなる。

加えて、グローバル化はその影響力が到達する範囲において、いかなる意味でも対称的なプロセスとして理解されるべきではない。力をもつ者と相対的に力をもたない者への階層化は、情報を送信する者と受信する者によって部分的には生みだされており、情報は通常、コミュニケーション・メディアの網の目のもっとも濃い場所から送りだされている。その点に関して、先進国の間でさえ大きな違いが存在している。たとえば、一九八三年には、アメリカは世界中の電話機の三八%を占めるようになった。また、アメリカの郵便サービスは、日に三億二〇〇〇万個の郵便物を配達していたが、それは西欧の一日一人あたりの郵便物のおよそ四倍であった（Janelle 1991: 58）。

同様に、一九八一年に翻訳されたすべての書籍のうち四四%が、英語から翻訳されたものであった。その年に、約一万八〇〇〇点の本が英語から他の言語に翻訳されたが、わずか一二〇〇点が英語に翻訳されたにすぎなかった（Janelle 1991: 57-8）。郵便、電話、ファックス、テレビ番組、ラジオ番組、映画についていえば、ヨーロッパの先進諸国と、他を圧倒する英米二カ国の文化的巨人（それは影響力においてであって、価値においてでは決してない）が、自身が受けとるものと比べてあまりに不釣り合いなほど多くの量を供給しているのである。このことは、アメリカのＡＰ社、ＵＰＩ社、イギリスのロイター社、フランス通信社（ＡＦＰ）の文字通りわずか四社によって運営されている国際的な通信社に、見事なほどはっきりと表れている。これらの会社は巨大な組織である。ＡＦＰ社は、一六七の国と地域で働く一七一人のフルタイムのジャーナリストと一二〇〇人の特派員によって構成され、一万二〇〇〇の新聞と六九の国際的なニュース通信社によって利用されている。ケーブル、無線、衛星によって日に三〇〇万語が送信されている。情報は、通信社のジャーナリストによって世界中で集められパリに送られる。そこで情報は、世界中に再び配信される前に、分類され、書き直され、他の言語に翻訳されるのである（Janelle 1991: 60）。企業、大学、家族、そして社会科学者の「フィールド」といった、あらゆる組織、機関、領域でより多くの情報が、中核に集まる影響力をもつ人びとによって発信されている。それに対して、周辺に位置する者は最終的な受け手になりがちである。

　ハーバマスは、彼が構築した社会理論のコーパスにおいて、権力を、言語行為の形式で伝達されるコミュニケーションの受容ないし拒否の問題としてもっぱら理解している（Habermas 1981=1985-7）。そこでハーバマスは、同意か不同意かを潜在的に規定する、認知的および道徳的発話に焦点を当てている。だが、これまで分析された多くのグローバルな伝達は、事実についての言明でも価値についての言明でもなく、また記述的発話とも認知的発話とも異なっている。それはむしろ、より「詩的な」機能をもつ発話である（Habermas 1987=1999; Jakobson 1960）。権力は、受け手による発話の受容を通して即座に行使されるわけではない。ポピュラー・カルチャーの物語や音楽は、そうした詩的機能を通して作動している。『ダラス』、『ダイナスティ』、アメリカ映画、そして英米のポップ・ミュージックは、発話の受容を通じてではなく、メディアそのものを構成するコミュニケーションを通じてその効果を実現している。そうしたコミュニケーションのなかで、人は同意や拒否をおこなうのである。したがって、中核から伝達された詩的機能をもった情報は、周辺に位置する人びとが分類する事物よりも、その分類カテゴリー自体に影響を与えているのである。ポピュラー・カルチャーに由来するこうした詩的ディスコースは、「ミューザック」と同じやり方で、自我に影響を与えている。それは存在し、あまねく広がっているが、判断の対象ではない。人はそれに同意も拒否もおこなうことができないからである。

　おそらく詩的ディスコースは、認知的あるいは道徳的ディスコースと比べて、よりたちの悪いものである。後者の双方において、人は発言を拒否する権利を有している。だが、前者は、われわれに受容や拒否の権利を与えず、身体レベルで影響を及ぼしている。詩的ディスコースは、われわれが遂行している儀礼の構成要素である。詩的ディスコースはほとんど媒介されることのない普遍的なものを構成しており、いまや多くの国の人びとがそのなかでコミュニケーションをおこなっている。したがって、詩的ディスコースとして機能するグローバル化したポピュラー・カルチャーは、すべての人にとっての「宗教生活の基本形態」となっている。それにより、反省を欠き、いくぶん直接的で、国際化したハビトゥスに形が与えられるのである。

　さらに述べれば、ネットワーク化したコミュニケーションのフローだけでなく、ネットワーク化した主体も高度に階層化している。先進社会の専門―管理職階級は、誰よりも自由に好きな場所へといくことができる階級である。彼女／彼らは、休日や仕事で国を股にかけ、遠く離れたあらゆる場所を訪れている。その際、この階級は、従来のサービス提供のやり方とは区別される先進的なサービスを提供している。たとえば、コンサルタント業務、合併の締結、入手したばかりの海外の子会社に対する検査、国際会議における発表などである（彼女／彼らは、デヴィッド・ロッジの「小さな世界」を経験している。Lodge 1983=2001）。したがって、この階級の生活は、部分的であるとはいえ、その本性上、「旅行者風」になっている（Urry 1990c=1995）。さらに、都市中心部の「新たな居住者」として、この階級は旅行者と同様のサービス――それは多かれ少なかれ「家庭的」なものではあるが――を消費している。熟練マニュアル労働者や日常業務に従事するホワイトカラーといった（「三分の二社会」の真ん中の三分の一に位置する）中間的な階級は、主に定められた夏季休暇の間、旅行者として過ごしている。そのため、地中海や近年増加しているマイアミへと渡るイギリス人のように、あちこちを年に一度だけ巡っているのである。その大部分が移民であるポスト組織化資本主義に現れた新たなアンダークラスは、循環こそしないものの移動をおこなっている。またこの階級は、母国へのたまの帰郷を挟みながらも留まり続け、グローバル都市の新たな上流階級が消費する低付加価値サービスを供給するようになっている（Sassen 1988=1992）。ノーム・チョムスキーの言葉で表現するならば、三分の二社会のなかで、第三世界からの移民（そして、いまや「第二世界」からの移民）により構成されている下位三分の一の人びとが、残りの三分の二の人びとの「靴を磨いている」のである。

3 再帰的主体

組織化資本主義の結果、記号と空間の経済が変容している点についてこれまで概観してきた。そこで、高速度でかつてない広大な範囲を移動する、現代の主体（労働、移民、ツーリスト）と客体（財、資本、貨幣、コミュニケーション、商品）の軌跡について検討をおこなった。描かれたシナリオは爽快なものであったが、それがもつ意味は不吉である。それは、高速度での移動が、時間と空間を「圧縮する」ことで社会関係を同時に「分離」し、主体と客体の双方を空白化へと導いているというものである。このように加速するモビリティは、客体を廃棄可能なものとし、その重要性を減少させる一方で、社会関係は意味を失っている。

このディストピア的なシナリオのなかで、ハーヴェイとジェームソンといった左派マルクス主義者と、フーコーや多くのフランスの理論にみられる「記号論的左派」は、商品化の分析において多くの点で一致している。「言語論的転回」を採用する者にとってディストピア的なシナリオが意味するのは、規律実践による専制、つまり「言語中心主義的」あるいは「男性中心主義的」シニフィアン実践の専制の拡大である。さらに、この共有されたディストピア的擬似―進化論のなかで、マルクス主義と脱構築の政治はより保守的な勢力と合流することとなる。保守勢力は、空白化をめぐる社会文化的プロセスを、過去から受け継がれた確固とした一連の「基盤」の観点から認識している。そうした基盤には、ユダヤ―キリスト教的伝統（ダニエル・ベル）、古典古代（アラン・ブルーム、レオ・シュトラウス）、家族（クリストファー・ラッシュ）が存在している。

われわれの考えでは、現代の政治経済の空間化と記号化はその帰結において、多くの論者によって示唆されているものよりも有害ではない。というのも、こうした変化が主体、つまり自己（the self）にもたらす影響は、単に空白化やフラット化だけではないからである。むしろ、そうした変化は同様に、「再帰性」の進展を助長するものである。現代の政治経済の近代化とポスト近代化は、自己の単なるフラット化だけではなく、その深化をももたらしている。組織化資本主義の終焉にともなう主体の再帰性の高まりにより、社会関係――たとえば、親密な関係、友情、職場関係、レジャー、消費――は多くの積極的な可能性に開かれるようになっている。

本章は、そのような再帰性の分析と関わっている。ここでの関心は、主に理論的なものである（経験的な議論は後の章で展開される）。近年、こうした現代社会の再帰性の高まりをとり扱う、かなり影響力のある重要な二つの方法が存在している——それはウルリッヒ・ベックとアンソニー・ギデンズによるものである。本章は、この二人の貢献者について検討するとともに、彼らに準拠したものとなるであろう。この二人の理論家は、再帰性の認知的な次元に特に専念しているものの、今日の自己とかかわる再帰性のあらゆる次元に目を配ることに失敗している点が議論されるであろう。彼らは、近代的自己の美的—表出的次元を見逃しているのである。さらに、彼らの自己についての考え方は十分に「具体化」されておらず、自我（the ego）と似たやり方で構築されすぎている。彼らが提示する主体の観念は、身体を再帰的に管理する実体であって、それ自体が身体とはみなされていない。マルセル・モースやチャールズ・テイラーの成果に重要な点で依拠しながら、われわれが提示する現代的自己の美的で身体的な性質を帯びた、もう一つの再帰性の観念が発展させられるであろう。

ベック、ギデンズ、そしてわれわれの各々の事例には、エージェンシーと構造の関係をめぐり、ある同一性が存在している。エージェンシーとしての再帰性の三つの考え方は、社会—文化的構造の構想、言い換えれば近代の構想と一致している。ベックの主体性に対応するのが、エリアスやハーバマスによる近代の啓蒙プロジェクトである。同様に、「存在論的安心」に基礎づけられたギデンズによるエージェンシーがもつ別の側面には、デュルケム、テンニース、パーソンズの古典的な社会理論パラダイムに多くみられる、伝統と対置された近代の考え方がある。同様に、より美的な基礎をもつわれわれの再帰性と一致するのが、コスモポリタンの空間的に異種混交化した場所(heterotopia)としての近代の考え方である。それは、ボードリヤール、ジンメル、ベンヤミンによる近代である。

ただし、再帰性の認知的次元は、今日の社会的プロセスや社会変化においてとるに足らない側面であると述べるつもりはない。さらに述べるならば、認知的および美的双方の意味で、再帰性の考え方は、本書を通じて議論される、企業構造、労働過程、工業関係、イメージの生産、ポスト工業主義とツーリズムの性質、時間、そしてグローバル化の構造変化の特徴となっているのである。

まずはじめに、ベックの「リスク社会」の概念について検討しよう。

一節　再帰的近代化——リスク社会

ベックは、再帰的近代化の概念を発展させることで、ポスト近代の政治経済がもつ破滅的シナリオに反論している。彼は、後期近代の否定的な帰結に対する解決法は、近代の拒否ではなくその徹底であると主張する。後期近代は、商品化や科学技術による道具的理性の支配をもたらしただけでなく、個人がそうした変化やその社会的存立条件を批判的に反省し、その結果、それらを変えていく可能性を開いたのである。

ベックは、われわれが工業社会から「リスク社会」へといたる途上にあると述べている（Beck 1992a=1998; 1992b）。政治的なコンフリクトや分断が正の財（goods）の分配をめぐる論理によって定義されていた社会的状況から、そうした分断が「負の財（bads）」、つまりハザードとリスクの分配によって定義される状況へと向かっている。国民社会は、正の財の分配を中心に構成されている。対照的に、リスク社会はいかなる国境をも知らない。たとえば、チェルノブイリの影響は、ヨーロッパに広く及んでいる（六年経ったいまでも、その影響の一部がイングランド北西部の湖水地方に残っている）。リスク社会は、国民社会の終焉であり、ブラジルの熱帯雨林の世界であり、そしてまた、たとえばインドで火事の際に用いられる消火器があらゆる人びとを保護しているオゾン層に影響を与える世界なのである（Beck 1992a: 42=1998: 60-2)。

リスク社会は階級社会ではない。というのも、富裕層も同様に、エコロジカルなハザードにさらされているからである。だが、現実には貧困層が最悪の影響を被っており、その結果、第三世界と先進社会との間に特に先鋭化した国際的な分断が生じることになる。第三世界諸国は通常、きわめて合理的なことであるが、経済的窮乏を改善することが宇宙の破壊といった抽象的問題よりも重要であると考えるであろう。その結果、こうした国々の住民は、環境の悪化によってもっとも被害を被ることになる。この点は、これらの住民が世界の「ゴミ箱」の役割を担っている場合、特に当てはまる。その結果、先進国では、オゾン層の問題に加え、今後も豊かな北への「環境難民」あるいは「気候庇護希望者」という文字通りの脱出をもたらすかもしれない。

リスク社会では、工業社会の階級間分断に代わり、経済のセクター間対立がより頻繁に生じる傾向にある。化学、バイオテクノロジー、核、そして多くの重工業といったセクターは、「リスク勝者」であるかもしれない。それに対して、食品産業、ツーリズム産業、水産業、いくつかの貿易産業や多くのサービス産業は、「リスク敗者」であるかもしれない。ベックは、リスク社会は重要な意味において工業社会であると強調している。一九世紀から二〇世紀初頭にかけて現れた工業セクターは、しばしば環境をめぐる深刻なハザードを生みだしてきた。さらに、たとえ先進諸国に住む人びとの大半が、生産財よりも「記号」財を生産し、消費しているとしても、工業部門で生産され消費されている財の絶対量は、先進国、そしてとりわけ途上国でかつてないほど高まっているのである。

ベックの分析は、前工業社会、工業社会、リスク社会という三段階の時代区分に基づいている。この三つのタイプの社会はともに、リスクとハザードを有しているが、それぞれが関与するリスクのタイプには質的な違いがある。

前近代社会の典型的なリスクは、「人間によって」作られたものではない。それは、出産、飢饉、伝染病、収穫を台無しにする悪天候といった「自然的なもの」である。さらに、たとえ戦争による惨事といった人為的なものであったとしても、リスクは、技術―経済的発展から直接に生じたものではない。

「存在のあらゆる隙間に不確実性をもたらす」近代工業社会は、こうしたあり方すべてを変えてしまった。ハザードとリスクはもはや神や運命へと「外部帰属」されなくなった。つまり、外部に存在するエージェント（agent）は、もはや説明責任を負うことができなくなったのである。それに代わり、近代には、ハザードとリスクの結果に対する新たな社会的な説明責任が存在している。ベックによると、近代は「工業によって生みだされたハザードと損害に対する社会契約に関する対抗原理を有している。それは、公的および私的な補償契約をともに縫い合わせるものである」。「進歩への合意」をともに含む社会契約は、「社会的な説明責任、補償、予防措置をめぐる規則によって構成される規範システム」にとって代わられたのである（Beck 1992a: 61-4=1998: 95-100; 1992b: 98-100)。保険原理は、ハザードを「体系的に生みだされ、統計的に記述可能な」ものとして理解する。保険原理が計算するものは、一種の「安全協定」である。それは、「計算不可能なものを計算可能にする」ことを通じて、「開かれた不確かな未来に直面するなかで、現在に安全をもたらしている」（Beck 1992a: 33-4=1998: 46-7; 1992b: 100-1)。

ベックは、次のような社会を「リスク社会」と名づけた。それは、第一に、リスクが社会的組織化の主要原理となり、第二に、リスクが、計算不可能、補償不可能、制限不可能、そして説明不可能といった、かなり特有の形態をとる社会である。今日のリスク社会では、社会契約、つまり初期近代の安全協定は損なわれている。現在の「核、化学、遺伝子技術」の時代は、むしろ予防措置のための余地がますます少なくなった「保険が及ばない社会」である。リスク社会は、工業社会におけるリスク計算の「四つの柱」のすべてを破壊しているのである。

第一に、グローバルに広がる修復不可能な損傷を補償することは不可能である。というのも、そうした損傷には、原理的に限界といったものが存在しないからである。第二に、予測される結果をモニタリングすることができないことから、損傷に対する予防とアフターケアは不可能である。第三に、次から次へと果てしなくやってくる現代のエコロジカルなカタストロフィーがもつ時間—空間次元が未来世代にも同様に影響を与えることで、リスクに対する制限は破られている。第四に、「汚染者負担」の原則を遂行することがますます困難になり、説明責任の終焉に直面している（Beck 1992a: 22-8=1998: 28-37; 1992b: 102-3）。その結果、工業社会に存在した社会契約はかなり損なわれている。それは、進歩がもつ価値についての新たな不同意、今日の福祉国家の危機、そしてリスクをある種の神話的運命（fortuna）へと外部化する新たな傾向にみることができる。

ここでは、どの種の近代化の理論が問題となっているのだろうか。ベックは、前工業社会、工業社会、リスク社会からなる年表を提示している。一九世紀および二〇世紀初頭の工業社会は、「単純な近代化」のプロセスを経験した。それに対して、リスク社会では、近代化は「再帰的」なものとなる。ベックにとって単純な近代社会は、数多くの封建制および階級社会（ständisch）という性格を帯びている。レナーのような以前の分析者のようにベックは、労働組合や独占資本主義連合をもっぱら階級的な意味で理解しており、そうした組織は近代化による個人化のプロセスによってとり除かれる運命にあると考えている。さらに、工業社会の古典的な核家族は、個人化のプロセスを通じて将来変化することになるとはいえ、重要な意味でいまだ階級的である。リスク社会においてさえ、多くの階級的な残存物が存在している。たとえば、科学者、技術者、専門家のギルドは、科学的知識やその影響力をいまだ大いに独占しているのである。

工業社会の近代化が単純なものであるとすれば、リスク社会の近代化は再帰的なものである。より正確には、リスク社会の近代化のごく一部分が再帰的となっているにすぎない。事実、科学技術エリートによって支配される意思決定と制度によってもたらされる近代化は、再帰的なものではなく、初期の単純な近代化の暗黒面のもっとも悪質な余剰物を拡大するものである。この点でベックは、この種の近代化も再帰的であると考えるギデンズとは異なっている。ベックにとって、エリートへの批判によってもたらされる近代化のみが再帰的なのである。そのため、近代化が徹底的に再帰的にならなければ、完全な近代化は不可能である。

リスク社会の中心原理は知識である。だが、ベックの考え方は、科学技術エリートを敵役に据え、それを「リスク勝者」としてとらえるベルの見方とは異なっている。リスクがもつ意義は、政治領域の変容である。ベックは、科学者と資本との間の同盟について語っている。だが、もし資本が工業社会の支配階級のヘゲモニー側であったならば、リスク社会において同様の地位にあるのが科学である（Beck 1991）。その結果、権力は、議会、政党、法制度から、科学者によって構成される法人組織へと移転している。そうした組織は、たとえばドイツでは「ドイツ技術者協会」や「標準研究所」を通じて作動している。科学が有する権力の浸透は、立法において体現されている。たとえば、原子力法では、必要な予防措置の問題が、「テクノロジーの状態」と一致するよう定義されたのである。この種の定義は、環境省の諮問機関であり工学社会の利害を代表する、ドイツ原子炉安全委員会の「ガイドライン」のなかで定められている（Beck 1992a=1998; 1992b: 106-9）。

そのように科学の利益を追求する権力は、理論がもつ一般的な論理や実験が影響力を有していた以前の時代では、より受け入れられたかもしれない。だが、原子炉や試験管ベビーは、作られてはじめて実験が可能となる。リスク社会において実験は、それが応用された後に可能になるのであり、生産は調査に先立っておこなわれなければならない。完全に探究される以前に科学的問題の応用が期待されることは、リスク社会において「実験室と社会の境界」を消し去るものであり、こうしたテクノロジーの独占は「隠された社会変化の独占」となる（Beck 1992a: 156=1998: 318-9; 1992b: 108-9）。

では、ベックにとって再帰性が有する力は何に由来するのだろうか。彼は、『リスク社会［邦題：危険社会］』のなかで、構造とエージェンシーの観点から主に議論をおこなっている。この点からみた場合、エージェントは、近代化にともない構造的な決定からかつてなく自由になり、実際に構造を反省し、またそれを変えることができるようになる。その一部は、彼の著書のまさに中心にある個人化のプロセスと結びついており、またその一部は、ルーマンの構造機能主義に対する応答として存在している。ベックはより近年、実践的・政治的・政策志向的な活動にますます従事するようになるにつれ、再帰性を制度の特性としてよりとらえるようになっている（Beck 1991; 1992b）。彼は、新しい一連の政治制度が必要であると述べている。というのも、いまや政治領域において、法の合理性、民主主義、および進歩の仮定に関する基礎が失われ、また公共圏において、調査実験室、科学工場、裁判所、編集室といった準政府機関への権力移転が生じているからである。もっとも重要なのが、何がリスクかを決定する象徴的権力をめぐる戦いである。そこには、アメリカ合衆国憲法のような、特に現代向けにあつらえられた分権が必要とされる。このようにリスク社会の政治体制は、「科学的証明の境界」の区分の見直しを制度化するものとなるであろう。真の意味で領域横断的に専門を超えた参加者によって構成される組織が、体系的な選択肢を提言し、また反対意見や反対する専門家のために一つのフォーラムを準備するであろう。

そうした組織は、コーポラティズムに沿って部分的に構造化される一種のエコロジカルな「上院」の形態をとっており、科学的結果をめぐる「言説を審査する第二センター」としての「公共科学」を構成するであろう（Beck 1991: 51; 1992b: 119）。それは、科学とビジネス、科学および消費者の代表機関、テクノジーと法律などと関係する、一連のより小規模な組織から成り立っている。ここで説明責任の改変にとって鍵となるのが、ハザードの生産者と評価者の分離である。

ベックは、新しい社会運動や公共圏における啓蒙された中流階級の意見を重視しているが、リスク社会における再帰性のエージェントの中核となるのは、日常生活を営む、さほど学歴の高くない小規模なブルジョア層や労働者である。重要なことは、「アルプスの小屋から北海の干潟の間に暮らすすべての者が、いまや中核都市の言語を理解し、それを用いて話をおこなっている」（Beck 1992b: 115）点である。マス・メディアの制度は、大きな影響力を有している。というのもマス・メディアは、「枯れた木々や死にゆくアザラシのニュースのなかのイメージ」を通して、世論向けに象徴的な言葉を作りだすからである（Beck 1992b: 119）。逆説的にもメディアは、見世物化（spectacularization）という自身の「ポスト近代的」利益に従いつつ、それをおこなうのである。つまり、メディアが作りだす「見世物」の意図せざる結果は、世論を瑣末なものにすることではなく、世論のために新たな再帰性を基礎づける、感情を掻き立てる象徴の土台を作りあげることにある。こうしたポスト近代の「死せる象徴」がもつ逆説的な帰結として、フラット化した現在よりも、モースによる贈与社会の象徴交換に沿った形で、生きた重大な領域が供給される点があげられる。

このように、ベックにとって再帰的近代化は、典型的には知識を通じた科学の審問、あるいは知識に基づく知識の自己反省をともなうものである。リスク社会のハザードがもつ圧倒的な性質がこの点を強化している。したがって彼は、ハザードの影響力の神秘化へと退行するのではなく、近代の再帰的な徹底化という解決法を提案する。よりはっきり述べれば、再帰性は、計算不可能、説明不可能、補償不可能、制限不可能といった性質をもつ、現代のリスクに対する合理的なとり組みのなかに典型的に現れている。

『リスク社会』の他の大部分は、階級社会、古典的核家族、大量工業生産という三つの固有の構造の解体が、どのように個人化のプロセスを導いているのかという点に割かれている（Beck 1992a: 87-90=1998: 139-43）。このプロセスは、男性と女性の双方に、かつて選択する必要のなかった生活に関する事柄についての決定を強いている。たとえば、子どもをもつべきか、別居あるいは離婚すべきか、再婚という状況において家族をどのように扱うべきか、必ず結婚すべきか、同性を選ぶべきか、といった選択である（Beck 1992a: 105-24=1998: 196-251）。人びとはまた、よりフレキシブルな働き方を管理することが義務づけられている（Beck 1992a: 146-7=1998: 288-91）。社会の存立条件への反省が強いられることから、こうした構造的に強制される決定はリスク社会のもう一つの主要な側面となっている。

ベックの作品は、数多くの伝統的な論争の再考をわれわれに迫ったことにより、ヨーロッパ社会学の一つの基準を打ち立てることに貢献することとなった。だが、彼が提案する認知的な考え方に基づく再帰性は、近代および近代化をめぐる正統派の考え方と驚くほど結びついている。ベックが基本的に分析していることは、近代の啓蒙プロジェクトである。啓蒙プロジェクトには、進歩のメタ物語が存在している。それには三つの段階があるが、実際には「脱伝統化」のプロセスをともなう進化論的なものである。さらに、彼にとって変化とは、構造的なものではなく、エージェンシーによる批判を通じて生じるものである。それは再び、ハーバマスや啓蒙主義者と類似し、近代化に関するマルクス主義者や社会学的構造主義のモデルとは異なっている。そして最後に、彼の批判についての考え方は、美的ないし解釈学的なものではなく、合理的で認知的なものである。啓蒙主義やハーバマスにみられる認知的批判は、道徳的および政治的変化のための手段である。ドイツの社会科学や啓蒙された公共生活のなかに偏在しているようにみえる「学習プロセス（*Lernprozess*）」という考え方が、この点を確証している（Beck 1992a: 177-88=1998: 367-75）。リルケやゴットフリート・ベンの熱狂的ファンであり、自身高名なエッセイストであり散文家であったベックは、近代的自己の起源に、美的再帰性を完全な形でとり入れた。それにもかかわらず、逆説的にも彼の再帰的近代化の理論は、美的次元をほぼ完全に無視したのである。だが、リスク社会の特徴である環境に対する再帰性が高まるにつれ、人びとの態度や感覚は、美的そして表出的に形成されるようになっている。それは、イングランドのロマン主義の歴史が示している（ワーズワースの環境主義については、Bate 1991=2000 および Urry 1992）。

二節　ギデンズ――近代の自己再帰性

ベックの理論と近年のギデンズの研究は、以下の点で驚くほど収斂している。近代主義やポスト近代主義という広く認められた考え方を拒絶している点、近代の分析において大いに社会学的である点、近代を再帰性のための一つの中心的で拡張する場所の観点から検討している点、「構造とエージェンシー」の弁証法に大きな関心を抱いている点、ギデンズが「外延性」と呼ぶグローバル化の問題や、「内包性」と呼ぶ私的領域、つまりセクシュアリティや愛情関係に広く関心を抱いている点、現代社会におけるリスクの役割にとって中心となる場所を明らかにしている点。そして、本書にとって重要なことであるが、再帰性や近代の考え方のなかに、美的なもの、身体、差異、異質性のための余地がほとんど残されていない点である。

だが、ベックとギデンズはまた、かなり異なるタイプの社会学者である。ベックは、一面ではエッセイストで、また一面では労働関係と家族に関する研究を専門とする制度についての中範囲理論の社会学者である。彼が後におこなった科学社会学や環境社会学に関する調査研究は、再帰的近代化論の形成を導いた。その後、彼は再帰的近代化の理論を用い、その他の社会制度や一般的な社会変化を再検討した。それに対して、ギデンズは純然たる一般社会理論家である。したがって彼の分析は、共通する問題に対して、ベックよりも概念的深遠さを保持している。だが、ギデンズは概念に対する慧眼を有する一方で、ベックの認識枠組みの方が、社会変動の分析にとってより重要であるかもしれない。ベックの再帰性は、主に社会構造の重大な変化を導くものであるのに対して、ギデンズの再帰性は、構造の再生産のためにもっぱら機能するものだからである。また、ベックによるエージェントは、社会的なものの規範や構造に対して反省をおこなうが、ギデンズのエージェンシーは、ますます自己再帰的になっていく。それは、社会的なものに対して再帰的になるのではなく、自身の個人的な自伝的ナラティブの組織化のなかで再帰的になるのである。

ギデンズの再帰性の包括的な定義には、四つの主要な特徴がある。第一に、社会的慣習に関する知識が自己の行為のモニタリングに寄与するものとしてみなされる一方で、社会的なものの性質に対してよりも、そうしたモニタリングに注意が向けられている。第二に、知識や知恵が、そうしたモニタリングに非常に重要な役割を果たすことになる。というのも、「すべての社会」の「すべての人間の活動」のなかで、エージェントは自身の行為に「言説的解釈」を施すことができるからである（Giddens 1991a: 35=2005: 38）。第三に、ギデンズの再帰性の観念はかなり「戦略的」であり、その考え方は、ゴフマン、エスノメソドロジー、ブルデューと共通する一方で、ベックやハーバマスと鋭い対照をなしている。そして第四に、ギデンズは、「言説的説明」よりも、「言説的解釈」という用語を用いている。それは、彼の再帰性の理解が、「解釈学的」であることを示すものである。実証主義と対照的に、解釈学は、ロマン主義と深いつながりをもつ、美的で直感を重視する社会学の伝統と結びついている。だが、興味深いことに、そうした考え方をギデンズに見出すことはできない。というのも、ギデンズの自己の考え方は、実証主義的傾向をかなり強く帯びた自我心理学に基づいているためである。

ギデンズによる近代的で媒介された再帰性は、彼が「脱埋め込み化メカニズム」と呼ぶ、「時間—空間の分離」をもたらす事象を通じて生じている。そのメカニズムは、社会関係が伝統的なゲマインシャフトの直接性から脱埋め込み化され、あるいは「離床」させられ、「無限に広がる時間—空間を横断し、再び結びつけられる」（Giddens 1991a: 18; Giddens 1990: 21-9）方法を指している。脱埋め込み化メカニズムとは、媒介されたシステムあるいは「抽象的システム」のことである。それには二つのタイプが存在する。一つが、貨幣のような象徴的通標であり、もう一つが、「技術的知識」や社会的知識の「様式の展開を通じて」「時間と空間を括弧に入れる」「専門家システム」

である（Giddens 1991a: 18=2005: 19-20、詳細は本書第九章以降）。技術的知識と結びついた「専門家システム」は、航空機、原子力エネルギー、食料、住居などを含んでいる。伝統社会における「信頼関係」が人間同士のものであるとすれば、近代における信頼のかなりの部分は、脱埋め込み化した抽象的システムに置かれることになる。抽象的システムには、メディアに加え、多様な形態の知識が含まれる。

『近代の帰結［邦題：近代とはいかなる時代か?］』では、社会変動が伝統と近代という二つの局面との根本的な「断絶」として理解されている（Giddens 1990=1993）。『近代と自己アイデンティティ［邦題：モダニティと自己アイデンティティ］』では、高度近代および後期近代という第三の局面が登場している。その見方によると、初期近代では、専門家システムがまさに「神の理性」の役割を担っていた。だが、高度近代では、この種の啓蒙プロジェクトは、専門家システムに対する「体系化した審問と疑念」によって根本的に挑戦されている。つまり再帰性は、「新たな情報や知識の観点からの継続的な改定」をもたらすものとなっている。そうした情報や知識が、自己を通じて知識の確実性を掘り崩しているのである（Giddens 1991a: 20=2005: 22）。

ギデンズはまた、このような制度はそれ自体、再帰的であると示唆している。たとえば彼は、近代国家を「再帰的にモニタリングされたシステム」とみなしている。近代的組織は、まずもって官僚的なものとしてではなく、「近代社会が可能にし、また近代社会が必然的にともなう集権化した再帰的モニタリング」という点から理解されなければならない（Giddens 1991a: 16=2005: 17）。したがってギデンズは、ヴェーバーと異なり、制度的合理化の輝かしい側面をみている。実際彼は、社会科学やさまざまな心理セラピーといった言説がもつ積極面を評価する点で、一種の反フーコー主義者なのである。

ギデンズは、ベックによるリスク社会の考え方に賛同している。彼は、「神の理性」の有効性に懐疑的である。というのも、「抽象的システムに浸透した知識が有する移り気で意図しない結果」や「知識の環境への継続的なフローが……不確かさを生みだしている。それは、知識に基づく予期を頻繁に混乱させる」（Giddens 1991a: 28-29=2005: 31-2）、そうした経験をわれわれは有しているためである。ベックとギデンズの両者は、このような意図せざる結果を、後期近代のリスク社会におけるハザードないしリスクとしてとらえている。ただしギデンズは、「リスク評価における……反事実的な可能性の」継続的な「熟慮」を意味するリスクの観念を、職場や個人の私的生活といった社会的活動のより幅広い領域にまで拡張している。ギデンズはこの点をあまりに強調するために、未来に関するわれわれの理解は変化し、それゆえ未来は、もはや「到来する出来事の予期」ではなく、むしろ保険数理士が保険目的のリスク計算の際におこなうものとして理解されている。したがって、高度近代の「専門知識と尋常ならざる結果の組み合わせ」が、反実仮想とリスクの重要性を導くのである。ライフ・コースは、もはや伝統によって統治される経路ではなく、リスクと機会によってとり囲まれた一連の経路なのである（Giddens 1991a: 79=2005: 87-8）。心理セラピーのような専門家システムそのものの使用が、再びリスクと機会の問題を構成するようになる。事実、この見地からみた場合、高度近代の単純再生産は、エージェントがリスクを引き受けるという条件下でのみ可能となる。

こうした再帰性の考え方には、社会的再生産へと方向づけられる保守的な偏向が組み込まれている。ギデンズにとってそれは、「出来事の連続性と秩序の感覚」に基づく「存在論的安心」の概念に基礎を置くものである（Giddens 1991a: 243=2005: 279）。存在論的安心を抱く個人は、予期可能なルーティンによる規律につなぎとめられている。「ルーティンによる規律は、存在論的安心の基本要素である実存に関わる『定形枠組み』の構成に寄与している。それは、『存在』の感覚を養い、『非在』から切り離されることで可能となっている」(Giddens 1991a: 39=2005: 43)。

ギデンズにとって存在論的安心は、三つの水準で作用するものである。第一が、無意識の水準である。それは、実存精神分析の作品にみることができる。第二が、実践意識である。それは、ルールや「社会的慣習」の枠組みが利用可能であるが、エージェントがそれを言葉により表現し、明確に定式化できないものである。そして第三が、言説的意識である。それは多くの場合、時間―空間的に分離した抽象的システムの媒介を通じて、そうしたルールを明確な言葉で定式化したものである。無意識的関係や個人的関係であろうと、実践意識であろうと、伝統と近代のどちらであろうと、いずれにせよ存在論的安心は、ある特定の「括弧入れ」作業を実行するルールからなる、これらの定形枠組みを通じて実現される。括弧入れがおこなうのは、個人のために、混沌から秩序を形成し、無政府主義的な偶有性から予測可能なルーティンを生みだすことである。無意識は、そのための基礎を提供している。ここでギデンズの見方は、実存心理学、エリクソンの自我心理学、そして近年のウィニコットによる対象関係論にその基礎を置いている(Giddens 1991a=2005)。存在論的安心は、幼児と保護者との間の「無意識の社会性」に基づく「基本的信頼」関係に依拠している。ここで鍵となるのが、幼児が全能感をもった状態から、他者の存在を認識する状態への移行である。基本的信頼は、保護者による幼児の養育や、保護者の最初の不在状態のなかで構築される。全能感から他者存在の認識への移行は、その両極が幼児と他者としての保護者によって構成される「潜在的空間」ないし場の可能性を開くものである。養育と分離の関係が、一貫し、秩序づけられ、また十分なものであるならば、そうした場や潜在的空間はそれ自体、存在論的安心のための比較的安定的な枠組みや基礎の一部となるであろう(Giddens 1991a: 41=2005: 44-5; 1990: 92-9=1993: 116-26)。潜在的空間は、どれほど安定的なものであろうとも、不安以外のものを基盤にして構造化されることはない。不安は、存在論的安心のもう一つの側面なのである。不安は存在論的安心が揺らいでいるときに生じる。だが、保護者の不在によって喚起される不安は、基本的信頼の発達のための領域を生みだす「一つの時間―空間関係」なのである。ウィニコットによる「基本的安心システム」を通じて構成されるそうした潜在的空間、領域、場はまた、「対象世界の特性の認識」を通じた認知的学習プロセスの最初の原動力になるとともに、同一化プロセスの最初の原動力となっている(Giddens 1991a: 45-6=2005: 49)。

「実践意識」は、感情的・認知的な拠り所である「自然的態度」として機能している。したがって、エスノメソドロジーのミクロ社会学において描写される日々のルーティンは、単に認知的側面からだけでなく、感情的側面でも重要性を帯びている。つまり、実践意識を「持続させる」ためには、行為の継続的なモニタリングが必要なのである(Giddens 1991a: 39=2005: 42)。さらに、ガーフィンケルの社会実験によって例証されているように、実践意識の失敗は許容困難な水準の不安を生みだす。そのため、日々の活動のルーティンが、定形枠組みを作りだすのである。つまり、ルーティンは「エージェントの身体的・心理的統一性を脅かす出来事」を括弧に入れることで、「保護膜」を形成する(Giddens 1991a: 40=2005: 43)。ガーフィンケルの実験にみられたように、保護膜が剝がされた結果、この種の不安が生じるのである。

このような存在論的安心の考え方は、近代にも拡張されている。近代において信頼は、もはや保護者や前近代社会の重要な他者ではなく、もっぱら抽象的システムに置かれることになる。近代において括弧入れをおこなうのは、抽象的システムなのである。たとえば、信用としての貨幣のような抽象的システムが「括弧入れ」をおこなっている。それはまた、距離を越えた関係を可能にすることで、時間を「括弧に入れている」。さらに専門家システムは、時間と空間を「括弧に入れ」、技術的知識の発展を通じて個人の知識を「括弧に入れている」。加えて近代において信頼は、混沌、リスク、ハザードに満ちた世界のなかに確実性の島々を生みだす――実際にハザードを減少させる――抽象的システムに与えられている。このように抽象的システムは、近代社会を再生産するために機能しているのである。

デュルケムのアノミーと同様に、ギデンズの不安概念は、（ホッブスにおける）恐怖とは異なっている。恐怖は、はっきりとした対象に向けられるが、アノミーや不安は、むしろより未分化な感情を指している。また、アノミーが社会構造の特性であるのに対して、不安は個人の特性を表している。さらに不安は、無意識的なものと重要な点で関係している。一方で、不安は無意識のなかで組織化され、他方で、無意識的なものの構造化にはっきりとした輪郭を与える抑圧を生みだす。加えて、未分化な無意識的不安は、代わりとなるあらゆる種類の対象や状況と結びついている（Giddens 1991a: 44=2005: 48）。

だが、『近代と自己アイデンティティ』は、こうした再生産主義の立場から離れ、重要な一歩を踏み出している（Giddens 1991a=2005）。ここでギデンズは、（単純な）近代と高度近代とを体系的なやり方で区別している。この見地からみた場合、知識と制度は高度近代において確かな基礎を欠いており、その結果、批判の可能性に開かれている。だが、同時に高度近代において再帰性は、社会的なもののモニタリングから、自己のモニタリングへと推移している。これは、高度近代において個人化が高まっているという、多くの論者の見解と一致したテーマである。

ギデンズによれば、高度近代において自己は「再帰的プロジェクト」になる。それは、時間的要素の強化をともなっている。近代の再帰的プロジェクトは、「抽象的システムのフィルターを通じた複数の選択のなかで、……一貫しているが、絶えず修正される自伝的ナラティブのなかで維持されている」（Giddens 1991a: 6=2005: 5）。初期近代の「客観的時間」は、高度近代において、自己が紡ぐナラティブのなかにある、個人化した一連の主観的時間にとって代わられたのである（Giddens 1991a: 72=2005: 84、また本書第九章のポスト近代的時間を参照）。

それは、時間感覚の空白化を意味している。たとえば、セルフヘルプ・セラピーは、「ライフプランの方法論」として、あるいは「ライフ・カレンダー」の観点から理解されている（Giddens 1991a=2005: ch.6）。したがって、自己の再帰的プロジェクトは、「日々の生活に浸透し、行為の固定したガイドラインよりも、どちらかというと複数の選択肢を提供する抽象的システム」（Giddens 1991a: 84=2005: 93）の媒介を通じて実行されている。未来は、出来事の観点ではなく、「保険数理的に」理解される。ギデンズの高度近代は、抽象的な客観的時間からその基礎を剝ぎとり、それをライフ・ナラティブからなる主観的時間として再帰的に内在化する。ギデンズによる基礎を失った再帰性は、古典的な近代主義ではなく、フェザーストン（Featherstone 1991=2003）による余暇時間の「計算された快楽主義」と調和した固有の時間性と空間性を提供している。だが、それでさえ、再帰性の認知的な考え方に大いに基づいた実証主義的な時間なのである。こうした時間の考え方は経験的な価値をかなり有しているものの、解釈学的で美的な次元を等閑視している。本書で論じるように、解釈学的で美的な次元は後期近代の時間を部分的に構造化しているのである（本書第九章）。

もし近代が、社会制度や社会関係の分化の進展を反映するものであれば、ギデンズの高度近代は、主に「内部観察」システムへの高度な分化を体現している。この高度な分化は、「純粋な関係性」に例示されている。純粋な関係性は、ルーマン（Luhmann 1986=2005）によるオートポエティック・システムという意味で純粋である。純粋な関係は、伝統社会や初期近代の構造から自律するようになる。関係の安定化装置として存在した、伝統的慣習や初期近代の制度による「外在的な拠り所」は消失してしまった。関係はパートナーに外在する利益と結びつかず、パートナーは関係それ自体からのみ（前近代や初期近代の関係には馴染みのない親密性の深化を通じて）利益を引きだしている。信頼とコミットメントは、もはや家族や近代的制度といった「既存の地位を対象として」おらず、パートナーや、オートポイエティック・システムとしてとり扱われる関係それ自体にいわば向けられているのである（Giddens 1991a: 90, 96=2005: 100, 107）。高度近代における自己のナラティブ・プロジェクトのように、純粋な関係は自ずと再帰的になり、「開かれたやり方で、絶えず再帰的に組織化されている」（Giddens 1991a: 91=2005: 102）。この高度に分化した純粋な関係は、一つの自己準拠システムである。自己のプロジェクトと同様に、それは「道徳や有限性をめぐる幅広い問題」と結びつく出来事とほとんど関わりをもたない「経験の隔離」をともなっている（Giddens 1991a: 8=2005: 9）。このように、後期近代の輪郭を積極的にとり扱う一方で、美学と同様に道徳は不当に扱われているのである。

　したがってギデンズは、ある実証主義の立場、つまりエリクソンのような自我心理学者と結びついている。このことはまた、彼の対象関係論の独自の利用のなかに示されている。たとえば、ドゥルーズや、メラニー・クラインによって影響を受けたフランスのフェミニズムは対象関係論を用いることで、自我や「オイディプス」の均質化作用に直面しつつも、異質性をもった無意識の多元性や運動を明らかにしている。それに対してギデンズは、それらを存在論的安心と自我の構造を解明するために用いている。近代主義的な抽象的システムによる支配の観点から自己を理解するギデンズは、自己を、たとえばラカンのように自我と無意識の複雑な組み合わせとしてではなく、自我としてとらえている。したがってギデンズは、フーコーだけでなく、フランスや英米系のフェミニスト精神分析を志向する社会理論とも対極的な立場にある。こうした理論が、「複雑性」や「差異」によって構造化した無意識の働きを肯定的なものとしてとらえるのに対して、ギデンズはそれを存在論的安心への脅威とみなしている。フランスの理論や英米のフェミニズムは、自我を「父の法」によって構造化された、均質化と制御のための装置としてとらえている。それに対して、ギデンズの自我は、存在論的安心に対する戦いにおけるヒーローであり、また高度近代の自己の再帰的なナラティブの構造化原理なのである。

　ギデンズの自我理論への関心は、認識と記憶をめぐる議論にもみられる。彼は、無意識を記憶に基づくものとしてとらえている。そして、記憶は知覚から発展するものである。ギデンズは、一九六〇年代および一九七〇年代の認知心理学や知覚心理学に手がかりを求めながら、知覚は普遍的なものを通じて生じると述べている。それは、「予期図式」を介して組織化される。そうした図式は、「神経に基づくフォーマットであり、それにより経験がもつ時間性が継続的に処理される」（Giddens 1984: 46-7=2015: 74-5）。高度に抽象的な分類は、——デュルケムやモース、あるいはカントの読者には、異なった秩序をもち、また認知的なものに映るかもしれないが、——本来、より複雑な種類の知覚である。つまり、そうした図式がもつ「選択性」は、小さな子どもにおいては「比較的粗雑」であるのに対して、成長した子どもは視野から過ぎ去った対象を概念的に処理する技法を学んでいる。したがって、より発展した図式を通じて「命名」や「同定」が可能となる。そのなかには、物の性質の分類や、「他の集合体と区別することで、それを比較可能な対象の集合体と関連づける」(Giddens 1984: 47=2015: 75) ことが含まれている。だが、ギデンズが美的なものの特異性を命名したり同定する際に、美的なものから認知的なものへの移行、いわば「自然」から「文化」への移行の不連続性が見失われてしまっている。

ギデンズの「存在論的安心」はまた、こうした想起や記憶の様式を通じて構造化される。想起や記憶の様式は、無意識的なものであったり、実践的ないし言説的意識の一部であったりするが、いずれにせよ存在論的安心を守るために形成されるのである。存在論的安心が基礎を置く無意識の記憶は、予期図式や神経フォーマットと同様に、幼児の存在論的安心に向けた動機を形成する。つまり、「幼児と母親の初期の相互行為が積み重なり、『無意識的なもの』へと発展する」。エリクソンの引用を通じてギデンズが強調しているように、幼児の身体「世界のなかで行為する道具となる」ためには、母親は、『外的な予測可能性だけでなく、内的な安心をもたらす存在にならなくてはならない。予測可能性、連続性、同一性が、「初歩的な自我のアイデンティティの感覚を与えているのである。それは、内部に存在する記憶され予測される感覚やイメージが、外部に存在する慣れ親しみや予測可能な物事や人間と堅く結びついているという認識に……基づいている」(Giddens 1984: 53=2015: 82)。

記憶が無意識の一つの重要な次元であることは、まったくもって明らかである。「抑圧されたものの回帰」という観念やいかなる種類の時間性の観念も、記憶の作動なくして無意識的なものに帰属させることは不可能である。記憶で覆われた無意識はまた、プルーストやドゥルーズを含む、多くの論者によって分析されてきた。問題は、ドゥルーズの無意識が遊牧民的であり、プルーストのそれが物語的で美的であるのに対して、ギデンズの無意識は実証主義的であり、学習モデルが採用され、そして自我に類似していることである。フーコー、リオタール、デリダ、ラカンなどシュールレアリズムやその影響を受けたフランスの理論家は、自我——とりわけ創造的な自我——が無意識的なものに沿って自身を作り直すことを望んでいるが、ギデンズは、自我に沿ってイドを作り直すのである。

ギデンズによる高度近代の分析を促進する実証主義的な自我心理学は、彼の「身体」のとり扱いに見出すことができる。ギデンズは身体を、そうしたモニタリングの要素ではなく、むしろ自己によってモニタリングされる実体としてとらえている。それは、「恥」や「罪」の扱い方に例示されている。後期近代への移行にともない、罪の感情は徐々に恥の感情へと置き換えられている。伝統的あるいは初期近代の自己アイデンティティは、キリスト教の罪の意識やヴィクトリア朝の価値と結びついていたが、後期近代においてそれは、恥の意識とより結びつくようになっている。ここで行為の動機は、行為の理由やニーズの双方から区別される。そこで「基本的安心システム」と結びついた動機は、実現される状態に関する認知的予期を暗に示している。そうした予期が実現しないとき、結果的に恥が生じることになる。近代的自己アイデンティティのナラティブによる統一性を危うくする点で、恥は重要な時間的要素を含んでいる。ある人物が、一定の状態を実現することに失敗した際に引き起こされる他者の反応に気づくとき、恥がその人物と他者との関係がもつ時間的文脈のなかで生じることになる。その人物は、自己に対する以前の見解が誤っていると他者が記録していることに気づく。その結果、存在論的安心が揺らぐだけでなく、不信もまた生じることとなる (Giddens 1991a: 65–6=2005: 71–2)。

ギデンズの作品にあるのは、どちらかというと一面的な自我心理学である。そこには、超自我や道徳が果たす働き、あるいはフランスの構造主義者による無意識が果たす美的働きのために残された余地はわずかである。ギデンズは、自己に関する啓蒙主義―認知主義的な道徳的源泉と、ロマン主義―美的な道徳的資源の双方にほとんど注意を払わなかった。はっきりとしていることは、チャールズ・テイラーの再帰性の観念が自己の源泉をめぐる描写を含む一方で、ギデンズの再帰性は、ほとんどサイバネティクスとでも呼べるような行為の「モニタリング」を含んでいる点である。自己には源泉が存在するという考え方には、メタファーや深さの観念をともなうが、それらはモニタリングを通じた再帰性と対立するのである。

本章の残りの節では、モース主義の伝統からはじめ、美的で表出的な自己の源泉について展開を試みる。

三節　身体と分類

ギデンズは最近の作品で、身体の役割について以前にも増して論じるようになっている。『近代と自己アイデンティティ』で、彼は特に身体の外見や自己呈示について論じている（Giddens 1991a=2005）。ギデンズは、近代だけでなく伝統においても、身体は個別化したやり方で自己を表現するものであると述べている。違いは、伝統では、身体は社会的なアイデンティティの問題であるのに対して、近代では、より個人的なアイデンティティの問題となっている点である。高度近代では、身体の管理体制の洗練が、自己のプロジェクトに再帰的に影響を与える手段となっている。たとえば、神経性拒食症は、高度近代の典型的な現象である。社会的シンボリズムと結びつき、集合的罪悪感と関係しているかもしれない奇跡の拒食（anorexia mirabilis）のような伝統的な社会的形態とは異なり、神経性拒食症は個人的なものであり、また恥の感情と結びついている。ギデンズが観察するように、近代の拒食症は「再帰的な自己コントロールの病理」なのである（Giddens 1991a: 105=2005: 118-9）。これは有益な見方である。だが、目下の文脈において問題となっているのは、伝統と近代のどちらにおいても、ギデンズによる身体は自我のモデルに構造化された実践意識によってモニタリングされる客体であるという点である。つまりギデンズによる身体は、「モニタリング」され、それが自己再帰性の重要な構成要素となっているのである。ギデンズは、「有能なエージェント――社会関係の生産と再生産に他者と対等に参加できるようになること――となるための学習は、表情と身体のモニタリングを継続的に首尾よくおこなえるようになることである」（Giddens 1991a: 56=2005: 60-1）と述べている。付言すれば、ギデンズがさらに進み、スポーツや個人のために設えられたフィットネス・プログラムと結びついたレジャー・クラブと関係する「身体の」モニタリング、「健康的な食事」や「体重管理」と関わるモニタリング、あるいは日光浴や五〇以上の異なるレベルの日焼けローションといったナルシスティックな実践の分析へと向かっていないことは驚くべきである。再帰性の観念をめぐるギデンズとベックの認知主義的偏向が、身体は自我や主体によってモニタリングされる客体であるという、主体―客体の二元性を特徴づけている。だが、モースやブルデューのような思想家にとって、身体（あるいはハビトゥス）は主体でも客体でもなく、またその再帰性は解釈学的で美的なものなのである。

ここでは主にモースをとり扱う（Mauss 1979a=1973; 1979b、同様に Durkheim and Mauss 1970=1980）。モースによる身体の概念は、他の鍵となる概念、特に「ハビトゥス」、「実践理性」、「儀礼」、「心理・化学的なもの」と区別されなければならない。身体の技術的な性格は、モースによる「ハビトゥスの社会的性質」に関する一種の「長期的な展望」の一部である。ハビトゥスの社会的性格と同様、身体の技術的性格は、公式あるいは非公式の「教育」や「模倣」を通じて構成される。後者において、「象徴資本」は、「威光模倣を生じさせる」点で、重要な役割を演じている。モースのハビトゥスのように、身体は教育を通じて社会的に構成されるだけでなく、「社会的権威によって、そしてそのために組み立てられている」(Mauss 1979a: 120=1973: 153、強調はラッシュとアーリ)。社会的なものは、一般的にはハビトゥスの、そしてより限定的には身体の教育を通じて、自身や権力との関係を再生産している。

モースにとってハビトゥスは、自己や主体性の主要な構成要素である。ハビトゥスは実践理性と伝統との複雑な複合体である。モースは、ハビトゥスを「純粋理性」から引き離す努力をおこなっている。彼が述べるように、ハビトゥスは「獲得された能力」でも「才能」でも、また「魂とその反復能力」でもない (Mauss 1979a: 101=1973: 127)。むしろハビトゥスは、「技術と集合的・個人的な実践理性の作用」を含むものである (Mauss 1979a: 101=1973: 127)。

モースは、「儀礼」と「技術」という二つの伝統的行為を区別している。儀礼には、「魔術的・宗教的・象徴的活動」が含まれている。技術は、「宗教、象徴的あるいは法的行為、共通の生活、道徳的行為といった、他の『有効な伝承的』『行為の様式』」と比べて、それほど高度には媒介されていない。技術は、その移転が口頭でおこなわれやすく、言説によって定式化されにくいという点でより直接的なものである (Mauss 1979a: 104=1973: 132)。「身体―技術的行為」と呼ばれる身体技法はまた、自然―文化連続体の「自然」の側にかなり位置する儀礼と比べても、それほど高度に媒介されてはいないのである (Mauss 1979a: 104=1973: 132-3)。そうした技術は、行為者には、「機械的・身体的・生理化学的秩序」として感じられる。それは「一連の行為の生理―身体―社会学的集合体」(Mauss 1979a: 120=1973: 153) なのである。身体―技術的行為は、その他の技術的行為よりも媒介されることはない（つまり、より自然的であり文化的ではない）。近代的工場の生産にみられるその他の形態の技術的行為は、高度に媒介された文化的機械による手段を介したものとなるであろう。反対に身体技法は、むしろ音楽やダンスのプラトン流の技法にみられるように、必ずしも道具を前提としていない。むしろ「身体」は、「人間が有するもっとも本来的な道具なのである」(Mauss 1979a: 104=1973: 132)。

だが、身体技法の最小限の媒介は、社会的なものが自然的なものになるのと似て、実践理性のより「文化的」な要素と結びついている。とりわけモースの技法は、カント主義の実践理性が有するよりはっきりとした目的志向性によって構成されている。身体技法による行為は、「生理化学的に」「心に目的」を思い描き「追求」されている。身体は、「人間が有するもっとも本来的な技術的客体である。そして同時に技術的手段でもある」(Mauss 1979a: 104=1973: 133)。さらに身体技法とは、「一連の組み合わされた動作（たとえば、何かを飲むとき）のなかで追求される、身体的・機械的・化学的な目的に絶えず適用すること」(Mauss 1979a: 104-5=1973: 133) である。実践理性と同じように、身体技法は、「選択された目的へと向かう調整された運動への反応を「可能にする」ことで、「明確な効果を目指し選択される」ことになる (Mauss 1979a: 121-2=1973: 155)。

ここで重要なのは、モースにとって身体は、英米の行為理論に比べ、自己のより不可欠な部分となっているという点である。ギデンズにおいては、自己の不可欠な構成要素である実践意識が身体をモニタリングする。モースにとって身体技法は、落ち着きをもたらし、意識的な精神によって無意識をある程度管理するものである。だが、ここでは意識と無意識の双方が身体を形作っている。ギデンズの実践意識は、身体をモニタリングする。反対に、モースの身体技法は実践理性のかなり重要な領域を含んでいる。ギデンズの自己は身体を支配するものである。それに対して、モースの自己は身体を含んでいる。言い換えれば、ギデンズの身体は再帰性の重要な客体であるが、その主体ではない。モースにとって身体は、そうした主体性の重要な領域を担うものである。より近年のフランスの理論において、身体は、主要な、そして場合によっては唯一無二の再帰性のエージェントとして位置づけられている。

全体として本章は、主体の再帰性の考察や、特に近代化とポスト近代化のプロセスにおける主体の変化をテーマとしている。これまで論じたことは、再帰性の概念によって、ポスト組織化資本主義の秩序に関するこれまでとは異なる次元を明らかにできるという点である。ポスト組織化資本主義の秩序は、超商品化、見世物化した社会における「フラット化」効果、消費資本主義における文化的客体の使い捨て可能性といった現象と平行して生じているのである。この点は、主体、客体、手段という、再帰性の三つの分析に基づいている。ベックにとって再帰性の主体は、道徳—認知的自我ないし「わたし（I）」であり、他方でギデンズにおいてそれは、戦略—認知的自我であった。モースやブルデューのようなフランスの理論家は、再帰性の主体を身体へと置き換えている。ベックにとって再帰性の客体は、狭く言えば科学のことであるが、より一般的には社会的プロセスを指している。それに対してギデンズは、特に近年の作品において、再帰性の客体に自己を据えている。第三の構成要素は、再帰性の手段である。ベックにとって再帰性の手段は、マルクス主義やフランクフルト学派における「批判」であり、ギデンズにとってそれは、——一見すると同時に「サイバネティクス」のようにみえるが——エスノメソドロジー的な意味での「モニタリング」である。以下で検討するように、テイラーにとって、手段について語ることは意味をもたない。というのも、彼は自己の「源泉」について論じているからである。だが、それにもかかわらず、そうした源泉は、自己が「媒介」されるやり方を示すものなのである。

分類という観念は、われわれが美的再帰性として理解するものについての考え方に一つの道を与えている。美的再帰性の系譜は、デュルケムとモースの『分類の未開形態』にまでさかのぼることができる。それは、アリストテレス論理学のカテゴリーを引く継いだ、カント主義のカテゴリーがもつ社会的構成を明らかにしようとしたものである(Durkheim and Mauss 1970=1980)。構造主義者と同様にモースは、身体をめぐる彼の原理のなかで身体を、「全体的な社会的事実」や、部族、血族、先祖というサブカテゴリーを通じて構成されるものとして理解している。モースは、——ブルデューのように、——コンフリクトを通じたエージェントによる分類法を経由して、社会的なものが構成されるとは考えていない。だが、モースやデュルケムが広めたこうした分類の考え方は、美的（また解釈学的）再帰性の基礎となるものである。ここでまず、再帰性について検討しよう。モースの構造主義は、彼がそうした用語を論じることを不可能にした。それに対して、ブルデューにとって再帰性は、人びとが自身の社会的地位を認めることにしばしば還元されてしまっている。彼は、再帰性が、分類カテゴリーそれ自体に基づき、あるいはそれを通して存在するということを十分に理解していないのである。

実際にそうした意味で現象をとらえる、再帰性に関する思考の伝統が存在している。たとえば、ニーチェが『道徳の系譜』で指摘したように、カントはすでに、論理的で認知的なカテゴリーを具体化するなかで、自己の複雑化を通じた自己同一的自我という、初期近代のデカルト主義的な自己観を暗に捨て去っていたのである（Nietzsche 1956=1964）。ここで重要なのは、近年の、あるいはポスト近代の多くのさまざまな思想家が、自己同一的自我、あるいはその類似物である「意識哲学」や「同一性思考」といった考え方と根本的に断絶しているということである。

再帰性の客体と媒介がモースの分類のようになるべきであるというのは、後期近代の再帰性を踏まえた考えである。さらに、デュルケムとモースの分類の「未開形態」とブルデューの『ディスタンクシオン』（Bourdieu 1984=1990）の分類の双方にとって重要となる美的要素が存在している。この点は、この種の分類カテゴリーがもつ媒介の水準がかなり低いという事実に起因するものである。カテゴリーが高度に媒介されているということは、それらが「空白化」され「抽象化」されていることを意味している。媒介の水準が低いカテゴリーはより具体的で、より場所に埋め込まれ、より特殊的なものに埋め込まれている。分類とは、評価することであり、またかなり重要な意味で判断をおこなうことである。重要なことに、カントは三つの種類の判断を区別した。認知的判断と道徳的判断は、普遍的カテゴリーによる特殊ケースの包摂を前提としていた。だが、美的判断では、普遍的なものに基づきつつも、ある特殊的なものは別の特殊的なものに包摂されたのである。美的判断に関してカントの念頭にあったのが、イギリスのコモン・ローに沿ったやり方である。大陸法と反対に、コモン・ローは、特殊ケースの前提となる一般的規範ではなく、それ以前に存在した類似する特殊ケースに影響を受けている。以前の特殊ケースが、一般的規範と同じように機能することから、普遍的なものに基づきつつも、特殊的なものが特殊的なものを包摂するのである。

『ディスタンクシオン』においてブルデューは、カントの美的批判の観点から、社会的に成層化した趣味のカテゴリーの分類と、分類をめぐる闘争について考察した（Bourdieu 1984=1990）。この本のフランス語の原典には実際、カントの「判断力批判」の代わりに、「社会的判断力批判」という副題がつけられている。カントの美的判断が、彼にとってもっとも媒介の少ない判断であるならば（それは、彼による普遍的なもののなかでもっとも一般的ではないものを通じて生じる形式である）、ブルデューの美的判断は、より特殊化されている。つまり、自然―文化の連続体において「自然」の側にかつてないほど近づいている。それは、判断されるものが、オリジナルな芸術品、あるいは「アウラをもった」自然現象ではなく、単なる消費資本主義の日常的客体にすぎないからである。加えて、判断をおこなうのは、抽象的な自我ではなく、日常生活のなかに位置づけられた個人なのである。

その際、受容（reception）と創出（production）にまで拡張されるであろう美的判断に関して重要なのは、それがもっとも媒介されない普遍的なものを通じて生みだされているという点である。判断と同様に、分類もまた、普遍的なものによって特殊的なものを包摂しなければならないのである（ただし、分類は妥当性と無関係で、単に間接的に価値と関わるにすぎないという違いはある）。デュルケムやモースの『未開社会の分類』は、もっとも直接的水準にある、そうした普遍的なものを明らかにすることを目的としていた。著者たちにとって、最終的にカント主義のカテゴリーを導くことになる、こうした分類がもつ系譜の歴史とは、そのカテゴリーがかつてないほど多くの空白化、抽象化、媒介化を経験する歴史なのである。だが、部族社会では、美的なもの、倫理的なもの、そして認知的なものは、互いに区別されることはない（Habermas 1984=1985-7）。したがって、前近代社会のすべての分類は、独自なものとして美的なのではなく、常に部分的に美的なのである。

ほとんどの分析において人間の固有性は、その行為が、生産、言語、あるいはシンボルによって媒介される点に置かれている。また、それぞれの場合、媒介は、「自然から文化へ」の移行や、特殊的なものの包摂や一般化を可能にする、いくつかの一連の普遍的なものを前提としている。したがって、分類は、分類がなされる特殊的なものに先立っている。たとえば、一連の普遍的なものであるラングは、特殊的なものであるパロールないし言語運用に関する言語能力に先立っている。したがって、ルールや規範は、個人の行為の特殊性に先立っているのである。このようにもっとも媒介されていない普遍的なものとの関係は、近代になってはじめてとりわけ美的なものとなる。近代になり、他と区別される美的な領域や美的なものの評価の独自の様式が発展したのである。

テイラーの観察によると、近代は、自己に関する二つの主要な世俗的な源泉からなっている。その後者にあたる美的・ロマン主義的・解釈学的源泉は、前者の認知―道徳的次元からなる啓蒙主義的伝統に対する反動を通じて成長した。それは、空白化への反発、つまり啓蒙主義的伝統が有する抽象化の高まりへの反動によって発展したのである。それと関係するのが、過剰な媒介や商品化などへと「転落」する以前に存在した、「オリジナルで」「堕落していない」象徴の探究であった。たとえば、ロマン主義の世代を鼓舞したカントの美学は、芸術の生産ではなく、芸術や自然現象の知覚と関係があった。カントは、バウムガルテンによって新たに構成された近代美学の伝統について余すことなく記述したが、そのなかで美的なものは芸術よりも知覚のようなものであると理解されたのである。たとえば、カントの仰々しい「超越論的美学」は、多くの点で、人間の知覚装置のまさに別称となっている。認知と同様に知覚も、普遍的なカテゴリーを通じて進展しなければならない。こうした普遍的なもののみが、論理的・認知的思考のカテゴリーに比べ、その性質においてそれほど媒介されていないのである。

ロマン主義と後の社会科学の解釈学は、ある面で媒介されない普遍的なものを探究する営みと言える。たとえば、詩人の崇拝があげられる。詩人は、自身の人格性のプリズムを通じて直感的に、傷一つない純粋でオリジナルな言語や、シンボル・システムによる媒介のない普遍的なものと接触している。この種の崇拝は、世紀転換期のドイツで、ジンメルやルカーチを含む、シュテファン・ゲオルゲのサークルに属する人びとを鼓舞するものであった。その例が、ゲーテであり、またある意味でゲオルゲ自身であった（Lepenies 1989）。解釈学的志向をもつ精神科学の仕事は、そうした根源的で抽象化される以前の象徴的ネットワークを、それ自身のやり方で理解することにあった。たとえば、デュルケム主義の集合意識は、機械的連帯の形態をとる、そうしたオリジナルな象徴システムの要素となっている。同様に、後期ハイデッガーの世代は、同じような刺激を詩人であるリルケのなかに追い求めた。解釈学の伝統の仕事は今も昔も、規則を制定したり説明したりすることではなく、もっとも基底的で媒介されていない普遍的なものを理解し解釈することにある（Bauman 1987=1995）。このことは、詩人、画家、映画制作会社によって引き受けられている仕事と一致する点からも、美的な仕事だと言える。解釈学はまた、典型的な様式をとる表出の点でも美的である。

しかし、解釈学はそれ以上のものである。近代をめぐるこうした同一の解釈学的伝統が、今日のポスト組織化資本主義における対抗政治に、道徳的源泉という重要な基礎を提供している。それにはとりわけ、緑の党、コミュニタリアン、環境運動や地域主義に基づく新しい社会運動といった事例が存在している。こうした反対運動にみられる啓蒙主義的合理主義に対するロマン主義的な反動は、多くの分析者によって余すことなく報告されている（たとえば Eder 1988=1992; Weiss 1987）。それは、下記の点に反映されている。抽象的で官僚的な集権化の拒絶と地域が有する直接性への支持、抽象的な商品形態や消費資本主義一般の拒絶、高度に媒介された形態をとる物質的文化の拒絶と自然への共感の支持、冷たい抽象的論理の拒絶と感情や共感の支持、公共圏における抽象的政治の拒絶と個人的なものの政治の支持である。この点は、いく人かの分析者により、ネオ部族主義の表明として理解されている（Maffesoli 1991=1997）。またそれは、東ドイツにおけるネオナチのフーリガンやヨーロッパのいたる所に存在するスキンヘッドのギャングの間で発展している、より反動的なネオ部族主義と対比されている（Wieworka 1991および本書第一一章以下）。

こうした近代に対する拒絶が、それ自体すぐれて近代的であるという点は、あまり言及されることがない。ここで近代という用語は、その運動の狙いが合理的であるということを、特に意味しているわけでもなく、第一に意味しているわけでもない（Weiss 1987; Beck 1992a=1998）。むしろ近代は、再帰性の重要な構成要素を含んでいるという点を意味しているのである。それは第一に、活動に集合的連帯を与える象徴システムの再帰的創造と発明を含んでいる。自然から文化への（神秘的な）変容に関心をもつ人類学者にとって、最初の象徴、つまり最初の普遍的なものは、特殊的なものの反復、そして後に儀礼的な反復を必要としていた。それにより象徴は、重要性を獲得し、単に分類の客体ではなく、一つの表象、象徴、そして分類の主体になることができたのである。エデルは環境コミューンにおける研究において、コミューン内部の日常生活の物事や出来事が、日常生活において反復され、重要性が付与されることを通じて普遍的なものの地位へと高められるプロセスに着目した（Eder 1988=1992）。さらに、エデルが描いたように、こうした新しい社会運動のプロセスは、その参加者がかなり意識的になり、また実際、言説を通じてそうした象徴システムの創造に意識的になるプロセスである。その意味でこのプロセスは、再帰性の一つなのである。それはまた、しばしば「抽象的システム」の媒介を通じて生じる点でも再帰的である。実際、新しい社会運動の参加者は、多くの場合、エリアーデやターナーといった一部の人類学や、「象徴」をめぐる他のいくつかの論考に精通した学生や元学生なのである。

こうした再帰性は、いくつかの点で抽象的システムを組み込むものであり、単に伝統が意識的に「創られた」ということだけを意味しているわけではない。専門家システムはまた、制度化した科学に挑戦するために、科学を活用し、また一般の人びとがそうしたシステムの技術的専門知識を利用する際に、重要な役割を演じている（Beck 1987; Yearley 1991）。また、学術界に多くの影響を与えている、マッキンタイアやテイラーといった新しいコミュニタリアン哲学は、抽象的システムへの挑戦として考えられている一方で、この種の再帰性を媒介する時間―空間的に分離した抽象的システムとして機能することになるであろう。

再帰的行為は、そうした抽象的システムの媒介をともなうだけでなく、選択肢間の重要な決定をも含んでいる。もし理念型に基づき、伝統的行為と再帰的行為とを分けることができるとすれば、後者は前者よりもエージェンシーにとってより大きな役割をもつことになる。再帰的行為は、行為の手段、目的、条件、そして正当化に関して、より多くの選択肢を与えている。つまり、新たなコミュニティと伝統的なゲマインシャフトとの間にある違いは、前者において象徴システムが再帰的に作られるというだけでなく、人びとはそうした象徴システムのなかに生まれるわけではないという点にある。人びとは、象徴システムに参加するか否かを決めなければならないのである。また、このことは、重要なアイデンティティの危機をともなっている。それは部分的には、緑の党、新宗教運動、パンク、ラディカルなレズビアン、そしてそれらに連なる「ポスト伝統的ゲマインシャフト」といった運動が、新たな形態のアイデンティティ形成と関係していることが理由である（Berkin and Neckel 1990）。

ほとんどすべての新たな政治文化はまた、再帰性の民主化の試みをともなっている（Melucci 1989=1997）。旧来のレーニン主義や社会民主主義と比較するとき、民主化がなされるのは、政党が「有機的知識人」として機能するからではなく、すべての人が実際に有機的知識人となっているからである。つまり、政党や労働組合から、草の根そのものへと再帰性の入れ代わりが生じているのである。旧来の組織化資本主義の社会運動と比べたとき、この種のグラムシ主義的ユートピアの現実化の可能性は、政治文化の誕生という語の厳密な意味と同程度には、政治文化を変容させるものではない。それはなぜだろうか。

それは第一に、再帰性の源泉として機能する抽象的システムが、政党のような政治制度から、文化、メディア、教育に関する諸制度へと変化したためである。第二に、そうした政治勢力の主要な基盤が、組織的なものから象徴的なものへと転換したからである。そして最後に、旧来の運動と比べたとき、ポスト組織化資本主義における運動は、政治革命や国家の転覆ではなく、市民社会内部の文化変容を目的としているためである（Touraine 1974=1970）。

四節　自己の源泉——寓話の使用

これまで展開してきた美的再帰性の考え方は、チャールズ・テイラーにより、もっとも洞察力あふれるやり方で論じられている。『自己の源泉［邦題：自我の源泉］』においてテイラーは気後れすることなく、「基礎づけ主義的な」企てに従事している（Taylor 1989=2010）。テイラーによる自己の源泉には基盤が存在している。彼の言葉によれば、それは「構成的善」である。構成的善は、生活の多様な領域を規制する「生活善」の基盤として機能している。ここでテイラーは、マッキンタイア、ウォルツァー、サンデルといった他の現代のコミュニタリアン哲学者と、倫理と道徳をめぐる問題への関心を共有している（Gutman 1991）。たとえば、彼による近代的自己の二つの中心的な世俗的源泉である、デカルト主義や啓蒙主義的伝統の「距離を置いた理性」とロマン主義—美的な近代主義的伝統はともに道徳的源泉なのである。啓蒙主義の伝統はもっぱら認知的であり、後者の伝統はもっぱら美的であるかもしれないが、どちらも自己の道徳的源泉である。倫理へのこうした関心は、「善」の観念を通じた生活実践の規則をめぐる一つの理解を導いている。テイラーは、ヘーゲル主義者のように、近代の内部にコミュニティの価値を再び確立させようと望んでいる。つまり彼は、近代的自己には複数の基盤があるが、それを絶対的なものとしてではなく、多元的なものとしてとらえているのである。

テイラーは、近代的自己の解釈学—美的源泉を「自然の声」の観点から理解している。それは、自然に霊性を見出し、表出主義的になることを意味している。「神の秩序」という考え方が、互いに連鎖した存在の広大なネットワークとしての自然理解へと発展するにつれ、「有神論的善」から「自然善」への移行として記録されることとなった。世俗化にともない自然は、「著者不在の」道徳的資源となっている。そのような源泉は、自然のなかに見出されるだけでなく、次の点で表出主義的でもある。自己の源泉は、「事物の秩序としての自然の深淵に存在するが、［自然は］また、内面、つまり自身の本性、欲望、感情、親近感から湧きあがる事柄を反映している」。それは、「われわれが自身の内面において出会うことのできる原理」（Taylor 1989: 314-5=2010: 356-7）としての自然なのである。ロマン主義から近代主義への転換にともない、焦点は自然から美的なものへと推移している。

だが、焦点はいまだ、「彼あるいは彼女の内面で共鳴する言語、つまり個人の展望と不可分に結びつけられる秩序の理解を通じて、［記録される］主体の外部にある道徳の源泉」（Taylor 1989: 510=2010: 567-8）の問題にある。

この表出主義的転回は、原理的・功利主義的・物質主義的な啓蒙主義や、自然をめぐる道具的見解と徹底的に対立している。後者の伝統は、生気のない物や第一動因としての神というデカルトの概念、そして「すべての存在は、自身の存在を維持しようとする衝動を有する」力の場としての自然理解という、ドルバックが原理化した概念に沿って形成されている。表出主義者にとって自然は、デカルトに反して、「思考が現れる場所」なのである（Taylor 1989: 318, 348=2010: 360, 391）。啓蒙主義的功利主義への批判は、表出能力の発揮を提唱するエートス、自然環境および建造環境（built environment）［建築物や交通インフラなど人為的に作り上げられた環境］における意味の存在、そして、功利主義的な意味での目的を越えた、人生の目標や生の表出的統一に対する信念に基礎づけられている（Taylor 1989: 500=2010: 557）。

近代の自己には、さらなる美的源泉が存在している。もし高度近代主義の多くの部分にもち込まれているロマン主義—表出主義的伝統が、「象徴」の範疇のもとでとらえられるならば、第二の「より低次の」近代主義的伝統は、寓話の範疇のもとで理解されるべきであろう。ゲーテは規範的にこの区別をおこない、近代主義的主体性への転換として彼が同定した「象徴」を、古典古代の「寓話」と対置した。近代とは異なり、古代において理性は、主観的秩序ではなく、客観的秩序と結びついていた。そして寓話の原理は、表出ではなく、こうした客体に基づく客観的秩序の模倣であった。

実際、近代主義の寓話は、ロマン主義的な高度近代主義の表出主義と、客観的秩序の模倣という古典的な想定の双方を破棄している。ベンヤミンは、その根源的原因をバロックの寓話に見出した。テイラーも同じ伝統について指摘しており、ショーペンハウエルが表出的主体性を拒絶したことから、それを「脱ショーペンハウエル主義」と名づけた。他の多くの論者と同様に、ガダマー（Gadamer 1995）は寓話に対抗し、象徴の立場をとったゲーテのように再びこの区別を発展させた。

さて、以下では、象徴と寓話の間にあるいくつかの主要な区別について詳しく論じる。第一に、ロマン主義的な表出主義や象徴は、自然的秩序が、感覚的なものと精神的なものの統一体から成り立つものであると想定している。この考え方は、ヘルダーリン、シェリング、ノヴァーリスや、シラー、ゲーテ、ヘーゲルが登場した「疾風怒濤」時代に対するルソーの影響に部分的に由来している。高度近代主義の重要な潮流にまでいたる、この最初のロマン主義的表出主義は、表出面での充足と道徳性とが両立できると考えたのである。反対に、ボードレールやニーチェにみられる寓話の伝統は、自然を拒否し、感覚的なものと精神的なものの調和に疑問を投げかけた。いまや本能は精神的なものに復讐し、自然は非道徳的な力の広大な源泉となっている。さらに、美的生活が道徳的生活と両立することができないと想定されることから、ロマン主義的な博愛倫理は破棄されてしまった（Taylor 1989: 457=2010: 509-10）。

第二に、象徴の考え方は形式と内容の統一という想定に基礎を置いている。この説明のなかで、象徴は単なる「シニフィアン」ではなく、常に「象徴により理解可能になる現実に参与する」ものである。この点は、「それを表すいかなる適切な概念をも見出すことができない秩序を顕在化させる美的客体」という、カントの第三批判の「完全なる象徴」の考え方の源泉となっている。つまりここで、内容あるいは資料は、理性の形式によって理解することはできない。それは、「誰もが」手にできるものではなく、言語がもつ異なる非概念的な秩序の発展を通じてのみ明らかとなるものである。

対照的に、寓話は、形式と内容を根本的に区別している。一方で、ハーバマスが見出した、神（内容）の名前を語らず寓話的にほのめかすというユダヤ的伝統のなかで——そこにはベンヤミン、アドルノ、デリダが含まれる——、形式は内容と部分的に対立するかもしれない（Habermas 1987=1999）。あるいは、「物事に意味を積み込むこと」に反対するローレンスの金言や、本能と意志のそれぞれが意味を保証するシュールレアリズムや未来主義のように、形式は内容により根本的な形で反しているかもしれない（Taylor 1989: 470-1=2010: 524-5）。こうしたシニフィアンの優越化と意味から離れた秩序の否定は、テクストの外側の存在を認めたがらない脱構築主義に極端な形で採用されている。

寓話は他方で、初期バルトによる零度のエクリチュールのように、指示対象（あるいは現実）の側にある形式と根本的に対立するかもしれない。したがって、中国の表意文字や、ある種の力の場を生みだす文化的断片の活用にパウンドが魅了されていたように、寓話は類像的（iconic）で形象的な意味をとりうるのである。あるいは、寓話は、トニー・ハリソンのような詩人による詩神への祈願を含むかもしれない。彼は、いかなる超越論的観念からも離れ、物のように言葉を「叩き鳴らす（clang）」「粗野なリアリズム」を通じて、物が有する直接性に接近したのである（Eco 1976; Lash 1988; 1990b）。こうした物や断片への移行は同時に、表出的統一性の観念からの決別と、脱中心化したものとしての主体の受容をともなっている。

キリスト教徒であり、また解釈学の提唱者としてテイラーは、象徴の側に立ち、論理の上では寓話を拒絶しようとした。だが、彼は近代的なものにあまりに肩入れしすぎるため、そうすることができない。だからこそ代わりに、寓話を象徴に同化させようとしているのである（Taylor 1989: 485=2010: 542）。結局、テイラーは、（実際、彼が現代のポスト構造主義やポスト近代主義のすべてを包含すると考えている）諷喩家（allegorists）に関して道徳的・啓示的・基礎的な何ものかが存在すると述べているのである。だが、この点で彼は間違っている。反基礎づけ倫理が、現代的感受性に基盤を提供できない理由はないのである。つけ加えれば、現代の倫理の重要な部分を構成するそうした源泉はそれ自体、道徳的である理由はない。なぜ寓話は、単純に現代の道徳性の美的源泉となることができないのだろうか。彼は、寓話を象徴に同化しようとしている点で誤りを犯している。思うに、象徴と寓話は、現代の文化的・政治的感受性がもつかなり異なる二つの次元に、かなり異なる二つの構成的（美的）善を提供しようとしているのである。

第一に、自然への訴え、形式と内容の非分離、深いシンボリズムと表出的な統一性の擁護をともなう、表出主義的でロマン主義的な伝統である「象徴」は、ポスト組織化資本主義の政治文化において緑の党やコミュニタリアニズム運動の苗床となっている。第二に、「寓話的」様式は、それがまさに有している衝動が無政府的なものであることから、あまり構造化されていない力と調和している。寓話的様式は、田舎よりも都市の複雑さを想起させ、そのユートピアは「異種混交化した場所」となる。そのような様式は、ローカルというよりもグローバルなものであるが、それが有するグローバルな性質は、急進的な啓蒙主義のように解放的であるというよりも、むしろコスモポリタン的である（Rorty 1992）。それは、田舎の回顧でも啓蒙主義のメタ物語でもなく、むしろ継続的な変化を追求するものである。その空間的な存在様式は、象徴によって強調される隠れ家というよりも、公共空間なのである。だが、そうした公共空間は、啓蒙主義の言説的合理性やコミュニケーションからなる空間ではなく、ベンヤミンやボードレールの、より形象的なコミュニケーションによって構成される空間なのである。

五節　美的再帰性と時間―空間

これまで、ポスト組織化資本主義の秩序は、単なる時間―空間の圧縮の問題以上のものであると論じてきた。つまりそれは、より高速度で長距離を移動するようになったモビリティが、文化的・個人的領域とともに、経済的・社会的・政治的生活をも消耗させ、フラット化することと以上の事柄なのである。また、とりわけ主体の再帰性を高める固有の空間のなかで、新たな社会構造の調整によって数多くの積極的な生活空間が開示されている。だが、この点に関して、われわれはベックやギデンズと大きく異なっている。第一に、ポピュラー・ミュージック、映画、旅行、ツーリズムのいずれに例示されていようとも、美的要素は、われわれが「ポスト近代」と呼ぶ、こうした新たな「条件」のまさに中心に位置している。第二に、われわれは、こうした条件が政治経済的変化と関連づけられていると主張している（Lash and Urry 1987: ch.9）。われわれの見方では、美的再帰性が社会の諸プロセスに普及するのは、後期近代（あるいはポスト近代）においてだけである。したがって、一九世紀の終わりにかけての近代主義の到来により、美術と文学が自己言及性の点で再帰的になったが、寓話と象徴が日常生活の自己の源泉となるという意味での美的再帰性は、二〇世紀後半により頻繁にみられる現象である。このような考え方は、日常生活の美化をめぐるフェザーストンの考え方とある程度合致している（Featherstone 1991=2003）。また、それらは、ある種の美的な文化資本が、より広範な人びとが属する集団へと広がっていることと関係している。主体が専門家システムを再帰的に用いながら日常生活を規制しているように、こうした美的再帰性の一般化は、「専門家システム」の影響の広がりを部分的にともなっている。したがって、ギデンズにとってこうした専門家システムは、典型的には社会―科学的知識やセルフ・セラピーの技術を意味している。ベックにとってそれは、科学や環境に関する一般の人びとの知識の広まりを意味している。ここでつけ加えたいことは、映画、高画質テレビ、詩歌、旅行、そして絵画を活用する、日常生活の再帰的規則の媒介者となっている美的「専門家システム」の重要性である。これらの点は同時に、高度近代（あるいはポスト近代）における一連の美的「生活善」を暗示するものとなっている。それはまた、寓話や象徴のカテゴリーのもとで先に論じた、現代的自己の道徳的源泉となる一連の土台に基づいている。

この変化を、ポスト近代における時間と空間の変容の観点から特徴づけることができる。その変容は、ウィリアム・ハートとソルヴェーグ・ドマルタン主演の映画『世界の終わりまで［邦題：夢の涯てまでも］』の封切り直後の、同作のドイツ人映画監督ヴィム・ヴェンダースのインタビューに興味深い形で記録されている（Wenders 1991）。この映画は未来映画であり、ヴェンダースによると、現在の水準の「イメージのインフレーション」がとるに足らなくみえる時代の、「映像の未来」をめぐる映画なのである。したがって、それは、まなざしやわれわれの「イメージとの関係」を再編する未来についての映画なのである（Wenders 1991: 28）。

そのことが意味することを、ヴェンダースは続けて次のように述べている。

> 私たちがもつ空間の感覚や時間の感覚は、過去一〇、二〇年の間に変わってしまいました。私たちは異なるやり方で旅行し、異

なるやり方で眺めることに慣れ、そしてより高速でみているのです。今日の観客は同時に、かつてよりも多くの物事を把握し、理解することができるのだと思います。また私は、（加速する未来についての）ＳＦ映画を撮りたいと思っていますが、それは私たちが一度により圧縮され、より早く、より多くのものを表現することができるからなのです。（Wenders 1991: 29）

ヴェンダースが述べていることは、知覚の変容であり、われわれの空間的・時間的感覚の書き換えである。ヴェンダースの映画が訴えていることは、イメージのインフレーションが、意味や「シニフィエ」をイメージに付与することを不可能にしていることでも、物語に対して見世物が勝利していることでもない。そうではなく、われわれが意味やシニフィエを付与するスピードがますます高まっており、今後も高まり続けるということである。物語はそれ自体、中心的重要性を維持しているが、現在になってはじめてわれわれは、相当数の物語を同時に理解することができるようになっているのである（Collins 1989）。ヴェンダースの映画のなかで、後に目がみえるようになるある盲目の母親が登場している。彼女はその後、「イメージの過剰摂取」により死ぬことになる。これは、デヴィッド・クローネンバーグ監督の『ヴィデオドローム』のエンディング、つまりイメージの殺人と似ている。映画を通じてイメージがもつ影響力の反省をおこなったヴェンダースとクローネンバーグは、美的再帰性についての映画を制作したのではなく、それを例証したのである。

こうした空間的変容に関して、より正確にその特徴を描くことができる。前近代的空間は、場所のマーカーによって満たされていた。前近代的空間は、社会的実践により満たされ、またそれによってのみ認識されることができた。このような社会的実践は、実際場所のマーカーであった。それは、時間的要素によって支配されていない空間であった。つまり、空間は通りすぎるものではなく、住まうものだったのである（ただし、アボリニジの空間はこれと大きく異なっているように思える）。近代（特に北米）において、場所のマーカーは空白化し、抽象的空間は大きく発展した。近代とは、地図の背景、つまりデカルト的空間における背景なのである。それは「グリッド」の時代、言い換えれば、都市計画にみる水平的グリッドと超高層ビルの「垂直的グリッド」の時代なのである（Sennett 1991）。近代の空間は客体によって構成される空間であり、主体にとって重要な象徴は空白化している。それに対して、再帰的近代は空間の再主体化をともなうが、それは再帰的形態においてのみおこなわれる。空間の主体化は、特にコミュニケーション、情報、輸送ネットワークの変容を通じて生じている。グローバル都市の発展は、自然的空間の時間―空間座標を混乱させている。加えて、再主体化は、言説と政治による公共圏の再制度化を通じて生じている。

空間はまた、「寓話的」あるいは「象徴的」なものとして認識することができる。前者はバウマンによる異種混交化した場所としての公共都市にみることができる。それは、ヴェンチューリのような建築家が単調な近代主義的ゾーニングと対置した、「複雑性」の観念に具体的に明示されている。ここで提示されていることは、ハーバマス流の討議ではなく、ヴァルター・ベンヤミンの「形象的」公共圏である。問題となっているのは、言説的再帰性ではなく、「形象的再帰性」である。象徴は、より私的な形態をとる空間である。寓話的空間は、主に都市がもつ差異や「複雑性」によるコスモポリタン的な寄せ集めのなかで根を失った、シニフィアンとしての場所や遺産を利用するが、この新たな種類のローカル化した空間は、文学における象徴のように、地域に場所の感覚や感情的負荷を再び効果的に負わせている。それは、地域主義的な新しい社会運動がもつ空間感覚なのである。このように象徴の負荷を負った場所は、伝統的なゲマインシャフトと異なっている（Berking and Neckel 1990）。むしろ、象徴が負荷されるまさにそのプロセスが、再帰的に生じているのである。

こうした後期近代、あるいはポスト近代の再帰性の枠組みが与えられるならば、ポスト組織化資本主義における社会的活動のさまざまな領域の検討が可能となる。

テーラー主義やフォード主義の生産システムが、フレキシブルに専門化したシステムに置き換えられるに従い、職場の時間と空間は変容するようになる。それは基本的には、初期の近代主義的な客観的な時間と空間から、後期近代あるいはポスト近代の職場における時間と空間の主体化への推移を意味している。テーラー主義的で、「グリッド化された」客体に基づく現場から、従業員による職場空間の主体的でフレキシブルな組織化へと継続的に推移しているのである。専門特化した消費のための短い製造連の必要性は、職場の空間的配置の継続的な再編をともなっている。現場で労働者は、そうした再編にますます責任を負うようになり、主体的に職場空間を再構造化しなければならない。その結果、労働者は「空間の生産」に個性を注ぎ込むことになり、職場空間は再び「場所」性を帯びるようになる。それはまるで、組織化資本主義以前の時代の職人による生産と似ている。より伝統的な職人のゲマインシャフトとは対照的に、この時代においてのみ場所は、言説的知識の抽象的システムを通じて継続的に生みだされることになる。そうした場所自体、労働環境のルールや資源への不断の反省を必要としているのである。

ヒエラルキー構造によって厳格に固定された初期近代の客観的な空間から、より主体的でフレキシブルな空間への転換はまた、脱垂直統合した生産システムにおける企業の変容のなかに見出すことができる。ヒエラルキー化した企業により構成される、客観的空間を通じたサプライヤー・ネットワークや販路ネットワークの固定化に代わり、生産組織は再帰的になり、またサプライヤーの機能をフレキシブルに外部委託することを通じて決定されるようになっている。その文脈となるのが、ポスト組織化資本主義の集積による豊かな取引市場ネットワークによって構成される、よりフレキシブルで、主体によって創出される空間である。そのような新たな企業間関係はまた、生産システムの時間性の変化をともなっている。もはや品物は、垂直的に統合され、地理的に離れた生産システムの客観的時間の文脈のなかで供給される必要はない。その代わりに、ある地域内部のフレキシビリティが、外部委託を通じて、中間財や材料の「ジャスト・イン・タイム」による輸送を可能にしている。

この変化は、単に現場の硬直性（客観的性質）あるいはフレキシビリティ（主体的で再帰的な性質）の程度だけでなく、作業にともなう時間の長さにも関係している。フォード主義における相当短いサイクルの作業は、いくぶん長いサイクルを要する作業に置き換えられている。そのことはまた、熟練マニュアル労働者だけでなく、サービス産業の専門職にも適用されている（本書第六、七章）。もし『モダン・タイム』のチャップリンの作業サイクルが一〇秒であるとすれば、現代企業の熟練機械職人による設備修理には二、三時間必要かもしれない。一部の技術者やエンジニアの作業サイクルは、数日から数週間にわたっている。広告会社の幹部は、一つの取引を締結するために必要な期間に応じた作業サイクルを有している。つまり、二、三年かかるのである。それは、講師が次の著作を執筆するサイクルに近いかもしれない（それはときにより長くかかる！）。また先進サービス産業の多くの専門職が抱く時間感覚は、そのキャリア全体の再帰的組織化へと拡張されている。

だが、ポスト組織化資本主義経済は、再帰性を増加させているだけではない。同時に、サッセンが「下級サービス職」および「下級製造職」(Sassen 1988) と呼ぶ仕事では、再帰性は減少しているかもしれないのである。ポスト組織化資本主義社会は、三分の二社会である。そのなかで、ますます再帰的になるサービス階級と熟練労働者階級の間のギャップが、いわゆる「アンダークラス」と呼ばれる階級とのギャップからますます乖離するようになっている（本書第六章）。

「ゲットーの貧困者」(Wilson 1991a, b) の事例において、W・J・ウィルソンは、労働の領域から消費の領域への重要な文化的転換が生じていると述べている。その大部分が、ゲットーの男性が以前に就いていた、半熟練の、労働組合化した、そこそこの給与の職がまさに急速に失われていることを原因としている。また同じことが、北アメリカやヨーロッパの数多くの公営住宅の白人アンダークラスのゲットーに適用することができる。そこでは、生産から消費への再帰性の転換が起こり、服のスタイル、スポーツ、ダンス、音楽、快楽のためのドラッグ使用、そして「自動車を使った侵入強盗」のような犯罪まがいの行為に、個性が注ぎ込まれるようになっている。実際、アメリカのゲットーの貧困層は、白人中流階級が有するポピュラー・カルチャー的ライフスタイルの部分的なパラメーターとなっているのである。

ここで問題となっているのは、認知的再帰性というよりも、美的再帰性である。それは、認知的再帰性以上に、労働の領域と関係している。文化それ自体の創造と、ますます象徴を通じてコード化される物質的財のデザイン要素が高まり、そのことが生産自体の美的要素の増加を要求している。そのため、第五章では、生産の知識集約性や情報集約性の増大よりも、デザイン集約性の増大と、労働過程の重要性が低下するにつれ高まる「デザイン工程」の重要性について分析をおこなう。

消費という観点から、美的再帰性はいくつかの意味を有している。第一に、消費の場面で選択の要素が強まっている点である。消費が現代のアイデンティティ構築にとってかなり重要であるため、そこでおこなわれる選択は、単に功利主義的な意味で理解されるべきではない。伝統社会でさえ、たとえば服装スタイルのように多元性が存在していた。だが、後者の多元性は、固有の社会的地位により、象徴的に配分されるものであった。後期近代の服装スタイルは、社会的地位よりも、むしろ人格により固有なものである。そうしたスタイルは、社会的なものによる社会的地位の象徴的配分から自由であることを示すものである。さらに、「趣味」としての服装スタイルは、単に不当に差別的な地位や階級文化だけではなく、そうした属性に基づく区別からの自律をも裏づけている (Bourdieu 1984=1990)。したがって、特に若者にとって服装スタイルは、アイデンティティをめぐるかなり重要な選択やリスクをともなっているのである。

人類学者のミラー (Miller 1989) やシルバーストーンら (Silverstone et al. 1990) の最近の作品のなかで理解されているように、こういった消費には、ある重要な時間的な要素が含まれている。彼らは、消費の客体がますます使い捨てられ、意味を失ってきているという、第二章で記述したポスト近代の理論に異議を申し立てている。彼らの知見は、ロンドンの中流階級世帯と労働者階級世帯の文化的消費に関する調査に基づいている。そこで論じられていることは、労働者階級が、テレビ、ラジオ、ポップ・ミュージックを、チャンネルの切り替えや「ビデオ・モード」を通じて消費する傾向がある一方で、中流階級はより「文字モード」で消費するようになっているという点である (Abercrombie 1991)。両者には、時間をめぐる興味深い差異が存在している。中流階級世帯は、さまざまな形態の文化的消費にかなりの時間と集中力を割いている。同時にそれに加え、文化の消費には、文化資本の蓄積のための時間利用が含まれている。労働者階級世帯では「無駄な時間」や「暇つぶし」を通じてポピュラー・カルチャーが消費されている、と論じられている。

美的再帰性がますます多くの役割を演じるようになる、さらにもう一つの消費様式が存在している。それは、個人的な移動、特に旅行とツーリズムの様式である。第一〇章で論じるように、ツーリズムのますます多くの部分が、もはやマス・ツーリズムとして特徴づけられることができなくなり、「自由で自律した旅行者」の数が徐々に増えている。さらに、環境への関心が、現代の多くのツーリズムの重要な要素となっている。ある点で今日の環境意識は、大規模な個人的移動なしには存在しえないのである。多くの訪問者は、景観や町並みの評価に関してますます熟達してきている。つまり、文化資本を作りだし、より洗練された美的で環境に配慮した判断を生みだすようになっているのである（Urry 1992）。

このような「中流階級によるツーリズム」実践は、「象徴」や「寓話」という観念により特徴づけられる。この文脈において「象徴」は、マス・ツーリズムの人為性を避け、山々の本来の自然やルーマニアの村落農民の暮らしを追い求める訪問者を魅了している。それをおこなうのは、時間、空間、文化が感情で満たされ、形式が内容からいまだ区別されていない時間を追求する旅行者である。つまり、本物の経験を求めて巡礼する旅行者なのである。他の中流階級の旅行者集団は、経験全体があからさまに構築されている点を、「寓話的に」大いに楽しむであろう。そうした旅行者のまなざしは、ツアー・オペレーターや「地元民」たちが自身の物質的利益のためにどのように記号的環境をでっちあげるのか、といった再帰的な理解をもたらすかもしれない。これはまさに、「ポスト・ツーリスト」の経験である（Urry 1990c=1995: ch.5）。

最後に、旅行における消費の主体および文化産業における客体の美的再帰性の増大が、莫大な現実経済を作りだしている。ズーキンが『ロフト生活』のなかで理解しはじめているように、そうした再帰性は、ホテルやレストラン、画廊、劇場、映画館、ポップ・コンサート、さらには文化の生産者や「破壊者」、建築家やデザイナー、空港や航空会社などからなる複雑なネットワークを生みだしている（Zukin 1988; 1992a）。その結果、世界中の料理が集まると宣伝するニューヨークのレストランで、フランス人ウェイターが、ドイツ人ビジネス旅行者に給仕するといった事態が起きている。旅行者は、パキスタン移民が運転するタクシーに飛び乗り、ロシア系ユダヤ移民が所有する店で自身の靴を修理し、ロンドン発の最新のミュージカルをみるためにブロードウェイへと向かうのである。

美的再帰性は、まさにポスト組織化資本主義における記号と空間の経済の構成要素である。それは、産業、社会、文化にきわめて重要で逆説的な結果をもたらしている（それは、次章以降で検討されるであろう）。

第II部
記号およびその他の経済

4 再帰的蓄積——情報構造と生産システム

本章では、脱組織化資本主義後の実質的な経済成長は、「再帰的蓄積」のプロセスに基づく必要がある点を議論する。そうした蓄積が有する三つの主要な形式の要点が述べられるであろう。

われわれは、再帰的蓄積という概念が、フレキシブルな専門化、フレキシブルな蓄積、ポスト・フォード主義といった影響力ある概念よりも、現代の社会経済的プロセスをより良く説明するものであると考えている。その他の点では有益なこれらの枠組みは、現代経済が有する四つの重要な側面を十分に説明していないからである。第一に、それらは、現代の社会経済がどれほどサービスに基礎づけられているのかを理解するのに、実際には役立っていない。第二に、知識と情報が現代の経済成長にとってどれほど重要なのか、という点に十分に注意が向けられていない。フレキシビリティ概念は、どれほど生産が、言説的知識にますます基づくようになっているのかという点をとらえ損なっている。フレキシビリティの分析は、ある種の情報集約的な研究開発が、どの程度、物質的な労働プロセスに続き生じているのか、また一定の研究開発機能が現場に移譲されるために、知識集約的生産の民主化がどの程度生じているのかという点を説明していない。物質に基礎を置く生産と文化に基礎を置く生産という対比の方が、フレキシビリティと硬直性の対比よりも有益である。第三に、フレキシビリティの分析はあまりに「生産主義的」である。それとは反対に、われわれは、社会的および社会文化的プロセスが生産の場面と同じ位、消費の場面において重要になっていると主張する。そこで専門特化した消費やフレキシブルな生産は、知識集約的生産をともなっていることが論じられるであろう。そして最後に、フレキシビリティの理論は、どれほど文化が経済自体に浸透しているのか、つまりどの程度、重要な美的要素を含む象徴のプロセスが消費および生産に浸透しているのか、という点を理解してこなかった。

「再帰的蓄積」は、多くの重要な特徴を有している。再帰的蓄積は、どのように知識と情報が現代経済の中心となっているのかを強調するものである。だが、知識は単に、複雑で不確かな経済環境への一つの対処法としての、増大する情報集約性の問題ではない。再帰性に基づく知識は、単一ではなく、二重の解釈学を経由して作動している。そのなかで、生産工程の規範、ルール、資源は、常に問い直されるのである (Giddens 1984=2015; Malsch 1987)。さらに再帰性は、部分的には美的なものであり、それゆえに現代経済は、情報処理能力だけでなく、象徴処理活動をも必要としている。ここで象徴は、情報とともに、美的シニフィエやその他の非情報的象徴を含んでいる。したがって、デザイン工程は生産においてきわめて重要なのである。

加えて、再帰的蓄積における再帰性は、生産だけでなく、再帰的消費からも構成されるものである。それは単に、不公平な社会的「ディスタンクシオン」(Bourdieu 1984=1990) の観念と結びいたニッチ・マーケティングという意味でのスタイルの増殖だけを意味しているわけではない。より重要なのが、脱伝統化 (Enttraditionalisierung) のプロセス、つまり個人化のプロセスを切り開く伝統衰退のプロセスである。そこでは、個人の消費はもはや家族、企業集団、さらには社会階級の配置といった構造によって決定されない (Berking and Neckel 1990)。ライフスタイルおよび消費者による選択のすべての領域が解放され、個人は、決定し、リスクをとり、責任を負い、自らのため自身のアイデンティティの構築に積極的に関与し、進取の気性に富む消費者になるよう強いられている (Keat and Abercrombie 1991)。こうしたプロセスは多くの場合、財とサービスの極端な少量バッチ生産への転換、脱伝統化した個人に専門的支援 (および「専門家システム」) を提供する消費者向け先進サービス、そして象徴的特質の増殖がアイデンティティの自己構築にかつてないほど関与している消費の記号化の原因なのである。

最後に、サービス、コミュニケーション、あるいは情報であれ、非物質的な財がますます再帰的経済に巻き込まれるようになっている。再帰的経済では、企業内部および最終的な成果物の双方でコミュニケーション構造が重要になっている。コミュニケーション構造は市場とある程度の近接性を必要とし、そのなかで、最大限高められたコミュニケーションのフローが生産ラインの迅速な変更を可能にしている。

さらに、最終的な成果物としてのサービス、とりわけ教育、ソーシャル・ワーク、法律、心理学、理学療法、医学のようなより複雑なサービスは、成功の機会を最大化するために、対話的に構造化されたコミュニケーションからなる共同生産を必要としている (Offe 1985)。

西欧の資本主義社会における労働の性質をめぐり長きにわたる議論が存在している。それは、強制された行為 (execution) および物質的エネルギーの消費としての労働と、創造性および理性表現としての労働という、ブレイヴァマンによる有名な対比にみることができる (Braverman 1974=1978; Ganssmann 1990)。古代人にとって典型的であったのが、強制された行為としての労働というアリストテレスの見解である。それは、社会にヒエラルキー構造を与えるための必要悪である。この見解において自由はまた、労働からの自由を意味している。近代人や啓蒙思想にとって労働は、強制された行為ではなく観念となった。したがって労働は、理性の実現のための媒介、つまり自然状態から人類をすくいあげる媒介なのである。カントにとって自然は、「労働を通じて」自然を克服することを「可能にする特別な目的 (telos) を人類に与えることにより」、自然を克服するよう「人間に強いるものである」(Ganssmann 1990)。労働は、近代人にとって、文化的学習であり、また教育的プロセスなのである (Ganssmann 1990: 4, 11; Jaccard 1960; Keane 1984)。

ガンスマンは、興味深い形で、労働をめぐるこうした古代／近代の対比を採用し、情報に基礎を置く現代社会のシステム理論的理解のなかでそれを最新のものにあつらえている (Ganssmann 1990: 8-9)。その説明のなかで労働は、物質とエネルギーを変換し、欲求充足の手段を供給するという究極的目的のため情報を利用する、人間的活動として定義されている。労働プロセスは「開放システム」であり、環境との物質や材料の交換と関わっている。それは、個人によるエネルギーの消費や、環境からの物質のとり込みを含んでいる。人類のシステムとその環境はともに、こうした物質的交換を通じて自身を再生産しているのである。

近代化にともなう「社会的分業」の複雑性の高まりは、多数の「個別の作業工程」を結び合わせるために、数多くの「調整、統制、操縦と関わる職務」を増殖させている。このことは、作業工程を再帰化する効果を有している。それは、「ある作業工程が、他の作業工程の対象となっている」(Ganssmann 1990: 9-10) という点で再帰的なのである。したがって、テーラー主義の発展は、こうした再帰性の増大の要なのである。というのも、現場の作業工程が、テーラーやさまざまなエンジニアの作業工程の対象となっているからである (Lash and Urry 1987: ch.6)。ルーマンに基づきつつ、ガンスマンは、テーラー主義において、「作業工程は、自己を観察し、自らを記述した。したがって、内的に分化した労働システムは、自己の操縦、つまり制御のためにこうした記述を活用した」と論じている (Ganssmann 1990: 11)。労働者の観点からみた場合、そのような再帰性は、上からのヒエラルキー構造によって押しつけられたものなのである。

ガンスマンはさらに展開し、情報処理と統制との関係を分析している (Ganssmann 1990)。システムには、サイバネティクスによるヒエラルキー構造が存在している。そのなかで、相対的にわずかなエネルギーと多くの情報を用いるシステムが、多くのエネルギーと比較的少ない情報を用いるシステムを統制している。このヒエラルキー構造のかなり上層にあるのが、メタ情報処理システムとでも呼ばれうるものである。それは、ギデンズの「専門家システム」と類似している (前出第三章)。そうしたシステムは、メタ再帰性の事例となるであろう。もし情報システムが、生産システムを統制するのであれば、そのとき、経済学、マネジメント科学、その他の社会科学のような、より情報集約的なメタ再帰的システムが、生産システム間関係への規制を監視し、制御することになる。それらはまた、労働システムとその環境との間の交換を監視する。教育はその一つである。ガンスマンは、「全労働システム」が社会環境と自然環境を有していると理解している。というのもそのシステムは自身、双方に向けたインプットとアウトプットの生産を通じて、互いの交換に関与するオープン・システムだからである (Ganssmann 1990: 20)。互いのシステムは、それぞれの再生産の利益にかなうよう機能している。そうした利益の調整は、主にコミュニケーションの調整問題である。そのなかには、「情報」、「伝達」、「理解」という、ルーマン (Luhmann 1986=2005) によるコミュニケーションのそれぞれの契機が含まれている。

ガンスマンは、近代化がかつてないほど大きな規模の情報化を導くと考えている。それは、サイバネティクス的で、(システムの) 再帰的ヒエラルキー構造をさらに進展させるものである (Ganssmann 1990: 10, 17)。社会的な作業工程の再帰性の増大は、個々の作業工程のかつてないほど多くの部分が、人びとと自然の間の物質的交換の確証という、全作業工程の基礎的機能と間接的にのみ結びついていることを意味している。それは、歴史の発展段階を通じて、物質的交換における文化による媒介が増加していることを意味している。それには三つの段階が存在している。第一に、農業、鉱業、林業におけるエネルギーと物質の直接交換、第二に、機械が媒介することで物質が生産の手段、対象、成果となる間接的な交換、そして第三に、シンボルにより媒介された交換である。

ここには、さらなる要素が存在している。ポスト組織化資本主義経済の成長は、情報化、つまりはシステムの再帰性の増大だけでなく、再帰性の民主化をもともなうものである。ガンスマンによる情報ヒエラルキー構造のより上層レベルは、単にコンセプト形成だけでなく、意思決定、計画、責任、リスク、情報処理プロセス、統制、モニタリングが移譲される事態をも含んでいる。なかでも、最後の点がもっとも重要である。再帰的近代において生じていることは、自己モニタリングの高まりである。この点は、自身の労働プロセスが、誰かの労働プロセスの対象となるという文字通りの意味でそうなのであり、また抽象的システムおよび専門家システムの作動や利用を通じた、より間接的な意味においてもそうなのである。

本章では、再帰的蓄積の三つの理念型について議論をおこなう。それは、日本型（日本）、ドイツ型（ドイツ語圏）そして、英米型（英米）生産システムである（Walker 1988; Storper & Harrison 1990）。

日本型システムは、集合的再帰性を含んでいる。日本の義務的契約がもつ強固な紐帯は、情報共有、リスク共有、集合的意思決定という三つの意味での集合的再帰性をともなっている。情報やリスクおよび決定の共有を含む集合的再帰性は、同じ企業あるいは異なる企業の生産ユニットの間（かんばん方式）、株主と企業との間、そして従業員と企業との間にある、自主的な作業グループのなかで生じている。

ドイツ型システムは、建築の歴史家にのっとり、われわれが築造的(textonic)再帰性ないし実践的再帰性と呼ぶ、より実体的な自己モニタリングに基づいている。ここで教育は、あまり言説的なものではなく、より実践的なものである。生産は大抵、生産のための機械自体を別の機械で製造することから成り立っている。そこでの成果物は、電子的要素に比べて、機械的要素が高い割合を占めている。ドイツ型システムは、職人やコーポラティズム的管理機構を通じて規制されている。だが、労働のモニタリングは、日本型モデルよりもかなり個人化されており、ネットワークの紐帯は、「義務的」紐帯よりも弱い傾向にある。ドイツ型システムの大部分は、専門職と熟練職（trade）を含む天職（Beruf）という観念を通じて作動しており、それは「技能管理（craft administration）」という考え方と類似している（Stinchcombe 1959）。ドイツ型システムの専門職が有するエートスは、高等教育機関に対して重要な役割を果たしている。そのことが、部分的にではあるが、技能労働者にますます専門的な機能を割り当て、技術者とエンジニアの地位への上昇移動の経路を開放することで、技術職と専門職との区別を弱めている。

英米型システムは、言説的再帰性を含むものである。それは、高度に情報化したセクター、つまりハイテク製造産業や先進サービス産業においてもっともはっきりと表れている。言説的再帰性は、専門家システム、とりわけ抽象的知識がかなり重要になるということ意味している。英米型システムは、現場に高度な専門—管理的要素を必要としている。それはしばしば、弱い紐帯によって結びつけられるネットワーク化した、小企業間の深い社会的分業により特徴づけられる。英米型システムは、きわめて流動的な労働市場を必要としている。そのなかで多くの情報のフローが、ある企業から別の企業への転職や分社化を通じて流れるのである。

最後に、ここで認識されるべきは、「再帰的蓄積」という用語が、語義的に矛盾するようにみえるという点である。再帰性は文化的であり、蓄積は経済的である。だがわれわれは、経済的および象徴的プロセスがどのようにかつてよりも結び合わされ、接合されているのかを理解可能にするためにこの用語を用いている。すなわち、経済は次第に文化的になり、文化はさらに一層経済的になっているのである。したがって、二つのプロセスの間の境界はますます曖昧になり、経済と文化はもはや互いにシステムと環境として機能するものではなくなっている。

われわれは、この三つの事例の各々において、生産の再帰性が構造からのエージェンシーの解放や自律化以上のものであるという点を考察するつもりである。そこで再帰的生産が、情報コミュニケーション構造の特有の組み合わせの存在を前提としていることが検討される。さらに、ポスト近代を「再帰的近代」のより全面的な到来の不可欠な部分として理解する。そのような近代は、慣習的に社会構造として理解されてきた、「社会」が衰退傾向にあるという文脈においてのみ可能なのである。だが、そうした衰退は、「構造」の全面的消失をともなうものではない。むしろ、国家を基盤とした、組織および制度に枠づけられた社会構造が、グローバル（そしてローカル）な場所にあってますます組織的かつ制度的に枠づけられなくなっている情報コミュニケーション構造によって置換されるようになっているのである。

本章の残りの大部分は、三つの資本主義の脱組織化や再帰的近代化のあり方を基礎づけている情報構造の詳細な説明に当てられる。ここでは、日本の「集合的再帰性」から議論を開始する。

一節　集合的再帰性——日本型生産システム

日本における「西洋式」経済社会学には、分析者を分ける三つの主要な世代が存在している。第一世代は、主に労使関係問題にとり組み、その分析は重要な点で文化主義的であった（Dore 1973=1987; Cole 1971）。第二世代は、「効率的な」「ジャスト・イン・タイム」生産の性質に焦点を当てた（Sayer 1986; Wood 1989a; Jürgens 1990）。第三世代、特に青木（Aoki 1988=1992）とコリア（Coriat 1991=1992）は、企業それ自体の形態に、より注意を注いでいる（また Whitley 1990）。本節は、青木による日本企業に対する典型的な分析に多くを負っている。青木は、企業を「情報構造」として理解するよう提唱している。彼にとって、古典的フォード主義や組織化資本主義の企業は、垂直的な情報構造によって特徴づけられるものである。それと対照的に、現代の日本企業は水平性によって特徴づけられる。本章全体を通してわれわれは、再帰的蓄積の三つすべての形式が、現代的生産システムの情報構造の水平化をともなっている点を考察するであろう。

青木は、二つの理念型を併置している。アメリカ企業は、ウィリアムソンの理念型による「ヒエラルキー構造」と一致している。それは、経営者の統制機能と労働者の実行機能をともない、垂直的に統合され、機能ごとに部門化され、官僚主義的に構造化されるものである。専門特化した作業単位は、経営管理機構階層を通じて調整されている。これらの管理機構自体秩序づけられており、それぞれが「市場利用コストの節約を最大化させる情報処理業務」（Aoki 1988: 7=1992: 10）を割り当てられている。現場では、仕事は細かく、かつ機能的に分割されている。それは部分的には、旧世代のアメリカ式の職務規定型労働組合方式を引き継いだためである。だがその結果、これらの諸機能の統合が、ヒエラルキー構造に基づき、技術者の情報処理職へと集中することになった（Aoki 1988: 16=1992: 19-20）。

それとは対照的に、生産ユニットの内部およびその間の関係、そして株主／金融機関と企業との関係の観点からみた場合、（日本人にとって）日本型企業は垂直的ではなく、水平的に構造化されるものである。情報構造は、情報処理活動、情報のフロー、そして統制の水平化を特徴としている。問題解決は脱中心化し、現場へと委譲されている。情報のフローは、管理部門から現場へという流れで垂直的に組織化されておらず、現場間で水平的に生じている。また、統制は、垂直的なヒエラルキー構造に基づくものから、生産チェーンの末端市場の需要を通じたものへと移っている。

青木は、コーポラティズム的構造を比較的有していない企業に焦点を当てることで、現代日本を特徴づけるポスト組織化資本主義の一連の経済的調整に目を向けている。一九七三年の石油危機以前の日本の経済的ガバナンスは、以前われわれが手がけた用語で述べれば、かなり標準的な組織化資本主義そのものである（Lash and Urry 1987）。その主な特徴は、第一に、系列がもつ中心的な役割である。系列は通常、それぞれの重要なセクターの主要企業をともない、一つの有力銀行を中心に構造的に形成される集団のことである。第二に、個々のセクター内部の経営者団体の重要性である。それは、多くの場合、通商産業省とのコーポラティズム的調整のなかでおこなわれる経済的ガバナンスと主に関わっている。第三に、組織化の推進に対する、国家、とりわけ通商産業省の主要な役割である。第四に、銀行による企業への貸付が、資金供給のもっとも重要な形式となっていることである。第五に、主要企業が、かなり高度な垂直統合を果たしていた点である。第六に、急速な成長が、規模の経済の実現を通じて達成された点である。第七に、鉄鋼や造船のような主要工業セクターが、戦後の経済発展を主導する役割を演じた点である（O'Brien 1989）。

　ところが、一九七三年以降、経済的ガバナンスはよりはっきりとした形で脱組織化している。そこには、多数の相互作用を通じた変化が存在している。たとえば、国際化および海外直接投資や間接投資の増大が、国家の役割の低落を意味していること。系列と同様に、セクターごとの経営者団体が目立たなくなっていること。個々の企業が、とりわけ外国市場でますます独立して活動するようになっていること。内部金融や証券金融がますます重要になるにつれ、銀行の役割が減少してきていること。主要企業は範囲の外部経済を実現するために、「リーン生産」戦略にのっとりつつ生産を脱組織化し、また同時に、部分的には規模の経済を断念することを通じて多様化を急速に推し進めていること。そして、自動車、家電、金融サービス、不動産開発といった、あまり伝統的でないセクターが、経済において主導的役割を演じるようになっていることである。

　以上の理由から、近年の日本をめぐる多くの議論は誤解を招くものである。実際、ある論者は、日本の経済的関係はフォード主義的であり、また長い間そうであったと述べている（Morgan and Sayer 1988; Coriat 1991=1992）。別の論者は、日本は長い間、ポスト・フォード主義的であったと論じている（Jürgens 1990; Wood 1991）。双方の議論は、日本における、フォード主義からポスト・フォード主義への移行、あるいは組織化資本主義から脱組織化資本主義への移行を過小評価している。このようなわけで、日本の固有性は、情報構造の早期の水平化にあり、またそうした情報構造における個人ではなく、集団が果たす支配的役割にある（Morishima 1991）。

　いまやわれわれは、雇用関係、生産ユニット間の相互作用、そして金融取引の評価を通じて、日本経済の情報構造が水平化している固有のあり方を検討することができる。いずれのケースでも、ドーア（Dore 1989）が主張するように、西欧流の「対等な契約」に代わり、「関係的契約」がみられている。それは、日本経済の再帰性がもつ集合的性質を実証するものとなっている。

（1）雇用関係

　こうした点はまず、「情報構造」という概念を介して分析される。青木が企業の情報構造について論じたのに対して、われわれは全体としての「生産システム」がもつ情報構造を概念化する（Walker 1988; Storper and Harrison 1990）。たとえば社会的分業が深化したところや脱垂直統合したシステムでは、情報構造は複数の企業を覆っている。さらに、生産システムの情報構造は、教育制度のなかの情報フロー、および教育制度から流れでる情報フローを含んでいる。教育制度は、所与のシステムに関して「環境」から「システム」へと多かれ少なかれ変容しうるのである。最後に述べておくべきは、情報構造という用語には、さまざまな様式をとる象徴処理、とりわけ美的で、デザインやイメージと関係する象徴処理が含まれている。

生産システムの情報構造には、三つの構成要素があるようにみえる。それは、イノベーションや問題解決などを含む情報処理活動、文化資本の蓄積、情報のフローである。分析的に区別されるこれら三つのプロセスは、互いに密接に関連し、多かれ少なかれ同時に生起するものである。たとえば、情報のフローは、情報処理活動において利用される現場の文化資本の蓄積を促している。文化資本の蓄積とは学習である。情報処理活動の「パロール」を可能にするのが「ラング」であり、イノベーションの「メッセージ」を可能にするのが「コード」であり、そして職場の問題解決の「言語運用」の条件が「言語能力」なのである。

そうした三つの生産システムと対応するのが、英米型、日本型、ドイツ型の情報構造である。この三つの生産システムを区別する際、情報によって構成されるそうした三つの要素プロセスのなかでもっとも重要になるのが、文化資本の蓄積ないし学習である。この文脈で鍵となるのが、Koike（1988）が主張するように、日本企業ではインセンティブ構造が情報構造に基づいているという点である。

それは、多くの日本企業における、余剰人員の解雇、配置転換、昇進に関する方針に反映されている。日本の大工場では年齢にともなう賃金の上昇は西洋よりも大きいが、インセンティブは年功序列にさほど結びついていない。小池による、日本とアメリカの大工場の比較によると、後者のインセンティブ構造は日本よりもはるかに年功序列に基づいていた。それは特に、余剰人員の解雇に関して当てはまる。アメリカでは、年功序列のもっとも下層に位置する労働者がまずもって解雇され、年功序列のもっとも上層に位置する者は保護されていた。日本で余剰人員の解雇や配置転換を規制するのは、年功序列よりも文化資本の蓄積である。多くの場合、最初に職を離れなければならないのは、年長者、とりわけ五〇代後半の労働者である（Koike 1988: 171）。また、日本の技術形成が個々の企業に専門特化しているため、過剰人員の解雇の最大の犠牲者となるのがこれらの年長労働者なのである。さらに悪いことに、こうした事態は、日本では労働力に占める高齢労働者の割合がかなり高いことによってさらに悪い方向へと向かっている。ヨーロッパ諸国が早期退職制度を完全に導入する以前の一九七五年に、日本における六五―六九歳の男性の労働力参率は、驚くべきことに六九％に達していたのである（Koike 1988: 175; Chen 1991）。

労働力のさらなる高齢化にともない、大企業は高齢の労働者を離職させる戦略として、解雇ではなく、配置転換を利用しはじめている。一九七五―八年に、日本の大規模な生産工場のすべての離職のなかで、企業内および企業間の配置転換によるものの割合は三四％にのぼった。それに対して、すべての生産施設においては同様の配置転換の割合は一五％であった。こうした配置転換政策の大部分は、脱垂直統合や多角化をもたらした一九七三年のオイルショックへの対応を通じて可能となった。たとえば、通商産業省の調査は、多角化へと向かうとり組みに従事している大企業の割合が、一九七九年には四八％、一九八二年には六〇％になっていることを明らかにした。さらに、これまでの事業と関連のない分野へと多角化する企業は、一九七三年には一五％、一九八二年には三五％に達した（Brunello 1988: 119, 130）。

一九八五年におこなわれた六八の大規模製造企業に関するある研究は、利益の少ない部門を独立企業へと分割させる一九八〇年代のトレンドについて検討をおこなった。そこで、コストの節約が、自力にしろジョイント・ベンチャーを介してにしろ、より情報集約的な部門へと多角化するために活用された。この調査では、平均的な企業が、一九七五年から一九八五年にかけて、一二・二の関連企業を分社化させた。インタビューの七五％でみられた、分社化のもっともありふれた理由は多角化であった。二番目によくみられた理由が、高齢労働者の再雇用のためのバッファとなる企業を設立することであった（Koike 1988: 122）。ポスト組織化資本主義が「リーン生産」へと移行する際、分割の必要性に直面する大企業は、その解決が余剰人員の解雇を通じたものである場合、労働組合に抵抗を受け、評判が失墜することを知っている。そこで、より受け入れらやすい配置転換に頼ることとなった。配置転換の結果、かなりの節約がおこなわれたようである（Brunello 1988: 125）。

このように日本のインセンティブ（そしてディスインセンティブ）構造は、産業労働組合の歴史を通じて生みだされた権力に基づくアメリカとは異なり、年功序列と関係していないのである。それはまた、職業別労働組合の権力に基づくイギリスとは異なり、職業とも関係していない。むしろその構造は、一人の労働者が蓄積する文化資本の量と関係している。その意味で、西欧社会のホワイトカラーの報酬と類似している（Koike 1987a）。大企業セクターにおいて日本の人事部門は、労働者の採用と昇進に大きな影響力を有している。両者はともに、蓄積された文化資本の量に依存している。採用は長く注意を要する選考プロセスであり、典型的には、二日間のワークショップをともなっている（Wood 1991: 32）。大企業の新規雇用は、サローが賃金競争から仕事競争へと向かう労働市場競争の変容として理解した事柄を、極端な形で体現するものである。したがって、きわめて限られた数の入口へのアクセスをめぐり激しい競争がおこなわれている（Dore 1987: 10より引用）。昇進もまた、かなり競争率が高く、人事部により厳格に審査され、管理されている。

このような点から日本は、アメリカやイギリスとは対照的に、情報構造およびインセンティブ構造の間の強いつながりによって特徴づけられる（Koike 1984）。だがここでは、どの種の文化資本、つまりどの種の技能が問題となっているのだろうか。また、そのような情報構造に関するどのような形式のガバナンスが関係しているのだろうか。近年の論者の多くは、日本の「実地訓練」に関する、暗黙の、あるいは経験的ないし実践的な情報の重要性を強調している。そのなかで、非公式的構造、草の根主導のチームワーク、そして仕事のローテーションが、課題をこなすために個人が集団で非公式に学習し互いに助け合うことを可能にしている（Wood 1989a）。だが、こうした説明では、関連する言説的あるいは理論的知識、情報処理技術の重要性、そしてブルーカラー労働の「ホワイトカラー化」を過小評価することになる。おそらくマニュアル労働者の三分の二程度を構成している日本のより小規模な企業セクターは、より典型的な西欧のブルーカラーのパターンに従っている。だが、大企業セクターは、言説的知識を重要な点で必要としている。それは部分的には、マニュアル労働者が、職業専門学校ではなく、より学問中心的な高校卒業資格を有しているためである。加えて、追加訓練は重要な言説的要素を含んでいる。典型的な大企業は、追加訓練コースをおよそ五年ごとに労働者に提供している。追加訓練コースへのアクセスは激しい競争をともなっており、昇進は訓練コースでの成果に部分的に基づいている。人事部門は、それまでの勤務成績を念入りに審査し、たとえば電子機器の組立についての筆記試験を課している（Koike 1987a: 298-9; 1987b）。

ジョブ・ローテーションを通じた学習はまた、重要な言説的要素をともなっている（Koike 1987a: 305）。労働者の昇進の機会は、大規模なジョブ・ローテーションによって促進されている。人事部門は、ジョブ・ローテーションを重要なものとして考慮に入れている。それは、多くの場合、蓄積された文化資本の指標だからである。またジョブ・ローテーションは、ありふれたものである。アメリカと日本における製鉄所の比較研究は、平均的なアメリカの労働者はそのキャリアにおいて一二の仕事を経験するのに対して、平均的な日本の労働者は平均して三六の仕事を経験していることを明らかにした（Koike 1987a: 304）。加えて、ジョブ・ローテーションは、さらなる水平的な昇進構造を切り開いている。小池によるアメリカの製鉄所の研究では、労働組合によって定められた厳格な年功序列ルールにより、労働者はある職場から別の職場へと移動することはなかった。そのため、ある垂直的職制の地位は、その職制内部からのみ補充されることができる（Koike 1987a: 303）。日本の工場では、ローテーションを経験した複数の技術をもつ労働者は、そうした多数の職制のいずれにでも昇進することができた（Deutschmann 1986; Bratton 1991）。

最後に、QCサークルは、実践―暗黙的知識とともに、言説的知識に重要な基礎を置いている。実践的知識はQCサークルの会議のなかで共有されるが、小池が述べるように、QCサークルのミーティングは、労働者が高い水準の教育を受けている工場においてのみ機能する（Koike 1987a: 306, 324; 1988: 154）。そうしたミーティングは、QCサークルに参加する意思、会議で工程およびの問題解決に関する議題を言葉で説明する能力、そして品質サークルに参加するために労働者が有しておくべき、技術と生産のメカニズムについての予備知識を前提としている（Hill 1990）。

その際、問題は情報構造がどのように統治されるかである。それへの回答は、情報構造は可能な限りもっともコーポラティズム的ではないやり方で統治されるというものである。訓練システムは、一方で、学校中心的・理論的・国家主義的なやり方で、他方で、実践中心的・経験的・コーポラティズム管理的なやり方で形成されている。フランスやイタリア以上に日本は、その連続体において国家主義的かつ言説的な側にある。ドイツ語圏の世界は、コーポラティズム的で実践中心的な極に位置づけられ、イギリスとアメリカは両者の間にある。アメリカはイギリスに比べ、歴史的により国家主義的かつ理論中心的である。一方、イギリスは、一九七〇年代半ばから一九八〇年代半ばにかけて見習いの地位をおよそ六七％減少させ、実践中心的なモデルから迅速に移行した（Burrage 1972; Dore 1987: 20; Lutz and Veltz 1989）。

国家に統治された規範システムは、法人により規制されているシステムと比べ、よりコード化・抽象化・理論化される傾向にある。日本の技能職労働者は、国家が後押しする包括的な訓練・技術試験システムを有している。それは、不安定な中小企業セクターに役立つものである。エリート企業は、自社で終身雇用下にある従業員を訓練している。日本の「演繹主義的」文化資本の編成モデルは、大企業セクターのブルーカラーの労働者が有する言説的な中等教育の質の点で、フランスあるいはイタリア（またはアメリカ）の競合者に勝っている。さらに、企業を基盤とした訓練がより体系的かつ理論的であるため、どこよりも二重システム的なものとなっている。

では、日本型モデルは、どれくらい文化的差異に由来しているのだろうか。「文化」は通常、多くの「硬直性」をともなった伝統的な社会関係の存続を意味している。そのなかには、ドーアによる「フレキシブルな硬直性」（Dore 1986）が含まれている。近年では、そのような文化主義者的な説明を避けることが流行となっている。たとえば、青木（Aoki 1988=1992）や小池（Koike 1988）は、日本企業への従業員の忠誠心に対して、よりはっきりとした合理主義的な説明を与えている。彼らは、企業特殊的な技能が、企業のなかで従業員にある共通利害をもたらしていると述べている。従業員の文化資本の価値が大幅に減少するならば、企業は破綻してしまうからである。加えて、従業員の昇進の機会とさらなる文化資本の蓄積は、企業の拡大や企業に対する従業員のコミットメントと比例している。

それに対して、コールは文化主義的説明を与えている（Cole 1971）。彼は、より近代的かつ成功している企業ほど、文化の面でより伝統的で、終身雇用、高額な賞与制度、企業内組合制度、チームワーク、QCサークルをともなうと述べている。文化主義—伝統主義的であるのは、企業特殊的な技術などをもたず市場モデルにより大きく依拠して運営されているより小規模な企業よりも、高い教育を受けたブルーカラー労働者を擁する国際的な日本の主要企業なのである。言い換えれば、ドーアによる企業の「共同体モデル」は、現代の日本企業に適応することができるが、より伝統的な企業には当てはめることはできないのである。ここでみられるのは、近代化にともない、ますます伝統的になるというパラドクスである。

理念型による官僚主義的関係や市場関係は、文字通り非人格性や個人間の「紐帯」の不在という観点から特徴づけられる。Granovetter（1985）は、西洋におけるこれらの関係は、多くの場合、ネットワークのなかに社会的に埋め込まれており、またそこには非人格性ではなく、個人間の「弱い紐帯」が存在していると述べている。対照的に、日本経済のネットワーク化した社会関係は、「強い紐帯」によって特徴づけられるであろう。文化や日本経済を論じる者は、強い紐帯の二つのタイプについて語っている。第一が、企業と労働者の間にある非対称的な紐帯である。それは、一九七三年にドーアが福祉コーポラティズムの観点から理解したものであり、青木が雇用主と従業員との間の「贈与関係」の視点から描くものである。その他のタイプのネットワークは、水平的紐帯によって構成されている。その原型は、一七世紀の徳川時代以来、日本で普及したムラである。ムラは、半自律的・多機能的・非公式的な村落単位であり、村上が述べるように「社会的基体により構成される」（Murakami 1987: 35-6）ものである。同様にコールも、徳川の「法的システムは、集合的責任の原理をもち、完全なる権威と集団の成員の業績や振る舞いに対する責任を村長のような集団の代表者に分け与えた。ただし、それは実際には、村落共同体や都市の近隣住民に大きな自律性をもたらすこととなった」（Cole 1989: 9）と述べている。日本経済の再編にみられる集合的構造のタイプが、非対称的な贈与関係から、ムラ型の関係へと移行している点を指摘することは重要である。一九五五—七〇年の成長の時期に主要な役割を果たしたのは、戦前の財閥の後継組織であり、銀行を中心にクラスター状に構成される系列ではなかった。トヨタ、日産、ホンダ、ソニー、松下といった主要な企業は、「独立企業」であり系列ではなかったのである。代わりに主要な役割を担ったのが、部分的には非対称的なコーポラティズム的団体であった。たとえば、通商産業省とさまざまな業界団体との関係や、大蔵省や日本銀行と市中銀行との関係である（Murakami 1987: 47, 52; O'Brien 1989）。それとは対照的に、チームワークや品質サークルのようなポスト・フォード主義的集合体は、水平的なムラ的構造とより類似している。実際、ドーアのような分析者は、（非対称的な贈与関係に基づく）福祉コーポラティズムに代わり、企業の「共同体モデル」について議論するようになっている。この立場は、集合体とコミュニケーション構造がより水平的になっている点を強調するものである。そして同時に、組織はより再帰的になっている。そこでは、伝統的な文化と結びついた集合的な関係の形式が、新たな近代的な内容によって埋め合わされるようになっている。加えて、文化の分析者と同様に、経済学者や労使関係理論の「専門家システム」が、そうした再帰性の発展に一役買ってきたのである。

これまで、日本における再帰的蓄積を、雇用関係の観点から描いてきた。それは、労働過程が自己モニタリングをともなっているという意味で再帰的である。つまり、労働過程が労働過程の目的になっているのである。それは、意思決定の脱中心化を含んでいる。Lincoln et al.（1986）は自らの大規模調査の直接比較可能な事例のなかで、日本ではアメリカよりも、類似した決定が企業のヒエラルキー構造において平均して一段低い段階でなされる点を明らかにした。日本では、自己モニタリングが、集合的な自己モニタリングとなっている。それは、工程と製品の双方に関する問題解決に当てはまる。工程の問題解決は、チームワークを通じて集合的にモニタリングされている。QCサークルは、工程と製品の双方の問題解決にとって効果的な集合的再帰性のさらなるプロセスなのである。

（2） 生産ユニット間の相互作用

生産ユニット間の相互作用もまた再帰性を含んでいる。日本の生産システムの再帰性は、労働過程だけでなく、生産ユニット間の関係、すなわち労働過程間の関係においても生じている。そのなかで、一つの労働過程のアウトプットが、次の過程におけるインプットとなる。ガンスマンによる情報処理ヒエラルキー構造の観点からみると、この種のモニタリングは、再帰性の段階において労働過程の自己再帰性よりも高次にある。伝統的なフォード主義の垂直的に統合したヒエラルキー構造において、職場間の関係のモニタリングはかなり集中している。日本型生産システムにおいてモニタリングは、水平的情報構造のなかでフラット化される。このことは、ジャスト・イン・タイムおよびかんばん方式にみることができる。

情報構造の外部化と水平化は、大量生産あるいは「加工」生産の支配から、「多様化した質的生産」の支配への移行なしには生じなかった（Abegglen and Stalk 1985: 21ff=1986: 38ff; Sorge and Streeck 1988）。一九五五年の日本の国内販売の先頭にいたのが繊維会社の東洋紡であり、一九六五年には世界最大の造船会社の三菱重工業、一九七五年には新日鉄、そして一九八三年にはトヨタであった。一九七〇年代以降、日本は、石油化学工業、非鉄金属、石油精製、化学などの加工産業から大きく転換した。その主な理由は、エネルギーや原材料資源の欠如にあったが、これらの産業が環境に及ぼす帰結もまたその理由であった。旧産業は、連続工程という生産がもつ性格ゆえに、垂直的に統合した工場に適していたのである。

一般的に日本企業は、その主要な目的を利益でも売上の増大でもなく、市場のシェアに置く傾向にある。このことは、カシオのような企業が、当時、年間二〇〇％の成長を遂げていた計算機市場へと活動領域を広げた際、年一〇〇％の売上増を実現するために、その価格を固定したという事態を指している。そうすることで、アメリカやヨーロッパの企業は効果的に市場から追い払われた。カシオは、低価格帯市場において量と価格の競争を勝ち抜き、その後「多様化した品質競争」を通じて上昇するという、典型的な日本企業のパターンを踏襲したのである（Abegglen and Stalk 1985: 53-6=1986: 68-71、またWhitley 1991）。

より高度なテクノロジー領域へのこうした多様化への資金供給は、いくつかの部門を分社化しサプライヤーにすることを通じて実施された。こうした準─脱統合が有する「減量経営」戦略は、多くの企業の下請企業数を増大させている。従業員が三〇〇人以下の中小企業のうち下請企業の割合は、一九六六年の五三％から一九八一年の六六％へと増加している。その割合は、電子機器産業のような近代的セクターでなお一層大きくなっており、一九八一年におよそ八五％に達した。同時に、全資本投資のうち、子会社など系列会社に対するものの割合がかなり増大した。すべての製造産業において、一九六五年に一一％であったのが、一九八四年には四四％に増加した（Aoki 1987: 283-

4)。アメリカとの比較は有益である。一九八〇年代末にかけて、GM社は、自社内で自動車が有する価値のおよそ七〇%分を生みだしていたのに対して、トヨタは付加価値のおよそ七〇%分を外部化していた(Hill 1989: 466)。

日本の「リーン生産」への転換により企業チェーンの発展が生じている。つまり生産システムが、一連の企業の「層」ないし列へと準一脱統合化しているのである。ここで大規模な親会社からはじまるチェーンのさらに下へとくだるにつれ、下請企業の企業規模は小さくなる。通商産業省の推計によると、平均的な日本の自動車メーカーは、一九七八年には早くも一七一の第一層、四七〇〇の第二層、そして三万一六〇〇の第三層の部品メーカーを抱えていた。第三層の多くは、「家族経営による混雑した家内工場」であった。そこでは、家族が週六一七日、一日一〇時間、床に備えつけのプレス機で小さな部品を生産しており、かなり多くの非公式な就業形態をとっていた。きわめて小規模な企業ですら、自社の下請企業に相当量の外部委託をおこなっている。そうした下請企業には、わずか四—九名の労働者しか擁しない企業のおよそ五〇%が含まれている(Hill 1989: 462, 466; Demes 1989)。

日本のリーン生産が意味することは、(製品や利益に対する)責任が、生産工程のかなり低いレベルへと実際に委譲される点である。そこでは、すべての段階がプロフィット・センターであり、市場に従属しているのである。このことは部分的に、多様化した質的生産への転換によって説明されるが、また外部労働市場における「熟練」の不在によっても同様に説明されるものである。たとえば自社内で事業を発展させる時間がほとんどないとき、「自社生産」さもなくば「購入」かという決定は、「購入」へと向かうことになるであろう(Patrick and Rohlen 1987: 349)。これらすべてのことは、日本型生産システムの情報構造の新たな形成を意味するものであった。この構造は、部分的にはサイバネティクス的なヒエラルキー構造の一つである。情報処理(そしてモニタリング)は、多くの場合、親会社や第一層の下請企業によって実行される。だが、エネルギー支出の要素が高まるにつれ、それはチェーンをくだっていく。このことは、親会社による下請企業のモニタリングに反映されている。そこでは親会社が、生産性に責任を負わなくてはならない。したがって、下請企業とその発注者は契約を結ぶことになる。たとえば自動車産業において基礎契約は、多くの場合、一つのモデルが変更される期間に合わせて四年間となっている。こうした長期間にわたる供給契約の安定的な枠組みのなかで、下請企業は生産コストを低減させるため、新たな技術を導入しなければならないのである(Uekusa 1987: 501-2)。

情報およびモニタリングのヒエラルキー構造にみられる非対称性はまた、多くの下請企業にとって、デザインの仕様や納入の決定が親企業によって決められる一方で、品質や価格は交渉されるという事実に示されている。チェーンのはるか下方にあるいくつかの小企業のために親会社は、経営上のアドバイスだけでなく、機械をも提供している(Uekusa 1987: 501; Patrick and Rohlen 1987: 347)。実際、ほとんどの下請企業は、安定的な販売先である親会社の支援によって開始される。より業績をあげることで、下請企業は、親会社からより多くの自律性を獲得することができる。そして、汎用性のある(非専用の)設備を用いる場合、下請企業は、ある親会社から別の親会社へと乗り換えると脅すことができる。だが、サイバネティクス的な情報のヒエラルキー構造における下請企業の脆弱な地位は、支払われている相対賃金から明らかである。日本の自動車産業の(最終組立工場、エンジンおよびトランスミッション組立工場、そして主要な車体プレス工程で働く)労働者のわずか二五%だけがより高い賃金を受けとっているのに対して、第二次および第三次下請企業で働く他の労働者には、二〇%から七〇%も少ない賃金しか支払われていないのである。アメリカでは、すべての労働者の賃金はより平等に分配されている（Hill 1989: 467）。

これまで下請けの情報構造の垂直的パターンに注意を与えてきたが、現在、水平化へと向かう動向が強まっているようである。下請企業の市場における地位や契約条件は改善している。というのも中小企業が取引をおこなう平均的な企業数は、一九八〇年代半ばまでに四社に増加し、二〇〇―三〇〇人の従業員を抱える企業によって取引される企業数が平均一一社へと増加しているためである。さらに、一九七三年以前の古い二元的な日本型システムにおいて下請企業は、主にバッファとして、つまり景気後退に対する緩衝材として機能していた。下請企業のより新しい役割は、リスクと知識の共有者というのものである（Aoki 1987: 283; Kawasaki and McMillan 1987; Sheard 1989）。

このことが、下請企業とクライアントの間のより緊密で、より信頼ある長期的関係を通じて生じているのは皮肉である。このように近代化は、広範囲にわたる伝統的関係の発展によって促進されている。下請企業の水準が高くなり、したがってより近代的になるにつれ、クライアント企業との関係はより多方面にわたるようになる（ただし非人格的になるわけではない）（Uekusa 1987: 502）。下請企業がより後方に、そしてチェーンの下層に進むにつれ、その関係はより市場に近くなり、集合的でなくなる。そのため、雇用関係においてそうであったように、日本はこの点でも集合的再帰性を表している。西欧の再帰性が主に個人化をともなうのに対して、日本の産業の再帰性は集合主義化に応じてかなり異なるのである。

フォード主義的ヒエラルキー構造の生産スケジュールは、中心化され、また市場予測に基づいている。日本のかんばん方式は、生産スケジュールに脱中心化した選択肢を与え、日本型生産システムの水平的情報構造の重要な一部となっている。一九六〇年代および一九七〇年代にトヨタによって最初に発展させられたかんばん方式は、生産スケジュールの「プル要因主導の」システムである（Monden 1983: 35=1985: 55）。かんばん方式は、運搬の「ジャスト・イン・タイム」システムを特徴としているが、それはアメリカのスーパーマーケットの在庫手続きの観察のなかでトヨタが見出したものである。この方式は、ディーラーによる日々の注文によって主導される。二、三日前に受注された注文は、その後、組立ラインを管理するコンピューター・ターミナルに移送される。かんばん方式は、急速に変化する市場の注文に、とりわけ素早く反応する方法である。それは、「何千もの部品、材料、そして半製品をそれぞれ調整しながら供給することを保証する」（Aoki 1988: 21=1992: 24）生産スケジュールのシステムとして有用である。さらにかんばん方式は、多様化した生産によって一層高額になる在庫コストを減少させる方法である。というのも企業は、より多様な材料や部品の在庫を準備しなければならないからである。それはまた、スケジュールや品質管理の脱中心化をともない、経営上のヒエラルキー構造のコスト削減をおこなう方法でもある。

かんばんとは、ビニールに包まれたカードを意味している。最終組立ラインが日々の生産スケジュールを実行する際、必要となる補充品の保管庫のそばにある「ポストに」「生産の注文書」となるかんばんを入れる。この在庫を供給する川上にある工場は、日に何度もこのポストの前にやってきて、引き取られた製品や補充のための配達時間が書かれているかんばんを確認する。川上にある工場は、補充品を運搬する際、補充品とともにかんばんを返却する。この意味でかんばんとは、「注文書であり引渡通知書」でもある。次に川上にある工場は、直ちに自分たちのかんばんをさらに川上にある工場へと送付する。このように「かんばんシステム」は、外部にある契約下請企業へと拡張される「双方向の注文—輸送のリンクによって構成されるチェーン」(Aoki 1988: 22-3=1992: 27) なのである。

下請企業を含むかんばん方式は、空間的近接性を必要としている。このように少量バッチにおいて頻繁に運搬しなければならないため、下請企業は実際、親会社の「空間的外延」となっている。かんばん方式にともなうこの種の空間的集中化は、東海道メガロポリスにおいて、そしてとりわけ、おそらく世界でも空間的に集中した生産システムである豊田市に例証されている。このことは、アメリカにおける旧式のフォード主義的自動車生産システムとかなり対照的である。後者では、辺境にある組立工場は多くの場合、ロサンゼルスだけでなく、デトロイトからも離れた場所にある。こうした遠く離れた部品供給ラインは容易に破綻してしまい、そのためより多くの緩衝在庫（ジャスト・イン・タイムではなく、「万が一の備え（just-in-case）」）を抱えることが必要となる。したがって、いくつかの組立工場は、実際にはその五〇%が倉庫なのであり、在庫をだし入れするために多大な作業コストを必要としていた。リーン生産への転換は、こうした辺境にある工場が閉鎖され、多くの場合、部品供給が一日以内のトラック輸送で済むように再配置がなされることを意味している（Hill 1989: 469-70; Mair et al. 1990; Jones and North 1991）。

ウッド（Wood 1991: 9）が論じるように、かんばん方式は二つの要素からなる「情報システム」である。一つは、ジャスト・イン・タイム輸送、もう一つが、「欠陥」および品質の自主的な管理である。彼が述べるには、かんばん方式はそれだけで成立するものではない。それは、チームワーク、多機能性、集団的責任を含む、日本型生産システム全体を必要としているのである。かんばん方式は、「生産のフローと情報のフローとの統合」（Aoki 1988: 35=1992: 41）に基づいている。再帰的蓄積のすべての様式は、情報処理の水平化だけでなく、水平的な情報のフローを特徴としている。そうした情報のフローは、二つの経路を流れる。

第一に、情報は労働市場を通じて流れる。日本型生産システムにおいて、情報のフローは大抵、内部労働市場を経由しながら作用する。それは多くの場合、同一工場内または近隣の工場間、あるいは準—脱組織化した請負企業間でのジョブ・ローテーションを通じたものである。第二に、情報は、部品、半製品、そして他のユニットのための材料として機能する生産ユニットの成果物とともに流れている。だが、労働市場を通じて流れる情報は実際には情報処理能力なのだが、製品とともに流れる情報は、市場のシグナルに関係する情報と類似している。言い換えれば、労働市場を介して流れる情報は、問題解決能力と関係し、製品とともに流れる情報は、解決されるべき問題と関わっているのである。さらに、二つの種類の情報は互いに結びついている。ヒエラルキー構造、つまりソビエト型のヒエラルキー構造の命令であれ、もしくはフォード主義のように民間部門のヒエラルキー構造の「予測」を通じてであれ、生産スケジュールがヒエラルキー構造によって実行されているのであれば、情報処理もヒエラルキー的になりがちである。したがって、問題がヒエラルキー構造により与えられるならば、その問題解決はヒエラルキー構造を通じたものとなるであろう。問題が市場、あるいはかんばん方式のような市場によって与えられ、またそれが脱中心化している場合、問題解決は脱中心的なものとなる可能性が高い。最後に、不安定なポスト・フォード主義的市場環境においては、後者の脱中心化したタイプの情報だけが確実なものとなるであろう。

すでに論じたように、かんばん方式は、品質管理の脱中心化を含み、また川下の工場が現場で欠陥部品の受け入れを拒否することができることを前提としている。さらにかんばん方式は、多機能性を前提としている。なぜならば、特定の部品への需要が変動する際、ときに労働者は別の仕事をおこなったり、隣接する工場に出向いたりすることもできるのである。いまや再帰的な生産スケジュール、自律的な品質管理、そして多機能性のすべてが、労働者側の相当の情報処理能力を前提としている。そうした能力は、実地訓練や初期期間でのかなり言説的な教育における競争を通じて習得される。日本型生産システムがもつ水平的なコミュニケーションや情報構造は、情報処理能力を単に高めているだけでなく、その端緒から、かなりの量の情報処理能力に依存している。それはまた、より多くの売上、より早い成長、そして最終的にはより高い賃金形態をとる「コミュニケーションからの収益」を生みだしている。そのため、情報構造とインセンティブ構造は堅く結びついている。さらに、このような好循環の高まりのなかで成長を生みだすことで、情報構造自体がインセンティブ構造となっているのである。

（3）財政的相互作用

戦後日本の金融ネットワークは、かなり急速な成長を可能にしている三つのタイプの「義務的契約」を通して作動している。その三つすべては、一般企業と資金提供に関わる他の経済アクター間のリスク共有と信頼関係を前提としている。三つの義務的契約のうち第一のものは、企業とその従業員の間に存在するものである。そこで従業員は、初期の段階において、企業の成長と比べて相対的に低い賃金上昇率を受け入れることになる。義務的契約は、第二に、企業と消費者の間に、そして第三に、企業と金融機関、銀行、株主の間に存在している。

その主要なパターンは、かなり高い割合で貯蓄をおこなう消費者が、低い利子率で銀行に資金を「貸し付け」、その後、銀行が相当量の資金を企業に貸し付けるというものである。それにより企業は、西欧からみれば空前の負債比率を負いつつも、印象的な成長戦略に従うことができたのである。最後に、株主はかなり低い配当金に満足している。英米型の対等な契約では、従業員、消費者、銀行、そして株主が、自らの短期的利益に従い、また自身にとって都合がよければ、企業を「機会主義的に」「搾取する」であろう。日本の義務的契約はそのような短期的機会主義を排除している。従業員、消費者、銀行、株主が短期的利益を犠牲にすることで、長期的利益の最適化を導いているのである。

日本の銀行が産業に対して果たしている大きな役割は、金融資本の権力や支配からではなく、日本企業の成長戦略、つまり急成長する市場におけるシェア拡大から生じている。一九八〇―一年におこなわれた日本の上級管理職への聞きとり調査が示すところによると、三つの主要な優先順位は、第一に市場シェア、第二に投資収益率、そして第三に新製品の開発であった（Abegglen and Stalk 1985: 177=1986: 243。アメリカでは、第一に投資収益率があげられた）。このように急速な成長を遂げる市場シェアの増加は、かなり急激な資産規模の増大に基づく企業売上の急成長を前提としている。資産は株主資本と負債からなり、株主資本の成長の限界ゆえに、企業は巨額の負債に依存しなければならず、負債比率が高くなるのである。

一九八〇年代に年一〇〇％の成長を遂げたマイクロエレクトロニクス関連市場といったかなり急速に拡大する市場では、英米の企業は、年間およそ二〇％の売上の増加に心血を注ぐことに満足していた。だが、こうしたかなりの成長をともなう場合でさえ、イギリスとアメリカの企業は市場シェアを失うことになる。日本企業は同時期、市場シェアを増加させるために、一〇〇％以上の規模で拡大した。アメリカ企業は、利益と配当金といった特定の目的に合わせて価格を設定するであろう。それに対して、日本企業は、市場シェアの拡大を目指し、価格を定めるのである。そのため、日本企業は、一見すると無謀なほど生産力を増加させ、それから「その生産力に見合うまでさらに価格を下げる」のである。このことすべては、西欧企業にとっては無謀とも思える水準で、リスクをとることを必要としている。それは部分的に、日本企業の必然的に極端に高いギアリング比率（負債／自己資本）に表れている。アメリカ企業は、高いマージン、高い配当金、わずかな負債を指向する一方で、日本企業の価格破壊業者は、低いマージン、低い配当金、そしてかなりの負債に満足している（Abegglen and Stalk 1985: 155-6=1986: 217-9; Florida and Kenney 1990）。日本企業は、商売の慣行であるリスク共有を実践しているだけでは飽き足らず、さらに大きな（共有された）リスクをとりにいくのである。

　日本企業が支払う配当金はかなり少ない。一九七九年から一九八四年にかけて、平均配当金は、日本では平均株価の一・八％であり、それに対してアメリカでは五―六％であった。日本企業が支払う配当金が少ないのは、部分的には、銀行への借金返済にかなりの多くの資源を割かなくてはならず、また部分的には、その設定価格ゆえにわずかな利益率しか実現できないためである。日本とアメリカの二一の同規模の大企業に関するある研究は、アメリカでは全利益の八五％が配当支払いに回っているのに対して、その割合は日本では一一％であることを明らかにしている。だが、こうした投資家の短期的な利益の犠牲は、配当金とキャピタル・ゲインの双方が考慮に入れられる場合、長期的には日本の投資家の成功を可能にしているかもしれない。もとの株価に対する収益増加率である、税引前の評価額と蓄積配当金において、日本の投資家は一七五％であり、アメリカの投資家の三九％をしのいでいる。さらにキャピタル・ゲインは、日本では課税されていない。一九七一年から一九八二年の間の投資家に関する他のサーベイは、配当金とキャピタル・ゲインを考慮に入れるとき、日本の株式は合わせて年平均一四％の運用益を生みだしている。それに対して、イギリスでは一一％、アメリカと西ドイツでは七％であった（Abegglen and Stalk 1985: 168-76=1986: 232-43）。

　その結果、日本（およびドイツ）の金融契約ではメーカーが中心になり、英米の金融では消費者が中心となる。日本型生産システムでは金融は大抵、消費者からはじまるのに対して、英米型生産システムではそれは消費者へと向かうことになる。つまり、イギリスとアメリカの金融産業は、多くの場合、消費者信用、住宅ローン、株主を中心に集まり、日本（およびドイツ）では、製造企業を中心に集まる。したがって多くの場合、日本とドイツの金融サービスは、大抵が生産者サービス（producer service）［製造産業などの中核となる生産を支援する金融、法律、流通などを提供するサービス］であるが、アメリカとイギリスでは消費者サービスなのである。さらに、日本型およびドイツ型の生産システムは、まさにそのような生産システムなのであり、英米系の生産システムは、大抵が消費システムなのである。

　この違いは、レバレッジ金融の異なる役割を考慮に入れることで、理解することができる。これまでみてきたように、日本でレバレッジ金融は、産業のかなり急速な成長を実現するための一つのやり方である。日本の負債比率の水準は、アメリカとイギリスでは、一九八〇年代後半にかなり短い間、実現したにすぎなかった。そこで債務は、成長ではなく、買収のために用いられた。買収は、かなりの割高でのみ可能であったが、それにより資源は消費者―株主へと移転してしまったのである。また、債務返済は、限られた配当金や急速に増えた資産価値ではおこなえず、成長にほとんど役立たない資産の切り売りに頼るほかなかった。

　西欧の金融システムとの間に存在するこうした全面的な対照性にもかかわらず、日本の金融契約は、ポスト組織化資本主義のなかで抜本的な変容を被っている。おそらくそのもっとも重要な要因が、一九七三─四年のオイルショック後の成長目標の変化である。日本経済は、それ以前の年八─九％の成長率に代わり、年四─五％の成長率を目標にしはじめた。同時に、企業は内部資金をより重要なものとして頼るようになり、高い負債比率への依存を相当減少させた（Feldman 1986; Takagayi 1988）。ホンダのような企業は、かなり後方からセクターの先発企業を追いかけていた一九五〇年代初頭、一対六のギアリング比率で操業をおこなっていた。ホンダがオートバイ業界で世界の首位にのぼりつめる一九六〇年代までに、ギアリングは一対一にまで減少していた。一九八〇年代初頭に家電セクターの後発企業であったソニーは、セクターの先発企業である松下の三倍の負債比率を有していた。トヨタや松下のようなポスト・フォード主義の巨人は、よく知られているように、少ない負債で操業をおこなっていたのである。日本で最大規模を誇る六〇〇の企業への調査が明らかにしているところによれば、一九六〇年代に、必要となる新たな外部資金のうち平均して八〇％が銀行融資を通じて集められた。だが、その割合は、一九七八年から一九八三年の間に五六％へ、一九八三─四年には一四％に下落した（Abegglen and Stalk 1985: 151＝1986: 212-3）。

よりゆっくりとした成長とより多くの株式発行を通じた資金調達にともない、融資への需要はかなりしぼんでいる。企業借入が旺盛になる一九七三年以前、都市銀行は、──消費者貯蓄は非常に高かったが、それにより利用可能な資本量を超えていたために、──当時金利水準を統制することができた日本銀行から借入をおこなわなければならなかった（Cargill and Royama 1988）。オイルショック後、融資への需要が低くなったものの、消費者貯蓄からの供給はまだかなり高かった。融資への供給は高く需要は低かったが、金利を低く抑えておくことはもはや可能でも望ましいものでもなくなった。実際、金利に対して規制緩和がなされた。為替統制の存続もまた、もはや実行可能ではなかった（Takagayi 1988）。事実、一九八〇年代に通過した外国為替及び外国貿易法により、為替相場やその統制への不介入政策が成立した（Horne 1985; Suzuki 1987）。日本からの投資は海外へと溢れでることとなったが、それは資本に対する需要が供給を上回っていたからである。

企業側の超過貯蓄は、他企業の株主としての役割を高めることとなった。実際、一九八〇年代の日本の金融制度の証券化は、その大部分が、他企業の株式を保有する企業および企業グループにとって解決すべき問題だったのである。オッルらは、日本の資本家間のネットワークを探すのに適した場所は、役員兼務制ではなく、企業間株式持ち合いであるとさえ述べている（Orru et al. 1989）。いずれにせよ、企業間株式持ち合いのほぼすべての形式が、一九七三年後の再編以降、増加している。

系列集団においても銀行への財政依存は減少しつつある一方で、企業間株式持ち合いは拡大している。系列において個々の大企業は通常、他の企業の二％から七％の株式を保有している。したがってある系列集団内で、他のすべてのグループ内企業によって保有されている、一つの企業の株式の総計は二〇％から三〇％にわたっている（Orru et al. 1989: 556-60）。だが、より重要なのは、ポスト組織化資本主義において大いなる成長を遂げたほぼすべての企業──新日鉄、日立、日産、トヨタ、松下、東芝など──を構成している「独立企業」の存在である。こうした巨大な独立企業は多くの場合、他の大企業の株式にそれほど多く投資していない。ただし、大規模な独立銀行は例外である。つまり、巨大企業は独立銀行の株式を多数保有する傾向にあるが、そうした銀行もまた巨大企業の株式を多数保有しているのである。トヨタと東海銀行は、新日鉄と日本興業銀行と同様に、この種の株式持ち合いの典型的な事例である。これまで示したように、独立した大企業は、（しばしば分社化による）サプライヤーの株式をかなり保有している。たとえば上位一〇社の独立企業は、一四から三九の傘下企業の二一%から四四%の株式を保有している。最後に、系列は、独立した大企業の株式をかなり保有しているが、その反対のことは生じていない（Orru et al. 1989: 561-3)。

では、こうしたパターンが日本型生産システムの情報構造に与える意義はどこにあるのだろうか。第一に、債務を通じた資金調達の停滞にもかかわらず、銀行はいまだ企業に命令を与えるアクターであり続けている。金融契約が証券化されているにもかかわらず、銀行は、合併や買収の仲介と同様に、大企業が海外で債券を発行する際の手配をおこなっている。銀行は、非金融系企業の総計五%以下の株式の保有しか法的に認められていない。だが、銀行、保険会社、系列グループ、その他企業によって保有されている会社の株式の割合を合わせると、それは通常、ある会社の株式のおよそ七〇%という大きなかたまりを構成するようになる。実際、銀行はある企業に関するこれら株主の調整役を演じている。だが、銀行はその調整役を、主に債権者としての役割を通じておこなっている。だからこそ、「ギアリング比率が低い」日本企業でさえ、通常、債務／自己資本比率は一対一となりうるのである。企業への融資は一般的に、「メインバンク」によって運営される複数の銀行のコンソーシアムを通じておこなわれる（Aoki 1989: 353, 364)。

ここで次のような疑問が生じる。「金融契約者」は、どのように企業への支配権を行使しているのか。あるいは、ここでの目的においてより重要なことであるが、支配様式が企業の情報構造に与える意義とはどのようなものか。第二の疑問に対する回答は、金融契約者の支配様式が、英米の事例では企業の情報システムの外部で行使されるのに対して、日本の事例では情報構造の要となっているというものである。それは第一に、英米型モデルでは支配的な位置にある主要株主や債権者が頻繁に入れかわるので、金融契約者が企業の情報構造のなかで「腰を落ちつかせる」時間をほとんど有していないためである。このことはまた、社外経営者の雇用市場を通じた経営者の交代の様式にも当てはまる。それは、日本の内部昇進制度とは対照的であり、企業の「社内の知識基盤に不連続性」をもたらすものである。さらに、株主が取締役会を通じて行使する英米型のヒエラルキー構造の管理にとっての究極的な制裁が、外部からの乗っ取りである。株主や取締役会が経営陣をコントロールする他の手段は、市場を志向するインセンティブ契約を通じたものである。両者のケースで、経営上の業績基準となるのが株価の最大化である（Aoki 1989: 353-4, 358)。

対照的に、日本では、金融契約者の究極的な制裁は、外部からの乗っ取りではなく、「内部からの乗っ取り」である。つまり次の点で、メインバンクが、イギリスとアメリカのベンチャー・キャピタルのように行動するのである。企業の業績があまりにひどく悪化した場合、銀行が文字通り乗っ取りをおこなうために、企業は融資に対する担保として事実上機能する。企業がメインバンクの「再建専門家」によって乗っ取られることは、おそらく日本企業の経営者が経験する、もっとも厳しい公的屈辱である。日本型モデルは、メインバンクと企業の間の多くの情報共有に基礎を置いている。良いときには、メイバンクは事業者と支配権を共有するが、業績があまりにひどい水準にいたるようになると、すべての支配権が債権者に移譲されることになる (Aoki 1989: 355, 364)。いずれにせよ日本型生産システムにおいて銀行は、支配の頂点にあるだけでなく、情報のヒエラルキー構造の頂点に君臨している。銀行は、企業の情報構造に完全に組み込まれているのである。

この種の金融契約は、日本型生産システムの「集合的再帰性」の要である。われわれは、雇用契約や企業間契約の集合的再帰性についても議論してきた。だが、こうした「対等な」契約と対立する義務的契約を、単に伝統と近代性との対比のなかで理解することはできない。というのも、より伝統的な日本企業がもっとも「義務的」でなく、そしてもっとも近代的な企業がもっとも「対等な」企業ではないからである。代わりに、ここで論じられていることは、日本固有の再帰的近代化モデルである。それは、企業と労働者の間、そしてサプライヤーと金融契約者の間で、情報およびリスクが共有されることが想定されるという意味で集合的なのである。そこには、単に情報構造の水平化だけでなく、一連のより包括的でより広い情報構造が存在している。

もし青木に従い、雇用、金融、および企業間の「契約」の「結合」として企業を理解するのならば、いずれの場合でも、日本型生産システムがその情報構造を拡張させるのに対して、英米型のヒエラルキー構造をもつシステムは、情報構造から契約者を排除するように思える（Aoki 1990）。つまり、日本において生産システムと情報構造は、同じ広がりを有しているのである。

こうした手段の集合化・水平化・拡張化は、かなり多くの「情報価値」が生みだされていることを示すものである。従業員は「現場で情報を効率的に活用し、水平的な決定がおこなえるよう調整することで、情報価値をともに生みだしている」（Aoki 1989: 359）。このことは、「情報収益」の発生を導いている。青木にとって情報収益とは、「訓練および水平的コミュニケーションのコストをそれほど要しない」、こうした「準―自律的で水平的な調整メカニズム」によって「生みだされる情報価値」（Aoki 1989: 360）のことである。それは、インセンティブと情報構造の間の基礎的つながりであり、その究極的意義は、企業が「情報資産」の「蓄積」にもっぱらいそしむことにある。再度青木を引用すれば、「したがって、もし情報システムに固有な人的資産から生じる収益が、従業員と結びつきのある他の契約グループとの間で共有可能であるならば、……こうした資産蓄積の度合は、すべての関係集団が利害を有する企業の経営上の意思決定における中心課題となるであろう」（Aoki 1989: 362）。

集合的再帰性は、日本の多くの場所でみられる空前の成功を収めた経済的形態を生みだしたのである。次節では、ドイツ型について検討する。

二節　実践的再帰性――ドイツ型生産システム

ドイツの事例では、生産システムと情報構造が同じ広がりをもち、とりわけ教育、金融、職場の機能がドイツ型生産システムの情報構造のなかに含まれている点を論じる。英米型の市場と対比される一連の「硬直性」が、日本と同様に情報のフローおよび情報処理能力の蓄積（および民主化）を促進している。

興味深いことにこの点は、市場が有する情報上の優位性からみる場合、市場のほうが中央経済よりも優れているという考え方に反するものとなる。規制緩和に基づくリベラリズムは、情報の入手に関わる優位性を、労働、商品、資本市場にもたらすかもしれない。だが、市場ではなく全体としての生産システムの観点からみた場合、こうした見方はすべて一変する。ここで情報のフローや情報処理能力の発展は、市場やネオリベラリズム的（あるいはヒエラルキー構造的）ガバナンスによって最小化される一方で、一連の制度的硬直性は、実際、生産システムの情報構造を高めるものとなっている。拡張した包括的な情報構造の発展を可能にするのが、こうした一連の制度的硬直性なのである。それに対して、市場的関係それ自体は、排他的で非効率的な情報構造を生みだす傾向にある。

ドイツ型生産システムの「フレキシブルな硬直性」は、日本型生産システムと大きく異なっている。これから検討するようにドイツ型の情報構造は、労働組合、商工会議所、労使協議会、高等教育機関である専門大学を含むまでに拡張しているのである。日本の情報構造と生産システムが、集合的再帰性によって特徴づけられるのに対して、ドイツでは、ポスト組織化資本主義的関係ははるかに個人化されている。それは、たとえば、労働者と企業との関係やクライアント企業とサプライヤーとの関係に見出せる。

加えて、ドイツの生産システムの再帰性の増大は、新たな情報技術による大量のインプット、生産に対する専門大学の大きな役割、労働者の言説的訓練の高まり、そして最後に、自身を効果的に反省し変容させる、生産システムの能力の向上を通じておこなわれている。だが、こうした近代化や合理化、つまりオイルショック後、ドイツに成功をもたらしたこの種の再編を特徴づけている再帰性の質的発展は、常にその土台を構成してきた職人的規制、つまり「天職による」規制という伝統的基盤と結びつけられてきた。したがってドイツでは、テーラー主義的原則の導入は弱々しいものであったため、新たな再帰性、つまり新たな合理性と結びついた職人による基盤の存続が可能であった。

このように高度なテクノロジーと並び、近代化と再帰性というドイツ・モデルの考え方は、プロセスのもう一つの補完的なやり方なのである。それは、理論的知識ではなく、実践的知識に基づくものである（Streeck 1989）。したがって、フランス人およびイギリス人やアメリカ人とは異なり、ドイツ人とは現場に立つ「機械製作者」の国民のことなのである。この点は、徒弟制や実地訓練を前面にだす、ドイツ型生産が有するある種のギルド的エートスの継続を説明するものである。それはまた、ドイツの労働組合が果たしている、教育や技術革新に対するより重要な役割や、企業協議会に対する他の機能を説明するものとなっている（Mahnkopf 1992）。加えて、それはローカルなものの重要性、つまり現代のドイツ型生産システムにおける地域の商工会議所が有する影響力や役割とともに、自治体レベルの社会的活動の重要性を説明するものである。また最後に、天職――「召命（calling）」というエートスを保持する一方で、専門職および／あるいは技術職を意味している――というきわめてドイツ的な概念が、個人のアイデンティティの目にみえる前提条件たる基盤として実際に存在している。天職をもたなければ、つまり技術職や専門職でなければ、人は人たりえず、社会の常識をはずれたものとなる。

このように、ドイツ型生産システムは矛盾に満ちたものとなっている。一方で再帰的でありながら、他方で実践的なのである。つまり一方で、抽象的知識に基礎づけられながら、他方で具体的で即時的な知識に依拠しており、また一方で、合理主義―演繹的でありながら、他方で、経験主義的なのである。次に示されるのは、この二重性から生じるある種の創造的統一が、経済の面におけるドイツ型モデルの成功を少なくとも部分的に説明している点である。

（1）再統合するコンセプト形成と実行

一九八〇年代にドイツ社会学は、ネオ近代化分析へと事実上の方向転換をおこなった。それには、次の二つの著作が中心的役割を果たすこととなった。ケルンとシューマンの『分業の終焉？』（Kern and Schumann 1984）と、一九八六年にドイツで出版されたベックの『リスク社会』（1992a=1998）である。第三章では、後者について議論をおこなった。前者の背景となっているのが、一九七〇年代のマルクス主義による分析にある。そこで、資本が労働過程を合理化し、労働はより抽象化されることでさらに貧困化していると論じられた。加えて、ホワイトカラー労働者は、ますますプロレタリア化していると考えられた（Beckenbach 1991: 151)。こうした資本を中心としたパラダイムと対照的に、ケルン―シューマンの「新生産概念」論は、一つの近代化パラダイムを提供するものであった。ケルンとシューマンの特徴は、「技術―理論的」立場を提供した点にある。その立場によると、新たな情報コミュニケーション技術が即座に生産に応用され、それが「複雑性の縮減」ではなく、「客体化された労働の複雑性の増大」をもたらしているのである（Beckenbach 1991: 153)。このことは、実行領域への「生産知識の再移転」、あるいは生産領域の「再専門家」を意味した（Kern and Schumann 1984: 97-8)。

こうした「ネオ近代化」や「ネオ産業化」モデルには、多くの中核をなす要素が存在している。ここでそのモデルは、きわめて重要な意味合いでドイツ産業社会学とドイツ型生産システムの双方の理念型として理解されるかもしれない。第一に、近代化は勝者と敗者を作りだしている。勝者には、コンピューターの数値制御技術の導入によって技術水準が特に向上した人びとが含まれている。近代化の敗者には、新たな情報通信技術の生産に組み込まれることによって失業した、相当数の労働者が含まれている。それには、衰退するセクターの労働者が該当する。きわめて重要な意味合いで、ますます資格化し専門化するより自由度の高い要素と、外部労働市場で最小限の生存機会しかもたない一つの工場に専門特化した労働力への分極化が生じている（Kern and Schumann 1984: 191-3)。敗者にはまた、減少しつつある職人労働者が含まれる。

第二に、演繹的知識の形式をとる、実戦的知識および経験的知識の再循環がみられる。新たな情報コミュニケーション技術の導入は、矛盾するプロセスである。それは一方で、生活世界の前言説的コミュニケーション文化の複雑性を脅威にさらすことで拡張する「道具的理性の帝国主義」を潜在的に表している。それは他方で、「社会的理性の再帰的次元の発展」を意味し、したがって「テクノロジーと組織」との間、「生産と管理、実行とコンセプト形成との間、そしてシステムと環境との間」の境界を消し去っている（Malsch 1987: 233)。ここでマルシュは、二つの可能性を検討している。それは、「専門家システムによる専門的労働の置き換え」（Malsch 1987: 11）から生じる、独白的なものと対話的なものである。独白的な選択肢はすでに、テーラー主義やイギリスやアメリカにおける情報化の集中化プロセスに現れている。だが、労働者の積極的参与をともなう、「システム・アナリストと熟練労働者の間の対話関係」という選択肢もまた存在している。そうした参与によってのみ、「経験的知識を専門家システムへと変換するアルゴリズムが最適化する」であろう。その結果、熟練労働者は、そうした専門家システムとともに働かざるをえなくなるであろう（Malsch 1987: 10)。

第三に、ケルンとシューマンの経験的研究の大部分は、自動車と工作機械セクターにおいて実施されている（Kern and Schumann 1984)。これらのセクターは、ゾルゲとシュトレークによって「多様化した質的生産」と呼ばれている（Sorge and Streeck 1988)。そうした生産は実際、「中量バッチ生産」である（対照的な生産形態についてはSorge 1991)。ドイツ人と日本人は、自動車、機械製造、家電などのセクターで特に成功をおさめている。中量バッチ生産としての多様化した質的生産を、低い多様性と大規模セクターの「フォード主義」、そして先進サービスやハイテク産業のポスト・フォード主義との対比において、「ネオフォード主義」として特徴づけることができる（Sabel 1982)。フォード主義的セクターの特徴は、長期間にわたるコンセプト形成作業に関与する管理／専門家の割合が少なく、短期間の実行作業に関わる現場労働者が多数おり、また両者の間にかなり強固な境界が存在することにある。多様化した質的製造セクターは、管理職／専門職と現場労働者の境界を曖昧にし、両者がともに中期サイクルの作業に従事することを必要としている（Sorge 1991: 165-6）。ポスト・フォード主義的セクターは、それぞれがかなり長期サイクルの作業に従事する、かなり多くの専門職労働者の参与をともなっている。ほとんどの場合、専門職労働者が労働力の大部分を占めることになる。

ここでは、二点注意を与えておく。第一に、こうした多様化した製造セクターが現在の経済的成功を決定づけるかもしれないが、長期的にみればポスト・フォード主義的セクターがより大きな重要性をもつかもしれない。それは特に、ドイツと日本以外の経済に当てはまる。第二に、広範な比較研究をおこなってきた論者たちは、「コンティンジェンシー理論」を提唱している。そうした論者は、唯一至高の組織形態や訓練システムなど存在しないと主張する（また Maurice et al. 1982）。実際、訓練システムは産業構造の文脈において理解されなければならない。ここで、日本とドイツにおける多様化した質的製造セクターの広がりが、類似した人的資源に関わる訓練実践をもたらしているようにみえる。だが実際は、日本とドイツの訓練実践は似ても似つかないものである。というのも、日本における訓練は、アメリカやフランスの学校を基盤とするシステムにより近いためである（Schlegel 1991）。

最後に、ケルンとシューマンは「分業の終焉」について議論をおこなっている（Kern and Schumann 1984）。分業の終焉とは、労働過程において実行とコンセプト形成が再統合していること、また特に生産計画、保守管理機能、品質管理が、直の現場の労働者をまきこみながら再統合していることを意味するものである（Lane 1988）。ユルゲンスらは、フォルクスワーゲン社で、そうした課題について調査をおこなった（Jürgens et al. 1989）。彼らは、これらの問題が異なる生産システムのなかで、異なるやり方で解決されていると論じている。類似した課題に対して、ドイツ人は人間と機械技術の近代化の観点から、合理化を通じた解決を見出している。それに対して、日本人は、「人的資源による解決」を志向しており、逆にアメリカ（イギリスやフランスも暗に含まれる）は古典的フォード主義的解決に固執したままである。

これらの違いのいくつかは自動車産業にみることができる。莫大な資本コストが、自動車産業の近代化に付随しており、たとえば、機体工場にはほぼ完全に機械化された溶接機器が導入されている。それは、生産方法の変更であれ、工程ないし製品の欠陥であれ、それらによる中断時間をさらに短縮することに役立っている。そのため、保守管理と品質管理の重要性が高まっている。それは、二つの種類の脱中心化した課題解決法に寄与している。すなわち、集合主義的なジョブ・ローテーションやQCサークル、あるいは脱中心化した機能を担う個々の労働者の等級の上昇である。後者は、主にドイツ的解決となるものである。たとえば、それまで直接工だった者を、装置運転工の地位へと等級を上昇させるようにである。等級が上昇した装置運転工は、新たな装置、保守管理、モニタリングに責任を負うことになる。このことは、GM社／オペル社のようなアメリカ所有の工場の状況と対照的である。これらの企業では同様の仕事が、保守管理部門のなかでいまだフォード主義的やり方で実施されている（Jürgens 1991a:19; Jürgens et al. 1986: 265-6）。

ドイツ型生産システムがもつこのような特質は、部分的には労働組合や労使協議会の干渉を原因としている。たとえば、フォード社とGM社は、機械化を機械の自動化の観点から理解するが、ドイツの鉄鋼労働組合は、それをテクネ（techne）という古代の考え方、すなわち「技術（*technik*）」というドイツ的観念によってとらえるのである。そうした観念は、機械的要素と同じくらい強く人間的要素をもち、労働の向上を必然的に含んでいる（Mahnkopf 1990; Crouch and Finegold 1991）。フォード社やGM社は、日本の品質サークルをかなり早く採用した。それに対して、ドイツの経営協議会（*Betriebsräte*）は当初、QCサークルを支持していたが、その後、懐疑的になっていった。それは特に、組合がサークル・リーダーの選出にまったく熱心ではなかったためである。その代わりに、品質管理の脱中心化の多くは、機械化、つまりコンピューターを基盤とする自動化した測定手順の発展を通しておこなわれている（Jürgens et al. 1986: 275–7）。

フィアット社と並び、フォルクスワーゲン社は、――アメリカや日本企業以上に――いち早くシステム化した自動化戦略を発展させた。一方、たとえばGM社は、フォード社との生産モデルの変更競争に歴史的に巻き込まれてきた。フォルクスワーゲン社のビートルは、アメリカの巨大企業の自動車と比べて、より長いモデル寿命を有していたので、新しいモデルへの移行の際、変更費用にそれほど憂慮する必要はなく、それゆえに加工（たとえば自動化）戦略に専念することができた（Jürgens et al. 1989: 60）。変更コストが高ければ高いほど、企業は自動化されていない手作業による生産にこだわるであろう。フォード社よりも早くより徹底したものではあったが、GM社がシステム化した自動化戦略を採用したのはようやく一九八〇年代初頭になってからであった。ロボット化の導入は、GM社では一見するとうわべ上の進展であったのに対して、フォルクスワーゲン社での発展はより有機的で統合されたものであった。GM社とフィアット社が他の企業からロボットを購入したのに対して、フォルクスワーゲン社は、情報制御技術をめぐり、シーメンス社とのすでに確立していた関係を通して自社で特製品を製造した（Jürgens et al. 1989: 50, 65–9）。

フォード社やGM社のようなアメリカ企業は、自動化戦略を本質的に設備と関連するものとして理解した。その際、新たな未開地となる空白地に労働組合が参加することはなかった。経営戦略は新たな生産の考え方からではなく、機械による人間の置き換えとしてとらえられたのである。反対にドイツでは、自動化は、機械と労働者の双方を意味するものと理解された。労働組合やある程度の民主主義的前提が、自動化計画に不可欠であるととらえられたのである（Jürgens et al. 1989: 245）。たとえばフォルクスワーゲン社でのロボット化は、生産部門の多くの労働者をより高い等級へと上昇させた。それは、装置運転工だけでなく、ロボット管理者、道路統括者（*Strassenfühere*）にまでわたった。政府品質保証（*Güteprufer*）や品質向上管理員といった新たな概念が作られたが、そのなかで生産部門の労働者は、統計、データ処理、検査計画、測定技術の資格を必要としている（Jürgens et al. 1989: ch.13 のいたる箇所）。

こうしたすべての点、そしてドイツ型生産システムの情報構造の実行可能性の中心にあるのが、専門化のプロセスである。ドイツでは、熟練の観念はまた専門性として理解されている。技術職（*Fach*）や天職の用語はともに、熟練労働者や専門職の双方に適応されている。アメリカ、イギリス、フランスにおいて熟練労働者とエンジニアとを隔てる階層に基づく裂け目は、ドイツでは大幅に狭まっている。熟練労働者であることは、「包括的責任」や「自己規制」の概念と結びついている（Jürgens 1991a: 11）。このような専門性としての技能職の考え方は、ある種の自信を表している。それは、水平的であれ垂直的であれ、アメリカやイギリスに共通してみられる縄張り争いを最低限に留めることに寄与している。熟練職と非熟練職との間の賃金格差は、英米世界よりもドイツにおいて大きいが、自信に満ちたドイツの熟練労働者は、あまり技術を要しない定型作業をいとわない。こうした労働者は、組立ラインでおこなわれるような仕事に精通していることから利益を得ているのである。

専門化は、とりわけ経営と現場の労働機能の再統合を意味している。専門職エンジニアや技術者は、「規制機能」よりも、「サービス機能」という点で熟練労働者と相対している。それは、労働者が専門家にアドバイスを求めるという、ある種のコンサルタント関係に類似している。コミュニケーションは、より開かれ、より規制から自由になるのである。情報は、組織の異なる部分へと流れる傾向にある。

（2）天職――職人規制と専門能力

これまで、再編したドイツ型生産システムに含まれている情報化と合理化という抽象的知識に焦点を当ててきた。だが、これらの「新生産概念」は、非概念的・現場主義的・実践的・経験的基礎において重なり合っている。さらに、ドイツの再編は、他の国よりもそれほど急激なものではない。この点は、ドイツとフランスにおける産業構造および教育をめぐる、ルッツとベルツによる比較研究のなかで強調されている（Lutz and Veltz 1989）。彼らは、ドイツとフランスをそれぞれ機械製造（*Maschinenbauer*）および情報科学（*Informatiker*）の国家として特徴づけたが、それは、両国の研究開発への公的補助金のパターンによって証明されている。一九八四年における金属加工や機械製造産業への公的支出は、ドイツでは全研究開発の一八・五％を占めたが、フランスではわずか六・五％であった。航空宇宙産業でこの数値は反対になり、フランスで一八％、ドイツで六％であった。それに対して、電子機器や「情報」セクターの研究開発に対する公的支出の割合は、フランスで二八％、ドイツでは二四％であった（Lutz and Veltz 1989: 234）。

たとえ同じセクターや類似した課題であっても、フランスにとっての理論的問題が、ドイツでは実践的問題となっている。フランスでは研究開発や「デザイン工程」に分類されるものが、ドイツでは労働過程に分類されるのである。フランス産業では、コンピューターに支えられた生産は、「生産学（*productique*）」と呼ばれ、――機械製造セクターにおいてですら――機械製造の問題としてではなく、情報の問題とみなされている。フランスで、組織改革にともなう問題は、ドイツでは組織の連続性の観点から理解されている。一九七〇年代にたとえばルノー社で、情報化された生産の導入は、科学技術局長職を創設する契機となった。後者は、抽象的な教育を受けた上位大学卒の一群の人材とともにやってきた尊敬される外部者であった。反対にドイツでは、同様のコンピューターの導入は、どちらかというと「（特定の部署に）ふさわしい工学―科学訓練の発展にともなう特定部署の技術力」（Lutz and Veltz 1989: 226-8）の問題なのである。

さらにモーリスら（Maurice et al. 1982）は、エンジニア、技術者、主任、熟練労働者が、ドイツでは、同じ「資格空間」を占めていることを明らかにした。この資格空間は同時に、あるカテゴリーから別のカテゴリーへと移動するエージェントからなる情報フローの空間でもある。生産システムからなる社会階層は、その情報構造と密接に結びついている。反対にフランスでは、熟練労働者とエンジニアとの間にはこれ以上ないほど大きな分断が存在している。その原因は、古典的な教育を受けたエリートとともに、一部のブルジョアジーからなる、優れた技術的および科学的エリートによる一九世紀フランスの繁栄にある。ドイツでは、エリートは法的訓練を受けた者によって構成されている一方で、エンジニアや技術者は社会的ヒエラルキー構造においてかなり低い位置に置かれていた。フランスのエンジニアがグランゼコールで抽象的教育や数学的訓練を受けているとすれば、後に現在の専門大学となるドイツの技術学校は比較にならないほど実践志向的であった。専門大学の訓練が有するかなり具体的な性格は、その部門的構造に裏づけられている（Brater 1991）。したがってエンジニアは、ドイツの社会階層の中間的な地位を占める一方で、フランスでは上流を占めている。さらに、ドイツの熟練労働者は、こうした階層の中間的地位を占めるのに対して、フランスの現場労働者はより下層の地位にある。

ドイツ型生産システムの個別主義がもつ具体性は、経済的ガバナンスの一様式としての天職ないし技能職の中心的役割にみられる。そうしたガバナンスは、マッキンタイアによる新しいコミュニタリアン政治哲学によって描かれている実践と類似している（MacIntyre 1981＝1993, 1988）。マッキンタイアにとってこのような実践は、アリストテレス派の美徳を手本とするものであり、ある実践に内在する基準を定めるものである。そのような実践は、貨幣、地位、権力といった「外在的善」と区別される、「内在的善」（つまり、所与の実践における美徳）の優位性を前提としている。

ドイツの基準がより内在主義的に設定されていることには、いくらかの証拠が存在している（Streeck et al. 1987a, b）。天職という精神性は、ドイツの教授資格論文や博士号にまで拡張され、若い研究者はおよそ四〇歳になるまでに年長者によって定められた基準を満たさなければならないのである。それに対して、フランスやイギリス、またアメリカの同年代の研究者は、創造性、市場のニッチ、そして商業出版をより早く求めることができる。そうした点で、天職は規範を定める力を有している。実際、天職は「二重の機能」と結びついている。一方が、「技術的知識の客観的構築の原理」としての機能であり、他方が、「技術的知識や能力の獲得のための枠組み」としての機能である。技術的能力は、テーラー主義に見出されたり、コンピューターのなかに客体化されるようなルールの特性ではなく、むしろ「人間の」特性なのである。それは、労働市場において、こうした人間の「価値設定（valorization）」を可能にする（Lutz and Veltz 1989: 261）。

ここで、ドイツの天職に基づく経済的ガバナンスの重要性を誇張すべきではない。訓練において、商業会議所、労働組合、そして雇用者などの組織が、基準を定める際に重要な役割を果たしているのである。また、もっとも良質で望ましい徒弟制を通じた訓練は、フォルクスワーゲン社のようなもっとも規模の大きな企業のなかに見出すことができる。そうした大企業は、ヒエラルキー構造によるガバナンスを重要な要素としている。だが、教育セクター出身の（したがって天職がもつ実際の技術により近い）専門家は、たとえばイギリスよりもドイツにおいて、基準設定に対してはるかに重要な役割を演じている（Green 1992）。さらに、職人集団自体が、主要企業の現場で訓練機能のより大きな部分を担っている。

むろん徒弟制は、ドイツの生産システムの要である。ドイツの徒弟制は、企業での訓練と学校での訓練をともなう二重システムにとって不可欠である。この点は、フランスや日本の学校を基盤としたシステムや、旧来の（職場を基盤とした）「単一の」伝統的な徒弟制の訓練システムと対照的である（Casey 1991）。訓練は、最低限の基準設定を通じて――大企業はその基準を超えているが――、かなりの程度集権的に規制されている。一九六九年の職業訓練法は、およそ二〇年かけて徐々に実行されてきた。この法律は、業種ごとの合意を介して、つまり連邦訓練局とその資源によって支援された雇用主と労働組合の三者の交渉を通じて実施されたのである。それぞれの業種で、ある合意は地域の商工会議所のために、別の合意は職人評議会のために締結された。訓練がもつ具体性は、試験がおこなわれる職業の数に反映されている。そうした職業は、一九八九年に三八二も存在した。より多くの試験関連資料や教材が職業試験局から購入されることで、州を横断した試験の標準化が進んでいる（Streeck et al. 1987a; Casey 1991: 213-4）。徒弟期間は、平均で三・五年に拡張されている。

今日のドイツでは、日本モデルに追随し、見習いの「一般的能力」を促進するはっきりとした傾向がみられる。一九九一年に、現場労働者のうちおよそ三分の一が、コンピューター補助装置を用いている。その割合は、二〇〇一年までに、三分の二に増加すると見込まれている。それは、一九八七年の連邦訓練法によって命じられている、さらなる合理化によって促進されている。この法律は、金属関連の仕事を一七の専門をもつわずか一六の職業に分け、電気関連の仕事を八つの専門をもつ四つの職業に分けた。また、基礎となる一般的訓練を目的とする見習い初年度の後、二年半の特別訓練が続くことになった。その原理は、フォルクスワーゲン社でより完全な形で展開されている。同社では見習いは通常、人種、ジェンダー、教育レベルが混在する六人チームで、複雑な訓練用の機械を用いて頻繁に作業をおこなっており、相互学習と品質への意識の向上が奨励されている。多くの場合、電気技師や機械工が同じチームで働き、各々は三カ月ごとに異なる工場区域でローテンションに基づき移動をおこなっている（Meyer-Dohm 1991: 3, 9, 13）。

（3）専門大学と工業地区

これまでドイツ型生産システムの二つの側面を描いてきた。一方が、「新生産概念」がもつ抽象的で理論的な要素であり、他方が、具体的で実践志向の天職を通じた規制である。したがって、ドイツが関与しているポスト組織化資本主義経済は、新たな生産概念の「上部構造」を、伝統的なドイツ産業の天職と同じ基盤の上に移植するものである。このような動きは、古典的なフォード主義のハビトゥスによって中断されることはなかった（Boyer 1986: 20-9=1992: 54-67）。ここで理論が、とりわけ専門大学やドイツの工業地区の情報構造を通じて実践と出会うのである。そのような情報構造は、こうした天職概念の社会的具体化としてうまく理解されることができる。

工業地区に関する文献は、そうした地区を社会的ネットワークによって規制される一連の交換の観点からますます理解するようになっている。そして交換は、その社会的ネットワークのなかで具体化されるのである（Brusco 1990; Granovetter 1985; 1990）。異なる種類の地区が、異なる種類のネットワークによって結びつけられた交換を特徴づけている。たとえば、エミリア＝ロマーニャ州の衣料産業は、小規模メーカーと卸売業者の間のネットワークによって結ばれた交換によって特徴づけられる。ハイテク地区にある新たな工業地区は、小規模な製造企業間のネットワークによって結ばれた市場交換を中心に組織化されている（Scott 1988b）。次章で見るように、ロンドンの文化産業では、労働市場がネットワークにより結びついたもっとも重要な交換となっている（それはGranovetter 1974=1998やShapiro et al. 1992で議論されている）。

反対に、ドイツの工業地区ではネットワークによって結ばれる典型的な交換は——それは同時に、ドイツの情報構造の特徴でもあるのだが——、中規模工場の間だけではなく、専門大学（*Fachhochschulen*）と中規模工場の間にも存在している（Sabel et al. 1987によって論じられている）。次の点は、ドイツの教育と訓練を基礎とした工業地区の主要な特色を示している。第一に、先に述べたように、高等教育機関のテクニカル・カレッジにあたる専門大学が、中心的な役割を演じている。専門大学は、需要側に中規模企業をともないつつ、地域の情報構造における供給側の主要な構成要素となっている。バイエルンやベルリンのようないくつかの州では、一般の大学と比べて、専門大学はそれほど堅調に発展していない。マンハイムのような他の地区では、専門大学は非常によく発展しているが、そのために不可欠な需要側はそれほど確立されていない。だが、バーデン＝ヴュルテンベルクのような別の州では、よく発展したシステムと、その不可欠な需要側に位置する中規模企業の双方が存在している（Bernschneider et al. 1991; Hoffmann 1991: 95-6）。

これら古典的なドイツ工業地区は、まさにポスト組織化資本主義的な現象である。ホフマンが観察しているように、専門大学とそうした地域は、「集積的なハイテク産業を基盤とした発展段階による、一九五〇年代と一九六〇年代の拡張的な経済成長段階の」置換をともなっている（Hoffmann 1991: 74）。この文脈で「拡張的」および「集積的」というのは、空間的変数の重要性を指している。たとえば、バーデン＝ヴュルテンベルク州ではテクノロジーの向上（*Technologie-förderung*）と呼ばれ、またベルリンで「イノベーションとテクノロジー政策」と呼ばれるものへの転換が生じた。バーデン＝ヴュルテンベルク州では、工科専門大学と州経済の間には長く続く連携が存在している。だがそれは、技術に関するコンサルタント・サービスが実施される一九六〇年代後期から、より明確で、はっきりとした目標をもった方向へと舵を切ることとなった。これらのサービスはわずかな資金や人員に頼る傾向にあり、多くの場合、専門大学の教員の良心を頼りに実施された。一九七一年に、そうしたサービスの調整を助ける私法に基づく包括的組織として、シュタインバイス財団が設立された（Hoffmann 1991: 75-6）。

第二に、イノベーションを志向した最低限の中規模企業が存在していなければならない。小企業や伝統的な中規模企業は、専門大学の教員が働くにはあまり魅力的な場所ではない。学生もそれらの企業に派遣されることを望まなかった。またそうした企業は、エンジニアとして、専門大学の良質な卒業生を惹きつけることができない。大企業は、自社で技術に関するコンサルタント業務を数多く提供することができる。専門大学と現代的な中規模企業との相互作用の主要な方法は、コンサルタント会議や、専門大学を中心とした長期的な調査プロジェクトや人員交換による協力を通じたものである。こうした人員交換には、企業から専門大学への出向、専門大学の教員の企業への出向、そして企業が専門大学の卒業生を雇用する可能性が含まれている。新規雇用は、企業経営者が専門大学と協働する重要な動機となっている。だが、直接の財政的インセンティブもまた、その要因である。たとえば、専門大学から研究開発の資金供給を受けるのは、単純にコストの面で効率的である（Herrigel 1988; Hoffmann 1991: 82-4）。さらに専門大学も積極的である。というのも、プロジェクトは学生にとって魅力的で、いくらかの生徒や若い講師は企業に雇われ、また専門大学は追加資金や学生のための場所を確保できるかもしれないからである（Hoffmann 1991: 79; Maier 1987: 5ff）。こうしたことが、ドイツ型生産システムにおいて、情報と人員の活発な循環を生みだしている。

第三に、一般に連邦政府は、こうした技術移転をめぐるイニシアティブに際して、ほんのわずかな役割しか果たしていない。より重要なのは、地方および地域で生じていることである。バーデン＝ヴュルテンベルク州は、脱中心化した政府の典型である。同州は、主に「地方の近代化をめぐる利害関係者の集中化と組織化」（Bernschneider et al. 1991: 60）のための役割を演じている。こうした地域の「近代化の利害関係者」には、商工会議所や手工業評議会、コミューン、地区、そして専門大学が含まれている。最初におこなわれた調整は、コーポラティズムの典型であった。一九七〇年代の技術コンサルタント事務所による調整は、私法に基づいたシュタインバイス経済協力財団を通じておこなわれた。同事務所は、専門大学の教員によって経営されていたが、地方の商工会議所に置かれていた。一九七〇年代の技術に関するコンサルタント業務の調整は、予算はほとんどつかなかったものの、州政府の経済省が設立した州ビジネス局によって提供された

(Hoffmann 1991: 77)。一九八〇年代以降、「技術コンサルタント業務」という用語は、「技術移転」および「イノベーション促進」という用語に置き換えられたが、州政府がシュタインバイス財団による年間資金を大幅に増額することでその主要因となりはじめた。さらにシュタインバイス財団の代表は、州政府の新たな技術移転局長によってとって代わられることとなった。技術移転局長は、一九八四年から一九八五年にかけて、専門大学で一六の技術に関するコンサルタント業務をおこなうオフィス、バーデン＝ヴュルテンベルク州の自治体を拠点とする六四の技術移転センター、そして州政府によって直接資金供給されたその他一〇の技術センターの設立のために、一連の調整をおこなった (Bernschneider et al. 1991: 97)。さらに、一九八七年からは、一新されたシュタインバイス財団とともに州信用銀行が自身の機能を拡張させ、州のすべての経済協力プログラムに責任を負うようになった。このようにして、一九八三年から一九八八年にかけて八〇の技術移転センターが設立されたが、こうした国家主義の高まりは規制緩和もともなうものであった。政府からの最初の資金投入後、技術移転センターは予算に責任を負う教師とセンター長を通じて自ら資金調達をおこなわなければならなかったのである。そこには、国家は官僚的役割ではなく、「サービス産業の起業家」の役割を演じるべきであるという、一般的な考え方が存在していたのである (Hoffmann 1991: 97)。

最後に、中規模工場が産みだす製品への需要が存在しなければならない。典型的な場合、それは大量生産から多様化した質的生産へと転換した、地域の大企業によって担われている。専用の道具を用いて大量生産をおこなうクライアント企業は、自社での生産か、大量生産をおこなうより小企業からの標準化した道具の購入かのどちらか一方を必要としている。幅広いイノベーション志向の中規模企業による道具の提供は、クライアント企業が多様化した質的生産に向けて転換するときにのみ必要されるのである。たとえば、ヘリゲル (Herrigel 1988) は、フォード主義の時代に大いに成功をおさめていたアメリカの工作機械産業が、幅広い財の革新的な生産への転換に失敗している点を描いている。この点で、アメリカの工作機械産業は、ドイツにはっきりと追い抜かれるようになった。ダイムラー＝ベンツ社は、シュトゥットガルト地区の主要な大規模な完成品メーカーである。同社は、一九八六年にバーデン＝ヴュルテンベルク州から、一万以上のサプライヤーを利用していたのである (Dankbaar 1989; Hoffmann 1991: 89)。

そのような新しい工業地区が重要な発展を遂げているのが、ルール地方である。ルール地方は、多くの自社生産、つまり垂直統合からなる拡張的なチェーンをもつ、伝統的なフォード主義ないし組織化資本主義が支配的な場所である。こうしたチェーンは成長の阻害要因になってしまっていたようである。だが、この地域は転換に成功している。第一に、個々の大規模な製鉄企業が専門特化した製品へと進みだしたことで、かなり深い分業がもたらされた。サプライヤーの産業基盤は、特に機械製造産業や電子産業で発展し、一九七六年までに一九万人分の雇用が生みだされた。第二に、より重要なことは、鉄鋼産業の大企業が非鉄鋼部門の製品や加工へと進出しはじめたことにある。そうした動きは、未加工品および半加工品の生産から加工への転換にもみられた。一九七〇年に非鉄鋼生産の四・二％が加工によるものであったが、それは一九八六年までに二三・七％へと増加した。おそらくこれらの鉄鋼産業の巨大企業によってもっとも徹底しておこなわれたのが、設備管理や環境技術への再転換であった。両者において重要なことは、多様化した質的生産などではなく、かなり専門特化した生産であり、それは多くの場合、一度限りの生産だということである。このように、生産工程自体が幅広い分業によりかなり専門特化している。というのも、さまざまな組み合わせの小企業が提携し、エンジニアと契約して単一の工場を建設し、高度にカスタム化した環境技術をデザインしているからである。一九八〇年代末までに、ノルトライン＝ヴェストファーレン州の環境技術コンプレックスは、六〇〇以上の企業によって構成され、一〇万以上の雇用をもたらした（Grabher 1990: 15, 17）。

　ドイツ型生産システムのいわゆる「硬直性」は、日本型システムがもつ硬直性からはほど遠いものである。技能職や天職を通じた強力な訓練管理手法は、日本のようなフレキシブルさを欠いた構造ではなく、大規模な職業訓練の外部市場を導いている。だが、ドイツ型生産システムのネットワークが強い紐帯によって結び合わされているとき、多くの場合、不幸にも硬直性の「硬直化」を帰結する。たとえば、Grabher（1990: 7-8）が主張するには、ルール地方でフォード主義的解決法がとられるのは、部分的には企業間にあまりに強固な個人的ないし関係的契約が存在するからである。そのような契約は、「境界を超える機能」に深刻な問題をもたらすものであった。そこでの課題は、経済環境を精査し、外部にある資源の特定と動員に関わる外部情報を、企業に関連するものにすることが困難な点である。調査された機械製造企業のおよそ五七％が、主要な顧客との緊密な関係のなかで新たな製品開発に従事しており、その三三％が単一のもっとも重要な顧客とのみ協力していると述べ、わずか九％がそうした主要な顧客なしに重要なイノベーションを実現することができると見込まれているにすぎず、三五％が主要な顧客からイノベーションのアイデアを得ていたのである（また Jürgens 1990）。こうした人的関係の集中化は、生産システムを通した大量の情報フローを妨げる結果をもたらした（Jürgens 1990）。その結果、グラバーが強調しているように、システムの「自己再帰性」が欠落するのである。システムは環境に反応することができたが、それ自体のルールを問題化するほど十分に再帰的ではなかったのである。

　こうしたフォード主義的解決法から脱けだす道は、変容する提携におけるよりゆるい紐帯の創造を通じたものである。それは、前述した濾過工場や除染工場の設立へと活動範囲を広げる大工場のようにである。こうした事態は、ふさわしいパートナーが互いの問題を知ることができるよう、境界越境機能が改善されなければならないということを意味するものであった。たとえば、地域の環境技術コンプレックスには、およそ二〇〇の専門特化した企業がある。そして、こうした企業内部から生じる情報フローは最大化されなければならない。というのも、設備管理に関する注文の半分は、高度に複合的な機械工学や小型電子機器による管理システムによって占められているためである。したがって、弱い紐帯は、強い紐帯よりも情報フローにとって望ましいのである（Granovetter 1985; 1990）。フレキシブルに結びついたネットワークを通じて流れる情報は、市場を通じて流れる情報よりも「より厚く」、ヒエラルキー構造や、より強固なコミュニタリアン的な関係的契約を通じて流れる情報よりも自由である。境界越境機能、研究開発、マーケティングに関わるこうした開放性は、「ネットワーク全体の開放性や再帰性」（Grabher 1990: 18）を高めている。

　日本の集合的再帰性のように、ドイツの「技能的再帰性」は、伝統的基盤への高度近代の移植をともなっている。したがって、再帰化以前の技能的伝統に移植されたケルンとシューマンの新生産概念は、まさに近代的な再帰的特性を有している。技能的伝統の前言説的エートスは、ギルドによる規制、慣習、習慣、ハビトゥスと類似している。バイエルン州が政策の焦点を最先端技術へと移したことにともない、バーデン＝ヴュルテンベルク州はウルム市を「科学都市」として発展させるために、一九八八年だけで公共機関や大学を通じて三億八五〇〇万マルクもの額を支出した。そのことは、未来は「技能」よりもむしろ「再帰性」にあるかのようであった（Bernschneider et al. 1991: 61）。だが、ドイツ文化に広くゆき渡る技能の基盤や天職という精神性の存続可能性を疑うことは馬鹿げたことである。

特殊ドイツ的な近代化の文脈のなかで技能の伝統の持続は、労働組合主義の影響力の継続を促進するもののようにみえる。以前のドイツの労働組合は、近代化に対して好意的であったようである（Mahnkopf 1990; 1991; 1992）。だがバイエルン州では、労働組合は、技術移転をめぐる政策形成から効果的に排除されてきた。ルール地方では、環境をめぐる問題を除き、労働組合はむしろ伝統的役割を演じてきた。それは、バーデン＝ヴュルテンベルク州における計画では、ほとんどいかなる役割も有してこなかった。もし労働組合が、近代化をもたらす力として自身を再構成することができなければ、ドイツ型生産システムの民主主義的エートスは深刻な脅威にさらされるであろう。

三節　言説的再帰性——情報に満ちた生産システム

これまで日本型およびドイツ型の生産システムと情報構造を、集合的および実践的再帰性の観点から議論してきた。そこで、日本型およびドイツ型のポスト組織化資本主義的生産システムを、イギリス、アメリカ、フランス型の生産システムと比較した。ドイツ型および日本型生産システムは、英米型のフォード主義的生産システムよりも広範囲にわたっている点を論じた。前者は、英米型の生産システムと比べ、より幅広い制度的ユニット、つまり下請企業、専門大学、商工会議所を包んでいる。さらに、日本型およびドイツ型の生産システムと情報構造は、同一の広がりを有している。それに対して、英米型のフォード主義的モデルでは、現場の労働者や金融機関といった生産のもっとも重要な要素が、情報構造から徹底的に排除されている。日本型やドイツ型の情報構造（および金融のフロー）は、生産システムともっぱら統合されている一方で、アメリカ型およびイギリス型の情報構造（および金融のフロー）は、消費システムと互いに大いに依存し合っているのである。

本節では、世界経済のさまざまな先進セクター、つまりハイテクおよび特定の生産者サービスによって構成されるセクターについて検討をおこなう。そうしたセクターは、アメリカ経済のなかにある程度集中してみることができ、より少ない規模でイギリスや西欧諸国にも見出すことができる。ここでは、これらのセクターが、「言説的再帰性」に基づくある種のポスト・フォード主義的中核となることができるのか、あるいはすでにそうなっているのかという点を検討する。これらのセクターは通常、少量バッチ生産、つまりポスト・フォード主義を含んでいる。生産システムは、多くの場合、同時に専門家システムなのである。そうしたセクターは、短い製造連に専門特化し、かなり長い作業サイクルをともない、高度に再帰的となっている。その基礎にあるのが、言説的知識であり、労働力の半分から四分の三が、専門—管理部門の従業員によって、つまり専門職自身によって構成されている。

生産は、その特徴からみて、物質的というよりも情報的である。知識は常に技術転換の中心を占めてきたが、現在になりはじめて「原材料それ自体が情報となり、したがってその成果もまた情報となる」（Castells 1989: 30）。この新たな情報経済のはじまりは、一九五八年の集積回路、一九七一年のマイクロ・プロセッサー、一九七三年の遺伝子組み換え技術、そして一九七五年のマイクロコンピューターの導入によって布告された。こうしたコンピューターの処理能力の急激な増大にともなう発展は、（1）単位あたりのメモリー・コストの劇的な減少による情報の蓄積、（2）情報検索、情報の加工と分析、および新たな情報を生みだすための情報をとり扱う一連の指令機能の組織化、(3)電気通信の進歩をともなう情報輸送のあり方を変容させている(Castells 1989: ch.1)。

以上の点からわれわれは、情報経済、つまり情報がどのように財やサービスに物質的に具体化されるのかという点に関心を抱いている。そこには、物質的財の生産とのいくつかの興味深い対照性が存在している。第一に、材料(input)が異なっている。情報の材料は、物資的生産の材料に比べ、それほど市場化されていない。多くの場合、情報は無料であり、また「検索され」なければならないのに対して、たとえば工作機械は、常に支払いがなされ、また購入されなければならないのである。「主体」としての個々の従業員の境界越境能力は、情報の材料を確保するためにより重要となる。したがって、それは物質的財の生産における「客体」に明白に備わる、市場価格の優位性と対照的である。第二に、情報経済に不可欠な理論志向的な抽象的教育と比較すると、物質的経済の訓練システムは実践志向的である。第三に、物質的な生産手段の場合と比べ、情報経済の生産手段は、機械的要素に比して電子的要素の割合が非常に高い。第四に、人的資本は、情報経済では言説的知識を通じて、物質的経済では実践的知識を通じて、生産の客体に作用している。第五に、物質的財の輸送は、情報財の輸送と大きく異なっている。というのも、後者の大部分は、「コミュニケーション」によって構成されているからである。第六に、情報経済のサービスは、抽象的知識を高い割合で含んでいる。さらに、特に新中流階級にみられる個人化した消費の増大にともない、抽象的知識は多くの場合、対話的な共同生産の問題となる。そのなかには、サービスの生産者と消費者の間の相互作用を通じた、精巧な分類上の区別の発展が含まれている(Bourdieu 1984=1990)。加えて、情報経済における商品は、情報、記号、イメージを輸送、変容、蓄積(テレビ、電話、家庭用コンピューター、CD、ビデオレコーダー)する点で、経済における自給の度合いを高めることに寄与している。

こうした区別は、サービスの性質をめぐる論争の価値を部分的に低下させるものである。ウォーカーは、サービス、とりわけ生産者サービスの増大が、地理的に集中した生産システムの興隆と結びついている点を示唆している。そのなかで集積の経済が、製造企業による多数のサービスの脱垂直統合を可能にしている(Walker 1985; 1988)。こうした小規模なサービス企業が新たに目を引くようになっているということは、あたかも新興のサービス経済や情報経済の存在を意味しているかのようである。だが現実は、ただ製造産業のなかで分業の深化が生じているだけである。たとえば情報処理は、単に生産や材料加工のより迂回したやり方にすぎない。したがって、ウォーカーにとってサービスの明らかな増加として映るものは、実際には、単なる製造産業の物質的商品の「迂回」が増加しているにすぎないのである。反対にわれわれは、情報やサービスが生産ユニットの完成品および中間投入においてますます目立つようになり、また重要な点で支配的になるにつれ、生産はますますサービス生産のより迂回した方法となりつつあると論じる予定である。

(1) 専門家システムとしての生産システム
――アメリカのハイテク産業

この種の主張を検討評価するために、情報に満ちた先進セクターの生産システムについて、より正確な考え方を発展させる必要がある。ストーパーとハリソンは、「生産システム」が、インプット―アウトプット構造、ともに結び合わされた一連の異なる規模の生産ユニット、ガバナンス構造、そして所与の(分散あるいは集中した)領域からなるととらえている(Storper and Harrison 1990: 5)。ストーパーとハリソンにとってインプット―アウトプット構造は、もっぱらシステムと関係する生産ユニットの数に応じて変化するものである。脱垂直統合や数多くのユニットが存在する場合、システムは深い分業によって特徴づけられる。あるシステムのガバナンス構造には、二つの異なる理念型が存在している。一方が「中核」構造である。それは、電化製品産業のGE社、ソニー、ウェスティングハウス社のように、既存の大企業がシステムを支配する構造である。他方が「リング」構造である。その構造のなかで、たとえば二つの半導体企業が固有のICチップを生産するために、短期的で釣り合いの取れた同盟に加わることになる。多くの場合、主要企業をともないつつ、中核と企業のリングの組み合わせが存在している。そこでは、高い競争力と特殊技能をもつ数多くのサプライヤーが、力強い対抗的交渉力を有している (Storper and Harrison 1990: 15-6)。最後に、システムは多かれ少なかれ地理的に分散している。

そうした見方は、その他の点では興味深い定式なのだが、本章のいたるところで強調してきた四つの要素を見逃している。つまり、経済のなかの非経済的制度の重要性、異なるセクター間、とりわけハイテク産業と生産者サービス産業における重要な相互関連性、情報経済における平等主義的で文化的形式をとるガバナンスの重要性、そして生産と同様に消費における専門家システムの増殖といった要素である。

これらの要素の重要性は、多数のアメリカの分析者によって提案されているハイテク産業の生産システム・モデルを検討することで理解することができる。それは、次のような要素を含んでいる。「リング」型の水平的構造、深い分業、前方連関と後方連関［ある製造工程に必要な前工程と、製造されたものを使ってさらになんらかの加工をおこなう後工程を関連させた生産の組織化］に付随するある地区内部での地理的に集中した生産、調査機関や既存企業からの新たな企業の分社化により生みだされる水平的に脱統合した構造、一連のネットワークに埋め込まれた相互作用に満ちた市場交換の集積、信頼関係の生成、ある程度のコミュニティ、そして固有の地域文化である (Saxenian 1985; Scott 1986, 1988a=1996, 1988b; Granovetter 1985; Brusco and Righi 1989)。

このモデルには多くの長所が存在している。だがそれは、知識集約的な先進セクターの生産システムが、古典的な製造産業の生産システムとは異なる秩序からなる情報構造に適応していることを十分に認識するにいたっていない。生産がまさに「デザイン工程」となり、「研究開発工程」となっている点がその理由である (Lash 1991)。主要な生産工程は、日本型やドイツ型システムほどには研究開発に依存していない。むしろ、そうした工程が、研究開発そのものとなっている。問題となるのは、もはや生産システムとして作動しない生産システムである。それはむしろ、専門家システムのように作動する生産システムなのである。専門家システムは、もっぱら文化的なものとなっている。たとえばソフトウェア・セクターでは、「創造的環境」や「アイデアと人員の交換」が重要である。ここでの問題は、集積の経済（また暗に「フレキシブルな蓄積」）や「情報生産ユニットの外部経済」以上のものである。マイクロエレクトロニクス産業の「創造的な環境」は、「作家や芸術家、あるいはニューヨークの株式取引の投資家、映画やテレビのプロデューサーや役者、ロサンゼルスの金融コンサルタント」(Castells 1989: 69, 89) により近いのである。

それは、大学の調査機関にみられる事柄と類似している。実際、一九六四年に、ボストンの半導体を基盤とする六四の電子機器企業の集積の三分の二が、他の大企業ではなく、研究機関からの分社化を通じて設立されたのである。そのうち二四の企業が地域の大学に、そして二一の企業がマサチューセッツ工科大学（ＭＩＴ）に設置された。ベイエリアでは、スタンフォード大学が一九四〇年代に早くも企業との交流をはっきりとした形で発展させせはじめた。同大学は、一九五一年に工業団地を開設し、航空宇宙研究におけるロッキード社のようなハイテク企業に低家賃で場所を提供した。その結果、一九五〇年代後半から一九六〇年代前半にかけて、大半の研究関連企業がスタンフォード大学の教授や学生たちによって設立されることとなった（Saxenian 1985: 83; Castells 1989: 49-51）。

こうした（労働および製品のイノベーションにとっての）集積の経済のなかで最初の供給者となったのが、非経済的機関であった。そして、最終的な需要者もまた非経済的機関、つまり軍隊だったのである。特にスタンフォード大学、そしてまたMITや、カリフォルニア、マサチューセッツ、テキサス、アリゾナ、フロリダの新興のコンピューターおよび半導体産業が、かなり強固な最初のつながりを、軍隊との間で発展させることとなった（Markusen and Bloch 1985）。

このまさに重要な意味において、ハイテク地区は「経済地区」以上のものであり、同様に「文化地区」でもある。供給側からいえば、文化セクターや大学は、生産システムよりも「文化システム」なのであり、また生産のユニットよりもむしろ「文化のユニット」なのである。需要側からいえば、再び軍隊は生産システムからは程遠く、むしろ組織化した暴力システムなのである。その両者の間にあるのが、新興ハイテク・セクターである。このセクターは、生産ユニットのモデルというよりは、文化システムや文化的制度のモデルを担っている。ここで、アメリカのハイテク産業の諸側面、とりわけ半導体生産について考察することで、この点を詳述する。われわれは、生産がより知識集約的になるにつれ、言説的再帰性がますます重要になっていることについて検討するであろう。

半導体製造は、次の四つの中心的作業により成立している。第一が、回路の研究とデザインである。それは科学者やより先進的な調査エンジニアの作業である。第二が、回路をチップに焼き付けることができるようにする工程である。それには、リソグラフィー技術を通じた回路の縮写も含まれており、エンジニアと技術者が関わっている。第三が、ウエーハ製造である。回路が焼き付けられるシリコン基板、すなわちウエーハが作られ、個々のチップに分けられる前に化学的に処理される。そこで主に雇われるのは、熟練マニュアル労働者である。第四が、電子部品となるチップの組立である。これらが、半導体生産の完成品となる。それは、集積回路の場合もあれば、ディスクリート素子の場合もある（Malecki 1985; Castells 1989; Angel 1990: 212）。

「外販用」あるいは「汎用デバイス」企業の仕事である半導体の大量生産は、大規模な製造工場の設立のために一億五〇〇〇万―二億ドルの支出を必要としている。ここでのマス・マーケットは、日本および韓国企業によって徐々に支配されつつある。だが、少量のカスタム生産をおこなう市場セクターは著しい成長を遂げている。一九八九年に、集積回路の全生産高が有する価値の二一％は、特定の目的に専門特化したデバイスによるものであった。これらは、多くの場合、新たな企業によって供給された。半導体産業の新規事業にみられる傾向は、増殖、知識化、集中という点において、先進セクターの情報構造を例証するものとなっている。増殖は、カスタム化した製品の需要に従うものである。一九五七年以降の新たな企業の立ち上げに関するデータによると、一九七〇年代に、一九六〇年代のおよそ三倍の新企業が設立され、一九八〇年代にその数は一九七〇代のおよそ二倍に達した。このことは、部分的には、少量生産への要求の増大を通じて説明できる。だが、それはまた、コンピューターを用いたデザインや生産の結果でもある。大規模施設を立ちあげることはコストがかかるのに対して、専門特化した生産設備は利益が高く、小規模なモジュール式生産施設はさほどコストはかからないのである。このようにコンピューターを用いたデザイン技術は、新製品の開発時間とコストを低減させる。

それはまた、中断時間を減らすことで製品の変更を安価にするとともに、同じ生産ラインで多数の異なるカスタム仕様の独自回路を生産する際に、フレキシビリティをもたらしている。

一九七八年から一九八七年にかけて、新たな企業の大部分はカスタム市場において設立された。その三九％は特定用途向けの集積回路を製造し、四九％は専門特化したリニア素子、メモリ、およびガリウムヒ素半導体の生産に従事していた。興味深いのが、こうした新規企業の失敗率の低さである。一九七八年から一九八七年に設立された一二四の新規企業のうち、わずか九％が一九八九年までに生産を止め、別のわずか八％が他の企業によって買収されたにすぎなかった（Angel 1990: 214-6; Garnsey and Roberts 1991）。新企業の設立は、立地の点でかなり集中している。一九七八年から一九八七年の間、一二四の新企業のうち、六三％がシリコンバレーで、一三％がロサンゼルス大都市圏で、そしてわずか二％がボストンの集積地域で立ちあげられたのであった。一九八七年のシリコンバレーでは、これらの新企業が、その地方のすべての半導体施設のおよそ三分の一を建設し、一万五〇〇〇人以上の労働者を雇用した（Angel 1990: 218-9）。

ここでの議論においてもっとも重要なのが、第一世界における半導体セクターがより知識を基盤にするようになっているという点である。ほぼすべての新企業は、自社で組立ラインを運営していない。一九九〇年代初頭において、組立作業のおよそ七〇％が、第三世界、とりわけ東南アジアに外部委託されている（Sklair 1990=1995: Henderson 1989: 63-7）。さらに、生産のますます多くの部分も、外部委託されつつある。一九七八年から一九八七年にかけて設立されたアメリカ企業のわずか三分の一だけが、自社で製造工場を建設したのであった。熟練労働者によって担われているウエーハ製造は、部分的にアメリカの大規模工場でおこなわれているものの、むしろその多くはスコットランドのシリコングレン、そしてシンガポールや台湾でおこなわれている（Angel 1990; Henderson 1989: 150, 156）。このように、アメリカの新たな小企業の仕事のほとんどは、現実にはエンジニアや技術者に担われているのである。その仕事は、たとえば、研究開発や回路設計、また試作品の開発である。これら新たな半導体企業の職業的構成は、ソフトウェア企業のそれに近づいている。そこでは、労働力のおよそ四分の三が、専門－管理職および技術スタッフによって構成されているのである（Malecki 1985）。

情報構造には数多くの特質が存在している。第一に、情報の循環は、高度に言説的になる傾向にある。第二に、新規企業が増えるにつれ、情報は急増するノードのいたるところで循環するようになっている。このことは特に分社化を通じて生じており、そうした企業は調査機関や大企業を辞めた個人によって設立されている。それには、サプライヤー―クライアント関係に起因する異なる企業で働く個人間の相互作用の強度や持続性の増大を通じた情報フローと学習が含まれている。このことは、製品のカスタム化によってますます強固となる社会的紐帯の強化と持続性に由来する取引コストは増大している。半導体産業のクライアントに関するエンジェルの調査は、クライアントが特定用途向けデバイスを購入し利用するかどうかは、要求した実動プロトタイプをできるだけ素早く製作する企業の能力次第であることを明らかにした。それは、「一連の試作品や完成品を通じて回路のデザインや基本設計を発展」（Angel 1990: 214）させる際におこなわれる、クライアントとの実質的な関係的契約を含むものであった。その結果、典型的な外販用製品を大量生産している企業は一六の分野の担当者ごとに一人のエンジニアを雇ったのに対して、あるメーカーは、それぞれの分野で雇われている担当者のために、特定の目的に専門特化したエンジニアを一人ずつ雇ったのである。

新興セクターであるバイオテクノロジー産業は、多くの点でハイテク産業と類似している。生産手段の観点からみた場合、そうした産業の原材料や製品は、情報内容が物質的土台よりも意味をもつ実体である。関連する情報処理には、「生命に埋め込まれた情報を解読し、再プログラム化する能力」(Castells 1989: 12) が含まれている。遺伝子工学は、一つの情報処理活動なのである。

この産業の発展にとって決定的に重要な出来事が、一九五三年の最初のDNAモデルであり、またDNAの組み換えの可能性を開いた一九七三年のボイヤーとコーエンの遺伝子操作技術である。それは、他の種に固有なタンパク質を製造するために、ありふれた微生物を、安価で実りの多い手段へと変換することを可能にした。バイオテクノロジーの成果は「生物に刻み込まれた情報」である。すなわち、そうした情報を処理する工学なのである (Barley et al. 1991: 5)。

一九七五年にアメリカの特許庁は、ボイヤーとコーエンのテクノロジーに対する権利を、スタンフォード大学とカリフォルニア大学に与えた。一九七六年に、ベンチャー・キャピタルの助けを借りながら、ボイヤーはジェネンテック社を立ちあげた。それに続き、一九八〇年に公募増資がおこなわれ、ジェネンテック社は、ニューヨーク証券取引所でもっとも人気ある銘柄の一つとなった。ベンチャー・キャピタルが大挙してその産業に加わり、一九八〇年から一九八二年の間に、およそ一五五のバイオテクノロジー専門の企業が設立された。一九八〇年代半ばまでに、およそ五〇〇の独立したバイオテクノロジー企業が、遺伝子工学に従事していた。その際、自社の生産力を増強させていた多数の大手化学薬品会社やその他の企業が参入してきた (Barley et al. 1991: 6-7)。

バイオテクノロジー産業は、大学の研究機関からの分離独立を通じて発展している点で半導体セクターと似ている。類似性はまた、「イノベーションの環境」をなす特定の地区に集中していることからもうかがえる。たとえばベイエリア、ボストン、ワシントンDC (連邦政府がこの産業に投入した補助金の大きな役割を反映している) である。マイクロエレクトロニクス企業の設立者は、多くの場合、それ以前、大企業でエンジニアとして働いていたが、バイオテクノロジストは、ほとんどの場合、研究所で働く純粋な研究者であった。マイクロエレクトロニクス産業の小企業の資本家とは異なり、研究者は、生産、マーケティング、金融に関してほとんど知識を有していなかった。いくつかのマイクロエレクトロニクス企業が (すでに試作品があったデバイスを作るために)「第二のイノベーションの環境」として設立されたのに対して、すべてのバイオテクノロジー企業は、実質的には、試作品開発の独自研究に従事しているのである (Barley et al. 1991: 8; Castells 1989: 68) [一]。

(2) 水平的情報構造に向けて——アメリカのハイテク産業

ここで半導体の分析へと戻る。半導体産業の起源は、AT&T社とウェスタン・エレクトリック社が出資した、ニュージャージーを本拠地とするベル研究所にまでさかのぼることができる。そこは、一九四七年のトランジスタ開発とともに、大半の半導体の独自研究開発の拠点でもあった。それが目的としていたのは、通信産業の垂直統合であった。だが、その結果はかなり異なっていた。ベル研究所の研究員は、半導体産業のフェアチャイルド社やインテル社のように、独立して企業を設立したのである。発見に対するベル研究所の自由なライセンス供与は、テキサス・インスツルメンツ社が半導体事業をいち早くはじめることができた理由であった。後者は、第二次世界大戦中に、潜水艦探知システムを生産していたダラスを拠点とした電子機器企業であった。一九五八年に、戦後も海軍市場を維持していたテキサス・インスツルメンツ社の科学者が、後にインテル社を創設する研究者とほぼ同時期に集積回路を発明した。テキサス社は、海軍市場とダラスにある組立および製造工場の安価な労働力を結びつけることで、典型的な垂直的に統合した企業となっていた。ダラスの情報構造や研究環境のノウハウは、企業方針により自社で厳格に保持されることとなった（Castells 1989: 43-5; Henderson 1989: 32-5）。

一九六〇年代後半に、ウェスティングハウス社、ＲＣＡ社、ゼネラル・エレクトリック社などの電子機器関連の大企業が半導体生産をはじめたが、それは、後方統合を通じて、消費者および家庭向け電化製品を自社生産することによって開始された。これらの企業は発展し、大規模な雇用先となっている。半導体工場の平均規模は二〇〇〇人を超えており、それゆえに半導体産業は多くの場合、地域経済を支配している。ここでモトローラ社は、その有益な事例となっている。同社は、自動車用ラジオを生産するために設立され、開発研究所に大規模な投資をおこなうことを決めた一九四九年に、フェニックスに拠点を置いた。同社は、一九五〇年代初頭、そしてトランジスタや半導体の生産工程のイノベーションが開始されたすぐ後、集積回路の先駆者へと発展した。モトローラ社は、一九六〇年代の「主力商品であるチップ」のメーカーおよび規格化の推進者として、海外の組立工場を利用することでシリコン・デバイスの世界最大のメーカーとなった。だが、フェニックスでは、いかなる「工業地区」も発展しなかった。というのも、従業員間のアイデアの循環を制限する誓約書によって、分社化が事実上排除されたためである。また後方連関産業は、その地域で購入された供給量がわずか五％以下というように、ほとんど存在しないも同然であった（Glasmeier 1988: 291-3）。

アリゾナとは対照的に、主要なハイテク産業のコンプレックスの一つは、ロサンゼルスのオレンジ郡で発展した。興味深いことに、一九五〇年代以前、ロスザンゼルスは、大規模な産業基盤を有していなかった。映画産業や不動産産業以外には、ロサンゼルスは、さまざまな経済セクターの幅広い分工場をもっぱら有していた。その状況は、一九五〇年代に修正されることになる。というのもこの地方は、一部、軍事と関係する航空宇宙産業の全国的中心地となったためである。同産業は、通信機器産業とともに、その地方での最初の中核を形成した。航空宇宙産業は、軍隊や大規模な航空会社を中心とした最終需要に応えるために、かなり集積することになった。通信機器メーカーは、バブコック・ラジオ・エンジニアリング社、ヒューズ・グランド・システム社のような、垂直的に統合した「システム企業」であった。そうした企業は、標準化した製品を生産するのではなく、特別な用途に向けた高額なカスタム仕様の製品を生産した（Scott 1988b: 158; Davis 1990=2001）。

科学的および技術的人員を高い割合で抱えるこれらの企業は、混雑、高い家賃や住宅価格を避けるために、ロサンゼルスから地方へと分散した。そうした企業は、南部に向かい、オレンジ郡へと移ることとなった（Kanter 1984）。だが、この産業は異常なまでに集積することとなった。一九五九年にはオレンジ郡の製造産業従事者の一八％が、たった四つの巨大な通信機器工場で働いていた。もし通信機器産業が地方のハイテク産業の中核であったならば、おそらくはその主要な中心産業はコンピューター・セクターであった。半導体産業に比べ、このセクターは常に水平的に統合されていた。同様に、人口は一九六〇年に七〇万人であったのが、一九七〇年には一四二万人、一九八一年には一九三万人へと急増した。従業員のうち専門―管理職階層は、不釣り合いなほど数が多かった。一九七八年にアメリカの製造産業のブルーカラー人口は七四％であったが、オレンジ郡のハイテク企業では、それはわずか五八％であった。一九八〇年に、すべての従業員のうち、専門管理職階層にあったアメリカ人は二一・七％であったが、この数は、オレンジ郡では二八・九％だったのである（Scott 1988b: 164, 181）。

一九八〇年までに、オレンジ郡における初期の統合した生産や表面的な分業は変容していた。当初、通信や航空機産業の中核に対するサプライヤーであったセクターは、経済活動の新たな柱となっていった。定型組立作業やその他の作業工程が外部委託されるにともない、分業は深化していった。プリント基板、フライス盤加工や旋盤加工、およびその類似産業といった、地域のより小さな非ハイテク産業の「周辺」企業との後方連関は増大した。その後、水平的脱統合が生じた。実際、一九五五年に被雇用者が三五人であったハイテク工場の平均的規模は、一九六〇年代から一九七〇年代に一二五人へと増大したが、それは一九八三年までに七〇人へと後戻り的に減少することとなった（Scott 1988b: 184, 187）。

これまでのところ、アメリカのハイテク産業における二組の企業を区別してきた。一方には、研究開発集約的なイノベーション志向の小企業からなる水平的に構造化されたネットワークが、他方には、「器用な」組立作業員が働く巨大工場からなる、垂直的に統合され、ヒエラルキー構造によって構成された企業が存在している。だが、このセクターにおける雇用の大部分を占めるのはどちらの企業でもない。それは、中級の技能レベルにある雇用にある。つまり、より定型化したエンジニアや技術者、および熟練マニュアル労働者である。それと並び、古典的な水平的および垂直的構造が、いわば多数の「第二のイノベーション環境」を発展させている。そうした環境は通常、シリコンバレーやマサチューセッツのルート一二八のような第一の環境の外部に移転している、一連の「技術分工場」にその基礎を置いている（Castells 1989: 114）。

そうした技術分工場は、ポスト・フォード主義におけるフォード主義的な分工場の対応物である。技術分工場は通常、組合化されない傾向にある白人のエンジニアや技術者によって担われている。それは、オースティン、ノースカロライナのリサーチ・トライアングル、サンタバーバラ、コロラドスプリングス、そしてサンタクルーズといった、まとまった小規模な学園都市のなかで発展している。第二の革新的な機能を、第一のイノベーション地区の外部にある技術分工場に移転するのは、より安価なエンジニアを雇うことができるためである。それを実証しているのが、オフィス向けのコンピューター制御による電話交換システムや高所環境向けのコンピューターのメーカーであった、（のちにIBM社に買収される）ロルム社の事例である。一九六九年にシリコンバレーで設立され、急速な拡大を遂げたロルム社は、賃金要求の高まりと結びついた家賃コストの上昇により、コロラドスプリングスやオースティンに販売サービス担当部署を、そして後に技術分工場を設立することになった。ロルム社は、シリコンバレーにあったときでさえ、顧客のニーズに応えながら既製品やソフトウェアをカスタム化した製品の拡大を通して成長していた。オースティンの分工場では、ロルム社の既製品に研究成果を組み込んで新たな種類の製品とする必要性があるため、基礎レベル以上の研究がおこなわれている（Glasmeier 1988: 296）。オースティンでロルム社は、多くのマイクロエレクトロニクス市場の巨大企業——IBM社、テキサス・インスツルメンツ社、インテル社、コントロール・データ社、モトローラ社、ヒューズ社——の技術分工場と連携している。これらの企業に続き、またテキサス大学に引き寄せられる形で、開発コンソーシアムや半導体の産業貿易機構も設立されている。その際、国防省の研究開発基金が用いられている（Castells 1989: 47-8）。

一九八〇年から一九八六年の間におこなわれた、二七五人の半導体エンジニアの職歴に関する全国調査研究は、外部労働市場がかなり流動的であるという点を裏づけている。それは特にシリコンバレーでみられたが、またアメリカ全体でも確認された。六年間の間に二〇九の転職がおこなわれた。エンジニアの五六%は、少なくとも一度は転職をおこなっている。新たに仕事を開始した者は、一九八四年の好況の年にピークとなり、エンジニア一〇〇人あたりで三五人にまで達した。離職は同じ年にピークとなり、一〇〇人中二〇人に達した。低迷の年であった一九八五年においてでさえ、実際、すべての離職者は即座に他の仕事へと向かい、そのためエンジニアの失業率は一%を下回っていた。違いは、好況の年には新規雇用は、多くの場合、大学から得なければならなかったが、低迷の年には、企業はすでに経験を有するエンジニアを雇うことができた点にある（Angel 1989: 103-4）。

転職の地理学は、一種の二重労働市場を提供している。シリコンバレーの企業によって最初に雇用された、大規模な第一次セクターのエンジニアの七二%は、ベイエリアにある大学からやってきたのに対して、「地方」企業のわずか五四%が地域の大学から新規雇用をおこなったにすぎなかった。非シリコンバレー系の大企業は、労働市場から利益を得るために、シリコンバレーにいくつかの研究開発施設を設立している。さらに、国中のメーカーが、生産の主要センター、つまりダラス、フェニックス、シリコンバレーから新規雇用をおこなっている。移動の三四%が州を超えるものであるが、一九八〇年から一九八六年にかけてのすべての転職の五〇%は、シリコンバレー企業の間で生じた。シリコンバレー企業を退職したすべてのエンジニアの七九%が、新たにシリコンバレーで仕事をみつけている。ここからエンジニアは、労働市場は、「シリコンバレーの企業間での知識と製造技術の急速な拡散のための水路として機能して」おり、こうした「情報フローの加速が、生産コンプレックスのイノベーション能力と技術的ダイナミズムに寄与している」（Angel 1989: 108）と結論づけている。だが、同じデータは、労働市場における交換のノードを通じて流れるこうした情報フローは少なくとも全国規模にわたっており、第一次労働市場とともに第二次労働市場——イノベーションと生産の第二の環境——においても機能していることを示している。日本の同一企業内部でエンジニアのジョブ・ローテーションを通じておこなわれている発展が（つまり、それは企業内情報構造の存在を示している）、アメリカでは外部労働市場を通じて生じており、セクターの水準で、国内の、そしてますます国際的になる情報構造を構成しているのである。

シリコンバレー、イングランド南東部、（ヨーロッパでもっとも大規模な集積がおこなわれている半導体生産工場のある）スコットランドでのハイテク機器および電子機器を生産している小企業をめぐる、オーキーとクーパー（Oakey and Cooper 1989: 351-2）の比較研究が示すところでは、イノベーションと水平的構造が三か所すべての集積を特徴づけていた。後方連関および前方連関にはいくらかのバリエーションが存在したが、それぞれの地域では企業設立者が似たような割合で（およそ六〇%）、以前、同じ地域にある企業で働いていたのである。さらに、製品のイノベーションの割合は、三つの地方でそれほど異なってはいなかった。一九八五—六年の間、ベイエリアの九一%、イングランド南東部の七八%、スコットランドの六〇%の企業が、少なくとも一つの新たな製品のイノベーションを記録していた（Oakey and Cooper 1989: 352, 355）[2]。

より一般的にみた場合、これらのハイテク企業にとって内部労働市場の重要性がかなり減少していることについて、いくらかの証拠が存在している。カンターは、キャリアのパターンがよりフレキシブルになり、チームワークがより多く活用されるようになり、また労働市場があまり硬直的でなくなり、より多様化している点を明らかにした（Kanter 1984）。さらに一般的には、サベージらは、組織がもつ長所の有効性が低下し、「自律的なキャリア・パス」の重要性が高まっている点を議論している（Savage et al. 1992: 64）。彼らは、次の三つの点を詳細に論じている。専門職および管理職が企業間を移動する傾向が高まっていること、組織内キャリアが管理職に十分な安心をもたらすことが難しくなっていることから、管理職が自己雇用に転身するようになっていること、そして経営の専門化が試みられていることである（Savage et al. 1992: ch.4）。

これまで、マイクロエレクトロニクスやその関連セクターにおいて情報構造が垂直化する重大な傾向が存在しているにもかかわらず、ハイテク・セクターでは、水平的な言説的知識に満ちた情報構造が全体を構成している点を論じてきた。たとえば、イノベーションは、一つないし二つの中心地から、一連の第二の環境へと広がっている。情報フローは、生産と市場をつなぐ幅広い前方および後方連関を通じて、シリコンバレーのような第一の環境で促進されているという事実がある一方で、広範にわたる水平化が第二の環境においてもまた生じているのである。このことは、以下の点を通じておこなわれている。大学の研究機関や訓練と結びついた技術分工場群の形成、ますます外部化する労働市場を通じた情報フローの全国的ネットワーク、第二の中心地におけるかなりの数の分社化の成功、そしてまた、こうしたさまざまな中心地における製品のイノベーションの水準がいぜんとして高いことである。いくつかの点で、ハイテク企業は大学と似ている。たとえば、情報フローの水路として機能する相対的に流動化した外部労働市場、多方面にわたる社会的ネットワークによって生じている広範な「想像の共同体」、そして一連の非経済的な象徴的能力に刻印されたある種の平等主義的ガバナンスである。

（3）ハイテク産業とサービス経済

特に北アメリカ経済の「先進セクター」は、マイクロエレクトロニクスの生産だけでなく、多様なサービスをも含んでいる。第八章で詳細に議論するが、ここでは、そうしたサービスについて手短に検討する。とりわけ、一方でマイクロエレクトロニクス企業と、他方で生産者向け先進サービス産業との相互のつながりが増大している点を明らかにする。両者はますます、同じ情報構造の不可欠な部分となっている（Hirschhorn 1985: 177-8）。両者は部分的につながっているのである。というのも、マイクロエレクトロニクス産業の最終需要市場が、軍事防衛セクターからサービス・セクターの事務へと転換しているためである。マイクロエレクトロニクス産業とオフィスとの間にある二つの主要なリンクが、電気通信およびソフトウェア産業である。

電気通信設備の生産がもつ新たな重要性は、ハイテク企業間の提携におけるその優位性の高まりに示されている。電気通信サービスの規制緩和が、そのセクターの提携関係をかなり増大させた。この規制緩和は、全国的な電気通信設備会社の専属市場の衰退、および電気通信ネットワーク・サービスや付加価値通信網サービス（ＶＡＮＳ）の新たな優位性と結びついている（Mulgan 1991）。「三極」（ヨーロッパ、アメリカ、日本）のコンピューターおよび通信機器の生産は、一九八六年に二二八〇億ドルに達しており、一九七五年から一九八五年の間、市場は年平均八％の実質成長を経験している。このうちアメリカの生産分によって担われている割合は、一九八四―六年において五二％から四六％へと減少している一方で、ヨーロッパでの生産分は二三％から二六％へと拡大している。一九八六年には、ヨーロッパのなかでもイギリスが三極全体の五％を占めて首位になり、フランスは四・七％で二番手となった（Cooke and Wells 1991: 349）。

ハイテク産業における国際提携の慣行は、一九八六年の半導体輸入に対するアメリカの関税政策によって増大することとなった。それに対して、富士通のような日本企業は、合弁会社をつくることで対応したのである。この動きは、一九九〇年代の日本とアメリカの半導体をめぐる、一連の巨大なジョイント・ベンチャーへと組み込まれることとなった。それは、日本の生産技術と、アメリカの研究開発および商品開発の成果の交換に基づいている（*The Economist* 18 July 1992: 71-2）。このような半導体の事例や、生産提携をおこなっているバイオテクノロジー産業の研究開発と異なり、コンピューターおよびコミュニケーション産業の提携は、多くの場合、マーケティング志向的である。クックとウェルズが明らかにしたように、一九八七年から一九八九年にかけておこなわれた六七七の提携のうち、もっとも大きな部分（三八％）が、コンピューターおよびコミュニケーション・セクター内でなされた。それはしばしば、電気通信機器の海外市場をコンピューター企業に対して切り開くこととなった（Cooke and Wells 1991: 350）。提携の二一％が、非コミュニケーション・セクターの企業とのものである。それは、VANSが提供する性質を決める際に、利用者の重要性が高まっていることを反映している。一八％が、テレコム・サービス企業との提携であった。こうした提携は、ケーブル＆ワイヤレス社のような通信機器設備を扱う多国籍大企業によって運営されているサービスを、部分的にではあるがより小さな国々が支配する権利を保持することを可能にしている。また一一％が通信機器設備会社との間でおこなわれている。この提携は、もっぱら国際的なマーケティングに関係している。たとえばそれは、新たなデジタル交換機の開発コストが増大することで必要となる。イギリスのGPT社のような企業にとって、そうしたコストは、世界の市場シェアの二〇％を占めないと確保できないものである。その結果、戦略的提携が必要となっている（Garnham 1990）［3］。

ここでの論点は、市場志向的な情報構造は、ハイテクおよび先進サービス産業において、（そして、その両者の間でより高い頻度で）ますます普及するようになっていることにある。シリコンバレーのような生産コンプレックスは、ハイテク産業の情報構造においてもはや独占権を有していない。先進サービス産業は、本社や事業者サービス産業の完成品市場により近いところに位置するようになり、双方向の企業間構造によってますます構成されるようになっている。

ハイテク産業と事業者サービス産業とを結びつける別の水路が、ソフトウェア産業である。ソフトウェア・セクターのアメリカでの売上は、一九七〇年代に一〇億ドル以下であったが、一九九〇年には推計二〇〇億ドルを記録した。それは通常、ハイテク産業のコンサルタント業務セクターの一部として認識されている。そのもっとも重要なサブセクターが、第一に、コンサルタント業務および標準化していないソフトウェア・セクターであり、第二に、データ処理および標準化したソフトウェア・セクターである。

たとえばフランスでは、そのようなサブセクターが急速に成長している。コンサルタント業務および標準化していないソフトウェア・セクターにおける雇用は、一九七五年に一万四〇〇〇人に、そして一九八六年には六万八〇〇〇人に達した。データ処理および標準化したソフトウェア・セクターにおける雇用は、一九七五年に一万四〇〇〇人であったのが、一九八六年には三万四二〇〇人へと増大した。それは、同期間のフランスの専門サービス・セクターでの年成長率が三・八六％であり、すべてのサービス・セクターでは一・八〇％、そして経済全体ではマイナス〇・二六％であったことと対照的である（Moulaert et al. 1991: 9）。

標準化していないソフトウェアやコンサルタント業務は、注目すべき重要なセクターである（Moulaert et al. 1991: 11）。ここでＩＢＭ社やブル社のようなＩＴハードウェアのメーカーは、特にシステム統合サービスを提供する際、かなり活動的である。実際、ＩＢＭ社はその企業構造を、生産を基盤とした部門から、市場セクターを基盤とした部門へと転換させている（Cooke and Wells 1991: 351）。アーサー・アンダーセン社のようないくつかの会計監査企業は、ＩＴコンサルタント・セクターへと活動分野を広げている。だが多くの場合、その先導者は、ソフトウェア（・システム）企業であった。たとえば、一九八七年に五億三〇〇〇万ドルの売上を誇った、ヨーロッパ市場の先駆企業たるフランスのキャップ・ジェミニ・ソジェッティ社などである（Moulaert et al. 1989）。実際、当時の西欧の上位二〇企業のうち、六社がフランス企業、五社がイギリス企業、そして五社がアメリカ企業であった。上位一〇社のフランス企業において、収入の六五％が（専用ソフトウェアを含む）専門サービスに、二七％がデータ処理サービスに由来し、そしてわずか八％がパッケージ化したソフトウェアによるものにすぎなかった（Moulaert et al. 1991: 12）。

ハイテク・コンサルタント（ＨＴＣ）・セクターの所在をめぐる問題は、「ＨＴＣは誰と話しているのか」という課題と関わっている。そして、その回答は、何よりも本社であり、それから地方オフィスである。たとえばフランスでは、コンサルタント業務はいくぶん脱中心化している。ムーラエールらは、コンサルタント・セクターの利用が大企業の地方本社や中規模企業に広がっていることに注意を向けている（Moulaert et al. 1991: 17, 20）。たとえば、ソフトウェアと多くの他のセクターとの間の企業間情報構造が強化されている。この点は、第一に、労働市場を通じてもたらされる。たとえば、ソフトウェア・セクターが、デザイン・システムのために専門能力をもつ人員をサービスおよび製造セクターの余剰人員から補充するというようにである。そして第二に、そうした情報構造の強化は、製品市場を通じてもたらされる。ムーラエールらが述べるように、「ＨＴＣは、独自生産／独自分配をおこなうビジネスではなく、むしろ複数の製品と結びついた長きにわたる取引関係なのである。そうした相互作用は、クライアント組織のいたるところで実行され、また繰り返しおこなわれている」（Moulaert et al. 1991: 20）。

さらに注目すべきは、販売されているすべてのコンピューター、通信機器、情報技術と関連する設備のおよそ八〇％が、サービス産業によって購入されている点である（Castells 1989: 137）。多くの情報技術は、原料加工あるいは製造産業ではなく、情報処理それ自体へと向かっている。このことが示唆しているのは、おそらくはウォーカーの金言と反対の事態が生じているかもしれないという点である。つまり、サービスが財の生産の迂回路であるというよりも（Walker 1985）、むしろ基本的には情報技術に関係する財がサービス生産のさらなる迂回路であるかもしれないのである。多くの点が、このもう一つの定式を支持している。

第一に、ウォーカーの議論の意義は、専門特化した生産者サービス産業の成長の大部分が、かつて製造企業が自社で提供していた機能を外部化したことから生じているという点にある。だが、ほとんどの研究が明らかにしているように、企業の外部および内部環境の双方において複雑性が高まっていることを考慮すると、実際には専門特化した生産者サービスは、外部化が生じていない場合でさえ増加しているのであり、専門特化した材料に対する需要の増加からもっぱら生みだされているのである（Coffey 1992）。

第二に、もし生産者サービスが単に製造システムの拡大する分業の一部にすぎないとすれば、これらのサービスは「脱統合した」少量バッチ生産の集積のなかに集中するであろう。だが、オランダでの調査は、それが生じていないことを示唆している。ほとんどの生産者サービスは本社の近くで提供されているが、少量バッチ生産をおこなっている地域には存在していない。注目すべきは、地方の大企業が小企業よりもはるかにそうしたサービスを活用する傾向にある点、そして生産者サービスの五分の三が市・町や地方ではなく、全国および国際的な範囲でクライアントを有している点である（de Jong et al. 1992）。

第三に、健全なサービス・セクターは製造産業に依存するものである、という考えは証明されていない。クリーブランドは、おそらくはアメリカの典型的な脱工業都市であるが（本書第六章）、生産者サービスは活気に満ちている。一九七四年から一九八一年にかけて、事業者サービス産業における雇用は、四〇％増加し四万六〇〇〇人になり、保険産業では三三％増加し一万一〇〇〇人となり、銀行産業では九％増加し一万一〇〇〇人となり、不動産産業では四五％増加し一万一〇〇〇人となったのである（Goe 1990: 333; Hutton and Ley 1987）。

第四に、ウォーカーの迂回仮説は、生産者サービスからの大部分のアウトプットが製造産業へのインプットによって成立していると想定している。だが、一九八八年のオランダでは、製造産業へのインプットはわずか一八九億ギルダーであったのに対して、二八〇億ギルダーの生産者サービスが、他の生産者サービスへのインプットであると見積もられた（de Jong et al. 1992: 155）。アメリカのラストベルト地帯にあるクリーブランドの生産者サービス企業のわずか四六％が製造産業と前方連関を有していたにすぎなかったが、サービス産業に対しては七九％の企業がそうした関連を有していた（Goe 1990: 335）。

最後に、大半の生産者サービスは、実際、消費者サービスなのである。オハイオの北東地域で実施された、層化抽出法を用いた七八八の生産者サービス企業をめぐる研究によると、企業の四〇％が、その収入の半分以上を消費者サービスから得ていた。それは、サブセクターに依存するものであった。たとえば証券産業、保険、銀行、その他信用、不動産、保険法律サービスといったセクター（FIREのすべて）で六五％以上の企業が、もっぱら消費者サービス産業と関係していた。生産者サービス産業に対する消費者サービス産業の割合はまた、地域によってさまざまであった。ポスト工業化が進むクリーブランドでは、製造企業の本社、中規模企業のオフィス、地方オフィス、そして他の生産者サービス企業が集中していることから、生産へのインプットが高い割合を占めていた。だが逆説的に、より工業化したオハイオの中規模の町では、かなりの割合のサービスが実際には消費者サービスであった（Goe 1990: 335-9）。

四節　結　論

本章の議論は、生産システムと情報構造をテーマとしている。ここで論じられたのは、情報構造が生産システムにますます中心的意義を有するようになり、実際、同一の広がりをもつようになりつつある点であった。その「動脈」を通じて流れる知識の言説的性質という視点からみた場合、生産システムは、専門家システムにそれほど依存せず、また互いに結びついておらず、むしろそれ自体が専門家システムとなっているのである。

われわれは青木の考え方を踏襲し、情報構造を生産と消費の観点から分析してきた。これらの情報構造は、実のところ記号と空間の経済なのである。こうした情報構造において、情報のフローを問題解決に応用するために、文化資本や情報処理能力を（訓練や教育によって）蓄積し、消費することが可能である。第二、三章では、現代の社会的再編の矛盾した要因として、一方でフローの強度やスピードの増大について、他方で再帰性の増大について論じた。だが、情報構造のフローは、再帰性に逆行するものではなく、むしろその条件でさえある。たとえば、非市場形態をとる経済的規制によって促進されている、日本とドイツの情報構造と生産システムとの緊密な絡み合いは、生産それ自体が、イギリスやアメリカの場合よりもより再帰的になっていることを示している。

情報構造とそれと関連する象徴構造は、重要な点で、個人化と（再帰的）近代化に関係している。つまり、情報構造の緊密な結びつきは、市場により規制されている英米型生産よりも、制度的に規制された日本型およびドイツ型生産システムをより「近代的」なものにしている。ドイツや日本の制度的規制が前近代的な社会形態と結びついているという点は、逆説的である。同様に逆説的なのは、両国のもっとも近代的な最先端企業が、もっとも伝統的な（もっとも市場によって規制されていない）ガバナンス形態をとっている点である。反対に、英米型の消費は、日本やドイツよりも、かなり近代的で、個人化され、また再帰的である。以上のことは多くの波及効果をもち、市民社会の近代化がいくぶん遅れたこと（とりわけ日本とドイツのジェンダーとエスニシティに関して）に影響している。この点は、第六、七章である程度詳細に論じられる。

シンボル構造と生産および消費システムとの接合の強度の高まりは、単に功利主義的であるだけでなく、表出的でもある個人主義の発展と結びついている。たとえば、第三章で、美的再帰性について議論をおこなった。表出的個人主義は、第五、一〇章で検討するように、文化的消費における意思決定、文化産業のデザイン集約性、ツーリストによる交渉を通じた場所の神話の構築と関係している。

第三章で論じたように、再帰性は「専門家システム」の発展に依拠している。たとえば、イギリスとアメリカにおける、個人化し再帰的になった消費は、効果的な「再帰性の促進剤」であるセラピスト、個人資産の管理人、あるいは他の専門家の活用に依存している。ときにこれらの専門家は、情報構造のいわば水路となる。たとえばそれは、個人金融パッケージの作成にみられる（そこでサービスの成功は、顧客との共同作業によってもたらされる）。だが多くの場合、専門家システムは、ゴルフのインストラクターや夜間学校の外国語講師のように、文化資本の蓄積の水路となる。こうした（エージェンシーの）個人化は、——専門家システムの必要性を介して——大規模な消費者向け先進サービス・セクターを生みだす際に構造的利点を有している。重要なことは、アメリカとイギリスにおいて国の労働力の一部である、消費者向け先進セクターの労働力は、消費がさほど個人化されていない国々のおよそ二倍となっている点である。実際、日本とドイツの先進サービス産業の雇用の大部分は、生産者サービス産業で生じている。それに対して、イギリスとアメリカにおいて消費者サービス産業での雇用はより重要である。日本とドイツを特徴づけている生産システムとのより密接な結びつきと比較することによって、われわれはアングロ－サクソン世界の消費者中心的情報構造へと再びたどりついた。

最後に、ここで『組織化資本主義の終焉』と本書との三つの重要な違いについて指摘しておく。第一に前書は、一貫して脱垂直統合、フレキシブルな専門化、そしてより一般的にはポスト・フォード主義によるテーゼと調和するものであった。それに対して本書は、フレキシブル化は情報化をともなうと主張し、フレキシブルな経済は情報に基づく経済であると提唱している。

第二に、本書は、そうした情報の組織化には三つのやり方が存在すると述べている。それは、集合的・実践的・言説的という三つの形式をとる再帰的近代化を通じたものである。われわれが示したのは、北大西洋沿岸地域の発展モデルは再帰的蓄積の三つの可能なルートの一つにすぎず、その固有性はハイテク産業とさまざまな先進セクターとの複雑な相互連関にある点であった。明らかにしてこなかったことは、ドイツと日本で大いに成功を収めた制度的に規制された記号および空間の経済とうまく競合できる、「ポスト工業的戦略」が存在するか否かという点である。

そして第三に、前書は新中流階級に着目することで、文化と経済とをつなげる媒介を通じて、文化的ポスト近代主義を理解しようとした。それに対して、本書は、経済的活動それ自体が文化的になり、また美化されているやり方を通じて、そうしたつながりを理解するものである。次章では、「文化産業」と逆説的に名づけられた産業を検討することで、この最後の問題に直接とり組む。文化産業の重要性の高まりは、経済的活動の文化化の高まりを反映したものである。というのも、そうした産業は、美的なものの観念を中心として部分的に組織化されているからである。

注

[1] ここでのアイロニーは、情報構造が、典型的な形で水平的、そして言説的になっているにもかかわらず、バイオテクノロジー企業は、いくつかの大企業との垂直的な提携にむしろ加わらなければならならないという点にある (Smith et al. 1990; Flecker et al. 1991)。バイオテクノロジー企業の製品がもつ特性ゆえに、生産を担うことができるのは、資金が豊富な企業だけである。最終消費者からなるバイオテクノロジー市場の特性ゆえに、通常、他のネットワーク化した企業ではなく、大企業だけがその製品を販売する力を有していた。より重要なのは、専門特化したバイオテクノロジー企業が、資金確保のために大企業との提携に依存するようになったことにある。規制手続きの厳格性の結果、バイオテクノロジー製品は、開発段階がかなり長期間にわたるようになった。それは、初期の投資家であったベンチャー・キャピタリストにとって受け入れがたいことであり、一九八〇年代初頭以降、資金を引き上げはじめた。ベンチャー・キャピタルによる融資の代わりとなったのが、バイオテクノロジー企業の大量の株式であった。それに対して、ベンチャー・キャピタル企業自体には、償還日が固定された資金に基づき運営されるパートナーシップを通して資金供給がなされた。そして、バイオテクノロジー企業の試作品の開発に要する期間は、そうした資金供給に対して単純に長すぎたのである。代わりに、銀行融資のための担保を欠いていたバイオテクノロジー企業は、製薬、化学、食品、農業産業分野といった多角経営をおこなう大企業に提携を求め頼るほかなかった。既存企業は、製品を販売するための排他的ライセンスの入手と引き換えに、新たな利用法の開発に資金を投入するのに対して、バイオテクノロジー企業は、特許権を保持し、使用料を受けとっている (Barley et al. 1991: 11-2)。

[2] 前方連関の観点からみた場合、三つすべての地方の企業スコアはかなり低く留まっている。たとえば、調査された全企業の六六%が、その生産物の二五%未満しか自身の地域に向けて供給していなかった。だが、いくつかの違いが、直接輸出された製品の量に表れている。一九八五―六年において、イングランドの南東部からは三五%、スコットランドからは二九%、そしてシリコンバレーからはわずか九・三%が輸出されたのであった。さらに、ベイエリアの企業は、地域でより強固な後方連関を有していた。一九八五―六年において、これらの企業のおよそ五八%が、地域の他の企業から五〇%以上の材料を購入した。それに対応する値は、イングランドの南東部では三八%、スコットランドでは一七%であった (Begg and Cameron 1988; Bassett and Harloe 1990)。

[3] 提携自体が、企業間の情報構造を構成している (Cooke 1988)。こうした動脈、つまり構造は、多かれ少なかれ広がりをもち、強さを有している。たとえば、製品供給契約やライセンス供与契約が、提携のおよそ二三%を構成している。ある企業が以前アクセス不可能であった市場への浸透を実現するため、ライセンス供与の契約が締結される。だが、そうした契約は、単に設計図や特許の移転以上のものをともなっている。

たとえば、オービタルUK社に対するスウェーデンのエリクソン社によるセル方式無線電話基地局製造のライセンス供与のように、契約はまた合同訓練、監督、製品と工程の開発を含んでいる。したがって、そうした契約が、企業間の情報構造を発展させている。この点は、製品供給契約と対照的である。たとえば、オリベッティ社は、あるイギリスの企業に製品を供給しているが、その企業は自身の名前で商品を市場に供給し販売しているのである。企業間の情報構造の強度はまた、資本参加契約ごとに、そして提携が（新たな企業体の設立を含め）ジョイント・ベンチャーを形成するか否かによって、さまざまである（Cooke and Wells 1991: 352-3）。

5 集積する記号——文化産業

第二章では、ポスト近代の政治経済において、主体と客体がかつてなく急速に、そしてますます距離を越えて循環している点を論じた。そのような背景のなかで、意味が徐々に空白化し、客体と同様に主体が、すなわち商品、労働、コミュニケーション、シンボルがフラット化する点を強調した。第三章では、それに相反するような傾向である、再帰性の増大について議論をおこなった。個人は意味を反省し、社会的活動の多様な領域のなかでその意味を異なる形で再び発見することで、社会構造からますます自由になっているのであった。第四章では、一方のフロー、そして他方の再帰性という二つの原理は必ずしも矛盾しないと述べた。われわれは、ある環境においてフローとしての記号と空間の経済が実際には再帰性の条件となることを論じた。そのなかで、特に空間における記号の特定のフロー、つまり生産システムと結びついた情報構造としての記号と空間の経済に注意を向けた。このように、情報のフローを促進する情報構造と、再帰的蓄積の構造的条件であり、労働領域における再帰性の条件である情報処理能力の発展について論じた。

実際、(記号と空間の経済がネットワーク化されている)情報コミュニケーション構造は、多くの場合、反再帰的であるが、そうした記号の経済がなければ再帰性は不可能である。再帰性は、家族や階級といった社会構造の重要性の低下と、それにともなう社会的エージェントの自由化を通じた個人化の問題であるとしばしばみなされている。だが、個人化は、単に社会構造が相対的に後退すること以上のものであり、情報構造による社会構造の代替をも含んでいる。ある特定の情報フローと情報処理能力の蓄積を可能にしている情報コミュニケーション構造が存在しなければ、再帰的な個人化(および近代化)は不可能である。そうでなければ、社会的に構造化された空間が構造化されていない空間にとって代わられ、「野生の領域」が「飼い慣らされた領域」を、また「死の領域」が「生の領域」を追放することとなる(Luke 1992)。もし社会的に構造化された空間が情報コミュニケーション構造によって代替されないならば、個人化ではなくアノミーを帰結することになる。第六章で詳細に議論するように、それは、東欧やアメリカのゲットーでみられる一種の社会秩序の崩壊を意味している。

第四章では、主に生産の観点から、しかしまた消費の観点からも再帰的蓄積について議論をおこなった。どちらの場合にも、(専門家システムによって情報が供給される）情報構造が、再帰性の構造的条件となっていた。「文化産業」における文化の生産をとり扱う本章では、再帰性の構造的条件についての議論を広げることで、情報構造だけでなく、より広範な情報コミュニケーション構造をも扱う。われわれは、これらの構造が所与の生産システムだけでなく、第二章で詳しく論じたような、光ケーブルや衛星を経由するネットワーク・チャンネルを介した、すべての情報コミュニケーションのフローとリンクするものとして理解している。したがって、生産および消費と結びついた情報構造は、情報コミュニケーションのより広大なグローバルなフローにとって不可欠ではあるが、その一部にすぎないのである。

本章では、その他のシンボルのフロー、すなわち美的シンボル、イメージ、音そしてナラティブを通じた、他の形態のコミュニケーションのフローに焦点を当てている[1]。文化産業の生産は、デザイン集約的である。われわれは、情報コミュニケーション構造に対する美的な別の側面を提示する。それは認知的なシンボルや情報ではなく、美的シンボルのフローである。これらの構造は、単に情報処理だけでなく、美的シンボルの処理（あるいは解釈）を組み入れることにより、シンボル処理能力を獲得するための空間をも含んでいる。ここで議論されているのは、認知的再帰性ではなく、美的再帰性の構造的条件である。美的再帰性は文化産業の生産と消費のなかに存在している。その構造的条件とは、ある種のシンボルのフロー、文化資本の創造、そして美的に配置された専門家システムである。この文脈における再帰的近代化は、一方で認知的・功利主義的な、他方で美的・表出的な個人主義化をもたらしている。ベックやギデンズのような社会学者は、個人化の認知的・功利主義的側面に過度に焦点を当てているのに対して、ベル（Bell 1979=1976-7）やマーティン（Martin 1981）のような社会学者は、美的・表出的側面に注意を向けている。こうした分析家は、構造の消失あるいは「反構造」の出現という観点から、個人化を理解する点で誤っている（Turner 1969=1976）。第四章で考察し、また本章で詳しく論じるように、こうした条件は、新たな構造の存在に、つまり情報コミュニケーション構造の浸透にむしろ依存しているのである。

この章は四つの節に分かれている。第一節では、文化産業にみられるある種の生産システムである、フレキシブルな生産システムについて論じる。そこで、書籍出版、映画、レコード、テレビについて検討し、生産の脱垂直統合のプロセスをたどる。ここで、フレキシブルな生産は常に再帰的な生産でなくてはならず、ポスト・フォード主義は常にポスト工業主義でなくてはならないという点が議論される。

第二節では、市場を通じて統治されるフレキシブルに専門化したネットワークに対抗する動きについて考察する。そこで、文化産業の市場を通じたガバナンスへと向かう脱統合には、情報構造の実効性を最小化する傾向がある点が検討される。脱統合した（脱中心化した）生産は、かつて以上に集中化し、またグローバル化した流通機能と結びつく傾向がある。そして、このように集中化した流通企業だけが、脱中心化したメーカーに資金を提供することができる。

第三節では、こうした文化的客体の性質を説明する。その際、文化的客体を、物質的客体としてではなく、美的なオペレーションを通じて生産されることですでに再帰性を帯びた客体として理解する。そこで、これらの客体が、循環プロセスのなかでどのような法的オペレーションを経験し、知的財産となるのかを考察する。ほとんどの場合、客体はさらなるブランド化が施される。それは、広告会社や文化産業のスターたち自身によっておこなわれるもう一つの美的オペレーションなのである。

第四節では、文化産業の客体がブランド化されつつ循環することの意義、つまり知的財産の循環がもつ意義について検討する。そこで、美的なものの大衆化、およびそれに付随する美的・社会的活動の脱分化の大衆化を、再帰的近代化ではなく、ポスト近代化としてとらえる。その際、文化的客体の消費が、一方で、純粋な美的再帰性、すなわち美的・表出的な個人化のための前提条件を提供している点を考察する。他方で、そうした消費は、再帰的主体を通じた個人化ではなく、「ニッチ市場化され」規格化された消費者の原子化という意味での個別化をもたらしている。

一節　フレキシブルな生産——脱統合した企業

(1) フォード主義からフレキシビリティへ

文化産業では、フォード主義的大量生産はとりわけ遅れて開始された。ただし映画産業は例外で、アメリカでは一九二〇年代から、イギリスでは第二次世界大戦前後にはじまった。テレビ産業は初期コストが多額にのぼることから、事実上、フォード主義としてはじまり、テレビ受像機が多くの人に所有されるようになったのは一九五〇年代中頃以降であった (Porter 1985)。レコード産業が明確なフォード主義的形態に移行したのは、一九六〇年代に若者大衆向けの市場が拡大してからのことである (Hirsch 1990; Kealy 1990)。それに対して、出版産業は、一九七〇年代になってペーパーバックとハードカバーを扱う出版社が統合されるまで、フォード主義的な構造は発展しなかったといってよいだろう (Coser et al. 1982)。アメリカの広告産業は、両大戦間期以降、フォード主義的規模で水平統合をおこなっていた。一方、イギリスでは、一九七〇年代までその大部分が前フォード主義的なままに留まっていた。

フォード主義を、工程、製品、企業形態の観点から論じることができる。製品の観点からみると、フォード主義は、型にはまったきわめて少数のモデルの大量生産を前提としている。生産プロセスに関して、フォード主義は、専門の労働力と専用の機械による短い周期の作業を基盤としている。書籍出版産業では、フォード主義はペーパーバックの売上の増大にともない開始された。たとえば、いまやイギリスで最大の出版社の一つとなったペンギン社は、一九三〇年代に大量のペーパーバック販売を通じてフォード主義的製品を導入することではじめて大企業へと成長した。ペーパーバック生産により、本の販売数はそれまでと質的に異なる規模に拡大した。出版産業におけるフォード主義的製品のより広範な導入は、フォード主義的な生産工程の発展に影響を及ぼした。専門の労働力と専用の道具立て（段取り）によって、SF、探偵小説、ロマンス、そして官能小説やソフト・ポルノといったジャンルで、一見すると類似した物語が生みだされるようになったのである (Morpurgo 1979=1981)。

垂直統合した企業は、イギリスの出版産業では両大戦間期に現れはじめたが、当初から生産部門と編集者とが機能的に区分されていた。第二次世界大戦後になると、機能ごとの部門化が全面的に進み、編集者、財務、マーケティング、制作、版権・契約、販売、装丁の部門へと細分化された。ある版権・契約部門のディレクターへのインタビューによると、規模と範囲の経済はそれなりの代償をともなうものであった。専門部門の発展の結果、編集者は「本がどのように作られ、いかにして売られ、……契約がどんな具合に役割を果たしているのかも知りません。契約についても口出しできません。それは残念なことだと思います。なぜなら……何でもこなす出版人を期待できなくなったわけですから」と彼は指摘している (Abercrombie 1990)。

脱垂直統合を通じたポスト・フォード主義への移行は、フォード主義の進展と同じように複雑で変化に富んだ事柄である。映画産業などの場合、フレキシブルな専門化をめぐる命題が妥当性をもっている。クリストファーソンとストーパー（Christopherson and Storper 1986）によれば、アメリカでは一九四〇年代後半以降、テレビの普及にともない映画の大量消費は減少したが、そのことが映画制作の脱統合を通じた取引費用を最小化する状況をもたらした。つまり、制作される映画が少なくなると、間接費用を削減するとともに、労働力や設備をヒエラルキー構造に統合させず、外部から入手した方が安上がりになったのである（Aksoy and Robins 1992）。

映画の大量消費の停滞とその結果としての制作数の減少は、当初創造性を生みだす費用、あるいは「ＡＴＬ（above-the-line）［俳優、監督、脚本家、制作者といった表舞台で活躍する関係者］」（労働）費用の脱統合を経由することでフレキシビリティを導いた。そうした費用には、俳優、監督、脚本家、プロデューサーが含まれている。こうした「川上部門の」脱統合は、（川下部門の）技術的、あるいは「ＢＴＬ（below-the-line）［スタイリストやカメラマン、大道具方など裏方の制作スタッフ］」労働費用の脱統合をももたらした。イギリス・フィルム・テレヴィジョン・プロダクション協会会長オットー・プラシュキーは、ＢＴＬに関するものを「本物の費用」として、ＡＴＬに関するものを「でたらめな費用」として描いている（Plaschkes 1989）。そして最終的には、施設の脱統合をもたらした。たとえば、映画館、スタジオ、フィルム・ライブラリー、カメラ、音響ライティング機材などがそうである。

このことは、小企業を結びつける豊かな取引関係を帰結している（ただし、これらの小企業は、多くの場合、ローカルな場所での活動を余儀なくされている個人事業主によって構成されている）。そのようなネットワークがどのように機能しているのかは、一九八八年にロンドンのパインウッド・スタジオで制作された『バットマン』の撮影に示されている。『バットマン』は四〇〇〇万ドルの予算をもつ映画であったが、ワーナー社はそれをイギリスで制作した。イギリスの特撮技術が優れているということもあったが、その主たる理由は、当時のドルとポンドの為替レートが望ましいものであると判断されたからである。このような大規模予算を用いた映画には、通常、「二〇週間の撮影」が必要である。もし、ある技術者がこの期間の半分でも雇われれば、ゆとりをもって一年間暮らせる金額を稼ぐことができる。ワーナー社はほぼすべての俳優、プロデューサー、制作総指揮、脚本家をアメリカから連れてきたが、誰一人としてワーナー社の社員ではなかった。それ以外の被雇用者はイギリス人だったのである（Lockett 1989）。

このような大規模予算を用いる映画を撮影するプロセスには、事実上、四つの段階がある。第一段階では、ワーナー社はスタジオと契約しなければならない。このケースでは、自社でメンテナンス、ポストプロダクション、美術を担うスタッフをかかえるパインウッド・スタジオであった。そのスタッフのいく人かは常勤社員であるが、その他は個人事業主や請負であったりする。

第二段階が、プリプロダクションである。これは『バットマン』にとって重要な作業である。というのも、ゴッサム・シティのセットを作らなければならないからである。まず、アメリカ人は、（イギリス人の）美術監督を雇う必要があった。美術監督は、プリプロダクションの鍵となる人物である。美術監督と協力して、ワーナー社から来たアメリカ人は、プロダクション・デザイナーと美術助手を探す。それから、技術スタッフ、製図者、衣装担当者と衣装デザイナーが連れてこられる。雇うといっても、純粋な市場を通じてではない。こうした人びとはかなりネットワーク化されており、情報と個人的なコネが大切なのであって、労働市場で実質的に準請負関係を結んでいる。たとえば、美術監督には、気心が知れた美術助手やプロダクション・デザイナーが一人や二人はいるのである。さらにそうした関係は、衣装担当や衣装デザイナーのネットワークを含んでいる。ほとんどではないにしろ、多くは個人事業主で職業リストや統計では別々の企業として記載されるだろう。クリストファーソンとストーパー（Christopherson and Storper 1986）は、スコット、およびピオレとセーブルの第三のイタリアモデルに従い、「取引豊かな企業間ネットワーク」として映画産業を描いた。少なくともロンドン、そしてハリウッドの大部分でこの産業はたまたま企業という形をとる「個人間の豊かな取引関係」としてみなされるべきである。最終的には、セット制作で実際に建設したり足場を組んだりするために、五〇人程度の熟練労働者が雇われることになる。そこには、肉体労働者やＢＥＴＡ（放送娯楽職業組合）の組合員はいるが、ＡＣＴＴ（映画テレビ関連技術者組合）の会員はいない（Lockett 1989）。

第三段階が制作である。セットを作成する前に、ワーナー社はプロジェクトと関わるすべての労働組合との間で合意を済ませておくだろう。それには、監督レベルまでのすべての技術者が在籍しているＡＣＴＴ、俳優組合、音楽家組合、そして衣装管理者、メイクアップ、建設関係者のための組合であるＢＥＴＡ、さらにはエキストラのためのＦＡＡ（映画芸能人組合）が含まれる。この合意には、組合員の雇用期間や誰が雇われるのかといった協議事項が含まれている。撮影のためにワーナー社は、市場からカメラのような機材を借りなければならない。たとえば音響機材は、通常ロンドンの三大機材レンタル会社のいずれかから調達される。多くの場合、アメリカの監督は、自身が望む撮影監督や助監督に相応しい人物を知る有力な関係者をイングランドにもっている。『バットマン』のような映画では、少なくとも二人の助監督が必要となる。というのも、三つのカメラ・チームがあり、そのうちの一台で監督が撮影をおこなうからである。撮影監督は、照明係や音響係と個人的なネットワークを築いている。また、技術者を引き連れた特撮のスーパーバイザーを探すであろう。撮影担当者は、自身のカメラ・オペレーター、およびフォーカスやグリップの担当者を連れてくる。こうしたすべての技術者は個人事業主かもしれないが、通常、強固なネットワークでつながっており、ときに準請負関係となっている（Lockett 1989）。

第四段階がポストプロダクションである。ここでワーナー社は、パインウッド・スタジオのダビング・シアター、エフェクト・シアター、その他の機材を使うことができる。多くの監督は、イギリスで一緒に仕事をしたいと望むダビングの専門家がいる。たとえば、スティーブン・スピルバーグは、大抵エルストリー・スタジオのビル・ローと仕事をおこなう。ロー自身はスタジオの常勤社員であり、彼の下には一〇から一五人の技術者がスタッフとして働いている。最後に、編集者をみつける必要がある。通常、編集者はスタジオの社員ではなく、二、三人のアシスタント編集者を雇用する編集会社を所有していることもあるし、フリーランスのアシスタント編集者を雇うこともある（Lockett 1989）。

（2）　脱垂直統合――出版、テレビ、レコード

以下では、フレキシブルな脱統合をおこなっているいくつかの文化産業について考察する。まずは出版産業である。取引条件の悪化によって、間接経費の削減や諸部門の脱統合が生じているというのが、出版社の間の共通認識である。川下にある書店と川上にいる作家がともに影響力を強め、出版社を締めあげていることが問題であった。出版経済は、相当規模の脱統合を経験している。現在もっとも「川下にある」在庫管理やインボイス業務は、多くの場合、外部に委託されている。複数の出版社によって所有されているティプトリー社のように、しばしば異なる企業が同じ倉庫会社を共有している。少し遡ると、ほ

ぼすべてのイギリスの大手出版社では、校正や装丁がもはや社内ではおこなわれていない。装丁は専門の会社が請け負っている。大量の原稿整理がフリーランスに外注されているが、それは多くの場合、家族をもつ自宅で働く女性である。

特筆すべきは、作家の影響力が強くなり、巨額の前渡金を要求するようになっているということである。こうなると原因と結果が反転し、脱統合によって出版社側の取引条件は悪化することになる。つまり、以前は出版社が握っていた諸機能がエージェントに外注されることにより、作家がそうした影響力を獲得できるようになったのである。イギリスの出版界におけるエージェントの台頭は、一九八〇年代、特にその終わりごろに生じた現象である。一九九〇年までに、エージェント企業は多数の従業員とともに発展し、なかには二〇―四〇人もの従業員をかかえる企業もある。これらの企業自体も、たとえば版権部門というように、機能ごとに部門化されている（Agent 1989）。通常、エージェントは作家の代理人となり、適切な出版社をみつけ、作家と出版社の間に入り、作家にとってもっとも都合の良い契約条件を求め交渉している。しかし、真に現代的なエージェントは、それ以上のことをおこなっている。まずエージェントは、作家にとって良い条件で取引をおこなう。これは契約のすべてのレベルでおこなわれる。エージェントを介して作家は、より多くの前渡金、より良い条件の印税、そして出版社が権利を（たとえば、新聞連載などに）販売するとき、またペーパーバック出版社に権利を売るとき、より大きなとり分などを獲得することになる。加えて、エージェントは、単行本の装丁など制作をめぐる決定にまで影響力を行使し、作家のために十分な販促費用をも確保しようとしている（Rights and Contract Manager 1989; Abercrombie 1990）。

以下で論じるように、それぞれの文化産業の「もっとも本質的な部分」は、知的財産権を金銭に代えることである。この点に関してエージェントが実際におこなっているのは、最小の権利に対して最大の収入を作家に確保することである。もしペーパーバック化する権利、アメリカで出版する権利、映画化する権利といったように分けて契約が可能であれば、エージェントはそうするだろう。権利と金銭をめぐるさまざまな交換が存在しているのである。このように、権利自体は、（出版）会社から、作家やエージェントへと脱統合されている。

取引条件が悪化していることから、出版社はエージェントに不満を述べがちである。ところが実際には、それまで出版社が担ってきた多くの仕事を肩代わりすることにより、エージェントは出版社に利益をもたらしている。かつては出版社が作家と直に話し合い、副次的な権利の交渉をおこなってきた（Abercrombie 1990）。だが、編集者は作家と取引したがらないものである。

作家と商業ベースの取引について直接話をするのは簡単なことではないですからね。なぜって作家は商業ベースの取引についてよく分かってはいないので。わかりますよね。だから、エージェントと三〇分だけ話し合うほうがずっと簡単なんです。海外での権利が意味することや受け取れるはずの印税について、丸一日かけて作家に説明するよりはね。しかも、おそらく作家ときたら騙されて剝ぎ取られているのじゃないかとずっと考えているのですから。（Senior Contract Manager 1989）

さらに重要なことは、エージェントが、創造性のマネジメントをめぐり、いくぶん重要な役割を担っているということである。第一に、エージェントは実際、書籍について綿密な調査をおこなっている。エージェントは、売れそうもない作家は引き受けません。なぜなら委託料が発生しないからです。だから、もし誰かにエージェントがついているという事実があって、特にそのエージェントが優れているのなら、それは、その優秀なエージェントが実際にその作家が書いたものを研究していて、売ることができると考えているということを意味しているのです。（Senior Contract Manager 1989）

第二に、出版社は、ときに特定のテーマの本をみつけるようエージェントに依頼することもある。執筆依頼業務を、あからさまに外部に委託しているのである（Abercrombie 1990）。第三に、さらに本質的なこととして、エージェントは作家を育てる役割を担うようになっている。たとえば、作家を励まし、アドバイスを与え、書き直しを提案したりしている。ある編集長が述べるように、

作家にとっての案内役や哲学者や友人となることで、エージェントはある意味、編集者にとって代わろうとしています。孤立した生活をおくっている寂しい人には、案内人が、哲学者が、そして友人が必要なのです。そして同時に、作家が最大限稼げるようにすることで、その一〇％の分け前をもらえるようにするのです。（Family Firm Editor 1990）

多くの回答者は、エージェントの役割変化の原因を、編集者の頻繁な異動をもたらしている、出版社内の急激な変化に求めている。

そこでエージェントに求められているのは、ご存知だとは思うのですが、出版社の編集者に代わって、作家がずっと頼っていける安定した相談役になることなのです。なぜなら、出版社のなかでは相当な動きがあるし騒動も多いので……だから、（編集者は）もう何の影響力ももっていないし、自分たちで何かはじめることもできないのです。（出版ジャーナリストへのインタビュー、ロンドン、一九八九年一〇月）

変化の原因が何であれ、最近まで社内の編集者が担っていた、創造性を生みだすきわめて重要なマネジメント業務の一部を、エージェントが遂行していることに疑いようはない。その結果、編集者の役割は縮小している。

こうした大きなグループ出版社の編集者は、なんだか生産ラインにいるような態度をとるようになってしまいました。あらゆることが無理矢理にシステムを通るようになって、作家との親身なやりとりなどがなくなり、作家はまるで単なる原材料の生産者のように扱われているのです。（Marketing Director 1989）

このように出版産業における売り手の集中度の高まりは、企業にいくらかの経費削減効果をもたらすかもしれないが、他方で、出版社を一層コストに敏感にさせている。その結果、出版社は、「ＢＴＬ」業務を外部委託するようになっている。出版社は、作家の影響力の増大が同様の効果をもたらしたことを理解している。だが、作家が影響力をもちはじめたのは、部分的には日常業務とは異なる、ある意味で「ＡＴＬ」機能が出版社からエージェントへと脱統合した結果であった。インタビューを受けたエージェントの多くは、以前、出版社で働いていたのである。これらの機能が脱統合してエージェントへと移ったのは、出版社がコスト削減を決めたためではなかった。そうではなく、エージェントが出版社を離れたのは自らの決定によっていた（Abercrombie 1990）。いまや外部にでたエージェントは、それまで大手出版社が担っていたこれらの機能を、実際に奪い取らなければならなかった。同様に、それまで出版社が所有していた多くの知的財産

権を獲得しなければならなかった。いずれにせよ、従来のモデルと対照的に、原因が結果となり結果が原因となった。そして、経済組織の変化のための実効的なエンジンであるエージェント（この場合、著作権エージェント）が、構造（企業）にとって代わったのである。

以下では、テレビ産業のフレキシビリティを考察する。イギリスでは（ヨーロッパのどこでも同じだが）テレビはどの経済セクターとも異なっているため、国家から経済セクターの一部門として扱われていない。そのため通商産業省ではなく内務省が管轄している。同様に、イギリスのテレビ放送開始当初の一〇年間、ＢＢＣの経済的ガバナンスは、垂直的に統合したヒラルキー構造と水平的に統合したヒラルキー構造とのある種のハイパー・フォード主義的な結合体によっておこなわれており、ＢＢＣ理事会のような準国家機関を通じた外部規制に包囲されていた。一九五五年に創設された独立テレビ（ＩＴＶ）との競争が、最初の変化をもたらした。ＢＢＣは、「視聴率戦争」の「傭兵」と呼ばれる新たな創造的な人材を採用したのである。そこで、ＢＢＣ内でフレキシビリティへと向かうわずかな動きがではじめ、中央の規制が緩んだとき、報道番組、風刺番組、ドラマ、コメディといったジャンルで革新的な番組が一斉に制作された。一九六四年のＢＢＣ第二チャンネルの開局に対する認可により、フレキシビリティ化へと向かうさらなる変化が生みだされた。それは、主に「ハイ・カルチャー」に属する視聴者に向けた番組制作を担うチャンネルであった（Shapiro et al. 1992）。

イギリスのテレビ産業における外部委託の最良の例が、チャンネル４（Ｃ４）社であり、それはいまや、イギリスやヨーロッパにおいて外部委託をさらに発展させるためのモデルとなっている。Ｃ４社自体は、部分的には一九六〇年代終盤から一九七〇年代初頭の「表現革命」を引き継ぐ形で、放送政策のアジェンダに載った。初期の議論では、イギリスの放送業界の要人たちはＩＴＶの第二放送局を認可させたがっていたし、ＩＴＶ側も第二ＩＴＶ（ＩＴＶ２）を強く要望していた。一方、創造性をより志向し、公共文化生活において左寄りの勢力は、黒人、アジア系、女性、ゲイ、レズビアンなどのマイノリティ視聴者向けの放送局を要求していた。一九八二年に開局したＣ４社は、ＩＴＶ２とはかけ離れたものであった。そのほとんどが、批評番組であったのである。それは、マイノリティ向けの番組であった。Ｃ４社は広告をとらず、その財源をＩＴＶ（チャンネル３）の広告収入でまかなっていた。だが、この章の論旨にとって決定的に重要な点は、Ｃ４社が自社スタジオをもたなかったことにある。「出版モデル」と呼ばれるやり方で、すべての番組を外部に委託したのである（Shapiro et al. 1992）。

その結果、第一級の想像力に富んだテレビ局が誕生した。Ｃ４社の外部制作番組のいくつかは、大規模なＩＴＶ加盟局によって制作されているが、残りの大部分は、ごく小規模な独立系制作会社によって生みだされている。これらの制作会社に対するＣ４社の独占的地位は、制作会社との商取引条件を変えてしまった。概算によると、独立系による番組一時間あたりの費用は三万ポンドであるのに対して、ＢＢＣでは六万ポンド、ＩＴＶの場合は一五万ポンドにも及んでいる（S. Harvey 1989）。そのため、独立系制作会社が一、二年以上生き延びることは現在ではほとんどない。だが、このように低コストが可能となるのは――そうなるよう意図されてのことではあるが――、複占の地位にある既存の制作会社とこの産業でおこなわれている制約的な労働慣行が非効率であるからだと主張する者もいる。実際、その「デモンストレーション効果」によって、現在のところ、タイン-ティーズ、ＬＷＴ（ロンドン・ウィークエンド・テレヴィジョン）、ＴＶ-ＡＭ、テムズといった放送局で、フレキシブルなとり決めが強要されている

(Robins 1989b: 153)。この論理は、ＢＢＣのコスト削減のやり方にも反映されており、一九八六―一九八九年の間に、従業員数は二万四〇〇〇人から二万人に減少することとなった (Lockett 1989)。

同様に、レコード産業での脱統合へと向かう分岐点は、「バンド」現象の誕生にあった。一九六〇年代半ばに、ポップ・バンドが曲を書き、プロデュースし、そして場合によっては自分たちで録音までおこないはじめたのである。それ以前、イギリスの大手レコード会社は、ほとんどの機能を自社でまかなっていた。ミュージシャンは、賃金労働者として雇われていた。ソングライターは、会社と密な関係をもちながら働いていた。プロデューサーもA&Rマンも社員として働いていた。A&Rとは、アーティストとレパートリーを意味している。レコード産業の前フォード主義時代の初期には、特にA&Rマンが、アーティストと契約し、歌う曲を探したのである (Morten 1989)。かつてのA&Rマンは、現在の企業のように専門化が進む以前の、複数の機能をもつ出版社と似ている。A&Rマンはまたプロデューサーでもあった。楽曲は編曲されなければならないし、歌も集められなくてはならない。これもまた、A&Rマンの仕事だったのである。機能ごとの部門化は、これらの仕事を徐々にA&Rマンからとりあげていった。今でもA&Rマンは、「まずはバンドをみつけだし、売りだ」そうとするであろう。彼は、バンドが選んだプロデューサーと組み、商品価値を最大化するために努力している。メジャーなバンドと良好な関係を維持し、場合によってはLPのジャケットについてマーケティングの専門家とも仕事をおこなうであろう (Stubbs 1989)。だが、かつて保持していた重要な地位や不可欠な役割は、いまや決定的に失われてしまった。

過去二〇年か三〇年の間に、それまでのフォード主義的なとり決めは変化している。ミュージシャンはいまや、バンドそれ自体の一部なのである。著作権使用料が支払われることで、彼女／彼らはもはや賃金労働者ではなくなった。作曲家は、以前は会社に雇われていたのが、今はバンドのために働くだけでなく、自身がバンドの一員となっている。プロデューサーたちは会社を離れることとなった。というのも、著作権使用料が支払われれば、収入を増やすことができるからである。おそらくプロデューサーにとって象徴的な分岐点となったのは、ＥＭＩ社の社内A&Rマンとしてビートルズをプロデュースしたことで有名な、ジョージ・マーティンが一九六八年に退社したことであろう。イギリスには現在二〇人前後の第一級のプロデューサーがいるが、そのすべてが独立している。レコード会社との関係は、請負的というよりは市場的なものである。会社が選ぶ――多くの場合、アーティストが選んでいるわけだが――トップ・プロデューサーは、およそ半ダースほどのバンドと仕事をおこなっている。大成功をおさめているプロデューサーなら、通常年に三枚ほどLPを制作すれば十分である。それに対して、他のプロデューサーは、年六―一〇枚制作している。プロデューサーは一枚のLPについてだいたい二万ポンドから五万ポンドの前渡金を三%にも及ぶ印税から要求し、印税は――取引条件次第であるが――バンドの印税から支払われる (Laing 1989; Smith 1989)。

スタジオもまた、多くの場合、外部にある企業から調達されている。もちろん、イギリスの国宝ともいうべきＥＭＩ社のアビーロード・スタジオのように、いくつかのスタジオは最高の技術水準を維持しており、いまでも需要がある。さらに企業は、ワールド・ミュージック系のバンドを育てるために、たとえばアフリカ支社の自社スタジオを利用している。だが、スコットランドを本拠地とするディーコン・ブルーのようなバンドは、自分たちが所属するレコード会社が所有するロンドンのスタジオを使うことはまずない。グラスゴーやエディンバラには適正価格のスタジオが一ダースやそこらあって、一日数百ポンドで借りることができるためである。他のバンドは、何万ポンドかけて専用のスタジオを購入したり、より多くの場合、自分たちのスタジオを建設している。規模の小さい独立系企業は、通常、自社施設を保有していない。だが、値段がかなり下がっており、二〇〇〇ポンドほどだせば、独立したバンドでも地下室に自分たちのスタジオをもつことができる。そのため、「参入」はこのビジネスの末端ではかなり容易になってきている。これはスタジオに限ったことではない。レインによれば、イギリスでは一週間に約百種類もの新譜が発売されている。「もし二〇〇〇ポンドもってるなら、シングルを録音して二〇〇〇枚ほどプレスして自分の小さなレーベルから発売できる」と言われている。数多くの事例において、いまやアーティストは、契約後、制作プロセスのすべてをこなし、出来上がりテープをレコード会社に自分でもちこんで、いわば「リース」するのである（Laing 1989）。

（3）フレキシビリティから再帰性へ

しばし脇道にそれて、自動車産業のいくつかの特徴を簡単にみてみよう。現在、ゼネラル・モーターズ（GM）社ほど、古典的なフォード主義にのっとっている企業はほとんど存在していない。一九九〇年に、GM社は約七七万五〇〇〇人の従業員を世界中で雇用していた。それに対して、よりフレキシブルな製造企業である、日本の三大メーカーすべてを合わせても二八万人にしかならない。GM社は従業員一人あたり年間で一〇台の自動車を販売しているが、トヨタでは四五台にのぼっている。GM社はいまだに一〇万人のホワイト・カラーを抱えているが、それはトヨタの全世界のホワイト・カラーとブルー・カラーの従業員数よりも多い。モデルあたりのデザインにかかる時間は、日本では平均四七カ月だが、アメリカでは六〇カ月かかっている。新モデルに移行する平均的な期間は、日本では四・二年、アメリカでは九・二年である。一モデルあたりの年間の平均生産台数は、日本で一二万台であるのに対して、デトロイトでは二三万台である。最後に、日本の自動車産業は、七二モデルの自動車を生産しているが、アメリカは三六モデルだけである（*The Economist* 14 April 1990: 15, 100）。

つまり日本のより専門特化した（回転がより早く、常時、多くのモデルが選択可能な状態になった）製品にとって、フレキシブルな（フラット化したヒエラルキー構造をもつ）工程は不可欠なのである。製品の専門特化度の有効な指標と考えられるのは、ある特定のモデルがいくら生産されたかではなく、一モデルあたり企業がいくら稼いだかである。平均的な日本の新車が一万二〇〇〇ドルで売られ、平均的なアメリカの新車が一万五〇〇〇ドルで売られていると仮定しよう。一モデルあたりの平均年間販売台数と平均寿命を勘案した場合、デトロイトでは一モデルあたりの収益は一年間で約三五億ドル、一モデルあたりの製品寿命を通しての収入は三二〇億ドルである。よりフレキシブルな日本では、一モデルの寿命を通しての収益は約六〇億ドルである。この点に関して、日本のメーカーが小量バッチ生産（アメリカは一モデルあたり二二〇万台生産するのに対して、日本ではおよそ五〇万台）によって成功しているのは、よりフレキシブルな生産のためだけではない。日本企業は、アメリカと比べて、より迅速に開発をおこなわなければならないのである。アメリカの競争相手と同等の賃金水準を達成するためには、約五倍の速さでイノベーションをおこなうことが必要なのである。

では、レコード産業のような文化産業について考えてみよう。日本の自動車産業が常時七二モデルを生産し、アメリカが三六モデル生産しているとすれば、イギリスのレコード会社であるEMI社は千種類のモデルを生産していることになる。それは、一九八九年に、EMI

社がプレスしたLPの種類と同数である（Stubbs 1989）。さらに、あるレコード会社が一種類のアメリカ車と同等の収益をあげようとすれば、およそ一五〇〇種類の（プラチナ）LP、つまり「モデル」が必要となる。実際には、世界のレコード産業の年間売上は約二〇〇億ドルで、そのために、何千ものモデルを開発しなければならないのである。

フレキシブルな生産がイノベーション集約的であるならば、それはまた知識集約的でもある。専門特化した製品は、フレキシブルな生産工程を必要とし、革新的な生産工程を必要とし、そしてまた知識集約的な生産工程を必要とするのである。ところで、ベルは『ポスト工業社会の到来［邦題：脱工業社会の到来］』（Bell 1973=1975）で、知識集約的な生産の観点から、そしてとりわけ生産工程における（エンジニアと技術専門家の）理論的な知識の優位性の観点から、ポスト工業主義を定義している。生産におけるインプットの観点からみると——そこでフレキシビリティはいわば知識集約的である——ポスト・フォード主義は、同時にポスト工業主義でなければならないのである。

だが、フレキシブルな生産は、単に知識集約的であるに留まらない。それは同時に再帰的な生産でもある。このことは部分的には、セーブルの提唱する「構想化と遂行の再統合」（Sabel 1990）に要約されている。フレキシブルな生産が再帰的な生産であるのは、製造連がより短くなることにより、新たな製品に適したもっともよい生産工程を目指し、従業員が頻繁に判断をおこなわなくてはならないからである。また、新製品のデザインのために、多くの労力が投入されなければならないという意味で再帰的である。これらは通常、長いサイクルの業務となっており、製品の品質と工程の最適性をめぐる複数の選択肢のなかで、数多くの判断と決断がおこなわれている。フレキシブルな生産は、個人化に関してもまた再帰的である。企業の経営構造の「スリム化」にともない、従業員は、エージェントとして個人的責任を今まで以上にとらなくてはならなくなっている。こうした再帰性の増大は、「現場の認識論」という概念や、経済的活動のなかで増大する、「再帰的なハビトゥス」をめぐるリピエッツ（Lipietz 1992）の議論において示されている。この種の再帰的な経済的アクターは、もはや現場のルールや資源に基づく「構造」の制約によってそれほど制限されることはない。代わりに、ルールや資源からある程度距離を置きつつ業務をおこない、代替的なルールや資源についても判断し、そして最終的には、現場のルールと（工程および製品）の資源の両方の継続的な変化を招いたのである。

以上のように、ポスト・フォード主義的生産は再帰的な生産でもある。再帰的生産が生じるようになるには二つの道筋がある。一つは、イノベーションが現場に移転することによってである。もう一つは、付加価値労働の典型的部分が、専門・管理職の仕事にとって代わられたために、現場が全体としてあまり重要な役割を演じることがなくなったことである（Hill 1990; Lash 1991）。後者のシナリオは、多くの先進的な領域（高度技術、生産者向け先進サービスおよび消費者サービス）で顕著になってきている。そうした領域は、主に「構想化セクター」なのであり、そこでは多数の「遂行」が完全に排除されている。

日本の自動車産業に話を戻そう。日本の自動車産業が、アメリカの自動車産業よりもすぐれて革新的であるためには、その他の条件が等しければ、研究開発でより多くの仕事がなされる必要があるだろう。つまり、直接労働に対する研究開発を通じた付加価値の比率は、日本の方がアメリカよりもかなり高い水準にある。多くの仕事がモデル開発に費やされ、逆に生産工程での仕事は少なくなっている。では、音楽や出版といった文化産業における「モデル」について考えてみよう。そこでは、はるかに多くの割合の仕事が——ポップ・バンドや作家によって――モデル「開発」のために費やされている。いったん開発されてしまえば、モデルの「生産」にはきわめてわずかな仕事しか向けられなくなる。たとえば、書籍の印刷や、大量のCD、カセット・テープ、レコード・アルバムの複製といった仕事である。つまり、研究開発は、文化産業にとって主要な活動であり、生産は二次的なものとなっている（Garnham1990）。

ここで、文化産業について書かれた膨大な文献において、おそらくは誤って認識されている二つの考え方について指摘しておきたい。一つ目は、作家がおこなうことが生産であり、複製工程は「再生産」にすぎないという従来の考え方である。この考え方に基づく研究者は、しばしばヴァルター・ベンヤミン（Walter Benjamin 1973=1999）をその出発点としている。そこで「作家」は「アウラのある」芸術作品を生産するが、後の「機械的な（もしくは電子的な）複製技術時代」にそうしたアウラは失なわれてしまう。だが、もし文化経済の隠喩ではなく現実の経済を出発点とするならば、一般に再生産と呼ばれているのは、実際には生産そのものである。さらに、生産と呼ばれていることの内実は、現実にはデザイン、製品開発、そして研究開発なのである。

二つ目の誤った考え方は、文化の商品化の増大を懸念する文献のなかにみられる。そこで論じられているのは、かつての黄金時代に「神聖なもの」の一部であった文化が、ますます製造産業のようになってきているということである。だが、ここでの要点は、むしろその逆である。フォード主義の全盛期でさえ、その他の産業と比べると、文化産業はすでに後戻り不可能なほどイノベーション集約的で、デザイン集約的だった。言い換えれば、文化産業は、その言葉が生みだされる以前から、ポスト・フォード主義的であったのである。多くのマルクス主義者には失礼ながら、われわれは文化生産がますます製造産業における商品生産のようになっているという考え方に反対している。われわれの主張は、通常の製造産業が、ますます文化生産に近づいているということである。製造産業がひな形を提供し、文化がそれに従うのではなく、文化産業自体がひな形を供給してきたのである。

ここで強調したいのは、デザイン集約的というとき、それは文字通りデザインについてのことであって、知識集約的であることを意味するのではないということである。それは、生産が単により知識によって満たされたものになっているだけでなく、文化的になっているということを意味している。つまり、生産は、単なる情報処理の新たな優位性をめぐる問題としてではなく、より包括的なシンボル処理能力の問題となっている。文化産業においてインプットは、その性質上、認知的なものではなく、美的なものである。高度に研究開発集約的な文化産業にもっとも近いのが、ソフトウェア製造産業である。だが、ソフトウェア・セクターが、抽象的でコード化した知識を必要とするのに対して、文化セクターは、認知的な知識ではなく解釈学的な感性を必要としている（とはいえ、当然のことながらコンピューター・ゲームはそうした美的感性を必要としている）。それはアーティストに求められるものであり、付加価値の創造にとってかなり重要である。そうした感受性とは、人びとの意味論的なニーズを解釈学的に感じ、直観できることを指している。この点でもまた、文化産業は製造産業に先んじている。近年、製造産業の製品（やサービス）において、美的な要素が特に前面にでてくるようになったが、文化産業はいつもこの美的感性を通じて作動してきた。つい最近になってようやく工業製品の「記号価値」が使用価値と交換価値の側面に挑戦するようになったが、文化産業では、使用価値と交換価値は常に記号価値だったのである。

二節　フレキシビリティの限界
——訓練、資金調達、流通

本節では、文化産業のフレキシビリティの限界について検討する。まず、脱統合した市場と結びついたネットワークが、多くの場合、どのように再帰的生産にとってもっとも望ましくない「障壁」となるのかを考察する。次に、生産は脱統合しているが、資金調達および流通の集中により、権力集中は維持され、さらに進展していることを示す。

これまで、テレビ産業のフレキシビリティについて論じてきたが、それは実際には、マルチ・タスキング、整理解雇、一般的な経費の削減の行使をもっぱら意味していた。創造的なテレビ番組を生みだすには、しばしば別の種類のフレキシビリティを必要としている。ACTTの副総書記ロイ・ロケットは、一流のドラマや調査報道のためには、「多くの自社スタッフ」が必要だと主張している（Lockett 1989）。そして、「制度化したテレビ局」だけが、そうした条件を提供することができる。それは、「仕事から仕事へと飛び回り」、「目の前の現金収入」を求める小さな独立系企業では不可能である。また、この手の番組制作には、相当の訓練が要求される。局内で若手を一人前にし、研修をおこなう余裕があるのは、制度化したテレビ局なのであって、「脱統合した」テレビ局ではないのである。イギリスのすべての熟練工が訓練不足に陥っている一つの原因は、一九六〇年代以降のテクニカル・カレッジの退潮により、制度的基盤を喪失したことにある。シュトレークたち（Streeck et al. 1987a）が指摘しているように、個々の資本家にとって、自身の企業から離職するかもしれない労働者に訓練を受けさせることは合理的ではない。だが、階級としての資本家にとっては、訓練を受けた労働者が存在することはきわめて合理的である。したがって、こうした訓練は、制度的になされなくてはならない。BBCやITVが、労働者に十分な訓練を受けさせることができるのは、市場による経済的ガバナンスから距離を置いているからである。

さらに、ロケット（Lockett 1989）が論じているように、質の高いテレビ番組には、「継続性」と長く培われた経験が必要となる。優れた調査報道、たとえば『ワールド・イン・アクション』のような番組を制作するには、「ときに九カ月の事前調査期間と、さらにそのためのスタッフが必要である。それを小さな独立系企業がおこなうのはかなり困難である」（Lockett 1989）。独立系企業が、そうした「主要番組の制作チーム」や「BBC内部のドラマ部門」と張りあうことは不可能である。そこには、「連続性や経験があり、人びとを訓練することができ、独立系では不可能なほど深い自主性と強さがある」。C4社のような「システムには、どこにも余分な脂肪はついていない」のである。独立系の制作会社は、「会社を維持するために、次の仕事で得られる資金に頼っている」。その次、さらにその次というように。たしかに古い組織は、「エリート主義的で官僚的であった」。「リース主義の伝統」により、各分野には、その中心となるプロデューサーである「学者肌の第一人者」が存在していた。だが、こうしたサラリーマン・プロデューサーは、「全般的にリスクをとり、行動し、また自律性をもっていた」。かつては、質の良いテレビ番組を制作することが課題であった。それがいまや、「事前制作費はどうするんだ。誰が番組を買うのか。視聴者はどんな感じだ。どこでアメリカ人が入ってくるんだ。誰に事前に番組を売ることができるんだ」といった具合である（Lockett 1989）。

出版産業でも、同様の重大な変化が生じている。出版産業のフレキシブル化は、脱垂直統合だけでなく、管理職に企業のなかで新たなフレキシブルな仕事が割り当てられることを意味している。かつてのフォード主義では、機能ごとの部門間の区分がより厳格であったために、編集会議は通常、編集者だけでおこなわれていた。一九六〇年代末以降、ポスト・フォード主義の流儀により、編集会議にさまざまな部門の代表者が参加するようになった。もっとも一般的には、マーケティングと経理部門である。その結果、編集者が創造的な仕事をおこなう余地が狭まってしまった。というのもマーケティングの管理職や、コスト削減に余念のない制作マネージャーが、何を出版し、何を出版しないかを決めるようになったからである。ペンギン社のやり方は意味深い。このイギリスの会社はフォード主義の原理に固執し（原稿整理や装丁さえ自社内でおこなっている）、それと同時に、編集者に創造性を発揮するための最大限の余地を与えている（Abercrombie 1990）。機能ごとの部門化が厳密になされているために、編集者がマーケティングや制作マネージャーの許可なしに、何を出版するのかを決めることができるのである。従業員は、ペンギン社の「企業文化」を「編集者が引っ張る会社」と評している（*The Times Higher Education Supplement* 9 March 1990）。とはいえ、ポスト・フォード主義と交わることにより、皮肉なことに、製品や工程の専門家ではなく、財務やマーケティング畑の社員も上級執行役員の地位に就けるようになった。

(1) 流通の集中化

本節の第二の部分では、生産の分散と流通の集中化とがどのように共存できるのかを考察する。例としてイギリスのテレビ産業の規制緩和とグローバル化を考えてみよう。結果として、そこで小企業の豊かな相互作用によるネットワークが、新たな主導権を必ずしも得たわけでなかった。C4社の場合、オリジナル番組を、ITVと一体化している制作・送波会社の大手五社から購入するのと同程度、イギリスの独立系制作会社に外注している。BBCとITVでも、一九九〇年に成立した放送法の条項で番組制作の二五％を外注することになったため、似たような結果がもたらされている。さらにイギリスでは、衛星放送や地上波放送が開始されたことにより、（BBCやもとのITV加盟会社よりも）より大きなグローバル・プレイヤーが登場することになった。たとえば、ニュースコープ社やベルテルスマン社といった、多角化した文化企業である。なかでももっとも大きな規模を誇った二社が、タイム・ワーナー社とソニーCBSコロンビア社である。

供給がもつこうした中心的な役割は、地方自治体の戦略のなかで次第に認められるようになっている。一九八〇年代中頃には、多くの地方議会は、文化産業に向けて、事実上のフレキシブルな専門化戦略を開始した。小企業のローカル・ネットワーク形成を手助けするために、研修、ポストプロダクション設備、情報共有を目的とした地域フォーラムなどを提供し、さらにはシェフィールドの文化産業地区のような文化企業ゾーンの計画までおこなった（Cornford and Robins 1992）。地方議会のこうした支援によって、ローカルな独立系の制作会社は増加したようである。とりわけ、ラディカル・フィルムやオルタナティブ・フィルムの制作に起源をもつ「系列化した小規模な制作プロダクション」が増加した。しかし、ほとんど（八五％以上）の独立系の制作組織は、いまだにロンドンやサウス・イーストにある。

さらに議会は、これらの小企業がお互いではなく、巨大で集中化した配給会社とどの程度取引をおこなっているのかを理解するようになっている。したがって、大企業へのアクセスを促進する方向に政策は進展することとなった。その中心的なとり組みが、番組制作会社に向けた地方都市でのロケ撮影の誘致であった。都市中心部の文化遺産を修復することも、そのとり組みに含まれている。たとえば、ヨーロッパ文化都市に選ばれた、グラスゴーやダブリンがそうである。これらの都市は、いくつかの地方を撮影場所として宣伝するために、「スクリーン委員会」を組織した。その結果、ノーザン・メディア・フォーラムのようなコーポラティズム的組織が設立された。そこには、一方で、タインティーズ社やボーダーTV社、C4社、ゼニス社（イギリスでもっとも規模の大きい非ITV系制作会社）、トレード・フィルム社のような比較的規模の大きい独立系企業などの民間部門、そして他方で、ブリティッシュ・スクリーン、BBCノースイースト、ブリティッシュ・フィルム・インスティテュート、ノーザン・アート、そしてさまざまな北部都市の議会などの公共部門が含まれている。その狙いの一つが、映画制作会社に資金を提供することにあった。だが、おそらくより重要なことが、その地方を宣伝するために、スクリーン委員会を設置することであった。この委員会は、外部の映画制作会社にすべての施設とスタッフがそろう「ワンストップ・ショップ」を提供するとともに、制作のための直接経費の大部分をその地方に落とす映画に補助金を拠出している（Cornford and Robins 1992: 432）。

しかしながら、現在のところ、これらの努力はほとんど報われていない。文化産業のなかで、供給側の会社主導のネオフォード主義的支配にもっとも向いがちなのが、テレビ産業と映画産業である。なぜならば、きわめて高い参入費用が必要だからである。映画産業の場合、国際的に売りだす映画には、平均すれば二〇〇〇万ドルから二五〇〇万ドルの費用が必要である。テレビ産業はそれ以上に、供給側に権力をもたらしている。単位あたりの費用（二〇万ドルから三〇万ドル）は、ベストセラー作家の単行本やポップ・スターのLPよりも、ほんのわずかばかり少ないかもしれない。だが、確かにEMI社は年間千以上のモデルを生みださなければならないが、テレビ局はおよそ二か月で千時間もの番組をオンエアしなければならないのである。ヴィンセント・ポーター（Porter 1989）が述べるように、映画は一回ごとに区切られたものであるのに対して、TVは「機械」、つまり番組を流し続ける機械であり、工場のように一日二・五交代シフトで運営されなければならない」。そして、この「機械」には、番組が「与えられなければならない」。したがって、テレビ産業には、不断の、そしてその場その場でのイノベーションを生みだすことへのとてつもないプレッシャーと、何シーズンにもわたる番組や連続番組を大量に制作する必要性が存在している。この点で、テレビは、企画段階でさえ（ネオフォード主義的な）短サイクル労働とともに、長期の製造連を必要としている。

映画産業における配給会社の支配は、「専属」制作会社という現象を生みだしている。映画は一つの作品を制作するにも法外な費用がかかるために、取引条件は主要スタジオに有利となる。「専属プロデューサー」は、自ら専属になることもある。たとえば、『フラッシュ・ダンス』や『トップ・ガン』のプロデューサーであるドン・シンプソンは、以前はパラマウント社の幹部であったが、今では同社の敷地のなかに「独立した」制作会社のオフィスを構えている。他にも『死にいたる魅惑［邦題：危険な情事］』、『被告［邦題：告発の行方］』、『ブラック・レイン』といった作品を制作したジャッフェ＝ランシング社のように、この上なく成功をおさめている制作会社でも、通常は一握りの常勤社員しか働いていない。ジャッフェ＝ランシング社は、パラマウント社に向けて定期的に映画を制作しているのである。これらの映画を精査する力を十分に有している。主要な映画会社が、大成功をおさめているプロデューサーを完全に縛りつけておくことはできないのは明らかである。他の主要会社が、すぐに引き抜くからである。それにもかかわらず、この産業では、きわめて長期にわたる仕事上の関係が現実のものとなっている。大成功をおさめた何人かのプロデューサーが最大規模のスタジオの重役になったり、その逆のことが起こったりしているという事実が（たとえばシェリー・ランシング、デヴィッド・パットナム、ドン・シンプソン）、それを証明している。

配給会社の影響力は、資金供給者としての力量に由来している。そうした事態は、大規模予算を必要とする映画が流行しているため一層悪化している。主要映画会社は、映画からの収入のとり入れ口を用意しておく。前渡金（あるいはそれ以上）を回収するまでは、プロデューサーには一ペニーであれ触らせない。たとえば二五〇〇万ドルの映画であれば、通常、主要映画会社は制作会社と利益を五〇対五〇で分ける。主要映画会社は、前渡金の七〇―七五％、つまり二五〇〇万ドルのうちの一九〇〇万ドルを支払う。そのほとんどは（二〇週間の）撮影で使われる。制作会社は、残りの二五％をどこか他から集めてこなくてはならない（Brabourne 1989; Porter 1989）。主要映画会社は、自分たちがその作品の配給会社となるときにだけ資金供給をおこなう。作品をレンタルすることで、配給会社には、映画館主からそれなりのお金が支払われる。まず、配給会社は、作品配給によるこうしたレンタル収入から、約三〇％を自社の収入とする。スタジオ兼配給会社は、スタジオのプリント代、宣伝費、マーケティング費用と同様に、制作会社への前渡金の元金と、そのローンの利息を回収する。この地点をすぎると作品は事実上黒字となり、ある割合を、スタジオ兼配給会社が「最終保証人」として自身に支払うのである。そのときになってはじめて制作会社は、残りの利益の五〇％を受けとることができる。とはいっても、前渡金の残りの二五％を賄うために組まれたローンの元本と利息を支払わないうちは、そうした利益の一セントも手にすることはできないのである（Porter 1985）。

制作会社がいくらかでも収入を得られるほど十分な収益を、映画館だけであげることは滅多にない。もっともよくみられるのが、ある映画が封切り後二年間公開され、その後、ビデオ化され、ペイTVで放送され、やっとで制作会社が黒字となるというケースである。この地点に到達するずっと以前に、スタジオは前渡金以上の資金を回収し、その間にいくつか別の作品に資金供給をおこなっている。一九八〇年代中頃から映画産業は、三分の一の収入を興行で、三分の一をビデオで、そして残り三分の一を有料・無料のテレビから得るようになっていた。だが、一九九〇年には、イギリスにおいて映画館の売上が増大し続けていたにもかかわらず、配給会社にとって、ビデオ・レンタルからの収入は、映画館からのものより約六〇％も多かったのである（*The Economist* April 1990）。むろん課題は、制作会社が、キャッシュ・フローに大きな問題を抱えているということにある。そのため、映画制作の合間にテレビ受像機を満たす番組を制作する必要があり、結果、プロデューサーは主要映画会社の専属となるのである。

（2）ハリウッドを超えて――ヨーロッパ公共圏？

アメリカによる世界の文化に対する支配をもまた意味する、こうしたグローバルな配給会社による支配から逃れる道はあるのだろうか。イギリスやヨーロッパで制作される国際的な映画が、資金援助を得ることは可能だろうか。『死にいたる魅惑』のような作品の場合、

> 壮大なスケールのシーンもいくつかありました。映画だから。……BTLコストは、六〇〇万ポンド位でした。そのほとんどがロケ中の撮影で使われました。でも、とても多くの場所で撮影したので費用はかかりました。それはいつも高くつくのです。二〇〇万ポンドのイギリス作品だったら、二カ所のロケ地（そして六―七週間の撮影）ですますか、それともロンドンで撮影するか……二〇〇万ポンドの作品のためにできることといったら、海外に行かないことくらいです。作品は「写実的で」「リアル」でなくて

はいけません。ファンタジーものではなく。特殊効果を使いませんから。映像でなく、リアルさを追求します。この手のものを「ロケーション・ドラマ」と呼んでいました。(Plaschkes 1989)

必要なことは、国際的な映画を一本制作するために二〇〇〇万—三〇〇〇万ドル調達することではなく、複数の映画を制作するために一億ドルを超える回転資金を確保することである。これは、不運なゴールドクレスト社で、デヴィッド・パットナムが率先して進めた戦略であった。二人のイギリス人プロデューサー、パットナムとジェレミー・トーマスによる資金コンソーシアムを通じて、真にポスト・フォード主義的で、ヨーロッパ的な映画産業に向けた歩みの途上にあるのかもしれない。その先鞭をつけたのが、『ラスト・エンペラー』であった。興行的にも成功したこの大型予算をかけた作品は、トーマスが制作を担い、ベルナルド・ベルトルッチが、主にヨーロッパから映画への出資者を集めた。もっぱらベルトルッチが監督をおこなった。こ の件での「本当の悪夢」は、彼らが「主要配給会社のなわばりで、前売りをおこなわなかった」ことである。これは意図的なものであった。彼らは「ある種の殺し合いが起こることを期待し、主要配給会社のなわばりを放っておいた」。つまり、そうなれば、彼らは配給会社との取引条件をコントロールできるようになる。結果、賭けは報われた。しかしどのみち『ラスト・エンペラー』は、アメリカの主要配給会社にとって、決して魅力的なものではなかっただろう。「いかれた中国人同性愛者の物語だって?!」(Plaschkes 1989)。結局のところ、主要なスタジオによって邪魔されたために、アメリカで盛大な商業上の成功をおさめることはできなかった。

パットナムのエニグマ・プロダクションズ社は、ワーナー社から資金の一部を提供されているが、トーマスのレコーデッド・ピクチャー・カンパニー社は、「完全に独立して資金を確保」しており、「それぞれの作品を地域ごとに売り分けた。その際、アメリカの主要配給会社は関わっていなかった」(Plaschkes 1989)。トーマスの資金源は、ほとんどが日本からのものである。それに対して、パットナムの五〇〇〇万ドルの資金は、ジョイント・ベンチャーによるもので、ワーナー社、BSB(イギリス衛星放送)、日本企業、そしてナショナル・カウンティ・オブ・ウェストミンスター銀行などが資金を前払いしている。この利権コンソーシアムが、パットナムに回転資金を提供している。その資金により、利益をさらに多くの作品に再投資し、四年間の損失に対して保証を与えている。パットナムによると、

現在の計画に関して重要なのは、私がイギリスに戻るとか、いくつかの映画がどこの国のものなのかといったことではありません。そんなことは、いまやまったくもって時代遅れな考え方です。それよりも、資金がどこに戻り、その資金でもっとたくさんの映画を撮ることができるのか、ということなんです。(*Weekend Guardian* 5-6 May 1990: 12)

彼のエニグマ・プロダクションズ社は、七〇〇万から九〇〇万ドル程度の中規模予算で(典型的なヨーロッパ映画にかかる三〇〇万ドルと、現在のハリウッドの平均である二三〇〇万ドルの中間)、ヨーロッパにおいて映画を制作してきた。特に、中央ヨーロッパの監督サボー・イシュトヴァーン(ハンガリー)や、イジー・メンツェル(チェコスロバキア)と組んでいる。これまで論じてきたように、ポスト・フォード主義が、デザイン、つまり生産における認知的ないし再帰的要素が増えることを意味するのであれば、消費側でも同じことを意味しているはずである。それは、世論を作りだすことを目的とした、一連の文化制度を意味するはずなのである。ここで世論とは、ハリウッドやポピュ

リスト的な意味における*das Publikum*ではなく、よりヨーロッパ的な*Offentlichkeit*、すなわち公共圏を意味している。
再度、パットナムを引用する。

オーソドックスな商業ベースのプロジェクトではないことはわかっています。でも、私には理論があるんです。クラシック音楽の例を用いると、一番うまく説明できます。どんな調査報告書を読んでも、クラシック音楽には巨大な市場があることがわかります。しかし問題は聴衆がナーバスだということです。聴衆は何が好きなのかはわかっているのですが、何を好きになるかはまるでわかっていません。これが、レコード会社などがとり組みはじめたことでです。いまのところ、映画にとってそれは難しいことです。それを乗り越える方法は、まだみつかっていないのです。みつかるまでは、われわれは問題を抱えたままです。（*Weekend Guardian* 5-6 May 1990: 13）

これから述べることが、その方法とならないだろうか。ハリウッドの大いなる成功の秘訣は、リスクの分散にある。たとえば、制作会社は、ほとんどの作品が失敗作となり、大ヒット映画によってそれは穴埋めされなくてはならないことを知りつつ、二〇〇〇万ドルの作品を多数生みだしている。だが、ハリウッドの主要映画会社は、およそ二〇―三〇億ドルから七〇―八〇億ドルの資産をもつ企業である。それに対して、ヨーロッパの制作会社は、五〇〇〇万ドルから一億ドル程度しか有しておらず、通常のハリウッドと同じ失敗率を許容することはまず不可能である。ヨーロッパにとっての一つの解答が、――残念ながらイギリスではより小さな規模であるが――テレビ局からの資金供給である。C４社は、イギリスでは主たる資金源であり、テレビでの独占放映権の見返りに、年間約一七〇〇万ドルの資金を映画に提供している。（カールトン・インダストリーズ社に所有されている）ヴァージン社とゼニス社は、ビデオ化の権利と引き換えに資金を提供している。目下のところ、ＩＴＶの加盟局もC４社も映画への出資に苦労している。規制緩和に対処するため、そして営業許可の入札用に資金の流動性を確保しておく必要があるためである。だが、こうした準備がなされ、衛星放送の存在感が高まれば、中期的にはテレビ産業から相当額の資金を得ることが可能となる（Brabourne 1989）。とはいえ、それを過剰に見積もってはならない。なぜなら、イギリスでは大手であるＩＴＶの放送局でも、ハリウッドの主要映画会社と比較すればほんのわずかな収益（年間約四億ドル）しかないためである。

もう一つの重要な資金源が助成金である。つまりは、ヨーロッパの政府は文化を一つの産業以上のものとして認識しているのである。文化はまた、アイデンティティの源泉としてみなされなくてはならない。なぜなら、文化は、ヨーロッパ人に自身が何者であるのかを教え、その価値を伝播したり批評したりするためのものだからである。ヨーロッパ大陸、特にジャック・ラング文化相の体制下のフランスは、この点でイギリスのはるか先にいる。イギリスには、（他のヨーロッパと同様に）主に二つのタイプの助成が存在したが、両者ともサッチャー政権の規制緩和により廃止されてしまった。一つ目が、「資本に対する課税控除」、つまり多くの支出項目で税を控除することである。これは、一九八七年の法律により無効にされてしまった。二つ目が、一九四八年から一九八五年まで効果をもっていたイーディ税である。イーディ税は、イギリスの映画産業を、「国民文化」の一部として保護することを目的としていた。イギリスの映画館で販売されたアメリカ映画のチケット売上の一二％がイーディ税として基金に納められ、その資金でイギリス映画への助成がおこなわれた。イーディ税を通じて、一九八九年の一年間でイギリスの映画は、三五〇〇万―四五〇〇万ドルが助成された。イーディ税を引き継いだ、ブリティッシュ・スクリーンが管理する基金は、ほんのわずか（三五〇万ポンド）にすぎない(Department of Trade and Industry Official 1989)。

とはいえ、イギリスとヨーロッパの文化産業はまさにデザイン集約性が強まることによって、純粋に経済的な視点からでさえ長期的にはグローバル化から利益を得ているかもしれない。この文脈でのグローバル化は、国際的な統合としてより正確に定義することができる。統合の度合いによって、それにはいくつもの形態がある。第一が、もっとも統合度の高い、直接投資あるいは海外投資である。一九八〇年代以降の日本の自動車産業や家電産業のように、企業は海外に工場を建設している。徐々に統合度は弱まっていくのだが、第二に、海外にある工場の買収である。工場は、多かれ少なかれ（機能ごとに部門化することを通じて、あるいは事業部として）親会社に統合されている。第三が、B国におけるA企業とB企業との生産提携である。第四が、A企業によるB国での流通網の整備、第五が、B企業との流通についての提携、そして第六が、B国で他企業と流通に関するライセンス契約を結ぶことである。

統合度が長期にわたり強まることによって、ヨーロッパとイギリスが実際に利益を得ることはありそうなことである。たとえば出版は常に、イギリスの主要輸出産業であった。出版社の売上の四〇％程度は、輸出によるものである。実際、イギリスは世界第一の輸出国である。反対に、同年のイギリス国内の書籍販売に占める輸入書籍からの売上は、わずか一〇・五％にすぎない。これまで述べてきたように、編集は、出版社のもっともデザイン集約的な機能である。書籍の輸出は、同時にデザインの輸出でもある。

文化産業の支配をめぐる戦いは、「デザイン技術」がどこに存在するかにかかっている。レコード産業と広告産業では、イギリス企業は世界規模で大きくリードしている。それは、創造性の側面で比較優位性が高まっているためである。この点は、レコード産業では、アメリカの大企業が本国とほぼ同規模の施設をイギリスに置くという、大掛かりな動きによって例証されている。ワーナー社、BMG社（RCA／Arista）、MCA社そしてCBS社が、千人以上の従業員をかかえる支社をイギリスに置いている。音楽事業者協会理事であるピーター・スケイピングによると(Scaping 1989)、「その理由は、タレントがここにいる」ためである。右にあげた企業は、一九七〇年代と八〇年代にイギリスに進出した。「なぜなら、イギリスのバンドを録音したかったからです。アメリカ人たちは、生産、マーケティング、そして流通を、ここイギリスでおこなった方がもっとたくさんのお金を稼ぐことができると分かっていました。イギリスをレパートリーの重要な源泉とみていたのです」(Scaping 1989)。

こうしたデザイン集約性の一つの重要な源泉が、イギリスの独立系レコード・セクターにある。イギリスの「インディーズ」・セクターは、アメリカのそれが小さくみえてしまうほどであり、メジャー・セクターにバンドを供給しながらも、それ自体も盛りあがっている。これらすべてのことが、イギリスの国際収支にきわめて好ましい効果をもたらしてきた。世界全体のレコード小売販売額のうち、イギリスにおける消費は六―八％しか占めていない。だが、イギリスの制作会社は、世界中のすべての売上のおよそ二〇―二五％に関わっている。イギリスのレコード産業の売上総計は約四五億ドルで、イギリスのレコードのおよそ四分の三が輸出用に生産されている。

一般的には、こうした「イギリスからの」輸出は主にアメリカの会社によるものだが、その会社はヨーロッパや日本の他産業の企業（CBSソニー社、フィリップス社、ベルテルスマン・ミュージック・グループ社など）に買収されている。その場合、それらはいかにして「イギリスのもの」でありうるのか。イギリスのCBS社が「バンド」を発掘したとしよう。すると「そのバンドからの収益は、まずイギリスの会社に生じることになる」。それには、海外のレコード会社へのライセンス契約を通じた、海外での販売収入も含まれている。たとえば、ドイツでの権利を行使するかどうかの決定権をもつドイツのCBS社が、ライセンスを使わないかもしれない。もしそうなったら、イギリスのCBS社は、そのレコードをドイツでプレスし販売してくれる他の主要レコード会社を探すことになるであろう。同様のケースは、他の産業でもみられるかもしれない。たとえば、自動車や家電に対する日本企業の海外投資である。だが、イギリスの日産と、イギリスのCBS社では事情が異なっている。前者では、その経済活動は日本で開始されたのに対して、後者では、バンドを発掘する際の経済的な創造性はイギリスから生じている。ここでもまた鍵となる変数が、誰がデザインをおこなうかという点である。日産の場合、製品と工程のデザインは日本から来ている。レコード産業では、デザインは純国産である。実際、アメリカやドイツなど巨大市場を有する国への輸出は、すべてライセンスを通じておこなわれている。そのため、製造、生産、流通は海外でなされる。イギリスから輸出されるのは、純粋にデザインだけなのである。

三節　再帰的客体

(1)　ポピュラー・ミュージックからポピュラー・カルチャーへ

音楽業界の専門誌のある編集長は、いかにしてマネージャーがバリー・マニロウを売りだしたのかについて語ってくれた。彼が述べるに、マニロウは「ラジオ2のアーティスト」である。「レコード店は彼のレコードを置きたがらないだろう」。「若者が目にしたら、店の格を落としてしまう」からである。いずれにせよマニロウの「買い手」は、「当てもなく商品を探すために［レコード］店に入ってきたりはしない。店に入るときには、すでに自分が何が欲しいのか分かっている」。マニロウのマネージャーは、このような状況のなかで、ターゲットとなる聴衆に近づく方法を探さなければならなかった。彼は、「婦人雑誌、テレビ・コマーシャル、駅貼ポスター」を使った。「メロドラマを視聴する人たちがバリーを購入するんだ」。レコード店がマニロウのレコードを置こうとしないことに面くらった「マーケティング・マネージャー」は、「店頭に置いてくれるすべての店のリストを作成し、それをマニロウのファン・マガジンに掲載した」。さらに「スーパーマーケットにレコードを置いてもらうよう交渉した」。この編集長が続けて述べたように、重要なことは「バリー・マニロウはポピュラー・ミュージックというよりはポピュラー・カルチャーの一部である」(Laing 1989)、という点である。

ある主要レコード会社のマーケティング・マネージャーは、レコード産業は一九六〇年代までそれほど大きな商売ではなかったと述べている。彼が勤めるEMI社は、イギリスではもともと、二つの主要レコード会社の一つであった。EMI社とデッカ社が一九七〇年代初頭まで市場を支配していたために、「アメリカの会社は、そのレコードのライセンス契約を、われわれのどちらかと結ばなくてはならなかった。われわれはディスクごとにとりあえずお金を払い、それから生産とマーケティングに着手した」。だが、EMI社は事実上の寡占的地位にいたが、「この産業は当時、まったくもって目立たない産業だった」。この産業とEMI社が本当に「活気づいたのは、ビートルズと契約を交わしたとき」であった。それからは、「リヴァプールのほとんどすべてのバンドと契約したよ」。彼は続けて述べている。音楽が

「一〇代のライフスタイルの一部になった。そう。レコードを買い、聴かなくてはならなくなったんだ」。そのときはじめて、このブームが可能になったのである。それ以前、若者はウォークマンやテープ・プレイヤーはむろん、「レコード・プレイヤーだってもっていなかった」(Stubbs 1989) のである。

レコード産業の内側にいる人びとが指摘しているのは次の点である。文化的加工品は、もはや表象としての超越性を有しておらず、情報コミュニケーション構造のなかで循環する他の要素と混じった客体として内在化してしまっている。そして、文化的加工品は日常生活のリアリティとなった。つまり、「ポピュラー・ミュージック」は「ポピュラー・カルチャー」になり、「音楽」は「一〇代のライフスタイルの一部」となったのである。分化があまり進んでいない前近代の部族社会では、文化はシンボルとしてのみ機能していた。近代化および文化的なものの自律化、すなわち分化によってはじめて文化は表象となった。だが、より近年では表象が、ある客体がもっていた機能的地位を担うようになっている。その客体は、非物質的形態と美的性質の点でのみ日常生活に存在する他の客体と異なっている。スターとしてのマドンナは、単なるイメージや表象ではない。文化人類学的な意味において、彼女は文化的客体なのである。若者は、文化的加工品として、Tシャツに描かれたマドンナを身につけ、そしてマドンナのように着飾っている。そのような加工品が、若者が物事を分類する方法を構造化し、自分たちが誰であるのかを教えているのである。

指摘しておくが、文化的なものが脱分化して社会的なものになるとか、社会が美化されるということを、ここで主張しているわけではない。そうではなく、社会構造（としての社会）の重要性が弱まり、それが情報コミュニケーション構造に部分的にとって代わられることによってのみ、日常生活の美化が可能となるということを示しているのである（Featherstone 1991=2003）。マーティン（Martin 1981）のような分析者が論じているように、ロック・ミュージックの大衆化は、境界領域にある生活空間が拡張することに、つまり階級構造に代表される社会構造が衰退ないし不安定化することに依存している。ある音楽産業の関係者によると、

階級構造は十分に揺らいでいます。それは、労働者階級が上流階級の娯楽にアクセスすることができるほどです。子どもたちがバタシー・ブリッジを渡って南ロンドンからチェルシーに向かってきているのがわかるでしょ。ピタッとしたスーツを着てダンスホールにいくんです。六〇年代には、労働者階級の若者であること、上流階級の女の子にちょっかいをだすことはファッショナブルだったんです。そう、それから上流階級の女の子が労働者階級の男の子にちょっかいをだすこともファッショナブルだったんです。［思えば］たくさん映画がありましたね。『最上階の部屋［邦題：年上の女］』のような、六〇年代の映画が。（Scaping 1989）

もしポスト近代の境界性が、一方で、社会構造がもつ重要性の相対的な低下をともなっているとすれば、それはヴィクター・ターナーが「反構造」と考えた事柄とは異なるものである。シールズ（Shields 1991a）のような都市社会学者は、バフチンの「カーニバル」概念を、空間―時間的境界領域として用いている。カーニバルは、単に構造化されていない時間―空間以上のものである。それは、お祭り騒ぎをする人びとが仮面をつける領域である。そこでは、どんな仮面でも、つまりどんなアイデンティティを身につけようと自由である。仮面の種類と多様さが、社会的に構造化されていない領域に、初期のコミュニケーション構造を提供しているのである。今日の高度に発展した情報

コミュニケーション構造の枠組みでは、カーニバルの仮面はどこにでも偏在しており、循環するポピュラー・カルチャーの美的客体となっている。逆説はここにある。バフチンの述べるカーニバルに参加する人びとは、仮面を着けようとする。現代のポピュラー・カルチャーによって構成される、循環する情報コミュニケーション・ネットワークにおいては、もっぱら仮面が人間を装着しようとしているのかもしれない。したがって、社会構造が相対的に弱体化することによって生じる再帰性に開かれた空間の存在が、ポピュラー・ミュージックのための大規模な聴衆を生みだす条件となっている。ポピュラー・カルチャーに関していえば、それは主に美的再帰性の形をとっている。すでに第三章で指摘したように、再帰性は判断をともなうものであり、そしてすべての判断はある普遍的なものによるある特殊的なものの包摂を必要としている。だが、こうした普遍的枠組みは、高度に抽象的で、認知的・倫理的な判断の点で高度に媒介されているが、美的判断の点では相対的に媒介されておらず、またいくらかの具体性を有しているのである。

媒介されず、具体性をもった普遍的枠組みを経由する判断についてのこうした考え方は、ブルデューの『ディスタンクシオン』(Bourdieu 1984=1990) に、暗に示されているテーマである。彼は、デュルケムやモースに依拠している。彼らにとってそうした普遍性は、前近代社会のアイデンティティを構成するシンボルを意味している。現代の若者のアイデンティティ形成に寄与しているポップ・カルチャーの有名人は、いまや若者が分類をおこなうときに用いる普遍的枠組みとなっている。したがって、スラッシュ・メタルのファンやマドンナのようになりたいファンは、自身がリスペクトするヒーローがもつシンボリックな世界観のプリズムを通して、多くの客体や出来事を分類し、判断をおこなう。このことがもつ否定的な帰結として、若者のライフスタイルにおいてそうした大衆―文化的客体が遍在し集中することで、若者が手にすることができたはずの道徳―実践的なカテゴリーが無力化されてしまうことがあげられる。加えて、本来なら道徳―政治的な普遍的枠組みによって分類され判断されたであろう実体や出来事が、こうした美的で、好みに基づくカテゴリーによって判断されてしまうのである (Lamont 1992)。

この現象がまさにポスト近代的であることを示す、きわめて興味深い二つの視点が存在している。第一に、ポスト近代はすでに美的近代を宿している、つまりそれ自体啓蒙主義の合理主義的/功利主義的エートスの批判として構成されているというものである。さらに多くの著述家も、たとえばベル、マーティン、そしてリオタールまでもが、ポスト近代主義は、エリートだけでなく、実際にすべての人びとに向けた美的近代主義の一般化を意味するものであると考えている。

第二に、美的近代主義は拡張しているのではなく、そこからのラディカルな断絶が存在するというものである。美的近代主義は、美的反省のために自律的主体を前提としている。そうした主体は、一定の表出的な深さ、つまり内面性を有している。美的近代主義は、美的―表出的主体、つまり再帰的主体を前提としている。ところが、現代の情報コミュニケーション構造におけるイメージの循環は、美的主体ではなく、美的客体を必要としている。つまり、再帰的主体ではなく、再帰的客体を必要とするのである。客体――すなわち美的イメージ――が、すでに媒介されたものとして再帰的になるのに対して、主体はフラット化され、媒介されないままに留まる傾向にある。したがって、偏在する情報コミュニケーション構造は、二重にポスト近代化へと向かう。まずそれが遍在し、大衆化することによって、次いで主体から客体へと再帰性が置き換えられる働きによってである。

これはまさにボードリヤールによるディストピアである。そこでは、エージェントがシンボリックな客体のなかから再帰的に決定をくだすのではなく、客体がエージェントを選ぶのである。この客体のシステムは、デュルケム—モースによる、部族社会のシンボル・システムとは異なっている。というのも、前者は意味をほとんど枯渇させてしまっているからである。つまり、「フラット」になり、情緒的な活力を使い果たしてしまっているのである。ボードリヤールによるハイパー・リアリティは、現代文化の叙述的な購買を増加させるだろう。これらの非物質的客体は、ハイパー・リアリティのなかで、もっぱら客体のネットワークにおけるノード間の転換点としてのみ現れる、ほとんど活力をもたないエージェントを通じてコミュニケーションをおこない情報を流通させている。したがって、EMI社の重役が述べるように、この産業が本当に大事業になるには、音楽が「一〇代のライフスタイルの一部になる」必要があった。つまり、真の大衆文化のためには、より伝統的な社会構造、とりわけ階級と家族が部分的に影響力を失うとともに、原子化によってコミュニケーション・ネットワークを創出するニッチ市場とライフスタイルが現れなければならない。したがって、再帰的な客体を通じた原子化と大衆化が、消費側でフォード主義が形成されるための条件となるのである。

皮肉なことに、再帰的な客体は、美的啓蒙の弁証法のねじれのなかで諸刃の剣となりうるものである。再帰的主体は、徐々に、そしてさまざまなやり方で、こうした文化的実体と新たな解釈学的な関係を結ぶことができるようになっている。この種の解釈学的再帰性は、生産側で、イノベーション、積極的な意味創出、そして創造力をますます刻み込み、さらに多少なりともフレキシビリティとポスト・フォード主義を促進する傾向にあるように思える。したがって、ある種の「文化的フォード主義の矛盾」のなかで、情報コミュニケーション構造を通した大衆文化的客体の広範なフローが同時に、フォード主義的消費とポスト・フォード主義的文化生産の条件となりうるのである。

(2) 象徴交換——知的財産への資金供給

これまで示してきたように、文化産業の直接の成果物は「再帰的客体」からなっている。だが、そうした客体は、まだ市場にだせる状態にない。まずそれは、知的財産とならなくてはならない。つまり、文化的客体が法的に知的財産へと変換された後でのみ、企業はそうした客体を利用し、そこからお金を生みだすことができる。企業が文化的客体の使用権から他の事業家や消費者を排除できるときにのみ、文化産業は生き延びることができるのである。

本章の冒頭部では、どのようにフレキシブル化が脱垂直統合を通じて生じているのかを考察した。脱垂直統合とは、単に川下へと向かう流通機能だけでなく、「中流域の」（横方向へと向かう）技術的機能をも脱統合するプロセスである。そして最終的には、川上にある「ATL」コストをなしている創造性を生みだす工程でさえも、企業はしばしば外部に委託する。この工程は、文化産業の「中核」のように思われるであろう。では、創造的な生産でさえ脱統合されてしまったら、いったい何が残るのだろうか。

これ以上剝ぎとることのできない中核として残るのは、既存の文化企業による、知的財産権の束と金銭との交換である。ここでは知的財産権ではなく、そうした権利の束と表現している。なぜなら、多くの場合これらの権利は、多数の文化企業によって共有されているからである。知的財産権の束には、しばしば「著作権」という表題がつけられている。いかなる種類の財産においても権利とは（Hohfeld 1919）、特定の財産に固有なやり方でその財産を扱う権利のことである。ある意味で、権利とは常に、財産の一定のあり方を「利用する」権利なのである。それは、たとえその利用により金銭的な報酬が生じないとしても同じである。文化産業における知的財産の典型的な利用法は、知的財産を複製することである。すなわち複製して販売することである。ここでの主たる生産工程は、すでに取得済みの知的財産を複製することにある。したがって、文化企業は、複製し販売することで、知的財産権を利用する商売をおこなっている。こうして文化企業が資金を獲得し、その資金は新たな知的権利の束を獲得するための前渡金となる。加えて、すでに存在する知的財産の場合、通常、権利の売買は企業と制作者との間でなされず、二つの文化企業の間でなされることになる。「前売り」の場合、ある一つの企業から資金を得るために作られた知的財産でも、別の企業からの資金により分割されることもある。

上記ですでに、出版産業の権利をめぐる諸問題について議論を開始している。トラクスラーとアンガー（Traxler and Unger 1989）が指摘しているように、すべての経済セクターは、それ固有の問題群を解決するとり組みに基づき区別することができる。そして、音楽産業ほど権利が重要になる経済セクターは他には存在していない。一九九〇年にはイギリスとアメリカで、LPのおよそ三分の二がカセット・テープの形で売られていた。そして、販売されたそれぞれのカセット・テープに対して、四本の不正コピーが作られたと見積もられている。カセットの海賊版の蔓延に対処するために、一九七三年に、イギリスのレコード産業の同業者団体であるBPI（イギリス・フォノグラフィック産業協会）が設立された。海賊版の問題は、完璧な録音が可能となるデジタル・オーディオテープ（DAT）の普及によりさらに悪化すると考えられている。

BPIの調査ディレクターのピーター・スケイピングによれば、BPIとその国際的組織であるIFPIの主要な目的は、「知的財産権の保護」である。つまりその目的は、著作権の利用に向けて、「広く一般に消費される音楽を制作するために、著作権所有が、すべての資源をまとめあげることに責任をもつ人びとに帰属されるよう、疑いの余地なく確立されること」にある（Scaping 1989）。

重要なことは、誰の権利かということである。クリエーターは、特に複雑な状況に置かれている。たとえば本の作家は、原稿に対して著作権を有するが、出版する権利はもっていない。だが同時に、契約による印税という形で、作家は出版物に対する権利の一部を受けとっている。誰の権利かという問題は、誰が知的財産権をまったく保持していないのかという問題でもある。つまり、権利とは常に、知的財産の利用をめぐる排他的権利のことなのである。排他性とは、競争相手が特定の領域で、ある企業の知的財産を複製できないことを意味している（それは、いまやカセット、コピー機、ビデオによって可能なのだが）。なぜならば、もし競争相手や顧客がそうした権利から完全に排除されないのであれば、企業は使用料を支払っている著作権を適切に利用することができなくなるためである。ここで語られているのは、労働の利用というよりは、資本の利用である。というのも、知的財産はその他の形態の資本と同様に、生きたものではなく死せる、あるいは具体化した労働だからである。

文化産業において知的財産は、資本の主要形態となっている。つまり文化産業は、製品にもっとも多くの価値を付与しているのである。物質的な製造セクターでは、研究開発の成果は、特許権をともなった物質的な客体である。製品に対する付加価値のほとんどは、熟練労働、生産管理、資本集約的な設備から生じている。文化産業およびコンピュータ・ソフトウェア産業では、研究開発に相当するものが知的客体を生みだしている。知的客体は、著作権のもとにあり、著作権が所有されているときにのみ知的財産となる（Lury 1993）。

特許法も著作権法も、再生産をおこなうためのプロトタイプの権利についてのものである。プロトタイプは、特許法においては物質的客体であるが、著作権においては知的客体もしくは表現である。特許法では、物質的客体の複製が想定されている。著作権では、表現はフロッピー・ディスク、コンパクト・ディスク、ビデオ・カセットといった物質的な基層の上に複製される。イノベーションの度合いが高まるほど、また、情報技術がセクター内のイノベーションに影響を与えるようになるほど、さらに広い範囲で著作権法が適用されることとなる。それはたとえ、生産された客体の物質的要素が、その情報的要素より優るようなセクターであっても同様である（本書第四章）。文化産業ではこの知的財産が、マルクスが述べる意味で、価値を製品に移転させる不変（固定）資本の主要な要素となっている。

音楽産業には、二種類の主要な知的財産が存在している。レコード（「録音された音楽」）と（出版された）音楽の両方に著作権が発生する。通常、世界中で録音をおこなう権利をもつレコード会社は、主に一〇―二〇％ほどをバンドに、また音楽出版社にも著作権使用料を支払う。もし出版された音楽の権利に対して支払いがなされないならば、録音は現行法では不可能である（Stubbs 1989）。録音と出版された音楽にも著作権があるので、その楽曲がライブで演奏されたり、実演が放送されたりしたときにも著作権使用料が発生する。イギリスのレコード会社が国内で生みだす所得の二〇―三三％は、このような実演権から発生している。二つの別の同業者団体が、メジャーやインディーズ会社のために、これらの著作権使用料を徴収している。ライブ演奏だけでも年間一億七〇〇〇万ドルの売上がある。出版された楽曲に対する権利があれば、そのうちの一五％がレコード会社に支払われる（Scaping 1989）。そして、ますます多くのレコード会社がそのようにおこなっている。出版された音楽は、多角化のためにペーパーバックへと向かった出版産業のネオフォード主義的な動きと同様に、知的財産を獲得する第二の主要な領域となっている。ＬＰをドイツでプレスし販売するために、文化企業が他の企業もしくは自社の子会社に「ライセンスを与える」とき、知的財産権は事実上、販売許可を受けた会社に売り払われているのである。

（3） 反復と知的財産——「ブランド」

しかし、権利と金銭を交換することの本質はさらに複雑である。もっとも重要な資金供給のやり方は、知的財産を一組以上生産する契約書に署名する際、前渡金を支払うことである。ポップ・バンドと主要レコード会社は通常、ＬＰを三枚だす契約をおこなう。作家の場合、数冊の本を書く契約を交わすことになる。ここで論じられていることは、一回限りの知的財産ではなく、むしろ反復する知的財産である。繰り返し何度も知的財産の生産に成功すると、もはや生産された客体ではなく、アーティストが強調されるようになる。したがって、レコード会社が販売しているのはレコードというよりは、アーティストなのである。スケイピングが述べているように、それは実際には、「アーティストをブランドとして売る」（Scaping 1989）ことである。そのためレコード会社は、たとえばアウディ社やＢＭＷ社のように、自社をブランドとして売りだすことはない。「ワーナー社のレコードを買っているかどうかなんて、誰も気にしません。まったくです。ワーナー社がブランドではないのです。『マイケル・ジャクソン・ブランド』を購入しているのです」（Scaping 1989）。同様に、出版社はサルマン・ラシュディのブランドを売買し、主要映画会社はスティーブン・スピルバーグのブランドを買い、そして市場にだしている。

文化企業がブランドを利用するために前渡金を支払っていることは、いくつかの点で重要な現象である。第一にそれは、ひとまとまりの知的権利ではなく、繰り返し使用できる知的権利を購入していることを意味している。第二に、そのことが、生産された文化的客体から焦点をそらさせ、アーティストや作家への注目を高めている。第三に、知的財産や生産者としてのアーティストのみが製品に与える付加価値は、アーティストの創造的な才能からのみ発生するのではない。ブランドという概念は、イメージを暗に含んでいる。加えて、付加価値はまた、アーティストのイメージに由来している。付加価値が著者の記号論的技術と能力から生まれるという点で、文化産業はソフトウェア産業と密接に関係しているが、異なる部分もある。文化産業では、付加価値は記号論的技術だけではなくイメージからも生まれる。ソフトウェア産業では、価値はクリエーターの記号論的成果に応じて製品に移転される。ところが文化産業では、付加価値は、記号論的成果と記号論的属性に従って移転される。第四に、スケイピングが述べるには、バンドがプロデューサーやレコーディング・エンジニアなどと仕事をする録音工程自体はそれほど重要ではない（Scaping 1989）。バンドを「パッケージ化」することが、レコード会社のより重要な役割なのである。レコード会社は知的財産を購入し、アーティストをパッケージ化し、ブランドとして販売する。この点でレコード会社は、広告会社と同じような役割を担っている。広告会社は、自社をブランドとして売らず、他社の製品をブランドとして販売している。まさにJ・ウォルター・トンプソンがフォード社製の自動車の広告を（つまりパッケージ化し）売るように、ワーナー社はマイケル・ジャクソンのレコードを売るのである。

この点は、文化についての正統派マルクス主義の商品化理論と対立するものである。正統派マルクス主義の理論は、文化産業が生みだす商品が他の産業のものと次第に類似してきていることから、文化産業が他の産業に近づいていると主張する。ある（フォード主義の）時点においてはそうであったかもしれないが、いまでは異なっている。（すべての）文化産業の製品は、次第に商品ではなく広告のようになっている。広告会社のように、文化産業は自分自身を販売するのではなく、別の何かを売っているのである。そして、それは「パッケージ化」により達成される。さらに、広告会社と同じく文化産業は何か別の「ブランド」を販売するが、それは、イメージを通じた価値の移転によって達成されている。文化産業は、工業製品を生産する企業ではなく、生産者サービス企業のようなポスト工業的な企業にますます近づきつつある。製造機能を失い、広告機能と主に資金供給機能を引き受けることで、文化産業は次第に事業者サービス産業へと向かっている。こうしたブランド化のための活動は、広告主、文化産業企業の管理階層組織、自らブランド化をおこなうスター、あるいは映画監督のような創造的な文化産業の作家によって担われている。

（4）広告——文化産業の新たなパラダイム

イギリスの文化産業における広告の重要性は、一九八〇年代にハリウッドで、イギリスの商業映画の制作が増えたことにみてとれる。これらの映画プロデューサー（エイドリアン・ライン、リドリー・スコット、ヒュー・ハドソン、デヴィッド・パットナム、アラン・パーカー）はみな、広告産業の出身者である。おそらくはじめてイギリスの映画製作者が、アメリカよりも高い価値をもつ作品を生みだすことができたのである。彼女／彼らは広告産業出身の一九八〇年代の監督であった。あるインフォーマントによれば、

コマーシャルを撮ることによって、スクリーン上でかなり効果的なイメージを伝える本物の能力を獲得することができます。［なぜかといえば］優れた……人気のある……監督だからです。これらの監督たちは、素材をうまくまとめます。［なぜなら、わずか三〇秒で宣伝しなくてはならないためです。］すべては、そ

こにあります。ある意味、すべては視覚的であり、すべてはスクリーン上にあるのです。［コマーシャルの撮影経験がもつ影響は、］［これらのイギリスの監督が］映画を演出するためにもちこむ技術だけでなく、その想定にも及んでいます。（Lockett 1989; Porter 1989; Brabourne 1989）

資金が、これほど急速に、激しく、そして効果的に投入されなくてはならない場所は、最速のコマ割と最大限のクローズアップが用いられる広告産業の他にない。広告は、もっとも強く視覚に訴えかけるものである。イギリスの監督たちは、たとえ多額の費用をかけた映画であっても、大戦前にはそうした価値を実現することができなかった。なぜならば、演劇における物語や文学的伝統に邪魔され、話される言葉にあまりにも頼りすぎていたからである。映画は常に、演劇よりもずっと見世物的でなくてはならなかった。だからこそ、劇作家のアラン・シリトーは、はじめて映画の脚本を書きあげた際、「六〇〇幕もある劇を書いた」と述べたのである。ハリウッドの監督はいつも、あまり文学的でない見世物的要素がきわめて強い映画を制作してきた。そうした映画は、イメージによって、つまり視覚に訴えかけることによってその効果を実現した。広告は、標準的なハリウッド映画よりも、さらに物語性が少なく、より見世物的になっている。アバークロンビー（Abercrombie 1991）は、「文学モード」で訓練を受けた観客と、「ビデオ・モード」を通じて感受性が形成された観客とを比較した。感性が明らかにビデオ・モードになっている今日の映画の観客には、広告で鍛えられたイギリスの映画監督が最適だったのである。

他の文化セクターの企業がますます広告的になる一方で、広告自体は文化産業により近づいている。広告会社には、通常二つの機能がある。広告を制作し、そして掲出することである。すなわち、「創造的な」側面と、「メディア空間のブローカー」として機能するより純粋にビジネス的な側面である。サーチ兄弟（Saatchi & Saatchi 1987）は、彼らの広告ビジネスを「コマーシャル・コミュニケーション」と表現している。コマーシャルという用語は「産業」を、コミュニケーションは「文化」を暗示しており、そのことが広告の進化の物語を表現するものとなっている。事実、広告は、自由で専門的な事業者サービスからはじまり、フォード主義のもとで一つの産業となり、ポスト・フォード主義のもとで成熟した「文化」「産業」へと進化した。

広告会社は二〇世紀初頭に、「製造システム」のなかでクライアントと隣接しながら仕事をおこなうようになり、アメリカではヘンリー・フォードとほぼ同じ時期にフォード化しはじめた。両大戦間期に、株式会社がみられるようになった。だが、広告会社は、自分たちは株主からの支配をほとんど受けておらず、基本的に「自由な専門家」のままであると誇っていた。広告会社は機能ごとに部門化し、買収や支社を開設することで水平的に統合していった。国内の広告取扱高の相当部分を上位五社が占めるようになり、集中化が進んだ。オグルビー社やJ・ウォルター・トンプソン社のような広告会社は、広告サービスの作業プロセスを系統だったものにする、つまりテーラー主義化するという「哲学」を発展させた。その結果、競争上の優位性は、「哲学上の優位性」を意味することとなった（Lury 1990）。

グローバルな統合は、アメリカの広告会社が海外進出をおこなう際の次のステップであった。通常それは、製造産業のクライアントの要請によるものであった。このことは、フォード主義的製品を宣伝するフォード主義的な広告会社となることを意味しており、買収や直接投資を通じて、グループの国際的な支社の「ネットワーク」（この用語は広告業界人によって使われる）が急速に形成された。たとえば、インターパブリック・グループ社のもっとも大きな二つのネットワークであるマッキャン社とリンタス社は、一九八九年時点で、それぞれ七〇カ国と六二カ国で営業をおこなっている（*Campaign* 3 March 1989）。

アメリカの企業はまた、イギリスの広告産業をも支配しはじめるようになった。第二次大戦以前、アメリカの広告会社は同業者の間で「アソシエーション」と呼ばれる、一連の提携を通じてイギリスで営業していた。そのなかで、互いが自身の国で相手の広告会社の顧客をとり扱うことになる。戦後、再びクライアント主導でイギリスでの企業買収や支社の設立が続いた。一九五七―一九六七年に、アメリカの企業が、三二のイギリスの広告会社を買収した。これらのアメリカ企業は、一九七〇年にはイギリスにある広告会社の公開されている広告取扱高の四二％を占め、一九七二年にはイギリスにある広告会社上位二〇社の同様の取扱高の八六％を占めるにいたった（Lury 1990）。

それに続く二〇年の間に、国内勢の巻き返しも同じくらい急速に進んだ。一九七〇年代後半から、イギリスの広告産業は発展しはじめ、フォード主義的であると同時に、ネオフォード主義的になった。一九五〇年代中頃から一九六〇年代中頃にかけての消費ブームにより、イギリスの広告量が力強い伸びを示した後、一九六六年から一九七六年まで不振に陥った。おそらくその原因は、部分的には、ＩＴＶによる広告の独占により、広告会社が締めつけられたためであった。その結果、ＩＰＡ（広告業協会）の会員は三三％も減ってしまった。一九八〇―八九年の上昇は急激であり、イギリスにおける広告会社の上位五〇社の所得は八〇％、税引き前利益は八五％、株主資金は七二％も伸びた。一九八〇年から一九八七年にかけてイギリスでの広告支出は一二六％伸びたが、それは公式に記録された有形資産への投資、いわば「実物投資」の二倍の速度であった。また、市場調査への支出も一〇〇％の伸びをみせた（Lury 1990）。

イギリスの二つの企業、サーチ＆サーチ社とＷＷＰ社は、いくつかの熟達した資金調達戦略によってこの波に乗り、世界的に支配的な地位へと登りつめている。サーチ兄弟は、イギリスの広告業界を遅まきながらフォード主義の時代へと導いた。第一に、サーチ社の特徴的な「哲学」を浸透させた。第二に、「専門家間のパートナーシップ」原理を、「ビジネス」原理に置き換えた（King 1988）。そして第三に、買収計画である。一九七〇年に設立されたサーチ＆サーチ社は、一九七四年に大きな動きにでて、上場会社のガーランド・コンプトン社と合併したとき、すでに三つのイギリス企業を買収していたのである。いまやこの会社は、株主割当発行で得た資金を用い、イギリス国内で買収をおこない、さらなる拡大を可能にしている。一九八〇年代は海外進出の時期で、テッド・ベイツ社を含むアメリカ企業の大型買収をおこなった。テッド・ベイツ社は七億ドルの株主割当発行によって買収され、サーチ社に、バッカー・スピールヴォーゲル・ベイツ社という世界第二位のネットワーク基盤を与えたのである（Warren 1989）。

こうしたイギリスのフォード主義への遅れた移行は、同時に、ネオフォード主義への移行でもあった。というのも買収により取得されたいくつかの広告会社が、凝集性を欠いた同じ会社の傘下に入ったからである。通常、サーチ社は程度の差はあれ、その哲学あるいは「ブランド」のもとに企業を統合しようとした。それに対して、ＷＰＰ社は、自身を「ファイナンシャル・ブランド」に留め、傘下企業にまとまりを求めず、それぞれの哲学とアイデンティティを残した（*Campaign* 23 February 1990）。それは部門間での多角化という点でもネオフォード主義的であった。ＷＷＰ社は、当初、マーケティング企業を基盤としていた。サーチ社は、デザイン・コンサルティング、広報、市場調査、ダイレクト・マーケティングなど、あらゆる範囲のマーケティング・サービスを展開し、さらにはマーケティング・サービスの枠を超え、より広い「コマーシャル・コミュニケーションズ」のパッケージの一部として、一般的なビジネス・コンサルティング業務にまで社業を広げたのである。この結果は悲惨なものであった。株価は急落し、他社に乗っ取られるきっかけとなった（Lury 1990）。

広告産業に大きな変化をもたらす経済的な条件となったのが、一九七〇年代後半からのイギリスにおける広告需要の増大であった。だが、文化的な条件も同様に重要であり、それはイギリス広告業界の同業者間で「第二の波」として知られている事態において特にそうであった。第二の波は、製品と工程の双方の先駆的なイノベーションに基づいている。製品についていえば、新しいタイプの広告が、一九六〇年代の末から制作されはじめた。それらはいかにも「イギリス」的であり、アメリカの広告のように、度を越え、大げさで、想像力を欠いたものとは異なり、ある種のユーモア、自嘲、皮肉が効いた、より繊細なスタイルを有していた。このスタイルはその後、アメリカの広告にも広がっていった。ブリティッシュ・スタイルは同時期の一九六〇年代にはじまった。そこで、イギリス版の表現革命が、音楽、ファッション、TV、映画、そして文学の分野で、世界中に知られることとなる。広告も、この新たな創造性の精神に影響を受けないわけにはいかなかった。どちらかというと大げさで、想像力を欠いたアメリカン・スタイルに対抗するだけでなく、アメリカの市場調査によって薄められた味気なさに、創造性の精神を対置したのである（Boase 1989）。

一九六〇年代末のこの業界の改革者たち、特にバッカー・スピール・ヴォーゲル・ベイツ社や、J・ウォルター・トンプソン社のイギリス支社で働いていたスティーヴン・キングは、工程におけるイノベーションの新しい指針を通じて、開始されたばかりの製品のイノベーションをシステム化した。「アカウント・プランニング」として知られる手法を開発したのである。アカウント・プランニングがおこなうのは、広告のクリエイティブ・アプローチと市場調査アプローチを調和させることである。すなわち、フォーカス・グループを用いた少ないサンプルを通じて消費者の反応を精査することで、顧客向けの広告が「企画」される。こうした小集団の消費者は、デザイン段階にある広告をともに吟味し、グループ・ディスカッションを通じて、最終段階の広告ができあがるのに重要な役割を果たしているのである（Fletcher 1989）。

アカウント・プランニングは、経済的なものによる、文化的なものの内破を象徴している。つまり、事業者サービスが、「コミュニケーション」もしくは「文化」産業としての広告へとなだれ込んでいるのである。ある回答者は、アカウント・プランニングに参加する消費者は、実際、「クリエイティブな判事」として振る舞っていると述べている。参加者は、広告をあまりビジネスや経済の観点からとらえず、どちらかというと「エンターテインメント」の視点からみている。ここで広告は、商品を販売するための手段として機能する経済的客体ではなく——この参加者が述べるように——「加工品」つまり「抽象的な物」となっている（Fletcher 1989）。

一九七〇年代中頃に第二の波が制度化されたのにともない、コレット社やディケンソン&ピアース社といった企業に牽引される形で、広告会社はアカウント・プランニング部門を創設しはじめた。この全体の動きの一翼を担ったのがサーチ社であった。サーチ社は、第二の波における製品および工程の双方のイノベーションを企業文化に統合し、広範な（イギリスの）フォード主義哲学と積極的なビジネス拡張主義とを融合させた（Warren 1989）。

レコード産業と同様にイギリスの広告産業でも、大量消費の文化的条件が生産側の脱統合を促進した。そのため、広告産業では、新たな小規模の「メディア・バイイング企業」が、大企業から分離している。最終さらに、デザインおよびビデオ制作の外部委託化も進んでいる。

的に、イギリスの広告産業において一九八〇年代末の「第三の」波と呼ばれる現象のなかで、きわめて小規模な会社が急増している。集中化は、一九六〇年代中頃を頂点として下り坂となった。この時期には、イギリスの上位一〇%の広告会社が、紙メディアと商業テレビへの広告支出の八五%をとり扱っていたのである。クリエイティブ精神が、「第三」の波のなかである役割を演じてきたが、それは、サーチ社のような広告会社において創造性の哲学が標準化してしまったことに対抗するものである。このように、イギリスの広告産業におけるフォード主義の文化的条件は同時に、フォード主義が消滅する条件なのである。

四節　結論

多くの分析者が、ボードリヤールを批判している。メディアと大衆社会に関して、アドルノやホルクハイマーが何十年も前に語ったもの以上のことを何も述べていないためである。おそらくこの批判は反転させられるべきであり、アドルノやホルクハイマーが稀有な先見性を有していたと理解すべきなのである。『啓蒙の弁証法』でアドルノとホルクハイマーは、階級闘争を階級構造と置き換えることで、またこうした分析者より五〇年も先んじて、社会構造の弱体化が、アメリカの文化産業におけるその陳腐化した対応物とともに、美化された国家社会主義に基づく国家が有する原子化や個別化をもたらす力の可能性の条件となると考えた（Adorno and Horkheimer 1972=1990）。本章の議論を通じて強調してきたことは、次第に集中化する文化企業において、グローバル化と情報化が有害な意味をもつという点であった。そうした企業は、資金供給と流通を掌握することにより、ますます集権化し、力をもつようになっている。

ここで示してきたことは、伝統的な社会構造にとって代わった情報コミュニケーション構造は知識／権力構造でもあり、同時にフーコーが述べるところの標準化と「個別化」を基礎づけているという点である。社会的ネットワークの基盤から切り離された文化やその他の商品の「専門特化した消費」は、「差異」や「複数化した生活世界」、さらには「新しい部族」の問題というよりも、ニッチ・マーケティングや脱埋め込み化したライフスタイルの飛び地の問題である（Bellah et al. 1985=1991）。そうした問題は、われわれが論じたように、文化産業がいわゆる商品生産とはますます異なったものとなっていることの帰結なのである。中核にある資金供給および流通機能を残すために生産が次第に外部に委託されるようになるにつれ、文化産業は、ビジネスというよりも事業者サービスになりつつある。また、文化産業がおこなうブランド化の活動や中身は、広告産業のような他の事業者サービスにますます似通ってきているのである。

アドルノはその一方的な文化的ペシミズムゆえに、文化研究の文献においてしばしば酷評されている。だが、美学理論のなかで彼は、別の発展のはじまりを予見していた（Adorno 1970=2007）。これは、二つのラディカルな意味で、マルクス主義の伝統から離れるものである。アドルノは、第一に、階級闘争の周縁化によって、批判の契機はすでに労働者階級から美的領域へと移ってしまったと主張した。第二に、彼は、弁証法の肯定的な契機である新たな「全体性」の構築が、より狭い「限定された否定」によって廃棄されなくてはならないと考えている。限定された否定とは、いかなる全体性やアイデンティティのなかではなく、同一性によるいかなる包摂をも回避する「非同一的」なもののなかに、ユートピア的契機を見出す批判のことである。

アドルノの美的思考は、きわめて「実践的」であり、抽象的な美的理性ではなく、美的素材の可能性によって具体的な問題を乗り越えることにより特徴づけられる。二〇世紀の終焉に目を向けると、これらの美的素材は、主に情報コミュニケーション構造の循環する記号のなかに見出すことができる。したがって、さまざまな文化産業の記号のフローがまた、美的批判に素材を提供している。受け手側からみると、このことは、ニッチ市場化を通じた個別化だけでなく、同時に本物の美的―再帰的な個人化にも貢献している。生産側から見ると、それは、文化産業の巨大企業から脱統合した空間を開拓し、またその再生産を助けることに寄与している。そこから、意味のある美的批判をおこなうことができるのである。同様の文脈で、グローバル化がアメリカや日本の少数の多角化した多国籍企業によるグローバルな支配と必然的に等価であるとみなしてはならない。グローバル化はまた、「コスモポリタニズム」の成長を可能にし、「新しい部族」を超えた、再帰的な批判を解釈学的に拡張する機会、つまり異なる言語共同体間の通訳の機会を可能にしている（Bauman 1987=1995、本書一〇章）。ここで論じてきたことは、そうした可能性が、ヨーロッパの映画産業、異なるヨーロッパ諸国の間の通訳、そしてヨーロッパ公共圏の創造をめぐる、起こりうる将来の発展のなかに存在しているということである。

今日、批判は主に文化的なものによって開始されなければならない。その理由はまさに、現代の社会的活動がますます文化の負荷を帯び、近代化をいまだ達成していない社会が「文化―社会」にとって代わられるプロセスにあるからである（Schwengel 1991）。これは日常生活を美化すること以上の意味を有している。それは、むしろ工業原理の初期の社会化と類似した、文化の社会化（*Vergesellschaftung*）なのである。文化の社会化は、かつてないほど情報集約的となった工業生産の原理とさえなっている。つまり、製造産業はむろん重要ではあるが、それ自体が次第に情報―（すなわち文化―）集約的になっているのである。

この文化的ゲゼルシャフトの明らかな問題の一つが、多くの負け組の存在である。再帰的な生産や消費は、シカゴのゲットーで暮らすシングル・マザーにどんな意味をもっているのだろうか。あらゆるグローバルな分業のうち、どれほどの労働者が、実際にこの手のデザイン集約的な生産と関わっているのだろうか。情報コミュニケーション・ネットワークは、それぞれの地理的な場所でどれくらいの密度になっているのだろうか。ポスト工業的生産は、以前の工業資本主義のもとで存在していたものに比べ、さらに質の悪い仕事、つまりもっと「ジャンクな仕事」を生みだすことを必要としてはいないだろうか――レーガンとブッシュがアメリカで創出した二五〇〇万人分の新たな雇用を考えてみればよい。グローバル化してはいるが、空間的には集中している情報コミュニケーション構造へのアクセスから事実上排除されてしまっている者にとって、再帰性とはいかなるものだろうか。本書第三、四、五章では、「再帰性の勝者」、つまり今日の「三分の二社会」の文化資本主義から恩恵を受ける人びとについて扱ってきた。第六、七章では、脱組織化資本主義的ソシオスケープからなる、より荒廃した領域にいる「再帰性の敗者」について詳しくみていく。これらの章では、アンダークラスや移民に目を向ける。こうした人びとにとって社会構造の弱体化は、情報コミュニケーション構造によっていまだ十分に置き換えられていない。このような規制の欠如は、まさに文字通りに社会の解体をもたらしているのである。

注

［1］本章は、ランカスター大学社会学部のニック・アバークロンビー、セリア・ラリー、ダン・シャピロとスコット・ラッシュがおこなったロンドンの文化産業におけるインタビュー調査に基づいている。それぞれの産業について、実際に調査をおこなった研究者が草稿となる報告書を

書きあげた。それをもとにスコット・ラッシュがプロジェクト全体の報告書をまとめあげ、機会あるごとに改訂をおこなった。その報告書はラッシュとアーリによって本書の文脈に合わせて書き直され、本章の大部分を構成している。この調査のさらに詳しい資料は、Abercrombie (1990)、Lury (1990)、Shapiro, Abercrombie, Lash and Lury (1992) を参照せよ。

6 統治できない空間──アンダークラスと逼迫したゲットー

これまで「再帰的蓄積」の性質について論じてきた。そこでは、ポスト組織化資本主義の経済制度が、いかに経済組織における再帰性の発展を必要としているのかという点を考察した。より伝統的ではあるが勢いのあるセクターにおいて、現在、多様な形で成長している専門─管理職階級と熟練労働者階級の双方で、再帰性が高まっていることが検討された。

だが、最近の経済的発展が有する他の側面についてはどうだろうか。近頃、アメリカやイギリスのスラムで、より「逼迫した」ゲットーがかつてないほど急増していることを、どのように理解すべきだろうか。近年、さまざまなグローバル都市で、労働条件が劣悪な衣料産業の工場で、合法的あるいは非合法的に働く移民が著しい増加を続けていることを、どのようにとらえればよいだろうか。オレンジ郡やスコットランドのシリコングレンにある、電子機器産業の組立工場で働く「手先の器用な」移民（あるいは現地）女性は、どのような人びとなのだろうか。ロンドン、ニューヨーク、パリで、ホームレスが路上を埋め尽くすほど増加しているのはなぜだろうか。ロサンゼルスやニューヨークで、公的経済にとって代わり発展している麻薬経済とはいかなるものなのか。アメリカ北西部のマイノリティ・ゲットーで、それとはっきりわかるアンダークラスが、一見すると唐突にも思えるような形で数多く出現したのはなぜだろうか。そして、次のような振る舞いが、ヨーロッパの白人の間でみられるのはどうしてだろうか。たとえば、一九九一年の秋に、イギリスの公営住宅沿いで盗難した「ホットハッチ」車を用いてレースに酔いしれたり、東ドイツのホイエスヴェルダで、クー・クラックス・クランのように非白人の庇護希望者に怒りを向け、その住居に放火するといった行為である。

本章および第七章では、再帰的蓄積の過程が、広範囲にわたるサービス階級を作りだし、また、「三分の二社会」の最下層であり排除の対象とされる第三の階層をも生みだしている点を議論する。だがわれわれは、新下層階級の形成について論じる際、多くのアメリカの社会科学者のように、労働者階級はもはや存在しなくなったと主張するつもりはない。むしろ、新下層階級が表しているのは、多数の移民が流入する一連の構造化した社会的場所とともに、組織化資本主義における相当数の労働者階級の下方に向けた一種の構造的な移動が存在しているということである。さらに、新下層階級は、まず社会的エージェントの社会的なフローを通じて、その後、その地理的なフローを通じて生みだされる。新下層階級に属する人びとは、再編された階層システムの最下層を構成している。再編された階層システムにおいて、資本家と労働者によるヒエラルキー構造は、（きわめて少数の資本主義階級と並び）相当規模の専門―管理職階級、比較的資源をもたないより小規模な労働者階級、そして新下層階級という、三層構造にとって代わられている。逆説的ではあるが、社会階層をめぐる新たな準ヴェーバー的パターンは、マルクス的な資本蓄積過程と、支配階級の手によりおこなわれる新下層階級に属するエージェントの効果的な配置を通じてもたらされている。

本章は四つの節に分けられる。第一節では、アメリカでアンダークラスがはっきりと現れてきたことを論じ、それがアメリカの脱組織化資本主義の固有の形態とどのような関連があるのかを示す。そのなかで、社会的・空間的な不平等をもたらしている、アメリカでの人や投資のフローに特に注意を向ける。第二節では、そのような展開とヨーロッパ社会との関連について、とりわけイギリスとフランスの事例に着目しながら手短に議論をおこなう。第三節では、どのように逼迫したゲットーが支配階級自身の手により生みだされているのか、すなわち、いかにして三分の二社会が困窮した三分の一を生みだしているかを考察する。第四節では、空間の政治に加え、高所得層が逼迫したアンダークラスを生みだす、より具体的なメカニズムについて検討する。

次章では、先進国経済のなかで付加価値の低い新たな製造セクターの発展を導いている、国際的な移民のフローについて分析をおこなう。そうした発展は、男性移民に大規模な上方移動の可能性をもたらす一方で、第三世界の輸出加工地帯をまさに先進資本主義の中心地へと再移転させる機能を有している。また、アンダークラスの発展はおろか多数の新下層階級の形成さえ、その種の構造変動によって必然的に導かれるとは限らない点も論じられる。むしろ、アンダークラスの拡大と新下層階級の形成は、経済と社会の制度的規制の欠如に依存している。対照的に、スウェーデンやドイツのような社会では、異なる制度的配置を通じて異なった結果がもたらされている。そうした社会では、きわめて多くの労働者階級が維持され、新下層階級が発展する余地がより制限されている。だが、アンダークラスの形成を妨げる制度は、過剰規制社会という代償をともなっている。それは、雇用システムからマイノリティや女性をより効果的に排除するものである。

一節　アメリカのアンダークラス

（1）アンダークラス論

エスニシティや人種という概念を、社会科学や政策議題の中心へと再びもち込んだのが、ウィリアム・ジュリス・ウィルソンである（特にWilson 1978; 1987）。人種問題は、一九七〇年代初頭から一九八〇年代後半にかけて、社会学の議論の周縁へと徐々に追いやられた。七〇年代初頭までに、ヨーロッパ、特にイギリスでの人種関係をめぐる議論は、マルクス主義者とヴェーバー主義者の没交渉により停滞していた。マルクス主義者は、エスニック・マイノリティは労働者階級の一部であるが、資本主義が白人を特権化するとともに、非白人を非熟練労働に周縁化して産業予備軍とすることで、労働者階級を分断したと主張した（Castles and Kosack 1973）。対照的に、ヴェーバー主義者は、住宅市場の状態、そして多元化する市場での黒人と白人のより複雑な競合こそが重要であると指摘した（Rex and Moore 1967）。

問題は、いずれの立場の論者も、社会変動の要素を採り入れなかったことにある。それをおこなったのがウィルソンであった。彼は、黒人が労働者階級に大きな亀裂をもたらした一九七〇年代初頭までは、マルクス主義モデルは多かれ少なかれ妥当するものであったと述べている。この時期は、組織化資本主義の時代とおおむね一致している。だが、工業の停滞とサービス産業の興隆、ここ数十年の黒人ゲットーにおける雇用の消失、それにともなう、仕事と結びついた習慣から仕事と関連のない習慣へのライフスタイルの転換により、いまではヴェーバー主義のモデルの方がより当てはまる。ウィルソンによると、マルクス主義的パースペクティブの正当性は、ヴェーバー主義的知見の正当性にとって代わられたが、それは、社会—経済的な構造変化に関するすぐれてマルクス主義的なプロセスの帰結なのである。

北アメリカの人種をめぐる社会学的論争もまた、いくぶん不毛なものとなっていた。アメリカにおいて、構造的要因を重視する左派の主張は、より人類学的な解釈を採用する保守派から激しい攻撃を受けていた。後者の人類学的な解釈は、一九六五年のモイニハン報告のなかで、政策に合わせた神聖化が施された。モイニハン報告は、個人主義的社会における自身の地位に対する貧困層の適応や態度について論じた、オスカー・ルイスの「貧困の文化」仮説を理論的に引き継いでいた（Lewis 1961）。この考えによると、若者は拡大する経済的機会を利用するべく準備する代わりに、ますますひどくなる悪循環のなかにある、地域のサブカルチャーにおける仲間内の価値へと舞い戻るのである。モイニハン報告は、福祉に対する支出を削減する保守主義的公共政策を支える効果を有していた。真に必要とされることは、マイノリティ貧困層の価値観や行動を変えることなのである（Wilson 1987: 13=1999: 36-7）。

その後、モイニハンおよび貧困の文化論に対して二つの応答がなされた。一方で、左派の社会学者は、この種の「アンダークラス」は、実際には発展しておらず、事態は以前とさほど変わっていないことを証明しようとした。他方で、ガットマンのように、黒人文化を吟味し、それがあらゆる種類の豊かさや積極的な価値、そして力強さを内包している点を見出そうとする者もいた（Gutman 1976）。ウィルソンは、社会変動論を組み入れることで、再び両者の立場を逆転させた。彼は保守派による貧困の文化論を受け入れたが、それもまたマルクス主義的な理由からであった。つまり、社会変動（本書でいう組織化資本主義の終焉）こそが、貧困の文化の存立条件を作りだしていると主張するのである（Wacquant 1989）。

だが、一九七〇年代の初頭から中頃まで、ほぼすべての左派の社会科学者は、成長や蓄積により多くの関心を向ける一方で、人種、貧困、都市の不平等を完全に等閑視していた。ところがごく最近になり、見境のない急激な蓄積とそれを可能にする成長連合が、明らかにアンダークラスの形成を導いているという事実に、急速に注意が向けられるようになっている。

『本物の被剝奪階級［邦題：アメリカのアンダークラス］』でウィルソンが描いたアンダークラスの姿は、驚くべきものであった。彼が注意を向けたのは、男性の失業率と女性世帯主家庭の割合がきわめて高い水準にあることにあった。たとえばシカゴのカブリニ・グリーン・ハウスに居住する、子どもをもつ家庭のおよそ九割の世帯主が女性であった（Wilson 1987: 30-2=1999: 58）。ウィルソンは、アンダークラスを六つの中心的特徴から定義づけた。他の社会階級から隔絶した空間での居住、男性の長期にわたる失業、その結果としての女性世帯主、職業訓練やスキルの欠如、貧困および福祉依存の長期化、そして路上犯罪に従事する傾向である（Wilson 1987: 8=1999: 27）。

また、ウィルソンのアンダークラスについての理解は、本質的に空間的なものである。それは、『低下する人種の重要性』で展開された、黒人中流階級をめぐる彼の初期の洞察に基づいている。一九七〇年代初頭に、黒人労働者階級と同様に、かなり多くの黒人中流階級が、インナー・シティ区域からでていった。一九四八年のアメリカ連邦最高裁の判決により、制限的不動産約款が撤廃されたことがその理由の一部であった。かつてはこうした中流階級の黒人たちが、教会やコミュニティ組織を維持していた。中流階級の黒人はまた、下層階級の黒人のロール・モデルであった。貧困の文化が発展した原因の大部分は、こうした中流階級の流出による「社会的孤立」にあった。それは、インナー・シティのゲットー住民から、「主流社会のネットワークから得ることができる、近代的工業社会の社会的・経済的発展を促進するための文化的学習」の機会を奪ったのである（Wilson 1991a: 463）。

黒人中流階級および労働者階級のゲットーからの脱出は、アメリカ都市部の驚異的な脱工業化に付随して生じた。脱工業化自体は、はるか郊外や合衆国の西部や南部への、工業および小売産業の大規模な移動によってもたらされた。自動車を保有しないインナー・シティの男性は、こうした仕事にありつくことができなくなった。そして、経済的な孤立が、規範的な孤立と結びつくことになる。こうした二つの孤立の結合は、黒人家族の解体の条件であり、また「組織化した都市の終焉」と呼ばれる事態でもあった。

（2）さらなる貧困、さらなる教育

ここでは、こうした事態のいくつかの側面について詳細に検討する。もっともはっきりしているのは、アメリカで貧困線を下回る人口割合が、一九七〇年代初頭から一九八〇年代後半にかけて増大していることである。貧困線は、一九六三年の収入水準をもとに一九六五年に設定されたが、それはアメリカのもっとも貧しい五分の一の人びとを、残りの五分の四の人びとと大雑把に分ける基準となっている（Peterson 1991: 5）。驚くべきことに、貧困層の拡大は、国民一人あたりの収入が三分の一ほど伸びた時期（一九七四―一九八八年）に生じた（Jencks 1991: 33）。人種の観点からみると、貧困層の内訳はそれほど変化しておらず、一九七〇年と一九八七年のどちらの時点においても、貧困線を下回る割合は、黒人でおよそ三分の一、白人ではおよそ八分の一で落ち着いていた（Peterson 1991: 5）。

だが、貧困の再分配は年齢に大きく依存している。収入が貧困線を下回る六五歳以上のアメリカ人の割合は、一九六〇年の約三三％から、一九七〇年には二五％、一九八七年にはおよそ一二％へと減少した。他方、貧困状態にある一八歳未満の者の割合は、一九七〇年には一五％であったが、一九八七年には二〇％へと上昇した。アメリカの子どもの貧困は、イギリスより六％、他の先進国の平均と比べるとおよそ一〇％高い水準にある（Peterson 1991: 8）。

なぜ貧困が若者の間に広まったのだろうか。もっとも重要な原因が、ジョンソンおよびニクソン政権下で実施された偉大な社会法（the Great Society legislation）である。この法律は、アメリカの福祉支出を普遍主義的な方向へと大きく推進させるものであった。一九六〇年代のアメリカでは、一連のミーンズ・テストに基づく公的扶助プログラムである、かの有名な「貧困との戦い」をめぐり数多くの議論がおこなわれた。だがそれは、主に年金生活者、メディケア、障害者への金銭給付といった、偉大な社会法の普遍主義に基づく給付に割かれた資源に比べるとわずかなものであった。スコチポルが述べたように、これらのプログラムは、「支援に値しない貧困」［たとえば障がい者、高齢者、子どもなど］から「支援に値する貧困」［たとえばひとり親など］へと福祉給付が矮小化される結果を導いた（Skocpol 1991）。

「支援に値しない貧困」をターゲットとした自由主義的福祉国家による（ミーンズ・テストに基づく社会的）支援は、貧困家庭へのメディケアに加え、ＡＤＣ（要扶養児童扶助）の資格制限の緩和、フード・スタンプの配布、住宅補助の引き上げを含んでいた。だが、それぞれ

の州で実施されていたADCは、連邦政府によるフード・スタンプ・プログラムが導入されたことにより削減された。さらに、六五歳以下の人びとに対するミーンズ・テストに基づく給付は、子どもの貧困を増大させているかもしれない。というのも、そうした給付によって、賃金が相対的に低く、多くの場合、医療保険も提供できないような労働市場に参加する意欲を、人びとから奪ってしまうからである（Skocpol 1991: 432）。

　このように若者に偏った貧困の再分配は、あらゆるエスニシティの若年男性が労働市場で地位を低下させたことにより激化した。貧困の再分配は、女性世帯主家庭が急増したことにより、恐ろしいほど高い割合に達することとなった。一九七〇年から一九八七年にかけて、実際、白人家族の女性世帯主家庭の割合（八%→一三%）は、黒人家庭（二八%→四二%）と同じ伸び率を示し（Holloway 1990: 331-2, 336-7; Peterson 1991: 7）、また黒人女性の出生率は、この二〇年間で半分にまで低下した（Jencks 1991: 84）。それにもかかわらず、女性世帯主家庭の増加は、若者の貧困状況をかなり悪化させている。たとえば、女性世帯主家庭に暮らす者は、一九六〇年には全貧困層の二五%しかいなかったのに対して、一九八〇年には三五%まで上昇し、一九八七年には四〇%に達すると見込まれている（Peterson 1991: 7）。

　より重要なことは、貧困家庭のなかで女性世帯主家庭が占める割合が一九五九年に二八%であったのに対して、一九八八年には六三・七%へと増加した点である（Jencks 1991: 33）。貧困の長期化という観点からいえば、一九七〇年代のいずれの年でも、貧困家庭のおよそ三分の一が翌年には貧困状態を脱していた。だが、子どもがいる黒人家庭のうち六年間の平均収入が貧困線以下である割合は、一九六七年から一九七二年の間で一六・五%であったのが、一九八〇年から一九八五年には二四%へと上昇した（Jencks 1991: 35）。

家族が、新たなアンダークラスの形態を決定づける、制度的クラスターの基底的な構成要素であることに間違いはない。このことは、エスピン-アンデルセンによる福祉国家類型を用いて説明することができる（Esping-Andersen 1990: 122-5, 133-5）。ドイツやオーストリアのようなキリスト教的かつコーポラティズム的福祉国家は、無職者に対する寛大な移転支出と、男性労働者に対する家族賃金の支払いという前提を通じて家族を保護するが、それは必ずしも女性の利益になるとは限らない。アメリカやイギリスのような自由主義的福祉国家は、普遍主義的給付を最低限に抑え、ミーンズ・テストに基づく公的扶助を基礎とすることから、コーポラティズム的福祉国家と同程度の家族賃金が支払われることはまずない。そのため、女性が少なくともパートタイムで働くことが、ますます前提とされるようになっている。「家族」は守られることはなく、かなりの数の女性世帯主家庭が貧困を運命づけられている。スカンジナビア諸国のような普遍主義的福祉国家では、家族賃金が想定されておらず、また労働市場の女性化が高い水準で進んでいるが、寛大な普遍主義的福祉ネットワークによって、現在のところひとり親世帯のかなりの部分が貧困から守られている。

　社会学者は、家族、福祉国家、労働組合などを説明する際、社会的不平等や階級を独立変数として操作化する傾向にあった。ここでは、これらのすべてを従属変数として理解し、階級それ自体、つまり新下層階級の形成それ自体を独立変数とみなす。コーポラティズム的な福祉国家は子どもや若者を貧困から守る一方で、女性や、後にみるようにマイノリティを労働市場から事実上排除するという否定的側面を有している点にもまた注意を払う必要がある。コーポラティズム体制による限定的な階級間平等がもつ価値は、ジェンダー間および人種間の平等が相当程度犠牲されることにより実現されるものなのである。

　ここからは、収入と貧困の問題から、教育と訓練の問題へと論点を移す。アメリカでは第三期教育が普及しており、すべての二五―二九歳のうち、白人の約二三％、黒人の一一―一二％がカレッジの資格を有している（以下 Jencks 1991: 67-70）。また、現在学校に通っておらず、高校卒業資格を有していない黒人の割合は、一九七〇年から一九八八年の間に二七・九％から一四・九％へと減少した。一九八八年の黒人の教育水準は一九七〇年の白人と匹敵する一方で、未就学および卒業資格を有していないヒスパニック系の割合は、一九七五年から一九八八年の間に二九％から三六％へと上昇した。黒人の世代間学歴移動は驚くべき改善をみせている。一九四〇年から一九四九年には、高校を卒業できなかった親をもつ黒人の約六四％が同じ道をたどったのに対して、一九七〇年から一九八二年では、その割合はわずか二五％にまで減少した。さらに、就学状況の改善は、単に数学の点数のみならず、読み書きの面でのスキル向上を実際に反映している。黒人の高校生の識字率は、一九七一年に八二％であったのが、一九八八年には九七・一％にまで向上しており、これは白人とほぼ同じ割合である。

だが、教育水準の向上は、常勤フルタイム雇用の増大を導いてはいない。無職には、失業と労働市場への不参加――アメリカでは過去四週間にわたり求職をおこなっていない状態と定義される――との双方が含まれる。そして、失業は多かれ少なかれ経済循環に依存するものであるが、労働市場への不参加はより長期にわたるため、さらに深刻な問題となっている。労働市場に参加していないアメリカ人男性の割合は、一九五八年の三％から、一九八八年には六％へと上昇した。長期無職者の割合もまた、長きにわたり増加しており、一九六〇年代初頭には四％であったが、一九七〇年代初頭には八％となった。こうした上昇は、あらゆる学歴に共通しているものの、高校中退者に特に顕著である。高校を卒業したアメリカ人男性で、（四八週間以上の）安定的条件で一年を通じて働くことのできる仕事に就いている者の割合は、一九六七年に八五％であったが、一九八七年には七四％にまで減少している。それに対して、高校中退者の場合では、七七％から五九％まで下落している。黒人男性は特に厳しい状況にある。一九七九年から一九八〇年に無職だった者の割合は、白人男性で五％であったのに対して、黒人男性では一六％に達していた。また、長期にわたり無職であった黒人の割合は、白人の三倍も高かったのである（Jencks 1991: 41-6, 53-5）。

同様に、二五―二九歳の若者の収入も、一九七八年から一九八六年の間に下がっている。全体では二〇％下落しているが、黒人では二八％、高校中退者では三六％下がっている（Peterson 1991）。若い男性が労働市場のなかで地位を下げたのは、次のような事情から説明できる。第一に、雇用が保護されていた年配の労働者が独占する、賃金のよい工業関連の仕事が減少したこと。第二に、労働組合を通じた規制が影響をもつ仕事が減少したこと。第三に、男性がホワイトカラー職で賃金を得る時期が遅くなったこと。第四に、とりわけ教育水準が際立って上昇したことにより、女性がかなり多くの仕事で男性の競合者となったことである。

（3）脱工業化空間――逼迫したゲットー

さらに三つの要因が、よりよい教育達成を実現したにもかかわらず黒人アメリカ人男性（そしていくらかの女性）が以前より職を失うという、これまでみてきたパラドクスと関係している。第一に、経済全体に占める製造産業の仕事の割合が減少していること、第二に、残存している製造産業も、都市部から、郊外あるいは郊外の外にある地域へと移転していること（Moore and Laramore 1990: 643）、そして第三に、大都市のタイプによって雇用の再分配のあり方が異なることである。この最後の事情はあまり知られていないため、大都市の三つの異なる類型について説明する必要がある（ここでは黒人ゲットーに焦点を当てていることに留意されたい）。

一つ目は、脱工業化都市である。それは、大規模な製造産業を基盤としてはじまりながらも、その多くの部分を失い、またポスト工業への移行に失敗した都市である。たとえば典型的な「ラストベルト地帯」である、クリーブランド、セントルイス、デトロイト、フィラデルフィア、バッファロー、そしておそらくはバルティモアがあげられる。また、イギリスでいえばストークやニューカッスル、フランスでいえばルーベとトゥールコワンで囲われた地域、そして今後五年間の東欧のいたる場所が該当する。二つ目が、ポスト工業経済への移行の成否に影響を与えている再編都市である。そのなかには、ニューヨーク、シカゴ、ロンドン、マンチェスター、パリ、デュッセルドルフなど、多数のグローバルおよび準グローバル都市だけでなく、ピッツバーグやリーズなど、明らかにグローバルではない場所も含まれる。三つ目が、近年急速に発展しているポスト工業都市である。それは、製造産業が占める労働力の割合が、二七―二八％を超えたことがない都市である。そこには、ヒューストン、フェニックス、デンバー、アトランタといったほとんどの「サンベルト」都市だけでなく、工業セクターが成長を続けているロサンゼルスも含まれている。ヨーロッパでは、ブリストル、ミュンヘン、グレノーブルがこれにあたる。ボストン、サンフランシスコ、エディンバラといった、製造産業が高い水準に達したことがないいくつかの古い都市群は、二つ目と三つ目のカテゴリーの中間に位置する。

ノエルとスタンバックは、脱工業化都市やポスト工業都市に比べ、再編都市で収入格差がより大きな傾向にあること、またそれは特にグローバル都市でもっとも顕著であることを明らかにした（Noyelle and Stanback 1985）。カサルダの著作が示しているように、アメリカで格差がもっとも少ないのはポスト工業都市である（Kasarda 1990）。ポスト工業都市には、貧困者が四〇％を超える国勢統計区のような極端な貧困地域が少ないことが原因である。同時に、そうした都市では、大学資格を必要とする仕事の割合がもっとも少ない。

他の地域と比較したとき、ポスト工業都市の人口増加は驚くべきものである。デトロイトのような脱工業化都市（の中心部）は、一九七〇年代に人口の二一％を失った。一方、ロサンゼルスやフェニックスといったポスト工業都市は、それぞれ五・四％、三五％ずつ人口を増やしている（Knox 1990: 215-6）。脱工業化都市は、中心部での総雇用数の壊滅的な減少を経験することとなった。たとえばセントルイスは、一九五三年から一九八六年の間に雇用数を四三万一〇〇〇人から二七万三〇〇〇人へと減少させた。再編都市の中心部の雇用は比較的安定している。たとえば、同時期のボストンでの雇用数は、四〇万二〇〇〇人から四八万七〇〇〇人へ増加している。それに対して、ポスト工業都市の雇用は文字通り爆発的増加を経験している。たとえば、一九五三年から一九八六年の間、アトランタでは二〇万四〇〇〇人から四八万七〇〇〇人、デンバーでは一六万人から三四万七〇〇〇人というように、雇用は全体で二倍以上になった。同時期のヒューストンでは、三一万三〇〇〇人から一二〇万人へと雇用数は四倍に達したのである（Kasarda 1990: 242-3）。

脱工業化都市もまた、高度に発展したサービス・セクターはそれほど多くなく、当初、製造産業労働者の割合がかなり高かった。たとえば、一九五三年に、全雇用に占める製造産業の割合は、フィラデルフィアで四五・五％、セントルイスで四九・九％であった。比較的高度な教育を受けたサービス雇用者を常に基盤としてきた、再編都市の製造産業での雇用の割合は、脱工業化都市とポスト工業都市の中間に位置している。たとえば、一九五三年の全雇用に占める製造産業の割合は、ニューヨークで三五・九%、バルティモアでは三八・一%であった。それに対して、ポスト工業都市では当初、製造産業での雇用は少なかった。たとえば、一九五三年に、アトランタ、ヒューストン、デンバーでの製造産業雇用の割合は二四%から二八%の間にあった(Kasarda 1990)。加えて、過去三〇年の間、三つのタイプの都市すべてが、固有の特徴を維持していることにも留意する必要がある。

こうした経済的・空間的変容は、社会的・人種的不平等の再編にどのような影響を与えているのだろうか。第一に、旧来の都市から郊外やそのさらに外の地域に流出している、多くの製造産業、小売産業/卸売産業、ブルーカラー・サービス産業は、サンベルト地帯のポスト工業化都市に残存し続けている。ラストベルト地帯とサンベルト地帯の大都市のもう一つの主要な違いとして、あらゆる職種の工業労働がラストベルト地帯のSMSA(大都市統計地域)(大都市)よりも、サンベルト地帯のそれにはるかに多く残った点があげられる。たとえば、一九七七年のシカゴ都市部では、製造産業の雇用者数は五六万八〇〇〇人であった(それは都市部と郊外に均等に配分されていた)。大都市であるロサンゼルスは、シカゴよりも三五〇万人も人口が多かったが、製造産業での雇用者数はほぼ同数の五五万人であった(Scott 1988a: 13, 16)。

ポスト工業都市の中心部および郊外では、製造産業、小売産業、ブルーカラー・サービス産業が存続したおかげで、比較的低い教育水準の若い男性でも、自宅からあまり離れていない場所で仕事をみつけることができた。だが、このことは「ラストベルト地帯」には当てはまらない。加えて、そこでは製造産業が都市中心部から消えただけでなく、多くの場合、若い黒人男性(および女性)によって担われていた他の仕事も失われてしまったことも強調されるべきである。第一に、インナー・シティの主要な黒人居住地域の貧困水準が「いくぶん」から「極度」へと変化するにつれ、そうしたゲットーにある多数の商店が閉店ないし転出するようになっている。それらの商店は、通常、黒人に所有されてはいないが、黒人の若者や女性にとって重要な雇用源であった(たとえば、スパイク・リー監督の映画『ドゥ・ザ・ライト・シング』に登場する、小柄なイタリア系アメリカ人事業家のために働くピザ配達夫ムーキーがその典型である)。第二に、都市中心部(インナー・シティではないが)に以前住んでいた白人たちが、郊外へと転居するようになっている。その際、数多くの消費者サービスに関わる仕事もまた流出している。それらの仕事は、インナー・シティの黒人男性にとって、「通勤圏」内にある満足できる仕事であったが、もはや彼らはそうした仕事に就くことはできなくなった。最後に、インナー・シティ、とりわけ都市中心部から小売産業や娯楽施設がなくなったことで、黒人によって占められていたサービス・セクターの雇用がそっくり失われてしまった(Scott 1988a: 123-30; Kasarda 1990: 238)。

黒人が脱工業化都市で多くみられるようになったが、ポスト工業都市ではあまり目にしないこともまた重要である。たとえば、脱工業化したデトロイトでは、一九七〇年から一九八〇年の間に人口の二一%が失われたが、実際のところ黒人は八万八〇〇〇世帯も増加している。ポスト工業化が進んだフェニックスでは、過去一〇年間で、五八万六〇〇〇人もの人口が増大したにもかかわらず、黒人はたった九〇〇〇世帯しか増えていない。ロサンゼルスでは、この一〇年間で人口が五・四%増えたものの、黒人世帯は実数において減少している(Scott 1988a: 13; Knox 1990: 215-6)。さらに一九七〇年から一九八〇年にかけて、最貧困地区のちょうど四分の三が、シカゴ、フィラデルフィア、デトロイトという三つのラストベルト地帯の都市で占められていた。五二七ある新たな最貧困地区のうち、サンベルト地帯のポスト工業都市に存在したのはわずか三五だけであった(Jargowsky and Bane

1991; Kasarda 1990: 235)。

ヒュージは、こうした最貧困地区を「逼迫したゲットー」と呼び、それを特定するためにかなり込み入った社会的指標群を用いた。その指標は、無職の男性、女性世帯主家庭、高校中退者、福祉（ミーンズ・テストに基づく公的扶助）受給者の数によって構成されている。ヒュージは、この四つの指標すべてにおいて全国の中央値の二倍の数値が与えられるとき、その大都市統計地域は「逼迫したゲットー」に該当すると考えた。彼はこれらの指標を用いることで、脱工業化したフィラデルフィアとデトロイトで、最大規模のゲットーが拡大していることを発見した。フィラデルフィアでは、一九七〇年から一九八〇年の間に、逼迫したゲットーとなる国勢統計区は七から四二まで増加しており、そこで暮らす住民も二万九〇〇〇人から一九万一〇〇〇人にまで増えている。同じくデトロイトでは、逼迫したゲットーとなる国勢統計区の数は一〇から四〇へ、同居住人口は三万一〇〇〇人から一二万三〇〇〇人へと、それぞれ急上昇している。シカゴやバルティモアのような再編都市と脱工業化都市の特徴を兼ね備えた都市では、それほど劇的な増加はみられなかった。逼迫したゲットーに該当する国勢統計区は、シカゴでは一五から三五へと、バルティモアでは九から二一へと増加した。それに対して、再編都市であるニューヨークでは、五から六へとわずか一つしか増えておらず、ポスト工業都市であるロサンゼルスでは、実際その数は一三から一二へと減少している（Hughes 1990: 276, passim）。

したがって、脱工業化における集中した貧困という観点からみた場合、アンダークラスは、ヨーロッパや東ドイツの一部では白人の間でも広がっているのに対して、アメリカではもっぱら人種や黒人と関わる現象なのである。アメリカには、貧しい黒人よりも貧しい白人の方が沢山いるが、そうした白人たちは貧困が極度に集中する地域に住むことはほとんどない。サンベルト地帯のヒスパニック系や白人の男性は、大都市中心部に住む黒人より概して教育水準が低いにもかかわらず、黒人並に高い無職率に達することはない。若年黒人男性は、以前よりも高い教育を受けているが、その教育水準に見合った仕事が簡単に手に入る地域に住んでいない。彼らが居住する地域では、非常に高い学歴をもつ者だけが相応の仕事を手にすることができる。その上、ほんのわずかな者だけが、そうした学歴を有しているにすぎない。

アメリカでもっとも規模の大きい九八の都市中心部において、雇用の面でもっとも急成長しているサービス分野が、生産者サービス産業と社会福祉（医療、教育、行政）サービス産業である。一九八六年の生産者サービス産業の従事者の平均教育年数は一四・三年であり、社会福祉サービス産業の従事者では一五・一年であった（Moore and Laramore 1990: 643）。だが、要求される教育水準は、サンベルト地帯とラストベルト地帯とではかなり異なっている。一九五九年から一九八六年の間に、脱工業化が進んだ（都市中心部である）フィラデルフィアとバルティモアでは、求められる教育年数が一二年未満の仕事が、それぞれ二二万二〇〇〇人および一〇万一〇〇〇人分失われた。同じ時期、サンベルト地帯に位置するヒューストンとサンフランシスコでは、同様の仕事がそれぞれ三七万八〇〇〇人および四万九〇〇〇人分増加した（Kasarda 1990: 247）。実際のところ、フィラデルフィアやバルティモアにおける仕事の多くは郊外地域に流出しており、ヒューストンやサンフランシスコのように、黒人男性はそうした仕事にアクセスすることができなくなった。郊外地域の仕事にアクセスできないのは、インナー・シティに住む黒人男性のほとんどが自動車を所有していないためである。たとえ自動車をもっていたとしても、黒人は白人よりも平均通勤時間が長く、高校以下の教育資格しかない黒人男性の八〇％が通勤に自家用車を必要としている（Hughes 1989;

Kasarda 1990: 254; O'Regan and Quigley 1991: 289）。多くの白人男性がアクセスしている情報ネットワークから黒人男性たちが排除されているという事実が、黒人が教育水準に見合った仕事を得ることをさらに困難にしている（O'Regan and Quigley 1991: 285-6）。そして、黒人がインナー・シティや都市中心部の外にある郊外地域に住んでいる場合でさえ、郊外のなかで雇用が大きく発展している地域は、黒人の居住地域から空間的にかなり離れた場所にある（Schneider and Phelan 1990: 308）。

最後に、高校卒業資格を要する仕事が減少しているのは、大規模な黒人の集住地域だけである。たとえば、一九七〇年から一九八〇年の間に、そうした仕事はフィラデルフィアでおよそ一一%、デトロイトでは二九%減少した。同時期のニューヨークでは、高校卒業資格を必要としない仕事は六〇万減少する一方で、カレッジ中退を最低要件とする仕事は少なくとも五〇万増加した。一九八〇年のシカゴの都市中心部の就業者が有する資格は、高校中退、高校卒業、カレッジ中退、カレッジ卒業に分類されるが、それらはそれぞれ等しい割合にあった。だが、黒人男性は高校中退者においてより多くの割合を占めており（四五%）、大学卒業者の割合はより少なかった（三%）。

では、こうした憂鬱な展開は、どのような空間的特性を有しているのだろうか。第一に、貧困が地方から都市中心部へと移っている。一九六〇年に、アメリカの地方に住む者の二八・二%が貧困であったが、一九八七年には、それはわずか一三・八%となった。それに対して、都市中心部に住む貧困者の割合は、この三〇年間で一三・七%から一五・四%に増えている。それは、GDPが実質二倍になるなかで生じたことなのである（Peterson 1991: 5; Wilson 1991b）。このように貧困の集中がラストベルト地帯の都市中心部（そのインナー・シティ）に移行したことは、南部の都市の黒人やテキサスのヒスパニック系の間で、ゲットーに暮らす貧困層の数が事実上減少していることを意味している（Wilson 1991a: 464）。

第二に、アメリカでは黒人の貧困層は白人の二倍以上にのぼっているが、白人が貧困集中地域に住むことはあまりない（Kasarda 1990: 254）。一九七〇年に比べ、一九八〇年には逼迫したゲットーに住む白人は減少した。ゲットーに住む貧困層の全人口はこの一〇年間で六六%増加したが、黒人の場合はその二倍、ヒスパニック系ではその三倍の水準にある（Wilson 1991a: 463）。多くの場合、白人はそうしたゲットーから巣立っていった。一九七〇年から一九八〇年の間に、白人人口はニューヨークで一四〇万人、シカゴで七〇万人、デトロイトで四〇万人減少したのである。

第三に、黒人の間で相互に関連する展開が数多く生じている。まず、逼迫したゲットーが、孤立した状態から、隣接する国勢統計区からなる非常に巨大な「大陸」へと発展していく動きである（Hughes 1989: 196-7; 1990: 278, 280）。次に、貧困でない黒人地域の大幅な減少である。黒人富裕層やそれと関連する施設がゲットーからでていったため、住民の二〇%が貧困であった地域は、その四〇%が貧困である地域へと変化した（Wilson 1991a: 470-1）。最後に、過去数十年に比べ、都市中心部にやってくる相当数のニューカマーは、すでに貧困（であり黒人）であった（Jargowsky and Bane 1991）。

では、こうした巨大で重要な変化をどれくらい理論的にとらえるべきだろうか。W・J・ウィルソンは、社会的・空間的変化の側面を印象的なやり方で理解したが、その過度な行為論的見地ゆえに、そうした変化の重要な構造的特性を過小に見積もっているように思われる。彼は、「コミュニティの成員からの学習を通じて発展した自己の選好に、人びとがどの程度従うのか」という点から、文化を理解している（Wilson 1991a: 474）。ヒュージの「逼迫したゲットー」という概念は有用である。だが、ここでは、逼迫したゲットーを、一連の共有された社会的特性を有した個人が、偶然同じ空間に集まったものとしてとらえるウィルソンのやり方を避けるつもりである。ヴァカンは、より方法論的個人主義的でない見地から、この現象を理解しようと試みている（Wacquant 1989）。彼はより古い定義に着目し、古典的なゲットーを、支配的社会のあらゆる制度が再生産される空間としてとらえた。そのなかでホスト社会の制度から排除された個人は、そうした再生産された制度のなかで活動をおこなうのである。古典的なゲットーと今日の「逼迫した」ゲットー（あまり有益とは思えないが、ヴァカンはそれを「ハイパー・ゲットー」と呼んでいる）との違いは、後者ではそのような再生産された制度の大部分が消えつつある点にある。

だが、ここで述べてきた事柄は、構造とエージェンシーの双方に関わる問題である。エージェントとして行為する黒人は、アメリカ社会のなかで期待する地位を達成するためにルールに従ったが、まさにその際接近を試みた構造から、外的要因によって遠ざけられてしまったのである。特に問題となっていることは、黒人が働くことを望まないということではない。そもそも、かつて黒人たちは仕事を得るためにアメリカ南部から北西部の工業都市に大挙して移り住んだのである。最初の四半世紀あたりまで、黒人たちはそうした仕事にうまく就くことができた。ところがその後、仕事は別の場所へと移転してしまった（Kasarda 1990: 252-3）。黒人は移住しただけでなく、これまでみてきたように、はるかに高い教育を受けるようになっている。だが一方で、都市中心部での雇用につながる教育水準は変質してしまった。ブルゴワは、マンハッタンにおけるクラック・コカインの密売人に関する研究のなかでこの点をうまくとらえている（Bourgois 1991）。今日のニューヨークでは、黒人の子どもが「労働への順応」に向けて成長しようとしても、それを可能にする職場が存在しない。その結果、多くの場合、失業するかクラック・コカインに依存した政治経済のなかで働くことになる。

重要なことは、アンダークラスを生みだす人種主義が、制度に備わっているという点である。さらに、人種主義を内包する制度は国ごとに多様である。いずれの場合でも、それは排除の制度として機能する。ドイツのように制度的に密に管理された社会では、このメカニズムは家族と結びついたコーポラティズム的制度のなかに存在する。アメリカは、ウィリアムソンによる有名な「市場」と「ヒエラルキー構造」を通じた制度的ガバナンスの祖国であり、全体として非コーポラティズム的である。そのため、排除のメカニズムは、市場自体に組み込まれている。それは主に、制度としての（分工場の移転を管理する大企業のヒエラルキー構造によってもっぱら統制されている）労働市場や住宅市場にみられるものである。後述するように、そうした制度は、ドイツでは概して機能的に作用し、アメリカではもっぱら空間的に作用している（Schmitter 1982）。

以下では、ヨーロッパにおけるアンダークラスの形成とエスニシティのいくつかの側面についてより手短に検討を加える。

二節　ヨーロッパのアンダークラス

アメリカの黒人アンダークラスのモデルにもっとも類似しているのが、イギリスのアフロ・カリブ系である。置かれた状況はよく似ている（Cross and Johnson 1988）。第一に、両者とも西アフリカを出自としている。第二に、両者とも強制労働のために新世界のプランテーションに連れてこられた。第三に、両者のケースとも奴隷制を発端として、人種主義が形成されるようになった。第四に、アフロ・カリブ系もアメリカの黒人も、白人のプロテスタントが支配する工業労働の中心地へ、自身の意志によって移住した。第五に、今日の大多数のエスニック・マイノリティの文脈とは異なり、どちらのケースでも国籍は問題とならなかった。実際のところ、黒人の方が、ほとんどの白人コミュニティよりも長くアメリカに居住しており、またアフロ・カリブ系は、コモンウェルス時代にイギリス市民としてやってきたのであった。第六に、どちらの場合も空間的に対象を定めるやり方で公的支出がおこなわれたため、より多くの仕事にありつける見込みのある地域へと移動する可能性が妨げられた。そして第七に、国家がその役割を福祉から治安維持へと大きく転換させたとき、脱工業化が黒人を経済的周縁へと追いやった（Fainstein and Fainstein 1989）。

アメリカと同様にイギリスでは、主たる移住先がもっとも人口が多く雇用が減少している地域である都市中心部であったため、その帰結も似通ったものとなっている。その四〇％がアフロ・カリブ系の非白人は、イギリスの労働力の四％を占めている。ゲットー地区は、アメリカほど人種的に排他的ではないが、いくつかの地方で非白人の集中度は相当な割合に達している。たとえば、非白人はその五八％がイングランドのサウス・イーストに、一四％がイースト・ミッドランドに居住し、それらの地域の労働力の約七％を構成している。また、ヨークシャー&ハンバーサイド、イースト・ミッドランド、およびノース・ウェストでは、非白人は労働力のおおむね三％から四％を担っている（Ward and Cross 1991: 118）。都市中心部への集中状況から判断すると、労働力の構成比率は、ウェスト・ヨークシャーでは約七―八％、マンチェスターでは約六―七％であり、ロンドンやバーミンガムではおよそ一二％にのぼると考えられている。

上記地域において、エスニック・マイノリティの失業者の割合は、白人よりも二―三倍高くなっている。もっとも、実際にはエスニック・マイノリティ内にも偏りがあり、西インド系やパキスタン系の失業率は、インド系よりもはるかに高い。また、アフロ・カリブ系女性の就労率はきわめて高く、一九八三年においてイギリス全体の女性の就労率は四七・五％であったのに対して、アフロ・カリブ系女性では六八・五％に達していた（Cross and Johnson 1988: 78）。加えて、アフロ・カリブ系男性は、アメリカの黒人やイギリスの他のエスニック・マイノリティと比べて、かなりの割合で製造産業のマニュアル労働に従事している。一九八四年から一九八六年において、パキスタン系の六五％、白人の五四％、インド系の四五％という数値に比べ、七七％もの西インド諸島系の男性が手工業あるいは非熟練マニュアル労働に従事していた（Ward and Cross 1991: 120, 123）。

一九七〇年代から一九八〇年代にかけて、世界最大規模の専門―管理職階級の一つを生みだすこととなった、イギリスの構造的社会移動を考慮に入れるとき、アフロ・カリブ系男性の移動が妨げられていたことは非常に驚くべきことである。一九八六年において、転職の際、白人の三四％が上方移動を、その一七％が下方移動を経験した。西インド諸島系では、上方移動した者は二七％であり、下方移動した者は三三％であった。世代間移動のパターンはより重要である。アフロ・カリブ系の男性のうち、父親が専門―管理職である者の二五％、そして事務職やサービス職である者の五五％が非熟練マニュアル職に従事していた。それに対して、上方移動した者はわずかである。マニュアル労働者の父親をもつ白人のうち二二％が、現在専門―管理職に就いているが、アフロ・カリブ系ではその数はわずか二％なのである（Ward and Cross 1991）。

一九五〇年代および一九六〇年代に、アフロ・カリブ系は規制の緩い労働市場と硬直的な住宅市場に直面することとなった。その結果、アフロ・カリブ系は、縮小する民間賃貸セクターへと向かうことを余儀なくされた。第二次世界大戦直後、すべてのイギリス人の半数以上がこの種の住宅に住んでいた。一九七一年まで、イギリス人のうち、民間賃貸セクターに住む者はわずか九％しかいなかった。それに対して、アフロ・カリブ系の四三％が民間賃貸セクターに住み、さらにそのなかの半分が家具つきの住宅に居住していた（Rex and Moore 1967; Ratcliffe 1988: 133）。ところが、一九八一年までに、約四五％の黒人イギリス人が地域の公営住宅に住むようになっていた。それは部分的には、黒人の居住地が、特にハックニーやランベスに顕著にみられるように、公営住宅の密集地域であったためである。いまだ民間所有セクターに向かっていなかった白人に比べ、アフロ・カリブ系はより困難な状態に置かれている。それは部分的には、白人による隔離要求に地方自治体が配慮したためである。特に顕著なのは、持ち家に住む西インド諸島系が他と比べて不利な立場にあるということである。一九七九年のロンドンにおける持ち家住民への調査では、白人の所有する住宅の六％に対して、黒人の住宅の一六％が居住に適さないと考えられた。加えて、深刻な破損を抱える住宅に住む者は、白人では一六％であったのに対して、黒人では三六％にのぼっていた（Ratcliffe 1988: 138）。最後に、西インド諸島系が住む地域には中流階級が多数居住していた点も、アメリカにおける黒人と非常に似ている。つまり、中流階級の黒人は、より貧しい地域に居住する傾向にある。一九七九年に持ち家に住んでいた者のうち、アフロ・カリブ系の六〇％は一九一九年以前に建てられたテラスハウスに住んでいたが、白人ではその割合はわずか一六％であった。また、持ち家を所有するアフロ・カリブ系の半数が「貧困居住区」に住んでいたが、白人では一〇％にすぎなかった。住宅市場を通じた人種主義を、どのように規制することができるだろうか。そうした規制は、制限的不動産約款に基づく法システムではなく、御都合主義的な市場を通じて行使されている。たとえば、黒人に紹介しないように販売カードに印をつける不動産仲介業者や、黒人には特定の不動産しか貸さない住宅金融組合によって、人種主義が実践されている（Ratcliffe 1988: 140, 142）。市場と道徳的普遍主義に関してはBoltanski and Thevenot 1988）。

エスピン-アンデルセンが論じるように、フランスはコーポラティズム的福祉国家にあたるであろう。だが、ドイツやオーストリアとは異なり、また英米世界と同様に、フランスの制度的人種主義はもっぱら市場を通じた規制により媒介されている。フランスと英米諸国との重要な違いは、前者において移民の住居が郊外にあり、インナー・シティや都市中心部にはあまりみられない点にある。パリの異常な速さの郊外化は、ニューヨークやロンドンでさえみられない規模でのジェントリフィケーションといったプッシュ要因と同様に、工業の移転やより望ましい住宅の建設といった「プル」要因によって統制されているように思える。このような郊外化は、フランス生まれの労働者階級が、わずかに早い時期に同様の規模で経験したものである。

人口統計学的に比較的安定していた数十年の後、政府による奨励を部分的な原因としながら、工業がパリやその近郊から他の郊外やセーヌ・ヴァレー川の下流へと、かなりの規模で移転することとなった。そこには、ルノー社のフランへの移転、シムカ・フライスラー社のポワシーへの移転、そしてシトロエン社のパリ第一五区からオルネー・スー・ボワへの移転といった有名なものが含まれている。それまでアルジェリア系がその多数を占めていた移民は、長距離通勤をおこなう意志を示し、またある程度それが可能であった。たとえば、一九七〇年代初頭のある調査によると、エソンヌ県のマッセー工業地区の労働人口の八四％が県内に住んでいなかった。同じ時期、外国人労働者のおよそ二五％がパリ中心部で建築産業に従事しており、古い建物の清掃や改修、新たな建物の建設をおこなっていた。だが、外国人労働者は、パリ西部にある中心ビジネス地区の成長や、そうした地区でスタッフとして働くためにパリに住居を構える上流・中流階級のフランス人によって、都市から追いだされることになる（Minces 1973; Barou 1982: 138-9; Sayad 1977）。

　こうした居住施設の移転は、移民やマニュアル労働者を、パリの中核である第一—四区から、パリ中心部から離れた地区や郊外へと追いやっている。地理上の中核をなすこの四つの地区において、一九五五年から一九七五年にかけて、総人口が三八％、宿泊施設数が一〇％、過密住宅が六〇％減少した。また、年齢、階級、人種の構成にも重要な変化が生じている。一五歳未満の子どもの割合は約五〇％減少し、六五歳以上の割合が四五％増加した。そうした地理上の中核では、フランス生まれが四四％減少し、移民数が七九％増加した。外国人人口の増加はすべて一九五四年から一九六八年の間に生じており、実際、それ以降外国人の数は減少している。最後に、一九五五年から一九七五年の間に、労働者階級の仕事に就く者は四三％減少したが、専門—管理職階級は、一九六八年から一九七五年の短い期間に三六％増加した（Barou 1982: 142）。

　こうした人口学的変化は、パリ第四区にあるマレ地区のサン-ジェルヴェ四丁目という、よりミクロなレベルにおいてはっきりと認識することができる。そこでは、一九五四年から一九六八年にかけて、移民数は三二〇〇人ないし総人口の一六％増加した。フランス生まれのマニュアル労働者は、移民の流入と同時に移動をはじめ、一九五四年から一九六八年の間にその数は六六％減少した。さらに、一九六八年から一九七五年には、移民自体もその地区から流出しはじめ、その数は四九％減少した（Barou 1982: 143）。はるか郊外に移民家族が増えつつあるが、全般的な傾向としては、都市中心部の人気行政区の周辺やその近郊に独身移民が居住するようになっている。都市中心部の行政区には、行政機関により委託された多数の「簡易宿泊所」があり、

一九七八年には全パリ都市圏の単身移民労働者全体のおよそ半数がそこに住んでいた。それ以降、移民の家族呼び寄せが徐々に増えるにつれ、独身男性の数は急激に減少していった。家族で都市中心部に住むことはまれであった。一九七五年においてでさえ、一七歳以下のエスニック・マイノリティの子どものうち、都市中心部に住んでいたのはわずか一五％にすぎず、残りは近郊およびはるか郊外に等しく分散していた（Barou 1982: 145）。

　パリのジェントリフィケーションのプロセスは、ニューヨークのソーホーといくぶん類似している（Zukin 1988）。それは、賃料が安い地区で貧困層と隣り合って暮らすことを望む理想主義的な知識人、アーティスト、教師によって開始された。これらの人びとの流入は、賃貸の高騰、修繕費の増加、地域商店における商品の値上がりといった意図せざる結果を導いた。それは、移民たちの流出を余儀なくさせるとともに、かなりの富裕層が流入するための経路を準備するものとなった。

　次節では、富裕層の成長がある意味で、今日の脱組織化した都市におけるゲットー化やエスニック・アンダークラスを生みだす原因となるメカニズムを検討することで、貧困層と富裕層のこうした複雑な関係を直接考察する。これまで、複数の制度——労働市場、商品市場、福祉国家制度、労働組合、家族——が、ゲットーから流出している点をみてきた。こうしたゲットーでは、深刻な真空状態が、つまりアンダークラスを生みだす、経済的・社会的規制の欠如が、そのまま残されている。以下では、そうした結果をもたらす、個人的・集合的主体の運動や制度の背後にある動因について考察する。

三節　分極化――貧困層と専門職

新下層階級は、規制の欠如や臨時雇用への切り替えのみならず、貧困の拡大によっても苦しんでいる。同時に、富裕層はますます豊かになっている。アメリカやイギリスなどの国では、中程度の収入を得る層が減少しているが、それは、所得分配がますます二峰性パターンに従うようになっているためである。

たとえばアメリカでは、一九四五年から一九七三年の間、中流階級家庭の所得は安定して上昇した。その後、そうした状況を想定することは不可能になった。耐久消費財を生産する製造産業での一時間あたりの平均実質賃金は、一九七三年に一〇・七三ドルであったが、一九八六年には一〇・三三ドルとなった。一九七三年に、民間部門で働く非管理職労働者の平均賃金は、一時間あたり八・五五ドル（月一九八二ドル）であったが、一九九〇年には七・四六ドルへと一三％下落した。低収入層はさらに広がっている。たとえば、年収一万一一〇三ドル以下のフルタイム通年雇用労働者の割合は、一九七〇年に一二％であったのが、一九八六年には一七％へと増加している（Harrison and Bluestone 1998: 113; *The Economist* 4 November 1991）。

収入格差はますます拡大している。一九九〇年に、上位五分の一に位置する家庭が、すべての家庭の総収入の四四・三％を受けとっていたが、それは一九七五年時点より三・二％増加している。一九八七年に、就労年数が六―一〇年の平均的なカレッジ卒の男性は、同様の就労経験をもつ高卒男性よりも平均して七〇％も多く稼いでいた。同時に、下位五分の一の層が占める割合は四・六％に減少し、一九七五年と比べて〇・八％低い値となっている。さらに、一九九〇年の国勢調査によると、三三六万人のアメリカ人が公式の貧困線を下回る生活状況にあるが、それは人口の約一三・五％に該当する。印象深いことに、最下層の貧困の拡大は、一九七六年から一九八六年にかけて連邦移転支出が倍増し、国家および地方自治体による公的扶助が九％増額されたなかで生じているのである（Harrison and Bluestone 1988: 123; *Die Zeit* 8 November 1991: 41）。同様に、一九九〇年のロサンゼルスでの調査は、年間五万ドル以上の収入を得ている者が一九八〇年代を通じて人口の九％から二七％へと三倍増加したが、年間一万五〇〇〇ドル未満の低収入層もまた三〇％から四〇％へと増加していることを示している。残りの「中流階級」は、この一〇年間で、六一％からわずか三二％へと縮小した（Davis 1990: 7）。この有名な「消えた中流」は、雇用創出過程のなかにもみることができる。一九六三年から一九七三年の間に生みだされた新たな雇用のうち、九割が年収一万一〇〇〇―四万四〇〇〇ドルの中所得の仕事であった。だが、この割合は、一九七九年から一九八六年の間に二分の一へと減少した。

アメリカにおける状況は、ヨーロッパ諸国と鋭い対照をなしている（イギリスについてはBrown and Scase 1991: 13）。ヨーロッパで実質賃金は上昇しているが、アメリカでは下落している。雇用創出は、ヨーロッパでは最小限度のものであり、一九八〇年代を通じて三―五％であった。それに対して、アメリカでは三〇％に達している。一九七七年から一九八七年の間、アメリカの国民所得の成長はわずか二〇％ほどであったが、雇用総数は六五〇〇万から八五五〇万へと増加した（Sassen 1991: 141）。アメリカでの新たな雇用の大部分は、既婚女性の労働市場への参入によって充当され、その他の相当部分が移民によって担われている（この点は第七章でも議論される）。移民を通じた人口増加は、アメリカの一人あたりの国民所得が、ヨーロッパ平均よりも緩やかに成長していることを意味している。このことは、アメリカの総国民所得の成長が、ヨーロッパの平均的な成長よりもかなり緩やかであったという事実に影響を受けている。

　こうした分極化のプロセスのなかで、アメリカの黒人の相対的地位は低下することとなった。一九七〇年から一九八六年の間、収入が一万ドル以下の白人家族の割合は一〇%前後で安定していたが、黒人家族では二六・八%から三〇・二%へと増加した。加えて、収入が五万ドル以上の白人の数はさらに増えていった。一九七〇年に、黒人家族の四・七%、白人家族の一四・八%が高所得カテゴリーに該当した。一九八六年には、高所得カテゴリーに入ったのは、黒人家族で八・八%、白人家族では二二・〇%であった。資産を考慮に入れると、人種間の不均衡はより顕著になる。たとえば、高所得層の黒人が有する資産は、白人のわずか四六%の価値にすぎない。そうした不均衡は、低所得集団の間でより大きくなっている（Fainstein and Fainstein 1989: 192-4）。

　こうした所得（および富）の格差が拡大した理由は何であろうか。アメリカで生じた、一九六五年から一九八六年の賃金格差拡大のおよそ五分の一が、製造産業からサービス産業への雇用をめぐる構造転換によって説明することができる（Harrison and Bluestone 1988: 120、および本書第八章以下）。もっとも有望な成長セクターである生産者サービス産業と関連して、ニューヨークの金融・保険・不動産（ＦＩＲＥ）産業での雇用のおよそ五分の一が、事務職労働者によって構成されている。また、非製造産業の事務職の雇用者は、製造産業においてマニュアル労働の事務職従事者よりもかなり劣悪な状況にある（Sassen 1991: 225）。他方で、生産者サービス産業の専門職や管理職の給与は、工業製造産業と比べるとかなり高い水準にある（Sassen 1988）。

　だが、アメリカ労働統計局の推計によると、サービス産業への移転がもたらす収入格差拡大の規模は、将来において拡大すると考えられている。一九八六年から二〇〇〇年にかけて、弁護士補助事務員が六万四〇〇〇人、データ処理機器の修理工が五万六〇〇〇人、周辺データ機器のオペレーターが二万四〇〇〇人、そしてコンピューター・システム分析官が二五万人増大すると見込まれている。それに対して、同じ推計は、レストラン、バー、ファースト・フード店での仕事が約二五〇万増え、ホテルやモーテルでの従業員は五〇万未満で、またデパートの従業員も四〇万よりも少ない水準で増大すると予測している（Harrison and Bluestone 1988: 71-2）。

　収入の分極化が拡大するもう一つの理由は、構造やシステムによるものではなく、社会関係や下請戦略に起因している。ハリソンとブルーストーンは、アメリカで生じている給与格差の三分の一が、労働時間の不平等によりもたらされていると推定している（Harrison and Bluestone 1988: 49ff）。だが、賃金だけをみていては、格差を低く見積もることになる。たとえば、非正規労働者は失業状態により陥りやすい。イギリスで一九八七年に失業状態にあった者の八分の一が、その直前まで有期契約の仕事をおこなっていた。もし給付金が十分にインフレと連動していなければ、仕事を失ったとき、こうした人びとはさらに不利な状況に立たされる。また、西側の政府が失業者数を少なくする一つのやり方は、より非正規に近い労働者を受給対象から外すことにある。それにより、統計の見栄えがよくなり、労働者に対する失業手当の支出が節約される。最後に、公共部門のサービスが下請けにだされるとき、大抵の非正規雇用者がそうなるように、公共部門の労働者の地位は通常、即座に悪化することになる（Fevre 1991: 67）。

　アメリカの臨時雇用者は、一九七〇年から一九八四年の間に、ＧＮＰの増加率の二倍の勢いで増大した。イギリスでは、一九八四年から一九八八年に、臨時雇用は男性で七%、女性で五%増加した。イギリスの女性は、いまだに全パートタイム労働者の八八%を構成している。パートタイム労働者数はその間に、男性で六一%、女性で一七%増加している（Fevre 1991: 58）。こうした増加の多くの部分が、システム変動、つまり工業に代わってサービス産業が持続的に拡大していることにより説明することができる。一九八七年のイギリスでは、サービス産業に従事する労働者のうち、男性の一二％そして女性の一四％がパートタイムであったのに対して、重工業では、男性のわずか一％が、そして女性の一七％がパートタイムだったのである（Fevre 1991: 60）。

　多くの西側諸国にみられる賃金分極化のさらなる重要な原因が、政府と雇用主が推し進め、自らに都合のよい結果を導いた組織的な反労働組合戦略であった。一九八四年にレーガンによって改革された全国労働関係委員会は、労働組合が組織された場所から、組織されていない場所へと生産を移転する許可を企業に与えることでその先鞭をつけた。企業がより多くの生産を、労働組合が組織されていない会社に外注するようになるにつれ、組合はさらにメンバーを失うこととなった。たとえば、クライスラー社は、一九八〇年代半ばまでに完成品がもつ価値のおよそ七〇％の部分を、外部のサプライヤーから調達するようになっている。それに対して、労働組合が組織されているセクターは、中流階級の給与に応じた成長に失敗した。そうした職場では一九八〇年まで賃金が安定的に上昇し続けたが、その後、労働組合は――日本製品の脅威に直面し――「譲歩交渉」を強いられるようになった。このことが、全域にわたる賃金凍結と、ＣＯＬＡ（物価にスライドした賃金調整）をめぐる長きにわたる闘争の衰退を導いた（Coriat 1985）。一九八三年に、労働組合契約の半数はＣＯＬＡに関する条項を有していたが、一九八五年にはそうした組合は三分の一以下になっていた。同様に、労働組合が組織されている職場内部でも、条件の分極化が生じた。たとえば、各々のセクターは別々に団体交渉をおこなうことを強いられるようになった。また、労働組合は「二重賃金」システムの受容を余儀なくされ、未経験労働者に対しては、およそ五年から一〇年の経験をもつ労働者の基本給の六割程度しか支払われなくなった。一九八七年までに、労働組合加入者の三分の一以上が二重賃金契約をおこなっていた（Kochan 1985; Harrison and Bluestone 1988: 40-2）。

　ここで、誰が新たな富裕層なのか、また、さまざまなサービス産業の成長が貧困層と富裕層との新たな分極化の生成にどのように寄与しているのかについて、いくぶん詳しく考察していこう。さしあたり留意しておかなければならないのは、「先進サービス産業」と呼ばれるものが、この分極化プロセスのなかで重要で中心的な役割を果たしているということである。先進サービス産業には、ソフトウェア、個人金融、教育と健康、事業者サービス、文化産業、そしてホテル、仕出し、小売の一部が含まれている。こうした視点から先進サービス産業は、専門特化した製品、不断のイノベーション、その内容がもっぱら象徴を用いた製品や、特許ではなく著作権によって保護されているような製品をも内包している。映画、レコード、テレビ、出版といった、イノベーション集約的でかなり短い製造連をもつ産業は、コピー、つまりアイデアのコピーをおこなう文字通りの排他的権利である著作権法によって管理されている。したがって、著作権は、特許法とは異なるやり方で、知的財産をとり扱うものである。さらに、先進サービス産業は、非常に象徴的な特性を有している。洗濯機の使用価値は衣類を洗濯することにあるが、人びとはそれを、部分的にはその記号価値ゆえに購入するのである。先進サービスがまさに有している使用価値は、その象徴的特性のなかに見出される――したがって、それは象徴集約的である（Lury 1993 とともに本書第五章）。先進サービス産業は、われわれが「再帰的蓄積」と呼ぶ事柄と大いに関わっている。再帰的蓄積のなかで先進サービス産業が、再帰的な消費者のために商品を販売し、サービスを生みだす再帰的な生産者を構成するのである。

これらの新たなサービスには、数多くの留意すべき点がある。第一に、階級分断を増幅することで、非常に多様性に富んだ先進サービス産業のためのかなり大きなニッチが生みだされている（Bourdieu 1984; Lash and Urry 1987）。第二に、脱伝統化し、また個人化した消費パターンの再帰性が増大したことが、先進サービスが消費される理由となっている。第三に、そうしたサービスはしばしば専門特化され、小さな単位で供給され、一回限りでさえあり、またサービスの提供者と受給者との共同製作を含むものとなっている。第四に、先進サービス産業は、サービスの生産者側に、情報や象徴に関わる技術などと関連する非常に高い水準の文化資本を要求している。第五に、先進サービス産業は、認知、道徳、情緒、美、物語、意味といった次元を内包するシンボルを生みだしている。このようにわれわれは、個別化し象徴で満たされた社会に生きているが、そのなかで先進サービスに従事する中流階級は、資本の蓄積過程においてますます重要な役割を演じるようになっている。このような階級分断は、現在おこなわれている再編に必要な最低限の人びとを必要としている。シンボルを加工する生産者として、また加工されたシンボルの消費者としてこうした人びとは、現在の資本蓄積過程に重要な点で関わっているのである。

以上のように、先進サービスに従事する新たな中流階級は、二つの側面を有している。一つが高い付加価値をもち、個別化したシンボルの加工者としての側面、もう一つがそうしたシンボルの消費者としての側面である。ベルは、彼が「教養人」と名づける、美的「小集団」が有する役割について簡潔な分析をおこなった。それは、オピニオン・リーダーとして、また大学でもっとも発言権のある人物としてメディアで活動する人びとを指している（Bell 1979=1976-7）。より最近ではブリントが、自らが「消費、文化、市民的規制の最高司令官」と名づけた、中核層について分析をおこなった。この上層専門職により構成される中核層は、高い価値をもつ知的資源を保有し、影響力のある組織で雇用され、都市の経済的・文化的生活のコスモポリタン側と関わりをもっている。ブリントはさらに、こうした専門職階層を雇用している四つの制度的複合体を明らかにしている。それは、本社複合体、文化およびコミュニケーション複合体、強力な都市基盤を含む「市民複合体」、そして人的資本サービス複合体である（Brint 1988）。

こうした中核にとって重要なことは、都市空間のかなりの範囲が、集合的消費のための空間から個人化した消費のための空間へと根本的に変容している点である（Sassen 1991）。このことは、組織化資本主義の構想から、都市複合体をめぐる今日的な概念への転換に部分的に例示されている。同様にそれは、付加価値の低い商品やサービス財に消費基盤を提供することで、新下層階級の創出の原因となっている。郊外化が資本集約的な消費基盤を必要としているのに対して、ジェントリフィケーションの前提は労働集約的であるというのがその理由である。新たな先進サービス産業の労働を通じたジェントリフィケーションは、郊外に新たなトラクト・ハウジングを資本集約的に建設する代わりに、タウンハウスや商店に対する労働集約的な改修をおこなっている（それはライブリィの『心の都市』のなかで示されている。Lively 1991）。郊外化が家庭用品に依存した資本集約的な自給社会を前提とするのに対して、先進サービスを提供するジェントリファイヤー（gentrifiers）は、レストラン、バー、タクシー、映画、演劇、ホテル、サービス集約的ブティックといったサービス産業で人を雇っている。新たな先進サービスに従事する中流階級は、お互いのためだけでなく、新下層階級の臨時雇用に基づく労働市場を生みだしている。

四節　空間をめぐる政治とアンダークラスの形成

前節では、新下層階級の出現が、高所得層の拡大とどのように結びついているのかを考察した。また、高所得層がいわば新下層階級の拡大の原因となる、いくつかの経済的メカニズムをみてきた。そこで、生産面での二つの原因、つまり反労働組合戦略および外部委託戦略について検討した。さらに第七章では、高所得層による消費面での新たな実践が、いかにして新下層階級の形成を促進するのかという点を手短に検討する。本節では、特にウォルチが「縄張りの政治」あるいは「縄張り争い」と呼ぶ事柄を通じて、高所得層がアンダークラスを生みだす政治的メカニズムについてみていく。そこでは、ロサンゼルスの事例と、『クォーツの都市［邦題：要塞都市ＬＡ］』によるマイク・デイヴィスの魅力的な分析に焦点が当てられる（Davis 1991=2001）。

多くの街や都市で、ケインズ主義に基づく需要側の政治から、拡大するポスト・フォード主義による供給側の政治への転換が生じている。それは同時に、組織化資本主義における「正当化」の政治から、強制による政治への転換でもあった。すべての部門の工業労働者階級は、そうした政治によって周縁化されている。そこでは、工業の発展を目指す政治ではなく、不動産や土地・不動産開発をめぐる一連の闘争が展開されている。以上の点について、ロサンゼルスの事例からみていく。

こうしたポスト・フォード主義の縄張り争いは、文化、警備、住宅、資産、中心ビジネス地区をめぐる、都市の闘争のなかでおこなわれている。「場所の神話」（1991a; Urry 1990c=1995）の形式をとる文化は、「不動産資本主義」という、ロサンゼルスが本来備えている権力の基盤であった。かりにシカゴやデトロイトにおける組織化資本主義の発展が工業に依拠するものであったとすれば、ロサンゼルスはその用語が存在する以前からポスト・フォード主義的であった。実際、世紀転換期の成長は、不動産に基づいていた。また、場所の神話の形をとる文化は、ロサンゼルスの不動産が本来備えていた権力の基礎をなすものである。シカゴの精肉産業やデトロイトの自動車産業が商品を人のもとへと運ぶものであるとすれば、不動産資本主義の成長の秘訣は、人びとを商品のもとへ運ぶことにある。また、ロサンゼルスの創設者は、「伝道の神話」の創造を通してそれをおこなった。伝道の神話は、南カリフォルニアの建築物、『ＬＡタイムズ』誌を創設したハリソン・グレイ・オーティンによるロサンゼルスの祝祭、無数のハリウッド映画、そして伝道を主題とするテーマパークが有する先駆的な役割に体現されている。それは、スペイン風のまがいものと、白人アングロ-サクソン系プロテスタントの人種的優越との味気ない混合物であり、「無垢だが、劣ったものとみなされる『スペイン風』文明の芳香漂う遺跡に、ニュー・イングランドの生活にみられる地中海風の田園風景を挿入した」（Davis 1990: 20=2001: 26）ものである。南カリフォルニアの太陽と伝道の神話という霊薬を通して、アングロ-サクソン人種を復活させることが、その記号論的戦略であった。それは実際うまくいった。ロサンゼルスは、アメリカで一八七番目の規模の街であり、水も、炭鉱も、港もなく、サンフランシスコの南部に位置し、その滅多に注目されない陰影にすぎなかった。だが、ロサンゼルスは、一八八〇年にそうした地位から大きな変容を遂げることとなる。そこは、突如何十万にものぼる中西部の中流階級であるＷＡＳＰのホームとなった。ＷＡＳＰは、二〇世紀の最初の二〇年間に、この都市に大挙してやってきたのである。

その用語が存在する以前のポスト近代芸術である、空白化した記号の迷路としてのラテンアメリカの美術は、都市となるはるか前にすでに迷宮のような郊外が存在していた大都市空間の文化的対応物であった。たとえば、ブレヒト、アドルノ、ホルクハイマーといったドイツ人亡命者たちにとって、ロサンゼルスは、美的・政治的双方の意味で、市民共同体としての公共空間の破壊を体現するものであった。アドルノとホルクハイマーにとって、「反都市」あるいは「郊外のゴビ砂漠」としてのロサンゼルスの空間がもつ真空状態は、同時に『啓蒙の弁証法』で言及されたような、空虚な文化産業のまがいもののなかで再生産されるものでもあった（Adorno and Horkheimer 1972）。こうした組織化資本主義の資本家による市民共同体の破壊は、その四半世紀後、バンハム（Banham 1971）にはじまり、その後、ジェームソン（Jameson 1984）によって注目されたポスト近代主義者によって、その評価が反転させられ賛美されるようになった。たとえば、イギリスのポップ・アートにルーツをもつバンハムや、イギリスやアメリカに住む現世代のロサンゼルス出身者は、ロサンゼルスに新たな種類の場所の神話を生みだすことに寄与している。そうした神話は、「方言」、「混交」、「記念碑ではなく運動」といった、脱中心主義的な美学に基づいている（Davis 1990: 48, 84=2001: 50, 87; Ghirardo 1988; Soja 1989; Zukin 1992b）。

だが、デイヴィスは、文化的市民共同体の小島が、多かれ少なかれロサンゼルスのなかで生みだされては消え、それが繰り返される点を強調している。それには、数多くの例が存在している。たとえば、フィルム・ノワールの脚本家は、ロサンゼルスの神話と空間的現実をほのめかす形で暴露した。そうした脚本家には、火星をロサンゼルスの「形而上学的分身」であるととらえた、レイ・ブラッドベリがいた。同様の考え方は、リドリー・スコットの『ブレードランナー』にはっきりと見出すことができる。他の例として、エドワード・キーンホルツの周辺で組織化された画家グループのホットロッド文化やキャンディーカラー文化に対する論評（Lash 1990b）、ケネス・アンガーの映画やジョーン・ディディオンあるいはトマス・ピンチョンの初期の小説、一九六〇年代初頭から中頃にかけてのオールネット・コールマン、エリック・ドルフィー、チャールズ・ミンガス、ドン・チェーリーらによるフリー・ジャズにおけるロサンゼルスの黒人をめぐる多数の言説、そして今日の南ロサンゼルス生まれのラップ文化や、東ロサンゼルスのラテンアメリカ詩人があげられる。

こうした展開に対するエリートたちの反応は、文化的なものであり、また政治経済的なものでもあった。文化的融合は、クールな白人のダウンタウンにある空白化した記録のなかに、刺激的な地元育ちの黒人の市民共同体を再生産するという形でおこなわれている。それが、ジェリー・マリガンやデイヴ・ブルーベックといった白人のクール・ジャズの対応物である、フリー・ジャズの文脈となっている。それは同様に、ウンベルト・エーコやジャン・ボードリヤールといった白人のポスト近代的文化論者による「クール・メモリーズ」の観点から、ロサンゼルスを連想させるものとなっている。より政治的な反応として、レコード産業によるラップのとり込みや、マイノリティ居住区の地元芸術に対する支援の実質的な削減に直面する、公的助成を受けているダウンタウンや西海岸にある博物館によるグラフィティ・アートのとり込みがあげられる。デイヴィスが述べるように、「ウエストウッドやバンカーヒルにおける公的・私的芸術資本によるピラミッド化に足並みをそろえ、インナー・シティは文化的に空洞化しつつある」（Davis 1990: 78）。

ロサンゼルスのゲットーにおける、労働者階級からアンダークラスへと向かう集合的な下方移動は、ワッツ暴動以前にすでにはじまっていた。一九六五年までの六年の間に、ロサンゼルス全体の黒人の失業率が一二％から二〇％まで上昇し、またワッツでは三〇％に達するなか、黒人の収入の中央値は一〇％減少した。裁判記録の分析が示すところでは、逮捕者のほとんどが無職者ではなく、マニュアル労働職で雇用されていた（Fogelson 1971）。だが、後に生じる制度的に密集したゲットーから空白化したハイパー・ゲットーへの移行は、三つの関連するプロセスの結果であった。第一に、「都市再開発」により、近隣住民の紐帯が蝕まれたことである。ワッツは、ロサンゼルスのダウンタウンや南カリフォルニア大学にあまりに近すぎたために、居心地が悪い場所となった。再開発はまず、ダウンタウンにある中心ビジネス地区（ＣＢＤ）に近いバンカーヒルから貧困層を一掃した。センチュリー・フリーウェイの建設も似たような効果を有しており、一九七〇年代初頭に、一九九〇年代に増加するストリート・ギャングの足場となる地区の駆除がおこなわれた。

第二に、分工場閉鎖の波が起こり、黒人男性がかなり雇用されていた地区にまさに打撃が加えられた（白人が支配的な航空宇宙産業地区には影響はなかった）。一九七八―一九八二年の間、南カリフォルニアにある航空宇宙産業と関連のない一二の分工場のうち一〇が閉鎖され、七万五〇〇〇人のマニュアル労働者が居場所を失った。他の分工場は、サウス・ベイやノース・オレンジといった旧都市部へと移転し、中心部に住む黒人にはアクセスできなくなってしまった。そのため、中央南部の黒人居住区の失業率は、一九七一年から一九八二年の間に五〇％増加し、同時に購買力は三分の一減少した（Soja et al. 1983; Davis 1990: 296-8, 304=2001: 250-3, 258-9）。第三に、善隣青年隊や若年者雇用支援制度、また総合雇用訓練法を通じて展開されてきた施設など、公的資金を受けていた数多くの機関が閉鎖された。一九八七年における一五〇のゲットーの中心部への設備投資の総額がわずか三万ドルであったことにみられるように、娯楽施設は衰退していった。さらに、入れ子状に広がるクラック・コカイン問題に直面した際、カリフォルニアで薬物中毒者がもっとも集中している、ダウンタウンのニッケル地区のリハビリ施設のために一銭たりとも支払われることはなかった。それは部分的には、市の財政支出の基盤となる資源がすでに枯渇していたためであり、また部分的には、利用可能なわずかな基金が、ダウンタウンの中心ビジネス地区にある企業を中心とした都市再生を目的とした二〇億ドルの助成政策に費やされたためであった（Davis 1990: 304-8=2001: 256-8）。

こうした制度的空白化の結果として生じた真空状態は、ギャング集団の結びつきによって埋められるようになっている（東ドイツのスキンヘッドたちとの類似性は明らかである）。公式経済は、非公式経済によってではなく、麻薬経済にとって代わられつつある。それはまるでロサンゼルスが、麻薬流通の最重要拠点としての地位を、マイアミから奪い取ったかのようである。一九八五年から一九八七年の間、ロサンゼルスにおけるクラック・コカインの推定取引量は三八億ドルにものぼった。それは、ゲットーで運営されている、何百もの独立した「フランチャイズ化したクラック密売所」によって生みだされた。警察の推計によると、それぞれの密売所での一日の取引高は平均五〇〇〇ドルであった（Davis 1990: 312-3=2001: 268-9）。

こうした事態と並び、あるいは部分的にはそれに対しておこなわれているのが、ロサンゼルスの成長連合〔地価の上昇を目的に土地の所有や開発を促進する集団〕によって模索されているとり締まりを通じた解決である。一方で、そうした解決は、ゲットーの制度的基盤を骨抜きにすることに貢献している。一九五〇年代以来、ロサンゼルス警察による新たな腐敗防止体制により、ロサンゼルス中南部の人種が混じり合ったナイトシーンは閉鎖され、後にはブラックパンサーに対する弾圧がなされ、若い黒人が同一化することのできる政治運動が破壊された。また他方で、警察による弾圧は、市警察による「ブルー・ライン沿線でおこなわれる職務質問」を通じて、南ロサンゼルスは「膨大な犯罪の貯水池」であるという、また別の場所の神話をロサンゼルス住民の間に作りだした。それは、一九七〇年に増大する成長連合が社会連合にとって代わり、白人（そして黒人）の民主党支持者が、法律制定や秩序管理をめぐり、共和党支持者に対して優位に立とうとしたことから、抑圧はルールにさえなった。たとえば、非アングロ系の居住地域に夜間外出禁止令といった度がすぎる命令がだされ、それにより、いまや若い黒人男性の三分の二が逮捕を経験しているのである。中央南部の主要なストリート・ギャングに対して民事訴訟手続きをおこなっている民主党の市検事局による、目を背けたくなる情景すら存在するようになっている（Davis 1990: 273, 283, 290 ff=2001: 227-32）。

では、これらの経済的・社会的・文化的ガバナンスのための諸制度は、どのようにゲットーから流出してしまったのだろうか。ここで重要な役割を演じているのが、富裕層および中所得者層の白人である。旧都市部へのこれらの白人の移動は磁石のような役割を果たし、労働市場や小売市場も同時に街の中心部から移転した。後に旧都市地域への黒人の流入をうまく防いだのもこの層であった。また、これらの白人は、都市中心部の税収基盤を努力の末に弱体化させた。今世紀の最初の数十年間に、アメリカの土地利用区分の先鞭をつけたロサンゼルスの初期の白人の住宅所有者は、工業、オフィス、商店を締めだしただけでなく、黒人、貧困層、そしてときに非キリスト教徒までも排除した。そうした排除は、制限的不動産約款を通じておこなわれたが、具体的には、占有に対する人種的制限に加え、土地権利書に最低限の建築コストを記入することを義務づける「権利書に記載された制限」によるものであった。この制限を破るけちな建築業者や黒人は、法に対する侮辱行為とみなされ、家を手放すことを余儀なくされた。こうした制限は拡大され、一九二〇年代には「制限区画」全体を含むにいたった（Davis 1990: 161=2001: 139-40）。

ポスト組織化資本主義における住宅所有者の動向は、三つの要素を有している。第一に、居住者が自身に有利な課税ベースを設定できるようにする個別合併である。州はしばしば、規模の経済の実現のために、別々に合併した町が割引価格で重要なサービスを下請けにだすことを許可している。個別合併の基礎は、包摂的なコミュニティと排他的なコミュニティとの間に常に存在する住宅価格の落差にあった（Weir 1992）。第二に、ハワード・ジャーヴィスの提案一三号のような、資産税に法的な上限を設ける運動である。ジャーヴィスが一九七〇年代後半に結成したカリフォルニア納税者協会は、税金に制限を課すために一五〇万人の署名を集めた。第三に、商業や住宅の開発密度を制限する、ダウンゾーン化を支持する「低成長」運動である。いくらかの環境保護主義者がダウンゾーン派の勢力に加わったが、それが人を惹きつけたのは、財産の価値と税の軽減への関心が主たる理由であった（Davis 1990: 165-7, 182ff=2001: 143-7, 160）。

このような中収入層による政治の背後には、支配的なエリート層の存在がある。実際、こうした運動すべての中心にあるのが、民主党の転向である。民主党が有していた、ニュー・ディール連合による社会的・ケインズ主義的な想定は、住宅所有者やポスト成長連合ロビーによる新たな政治へと転換することとなった。この点は、ベルリンとかなり似ている。ワイマール共和国時代のベルリンのように、一九二〇年代以降のロサンゼルスのエリート政治は、二つの中心ビジネス地区の間の闘争によって彩られている。一方の地区は中心部にあり、他方の新たな地区は都市の西側にある。またベルリンと同様に、古い中心地区を支持するプロテスタントのエリートは、地域の保守主義政治において決定的な役割を果たした。それに対して、より新しい西側地区と結びついたユダヤ人のエリートたちは、自由主義政治にとって重要な集団であった（Koehler 1987: 815ff）。

世紀転換期のロサンゼルスの政治では、サンフランシスコを出自とする金融業を営むユダヤ人やカソリック教徒のエリートたちと、『LAタイムズ』誌や地域商工組合をコントロールする西海岸から移住したプロテスタントのエリートたちが対立状態にあった。どちらの勢力も、莫大な不動産を所有する鉄道会社に仲間がいた。今世紀の転換期にこの二つの勢力の間に生じた競争は、ロサンゼルスに急速で危うい発展をもたらした。それは、世界一の人工港や印象的な近代的都市間鉄道システムに加え、ハリウッド、サンフェルナンド・バレー、ロサンゼルス北東部の開発のための分譲地に具体的に示されている。

アメリカの小さな町に住む中流階級の住民の大規模な移住を通じて、『LAタイムズ』誌のエリートたちの権力が強化された結果、両大戦間期はWASPによる支配と一方的な共和党政権の時代となった。こうしたエリートは、ビルトモア・ホテルの建物、地下鉄ターミナル・ビル、LAコロシアムの修繕、ユニオン・ステーションやシビッグ・センターといった建物を通じて、ダウンタウンにおける基盤を拡大することに成功した。同グループはまた、中西部の重工業の分工場をとり入れた。反セミティズムは、長年ドイツに住む上流階級のユダヤ人が、取締役会、社交クラブ、法律事務所から知らず知らずに排除されるように影響を及ぼしたが、同じ時期に、映画産業を大量生産の段階へと移行させたのは、下品な成りあがり者だった東欧のユダヤ人であった（Christopherson and Storper 1986）。さらに、両大戦間期には、住宅所有者たちが大挙して、海岸に向け西側に移住を開始した一方で、ウィルシャー・ブルバード街道に「ミラクル・マイル」が建設された。

ウエストサイドの民主党支持者は、第二次世界大戦後、凄まじい勢いで盛り返した。その際、基盤となったのが、娯楽産業、および新たに生まれた（連邦住宅局の「ケインズ主義的郊外化」を通じた）不動産、貯蓄・ローン、建設、そして振興スポーツ衣類産業であった。大多数のユダヤ人エリート層は、いまだに社会―自由主義に基づく組織化資本主義の政治に同一化しており、アール・ウォーレン、パット・ブラウン、ジェシー・アンルーといった、戦後カリフォルニアで影響力をもった自由主義者の主要な基盤であった。だが、自由主義とケインズ主義の時代は終わりを迎えることになる。その前兆はエリートたちのある連合に示されていた。『LAタイムズ』誌が着実に左傾化し、それに対して、ユダヤ人の不動産からの資金は、南カリフォルニア大学、現代美術館やミュージック・センター、ドジャー・スタジアム、ロサンゼルス公営図書館、そしていまやフランク・ゲーリーのディズニー・コンサートホールの複合体に加え、ダウンタウンの開発に資金供給するための手段となった（Davis 1990: 73, 124）。

プロテスタントとユダヤ人との和解は、同時に民主党支持者と共和党支持者の和解でもあった。民主党支持者は、共和党支持者がいつも主張し続けていた、供給側主導の規制の政治へとシフトしたのであった。エリート層の民主党支持者の右傾化と黒人の周縁化は、新たな政治を生みだしている。それは、主に低成長を望む住宅所有者と開発会社との対立に基づくものである。一九六〇年代に選出された市長のサム・ヨーティのような民主党支持者、そしていまやユダヤ人のリーダーたちもが、ウエストサイドやサンフェルナンド・バレーの住宅所有者と同盟を結ぶようになっている。サンタモニカやシャーマン・オークスに住む上流階級の住宅所有者が、こうした人びとを導いたのであった。このとき好まれた政策が、資産税の制限、強制バス通学への反対、法と秩序の支持、ダウンゾーニングの提案であった。問題は、いずれの政権も反成長公約のもとで選ばれたのだが、最終的には開発業者を支援するようになったことにある。だが、「代理人ブルジョワジー」の色合いを帯びた二つの陣営の双方に対して、新たな外国人プレイヤーが、終始大規模な介入をおこなっている。日本資本が凄まじい勢いで流入し、文化産業の幅広い部門を取得し、一九八〇年代末には、推定五〇〇億ドルの資産をもつ銀行支店を設立し、可能な限りの不動産を購入した。かつてと同じくいまも、土地はシカゴにおいて「もっとも価値があり、またもっとも流動的な資産」である。日本人投資家が一九八八年だけで三〇億ドルを超える不動産を購入しているように、地方の主要な「輸出商品は、ただの空き地だけとなってしまった」(Davis 1990: 126-32=2001: 120)。

次章では移民問題について議論をおこない、特にアメリカとイギリスの逼迫したゲットーとアンダークラスの生成に寄与する国際的プロセスの多様性を考察する。そこで、ゲットーやアンダークラスが脱組織化資本主義の不可避な特徴であるのか否かについて検討し、結果そうではないことを示す。だが、そうした特徴を回避しているようにみえるドイツ社会は、別の種類の抑圧的で魅力のない社会的・経済的特性を有しているのである。

7 移動する主体——移民の国際比較

これまで、主にアメリカに焦点を当てながら、アンダークラスの形成に寄与する、特定の社会に内在する複数のプロセスについて考察してきた。本章では、そうした新たな階級を形成する人びとや労働者の国際移動について検討する。より一般的には、階級の形成は国際的な移民のフローに部分的に依存するものとして常に認識されなくてはならず、また脱組織化資本主義のなかでそうしたフローに大きな変化が生じている点が示される。

本章では、アメリカとドイツの事例、つまりネオリベラリズムとコーポラティズムの事例を比較する。第一節は、主にアメリカの事例と関連している。第二節では、衣料産業の事例研究を検討する。第三節では、新自由主義モデルの対極にあるモデルを検討するため、ドイツの事例を詳しく考察する。ドイツの制度的複合体は大規模なゲットーの発展を妨げるが、それには、マイノリティや女性がより広い社会から徹底的に排除されるという代償をともなう点が理解されるであろう。(第四章で議論したように) ドイツとアメリカは、いくつかの点で、脱組織化資本主義がとる形式の両極端の代表事例を表している。

ここでは、アメリカとヨーロッパの間にある次のような際だった違いに触れながら、本章の内容を紹介する。一九七三年から一九八六年にかけて、西欧では新たな雇用がほとんど生みだされなかったのに対して、アメリカでは二六〇〇万人もの人びとが新たに雇用された (Harrison and Bluestone 1988=1990: ch.5)。それは部分的には、あらゆるレベルの仕事の求人を埋めるべく、数多くのアメリカ人女性が労働市場に参入したためであった。だが、それはまた、一九六五年にはじまるアメリカへの大量の移民を原因としていた。一九六五年から一九七三年にかけて西欧では、一九五〇年代初頭から大規模な流入を続けていた外国人労働者への門戸を閉ざしはじめていた。それに対して、アメリカではその門戸が開放されていたため、多くの労働者が移住した。本章の関心は、アメリカとヨーロッパで、このように対照的な展開がみられた原因と結果に向けられている。

一節 組織化資本主義後の移民

組織化資本主義によって今日の先進社会の諸都市にもたらされた移民には、二つの主要な波が存在している。第一の波が、二〇世紀への転換期から一九四〇年代までの時期である。この時期、西欧では工業部門の仕事を穴埋めするために、国内の農村地域からの労働力が活用された。他方でアメリカでは、自国の農村、および南欧／東欧からの労働力が用いられた。第二の波は、第二次世界大戦前後にはじまり、一九六〇年代から一九七〇年代初頭まで続いた。このとき、一九二四年に制定された法律によって移民がわずかな数にまで削減されていたアメリカでは、北部地域の組立ラインを稼働させるために、自国の黒人に頼っていた。それに対して、ヨーロッパ諸国は、さまざまなカテゴリーを用いて移民を招き入れようとした。

ところが、組織化資本主義の拡張に長期にわたる危機がおとずれたことで、西欧は移民の受け入れを中断することとなった。それに対してアメリカでは、新たな移民が、ポスト組織化資本主義における職業システムの発展と結びつくこととなった。たとえば、一九四〇年代には年間わずか一〇万人ほど（それは西欧諸国で移民が実際ほとんど存在しないとみなされる二万五〇〇〇人分と等しい数である）であったアメリカへの移民は、一九八〇年から一九八九年の間に年平均で六〇万人にまで上昇した。そして、一九九〇年に通過した新たな移民法により、一九九二年から一九九四年までは年七〇万人の、それ以後は年六七万五〇〇〇人の移民割当が定められた。この法律は、年間一四万人以上の不法移民がアメリカに流入することが見込まれるなかで成立したのである（Tenbrock 1991b）。

この変化のもともとのきっかけは、一九六五年のハート・セラー法であった。この法律は、それ以前に定められた出身国ごとの割当を廃止するのに加えて、家族のつながりを受入許可の主要な根拠として強調することで、移民全体の定員を押しあげることとなった。一九四〇年から一九五〇年にかけて、移民のおよそ三分の二はカナダおよびヨーロッパからのものであった。これらの規制緩和は、ヨーロッパからの新規移民を増やすことを意図していた。だが、新たな法律による家族再結合措置は、結局はヨーロッパの人びとにほとんど適用されなかった。なぜならば、ヨーロッパからの移民の流入はかなり昔から長く続いていたため、いまだに家族を呼び寄せていない者はわずかだったからである。だが、ベトナムやキューバからの政治難民の事情はそれとは異なっていた。その他にも、西海岸のアジア系やラテン系が、家族再結合の措置を利用した。一九八〇年代には、移民のわずか七％がヨーロッパ系であり、四四％もしくは二六〇万人がアジアからの移民であった（Tenbrock 1991a, b）。アメリカの人口に占める外国生まれの割合は、一九六〇年代初頭の二％以下から、一九九一年には七％へと増大した（Portes and Jensen 1989: 929; Tenbrock 1991a）。

組織化資本主義と結びついた重工業の最盛期において移民（ヨーロッパ系と黒人アメリカ人）は、製造産業とサービス産業がほどよいバランスを保っていた北部の都市に加え、製造産業に専門特化したラストベルト地帯の諸都市に流入した。情報に基づくポスト組織化資本主義経済において、国内の白人アメリカ人や賃金水準が中位にある仕事――下級管理職から、小売産業、重工業まで――が、工業都市や混合都市のはるか郊外や、都市ヒエラルキー構造のより下位に位置づくサンベルト地帯のポスト工業都市へと流入した。対照的に、海外からの新規移民は、広範囲に広がるサンベルト地帯ではなく、新たな世界都市へともっぱら引き寄せられた。

新規移民の職業上の分布は複雑である。供給側では、ハート・セラー法による職業上の優先措置を通じて、多くの専門―管理職労働者の入国が許可された。たとえば、一九八六年には、その数はおよそ六万三〇〇〇人にも達していた。この割合は、今後も増大するであろう。というのも、一九九〇年の法律により、高度な資格をもつ移民に対する割当が一四万人ないし全体の二〇％へと増加され、一〇以上の雇用を生みだす目的で一〇〇万ドル以上もの投資資金をもつ移民のために、年間一万人以上の受け入れの余地が与えられたためである。また、多くのアジア系移民の子どもたちは、高い付加価値をもつ専門—管理職の地位へと移動しつつある。スタンフォード、ハーバード、バークレー、イェールのようなエリート大学において、アジア系移民の子弟の数は全体の三〇%に達しようとしている。一九九〇年代初頭のシリコンバレーでは、二七〇〇の中国企業とともに、およそ一万人の中国人技術者および五〇〇〇人の韓国人技術者が雇われていた（Tenbrock 1991a, b）。さらに、一九五九—六二年のキューバ人や、一九七〇年代半ばのベトナム人のような一部の政治難民もまた、高い地位の仕事に就くようになっている。だが、一般的に移民は、情報処理産業に従事することはなく、製造産業、小売産業、そしてグローバル都市の情報管理経済で高い付加価値をもたない消費者サービス産業に集中している（Portes and Jensen 1989: 929）。

一九六五年以後、移民はこれまで述べてきたグローバル都市へと流入している。移民の五六%が、アメリカのＳＭＳＡｓ（標準大都市統計地域）の上位一〇位の地域に居住しており、ニューヨークとロサンゼルスだけで三一%に達している。正式に記録されていない移民を推計しそれを含めると、ロサンゼルスの移民はニューヨークの移民よりも多くなっている。一九六五—八〇年のロサンゼルスへの移住者数は一八四万人に達しており、人口全体のほぼ二四・八%を占めていた。それに対して、同時期のニューヨークへの移民は一一七万人であり、人口全体の一三・八%であった。その他の諸都市のうち、マイアミやサンフランシスコはもっとも高い移民人口割合を誇り、後者において白人は少数集団となっている。これらのいくつかの都市が受け入れている移民はいくぶん均質的である。たとえば、マイアミへの移民の五九%はキューバ系であり、ロサンゼルスへの移民の四七%はメキシコ系である。ニューヨークはもっともバランスがとれた都市であり、ラテンアメリカ系、西インド系、アジア系、ヨーロッパ系がおおむね同じ割合にある（Razin 1988: 288; Waldinger 1989: 214-5）。

エスニシティの変容には、かなり共通したパターンが存在しているようである。つまり、白人が流出し、移民が流入し、そして黒人が留まるというものである。労働市場の観点からみると、労働者階級によるる組合組織率がもっとも高い部門を抱えている、多くのサービス・セクターや製造セクターは、以前にも増して白人によって占められるようになっている。脱統合した製造産業や小売産業は移民に乗っ取られ、他方で、多くの黒人はさらなる経済的周縁化を余儀なくされている。

このような移民をめぐる現象には、三つの解釈が存在している。第一に、移民自体が新たな職業的地位を生みだすというもの、第二に、エスニシティに基づく職業の引き継ぎや交替のプロセスが存在するというもの、そして第三に、支配階級の職業上のニーズが移民の新たな地位を作りだしているというものである。このうち第三の仮説については後に議論をおこなう。

第一の説明、つまり供給側による雇用創出論は、アメリカ政府の保守派や政策志向の知識人の間で好まれている。これらの分析家たちは、事業家たちが共有する次のような知見に注意を向けている。つまり、もし移民が先進国に移住し、安い賃金で働かなければ、多くの職、とりわけ低賃金でおこなわれている製造産業は低開発国（ＬＤＣｓ）へと移転してしまうという考えである。つまり、移民の移住により、地域の経済セクターで製品需要を生みだす「好循環」が開始されるのである。たとえば、カサルダ（Kasarda 1990）は、ドルがアメリカの中国系コミュニティを離れるまでに、五—六回交換されているという証拠を引き合いにだしている。結果、情報や雇用ネットワークが移民の間で発展し、雇用のチャンネルが開かれることで、ニューカマーの移住コストを低減させている（Portes and Bach 1985; Waldinger 1989）。

ただし、多くの場合、こうした供給側を通じた雇用創出は、移民の「エンクレーブ経済」と必ずしも結びつくわけではない。たとえば、高い教育を受け、裕福な自営業を営む西海岸のイラン人は、エンクレーブ経済とはほど遠い職種――建築産業、輸送・通信産業、小売産業、金融サービス産業、娯楽産業――において目立つ存在であり、イラン人以外の者を多数雇用している（Razin 1988: 291）。それに加えて、多くの移民は、国際経済に組み込まれている第一セクターの巨大企業にますます集まるようになっている。場合によっては、移民たちの起業家精神によって、その地位が作りだされている。たとえば、マイアミに置かれたアメリカの大企業の国際本部の最高責任者に、多くのキューバ人が就いている。これらのキューバ人は、会社のためにラテンアメリカ全土に販路を切り開いているのである。それどころか、キューバ系移民は、ニューヨークからの旅行者や年金生活者のための静かな町であった――一九五〇年代末、衰退の兆候を示していた――マイアミを、活気ある国際貿易と行楽の中心地へと変容させたのである（Rose 1989: 478）。また、西海岸やニューヨークの多くのヨーロッパ系移民のように、サンフランシスコやロサンゼルスでは、主要労働市場の管理職に就く高給とりの日系移民を多数目にすることができる（その平均給与は、一九八〇年に一万九六〇〇ドルであった）（Razin 1988: 293）。こうした移民はますます増え続け、アメリカ企業の本社、あるいは日本やヨーロッパの市場と関連するアメリカ企業で働いている。

移住をめぐる現象の第二の説明が、民族間継承（ethnic succession）論である。たとえば、一九七〇年代から一九八〇年代にかけて、ニューヨークの労働力は事実上、白人の手を離れることとなった。白人労働者のほぼ四分の一が、都市中心部の労働力人口からいなくなってしまったのである。白人によって担われていた労働は、それぞれおよそ七万五〇〇〇人のヒスパニック系移民とアジア系移民、および約一万一五〇〇人の西インド系黒人移民にとって代わられた。民族間の継承は、製造産業、小売産業、そして公共部門において特に際立っていた。これらの三つのセクターからの白人の流出は、全セクターにおける白人の流出から予測できるものよりも二倍以上多かったのである。公共部門では、黒人が民族間の継承者となった。公共部門では、白人が手放した七万五〇〇〇人分の雇用のうち、約一万八〇〇〇人分がアメリカ生まれの黒人によって占められることとなった。それに対して、大多数の移民は民間部門の仕事に参入した。製造産業では、白人が一一万五〇〇〇人流出した一方で、外国生まれのラテン系が二万六五〇〇人増大し、アジア系移民がおよそ一万九〇〇〇人増大した。小売産業では、白人が七万二〇〇〇人流出する一方で、外国生まれのラテン系とアジア系がそれぞれ一万人と一万七〇〇〇人流入してきた（Waldinger 1986-7: table 4, 5, 7 and 8）。

これらのセクターでは、白人だけでなく、黒人アメリカ人もまた追いやられた。たとえば過去一〇年間で黒人アメリカ人は、製造産業で一万三〇八〇〇〇人分、小売産業で一万人分、輸送および通信産業で一万三〇〇〇人分、そして個人サービス産業で二万一〇〇〇人分の職を失ったのである。むろん両者の間の違いは、白人がよりよい仕事を求めて都市を去るのに対して、黒人の多くはそこに留まらざるをえない状況で職を失うはめになったということにある。

また、構造に着目する継承論は、同じ移民エスニック集団内でも都市によって異なる結果がもたらされている点を説明している。サンフランシスコでは中国系の事業家の三四％が飲食セクターに従事していたが、ロサンゼルスではその数はわずか一六％であった。その理由は、サンフランシスコよりもロサンゼルスに中国系移民が流入するためのより広い構造的な余地が存在していたためであった。

ウォールディンガーは、民族間継承と黒人の経済的周辺化について独創的な解釈をおこなった。つまり、黒人が誤った求職待ちの列に並ぶ不幸な状況にあることを示したのである（Waldinger 1986-7: table 6）。だが、この説明は、雇用をめぐる黒人とニューカマーとの競合を十分に説明するものではない。ニューカマーは、黒人が職を得るのをやめる水準まで、継続的に賃金を低下させているのである。また、移民経営者は通常、黒人よりも同胞を雇うであろう。最後に、アングロ系経営者は、多くの場合、アメリカ生まれの黒人男性を雇用することに乗り気ではなく、むしろヒスパニック系、アジア系、あるいは黒人移民の雇用をより好んでいる。マイアミの場合がそうである。マイアミでは、キューバ系移民が、ホテルやレストランといった第二セクターの労働市場でこれまで雇用されてきた黒人に、労働市場をめぐり挑戦をおこなった。そこで新たな勝利者となったキューバ系は、結果として、自分たちが労働市場の需用側に位置していることに気づき、またアングロ系がかつてそうであった以上に、黒人に対して冷淡な態度を示した。キューバ系移民は実質的に黒人を経済的に周縁化させたが、それは、極度に反共産主義的な保守主義に加え、カストロ以前のキューバから受け継いだ激しい人種差別的イデオロギーによって強化された。その結果は、ローズが引用した、あるアングロ系のマイアミの観察者の発言に、恐ろしいまでに要約されている（Rose 1989: 480）。その人物は、「そのキューバ人たちは、これらの黒人たちがこの第二のハバナで何をしているのか不思議に思っている」と述べたのである。

二節　事例研究——衣料産業とファッション産業

移民のプロセスは、ファッション産業という小世界でよりよく観察できる。一九〇〇年に、先進資本主義の世界都市におけるファッション産業のほぼすべては、東欧からの新たなユダヤ系移民によって担われていた。「メーカー」と「請負業者」という最初の機能分化によって、これまで比較的統合されてこなかったファッション・セクターの合理化の第一歩が踏み出された（Kochan 1985; Kochan et al. 1986）。この機能分化によって、ファッション産業に今日まで存続しているある構造が与えられた。そこでは典型的な場合、メーカーが、デザイン、布地の購入、そして販売に責任を負う一方で、実際の生産は、請負業者により担われたのである（Dubofsky 1968）。ファッション経済では、簡単に新規参入できる余地はほとんど存在していなかった。技術——大抵のユダヤ系移民は、以前に居住していた国でも仕立屋をしていた——と、安価に供給される労働力へのアクセスが必要とされることのすべてであった。そうした労働力は、ユダヤ系の男性移民、そして特に女性移民によってふんだんに供給された。通常、男性が裁断を、女性が裁縫を担った。その他には最低限のコストしかかからなかった。機械は借りることができ、多くの場合、ユダヤ人が暮らしていた同じ建物にある小規模商店や工場が店舗となった（Morokvasic et al. 1990）。

だが、このようなあり方はまだ、自由主義的資本主義の終末期の世界のことであった。大量消費が拡大し、アメリカとイギリスで小売セクターが集積するなかで、衣料産業は、組織化資本主義に典型的な形をとりはじめた。だが、注目すべきことに、衣料産業は、他の多くのセクターほど、決してフォード主義的でも、集積されたものでも、テーラー主義化されてもいなかった。というのも、この産業は、スタイルの転換がかなり早い業界であったからである。そのため衣料産業は、多くの場合、比較的短い製造連を採用し、また比較的高いデザイン集約性を有している。それにもかかわらず、衣料産業は、いくつかの点で、そして二つの段階によりフォード主義へと向かうこととなった。

第一段階は、かなり短い生産サイクルの採用や、一人の人間が衣類製造の全工程を担うやり方から分割作業への転換といった、作業工程の変化をともなうものであった。その結果、一五分から二〇分を要していた作業サイクルを、およそ一分にまで短縮することが可能となった(Morokvasic et al. 1990: 160)。同時に、ニューヨークからアメリカ南部への移転にみられるように、大抵の場合、生産拠点が世界都市から離れ、より大きな工場へと移るようになった。それは、ある場合には、労働組合を回避する戦略によって部分的に引き起こされた。同時に、工場の規模はかなり大きなものとなった(Dubofsky 1968)。長期の製造連を擁する大企業では、多くの場合、小売、製造、請負の機能が相当程度統合された。

フォード主義へと向かう第二段階では、こうした大量生産システムの第三世界への移転が生じた。それは、複数の形態をとった。先進国の小売企業は、南アジアを拠点とする企業から、長期の製造連に必要な材料を購入することができた。たとえば、一九五九年のアメリカでは、輸入品はアパレル消費全体の六・九％を占めていた。だが、一九八一年までにその割合は五〇％となった(Morokvasic et al. 1990: 162)。その代わりに、先進国のメーカーは、安価な労働力を求め、これらの国々の輸出加工地帯に工場を建設することができた(Sklair 1990=1995)。先進諸国のメーカーは大抵そうしていたが、小売業者は、多くの場合、地元のメーカーと取引のある仲介業者からの委託を望むかもしれない。あるいは、第一世界の小売業者は、第三世界の製造産業に直接投資をおこなうかもしれない。だが、いずれの場合でも、安価な労働力、あるいは評判のよい「器用な若い女性」が雇用される結果となった。彼女たちは、以前から母親に作業方法を教えられていたため、わずか六週間ほどで月収八〇―一〇〇ドルの機械工として働くことができるようになった(Phizacklea 1990: 41, ch.3)。その結果、たとえばイギリスのメーカーは、タイで生産された衣類に関して、「工場渡しコスト」に対する二〇〇―三〇〇％の「小売利ざや」を得ることができる。対照的に、イギリスで作られた服では、その割合はわずか七〇％にすぎないのである。ピザックリーにより観察された、バンコクの製造産業で縫製機械工として働いている田舎生まれの一二歳の少女の事例によると、彼女たちは八人部屋で眠り、週に七日、朝八時から夜一一時までミシンがけをおこなっていた(Phizacklea 1990: 44, 46)。

長期の製造連の多くは低開発国(ＬＤＣｓ)で用いられ続けているが、他方で、より短期の製造連に移行する傾向と、低い地位における新たな多様な種類のフレキシブルな専門化が生みだされつつある。海外から輸入された衣類でさえ、ますます多くのものが、付加価値の低い、価格競争にさらされている第三世界の製品ではなく、高付加価値を有し、品質競争にさらされているヨーロッパ諸国からの製品によって占められるようになっている。たとえば一九八七年のイギリスの衣料品輸入は、一〇・五％がイタリアから、六・五％が西ドイツからであった(Phizacklea 1990: 40)。よりフレキシブルな生産への転換は、供給と需要の双方で生みだされている。女性向けファッション、女性用上着、ランジェリー、そして子ども服の場合、頻繁に流行が変わるために、短い製造連と先進諸国の主要都市の小工場への再移転を必要としている。男性服でさえ、「ニッチ」市場向けに作られている。ニッチが集積し、既存のニッチ内部の流行が急速に移り変わることから、需要側でフレキシブルな生産への転換が起こっている。イギリスでは、こうしたファッション商品のうち海外で生産されたのは、一九八〇年代半ばまでわずか四分の一にすぎなかった。

一九七〇年代末にファッション産業が衰退した後、二五歳以上の女性向けの「ライフスタイル小売産業」の重要性が増すなかで、女性フアッション産業で短い製造連を採用する傾向が加速した。一九八三年以降、イギリス女性の衣料への支出は、消費支出全体の成長の伸び率を上回っていた。フォード式の小売産業とマーク＆スペンサー社に向けた、大量生産方式により生産された多くの男性用衣料を例外として、イギリスのその他の大規模な小売企業は、女性ファッション服へと大々的な転換をおこなった（Phizacklea 1990: 9-12）。

それと同時に、企業構造が変容しはじめた。バートン社やネクスト社のような小売企業は製造産業から撤退し、もっとも集積が進んでいたイギリスのメーカーは市場シェアを失うこととなった。コートルーズ社、トータルズ社、コースト・ビエラ社は、男性シャツおよび下着の市場シェアの四〇—五〇％を支配し続けた。だが、従業員数が一〇人以下のユニットによって七二％が生産されている女性ファッション服市場では、これらの企業はわずか一六％を占めているにすぎない（Phizacklea 1990: 12ff）。こうしたヨーロッパにおける集積した卸売企業の脱統合への動きは、おそらくベネトン社にもっとも典型的な形で表れている。ベネトン社はかなり脱統合した企業であり、小売販売店さえ所有していない。経営者は、出店にともなうすべてのコストを担わなければならないが、また同様に、秘密裏に株式を所有しない、特定のインテリア・デザインを用いない、そして自社の商品のみを販売するといった、ベネトン社の店舗組織のルールに従い経営をおこなわなければならない。ベネトン社自体は、基本的には一メーカーにすぎず、ポンツァーノにある総本社が製品や小売販売を管理する一情報システムなのである。メーカーとしてベネトン社は、デザイン、サイズ設定、裁断、染色、品質管理、在庫管理、配達に関与している。高付加価値を生みだしているドイツ企業のボス社のように、ベネトン社は労働インセンティブをともなう縫製の下請契約をおこなっている。また、ボス社と同様に、高い売上を誇り、高付加価値をもつ商品を販売している（Phizacklea 1990: ch.1; Hirst and Zeitlin 1990）。

こうした状況が、結果として小企業を生みだしている。たとえば、一九七九年のフランスでは、衣料セクターにおける生産の一〇％が請負業者あるいは「請負職人」によって占められていたが、それは一九八四年には二一％に上昇した。その年、フランスのすべての製造企業の約六〇％が、なんらかの形で外部委託をおこなっていたのである。最終的に、従業員が一八人以下のフランス企業の割合は、一九八四年に九〇％に達した。しかも、その大多数は、従業員数が八人以下の企業であった。一方で、すべての衣類に関わる労働者の半数が、一八人以下の企業で働いていた。生産拠点を第三世界の海外の工程へと移す代わりに、第三世界がパリに移転してきているのである。それには、以前に比べ移り変わりの早い流行に対してより迅速に対応できることに加え、安価な労働力を確保できるという利点も存在している。たとえば、一九九〇年三月のパリにおいて、従業員が九人以下の衣料企業のうち、フランス人が所有していたのはその半数以下であった。その一方で、二二％がトルコ人によって、八％と三％がそれぞれユーゴスラビア人と中国人によって所有されていた（Morokvasic 1991: 271-2）。リスクを回避し、法人税を節約し、国民保険の支払いを減らし、労働法をだし抜くこともまた、メーカーに移民の請負職人への外部委託を決断させる別の誘引となっている。下請企業自体は、リスクを避けるために、さらなる「下請企業の連鎖」を活用し、他の企業へと仕事を外部委託している。自由主義的資本主義が最盛期だった頃のユダヤ人事業家のように、パリのトルコ人事業家が必要とするのは、縫製機械と同郷者（多くの場合、女性）の安価な労働力へのアクセスだけなのである。

こうした際だった脱垂直統合のもう一つの側面が、下請の連鎖のさらなる拡張である。そこでは、縫製機械作業員でさえ個人事業主として分類されるのである。請負業者は、作業員に対する多くの費用を節約することができる。たとえば、「個人事業」機械工は、通常、平均して三〇〇ドルの費用を支払い、機械を購入している。そして、イギリスの請負業者は、多くの場合、国民保険料もＰＡＹＥ（源泉課税）も支払うことはない。また、この事例において、請負業者は、不景気の時期にいかなる賃金も支払う必要はない。加えて、作業員は、ピーク時の九月から一月には週六〇時間働き、一月から四月には週二〇時間働き、そして、五月から八月にはまったく働くことがないかもしれない。ピザックリーによって描かれた家内労働者についての複数の事例では、ドライバーたちは、午前八時に布を運び、午後六時に製品を集め、家内労働者に現金を支払っていた。だが、いくつかの事例において、家内労働者は、誰が請負業者なのかさえ知らなかったのである(Phizacklea 1990: 96-9)。経費節約は支払いの際にもおこなわれている。たとえば、一九八四年に、法定最低賃金は時給一・五ポンドであったのに対して、ウェストミッドランドにおける衣料産業の労働者の平均賃金は週給一・〇八ポンドであった。

これまで主張してきたように、移民のガバナンスには、複雑な制度的クラスターが存在している。そうした制度はまた、その本性上、労働市場を規制するものである。ここで主要な制度上の主体は、家族、国家、そしてコーポラティズム的組織である。移民事業家――中国人、パキスタン人、インド人、トルコ人、キューバ人、あるいはベトナム人であれ――は、きわめて強固な家族構造にとり囲まれている。それは中流階級の移民の場合でさえ同様である。たとえば、ポルテスとイエンセン（Portes and Jensen 1989）は、中流階級のベトナム人やキューバ人の主婦たちが、あらゆる犠牲を払いながらも、どのように家族の結束を維持するという目的をもち、非常につまらない仕事に就くにいたっているのかについて報告している。再帰的近代化にともなう個人化や分化との共通点の少なさは、きわめて伝統的な家族構造が存在しているということを意味している。そのような家族構造が、福祉、年金、失業保険、ヘルスケアといった機能に責任を負っているのである。そうした機能は、近代社会の公共領域で活動する団体が通常担うものである。おそらくもっとも重要なことは、経済的機能が家族に流れ込んでいるという点である。たとえば、パリの服飾産業において、母国で仕立屋となるための訓練を受けていないユーゴスラビア人やその他の国の事業家は、夫が雇い主として行動する一方で、起業するために妻の裁縫技能に依存している（Morokvasic 1991: 266）。さらに、先に指摘したように、ある特定のエスニシティを出自とする雇用主は、多くの場合、移民のプロセスにおいて支援してきた親族や移民の妻を雇用している。黒人アメリカ人がこの移民モデルに従わず、衣料セクターの事業家となることがない一つの主要な理由は、単純にその家族構造があまりに近代的であるという点にある。両親がそろっている家庭の割合が低いことに加え、女性の労働力参加率の高さは、剝奪だけでなく近代化の指標でもある。個別化のプロセスにもっともさらされているネイティブ・アメリカン系白人と同様に、黒人の家族が移民事業家に固有の家庭経済を実現することは決してないのである。

だが、緊密で統合した伝統的な移民の家族構造は、起業による「成功」を保証する十分条件を与えているわけではない。そうした家族構造は、自由主義国家、そして一定程度低い水準のコーポラティズム化と結びつく必要がある。つまり、国家と企業体が、労働市場のいくつかの地位から移民を排除する強力な装置として機能することがないことを条件としている。モロクワシチは、この点を、パリとベルリンの衣料セクターのトルコ人事業家の比較を通じて描いている（Morokvasic 1991: 273-4）。一九八九年に、三一の新たな企業が、トルコ人の実業家によってはじめられた。それに対して、フランス人工場主によるものはわずか四四社であった。ベルリンでは、トルコ人住民の影響力がかなり高まったにもかかわらず、トルコ人所有の企業はわずかな数に留まっていた。実際、衣料と関わるすべての小商店（手工業）セクターはいたるところで拡大していたが、ベルリンでは衰退しつつあった。それに対して、ベルリンのトルコ人は、請負の仕立屋としてかなり活動的であった。トルコ人の仕立屋は過去二〇年のうちに、ベルリンの仕立屋の大半を担うほどになっていた。その大部分は、急増している手直し専門の仕立屋であった。その数は、一九六五年に一二店舗であったが、一九九〇年には五三二店舗にまで増大した。トルコ系移民は、製造産業に参入することができなかった。製造分野で資本家となることを目指すトルコ人は、過去に政府が設けた滞在許可や特別労働許可といったいくつかの障壁にひとたび直面するならば、コーポラティズムに基づくさまざまな障壁を乗り越えなければならないのである。このことは、たとえトルコ系移民が、母国で広範な訓練を受け、資格を有している場合でも同様であった。

以上のように、衣料およびファッション産業は、ポスト組織化資本主義の移住パターンが収斂ではなく、多様化によって特徴づけられるという点を示している。ここで、アメリカ――そしてより低い程度においてイギリスとフランス――にみられる自由主義レジーム、ドイツやオーストリアにみられるコーポラティズム・レジーム、そしてスカンジナビア諸国にみられる福祉国家レジームをそれぞれ区別することができる。自由主義レジームにおける新下層階級の多くの部分が、移民事業家の小規模店舗で働く移民労働者によって占められている。移民としてやってきた多数の新下層階級労働者が、雇用主になっているということは事実である。その子どもたちの多くが、主要セクターの専門職に就いていることも事実である。そして、過剰な搾取にさらされている場合でさえ、新たな移民労働者は、西欧社会に連れてきてくれたという理由で、その搾取者を好意的に接してくれる人たちであるとみなしている点もまた事実である。しかし、これらの労働者が、労働者階級のさらに下に位置する新下層階級をなしていることに疑問の余地はない。こうした移民により構成される第二次労働市場は、ほとんどの指標からみて、組織化資本主義の第二次労働市場から構造的に下方移動したものだからである。新たな移民労働者は、新下層階級の一部なのである。実際、その中心でさらに搾取されているすべての女性は、決して事業家にはなれず、そのほとんどは、最終的に公式の労働市場で公認されることさえないであろう。結局は、こうした人びとは新下層階級の一部なのである。なぜならば、現在の労働や住宅の惨めな状況は、未来世代への希望によっても、完全に埋め合わされることができないからである。そうした状況は、ケインズ主義的福祉国家に基づく、組織化資本主義の絶頂にあっては想像すらできなかったことである。

三節　再統合したドイツのコーポラティズムを通じた排除

（1）ドイツ――コーポラティズム的福祉国家

本書の中心的テーマの一つは、組織化資本主義後の、近代化の複数の経路を比較することにある。とりわけ、英米の新自由主義モデルと、より制度的に規制されたドイツのコーポラティズム的で国家主義的なモデルとの対比に焦点を当てている。本節では、ドイツのコーポラティズム的制度が、おそらくは一つの模範的な成長モデルとなる一方で、新下層階級を生みだすもう一つのレジーム・モデルでもあるという点が示される。このレジーム・モデルは、女性、とりわけそのマイノリティが、労働市場と公共生活の双方から固有のやり方で排除されることにより可能となっている。これらの制度には、国家、労働組合、商工会議所、経営者団体、技術訓練システム、福祉国家、家族に加え、製造産業セクターに土台を置く基礎的な国民経済が含まれている。これらの制度は、「ドイツ・モデル」を構成する実効性の複雑なネットワークのなかで互いに強化し合っている。

このコーポラティズム・モデルを、福祉資本主義の他の二つの世界と対比することができる（Esping-Andersen 1990=2001 および本書第八章）。新自由主義の派生体は、主にミーンズ・テストを前提とした社会扶助の原理に基づいている。それは、社会保険あるいは一般租税のいずれによって拠出されるかは別にして、ミーンズ・テストを必要としない年金、健康および雇用保険へと徐々に発展している。だが、こうした移転支出は水準が低く、民間の（あるいは団体交渉を通じた）補完的な年金や民間の医療保険によってしばしば補われている。それらの措置は、民間企業への税控除による助成を受けたものである。それに対して、社会民主主義レジームは、すべての市民が共通のプログラムによって包摂されるという点で、普遍的なものである。それは、マーシャル的な社会的市民権の原理を組み込んでおり、均等割税と一般歳入によって拠出される民主的なモデルである。社会民主主義モデルにおいて権利として要求できる福祉的資源は、最低限なものではなく十分なものであり、民間の保険組織によって補填される必要がない。

コーポラティズム・モデルは複雑である。自由主義レジームは自由主義政府によって、普遍主義レジームは社会民主主義政党によって導入されたのに対して、コーポラティズム・レジームは保守主義政府によって導入された。その原理は、一八八〇年代にビスマルクによって打ち立てられ、第二次大戦後、西ドイツ、フランス、イタリアの保守主義政権のもとで大いに発展した（Mommsen 1981; Flora and Heidenheimer 1981）。さらに、自由主義および社会民主主義レジームは、その考え方において世俗的で「近代的」である一方で、保守主義およびコーポラティズム・レジームは、キリスト教（カソリック）的かつ伝統主義的な起源を有している。後者には、特に二つの原理が存在している。第一のものが、カソリックの家族志向的な「補完性」原理である。この原理では、「家族がその成員にサービスを提供する能力を欠いているとき」（Esping-Andersen 1990: 27=2001: 29）にのみ、国家は介入することができる。このことは、自由主義レジームにおいて市場に、そして社会民主主義レジームにおいて国家に課されている複数の福祉サービス機能が、コーポラティズム・レジームにおいては家族自身によって担われるということを意味している。キリスト教原理は、両親がともにいる家族を支援するものである。だが、そのことは、家族から諸機能がいまだ分化せず、女性がもっぱら私的領域におし留められているという前近代的状況を帰結している。

コーポラティズム・レジームの第二原理が、ヒエラルキー構造の原理である。このシステムは、異なる社会保険体制に沿って順位づけられた地位集団に、賃金労働者を統合することによって可能となっている。たとえばドイツにおいて、ホワイトカラーの被雇用者は、マニュアル労働者と対置される（Kocka 1969）。この体制において特に優遇されているのが公務員である。その特権は、中央政府機構に対する公務員の忠誠に基づく、重々しい国家主義的なコーポラティズムに由来している（Offe 1981）。つまりそれは、保守的でコーポラティズム的な体制なのである。そのなかで組織は、階層化され、職業ごとに独自性をもち、参加が義務づけられ、それぞれの組織は代表を通じて占有されている（Schmitter 1981）。ビスマルク自身はより国家主義的な解決を好んだが、地方のプロテスタントやカソリックによる保守連合が、その制度にコーポラティズムによるギルドと家族的な性格を組み込んだ。ビスマルクによる一八八〇年代の連盟は、――後のローマ教皇による回勅、特に一九三一年の回勅と同様に、——単に家族関係を維持することだけを目的としたものではなかった。それは、家父長制を通じて、異なる社会階級間の関係を調和させ、すべての階級を国家という家父長的コミュニティへと組み込むことを意図するものであった (Esping-Andersen 1990: 56-68=2001: 62-7; Lash 1990a)。

ドイツと同様に保守主義—コーポラティズム・レジームを採用する国家、たとえばオーストリア、イタリア、フランスは、社会福祉のほとんどの指標でスウェーデンとアメリカの間に位置している。だが、これらの国では、階層づけられた年金制度や公務員に対する高額な年金の有無に応じて得点はさらに高くなる。たとえば、これら四つのコーポラティズム体制は、公務員への年金に国民所得の二・二—三・八％を割いている。他方で、イギリス、アメリカ、オランダ、スウェーデン、日本では、一・五％前後にかたまって分布している。

一人の稼ぎ手と家庭内で福祉サービスの大半を担う女性からなる家族を前提とした、保守主義—コーポラティズム的福祉国家であるドイツ・モデルには、多くの含意が存在している。第一に、それは女性の労働市場への参加率を低めている。ドイツの女性の労働市場参加率は三九％以下であるのに対して、アメリカでは五〇％、スカンジナビア半島では学生を除く一六歳から六四歳の女性で七五％を超えている。さらにドイツでは、低賃金の非専門サービス職のなかで女性が不釣り合いなほど大きな割合を占めている (Esping-Andersen 1990: 209=2001: 222-3)。

第二に、労働力の生産性はきわめて高い水準にあるが、そのことは、総人口のうち実際に労働力となる者の割合が低いことと関連している。たとえば、一六歳から六五歳のすべての男性と女性の就労率は、一九六〇年から一九八五年にかけてアメリカでは六六％から七五％に、スウェーデンでは七四％から八一％に増加している。それに対して、ドイツでは七〇％から六六％へと、実際、減少したのである。ドイツで労働力に課されている制限は、部分的には早期退職を通じて実施されている。ドイツで労働に従事している五五—六四歳の男性の割合は、一九六〇年から一九八五年の間に、八三％から五八％へと落ち込んだ。それに対して、スウェーデンでは九〇％から七六％への、アメリカでは八三％から六九％への減少に留まっている (Esping-Andersen 1990: 151=2001: 99-162)。アメリカのすべての労働力は、一九六〇年から一九八五年の間に二倍以上になり、スウェーデンでは五分の一増大した。それに対して、ドイツの労働力は減少したのである (Esping-Andersen 1990: 197-8=2001: 210-2)。

第三に、主に多くの福祉・消費サービスが、家庭の女性によって事実上担われているといった理由から、ドイツは、ポスト工業社会というよりも、いまだ驚くべきほどに工業社会なのである。北大西洋沿岸諸国のあらゆる場所で、女性の就労率の上昇は、ポスト工業職の増大と直接かつ密接に結びついている（次の第八章をみよ）。だが、こうした展開は、ドイツでは同じようには生じてはいない。一九八〇年代初頭、ドイツの五分の二以上の労働者は製造産業で雇用されていた。それに対して、アメリカでは、その割合はわずか二五・一％であった (Esping-Andersen 1990: 204=2001: 217; Sassen 1991: 209, 216)。

最後に、ドイツでは、一人稼ぎ手家族の生活水準を安定させる必要があることから、移転支出と生活扶助がかなり高水準で設定されているため、社会サービス部門にそれほど多くの人を雇うことができない。反対にスウェーデンでは、多額の資金が社会サービス部門での多数の雇用に用いられているため、多くの国民を移転支出に依存させる余裕はない。そこでは、皆が働くという想定が存在しており、その結果、就労率は、ドイツの四九％に対して、スウェーデンでは六〇％という高い水準になっている。さらに、ドイツではわずか一一％に対して、スウェーデンでは四分の一の人びとが、健康、教育、福祉部門で働いている（Esping-Andersen 1990=2001: table 6.3）。公共部門で働くすべての雇用のなかで女性が占める割合は、スウェーデンにおいて五〇％を超えているが、ドイツではわずか五分の一にすぎないのである（Esping-Andersen 1990=2001: table 8.3 and 8.5）。

（2）移民の制度的階層化

こうしたドイツの国家主義―コーポラティズム的な諸制度の複合体は、移民に向けられた特有の反応の原因である。ここで、ドイツへの移民の主たる特徴を簡潔に描いてみよう。一九六一年時点、西ドイツに暮らす外国人はわずか六八万六〇〇〇人であった（Cross 1987: 9）。一九六一年、すなわちベルリンの壁の建設まで、西ドイツにおける労働力への超過需要は、主に東ドイツからのユーバージードラー（*Übersiedler*）〔東ドイツからの移住者〕によって満たされた。だが、他にも別の外国からの移民が存在した。それは、主にEC諸国からの移民であり、そのほとんどがイタリアからやってきた。EC諸国からの移民は、一九六〇年代後半に五〇％以上を占めていたが、一九八九年にはおおよそ四分の一にまで低下した（Hönekopp 1991: 132）。そして、ベルリンの壁の建設は、トルコやその他の国々とのゲストワーカー移民をめぐる国家間合意締結の直接の原因となった。

このことは、ドイツでポスト大戦期における移民の第二局面を導いた。一九六一―一九七三年の間、移民は、年平均の総数が二七万人に達するほど大規模なものとなった。一九七三年までに、外国人人口は三九七万人にふくれあがった（Hönekopp 1991: 130）。西ドイツにはいかなる移民法も存在していなかったことが、その主な理由であった（ドイツにはいまだに存在していない）。この時期の大規模な入移民は、国家ではなく、コーポラティズム体制らしく雇用主によるリクルートを通して調整されていた。この第二局面において、トルコ人、そして外国人（*Ausländer*）〔ユーバージードラーとアウスジードラーは含まれない〕のなかでもユーゴスラビア人の割合がかなり増加した（Hönekopp 1991: 131）。

ドイツの戦後移民の第三局面は、一九七三年から一九八八年の間に生じた。この時期、移民数はわずか二五万人しか増えなかった。ポスト工業化の開始と結びついた一九七三年のオイルショックは、労働市場の恒久的な開放を導くものであった。連邦政府は、一九七三年に外国人労働者の求人を禁止する法律を発表し、母国に帰国した外国人労働者は、後にドイツで仕事をみつけることを当然のこととして期待することはできないと明記された（Gans 1990: 29）。概して純移民数は、出身国への大量の外国人の帰還を覆い隠すものとなっている。たとえば、一九八九年の三三万二四六四人にのぼる外国人の純移民は、入移民七七万八九七人と出移民四三万八四三三人の絶対数によって説明された（Hönekopp 1991: 117）。外国人労働者の求人の禁止と経済危機が、この時期、長期間にわたり続いた純帰還移民の直接的な原因となったのである。

ドイツの戦後移民の第四局面は、一九八八年にはじまり、その後一〇年ほど続くと見込まれている。この新たな大規模移民は、国際政治によってもたらされている。一九九一年末、ドイツは国内におよそ五六〇万から五七〇万人の外国人を抱えていた。そのことは、人口に占める外国人の割合がフランスよりも高く、そしてイギリスよりもはるかに高いことを示すものとなっている。

それに加えて、この文脈において、東側ブロックの崩壊がもつ意味が重要となる。第一に、主要な移民供給先に根本的な変化が生じている。一九八〇年代末まで、トルコ人よりも東欧からの人びとが優遇されており、移民の割合は、前者が一に対して後者が三―四であった（Hönekopp 1991: 128）。この傾向は、目の前に迫る旧ソビエト連邦

(ＵＳＳＲ)の開放により将来強まるであろう。東欧からの移民は、新たなガストアルバイターである――多くの場合、仕事なきガストアルバイターなのだが。こうした東欧からの移民の三分の二から四分の三は、ポーランドからの移民によるものである。その数は、一九九〇年におよそ二五万人に達していた (*Der Spiegel* 30 September 1991: 32)。ドイツとポーランドは「特別な関係」にある。加えて、ドイツのポーランド系労働者にとって望ましい条件が、アウスジードラー (*Aussiedler*)［ドイツ系帰国民］の移動を促進させている。アウスジードラーは、数世代にわたりポーランドに住み、現在ドイツに戻ってきているドイツ起源の移民である。一九七七年から一九八九年を通じたポーランドからのアウスジードラーの純移民数は、五八万九〇〇〇人であった。同時に、ポーランドは、(旧チェコスロバキアとハンガリーと並んで)旧ソ連邦、ルーマニア、ブルガリアから見込まれる相当数の移民の緩衝地帯としてますますみなされるようになっている[1]。ポーランド人を別にして、数世代にわたり外国に住んでいる民族的ドイツ人であるアウスジードラーの他の主要な集団が、ソビエト系ドイツ人である。その数は、一九七七年から一九八〇年にかけて年間およそ七〇〇〇人で安定し、一九八二年から一九八六年の間にほぼ全面的に下落した。だが、一九八〇年代の終わりには、一九八八年の四万一〇〇〇人、一九八九年の八万八二〇〇人というように急増することとなった (Hönekopp 1991: table 4 and 5)。一九九三年にソビエトの国境管理が完全にとり払われる際、二〇〇万人ものソビエトに住むドイツ系コミュニティ全体が、ドイツに移住すると予測されている (*Der Spiegel* 21 October 1991)。

さらに重要なカテゴリーが、「東」ドイツから「西」ドイツへと移動する集団である。一九五一年から一九八六年にかけて連邦共和国へと移住したすべての民族的ドイツ人は、年平均七万三〇〇〇人を数えた (Wilpert 1991: 50)。これらのうちもっとも重要なカテゴリーが、一九五一年から一九六一年にかけてのユーバージードラーであった。一九六一年から一九七四年の間、民族的ドイツ人の入移民は低い水準にあった。しかし、一九七三年のガストアルバイターの募集停止にともない、アウスジードラーを惹きつけるための組織的なとり組みがおこなわれた。一九八九年一〇月から一九九一年五月の間、その総数は七〇万人のぼると見積もられている。だが、一九九〇年七月から、そのフローは経済的誘因がとり除かれたためにかなりゆるやかなものとなった――旧西ドイツに移動する東ドイツ人は、もはや自動的にそれ以前の住民と等しい社会給付を受けとることができず、移動費用もまかなわれず、また一時金も受けとることができなくなった。それにもかかわらず、一九九一年四月には、東ドイツから移住した一五万人もの人びとが、西ベルリン一都市で働いていると推定された。また、その半分以上が、不法移民であった (Ganssmann 1991: 4; Wilpert 1991: 54-5; Butterwegge and Isola 1990)。

最後に、難民があげられる。ドイツは、庇護希望者の移住に対して、ヨーロッパでもっとも寛大な国である。一九九〇年にドイツは、一九万三〇〇〇人もの庇護希望者を受け入れた。それに対して、フランスでは五万六〇〇〇人、そしてイギリスではおかしなことにわずか二万五〇〇〇人という数であった (*Der Spiegel* 30 September 1991: 33)。こうした難民の一定割合が、アジア系とアフリカ系によって占められた。アジア系の純移民は、一九七七年から一九八一年の間、年平均二万人から二万五〇〇〇人であり、一九八五年から一九八九年の間、年平均三万五〇〇〇人から四万人であった。一九七七年以降の純移民の主要な集団がポーランド人であり、その数は四二万一〇〇〇人となっている。一方、アジア系は三三万五〇〇〇人を、アフリカ系は七万四〇〇〇人を占めている。比較してみると、この時期のトルコ人の純移民は、わずか三万八〇〇〇人にすぎなかった。また、ECとユーゴスラビアからの純移民は、それぞれ三七万五〇〇〇人、一二万二〇〇〇人減少した（Hönekopp 1991: table 1 and 9）。

われわれは、ドイツへの移民の主たる特徴の説明に多くの時間を割いてきた。それは、ドイツが新自由主義モデルの対極の立場から現在現れている再編の異なる道筋を示しているためであり、またドイツが再び主要な勢力となるプロセスにあるからである。加えて、ドイツは東欧の苦痛をともなう解体にもっとも身近な西欧の国だからである。さらに、資本、イメージ、コミュニケーション、貨幣、投資は、アメリカ、日本、イギリスの内部で、そしてそこから外部に向けてもっとも進んだ形で流れているが、こと人のフローに関して言えば、現在そして予測される未来において、ドイツにもっともはっきりと表れているためである（これは移民についてのことであり、旅行者のことではない）。最後の理由は、おそらくドイツが、その解説者によってドイツの裏庭（*Hinterhof*）と呼ばれる国々に、ポスト共産主義の発展モデルを提供すると見込まれているからである。

ドイツはまた、国際化という点でもっとも矛盾した諸勢力が存在する場所である。部分的には第三帝政を経験したことへの反動ゆえに、価値という観点からドイツはもっとも民族主義的ではなく、もっとも好戦的ではない国民である。そうした普遍主義的な価値の多くが制度化されている。たとえば、憲法、軍隊に命じられうる役割の制限、メディアや特にテレビにおける体系化された普遍主義的内容などである。しかし、このようなリベラルな価値や制度は、本章でとりあげられた、民族主義的でコーポラティズム的な家族主義―保守主義的な制度的複合体と対立関係にある。国家と移民に関する文脈において、両者の対立が開始されるのである。ここで、国家の外的機能と内的機能との区別が重要である。外的機能の観点で、ドイツ国家は相対的に普遍主義的である。そして、内的な機能では、ドイツ国家はさまざまなコーポラティズムと結びつき、民族主義的で排他主義的になる。

これまで述べたように、一九六一年から一九七三年にかけての移民は、国家主義的かつコーポラティズム的なものであった。それが国家主義的であったというのは、連邦政府と移民送り出し国の政府との合意が、他の西欧社会で移民が管理される方法とかなり異なっていたからである。ガストアルバイターをめぐるこうした合意は、共産主義世界で実施されているものとかなり似通ったものであった（Hönekopp 1991: 122-3）。そのなかには、一九六〇年代のスペイン、ギリシャ、トルコ、ポルトガル、そしてユーゴスラビア政府との双務的な合意が含まれている（Mehrländer 1984: 375）。これらの合意は、西欧の移民労働者の募集のあり方と比較してコーポラティズム的であった。というのも、西ドイツの雇用主や雇用者協会は、国家からのより大きな自律性を有していたからである。新たな移住者はガストアルバイターの一部ではないため、それに対する規制はコーポラティズムに基づくものではない。しかし、アウスジードラーの流入と関わる民族主義的原理と庇護希望者と関わる普遍主義的な原理は、互いに矛盾するものとして相対することになる。そのため、右派の主流派は、庇護希望者の第三国定住（*Aussiedlung*）を進める点で左派よりも熱心である。他方、左派のリベラル勢力は、難民に対してより積極的な態度をとっている。その上、ドイツの移民をめぐる政治の多くの方策は普遍主義的であり、また難民への政策は他のどの国よりも寛大である。それは、一九九二年の旧ユーゴスラビアからの庇護希望者との関係に表れている。

（3）血統主義と市民権からの排除

移民に対する公的な規制には、四つの主要な様式が存在している。

それは、入移民とホスト社会との「分離」の順序に従い分類される。もっとも分離されていないのが、英国連邦や植民地状況にみられる様式である。たとえば、イギリスへの西インド諸国からの移民がその例である。より分離した様式が、たとえば、アルジェリア人とフランスとの旧植民地関係である。また、さらに分離した様式が、移民の主要な供給国とアメリカとの非植民地関係である。そして、もっとも分離した様式が、一九六一年から一九七三年のドイツのガストアルバイターにみられる状況である。おそらく同様の水準で分離しているのが、庇護希望者の置かれた状況である。移民がある国で特別に設計された移民法のもとで入国が認められているに対して、庇護希望者は国際法の普遍主義に基づく命令のもとで入国が認められている。移民の二つの主要なカテゴリーであるガストアルバイターと難民がドイツと結んでいる関係の非人格的な性質は、改めて強調されるべきである。アメリカにみられる非植民地関係においてでさえ、移民は、大抵、軍事的プレゼンスを通して、あるいはより多くの場合、対外直接投資により作りあげられた経路を通じて生じている（Sassen 1988=1992）。反対に、ガストアルバイターや難民がやってくる主たる国々は、こうした緊密にネットワーク化された状況のどれにも関与していない。

一般的に関係が分離すればするほど、入移民にとって市民権獲得の条件は望ましいものではなくなっていく。イギリスの植民地および独立後の状況において、西インドからきた人びとのイギリス本国への滞在は、一時的なものとは決して考えられていなかった。イギリスの当初の考え方は同化主義的なものであり、西インドの人びとははじめからイギリスのパスポート保有者だったのである（Cross and Etzinger 1988: 13）。それとは反対に、ガストアルバイターの立場は、一時的なものとみなされている。現行のドイツ市民権への包摂にとってかなり不都合な条件の大部分は、ガストアルバイター制度時代の遺産が原因である。ドイツの市民権は、ボランタリズムと、不幸なことに血統主義との混合物によって規制されている。一九七〇年代後半から一九八〇年代初頭にかけて社会民主党—自由民主党連立政権のもとで、より普遍主義へと向かういくつかの運動が存在していた。連立政権により任命されたキューンによる労働者の統合に関するメモは、ドイツは「移民国家」ではないという長く想定された（そして、今なお想定されている）反事実的な立場に反論するものであった。そのメモは、ドイツが事実上、移民社会状況にあることを認め、若者の帰化の権利とともに長期滞在者に投票権を与えることを提言し、最終的に移民に対してより大きな法的安全を約束するものであった。このメモは連立政権の指針となり、一九八一年一二月に公表された。だが、その内容は決して法制化されることはなかった。労働市場がきわめて硬直的であるということが、社会民主党—自由民主党連立政権の退却の原因であった。代わりに、一九八二年の秋以後一〇年にわたり下野することになるこの政府は、反家族結合法を発効し、一六歳以上の非ＥＣ市民の子どもの入国を禁じた（Mehrländer 1987: 87-8）。

一九八二年以降のキリスト教民主同盟—自由民主党連立政権は、より強固な民族的な排他主義と、移民に対するあらゆる種類の市民権からのより徹底した排除への動きを加速させた。連立政権はまず——それは成功しなかったが、——家族結合を制限する年齢を、当初六歳に、後には一二歳へと引き下げようと試みた。加えて、配偶者の入国を、三年あるいはそれ以上の婚姻期間を有する者へと制限するための議論を開始した。一九八三年一一月には、移民の帰国を誘導するために、一万五〇〇〇ドイツマルクを支払ったり、被雇用者の年金保険料を返付するなど金銭的な帰国奨励策を実施した。加えて、一九八五年に連邦議会で通過した法律は、移民の帰国促進を目的とした住宅補助をめぐる措置を請け負った（Mehrländer 1987: 90, 93; Gans 1990: 25）。

ボランタリズムと血統主義の間には明確な境界はない。アウスジードラーと外国人との間にある移民に関する厳格な階層構造もまた、血統主義と調和している。ウィルパート（Wilpert 1991: 54）が述べるように、重要なことは、市民的権利の蓄積が、ドイツでの居住期間の長さでも、稼ぎ手や納税者として公共の福祉へ貢献することでもなく、民族に基づくということである。推計で八割もの民族的ドイツ移民は、言語的基礎があまりに乏しいため言語訓練が必要とされている。だが、民族的ドイツ移民は、たとえこれまで社会保険基金に納付していなくとも、あらゆる社会保障給付に申請することが可能である。非ドイツ系移民は、その年齢構造ゆえに給付として受けとる以上により多くの支払いをおこなっているが、それはまさにアイロニーと言えよう。実際、ガストアルバイターは、アウスジードラーに対する分不相応な年金と健康保険制度のためにお金を支払い続けているのである。補助金はアウスジードラーのために拠出されている。それは単に年金、健康保険、失業保険だけでなく、移住費用、言語コース、一時金、職業訓練、住宅補助に対しても支払われ、その金額は一九八九年だけでもおよそ六〇—七〇億ドイツマルクにものぼっている。ドイツ憲法は、非ドイツ系民族の市民権と関連する権利に対して両義性を有している。だが、ドイツの民族意識を共有する難民や被追放者が、市民として包摂されることは確かである。そのなかには、一二世紀にルーマニアに定住した民族的ドイツ人も含まれるのである！

もし市民権が非民族的ドイツ人の手に届かないよう設計されているのであれば、ボランタリズムは事実上、血統主義へと横滑りしはじめる。また、外国人による市民権の取得割合はきわめて低く、年間一万四〇〇〇人ほどにすぎない。それは、すべての外国人住民のわずか一〇％以下しか市民権をもたないことを意味している。加えて、「外国生まれ」のなかには、第三世代のトルコ人も含まれている。キリスト教民主同盟によって制定された一九九〇年の法律は、おそらくは移民の統合を実現することを意図したものであったが、それはお笑いぐさである。この法律は、一五年の間、合法的にドイツに滞在している外国人に対する市民権への申請条件をわずかに緩和するものである。さらに、第二、三世代のドイツ生まれの「外国人」は、犯罪歴がなく、六年以上の間ドイツ人学校に通い、それ以前の市民権を放棄するならば、一六歳から二三歳の間にドイツ市民権に申請することができる。最後に、ドイツ生まれの外国人は、通常市民とはみなされていない。さらに加えて、これらの外国人は、居住権を有しておらず、その子どもは一六歳になると居住許可に申請しなくてはならないのである（Huber and Unger 1982: 152-9; Wilpert 1991: 60; Mehrländer 1987: 91）[2]。多元主義が著しく欠け、国家とのつながりが強固なドイツ流のコーポラティズムは、複数のパターンをもつ人種差別的な排除を生みだしている。そこには、個人を対象とした反差別法も、マイノリティのための積極的な集団的措置も存在しないのである。

（4）労働社会

国家主義的コーポラティズムは、「ドイツ・モデル」のまさに中核で機能するものである。ドイツ・モデルは、シュトレークたち（Streeck et al. 1987a）やマーンコプフ（Mahnkopf 1989）のような分析者によって見出されものであり、第四章で議論した労働者の訓練システムを指している。たとえば、ドイツにおいてある年に七〇万人の新卒者がいたとする。その際、六九万人分の実習先しか準備されていなければ、それは一つのスキャンダルとなる。すべての新卒者に実習先を保障できなければ、それは州政府の政治的失敗とみなされる。ドイツのような「労働社会」では、高等教育で学んでいなかったり、職業教育を受けていないことは、社会ののけ者であったり、異常者であることを意味している。それは、市民権や市民社会からの排除と同義である。社会権は、一般的な租税原則よりも、かなり強固な社会保険制度と相まって、労働と本質的に結びついているのである。

いまやトルコ人や他の外国人は、ドイツの工業のいたる所に存在している。一九七九年には、外国人労働者のおよそ三分の二が製造産業で働いていた（Cross 1987: 12; Mehrländer 1983: 45-9）。しかし、それは多くの場合、技能職ではなかった。というのも、外国人の大部分が徒弟制から排除されていたためである（Schoeneberg 1982: 463-5, 469-71）。たとえば、一九八〇年に西ドイツの二二の都市で四三〇人のトルコ人の若者を対象に実施された研究では、ドイツに到着した若年トルコ人のうち誰一人として技能職に就いていると回答した者はいなかった。労働市場に参入した時点で技能職に就くことができたのは、ドイツ連法共和国の学校に通っている者の三〇％、そして、学校での試験を終えた者の四〇％にすぎなかったのである。ドイツ人の若者の八〇％以上が技能マニュアル職で働きはじめることと比べると、その差は歴然である。また、父親がどのような資格をもち、どれほど有名な学校に通っていたかということは、トルコ人の若者が初職で技能職に就く可能性を改善するものではなかった（Mehrländer 1984: 376）。一九八四年にデュッセンドルフにおいて、五〇人のトルコ人と二八人のドイツ人の若者を対象とした縦断調査がおこなわれた。その調査によると、すべてのドイツ人回答者は、工場施設での訓練の約束をとりつけているか、高等教育機関への進学が決まっていた。それに対して、五〇人のトルコ人回答者のいずれも、そのような約束を有していなかった（Koenig et al. 1988: 57）。

こうしたパターンには、需要側と供給側の双方に原因がある。需要側と関連し、雇用主は外国人を多く雇うことができないと述べていた。それは、ドイツ生まれの労働者や顧客がマイノリティの労働者に対して敵意をもっていることが理由であった。また雇用主は、外国人の就労希望者が、労働倫理という「ドイツ的美徳」をまったく有していないと語っていた（Mehrländer 1987: 92 からの引用）。供給側について言えば、見込みのある研修生がドイツに留まり続けるか否かがかなり不透明であるという事情がある。これまで述べてきたように、居住をめぐる不確実性がこの点に大いに影響している。一九八一年には、トルコ人労働者のおよそ四〇％が、居住許可申請の要件となる居住期間である八年もの間、労働に従事していた。しかし、そのわずか〇・三％が、ドイツに滞在する権利を得たにすぎなかった。ドイツ人の反外国人感情と法律によってもたらされるこうした不安定状況が、トルコ人の若者の間に芽生えるある種の反ドイツ人感情の基礎となり、彼らが職業訓練の手続きをおこなうことをためらわせているのである（Mehrländer 1984: 378; 1987: 92）。また、一九八四年のデュッセンドルフでの研究は、若者の職業選択に関して、トルコ人家族がドイツ人家族よりもより権威主義的であるという点を明らかにしている。トルコ人の若者にとって職業選択は、多くの場合、家族全体の将来計画の一部としてみなされていた。トルコへの帰国と、職人工房の開店が、そうした計画の基礎にある。たとえば、縦断研究が開始された当初、トルコ人の若者に対して希望するキャリアについての質問がなされたが、もっとも多かった回答が小さな工房――テレビやラジオの修理屋、床屋など――を開くことであった。それに対して、ドイツ人回答者は、より高い水準の技術職の仕事を望み、そのためより大規模で評判のよい工場の訓練所を探していた（Koenig et al. 1988: 34-5, 39, 44-5）。ドイツ人の若者はまた、もっとも客観的な基準からみて、より適格な候補者であった。それに加えて、ドイツ人の若者は、地元の職場で両親、親戚、友人とともに「下働き」させてもらい、職業学校で教えられる以上のことを経験する機会を有していた。それに対して、トルコ人の若者にとっては、学校が工具や職場に触れることのできる唯一の場所であった。最後に、ドイツ人は、その文化的・言語的・「民族的」資本ゆえに、職業訓練所を確保する際、これまで関わりのない工場にも、自信をもって直接志願することができた。トルコ人は、そうした資本を有していないため、代わりに、デュッセンドルフの雇用局のキャリア訓練や情報サービスを通じて志願しなければならなかったのである。

訓練所の供給側と需要側は、ネットワークによって結びつけられている。ネットワークを通じて、訓練所に関する情報が流通している。情報ネットワークにとって、両親は決定的な役割を演じている。また、トルコ人の若者の両親——そのうちの何人かは初等学校で五年以下の教育しか受けていない——は、多くの場合、どのような訓練が労働市場の雇用機会と結びつくのかという点や、職業訓練の選択可能な範囲についてほとんど考えをもっていなかった (Mehrländer 1984: 377)。影響力もまた、ネットワークを通じて流通している。だが、トルコ人はそうしたネットワークをほとんど有していなかった。ドイツ人の父親は、働いている工場に息子の訓練場所を確保することができた。それに対して、トルコ人の父親は、そのほとんどが半熟練または非熟練労働者であったために、職業訓練所を併設していない工場で働いていたのである (Koenig et al. 1988: 45)。ドイツ人の若者は、そうした情報と縁故ネットワークを通じて、訓練所が雇用局に登録される——したがって、トルコ人の若者にも開放される——一年以上も前に、訓練を受ける場所を確保することができた。このように多くの場合、供給側は事前に固定されており、トルコ人の若者は訓練市場の競争からも排除されていたのである。

一九九一年に、訓練市場の状況はがらりと変わった。西ドイツ人の人口統計学上の衰退と、訓練所よりも高等教育を追い求める西洋の若者の志向ゆえに、西ドイツ人の若者だけでは訓練所は埋まらなくなった。だがトルコ人は、東ドイツ人やアウスジードラーの存在ゆえに、再び無視されることとなった。それは、アウスジードラーもまた有益な情報やネットワークをもっていないにもかかわらずである (Funke 1991: 68-73; Wilpert 1991: 55)。この点は、大規模な工場のケースにおいて特に顕著である。シュトレークら (Streeck et al. 1987a) が示しているように、小企業よりも大企業の訓練所で、より多くの訓練がおこなわれている。大企業が訓練に投資することはまったくもって合理的である。なぜならば、訓練終了後、訓練生を雇い続けることが期待できるからである。小企業は、通常そのように期待することができず、訓練コストはしばしば無駄になる。そのため、小企業は、訓練所を事実上、低賃金労働の供給源として活用する傾向にある。

四節　結　論

本章と前章では、組織化資本主義が新下層階級を生みだしている点をいくぶん詳細に分析した。そこで、アンダークラス、移民、新たな分極化について議論し、重要な点で、支配的な社会階層がどのように新下層階級を形成しているのかについて論じた。そこでの議論が、階級と同様に、エスニシティと人種に関わりをもつのは必然であった。というのも、先進国の新下層階級は、エスニック・マイノリティによってますます構成されるようになっているからである。だからこそ、多くの国々、とりわけアメリカとドイツに焦点を合わせ、人種および新下層階級の形成について議論してきたのである。両国に焦点を当てた一つの理由が、東側ブロックの崩壊にともない、一方でアメリカによって、他方でドイツが相当な影響力をもつヨーロッパによって、グローバル秩序がますます定義されるようになっているようにみえるからである。しかし、それはまた、ポスト組織化資本主義に見出される社会構造についての二つの対極的な理念型が、新自由主義に基づくアメリカとコーポラティズムに基づくドイツにもっともよく体現されているからでもある。

ネオリベラリズムとコーポラティズムはともに、再編についての可視的なモデルである。新たな国際領域の形成を規定する第三極である日本は、両者の重要な要素を含んでいる。Harvey（1989=1999）、Castells（1989）、そしてSassen（1991）といった多くのグローバル社会の変化をめぐる文献は、新自由主義モデルの存在を前提に据えている。それに対して、新自由主義モデルとは異なる、ドイツのようなコーポラティズムに基づく経路を集中的に分析した文献はわずかである。この章を結ぶにあたり、その特徴を要約しよう。

ここで重要なことは、ドイツ・モデルが、伝統主義的なコーポラティズム的構造を利用しながら、高度な近代化のプロセスを成功させたという点にある。つまり、ドイツ・モデルは、幸運をもたらす数多くの硬直性を利用することで、流動性が増大する時代のなかで成長に成功したのである。このことはまさに、近代化へと向かう非近代的な経路と言えよう（この点は、学習プロセスとして近代化をとらえるハーバマス、ルーマン、ベックのようなドイツの理論家を裏切るものである）。それは、かなり脱分化的であり、非個人主義的であり、また非再帰的でさえある。なぜならば、多くの決定が、個人の代わりに、企業や家族によってなされているからである。

そのうえドイツは、第一に、もっぱら民族的な経済をもち、国際化されていない。コーポラティズムは常に、相当レベルの国民統合に依存している（Lipietz 1984; Lash and Urry 1987）。ドイツの対外直接投資と国内外への証券投資は、日本やアメリカに比べてはるかに低い程度に留まっている。その意味で、ドイツはかなり国民的な経済であると言える。第二に、多くの労働者が製造産業に従事し、わずかな労働者がサービス産業に従事している。正確には、製造産業に従事する者の割合は、アメリカ、日本、イギリス、スウェーデンでは二〇―二五％であるのに対して、ドイツではおよそ四〇％に達している。第三に、サービス・セクターの規模は小さいが、それは、家族のつながりが強く、女性の就労率があまり高くないためである。その結果、サービスの供給は、たとえばスウェーデンでは国家によって、またアメリカでは市場によってなされているのに対して、ドイツでは家族のなかで女性の手によって担われている。

第四に、ドイツ経済はわずかな者だけが労働に参加する経済であり、そこでは働く者が高度な資格に基づく高付加価値労働に従事し、残りの人口を支えている。このような経済では、仕事は希少財であり、それを求め競争がおこなわれる。かなり多くの場合、女性が、そしてより多くの場合、マイノリティがこの競争でもっとも不利な結果を得ることになる。第五に、そこでは成熟したサービスが経済全体のなかでわずかな割合しか占めることがない。それはまずもって、国際化の水準が低いことから、生産者サービス産業において活発に活動する企業がほとんど存在しないためである。成熟した消費者サービスの発展を不可欠とする——持ち家、離婚、都市の労働集約的な消費スタイルを前提とした——個人主義的ライフスタイルの発展の遅れもまた、その原因である。最後に、ドイツの国民経済は、民族を基盤とした成員基準によって、マイノリティを国家の市民権から排除している。同様に民族性が刻みこまれたコーポラティズムに基づく構造によって、マイノリティが、労働市場から、そしてより一般的には市民社会から排除されている。したがって、自由主義モデルによって生みだされるような逼迫したゲットーは存在してはいないが、それには大きな代償をともなうのである。

それゆえ、工業社会ドイツがいまだ存続していることが、どれほど奇妙で異常なことなのかということに留意すべきである。次章では、ポスト工業主義の概念をより体系的に明らかにする。そこで、ポスト工業主義が、ドイツ以外の多くの社会にとってどれほど重要であり、また多数の北大西洋沿岸社会の特定の町や都市にどのような影響を与えているのかという点について議論をおこなう。

注

[1] このことは、訓練目的の移民、通勤者の越境、病院職員の新規雇用に関する、一九八九年一二月のハンガリーおよび一九九〇年六月のポーランドとの連邦政府の合意を説明するものである（Hönekopp 1991: 121）。ドイツがソビエトとルーマニアからの不法移民をポーランドに送り返すことが許される代わりに、ポーランド人はドイツの労働市場において特別な地位が与えられた。部分的には冷戦による政治的理由のためであったが、いずれにせよ東欧人は、（ほとんどすべての場合そうであったが）経済的理由から移民したときでさえ、政治的被迫害者として扱われたのである。たとえば、東欧人は大抵の場合、庇護希望者に要求される五年の滞在期間なしに労働市場に参加する権利を得ている。近年、アウスジードラーが殺到しているが、そのドイツ語能力や技能は、民族的ポーランド人とさほど変わらないため、西ドイツ人は両者を見分けることにますます困難を感じるようになっている。

[2] 一見して、オランダはコーポラティズム・モデル、つまりドイツ・モデルに近いようにみえる。しかし、ドイツ、オーストリア、スカンジナビア半島に比べ、オランダのコーポラティズムは「柱状化」の原理に基づく、より宗教的なものである。柱とは宗教的集団を指しており、各々の集団がそれぞれ、自前の学校、病院、住宅会社、労働組合、社会福祉事業体、スポーツクラブ、そして放送局を有している。柱のメタファーはまた、エリートがその頂点で出会い、いわば屋根を支えているという点を含意している。柱状化は、一九六〇年代に、世俗化と個別化を通してその大部分が破壊された。だが、その多元主義的な考え方は十分残っており、それを拡大解釈することで、オランダへの移民をまさにもう一つの文化的ブロックとして配慮することを可能にしたのである（de Jong 1989: 267-72）。加えて、オランダの福祉国家の基体として作用している強固な宗教的道徳性が、とり締まりの問題ではなく、むしろ福祉の問題として移民を理解するよう促した。たとえばイギリスでは、個人主義的な考え方が人種関係法を集団に適用することを妨げたが、オランダでは、コーポラティズムの名残によって、福祉法によるマイノリティ支援や、マイノリティ支援を福祉法の達成目標とすることが可能になっている（Cross and Etzinger 1988）。

第III部

空間と時間の経済

8 ポスト工業的空間

これまでの章で、過去二〇年にわたるさまざまな生産の変化について検討してきた。特に次の二つの特徴について分析をおこなった。一つは、現代の生産のなかでデザイン集約性がかなり高まっていること、もう一つは、「ポスト工業的」商品、すなわち、きわめて記号的な商品が急激に増加してきたことである。そこで商品は、（文化産業や広告産業によって生みだされたもののように）文字通り記号であるか、もしくは、（食べ物や旅行のように）記号に埋め込まれている。両者のケースでデザインは非常に重要であり、そのため長期間かけられるのである。

本章では、ポスト工業社会の進展が有する意義について検討をおこなう。つまり、経済成長が、個人消費者や組織に向けて提供されるさまざまなサービスに基づくようになることの意義について検討する。そうしたサービスは、ますますデザイン集約的かつ／あるいは記号的なものとなっている。一般的な考えとは対照的に、数えきれないほどの新たなサービス財が存在している。それは、多くの場合、従来の製品サイクルを経由したものとなっている（Shelp 1982=1982。また、旅行産業における製品のイノベーションについては本書第一〇章）。デザイン集約的な製品は、最終消費者や生産者によって購入される。後者の場合、専門的な生産者サービス企業が、製造された商品やサービス商品のデザイン集約性をさらに高めている。

われわれは、そうした展開がもつ社会的・空間的帰結をさらに進んで検討するつもりである。つまり、新たなポスト工業的な社会構造は存在しているのだろうか。そうした社会構造が存在するとして、それは場所の違いによって大きく異なるのであろうか。かつて、それとはっきりとわかる「工業的空間」があったように、明確な固有性をもつ新たなポスト工業的空間は存在しているのだろうか。そして、ポスト工業的空間の社会的・政治的特徴とはどのようなものであろうか。

ここでは、サービス産業やその雇用が優位を占める、いくつかの地域、地方、国が実際に存在している点を示す。ドイツを除くほとんどの場所で、製造産業雇用は単に全雇用の一部へと縮小してしまっただけではない。それに加え、ある種のサービス産業が、製造産業雇用の基礎となるような経済基盤の一部となっているのである。われわれの関心は主に「地域／地方の空間」に置かれているため、「なぜ製造産業が重要なのか」といったマクロ経済学的論争には関与しない（Cohen and Zysman 1987=1990; Williams et al. 1989)。アメリカやイギリスのようないくつかの国では、国際貿易が決定的に重要であり、またサービスが工業製品と比べて概して貿易に向いていない点は疑いようもない。だが、従来の指標はサービスの国際貿易がもつ価値を過小評価しており、その合計が少なくとも世界貿易の二〇%に相当するというはっきりとした証拠が存在している（Noyelle and Dutka 1988: ch.2)。とはいうものの、現在のところEC間の貿易は、主として工業製品により占められている。また興味深いことに、イギリスの場合、サービス企業は近年の貿易において、製造企業と同様に成功をおさめていないのである。

それにもかかわらず、二〇〇〇年までに、国際ツーリズムは世界貿易における単一の最大費目となるであろう。また、ある国が、サービス貿易を通じて国際競争上の優位性を得ることは確かである。たとえば、スペインのツーリズム、スイスの銀行産業、アメリカの生産者サービス産業、シンガポールの輸送産業、香港の金融サービス産業などがあげられる（Riddle 1986; Giarini 1987; Noyelle and Dutka 1988)。生産高からみると、ECにおいて製造産業は、GDPの一五%（ギリシャ）から三〇%（ドイツ）の間を占めているにすぎず、大半のヨーロッパの国々では二〇%前後である（Commission of the European Communities 1990: 19; Clairmonte and Cavangah 1984: 219)。

もっとも、サービスは関連する製造産業を基盤として生みだされるという指摘がなされるかもしれない。たとえば、国際ツーリズムはもっぱら、他の工業国や、あまり工業化していない国に旅行する主要工業国の人びとと関係するものである。だが、ここでは言及すべき点が二つある。第一に、全体の成長戦略がツーリズムのようなサービス産業を前提としており（たとえば地中海沿岸地域は世界でもっとも成功した観光地である）、かつ工業的基盤が脆弱な国がいくつか存在している。第二に、工業国でツーリズムが発展する場合があるが、数少ない「世界都市」を除けば、一般的にツーリズムは工業地区ではみられない。むしろ、ブラックプールに加え、アトランティック・シティ、オールトン・タワーズ、オーランドといった、サービス産業に専門特化した中心地が発展してきている。そして、ランカシャーのヴィーガンやマサチューセッツのローウェルのように、製造産業が町の中心産業ではなくなってはじめて、ツーリストが大挙して訪れるようになったのである。明らかなことは、他の多くの町や都市は、それぞれ異なるサービスを提供する専門特化した産業の中心地として成長してきたということである。

製造産業とサービス産業の間のこうした相対的な自律性は、一九世紀における製造産業の絶頂と考えられている時期、つまり「世界の工場」であった頃のイギリスを手短に検討してみれば明らかとなる。一九世紀前半、人口成長率がもっとも急増していた都市中心部は、ランカシャーやヨークシャーといった新興の製造産業を基盤とした都市ではなく、むしろ消費サービス産業に専門特化した中心地として発展した海岸部のリゾート地域であった（Urry 1990c=1995: ch.2)。さらに、一八五一年から一九〇一年にかけて製造産業の労働力が増大した一方で、一九世紀後半には、サービス産業の労働力もまた、絶対的かつ相対的規模においても増加することとなった（一八五一年―一九〇一年の間に全体の三五・四%から四五%へと増加した。Urry 1987)。リーは、「したがって、ヴィクトリア時代において、サービス産業はイギリス経済の大きな部分を占める成長セクターによって構成されていた」と述べている（Lee 1984: 139。とはいえこの主張には反論が存在する)。さらに、サービス産業の雇用拡大は、製造産業に直接依存しているわけではなかった。サービス産業に特化する地域もあれば、また製造産業に特化する地域もあった。サービス生産の割合がもっとも高い地域は、収入と豊かさの水準がもっとも高いが、製造産業のための確固たる基盤を有していない地域であった。リーは、次のように結論づけている。

> 南イングランドの経済は、綿、羊毛、重機械、造船、石炭といった産業からの移転や波及効果に依存することなしに、経済成長と高い収入を生みだし、またそれを維持することができた。重要なのは、一九世紀にこれらの産業が大規模な生産部門へと成長するかなり以前に、経済成長が拡大していた点である。(Lee 1984: 151)

社会科学では、サービス産業やその職業はとるに足らないものであり、それゆえに重要なポスト工業的空間など存在せず、また存在しえないと主張する、四つの主要な議論が存在している。第一に、サービス産業は、大多数の主要社会の歴史的展開において重要ではないと述べられている。だが、一九世紀のイギリスの事例や、ギリシャ、ユーゴスラビア、スペイン、スイス、もしくはイタリアの近年の成長パターンは、その主張が、歴史と照らし合わせた場合、単純に誤ったものであることを示している。第二に、サービス産業のパターンは、製造産業の論理に由来していることから、簡単に説明できると論じられている。この点は、先に述べた例によって部分的に反証される。さらに、一国内であれ、国際化を通じた国家間であれ、二つの産業が空間的に共存しそうにないことからも、この主張は疑わしいものである。製造産業に特化するようになる地域もあれば、サービス産業に特化するようになる地域もある。また、両者が国家の境界のなかで共存する特別な理由は存在していない。とりわけ多数の経済圏がヨーロッパ化することによって、さまざまな領域がヨーロッパ全体のなかでより一層専門特化するようになり、従来の国境内の経済活動のバランスはますますその重要性を失っていくであろう。第三に、サービス産業は、製造産業の分析のために発展された手法を単に引き継ぎ、検討をおこなえばよいと主張されている。この点は、次の二つの節で考察され、批判されるであろう。そして最後に、サービス産業の活動は、重要な経済的・社会的・政治的成果を生みだすようにはみえず、それゆえに多くの分析を必要としないという議論がある。この見方は、サービス産業および場所の再編に関する節のなかで批判される。

さしあたってここでは、エスピン-アンデルセンの主張に立ち返ってみよう。彼は、国民経済の次元において、互いに区別できるかなり異なる三つのポスト工業へと向かう経路が、実際に存在していると述べている。ここで、彼の分析を要約するが、それは先の二つの章の議論を結論へと導くためである。

エスピン-アンデルセンは、特に「ポスト工業的」サービスの分配、すなわち生産者サービス、社会サービス、個人サービスの分配に焦点を当てている（Esping-Andersen 1990: 196=2001: 209)。彼は、小売り、管理、輸送といったサービス雇用の他の多くの形態を、(おそらくは誤って）伝統的で、いつの時代にもみられるものと

表8-1　「ポスト工業的」産業における雇用の発展（年平均の成長、%）

	西ドイツ (1961-84 年)	スウェーデン (1964-84 年)	アメリカ (1960-84 年)
生産者サービス	4.2	5.0	7.9
健康／教育／福祉	4.8	8.6	6.2
「娯楽」サービス	1.1	1.6	7.2

出典：Esping-Andersen（1990: 199=2001: 211).

して概念化している。**表8-1**は、西ドイツ、スウェーデン、アメリカの過去二五年間にわたる主要な経験に基づく傾向を示している。アメリカの三カ国は、ポスト工業へと向かう三つの道筋を典型的に表している。これは、一九六〇年代から一九八〇年代の間に、三つの国すべてで、ポスト工業部門における雇用が著しく増大した点を示している。**表8-1**は、一九六〇年代から一九八〇年代の間に、三つの国すべ

して概念化している。**表8-1**は、西ドイツ、スウェーデン、アメリカの過去二五年間にわたる主要な経験に基づく傾向を示している。この三カ国は、ポスト工業へと向かう三つの道筋を典型的に表している。**表8-1**は、一九六〇年代から一九八〇年代の間に、三つの国すべてで、ポスト工業部門における雇用が著しく増大した点を示している。それは、アメリカの事例においてもっとも顕著であり、先のいくつかの章で議論したように、より頑強に「工業的」なままであった西ドイツの事例でもっとも目立たないものであった。アメリカでは、「ジャンク」職（労働市場のマクドナルド化）が発展しただけではなく、生産者サービス産業や社会サービス産業も大きく成長している。アメリカの傾向が示すのは、雇用パターンの二重の変化である。一方が、専門─管理職の拡大であり、他方が、マクドナルド化した大規模な労働力の拡大である。ある面で、前者が後者を生みだしている。ただし、多くの人びとはそうしたジャンク職に一生留まることはないという点に注意すべきである。特に女性は、こうした変化からはっきりと恩恵を受けており、現在では専門─管理職において一九六〇年代の水準よりも、その数が少なくなることはない。

対照的に、西ドイツが示しているのは、「停滞とサービス産業の緩慢な成長」であり、その雇用はいぜん工業的なままであった（Esping-Andersen 1990: 200=2001: 213)。より高度なサービス職の発展の失敗は、同時に、「ジャンク」職の成長がわずかであることを意味している。というのも、ジャンク職の多くは、世帯内で維持され、女性によって担われているためである。そこでは、雇用をめぐる二重構造が存在する証拠はほとんどない。さらに、職業分布は、ジェンダーによって著しく分断されている。再統合前でさえ未来に関するシナリオは、不完全雇用の余剰人口の増大（非就業人口六〇％）と、インサイダーとアウトサイダーの間の深刻な社会的闘争を示していた（Esping-Andersen 1990: 227=2001: 239)。

スウェーデンの発展は、高度に専門化した社会福祉産業での雇用に大いに偏っている。公共部門が、驚くべきことに新規雇用の八〇％を占め、そのうちの七五％が女性により担われている（Esping-Andersen 1990: 215=2001: 228)。その結果、ジャンク職をほとんどともなわない高度に専門化した経済が生みだされている。エスピン-アンデルセンは、スウェーデン人がツーリストとして外国に赴いていることを、その理由の一端にあげている。女性は、奇妙なほど高い水準のジェンダーに基づく職業分断を利用することで、こうした専門職の多くの部分を担うようになっているのである。

本章の残りの多くの部分では、これらの国民的傾向が、同一社会のさまざまな地域のなかでいかに見出されうるのかという点を検討する。ある地域の特定の経済・社会構造は、エスピン-アンデルセンが主張しているよりも、ずっと多様で複雑なプロセスの産物であることが示される。だがここで、彼による福祉資本主義の三つの世界が、異なるポスト工業的空間の分類のための有用な基礎となることが理解されるであろう。

一節　サービス産業の再編

本節は、ストーパーとウォーカーの『資本主義の指令』（一九八九年）からはじめよう。この著作は、産業発展と地域／地方の雇用パターンの関係を理解するためになされた、もっとも体系化したとり組みの一つである。だが彼らは、領域、テクノロジー、成長の相互連関については優れたとり組みをおこなっているものの、サービス産業の重要性を十分に理解していない。ストーパーとウォーカーは、「地域生産コンプレックス」を分析し、そうしたコンプレックスが多様な空間

形態をとりうる点を指摘している。だが、彼らの事例はすべて、特定の製造産業に続いて固有の都市化のパターンが生じるときのものである。議論されているそれぞれの事例において、巨大な集積の経済があり、そのことが「企業の地理学への鎮魂歌」(Storper and Walker 1989: 141-3) という彼らの主張を支えている。この著者たちは、サービス産業を基盤とした都市化の例を一つも提示していない。だが彼らは、ニューヨークやロンドンにおける金融サービス産業および事業者サービス産業、ロサンゼルスの文化産業、ラスベガスやブラックプールの消費者サービス産業、ボストン都市圏やイギリスのケンブリッジにおける教育サービス産業、ワシントンDCやパリ周辺の行政サービス産業、ニューアークやガトウィックにおける輸送サービス産業といった事例を議論することもできたはずである。

ストーパーやウォーカーにとって、サービス産業は、「労働生産性を向上させ、製品の数を増やし、商品をより早くより効率的に流通させ、貨幣を循環させ融資をおこない、ますます複雑になるシステムを管理することによって、資本主義的工業化に貢献する」(Storper and Walker 1989: 195) 機能を担うものである。だがそれは、古典的な機能主義者の主張である。こうした主張は、さまざまな領域で生じているサービス―配送産業の固有の拡大パターンや、より重要なことに、そうしたサービス特有の世界規模での空間的分布について何も説明していないのである。

ここでの困難は、ストーパーやウォーカーが、サービス産業を、オフィスを基盤とした情報処理システムとみなしている点である。サービス産業をそのように考えることには二つの問題がある。一つは、いわゆるサービス産業と呼ばれるものの範囲が、検討されていない点にある。たとえば、輸送とコミュニケーション、小売りとツーリズム、教育と科学、政府と行政、多様なビジネス・サービスと金融サービスである。イギリスにおいて、製造産業で五〇〇万人が、サービス産業で一六〇〇万人が雇用されている。サービス産業全体では、「配送、ホテル、仕出し、修理産業」に約四五〇万人が従事しており、その数は製造産業全体とほぼ同数である。銀行、金融、保険産業ではおよそ三〇〇万人が雇用されている。他方で、政府、教育、医療、福祉産業で雇用されている人びとは、製造産業全体よりも多いのである（すべての数値は、*Employment Gazette* March 1991: table 1.2)。

第二に、ストーパーとウォーカーは、多くのオフィス活動が、既存の都市の成長を強化する効果を有していると述べている。だが、こうした見方は、近年、雇用や人口にきわめて大規模な再配置が生じている点を指摘し損なっている。たとえば彼らは、サービス産業の立地が、工業化による集積の経済から区別される独自の論理を有しているか否かを考察していない（詳細は Illeris 1989a, b)。実際、そうしたいくつかのサービス産業は攻勢に転じ、製造産業そのものの立地や再配置に対して重要な役割を演じている。この点は、後に検討される。

では、もしストーパーやウォーカーによるある種の製造産業主導モデルに大きな欠陥があるとすれば、われわれはどのように前進すべきであろうか。サービス産業の立地のあり方を説明するために、製造産業で有効とみなされた説明形式を踏襲することは可能だろうか。マッシー (Massey 1984=2000) やマッシーとミーガン (Massey and Meegan 1982) による古典的な再編理論において、特定の工業セクターにみられる再編の特徴を説明する際、その中心にあるのが「労働力」の利用可能性、価格、組織化の違いである。この主張は、当該経済におけるサービス産業雇用の立地に適用できるのだろうか（より詳細は Bagguley et al. 1990: ch.3)。

第一に、異なる工場や場所における労働者の相対的な組織力が、サービス産業での雇用をめぐる新たな空間構造の有望な決定要因であると主張することは困難であるように思える。労働者の影響力を反映した労働争議やそれがもたらす脅威は、少なくとも民間部門のほとんどのサービス産業では非常にまれである。一九八〇年代のイギリスで労働争議が頻繁に生じていたのは、二つのサービス産業にすぎなかった。つまり、輸送産業と行政機関であった。サービス産業ではどこにおいても労働争議はまれであり、雇用主がかなり大規模な場合でも同様であった（たとえば、ホテル産業の事例に関しては、Johnson and Mignot 1982; *Employment Gazette* July 1990: table 4.1 and 4.2）。

　サービス産業の労使関係慣行の興味深い例は、マーシャルによる、アルコール販売が許可された大規模レストランの職場文化の分析にみられる（Marshall 1986、また古典的研究であるWhyte 1948）。マーシャルは、「温情主義」と詐欺や窃盗の機会との結びつきが、長時間かつ骨の折れる労働や経営者が有する圧倒的な富に対して大半のスタッフが反発しない理由の十分な説明になると予測した（給仕をおこなう際の詐欺については、Mars 1984）。マーシャルは、実際には、そのような反発が大きくなることはなかったと主張している。なぜならば、大半のスタッフは、仕事を仕事として経験していなかったためである。従業員がおこなうことの多くは、他の場所では娯楽として分類されうるような活動によって構成されていた。そこでは、仕事であることと遊びであること、つまり仕事の時間と仕事でない時間との間にある象徴的な境界が浸食されていたのである。この点は、仕事のリズムが、賃労働の外部にあるリズムとよく似ているという事実によって補強された。低賃金のスタッフでさえ、自身の計画に従って業務を「自由に」組織化することができた。実際、スタッフがおこなう「仕事」の多くは、店外の友人である客とおしゃべりすることであった。スタッフは、「仕事にいく」といった言い回しでさえ用いなかった。多くのスタッフにとって仕事とは、従業員と顧客の間の、また仕事と娯楽の間の物理的な近接性から生まれる一つの「生活様式」だったのである。

　他のサービス産業の事業体が同様の特徴をもつ場合、広範な労働組織の出現は妨げられる傾向にある。それはたとえ、多国籍ホテル・グループのような大規模な企業であっても同様である。また、大半のサービス産業の施設はかなり小規模であるために、大規模な予備労働力が調達可能であったとしても、広範な労働組織を創出しうる要因とはならないのである。

　だが、他にも重要な側面がいくつか存在している。なかでも「労働」の分析が、異なるサービス産業に見出される社会関係の特徴を説明する際に中心となる。第一に、サービス産業の多くの企業では、人件費が総支出のうちのかなり高い割合を占め、しばしば三分の二から四分の三に達している。それゆえ雇用主は、間違いなく監視を試み、人件費ができるだけ小さくなる場所を追い求めようとする。その最近の例が、イギリスの大学に見出される。そこでは、全体のコストのおよそ七五％を人件費が占めているのである。だが、大半のサービス産業の事業体は、マクドナルドがなし遂げたようなやり方で、コストを下げることはできない（驚くべきことに、それは売上の一五％分である）（Percy and Lamb 1987、より一般的なものとしてRitzer 1992=1999）。コストを下げるために用いられる手法には、「事務管理部門」や、場合によってはオフィス全体の再配置（イギリスの一部の保険産業のように）、もしくはイギリスの銀行や大学における早期退職プログラムなどがある。

　第二に、サービス産業の仕事の多くはデザイン集約的であるため、高度な資格をもつ労働者の十分な供給は、地理的な立地において決定的に重要である。たとえば、ある特定の熟練労働者の調達は、M４回廊やイングランドのサウス・イーストのなかの他の地域の発展にとって中心的な意義を有している。その場合、適切な住宅（適正な価格、大きさ、様式、そして特に田舎の場合は立地など）を十分に供給できるよう準備しておくことが、資格を有する予備労働力を十分に確保する際に重要となる（スウィンドンにおいてどれくらい多くのサービス階級が街の外で暮らしているかに関しては、Bassett et al. 1989）。ノエルは、アメリカのほとんどの大手保険会社が、いかにシステム部門を再編し、その結果、大卒者を十分に供給できる大学街やテクノロジーの中心地に会社を移転させているのかを論じている。彼はこうした現象を、「空間的再編が、熟練労働者に向けられたニーズによって推し進められる」（Noyelle 1986: 20）という、全般的な潮流を例証するものとしてとらえている。そこには、（しばしば一生涯にわたる）企業内での「垂直的移動」から、ある専門職／職業のなかでの「水平的移動」への転換があり、それゆえに適切な範囲の娯楽やサービスを供給できる場所に対するニーズが存在しているのである。

第三に、程度は異なるものの、労働はサービスの供給と関係している。このことは必然的に生じる社会的プロセスの意図された帰結として現れる。そのなかで、一人以上の生産者と一人以上の消費者との間で相互作用が起こり、また相互作用の質それ自体が、提供されるサービスの一部となっている。このことは、サービス生産において消費者と密接な関わりのある、接触頻度の高いシステムの場合に特に重要である（Pine 1987）。消費者がもっとも接触することの多い生産者は、問題となっているサービス生産において、主に責任を担う人物かもしれないし、そうではないかもしれない（一方に講師が、他方にウェイター／ウェイトレスがいる）。それにもかかわらず、大多数のサービス生産は社会的なものであるがゆえに、そこには一人以上の（必ずしもすべてでなくてもよい）生産者や消費者との間の空間的な近接性が存在しなければならない。このことは立地に関する一つの重要な制限である。この制限に対する重要な例外が生じるのは、サービスが「物質化」される場合である。たとえば、対面でおこなわれる講義ではなく、遠隔地でおこなわれる学習パッケージや、二次市場で取引されるローンの証券化といったサービスである（後の本書第一一章、また Sassen 1991: 92, 111）。実際、第五章で検討した文化産業の多くは、売買可能・保存可能・輸送可能な形態をとるサービスであるが、それは特許法ではなく著作権によって保護されているのである（Lury 1993）。

第四に、生産者の社会的構成、あるいは少なくとも最前線にいる生産者の社会的構成は、しばしば消費者に「販売」されるものの一部となっている。言い換えるならば、「サービス」は、ある面で、ジェンダー、年齢、人種、教育的背景などの特定の社会的特性が付与される生産工程からなっている。個人が何らかのサービスを買うとき、購入されるものはある特定のサービス生産者の社会的構成なのである（この点をフライト・アテンダントの事例に適応したものとして Hochschild 1983=2000。また Wouters 1989）。このことは、サービスが全体的に、または部分的に記号的である場合に特に当てはまる。加えて、他のサービス消費者が有する特定の社会的構成が、ときとして商品になるという点は指摘されるべきであろう。その例は、ツーリズム／旅行サービス産業に見出すことができる。そこで、異なる場所間にみられる社会的色彩の違いが、ともに旅をおこなう他の訪問者の社会的特性に基づき変化することになる（Urry 1990c=1995）。

最後に、労働は多くの場合、サービス財の一部であることから、経営者に固有の困難を課すことになる。特定のサービス消費者にとって「質」がもつ重要性が、より長く、より身近で、より大きくなるほど、そうした困難はより深刻なものとなる。このことは、従業員の話しぶり、外見、人格、これらすべてが、雇用主による介入や管理の正当な領域として扱われうることを意味している。そこでは、人間は製品の一部なのである。実際、多くのサービスは、「感情労働」を必要としている。特に顧客に対して、感じがよく、友好的で、親密なやり方で笑顔を送ることが求められている（Hochschild 1983=2000）。だが、フライト・アテンダントに関してホックシールドが述べているように、こうした感情労働は、一九七〇年代半ば以降の航空会社にみられる労働強度の高まりによって、より一層困難なものとなった。「労働者は、怠業によって高速化に対応する。彼女たちの笑顔は、瞬間的で、目に輝きがないので、乗客に広くゆきわたることはない。そうして、人びとに向けられた会社のメッセージは曖昧になっている。これは、笑顔をめぐる戦争なのである」（Hochschild 1983: 127=2000: 146）。

　こうした質の低下は、経営者が監視し制御することを一層困難なものにしている。それはたとえフライト・アテンダントが、顧客の望んでいるサービス、あるいは経営陣によって望まれている企業「イメージ」を支えるサービスを、もはや提供できないと経営者が気づいている場合でも同様である。また、強調すべきは、飛行機での旅行がより一般的になり、より大衆化している近年、こうした感情労働の特徴はおそらく変化しているという点である。ヴァウターズが述べているように、感情労働はより柔軟になっており、標準化したものではなくなったのである。「フライト・アテンダントと乗客が接触するときの振る舞いは、それぞれに対応して、統一され標準化されたものではなくなり、より多様でフレキシブルなものになった……それぞれの接触において、個々の乗客の感情管理のあり方に、フライト・アテンダントの振る舞いを合わせる必要が生じている」（Wouters 1989: 113）。そうした振る舞いの修正は、従業員が再帰的な文化の分析者となること、つまり、多かれ少なかれ自覚的なやり方で、顧客との相互行為を解釈し修正できるようになることを必要としている。

　むろん、そのことが有する矛盾は、実際になされるサービスの多くが、相対的に低賃金の従業員によって提供されているという点である。これらの従業員は、事業全体にほとんど関係も参与もせず、「機能的フレキシビリティ」を強いられる人びとである。古いタイプの交通機関や「給仕」のような職業が高い地位を得ている社会は別として、しばしばこうした従業員は女性なのである。「サービス」という相互作用を覆っているのは、ジェンダー固有の行動様式に対する想定や考え方である。それは一般的に、顧客や他のスタッフからの支配的な「男性のまなざし」と部分的に関わっている。だが、多くの顧客がサービスとして実際に消費しているのは、サービスの提供や相互作用の特有の瞬間にほかならない。それは、相対的に地位の低い職、そして多くの場合、短期雇用やパートタイムのサービス供給者によって提供されるものである。たとえば、フライト・アテンダントの笑顔、ウェイターの作法の心地よさ、ナースの目に浮かぶ思いやりなどである。経営者にとっての問題は、これらの瞬間が適切に作用することを確実なものとする一方で、コストや不快で押しつけがましい（したがって、いらだたしい）管理／監督システムを最小化し、同時に舞台裏にいる高給とりの労働者との対立を最小化することである（Whyte 1948）。

　スカンジナビア航空（ＳＡＳ）の社長であるヤン・カールソンは、こうした事態を「真実の瞬間」と名づけている（Carlzon 1987=1990）。ＳＡＳでは、真実の瞬間が毎年五〇〇〇万回ほど存在している。それぞれの瞬間は、顧客が従業員と接触する一五秒ほどの時間である。カールソンが述べるところによると、ＳＡＳが成功するか失敗するかは、真実の瞬間にかかっているのである。

　こうした瞬間の重要性が意味するのは、組織が顧客を第一とするサービスに向けて再編される必要があるかもしれないということである。結果として、実際のサービスの提供者、すなわち「最前線」の業務をもっとも熟知している企業の「歩兵」は、より効果的に、素早く、そして礼儀正しく顧客の特定のニーズに応えるために、より一層の責任が与えられなければならない。

ケンブリッジにおける「陽気な」「南方風」レストランに関する近年の調査が、こうした主張についてさらに詳しく論じている（Crang 1993）。そこで明らかになったのは、レストランの給仕の仕事が、単に低い熟練と経営者による全面的な管理だけを必要としているわけではないという点である。それら二つの間には、顧客に対する熟達した呈示の地理学が介在している。サービスを通じた出会いは、パフォーマティブな性質をもつよう呈示される。そのため、こうした職場は舞台とみなすことも可能である。すなわち、頭脳労働、肉体労働、そしてなによりも感情労働が混ざり合う、ある種の演技がおこなわれるドラマの舞台なのである。

クラングは、この種の仕事が自己に対してもつ意味について検討している。第一に、スタッフは、地域の文化的ヒエラルキー構造のなかで、レストランとそのレストランの立地を「受け入れる」。そのイメージゆえに、そこはおしゃれな職場となる。第二に、スタッフは、適切な文化資本を有しているかどうかという観点から選びだされる。スタッフは、形式張らず、若く、友好的で、適切に感情を管理できる技術をもち、その場にふさわしい体つきと演技のための呈示技術を有していなければならない。第三に、スタッフは、顧客と接触する際に、文化的な判断をおこなわなければならない。スタッフは、多様な文化的カテゴリーの観点から顧客を社会的に位置づけ、自己の振る舞いを状況に合わせなければならない。たとえ、「南方風」レストランという想像上の地理全体が拒否されるとしてもである。第四に、自己はレストランにとって非常に重要なものとなる。なぜなら、多くの点でスタッフが製品となるからである。さらにそうした製品は、自分らしくあることを含んでいる。そこでスタッフは、愛嬌があり、気さくで、社交的な自己を有すると想定されている。そのような自己こそが製品なのである。また、場所は感情の一部である。スタッフは、夕暮れどきに「ムードに浸る」こと、つまり気分を盛りあげることの必要性について語っている。最後に、こうした「仕事」は、ウェイターとウェイトレスの間で大きく異なっている。給仕の仕事では、女性が大半を占めている一方で、調理場やバーでは、男性が統計上より一般的である。こうしたレストランでの給仕の仕事は、本質的に感情的なものであるがゆえに、感情労働がその中心となる。このように、給仕の仕事は男性と女性とでは異なると考えられている。というのも、異なる自己が対照的な社会的出会いに関与し、またそれに従事しているためである。

大まかに述べれば、二種類のデザイン集約的なサービス組織が存在している。第一が、ファースト・フードの作業と類似する数多くのサービスである。デザインは、それぞれの販売店のとり扱いのなかで具体化される。ファースト・フード産業の重役が述べるように、ファースト・フードは「料理人のシステムではなく、食品管理のシステム」である（Gabriel 1988: 92 から引用）。このような発展は、決められた食事時間や日々の厳格な時間割といった抑圧的な体制を解体させるものである。いかなるときにも、新鮮で暖かく安い食事を提供するために、サービス提供の管理をおこなう複合的なシステムが考案されてきた。そのような販売店は、非常に安価な若いスタッフを雇用している。イギリスではそれはより一層顕著であり、ファースト・フード産業の労働はいまや、初職としてもっともありふれたものとなっている（Gabriel 1988; Urry 1990c=1995: ch.4）。デザインは、顧客とスタッフの間の会話をプログラム化するところにまで拡大している。そこでは会話のセリフが、メニューの裏側に印刷されているかもしれないのである。

第二に、ＳＡＳのように、デザインが「歩兵」にまで押し下げられ担われているサービス組織が存在している。たとえば、ヒルシュホルンが指摘しているように、そうした事態は、以下の理由によって、かつてないほど求められている。分節化されていようが焦点化されていようが、市場が「ポスト工業的」になっているため。戦略の策定が脱中心化されているため。情報が、地域的ないし主体に基づくものとなっているため。そして、購入されるか否か分からないサービスを通じた単なる間接的なフィードバックではなく、コミュニケーションを経由した直接的なフィードバックがおこなわれるようになっているためである（Hirschhorn 1985）。特にアメリカにおいて、多くのサービス組織（むろん「高等教育サービスの提供者」も含まれる）は、自記式の質問紙／サーベイを広範に利用している。市場がより複雑になるにつれ、組織はもはや「平均的な」ケースに向けて計画できなくなっている。むしろ組織は、スタッフが大量消費パターンに従うよりも、より変化に富み、フレキシブルで、責任をもって対応できるようにしなくてはならない（ブリティッシュ・エアウェイズ社に結果として生じた変化については Reynolds 1989。同様に前出 Crang 1993）。

こうした変化が、企業の内部組織にとって果たす意義、とりわけツーリズム関連サービス産業のガバナンスに与える影響について、近年議論がなされている（「ガバナンス」概念については前出の第四章）。指摘されるべきは、そのようなサービスが、膨大な距離や国境を越えて広がる情報交換や品質管理をめぐる、非常に深刻な問題を生みだしている点である。国際的なホテル産業に関して、ダニングとマックイーンは、関連する二種類の知識を効果的に区別している（Dunning and McQueen 1981）。一方が、ホテルを日々管理するために必要な専門知識であり、他方が、不動産開発に関わる専門知識である。前者の種類の知識は、一般的に知られたブランド名（たとえばヒルトンやフォルテ）、国際化した予約システム、そしてホテル・ビジネス市場に必須の安定的で統一されたサービス基準の確保といったものを余すことなく活用するために、所有権の内部化を導くであろう。それに対して、後者の知識形態は、企業の地域による所有につながる。というのも、そうした企業は、地域の不動産市場についてより有益な情報をもち、現地の自治体からの敵意ある反応をあまり生みださないからである。トランブレが述べるように、代替的なガバナンス様式がもつこうした葛藤の結果、近年、ツーリスト供給国に基盤を置いている企業は、「ハイリスクな事業であるホテルの所有権を取得せず、それを地域の情報を有する者により多く委ねながら……専門的な組織、運営、マーケティングに関する知識の交換を管理する」（Tremblay 1990: 11）傾向がみられる。このような妥協は、（ホリデイ・インのような）ホテルのフランチャイズや（ベストウェスタンホテルのような）ホテルの合弁企業の成長にみることができる。

加えて、特に国際的なツーリズム産業が有する情報集約的な性格ゆえに、実際のサービスと情報という関連する二種類の製品が存在するという点もまた指摘されている（Tremblay 1990）。第一〇章では、トマス・クックがどのように情報のガバナンスを支配するようになり、実際にツーリストにサービスを提供する企業の広範な所有に、めったに関わらなくなった点について考察する。

＊＊＊

指摘されるべきは、西洋社会の大半の人びとは現在ではサービス生産者となり、そのため多くの者は少なくとも断続的に何らかの「感情労働」を提供しなければならないということである。さらに、サービスの幅や質が著しく向上し、すべての人がいまや多様なサービスの受取人であるという事実は、サービスの質が人びとにとってより一層重要になり、ときとして激しく争われるものとなるということを意味している。その理由は二つある。第一に、サービスが人びとの幅広いニーズや欲求をますます満たしているためである。ただし、それにはさまざまなケースがあり、たとえばドイツよりもアメリカにおいて際立っている点はすでに述べたとおりである。第二に、消費財の消費にはほとんど時間がかからないかもしれないが、サービスの消費は、通常かなり長い時間が必要である。サービスの消費は連続して起こるのであり、同時に起こるものではない。中流階級の専門職が、レストランでの食事の後にレイトショーの映画をみにいき、その後タクシーに乗車するといった具合にである。

加えて、一部の消費者が社会—政治集団を構成するようになっている。そうした集団は、サービスの大量消費を通じてかなりの影響力を有している。それは、サービス生産が幅広く発展した結果、政治がいわゆる消費問題に向けて部分的にであれ再編される仕方を反映するものである。学生によるラディカルな政治でさえ、現在では、主にサービスの分配をめぐる問題に関連する事柄とみなすことができる。

また、サービス生産の多くが、本書でこれまで主張してきたよりも、より一層デザイン集約的であることを指摘することは重要である。というのも、サービスの供給は文脈依存的であり、その生産の成否はサービスが生じている社会的・物理的な状況の複数の要因に依存するからである。たとえば、装飾スタイルが航空会社の企業イメージをうまく反映していたり、旅客機が安全そうにみえる内装を備えていたり、カントリー・ハウス式ホテルにアンティーク家具が備えつけられていたりすることである。多くの場合、特にポスト工業的サービス産業では、提供されるサービスは、その場にふさわしくない物理的・社会的背景のなかで受け取られることはない。そうした物理的・記号的背景は、サービスの一部分、つまり消費されるものの一部分なのである。さらに、そのような背景は、偶然に委ねられるものではなく、入念にデザインされなければならないのである。

以下では、サービス産業での雇用が社会的・空間的に再組織化され再編される、主要なあり方について検討していく。特定の産業やセクターのなかに見出される再編パターンを明確にするにあたり、四つの議論が存在している。技術変化が起こる可能性、生産が大いに再組織化される程度、空間的再配置の可能性、そして製品の転換可能性である。これらの点を考察することで、サービス・セクターの再編に関する数多くの多様な形態が明らかとなる。この点は**表8-2**において要約されている（より厳格な分類については、Blackburn et al. 1985; Gershuny and Miles 1983=1987; Daniels 1985)。

この表は、異なるサービス・セクターを特徴づける数多くの種類の再編が存在する点を示している。たとえば、ある特定のセクターでの出来事は、多数の再編が互いに重なり合った結果生じていること。そして、ある特定の場所で再編がそのように互いに結びつくことにより、その場所での雇用やより一般的な社会構造の双方に対して多大な影響がもたらされることである。以上の点が意味するのは、特定の地域のなかで生じる雇用や社会的帰結を予測することはかなり難しいということである。たとえば、新たな技術がどのような影響をもつかは、はっきりわからない。第一に、ウッドが記しているように、「新たな技術はおそらく、製造産業よりも大きな影響力をもっている。たとえば、多くのサービス産業では、顧客がコンピューターを通じて注文をおこなうことから、営業担当者はかなり多くの中間労働者を全面的に切り捨てるかもしれない」(Wood 1989b: 17)。だが第二に、ウッドは、「労働の強化とともに、新たな種類の単調な定型労働が、もっとも力強く成長しているのもまたサービス・セクターである」(Wood 1989b: 17)と述べている。

表8-2　サービス・セクター再編の形態

技術変化？
1　投資と技術変化：新たな生産設備内での大規模な資本投下と，しばしば不均等に分布する大規模な失業（市外の大型スーパーマーケット）
生産の再組織化？
2　強化：新たな投資や生産能力の喪失をほとんどともなわない，経営上あるいは組織上の変化を通じた労働生産性の増大（アメリカの航空会社における規制緩和の影響）
3　合理化：新たな投資や新たな技術の導入なしに，生産施設を閉鎖すること（劇場の閉館）
4　商品化：市場の囲い込み，予算部門の断片化，民営化を通じたサービス財の商品化（たとえば，イギリスの国民保険サービス（NHS））
5　置き換え：既存の投入労働力とより安価な女性／若年／非白人労働力との置き換え（ファースト・フード産業）
6　フレキシブル化：投入労働力のフレキシブル化（病院における女性の家内的労働がもつパートタイム的性質）
空間上の再配置？
7　分散化：より安価な労働者／土地が存在する地域への分散化（都心中心地区から移転する「事務管理部門」）
8　集中化：より大きな単位のサービス施設の空間的集中化と，より小さな単位のサービス施設の閉鎖／数や規模の縮小（イギリスの小規模な「コテージ型」病院の閉鎖）
製品の転換？
9　部分的な自己供給：機能の部分的な自己供給（小売流通やレストランにおける自給）
10　家内化：かつて大規模な組織でおこなわれていたいくつかのサービス労働の，世帯内の女性労働への再配置（イギリスのNHSにおける「コミュニティ・ケア」プログラム）
11　下請化：専門的なサービスを提供する企業に向けた，サービス機能の諸要素の下請化もしくは外部委託化（民間の生産者向け専門サービス企業の成長）
12　向上：より高い技術をもつ，そして／あるいはより訓練されている投入労働力の改善を通じた質の向上（イギリスにおける，学卒向け職業としての教職の発展）
13　物化：購入，販売，輸送，蓄積などが可能となる物質的客体の形態をとる，労働機能の物化ないし部分的な物化（テイクアウト食品）

出典：Bagguley et al.（1990: 63-7）を改変.

以下では、サービス雇用の一領域である、生産者サービス産業での雇用について検討する。生産者サービス産業は、英米諸国にとってきわめて重要である。もっとも緩やかな定義にしたがえば、ニューヨークの全雇用の三八％、そしてロンドンの全雇用の三三％が、生産者サービス産業で生じている（一九八七年時点）。生産者サービス産業の最大の業務部門が、金融・保険・不動産（ＦＩＲＥ部門）である。一九八五年に、ＦＩＲＥ部門はそれ単独で、ニューヨークの雇用の一七・三％、ロンドンの雇用の一八・二％を占めていた。とりわけニューヨークにおける法律サービス、事業者サービス、銀行の産業労働力は、一九七七年から一九八五年にかけて、それぞれ六二％、四二％、二三％増加した（Sassen 1991: 199, 202; Noyelle and Dutka 1988）。

生産者サービス産業は、グローバル都市に偏って立地されてきた。一九八五年のニューヨークでは、ＦＩＲＥ部門、その他の事業者サービス産業、教育産業は、全国平均のおよそ二倍の被雇用者を有していた。だが近年、その発展はいたるところで広がっている。たとえば、一九七七年から一九八五年にかけてＦＩＲＥ部門の雇用は、ニューヨークで二一％増加した一方で、合衆国全体では三一％増加したのである。同様に、事業者サービス産業や法律サービス産業での雇用は、ニューヨークにおいてそれぞれ四二％と六二％と増加したが、アメリカ全体ではそれぞれ八五％と七五％と大きく上回る規模で増加した（Sassen 1991: 130-1）。雇用の成長は全体的により低調であったものの、類似したパターンがイギリスでも見出された。同時に、生産者サービス企業は、海外で著しく成長している。それは、会計、広告、経営コンサルタント、銀行、（程度は低くなるが）法律サービスといった産業においてとりわけ顕著である（Noyelle and Dutka 1988: ch.3）。生産者サービス企業は、多様化し国際化しているのである。

生産者サービス産業の成長を説明する、二つの重要な要素が存在している。第一に、脱垂直統合である。それは、一企業内の生産から離れ、生産者サービスを外部委託する程度を表している。第二に、生産者サービスの供給に対する需要の絶対的な増加である。

両者は、より幅広い範囲でなされる専門特化した財やサービスの生産が、企業構造のより多くの複雑化を必要とするという事実によって説明される。財であれサービスであれ、より専門特化した材料が必要である。とりわけ、きわめて高水準の情報集約性およびデザイン集約性を兼ね備えた、より広範囲で多数のサービスの投入を必要としている。人事、財務、会計、工学、研究開発、法律、為替やその他の職務において、より多くの人材の雇用が不可欠なのである。その際、企業内の雇用であるか、企業外の雇用であるかは問わない。加えて、専門家からの要請により徐々に増えていくサービスは、ウィリアムソンが低「頻度」と呼ぶような一回限りの性質をもつと考えられる。そのため、そうしたサービスを外部委託することがますます重要になっている(Kanter 1984; Sassen 1991: 95-9)。

だが、第二に、こうした企業の多くは、生産者だけでなく「消費者」からも、ますます要望を受けるようになっている。たとえば、個人金融、不動産、旅行、建築、会計、コンピューター処理、保険、法律などへの助言である。これらはすべて、伝統的に生産者サービスと分類されてきたセクターであるが、(本書第六章で議論したように)裕福な中流階級の間で需要が急速に高まっている領域でもある。このことが、生産者サービスを先進サービスとして議論することが有益である理由である。先進サービスは、単に情報をともなうだけでなく、記号集約的で専門特化したものでもある。先進サービスは、再帰的な消費者のためにサービスを生みだす再帰的な生産者から構成されている点で、「再帰的蓄積」とわれわれが名づけた事象と大いに関わっている。

これまで、主に「民間」サービスについて、詳細に検討をおこなった。だが、われわれは、多くのサービスが公共部門によって、全体的ないし部分的に所有されていることを知っている。次節では、公共部門により提供されているサービスの再編について検討する。

二節　再編と公共部門

公共部門によって提供されるサービスが、いくぶん目立った特徴を有していると考えるのには、多くの理由がある(Pinch 1989; Ackroyd et al. 1989; Esping-Andersen 1990=2001)。第一に、確かに内部市場を発展させようとする試みが近年数多くみられるものの(現時点ではイギリスのNHSがもっとも顕著である)、大半の公共サービスは、利潤最大化という条件のもとで供給されていない。とはいえ、民間企業は、経済的にもっとも「合理的な」やり方で必然的に「再編」されていると考えるべきではない。多数の証拠が示しているように、多くの場合、合理的な再編は起こっていないのである(Pinch 1989: 918)。

第二に、多くの公共部門は、居住地域の消費者に対して、おおむね平等で、少なくとも最低限のサービスを大まかであっても提供する義務が課されている(緊急の医療ケア、学齢期の生徒への教育)。その意味で、公共サービスは、フォード主義的なサービスなのである。また、(費用がかかろうとかかるまいと)特定のサービスが公共部門によって供給されるには、社会的・政治的圧力が必要である。(世帯、市場、インフォーマルな近隣ネットワーク、慈善行為といった)他のサービスの供給手段が、不適切で、不平等で、著しく非効率であると判断されるのは、そうした圧力によって可能となっている(Mark Lawson et al. 1985; Pinch 1989: 907)。サービス供給の政治を含むそうした公共サービスの特徴は、非国家機関による公正で効率的なサービスの提供を、潜在的な利用者が信頼しなくなるという点にある。

加えて、公共部門が民間部門の戦略を後追いすることはより困難である。特に、サービスがある特定の地域や国民国家の当該の住民に対して供給されなければならないとき、空間的な再配置は一般的に採用されるやり方ではない。また、公共サービスの供給に関わる多くの専門集団があり、そうした組織は、同様のサービスが民間部門によってなされた場合と比べて、より一層統一したサービスを維持することができるだろう。公共サービスを提供する組織は地域や公共機関が異なっていても統一されるべきであるという考えは、しばしば専門職倫理の一部となっている。サービス提供者は、サービス受給者のニーズの最終的な裁定者となる（Ackroyd et al. 1989: 613）。したがってそれは、「監護的（custodial）」形態をとる管理として特徴づけられてきた。最後に、そのようなサービスの多くは、あらかじめ試すことのできない「経験」財である。学校における子どもや緊急医療ケアの受け手といったサービス利用者は、「信頼に基づいて」サービスを受けなければならないのである。

このような一連のサービスを、いかに理解すればよいだろうか。国家のなかで用いられる、一連の固有の再編戦略といったものは存在するのだろうか。これらの国家による活動（つまり直接的に市場化されていない活動）の特徴を、**表8-2**で概観した四つの検討事項の観点から考察する（この点に関してより詳細は、Bagguley 1990: ch.3。および再編戦略に関して多かれ少なかれ同様の分類をおこなったPinch 1989）。

第一に、技術変化の可能性である。だが、この点に関してコストの節約は限定的である。たとえば医療の場合、一般的に技術変化には費用の増大がともなう。なぜならば、新たな技術は患者がより長生きすることを意味し、また看護業務のための要件を増加させるためである。

あるいは、その両方に起因することもあるだろう。医療セクターの仕事は、高度に労働集約的である。というのも、生産者と「消費者」の間には、社会的相互作用という契機が不可欠だからである（Blackburn et al. 1985: 184-91）。

第二に、生産工程の再組織化の可能性は、ここでも比較的限定されている。その理由の一端として、サービスに価格をつける市場が欠如しているため、再組織化計画によって生じうる生産性の成果を計算することは容易ではないことがあげられる。とはいえ、公共部門と大規模な民間の多国籍企業との間の差異をあまり強調すべきではないのだが。公共サービスは通常、ニーズの定義と適切な需要水準の判断に責任をもつ比較的高賃金の専門職集団によって組織化されているために、再組織化がなされない可能性が高い（Cousins 1986: 93; 1987）。医者のようないくつかの専門職は、（特に「強化」をともなう）根本的な変革の全面的な実施を防げることができるかもしれないが、その一方で、より低級の専門職では労働の強化が幅広くおこなわれてきた（Pinch 1989）。その際、さまざまな達成指標を「上」から導入することで、市場のやり方の模倣が試みられるかもしれない（Cousins 1986）。もしくは、代わりに、（イギリスのＮＨＳにおける「統括管理者」のような）非専門的な管理者という特別な役職を加えることで、それをおこなっているかもしれない。

第三に、ある特定の事例において可能であるとはいえ、空間的再配置の可能性もまたいくぶん限定されている。空間的再配置には、二つの大きな制限が存在している。一つは、国家により提供される消費者サービスの多くを、国境の外に移転させることは不可能である。したがって、民間部門の側で実施される望ましい再編戦略の一つは、国家の側では実現不可能なのである。もう一つは、国家の活動の多くは、全住民に対するサービスの提供によって成り立っているために、あまねく広がる基盤の上で組織化されなければならない。だが、適切なサービス提供のために、実際に必要とされる分散の程度をめぐっては、かなりの論争が存在している（それは「地域レベル」か、あるいは単に「地方レベル」であるべきかといったものである）。

最後に、製品の転換の可能性もまた、同様に限定されたものである。国家はその定義からして、「一般／大衆」消費者に向けたサービス供給と関わっている。そうしたサービスは、ほとんどすべての住民（就学児童）、あるいは（公営住宅と同様に）もっとも貧しい人びとのために供給されている。高等教育の一部や特別な兵器システムの調達への関与を例外として、国家が「専門特化した／ニッチ向け」製品の生産に関与することはほとんどない。こうした製品市場もまた、まったく変化する見込みのないものである。国家のサービス生産者は容易に、（老人医療のような）収益のない製品部門から撤退し、新たなサービス財に着手することはできない。また、大きな規模でサービス財を供給しなければならず、それは通常、法律に明記されている。コスト節約の主たる可能性は、サービス財の質の低下から生じる。たとえば、イギリスの高等教育では、長期間にわたり、「資源の単位（unit of resource）」が削減され続けている。対照的に、ロンドン警視庁は現在、提供する製品を改善し、将来において「実力組織（force）」ではなく「サービス」として組織を特徴づけようとしている。

国家によるサービスがこうした特徴をもつならば、どのような形態の再編の可能性が見込まれるだろうか。合理化や空間的再配置は、あまり一般的ではない。質の向上は、（一九六〇年代と一九七〇年代初頭のイギリスの福祉国家のように）専門職集団が効果的に配置されている場合にのみに生じるであろう。また、フレキシブル化、投入労働力の置換、物化、部分的な自己供給、そして下請化は、当該サービスの周辺に見出される（部分的に類似した結論についてはPinch 1989）。国家によるサービスの再編に関して、もっとも重要な四つの戦略が存在する。それは強化、商品化、集中化、家内化である。強化は、組織の「管理職」によってもたらされる。管理職は、より明確で限定された目的が与えられ、自らの集団、とりわけ専門職労働者を集中的に管理することで、その目的を達成することが期待されている。商品化は、市場を模倣しようとするさまざまな試みを必要とするであろう。それには、中央による財務目標の明確化が含まれている。集中化には、「管理」するために重点的に配置された関係する大臣や／あるいは部外者に、当該サービスを結びつけることが含まれる。家内化は、国家によって供給されるサービスの質を低下させ、それゆえに労働力の投入を減少させる。他方で、たとえば、「コミュニティ」でケア労働を担う女性に特にみられるように、不払い労働者によって供給される労働投入量は増大するのである。

同様に注目に値するのは、ある公共サービスと関連する、情報と信頼をめぐる複雑な問題である。サービスのなかには、生産者も利用者も良質なサービスが受け取られているのかどうかを十分に判別できず（たとえばソーシャル・ワーク）、したがってサービスの質が改善される、あるいは改善されうるか否かについて完全に知ることができないものがある。そうした場合、生産者と利用者は、適切な形でサービス供給がおこなわれることに関して、互いに信頼しなければならない。信頼が存在しなければ、誰に責任があり、誰に対して不満を向ければよいかが不明確になってしまう。

他のサービス産業では、生産者はどの種のサービスが提供されるかを知っているかもしれないが、利用者がそれを知らない場合もある。そのような利用者は、提供されるサービスを確証なしに信頼しなければならず、それゆえに、サービスにお金を支払うことをためらうかもしれない。その例には、特に予防治療にみられるような、さまざまな形態の医療や歯科治療が含まれるであろう。

　ときおり正反対のパターンも見受けられる。生産者はサービスがどのようなものか知らない一方で、利用者が知っている場合である。たとえば、高齢者に提供される家庭での介護である。利用者は提供されているサービスの欠陥によく気づいているが、責任者が誰なのかわからないかもしれない。実際、そうしたサービスに責任をもつさまざまなエージェントは、提供されるサービスの全体的な質に対する最終的な責任者が誰であるのかに気づいていないのかもしれない（たとえば、運行時間から遅れている電車があげられる。そうした遅れは、複雑なシステムにおける数多くのプロセスの帰結なのである）。

　この簡潔な分析が意味するのは、公共サービスの提供には課題があるということである。なぜならば、不十分な情報、不適切な信頼、そしてフォード主義の指針に基づき供給されている国民サービスをフレキシブル化することは困難だからである。サービスの改善を目的とするサービス産業の再編は、たとえ民間サービスからのものであったとしても、民間部門の手法を単に採用するだけで容易に実現されるものではない。この点は、一九四五年から五〇年の間に、古典的なフォード主義的サービスとして労働党政府によって作られた、イギリスの医療サービスを参照することにより、容易に説明することができる。

　だが現在、ポスト・フォード主義的な医療サービスにおいて、大きな変化が生じている。ただし、そのことが単に、ポスト・フォード主義に向けた変化をもたらすことはないであろう（以下はWalby et al. 1994）。それには三つの理由がある。第一に、医療を受ける消費者が誰であるのかがまったく明確ではなく、それゆえに実際のところどのようにして経営を市場に近づけることができるのかという点ははっきりとしていない。ＮＨＳで現在導入されている医療の提供者と購入者の分離は、医療サービスの経営者が、個々の患者／顧客の求めに応じているということを意味しているわけではない。多くの場合、購買力をもつ巨大な官僚組織に対応しているだけなのである。第二に、そうした準市場を動かすのに必要な情報や契約の構造を機能させるためには、官僚制的ヒエラルキーであるフォード主義的構造がより一層発展しなければならない。それは、特に一九八六年以降実施されている「統括経営」を引き継ぐものである。第三に、病院の医師の立場に生じている変化は、医師の仕事がよりフォード主義的になっている点を示している。それは、一九八九年の白書を受けておこなわれた、顧問弁護士との新規契約や医療監査の発展に特にみることができる。

　次節では、サービス・セクターの多様な発展が、異なる場所に対して有する意義について検討する。そこで留意するべきは、こうした複雑な形態をとる公共サービスが、多くの場所で、雇用や職業上の変化、および社会変動が将来たどる道にとって重要になるという点である。

三節　サービス産業と場所の再編

　以下でわれわれが議論するのは、サービス産業の成長や再編が、さまざまな町や都市に及ぼす影響である。むろん同時に、異なる場所がもつ特性もまた、重要な点でそうした成長や再編のパターンと関係している。

　サービス産業、生産者サービス企業、ホテル・グループ、国際航空会社、巨大金融コングロマリットの国際化によって、場所間の差異が簡単に除去され、場所が効率的に平準化してしまうと当初は考えられていたかもしれない。第一一章でグローバルなプロセスとローカルなプロセスの交錯について検討する際、この点をより詳細に分析する。さしあたり、三つの点を指摘しておくべきである。第一に、国際化の歴史は不均等なものであり、あらゆる国のあらゆるサービスの国際化をもたらしているわけではない。第二に、国際化の進展により、しばしば労働市場や不動産市場、そして場所の神話といった地域の特性に対する敏感さが高まっている。そして第三に、国際化した産業が特定の場所と交わる結果、地域固有の組み合わせや、マッシーが「グローバルな場所感覚」と呼ぶ事柄がもたらされるであろう（Massey 1991: 29。また Cooke 1989 では、イギリスの七都市の事例を通してこの点が示されている）。

近年、ヨーロッパや北アメリカの非常に多くの場所が、製造産業雇用の大規模な喪失に苦しんできたことはよく知られている。さらに、製造産業の喪失は、衰退しているようにみえる地域の特性であるだけでなく、繁栄しているようにみえる地域の特性でもある（アメリカに関しては、Bluestone and Harrison 1982）。このようなパターンは、イギリスでは、旧産業の中心地だけでなく、新たな製造産業地区にも見出すことができる。たとえば、イギリスのサウス・イーストでは、金融産業やビジネス・サービス産業の雇用者数が、製造産業全体よりも一三％も多い。製造産業の雇用者数は、まもなく全雇用の一五％を下回るまでに落ち込むことが予測されている（Donovan 1990a）。サウス・イーストにおける製造産業の仕事の半分は、過去一五年の間に消え去ってしまった。ロンドンでは、特に深刻な雇用喪失が生じており、一九八〇年代後半には、一週間に百の企業が倒産した。ケンブリッジ・エコノメトリクスによる研究は、次のように結論づけている。「実際に、［イギリスにおける］新しい仕事のすべてが、サービス・セクターで生じると予想される」（Donovan 1990a からの引用）。ロンドンに関する後の報告書において指摘されているように、特にシティ内部やその近辺におけるロンドンのサービス産業の成長の大いなる成功によって、賃料が天文学的に高騰し、一九八〇年代に製造産業を非経済的なものにしてしまった。ドノバンは次のように要約している。

「ビッグバン」による一見すると際限なく拡大する機会に刺激を受け、製造産業が地方へと追いやられるのに符合し、サービス産業全体が成長を続けている。（Donovan 1990b）

グローバルな金融都市の成長については、第一一章でさらに検討を加える。さしあたり指摘しておくべきは、ヨーロッパ、日本、アメリカの金融機関によって支配されている国際的ネットワークへの金融サービスの統合が、ロンドン、ニューヨーク、東京といった数少ない「グローバル都市」に雇用を集中させる効果を有してきたという点である（King 1990; Budd and Whimster 1992）。ダニエルスは、次のように要約している。

オフィス需要の大部分を占めているのが、三分の二が海外の企業によって担われている金融サービス産業である。ただし、会計士、事務弁護士、建築家、広告業、広報機関もまた、シティにおいてより多くの空間を間借りしている……［このような状況が、］選択的な集中や生産者サービスの不均等発展、そしてニューヨークのような大都市経済の再生をもたらす過程を強化している。（Daniels 1987: 437。ただし［ ］は訳者）

西欧では、一九七〇年代と一九八〇年代にかけて、サービス産業での雇用が大都市から地方へといくぶん分散したようにみえる。ただし、生産者サービス産業の場合、それはあまり顕著ではない（Illeris 1989b: 130f）。アメリカの場合、観光地化した都市を含む消費サービス産業の都市中心部において、人口と労働力がもっとも急速に成長している点もまた注目されるべきである。

すべての地域経済が、同様のパターンを経験しているわけではない。イギリスのロックダールは、ポスト工業的になったとか、サービス産業が支配的になったとは、とても言えない状況にある。ペンは一九八〇年代の経験を次のように要約している。

> ロックダールは、どちらかといえば古典的な近代的工業都市である。労働人口の三分の一以上が製造産業で直接雇用され、その他の多くは、そうした製品の運送、卸売り、小売りといった部門において間接的に雇用されている。(Penn 1990: 23)

M４回廊の中心部と同様、スウィンドンは一九八〇年代に、サービス産業と製造産業の雇用（そして人口）がともに増加した（Bassett et al. 1989)。新たな形態の経済活動や仕事に従事する、数多くの新たな雇用主が存在していた。だが、こうした企業は、国内および国際的な組織にかなり統合されており、複雑かつ広範な空間的分業のなかで、スウィンドンが占める場所に依存している。したがって、スウィンドンはM４回廊のなかにあるとはいえ、「その地域が、下請関係や急速に変化する市場に対応する必要性に基づく、再活性化し空間的に統合された『新たな工業地区』と類似する点をほとんどもたない」(Bassett et al. 1989: 82; Scott 1988b)。たとえば、より大規模な民間部門の事業体のうち、三九%が国際的なサプライヤーを主要な供給源として活用しているのに対して、わずか一四%が地域のサプライヤーを活用しているにすぎないのである。同様に、イギリスのケンブリッジのような工業地区とみなされている場所もまた、四〇〇社にも及ぶハイテク企業間の強固で互恵的なつながりによって特徴づけられることはない。サクセニアンが指摘しているように、ケンブリッジの企業家たちは、「商業的に活力ある企業の設立や、技術に基づき発展を遂げた事業の成長を促す地域的環境の構築に失敗している」(Saxenian 1989: 454)。新たな企業が増加しているにも関わらず、その圧倒的多数は、おそらくは工業地区で見出されるような信頼や互酬的関係を通じて、成功した大企業へと成長することはないであろう。確かに、ハーストとザイトリンが指摘するように、ある部分では、こうしたイギリスの製造産業における「工業地区」の欠如こそが、国民経済の根強く続く弱点を説明するものであるかもしれない（Hirst and Zeitlin 1989)。

これまでのところ、ヨーロッパや北アメリカの多くの場所で、サービス雇用がかなり重要になり雇用全体の三分の二以上を占め、多くの場合、女性雇用のおよそ八五%を占めるようになっている点を確認してきた。また、ロンドンの事例にみられるように、集積による独特の不経済が生じる点について指摘した。ロンドンでは、サービス産業の大いなる成長が製造産業のコストを著しく増加させているのである。最後に、製造産業が重要性をもつ場所でさえ、工業地区に関する著作のなかで描写されているような、地域の強いつながりが必ずしも存在しているわけではない。それどころか、以下で指摘されるのは、サービス経済が有する性質と長所こそが、いまや多くの場合、製造産業を成功に導く活力溢れる基盤になっているということである。この点は、ケンブリッジの事例とともに、教育、科学、消費者と関連するサービスの幅広い供給が、ハイテク産業の成長のなかで担う中心的な役割によって十分に示されている。さらに、サービス産業の発展が、多くの場所の文化、政治、政策に、いくつかの重要な変化をもたらしている点が検討される。

サービス産業の重要性は、おそらくは製造産業主導の成長の重要性を例示している、近年の発展について検討することで明確に理解することができるであろう。すなわち、一九八〇年代のイギリスにおいて「南北」格差を際立って拡大させることとなった発展である。だが、この格差は実際には、北部と比べ、南部においてサービス・セクターがより成長した結果であると考えられる（Lewis and Townshend 1989)。マーティンが述べているように、一九七九年から一九八七年の間、イギリスのサービス産業で創出された一二五万の雇用の四分の三は、四つの南部地方におけるものであった（サウス・イースト、サウス・ウェスト、イースト・アングリア、イースト・ミッドランド。Martin 1989: 34）。さらに、その多くは、多数の独立した町や都市、特にロンドンとブリストルの間のM４回廊に沿って生じた。その結果、M４回廊で先駆けとなるようなハイテク製造産業の多くの成長は、サービス産業における発展に比べると、雇用の点では実際あまり重要ではない（Allen 1988: 128-9）。公共部門であれ民間部門であれ、サービス産業はM４回廊での雇用にとって特に重要である。さらに、こうしたサービスの多くがM４回廊に存在していたのは、その地域が、サービス産業のなかで重要な役割を担う比較的モビリティの高い専門・管理職スタッフにとって魅力的だからである。こうした人びとは、良質な環境と消費施設に囲まれた場所に惹きつけられる傾向にある。アレンは、特に民間セクターのサービス階級やその専門職や管理職労働者が次のような特徴を有していると述べている。

> 住み働く場所を選ぶための能力……一般的にはそれが、南部の町や都市、およびその近郊に有利に働いている。……それ以前の製造産業における雇用から比較的守られているために、中核を担うスタッフを惹きつける場所となっているのである。(Allen 1988: 133)

このように、新規雇用がしばしば良質なサービス供給に続いて生じ、そこで相当数のサービス階級が雇用されているのには、もっともな理由が存在しているのである。

こうした多くの変化によって、製造産業の活動が他の形態の雇用のための基盤を形成するという、地域経済に関する古いモデルが掘り崩されている。これまでみてきたように、第一の変化は、ほとんどの地域で製造産業雇用の規模が低下し、結果、その重要性が著しく低下したことである。ドイツの多くの町でサービス雇用の割合は五〇％を大幅に超えることはないものの、主要な経済圏では、サービス雇用の割合は通常五五％と七五％の間にある（さらに詳しい点はIlleris 1989b）。第二に、電気通信や輸送をめぐる変化は、生産者サービス産業がいまやまったく異なった場所に立地されうる点を意味している。イレリスは次のように指摘している。

> 情報によって構成されるサービスは、ますます長い距離を越えて販売することが可能である。もちろんこの点は、サービスが数ある地域の顧客や購買力と無関係に存在しうることを意味している。サービスはローカルな地域の経済的基盤の一部となり、お金をもたらすかもしれない。(Illeris 1989a: 272)

こうした例には、会計事務所、法律事務所、不動産仲介業、投資銀行、データ処理やコンピューター関連企業、不動産開発業者、広告企業、メディア企業、経営コンサルタントなどが含まれている（特に会計事務所に関しては、Thrift and Leyshon 1992）。そのようなある程度身軽な企業の誘致は、場所にとってもっとも重要なものである。

第三に、ある地域への生産者サービス企業の誘致は、高品質の消費者サービスの供給に左右される。そうしたサービスは、熟練労働者、特に若いサービス階級の労働者に魅力的に映るものである（Savage et al. 1992）。地域で望むサービスを入手できることは、多くの地域の雇用戦略にとって重要な要素となっている（Harloe et al. 1990、特にチェルトナムとランカスターに関する章）。旧工業都市において消費者サービスの誘致が試みられている興味深い例が、イングランドのノース・ウェストに位置するウィガンである。この都市の経済開発局は、潜在的な投資家に地域を売り込むための小冊子を発行した。その冊子には、

『私はウィガンに行ったことはないが、どのような場所か知っている』というタイトルがつけられている (Economic Development, Wigan: undated)。冒頭の五つの白黒写真には、隣合わせのテラスつき集合住宅、鉱山、そして狭い路地を歩く老齢の住民が写っている。だが、その後われわれは、現在のウィガンが実際にどのような場所かを尋ねられることになる。続くフルカラーの一二枚の写真では、現代のウィガンが映しだされている。そこでウィガンは、高品質のサービスを無尽蔵に供給する町として描かれている。たとえば、ウィガン埠頭遺産センター、色鮮やかなマーケットや洗練された店舗、優れたスポーツ設備、魅力的なパブやレストラン、楽し気な運河沿いの歩道である。紹介されているすべてのアトラクションは、基本的には、潜在的な観光客とともに、移住してくるサービス階級の人びと向けに設えられた消費者サービスなのである。

最後に、人びとのモビリティの向上が意味するのは、一時的な訪問者を引き寄せるための地域の能力が、その経済成長に決定的な役割を演じる可能性である。実際、ツーリズム、サービス産業、そして経済成長戦略の間には、かなり多くの相互連関が存在している。イギリスの独立した町や都市で、経済成長戦略の中心的な頼みの綱の一つとして、ツーリズムやツーリスト関連サービスを振興していない場所はほとんど存在していない。ツーリズム産業において新たな仕事を一つ創出するのに四〇〇〇ポンドかかると見込まれている。それに対して、製造産業では二万三〇〇〇ポンド、機械産業では三〇万ポンドが必要とされる (Lumley 1988: 22)。さらに多くの論者は、ツーリスト・サービス産業が有望な被雇用者や雇用主を引き寄せ、満足させるために重要であるということに完全に同意している。このことは、ウィガン埠頭遺産センターの建設を契機に、ウィガンでも生じているようにみえる。ノース・ウェスト観光委員会の委員長は、次のように述べている。

> ツーリズム産業の成長は、他のすべての産業やビジネスの成長と大いに関係があります。訪問にふさわしい場所として地方を打ちだすことは、そこが居住により適した場所であり、そのため、働く場所としてもより良い場所であることを意味しています。……より質の高い生活は、労働者に利益をもたらすのです。(Reynolds 1988 からの引用)

こうしたツーリスト関連開発の多くは、ウォーターフロント界隈でなされる複雑な計画である。そうした計画は、いまや年に二九〇〇万人もの訪問者を引き寄せる、アメリカのボルチモアのハーバープレイスからはじまった。その他の世界的な例には、ボストンのマーケットプレイスとそれに併設されたハーバーウォーク、ニューヨークのサウス・ストリート・シーポート、ジドニーのダーリング・ハーバーが含まれる (アメリカの経験に関しては Frieden and Sagalyn 1989=1992)。イギリスで現在おこなわれている事業は、リヴァプールのアルバート・ドック、ハル、ウォルソール、ブリストル、カーディフ、バーミンガム運河、グローセスター・ドックス、そしてサルフォード・キーズにみられる (最初の三つの例に関しては Department of the Environment 1990)。

新規の消費者サービスの広範な成長を含むこうした計画の発展は、現代の際立った特徴である場所や都市のマーケティングの一部である。サービスの供給は、市場における場所の相対的地位を向上させるために、間違いなく中心的な意義を有している。したがって、サービスの供給は、身軽な企業や、とりわけそうした企業の管理職・専門職スタッフを引き寄せる能力に重要な役割を果たしている。大半の場所はフレキシブルに専門化した産業を基盤とした成長条件を有していない。

そのため、そうした場所では、新たな一連の生産者および消費者サービス産業を展開し、誘致することによって雇用を維持するより大きな可能性がある。

場所のマーケティングは、多種多様である。たとえば、ある場所に既存の消費者をつなぎとめるとともにそれに順応し、また、新たなカテゴリーの消費者に向けて拡張しつつ対象を広げている（Ashworth and Voogd 1990）。場所のマーケティングは、地域資源の評価をともなっており、そうした資源には、物質的加工品や、ありうる場所のイメージの双方が含まれている。こうして、訪問者は、触れて感じることのできるさまざまな製品を消費する際（産業博物館の訪問や土産物の購入）、同時にある場所の主要な製品（固有の歴史、コスモポリタニズム、ミステリーなど）を手に入れると想定されているのである。したがって、そこではかなり固有なサービスが販売されているが、もっとも重要なことは、サービスの消費がいかにしてある地域の主要な製品、つまり場所のイメージを獲得するにいたると考えられるのかという点である（後者に関してはShields 1991a）。

場所のイメージの変容に成功したイギリスの都市の一つがグラスゴーである。グラスゴーは、文化的ツーリズムの中心地として大いに知られるようになり、一九九〇年には「ヨーロッパ文化都市」に選ばれた。「グラスゴーの再生は、大部分が芸術に牽引されたものであった。五月祭やバレル・コレクションの開催などのすべてが、都市イメージの転換に寄与した。工業の衰退によって停滞する都市から力強い成長を遂げた都市へと変化したのである」（Urry 1990c: 341=1995: 275からの引用、またUrry 1990b）。グラスゴーへの訪問者の三分の二は、訪問に値する魅力的な博物館やアート・ギャラリーが、この都市のなかに広く存在すると感じている。少なくとも訪問者の三分の一は、非常に多くの文化的活動に参加することができるため、可能であればより長く滞在したかったと考えている。そして五分の一未満が、グラスゴーがかつてそうであったように、訪れるには粗末で憂鬱な場所であるととらえている（Myerscough 1988: 88-9）。奇妙かつ劇的な話ではあるのだが、グラスゴーのサービス産業への転換は、自分自身がそこにいることを誰かにみられたいと望んだり、見物したいと思ったり、BP（ブリティッシュ・ペトロリアム）社のような企業が投資したいと思える場所を生みだしてきた。一九九〇年の記念にグラスゴー都市圏観光局が作成した小冊子は、次のように宣言した。「グラスゴーは、イギリスの都市のような感じはしません……グラスゴーはヨーロッパの都市に似ています。そして、そのように感じてください」（Bianchini 1991: 37）。

言い換えれば、多くの町や都市は、主に生産の中心としてではなく、消費の中心として再編されているのである。特に重要なのが、旧工業の町や都市が「グローバル経済に従い、しばしば公的なイメージを『標準化』することにより、自身を再パッケージ化し位置づけ直すこと」（Bianchini 1991:37）である。利用可能なサービスの複合体や特定の場所のイメージとサービスの結びつきにより、ある場所は他の場所からますます区別されるようになっている。こうした展開は、単に偶然に生じるものではなく、多くの経済的・社会的・政治的な決定要因に基づいている（Bagguley et al. 1990: ch.5、ランカスターの例に関してはUrry 1990b、より一般的にはAshworth and Voogd 1990）。

第一が、地域住民の社会的構成である。それは、階級、ジェンダー、人種、世代といったさまざまな区分が互いに折り重なる形態や、結果として、特に影響力を有する特徴的な社会集団が町や都市に自身のハビトゥスを押しつけるやり方と関係している。第二の決定要因は、特定の場所を往来する運動のパターンや、住民や訪問者の集団が特定の場所で実現しようと試みる多様なプロジェクトから構成されている。

第三が、ある場所をめぐる、既存のイメージあるいは潜在的なイメージである。それは、周辺の地区や地方において、イメージをめぐる対立がどの程度存在するかと関わっている。第四が、建造環境の遺産の存在である。とりわけ、サービスに基づく新たな利用法へと適切に変換することが可能な、独自の建築様式を備えた放置された建造物があるか否かである。第五の決定要因は、地域の建築物の保存に影響を与え変化を加えるような、さまざまな地域集団が有する資源と能力に加えて、そうした集団がもつ一連の美的関心から構成されている。第六に、地域における起業家精神の伝統の有無、もしくは潜在的な事業家の移動パターンの有無が、ある地域の特徴や変容に影響を与えるであろう。同様に、第七に、主要なレジャー関連企業の戦略や、当該の場所が企業による未来の投資のための基準を満たすか否かという点が、ある場所が作りかえられたり、そうされなかったりするやり方に影響を与える。第八に、製造産業が、サービス産業、その従業員、その顧客のために多種多様なサービスを求めることもまた、場所に影響を与えるであろう。九つ目の決定要因を構成するのが、地域で維持され、地方自治体を通して組織化される長期にわたる中心的プロジェクトがどの程度存在し、変化する場所のイメージに応じて、ある特定のサービスに主導された地域経済の変容をどの程度ともなうのかという点である。そして最後に、さまざまなサービス活動の評価法を変化させている、消費や文化に関する一般的な転換が存在している。それは、フアースト・フード、多様なエスニック環境のなかでの外食、「遺産産業」、ニッチ市場における買い物、文化的ツーリズム、テーマ化した公園や環境における近年の成長にみることができる。そのような文化的転換が、場所やそのイメージの変容可能性に影響を与えているのである（イギリスのインナー・シティにおける、ツーリスト関連プロジェクトの広範な影響に関しては、Department of the Environment 1990）。

このように、社会の分断やコンフリクトのパラメーターが変容している。多くの地域で場所の特徴は作りかえられており、そうした場所ではサービスや消費の差異がもっとも重要となる。さらに、この変化は、多くの地域経済における構造転換が原因となっている。こうした地域経済の構造転換は、サービス・セクターにおける仕事の供給（特に、製造産業においてこれまで働き口をみつける可能性の低かった女性に対するもの）、および地域において入手可能なサービスの供給の観点から、地域経済が評価されることを意味している。特に後者は、小売、ビジネス、文化、教育、スポーツ、「訪問者向けのアトラクション」など、製造産業の移転を誘発しうるようなサービスが含まれている。多くの地域経済におけるサービス産業の重要性の高まりは、地域の利害関係の変化を意味している。

さらに、都市の「消費サービス」への志向が高まるにつれ、そのような場所で、人口、職業、文化が大きく変容する。生じる変化は、以下で示される点のいくつか、ないしすべてを含むことになるであろう。急速な人口増加、低熟練職や季節労働の数の拡大、フレキシブルな形態をとる労働組織の利用拡大、自営業や小企業所有者の数の増大、比較的高い割合での女性の雇用、低い水準の労働組合組織率、快楽や喜びを象徴するように建造環境が変容すること、熱烈な売り込みや介入主義的な都市戦略への移行、そして自然環境かつ／あるいは建造環境の景観を守り保存することを目的とした社会運動の拡大——つまり場所の政治化——である。こうした展開は、マリンズによるオーストラリアのゴールド・コーストの事例において的確に示されている（Mullins 1991）。このように、多くの場所は、エスピン-アンデルセンによって詳細に検討された、新自由主義的ないしアメリカ型のポスト工業的空間が有する、少なくともいくつかの特徴を帯びているのである。

＊＊＊

最後に、「ポスト工業的空間」においてどの種の政治が見出されうるのかについて、もう少し詳細に検討しよう。地域のなかの（サービス産業へと向かう）産業の再編と政治的プロセスの間には、当然のことながら単純な関係は存在しない（以下の点に関しては、Bagguley 1990: ch.6）。「再編理論」を発展させ使用してきた従来の著者たちは、産業の変化が政治的行為における空間的変化に与える影響を検討し、さまざまな場所で労働運動がもつ影響力を説明しようと試みてきた（Massey 1984: 234-96=2000: 202-55; Harloe et al. 1990）。

サービス産業の成長が政治に対して与える影響を記述するため、そして「政治的伝統」や「政治文化」といった静態的な考え方から議論を転換させるために、「ローカルな政治環境」という概念を用いる。それは、ローカルな場所における、潜在的な集合的行為者の行為にとっての構造的条件の総体を指している。そうした条件は、地域がもつ制限となる構造と等しいものである。たとえば、工場体制、職業構造、（細分化の形態を含む）労働市場の特性といった経済構造。過去の政治的行為によって具体化した物質的帰結（たとえば、公営住宅や建造環境）、（政党の影響力やその活動によって計測される）地域の政治組織がもつ活力、地域の政治的儀礼、そして（固有の政治の歴史を含む）政治的社会化といった政治構造。さらには、異なる「想像の共同体」の間にある象徴的な境界といった社会／文化構造である。

仕事や労働をめぐる過程の変化が近年の経済変化に与えている影響は比較的よく理解されているが、サービス産業の拡大が政治的行為に与える影響について満足な説明はほとんど存在していない。サービス産業の影響に関する説明の大半は、階級関係にたいしてサービス産業の雇用がもつ意義に集中する傾向があり、しかもそれは、しばしば過度に単純化されてきた。

一つの誤りは、サービス産業があたかも均一なものとして語られる点である。たとえば、国家公務員と民間部門の職員の間や、新たな福祉専門職と旧来の専門職階級および小ブルジョアとの間には、社会―経済的地位をめぐり重要な差異が存在している。民間部門では、多国籍企業の従業員の経験とより小さな企業の従業員の経験とでは、大きな違いがある。サービス雇用をめぐるパラドクスは、近年、もっとも急成長を遂げるサービス産業に着目することで説明することができる。たとえば、銀行産業や金融産業では高い割合で専門職が雇用されているが、レジャー産業やツーリズム産業では高い割合で下級職の従業員が雇用されているのである。サービス産業における技術変化は、一方のハイブリッドな専門―管理職スタッフと、他方の下級職の被雇用者の間に分極化を生じさせている。こうした事態は特にアメリカで顕著である。異なる種類のサービス産業の被雇用者が、異なる政治的立場に立脚していることはほぼ間違いない。

さらに、政治環境は、ある地域に存在する現行の職業構造を単純に反映しているわけではない。異なる種類のサービス労働者による政治は、空間的に多様である。それは、地域の労働市場の職業構造において生じる変化が、旧来の政治環境のなかで起こり、またそれによって制限されるためである。このような旧来の環境は、地域の政治生活における基盤、言語、関係を提供するものである。いくつかのサービス産業の労働者は、彼女／彼らが投げ込まれる地域の特性に大きく影響を受けている。イギリスの労働運動の中心地において、公共部門の専門職、小ブルジョア、ホワイトカラー労働者は、サウス・イーストやサウス・ウェストの場合よりも、選挙の際に労働党を支持することが多い。決定的な違いは、地域の階級形成の新たなパターン同様、ローカルな政治環境の歴史的形態に関係しているのである。

この点は、いくぶん詳細に調査されてきたイギリスのある都市を参照することで簡潔に説明することができる（Bagguley et al. 1990: ch.6）。ランカスターにおけるサービス・セクターの成長がもつ政治的影響は、もっとも予測困難なものである。一九二三年から一九八七年の時期、有権者はわずかに一度、労働党の下院議員（ＭＰ）を選出しただけであった。一九五五年におこなわれた研究によると、保守党は、都市の階級構成に基づき予測されるものよりも、一一％も多く得票したのであった。このことが、ランカスターを、当時のイギリスでもっとも倒錯した保守党支持の選挙区にしたのである。ランカスターは、その他の点では「保守的」であった。労働運動の組織化はきわめて弱く、実際に工場で闘争は存在せず、自発的で慈善的な福祉給付の力強い伝統を有していた。一九六〇年代以降、この選挙区は劇的で急速な脱工業化を経験し、特に公共部門で広範にサービス・セクターが成長した。このことが、しかるべき時期に階級による連携を変容させた。一九八〇年代から一九九〇年代までにランカスターは、意図しない形で、変則的な保守党支持の町から労働党支持の町へと転身した。一九九一年の地方選挙では、保守党が勝利した選挙区は一つもなかった。もっぱらマニュアル職の労働者階級が優勢であった職業構造が、専門職の中流階級のそれへと移行するにつれ、労働党は支持を得るようになった。労働党は現在、リノリウムや人工繊維工場の製造セクターで加工処理をおこなっている労働者からかつて得ていたよりも確実な支持を、とりわけ医療および教育セクターの専門職労働者や定型サービス労働者から得ているのである。

しかし同時に、労働党も変化している。労働党は、緑の党や環境問題に大きく影響を受け、広範なショッピング・センター開発に反対することにより、特別な支持を獲得している。さらなる主要な政治的分裂が、地域のツーリズム産業に与えられる支援の程度やそのやり方と関係している。たとえば、地域のサービス供給の問題は、ローカルな政治環境を変化させているが、そのことは、いかなる単純な見方や還元主義的なやり方でも理解されるべきではない（さらなる例に関しては、Harloe 1990で報告されている事例を参照）。ランカスターにおいて、労働者主義の弱い政治環境のなかでサービス産業が発展したことは、ラディカルな政治のための、何らかの真空状態が存在したことを意味した。そして、そうしたラディカルな政治は、社会運動に強く影響を受けた労働者主義という形態を採用したのであった。

四節　結　論

このようにサービス産業での大量雇用の結果、町や都市はいくらかの著しい変化を経験している。町や都市が徐々に、情報、知識、イメージ、シンボルの交換の中枢になっていると考えられる（関連する主張はMulgan 1989）。こうした状況は、町や都市における「コンピューター化した（smart）」コミュニケーション・インフラの重要性（東京における新たなオフィス・ビルの費用の三〇％が電気設備によって占められている）や、都市的文脈における知識、レジャー、文化活動、つまりは第五章で議論した文化―社会のよりソフトなインフラにおいて見出すことができる。

ムルガンは、教育がかつて「製造産業の基盤」に帰属されていた役割を担うようになっている点とともに、さまざまな町や都市の「住み易さ」の重要性について論じている。彼は、多くの町や都市が「都市」ではないかのように装い、「半田舎」として自身を提示している点に注意を向けている（Mulgan 1989: 270）。現代の非常に多様な政治問題は、異なる場所の「住み易さ」の問題と本質的に関連しており、そのため、とりわけ民間および公共部門の双方のサービス供給の規模と性質と関わっている。たとえば、現代の社会的・政治的対立の多くは、サービス供給の形態と関係している。例をあげれば、サービスへの資金提供、サービスに「場所を提供する」建物、サービスと場所のイメージとの関係、そして、サービスがもつ建造環境や自然環境の他の側面に及ぼす影響、またより一般的には多様なポスト工業的空間における地域の人びとの社会経験に対する影響である。

こうした傾向に沿ったさらなる考え方が、近年、カステルによって展開されている。われわれが述べてきたように、現代の資本主義は情報処理が生産活動の中心となる「情報発展様式」へと作りかえられてきていると、カステルは指摘している（Castells 1989）。知識は、常に技術上の変更の中心にあったが、現在になりはじめて「情報それ自体が原料となり、それゆえにその成果物」となったのである（Castells 1989: 38）。カステルにとって主要な論点は、技術革新、あるいは「客体化した」人的資本である。それと関連し、一九五七年の集積回路の発展により、情報処理、結果の精度、そして計算量の処理能力の速度が高まることとなった。それに続く基準となる段階が、一九七一年のマイクロ・プロセッサーの開発であった。メモリ一単位ごとの情報蓄積の費用が、ますます安価になるにともない、コンピューターの処理能力が急激に増加した。また、ユニットのシステムへの接合が、電気通信の進展によって可能となった。以上から、カステルが強調するのは、光ファイバー・ネットワークの重要性、「スマート・ビルディング」やコンピューターによるデザイン、そしてフレキシブルに統合した製造産業の重要性である。

カステルが論じる再編した経済とは、まさに記号の経済そのものである。その中心軸は、情報処理、つまり情報をとり扱うための一連の指令の組織化である。バイオテクノロジーにおいてでさえ、この発展は、情報を蓄積、検索、分析する能力の向上によって支配されている。この見地からみた場合、機械が情報より重要でなくなるにつれ、商品、サービス、決定に埋め込まれた情報が成果物そのものとなるのである。

カステルは、資本主義的発展の枠組みのなかに情報処理を再び組み込んだ。このことは、フレキシビリティから情報処理の再帰性へと焦点を移行させるという点で長所を有している。カステルにとって情報は、多くの場合、具体化した再帰性、あるいは対象化した再帰性なのである。そのような再帰性は、情報を検索、蓄積、分析する機械の能力の向上に客体化されている。さらに、このプロセスの成果である情報は、財、サービス、決定のなかに埋め込まれている。

だが、ここで議論した見地からみた場合、財とサービスは、情報的あるいは物質的のどちらかというものではなく、「情報を帯びる」さまざまな程度に応じて、情報的になったり物質的になったりすると考えたほうがよい。その他の条件が等しければ、より短い製造連の財やサービスはより多く情報を帯びたものとなるが、大規模なバッチ製造連では付加される情報はより少なくなる。したがって、ますます個別化する消費者によって消費されるかなり短い製造連のサービスや財は、それ自体ますます客体化する再帰性から構成されるであろう。

トゥレーヌのポスト工業理論をネオマルクス主義的な図式に組み込もうとするカステルの試みに対する一つの異論は、ポスト工業主義のハードとソフトの側面に特に向けられている。だが、かつてないほど多くの労働力が、人間の情報処理、すなわち人に関する情報の検索、保存、分析と関わっている。機械に客体化された再帰性がしばしば、人的資本の情報処理権力への補完物としてかなり積極的な役割を演じてきたことは明らかである。だが、製品がより個別化されればされるほど、人間の文化資本はより一層大きな役割を演じるようになる。

サッセンもまた、ポスト工業主義をネオマルクス主義的な図式へともち込もうと試みている。機械のなかに客体化した再帰性よりも主体化した文化資本に関心を向けたのは、彼女だけである。たとえばサッセンは、サービス産業の発展のなかに見出されるヒエラルキー構造という、ベルによる概念を引き合いにだしている。特に輸送や流通といった産業と関連した、そうしたヒエラルキー構造の初期の発展は、生活の質の改善という文脈のなかで設えられたサービスにとって代わられている（Sassen 1991: 247）。中流階級の専門職が消費するサービス、たとえば理学療法、心理療法、ウィンドサーフィンのレッスン、ジャズ、交響曲やロックのコンサート、「異国情緒溢れるレストラン」、魅惑的なツーリズム、そして美術館など、これらはすべてより高い生活の「質」と関わっている。ここで重要なのは、生活の質の概念だけでなく、ヒエラルキー構造の頂点に向けて提供されるサービスに、象徴的内容が増加している点である。たとえば、物質重視のツーリズムや「砂、太陽、セックス」のツーリズムから、より象徴を帯びたツーリズムや「場所の神話」のツーリズム、あるいは近年の文化的ツーリズムへの転換があげられる（Urry 1990c=1995）。

さらにカステルとは対照的に、ここで決定的に重要なのは、実際には象徴なのであって、情報だけではないのである。専門職の中流階級は、象徴の加工や流通と中心的な関わりを有している。すべての情報は、いわば象徴のなかで運搬される。だが、情報の観念は、象徴がもつ多元的な次元のほんのわずかな部分をとらえているにすぎない。情報は、あまりに一面的に認知的なものなのである。だが象徴は、道徳、感情、美、物語、意味といった次元をもまた含んでいる。

このようにわれわれは、ますます個別化され、象徴に満ちた社会に生きている。そこでは、先進サービスを担う中流階級が、蓄積のプロセスでますます役割を担うようになっている。この階級は、現在の再構造化（restructuration）のなかで次のような人びとが一定程度存在することを前提としている。つまり、象徴を加工する生産者、および特定の町や都市で働き生活している、加工された象徴の消費者である。サービスについて語ることとは、情報と象徴について語ること、また多種多様な数多くのポスト工業化した空間における情報と象徴の重要性を語ることなのである。

9 時間と記憶

これまで複数の章で、現在、数多くの影響力ある論者が時間と空間の分析に与えている重要性について明らかにしてきた。脱組織化資本主義の社会関係は、時間的そして空間的に固有であるという点が、まさに本書の前提であった。それは、「移動する客体」の分析、とりわけハーヴェイによる時間―空間の圧縮論、およびギデンズによる時間―空間の分離の精密な分析のなかにみられる。たとえばギデンズは、「社会理論の根本問題――『社会秩序問題』――は、個人の『現前性』がもつ限界が、時間と空間を横断して社会関係を『拡張すること』を通じて、どのように乗り越えられるのかを説明することにある」(Giddens 1984: 35=2015: 63) と述べている。こうした社会関係の「拡張」が意味するのは、とりわけ社会学、地理学、歴史学の間にみられるような既存の学問分野間の境界線が、根本的に引き直されなければならないという点である。伝統的に社会学は、時間と空間によって構成される環境の内部でのみ作動する社会構造を研究する学問として理解されてきた。社会が変化を経験しているとみなされるときにのみ、時間は考慮に入れられるにすぎなかった。それに対してギデンズは、時間―空間は社会関係をとりまく空虚な形式ではなく、そうした社会的客体の性質そのものを表していると論じている。つまり、時間―空間関係こそが、社会システムの本質的特徴であると述べているのである。

これまでの章では、空間が社会関係を構成するやり方をめぐり、数多くの分析を展開してきた。本章でわれわれは、時間について同様の分析を発展させるつもりである。そうした試みには、二つの主要な問題が存在している。一つは、時間の社会学には内容がなく、そのため分析のかなりの部分が推論に基づいている点である。もう一つが、二〇世紀の物理学の発展によって、時間と空間は互いに切り離され、独立して分析することができるという考えが説得力を失った点である。

本章は、四つの節に分けられる。第一節では、近代的時間の社会学、とりわけ一九世紀および二〇世紀初頭に書かれた近代をめぐる複数の作品について議論をおこなう。第二節では、特にハイデッガーと「時間地理学」に影響を受けた、時間をめぐるギデンズの分析について検討する。第三節では、新たな発展を遂げる生物学と物理学を用いながら、近年みられる時間の社会学について考察する。第四節では、脱組織化資本主義における時間の変容――時間が瞬間的になるのと同様に進化論的になっていること――について分析をおこなう。そこで、瞬間的時間と進化論的時間の混交こそが、今日の脱組織化した「西欧」社会を特徴づけていると論じる。

一節　時間の社会学

さまざまな時間感覚について、異なる論者により分析がなされている。時間という言葉が表しているのは、まったく共通性のない概念である。アダムは、次のように述べている。

これらの理論家が各々の作品の中心課題にしていることが同じ「現象」であるとは、とても信じがたいことである。彼女／彼らはそれぞれ時間を、死、加齢、成長、歴史、あるいは秩序、構造、同期化、管理と結びつけている。彼女／彼らは、時間を、意味、尺度、範疇、パラメーター、そして観念としてみなしているのである。（Adam 1990: 15=1997: 25）

ところが、時間をめぐるほとんどの社会学的説明は、時間がある意味で社会的なものであると想定してきた。こうした論者は、デュルケム以来の一種の「フランス」学派によるアプローチを採用している。デュルケムは『宗教生活の基本形態』において、人間だけが時間の概念をもち、また人間社会の時間は抽象的で、非人格的なものであり、単に個人的なものではないと論じた（Durkheim 1947=2014）。さらに、そうした非人格的特性は、社会的に組織化されるものである。デュルケムは、それを「社会的時間」と呼んだ。つまり、時間は一つの「社会制度」であり、時間のカテゴリーは自然的なものではなく、社会的なものなのである。時間は、社会のなかで生みだされた思考について の客観的に与えられた社会的カテゴリーなのであり、それゆえに、それぞれの社会ごとに異なっている。

ソローキンとマートンの作品もまた、社会的時間の質的な性質に関して同様の指摘をおこなっている（Sorokin and Merton 1937）。彼らは、社会的時間に加えて、クロック・タイムという特有のカテゴリーの有無により社会を区別している。たとえば、ヌエル族は、時間を資源ととらえる感覚をもちあわせていない。時間は、過ぎ去ったり、浪費されたり、節約されたりするものとして認識されてはいないのである（Evans-Pritchard 1940=1978）。時間に関する表現が存在する場合、そうした表現は周期的なエコロジカルな変化に基づく社会的活動に応じて生みだされる。そのような重要な社会的活動が存在しない期間は、時間と関係することなく過ぎ去るのである。時間と関わるさらに別の社会的感覚として、「構造的時間」の感覚があげられる。そのなかで、はっきり異なる形態をとる家族、血縁、村落組織が、共通の発展サイクルを通じて結びつけられるのである（より一般的にはHeald 1991: 132-3）。

ソローキンはまた、ほとんどの社会は一定の形態をとる何らかの「週」を有しており、それらは三日から一六日の間のいずれかの日数で構成されていると指摘している（Sorokin 1937、また Colson 1926）。多くの社会でそのような分割は、ある固有の社会的パターンを反映するものである。たとえばカーシ族の週は八日からなっているが、それは、マーケットが八日ごとに開催されることに由来している（Hassard 1990）。ブルデューは、アルジェリアのカビル族が、クロック・タイムに敵対的な固有の社会的時間システムを構築している点を観察している（Bourdieu 1990）。とはいえ彼は、カビル族が「悪魔の挽き臼」と呼ぶ時計を通じて、より多くの計算の契機がいかにして社会的活動に導入されているのか論じている。カビル族は、社交的集まりがもつ慌ただしさを軽蔑し、正確な待ち合わせ場所という考え方を完全に欠いており、また決まった時間に食事をとることはない。こうしたクロック・タイムの拒絶は、前近代社会にのみみられる現象ではない。ロイは機械室に関する著名な研究において、「ピーチ時間」、「バナナ時間」、「ウィンドウ時間」といった、さまざまな時間の重要性を明らかにしたが、そうした時間は、「朝」や「午後」におこなわれるいくつかの活動を除き、時計とまったく関係がなかったのである（Roy 1990）。

だが、多くの前近代社会と比べ、近代社会の時間がはるかにクロック・タイムに依拠していることは明白である。近代社会の時間は、社会活動の観点からもっぱら構造化されることはない。クロック・タイムは、近代社会とその要素となる社会的活動の組織化にとって決定的に重要である。近代社会は、時間（と空間）の空白化と、抽象的で、分割可能で、誰にでも測定可能な時間計測の発展に基礎を置いている。近代の機械文明の一番の特徴は、時計を通じて組織化される時間的規則性である。それは、多くの点で、水蒸気をも凌駕する重要性をもつ発明であった。トムスンが述べるように、時間に対する志向は、工業資本主義社会の決定的な特性そのものとなっている（Thompson 1967）。人びとは、仕事を志向することから、時間を志向するようになったのである（彼の説明はいくぶん大げさかもしれないが）。

このような議論は、マルクスとヴェーバーの古典的業績に則ったものである。マルクスが明らかにしたように、労働時間の統制と搾取は、資本主義の中心的な特性である。商品交換は、実際には労働時間の交換なのである。資本主義は、労働日を拡張し、労働強度を高める資本家のとり組みを必要としている。マルクスが述べるように、「人間は無価値である。人間は、せいぜい時間の残骸にすぎない」（Marx and Engels 1976: 127=2008: 195）のである。もし労働者階級がそうした圧力に抵抗できなければ、資本家は競争の結果、社会的・物理的制限を超えて労働期間を拡張せざるをえなくなるであろう。そうなると労働力の「過剰消費」が生じることから、労働日の絶え間ない延長に制限を課すことが資本家階級全体の利益となる。だが、こうした集合的要求により、労働日の長さが実際に制限されるかどうかは定かではない。資本主義的競争は、資本主義自体（および労働者）の利益になるよう制限されなくてはならない。したがって、最初の工業大国であるイギリスの歴史において、国家の介入による工場時間に関する法律は、労働日の絶え間ない延長を抑止する点で重要であった。それは、絶対的剰余価値から相対的剰余価値への転換の幕開けを意味した。「低密度」の労働日の延長に比べてより「高密度」とマルクスが呼んだところの労働形態とともに、この生産様式こそが、一九世紀中葉以降の資本主義的工業を特徴づける驚異的な生産力を導いたのである。あるイギリスの工場監視官は、次のように述べている。

> あらゆる機械に大幅な改良が進み、その生産力は大いに上昇している。労働時間の短縮が、……こうした改良にとって刺激となっていることに疑いはない。機械の改良が労働者へのより大きな負担と結びつくことで、より労働日が長かった以前と少なくとも同程度の製品を、より短い労働日で生産可能にしている。（Marx 1976: 540=1983: 718 からの引用）

後世の多くの論者は、工業資本主義においてどれほどの社会的な争いが時間を中心に繰り広げられてきたのかという点に、より広く注意を向けるようになっている。なかでも、労働時間を組織化し、それを延長する資本家の権利や、そうした延長を制限し、多様な形態の余暇時間を拡張しようとする労働者の試みに焦点が当てられている（Thompson 1967; Adam 1990: 110f=1997: 179f）。論争は、持続時間（「一日一〇時間」、「週三五時間」）、休止期間（「お茶休憩」）、順序づけ（「柔軟な勤務当番の決定」）、同期化（「ウェークス祭」）、および作業ペース（「時間動作研究」）をめぐりおこなわれた。これらすべての点は、クロック・タイムに基づく標準化された単位と関係している。時間自体が商品化され労働の算定基準となるにつれ、そうした時間の単位を通じて労働は、文脈から切り離されるようになる。アダムは次のように要約している。

歴史の初期の時代では労働が時間を測定していたが、工業社会では時間が労働を測定するようになっている。……「人間時間」の計算は、……それが基づくクロック・タイムのように、文脈とは無関係に普遍的に適用可能な、不変の標準化した尺度なのである。（Adam 1990: 112=1997: 183）

だがマルクスは、こうしたクロック・タイムによる支配（「時間の残骸［としての］……人間」）が実際に人びとの主体性をどのように変容させているかについて、より深く探究しなかった。近代社会の多様なプロセスは、時間的主体としての人間、つまり時間に対する志向をもち、時間によって規律化される人間を作りあげている。ヴェーバーは、そうしたプロセスをめぐり、はじめて社会学的な分析をおこなった。彼は、プロテスタンティズムの倫理について次のように述べた。

したがって、時間の浪費は、第一の、そして原理的にもっとも重い罪なのである。人生の時間は、神による選別を確信するためにははるかに短く、また貴重である。社交、無益な会話、贅沢、そして健康を維持する以上の惰眠……を通じた時間の喪失は、断固たる道徳的非難に値する。（Weber 1930: 158=1989: 293）

資本主義の精神は、この点に、次のようなさらなるねじれをもたらしている。ベンジャミン・フランクリンが主張するように、「時は金」なのである――つまり時間の浪費は貨幣の浪費である（Weber 1930: 48=1989: 40）。このように人びとは、時間を節約し、それを無駄にせず、十分に活用し、最大限の勤勉さをもって自己および他者の時間を管理することを、義務としてとらえるようになっている（Adam 1990: 113）。労働だけでなく余暇もまた、しばしば同様のやり方で組織化されている。余暇は、計画され、計算され、細かく区分され、そして貴重である。言い換えれば、それは「合理的なレクリエーション」なのである。

だがヴェーバーの主張に反して、正確に言えば時間は貨幣とは異なっている。時間は限られた程度ではあるが共有されることができ（たとえば、ベビーシッター・サークル）、貯蓄や交換がなされ（たとえば、期間貸し宿泊施設）、また時間を効率的に使う能力は人それぞれ非常に異なっている（したがって、「時間管理」が重要である）。だが、こうした時間を活用する機会は、きわめて限られている。貨幣と異なり時間は、大抵の場合、蓄積されたり、節約されたりすることができない。時間は、不可避に過ぎ去り、あらゆる者をその経過に従わせることから、貨幣よりもより確実に人間の活動を制限するのである。

アダムが述べるように、時間が貨幣であるというよりも、むしろ実際には貨幣が時間なのである。多くの場合、ありあまる時間をもつことは、貨幣を所有しない人びと、たとえば貧者、失業者、そして全制的施設の収容者にとって何の価値ももたない（Goffman 1968=1984）。（たとえそれが不可避に過ぎ去るものであるとしても）時間をより効果的なものにする貨幣へのアクセスが重要なのである。つまり、地位と権力の格差と同様に、貨幣の異なる所有のあり方に応じて、時間は異なったものになる。「富める者は、他者の労働力、サービス、技術を、時間として購入することができ、また国家の代理人や権威ある地位にある者は、自身の支配下にある人びとの生活時間を構成する権利を有している」（Adam 1990: 114=1997: 186）。時間は、それがほとんどないときにのみ、特別に高い価値をもつようになる。また、多くの貨幣があれば、他者が供給するサービスの購入を通じて、いわゆる「充実した時間」が保証されるかもしれない。

これまで、時間的主体の構成のあり方を分析する際、ヴェーバーによって構築された枠組みに従ってきた。そこで、できるだけ効率的に時間資源を確保するために、どのように人びとが適切な自己規律を身につけているのかを考察した。だが、ここで指摘すべきは、近代的時間に関してさらに三つの要素が存在する点である。それは、時間的主体の構成のあり方をめぐる分析を、第三章で議論した再帰性の分析と結びつけるものである。第一に、さまざまな時間と空間が存在しており、自身の社会やその周期性および歴史だけが存在しているわけではないという点を、人びとはますます理解するようになっている。再帰的であることは、異なる時代に異なる社会が歩む、多様な経路とパターンが存在するという感覚をもつことである。第二に、すべての人間の実存は死へと向かっているが、その動きを引き伸ばしたり早めたりする方法があり、異なる選択を評価し実行することができるということを人びとは理解するようになっている。もっとも極端な場合、口にするもののほとんどすべてが、延命のための再帰的プロジェクトとの関係のなかで評価されるのである。そして第三に、「時間を旅する」こと、未来やさまざまな過去に移動すること、そして異なる時代の文化的な商品、イメージ、展示品との複雑で洗練された出会いを通じてそうした時代を追体験することが、文化的な意味において可能となっている。

最後に、本節では、イギリスにおける「資本主義的時間意識の形成」、つまりおよそ一三〇〇年から一九〇〇年の間に徐々に普及した計算可能なクロック・タイムに関する、スリフトによる典型的な解説を手短に要約する。一六世紀まで、日々の活動はもっぱら作業を志向したものであった（Thrift 1990a: 106-9）。「時間」を告げる主たる装置は日時計であり、マーケットが開かれる多くの町は時計をもちはじめていたが、それは大多数の人びとの生活に影響を与えるものではなかった。加えて、週は時間の共通の単位ではなかった。一年の周期性、とりわけ季節やそれと関連する見本市や市場、教会の暦、さまざまな宗教行事がより重要であった。したがって中世における生活は、無時間性の海に漂う「時間の孤島」を中心に組織されていた。むろん、それとは逆に、精密かつ計画的に時間管理にとり組む修道院のような制度もある程度存在していた。

一六世紀と一七世紀の間に、多くの変化が生じた。たとえば、特に一六五〇年以降、家庭用時計の所有がいくぶん増えたこと。公共空間において、決まった時間を知らせる時計や鐘の利用が増大したこと。日常的な活動のために時間割を利用する上流および中流階級向けの学校が増加したこと。ピューリタンが、安息日とそれに先立つ六日で構成される、一週間という単位に基づき労働をますます組織化するようになったこと。貨幣経済が進展し、その結果、労働日や単位あたりの報酬を計算する必要性が急速に高まったこと。そして、時間厳守（punctuality）という新たな言葉が、一般の人びとの語彙に加わったことである（Thrift 1990a: 109-12; Rifkin 1987=1989: ch.6）。

また、時間は社会活動によって構造化されていたが、一八世紀後半から一九世紀初頭までには、完全にそうした活動から「脱埋め込み化」されはじめた。置時計や携帯用時計は、突然ありふれたものになった。それは部分的には、置時計や携帯用時計を製造する工房や工場がそれ自体、時間に基づき組織化されるようになったためである。おそらく大量工業生産をはじめて採用したのは、一七七二年にフランスで設立されたある工場であった。すべてが機械で作られた最初の時計が、一八三〇年代のアメリカで生産された。後の前兆となるものであるが、ヘンリー・フォードこそが、一八八〇年代に、時計製造のための大量生産システムをはじめて導入した人物であった（Nguyen 1992: 36-7）。とりわけ強い時間意識を有していたのが、イングランドの上流階級であった。

> 時間的な不正確さを前提とする古い慣習は……もっとも厳格な社会的予定表や、怪奇的と言えるほど複雑な固定化した社会的暦にとって代わられた。クロック・タイムは崇拝され、食事時間、労働時間、身支度時間、訪問時間といったすべての活動が時間的に正確で厳格なものとなった。（Thrift 1990a: 112）

そうした変化を表すものとして、ドラや釣鐘の使用、晩餐会における正装、カードの送付、そして一日の決まった時間に正確に送られる合図に基づきますます綿密になっていく社会的予定表が含まれている（Davidoff 1973）。新興の工業労働者に対して、多くの時間的イノベーションが導入されるようになった。たとえば、祝日やウェークス祭の短縮。新たな時間規律——以前は修道院に限定されていた予定表——の定着を目的とした、抑止、インセンティブ、変容する労働倫理の活用。監視と統制の基礎としての時計やサイレンの利用とその意識化。高度な時間意識を植えつけることを目的とした日曜学校の発展。一週間を労働と余暇とに分割することの常態化。そして、貯蓄や信用制度を通じた事前計画にみられる、未来志向の高まりである（Thompson 1967; Rifkin 1987=1989: ch.6; Thrift 1990a: 112-20）。

スリフトはまた、グリニッジ標準時間という、とりわけ一九世紀に固有の象徴的な出来事を説明している。それは部分的には、第一〇章でさらに検討されるテーマである、旅行の手配の際に生じる問題によって生みだされた（Thrift 1990a: 120-8）。ジンメルが主張するように、大都市では人びとの間の社会的接触が組織化されるために、より多くの計画と調整が必要とされている（Simmel 1950: 412-3）。だが、大都市における予定表に則った出会いの必要性と同じくらい重要なものがある。それは、一国内のさまざまな町や都市の間を長距離旅行する人びとに向けた、時刻表に基づく調整の必要性である。

こうした旅行は、一八世紀後半のイングランドで増加したが、それは一七八四年以降、定期的な駅馬車サービスが発展したためであった。そこでの主要な問題は、ほとんどの町がそれぞれのタイム・ゾーンを維持していたため、車掌がそうしたタイム・ゾーンに対処する必要から、自身の時計を調整しなければならなかったことである。この問題は、鉄道の発展、とりわけ鉄道による郵便輸送の発展にともない、より深刻なものとなった。たとえば、一八四一年のグレート・ウェスタン鉄道の時刻表には、次の文言が記されていた。「ロンドン時間は、鉄道のすべての駅で遵守されています。ロンドン時間は、リーディングよりもおよそ四分、サイレンセスターより五分、チッペナムより八分、ブリッジウォターより一四分進んでいます」（Thrift 1990a: 122からの引用）。ところが、一八四七年頃までに、すべての鉄道会社は、郵便局や多くの街や都市と同様に、グリニッジ標準時間を採用することを決めた。とはいうものの、すべての街がそのように変更したわけではなかった。たとえばエクセターの時計には、分針が二つあった。一つが現地の時間を示し、もう一つが鉄道時間あるいはグリニッジ標準時間を示していた（Thrift 1990a: 126）。そうした状況は、一八五二年になりようやく変化することになる。その年、電信の導入による「時間の一致」を求める地域の組織的なキャンペーンに、大聖堂の首席司祭が屈したのである。

一九世紀後半に、ヨーロッパ諸国間、あるいはヨーロッパと北アメリカの間で、時間測定の標準化をめぐり数多くの調整がおこなわれるようになった（Nguyen 1992: 32-3）。その重要な発展には、次のものが含まれていた。イギリス海峡、さらには大西洋を横断する電信サービス。アメリカにおける、鉄道で移動可能なかなりの距離を範囲におさめる国内の時間システムの構築。一八八四年の国際子午線会議でのグリニッジ標準時間の採用である。グエンは、そのより重要な帰結について以下のように簡潔に述べている。

徐々にその他のすべての国が、グリニッジの本初子午線に基づく標準時間帯システムを採用しはじめた。中世ヨーロッパでの時計の発明にともない出現した西欧の時間体制が、時間測定のための普遍的な基準となった。実際、その覇権的な発展は、世界の他のすべての時間体制の不可逆な破壊をまさに意味するものであった。その他の時間体制は、歴史的・人類学的好奇心の形でのみ存在が許される、過去の痕跡となってしまった。(Nguyen 1992: 33)

つまり、グリニッジ時間は、数理上のフィクションであり、時間（と空間）に関して人間がもつ経験が無力化されようとしていることを知らしめるものなのである。

ここまでの結論は、社会的時間から切り離されたクロック・タイムの発展は数多くの異なる要素を有しているということである。たとえば、科学によりその意味が剝ぎ取られるにつれ、時間が社会的活動から脱埋め込み化されること。多数の小さな単位への時間の細分化。時間を通じた規律化権力の誕生。時刻表の増加とそれにともなう社会的活動の計量化。はじめはいくつかの国土を横断し、後にグリニッジと「世界時間」によって世界中に広まる、生活をめぐる共通尺度の登場である(Adam 1990: 116=1997: 189-90; Nowotny 1975; Luhmann 1982; Rifkin 1987=1989)。いくぶん単純化して要約すれば、近代的（あるいは、時計仕掛けの）時間は、二つの要素によって成立している。第一に、上記であげた特徴をもつ「クロック・タイム」である。そして第二に、自然を支配するものとしての時間である。つまり、あらゆる種類の現象、実践、場所が、時間の脱埋め込み化、中心化、普遍化の流れに従属することである。

次節では、ギデンズに立ち返り、本節で考察した数多くのテーマに則しながら、時間をめぐる体系的な社会学の構築に向けた彼の試みについて検討する。

二節　時間および構造の二重性

本節では、ギデンズが時間（と空間）の分析を、現代社会学理論の核心部として位置づけたことを示す（詳細はUrry 1991 およびAdam 1990=1997）。社会的活動の時間的・空間的組織化のあり方に現代社会学理論は無関心でいられないという認識が、いまや存在している。ギデンズはさまざまな著作を通じて、そうした関心にお墨つきを与え、いま現在議論されているいくつかの用語に説明を加えている。だが、彼の定式化はかなり不満が残るものである。その定式は、いくつかの重要な問題を提起しているものの、実質的な解決策の発展のための基礎を提供するものではない。とりわけ、ギデンズはいくつかの概念を十分に掘り下げていない。矛盾したことに、彼にとって時間と空間は、エージェンシーと構造の二重性ではなく、その二元性を証明する「構造的」概念のままに留まっている。人間のエージェンシーが時間（と空間）の構築に絶えず関与するあり方について、いかなる現実的な説明をも与えていないのである。

ギデンズの出発点はハイデッガーにある。彼が採用されたのは、人間存在の還元不可能な時間的性質を証明することが目的である(Giddens 1981: 3f)。ハイデッガーは『存在と時間』(Heidegger 1978

=2013）のなかで、「存在」の問題に哲学が立ち返ることの必要性を繰り返し強調している。それは、認識論に対する西洋社会の固執によって曖昧にされてきたものである。ハイデッガーの存在論の中心にあるのが、主体の性質を表現する時間の存在論である。人間は、その本性上、時間的存在であり、人間存在の時間的性質のなかに自身の意味を見出す。存在は必然的に、「未来・過去・現在」の間の運動、あるいはその「相互接触と相互開示」を含んでいる（Giddens 1981: 32からの引用）。だが、時間（と空間）の性質は、間隔や瞬間といったような慣習的な尺度と混同されるべきではない。ギデンズは、その時間的性質ゆえに、人間という主体が物質的客体とは区別されることを、下記の五つの点により示している。

第一に、人間だけが、他者の死を目撃することで自身の有限性についての認識を強化し、生ける者の活動に与える死の影響を意識しながらその生活を営んでいる。第二に、人間というエージェントは、個人的形態であれ集合的形態であれ、記憶を通じて、つまり現前と不在の非常に複雑な相互浸透を通じて、直接的な知覚を超えることができる。第三に、人間は、単に時間のなかで生をおくっているだけではなく、社会制度のなかに埋め込まれた時間の経過を認識している。さらに、これまで検討したように、いくつかの社会では、合理的で、測定可能な抽象的な時間概念が発展している。そうした時間概念は、それにより秩序づけられているような社会活動から根本的に区別されるものである。第四に、人間の時間経験は、意図的な意識の水準だけでなく、過去と現在が不可分に結びついた、それぞれの人間の無意識においても同様に認識されることができる。そして第五に、時間（と空間）を通じた個人の運動は、現前と不在の相互浸透を通じて理解されるべきである。そうした相互浸透は、人間の身体の配置や、身体がより広い社会とやりとりをおこなう際に用いられる手段の変化から生みだされている。そうした手段は、特に文章、印刷、電信、電話、鉄道、自動車、ジェット飛行機、電子的に送信された情報といった、新たなコミュニケーションや輸送技術と関係がある。そのいずれもが、現前と不在の混交のあり方、記憶が保存されたり、現在に影響を与えたりするやり方、そして偶有的な社会的行為のなかから主要な社会制度の長期的な持続が引きだされる仕方を変化させているのである。とりわけ後者のプロセスをより詳しく探究するために、ギデンズは「時間地理学」の成果に依拠している。

ここでの出発点は、多くの日常生活がもつルーティン化した性質である。人間の活動を制限する複数の原因が存在しているが、それは身体や人間の活動がおこなわれる物理的背景の特質によって与えられるものである（Giddens 1984: 111f=2015: 144f）。たとえば、身体の分割不可能性や有形性、死へと向かう寿命の動き、希少資源としての時間、人間の能力には限界があり一度に二つ以上の課題にとり組むことができないこと、空間における運動は同様に時間における運動でもあるという事実、そして時間—空間の収容能力には限界があり、それゆえに一つの空間のなかで二人の人間が同一の地点を占めることはできないということである。こうした要因が、互いのやりとりのなかで個人がたどる一日、一週間、一カ月、そして人生全体の軌跡によって形作られる、相互行為の網の目を条件づけている。時間—空間を通じて移動する諸個人は、「停留所」で出会い、「束」を形成する。個人は「プロジェクト」を追求するが、そこでは時間と空間という本質的に制限された資源が活用されなければならないのである。日常的な睡眠や食事といった必要性にみられる「能力の制約」や、少なくともある一定の時間、他者とおこなう活動を規制する「カップリングの制約」が存在している。

こうした制約の結果、日常的な振る舞いは、物質的ないし地理的境界だけでなく、「いたるところに存在する時間―空間の障壁」(Giddens 1984: 114=2015: 147) に縛られている。そうした障壁の性質に大きな変化が生じている。それはとりわけ、「時間―空間の収斂」という、ある場所から別の場所へと移動する際に必要とされる時間の点で距離が短縮されることの結果であった。アメリカの東海岸から西海岸までの移動は、徒歩で二年、馬車で四カ月、鉄道で四日（一九一〇年時点）、そして飛行機で五時間を要する。このように、少なくともある人びとにとって、モビリティやコミュニケーションに対する制約はかなり減少している。

ギデンズは、時間地理学に関して次のような懸念を示している。個人の概念が不完全である点、全体的に何かをなし遂げることよりも制限することに重きが置かれている点、そして発展した権力理論を提供していない点である。こうした懸念から、ギデンズは時間地理学と部分的に置き換え可能な、一連の概念を展開している。それは、一日、一週間、一カ月の過ごし方を含む個人の人生のプロセスが、どのように社会制度の長期持続と結びついているのかを考えるためのものである (Giddens 1984: 116–19=2015: 149–52; Gregory 1985)。

第一に、領域化、すなわちルーティン化した社会実践と関係する時間―空間のゾーン化である。たとえば家の部屋は、空間的そして時間的に区分け (zoned) されている。社会や時代ごとに、そうしたゾーン化のあり方はかなり多様である。たとえば時代の違いについて、ギデンズは二つの例を提示している。強力な人工照明が発展したことにより、「夜」間のやりとりの可能性が劇的に拡大したこと。また、より多くの人が居住する家で、「特定の目的をもつ (specialized)」部屋が増えることで、社会活動のゾーン化のあり方が変化したことである (Giddens 1984: 119–22=2015: 152–6)。

第二に、人びとが個々の社会環境のなかで共在する程度やその形態を表す、現前可能性の概念である。数百年前まで、ほとんどすべての社会が高度な現前可能性を備えたコミュニティであった。その必然とも言える共在性は、エージェントが抱える物質性の帰結であった。既存の輸送技術や空間の物理的特性ゆえに、日常的な移動に対して制約が存在していたのである (Giddens 1984: 122–4=2015: 156–8)。現前可能性は、過去一、二世紀において、新たな輸送技術の発展、とりわけコミュニケーション・メディアの輸送メディアからの分離を通じて、変容することとなった。電磁気を用いた電信の発明は、特に重要であった。というのも、その発明のおかげで、コミュニケーションのために人間の身体が文字通り移動する必要がなくなったからである。距離を架橋する貨幣とそれがもつ権力の発展もまた、空間的に離れた人びとの間でおこなわれる相互作用のあり方を形作ってきた。

第三が、ギデンズによる時間―空間の分離の概念である。それは、社会が時間と空間の点でより短くあるいはより長く「伸縮」するプロセスである。そうした伸縮は、社会的活動が、時間―空間的に現前していない人びとの間の相互作用にますます依存するようになっている事態を反映するものである。時間と空間の構造化は、次の点に基づいている。文字、印刷、そして近年の電子情報の発明を通じた情報管理の変容。それにより、時間上の現前が、空間上の現前から分離される。宗教的・儀礼的・商業的中心であり、また権力容器でもある都市の発展。より近代的な都市形態の発展。それは、土地の商品化や都市と自然との結びつきの破壊を通じて創出された空間である。輸送およびコミュニケーションに関する技術の変化。文書化や監視により拡大した権力をともなう、領域的に境界づけられた国民国家の発展。そして、時間の商品化である。それにより、時間は、活き活きした経験や実際の社会的活動から切り離され、貨幣のように普遍的で公的な尺度として現れる (Giddens 1981: ch.4, 6)。

第四が、時間―空間の境界線である。それは、異なる構造原理に応じて組織化される、複数の社会の間で生じる接触や出会いの諸形態を指している。この考え方は、ギデンズによる一連の概念と議論の一部をなしており、内因的で発展的な社会変動モデルに基づく進化理論が不適切であることを強調するために用いられている。むしろ、時間―空間の境界線上にある社会組成間システム（*inter*-societal systems）を究明することが不可欠である。たとえば、時間―空間の境界性において、部族社会は、階級分化社会と出会うのである。社会変動という出来事もまた、相互に絡み合う世界の特定の発展段階を指す、世界時間という新たに出現しつつある構造に依存している。

第五が、権力容器の概念である。これは、異なる社会が有する貯蔵能力とギデンズが呼んだものであり、とりわけ時間と空間を超えた貯蔵能力を指している。口承文化では、人間の記憶が事実上、唯一の情報の貯蔵庫である。階級分化社会では、とりわけ文字の発展にともない、都市が主要な権力の坩堝ないし容器となっている（Giddens 1981: ch.5; 1984=2015: ch.6; Mumford 1960）。なかでも重要なことは、宗教的・軍事的・行政的権力が、いかに都市の壁内部で結びつき、そうした権力の坩堝に物質的形態を与えているのかという点である。反対に、資本主義社会では、領土と結びついた国民国家が、支配的な時間―空間の権力容器となっている。それに対して都市は、権力の容器としての特徴を失っている（壁は崩れ去ったのである！）。多くの条件が、国民国家の統合された行政的権力を強化している。たとえば、輸送の機械化やそのコミュニケーションからの分離。国家の空間的権力を拡張させる、印刷および後の電子的に記録される情報の発明。公式統計の保管にはじまる国家の文章記録機能の著しい発展。そして、さまざまな全制的施設における「規律権力」をその一部に含む、より効率的な「国内」和平の進展である（Giddens 1985=1999: ch.7）。

最後に、社会的活動からの時間と空間の脱埋め込み化である。つまり、時間の「空白」領域の発展、場所からの空間の分離、そしてローカルなつながりから社会関係を切り離す脱埋め込み化メカニズム、象徴的通標、専門家システムの誕生である。専門家システムは、技術的知識の複数の様式を活用することで、時間と空間を括弧に入れている。そうした技術的知識の様式は、それを利用する実践者や顧客とは無関係に評価されるものである。このようなシステムは、信頼、すなわち時間的そして／あるいは空間的な不在と関連する質的な跳躍やコミットメントに依存している。脱埋め込み化メカニズムへの信頼は、個人ではなく、抽象的システムやその能力に与えられるものであり、時間―空間的な不在と特に関連している（Giddens 1990=1993; 1991a=2005; 1991b）。

ギデンズの研究が時間の社会学に果たしている重要な貢献に疑いの余地はほとんどない。だが、注目すべきことにギデンズは、特定の場所の時間―空間の組織化を検討しておらず、また異なる社会のさまざまな時間の組織化の様相を十分に分析していない。というのも、彼はすべての伝統や伝統的社会を多かれ少なかれ同じものとしてとり扱っているからである。ギデンズは、どのように、そしてなぜ、時間を構造化するある固有のやり方が、他ではなく特定の工業国で見出せるのかという点を検討も説明もしていない（たとえば、世紀転換期のそうした変容のより詳細な議論に関してはKern 1983=1993）。たとえば、適切な例をあげれば、週末は、（家、教会、スポーツ・イベントのような）固有な空間の組織化を意味する一つのタイム・ゾーンである。そうした組織化は、ある国よりも別の国においてより重要である。たとえば、ニュージーランドでは最近まで、小売店は土曜・日曜に開店しておらず、工業労働者の多くは固定された週五日働き、もっぱら週末は自宅の空間内で家族と過ごしていた。週末という時間の神話を支えた制度的ガバナンスのパターンには、二つの主要な特徴がある。一つが、労働力の時間的フレキシブル化を妨げている労働運動がもつかなり強固な力、もう一つが、週末および家族の神聖さを商業化から守る教会の影響力である。はじめて「週」というものが人為的に構築された際に、ユダヤ教の伝統や創造神話が有した重要性もまた指摘されるべきであろう。それは、ある意味で「自然」に由来することのない、重要性をもった唯一のタイム・ゾーンなのである（Colson 1926）。

　ギデンズは、時間の組織化を所与とみなし、それが近代社会一般をある程度特徴づけているルールや資源の構造化の内に、多かれ少なかれ埋め込まれているととらえているようである。時間の組織化は、近代の複数の社会の間で大きな違いがあるとはみなされていない。あるいはそれは、時間を節約したりゾーン化したりする多様な方法の「生産」を目論む社会勢力がもつ、固有の権力に由来するとはみなされていないのである。イギリスでは、一九八七年に、あらゆる商店に日曜日における営業を許可することで、伝統の変容が試みられた。だがそれは激しい反発にあい、その結果、日曜日は他と区別されたタイム・ゾーンとしてうまく維持されることとなった。タイム・ゾーンの生産と再生産の分析は、空間や場所の生産や再生産と同様に、ギデンズの著作のなかで分析されていない。そのことは、構造の二重性よりむしろ、実際にはその二元性を表すものとなっている。

　また以上の点は、ギデンズが時間を資源として概念化していないというアダムの批判と関係している（Adam 1990: 119-20=1997: 193-5）。ギデンズは、時間というものを、時間上の距離および積み重なった情報の尺度として理解している。時間―空間の分離と同じように、時間は、社会を越えた伸縮する尺度としてみなされているのである。だが、近代において時間は、それ以上のものとしてとらえられるべきである。というのも時間は、決定的に重要な資源として機能しているためである。アダムがまさに述べるように、われわれのような社会では、時間は資源としてのみ概念化されている。そうした社会は、クロック・タイムを生みだすだけでなく、クロック・タイムを時間そのものとしてとらえ、それを通じて社会的活動を組織化している（Adam 1990: 120=1997: 195-6）。あるいは、ルフェーヴルが示唆しているように、近代になると生きられた時間は消失し、目にみえなくなり、社会的空間から分離した、計測のための道具である時計によって置き換えられるのである。時間は一つの資源となり、社会的空間から分離され、消費され、配置され、そして使い果たされるようになっている（Lefebvre 1991: 95-6=2000: 158-60）。

　さらに、近代社会において、時間は権力と直接に結びついた資源である。

> 社会的時間は権力との関係において概念化される必要がある。というのも、時間としてのクロック・タイムは、文脈から自由な自律した価値となり、われわれの社会的活動を構造化し、統制し、規律を与え、規範を供給する社会的・経済的現実となっているからである。（Adam 1990: 120=1997: 195）

このように時間は、一度でも自律してしまえば利用可能になる。つまり、時間は、配分され、利用され、費やされ、充足される資源ないし能力になるのである。たとえばフランケンバーグは、医学界における待機関係の不平等をめぐる分析のなかで、時間と権力は不可分に結びついている点を明らかにしている（Frankenberg 1988）。このように、ギデンズの説明は、近代社会のさらなる特性に十分に注意を向けていない。そうした特性とは、単に時間（と空間）が社会的活動から脱埋め込み化されているだけでなく、時間（と空間）が支配的な社会勢力によって操作され、搾取される（むろん抵抗されることもある）自律した資源として発展しているということである。自律した資源としての時間と空間の出現は、近代社会を特徴づける性質の一つなのである。

この点は、ギデンズの説明にさらなる欠点が存在することと関係している。そうした欠点は、旅行における時間と空間の利用の重要性と関わっている。彼は、人びとが旅行する理由、つまり「時間」の節約や、より広い「空間」を踏破することが「関心事」になる理由を分析していない。旅行をおこなう一つのはっきりとした理由は、快楽の追求にある。快楽を求め、人びとは異なる環境、場所、人を訪れるのである。人間の活動に関するギデンズの概念は、あまりに定型化されすぎており、存在論的安心にあまりに関心を集中しすぎている。そのため彼の枠組みでは、レジャー、休日の行楽、観光、ショッピング、スポーツ、友人を訪ねること、時間旅行や旅すること自体を楽しむための旅行といった、快楽を生みだす活動を概念化することは困難である(Giddens 1991a=2005)。

さらに、ある種の境界領域に立ち入ることは、多種多様な旅行がもつ重要な側面である。そこでは、日常生活に存在するいくつかのルールや制限は緩められ、見知らぬ人たちと場所を共有する際にふさわしい、普段とは異なる規範に則った行動様式によって置き換えられる。そのなかには、新しく刺激的な社交だけでなく、休日におこなわれる「束の間の戯れ」と呼ばれることなど、さまざまな遊びが含まれているかもしれない。多くの社会的活動は半ば定型化した作業をともなっているが、そのなかで旅行は重要な要素となっている。そこでは、たとえ社会的にパターン化され承認されている日常の生活様式でさえ破壊されるのである。

たとえば、旅行や関連する活動において時間―空間の分離を最大化することは、多くの場合意味がない。人は、必ずしも最速とはいえない特定の輸送手段を用いて、一定の距離を旅行することに喜びを見出すのである。さらに、通常、特定の移動形態とその後に続く社会的活動との間には確立した関係が存在している（電車によるイングランドの海辺のリゾートへの旅行、飛行機によるヨーロッパでの休暇旅行、自動車によるテーマパークへの旅行というようにである）。旅行は、単に距離を越境する手段などではなく、自身以外に還元することができない一つの社会現象なのである（この問題は、第一〇章でさらに探究される）。

「距離の摩擦」を克服するいくつかの手段は複雑な効果を有しており、それは時間―空間の分離の拡張に決して還元できるものではない。ギデンズは、時間―空間の変容が、単に分離を強めるのではなく、多くの場合、抵抗、対立、快楽、自律、あるいは剝奪の感覚を強化している点を検討していない。ギデンズは、こうした発展の多くを、実際には分離を通じた「近代化」という一つの次元からしかみていない。彼は、こうした事態がますます広範囲に広がっていると考えている。第一に、近代化が、人びとをより未来志向にさせ、そうした分離をさらに拡張させるよう仕向けている。第二に、人びとがますます高速度で時間と空間を移動するにつれ、近代は固有の空間や場所の重要性を徐々に解体させている。だが、第一一章で考察するように、場所をめぐる時間と空間の構築は、グローバル化とローカル化の関係に変容をもたらす重要な要素なのである（ただし、Giddens 1990=1993）。ギデンズは、現代を「高度近代」の時代として理解している。反対にわれわれは、現代を「ポスト近代」の時代としてとらえる。それは、「過去」や「ローカルなもの」が、決定的に重要な要素となる時代である。

次節では、ギデンズ（および大多数の論者）に対するさらなるいくつかの批判について検討を加える。そうした批判は、時間それ自体の概念を根本的に再考することから生じている。

三節　時間、権力、自然

時間（と空間）は、それ自体の性質や固有性をもった絶対的な実体としてみなされるべきか否かをめぐり、哲学的論争が長く続いている。時間はそれ自体、生産的なものであろうか。時間は、その特性（「時間の矢」）ゆえに、出来事から区別されるべきだろうか。あるいは、時間は単に相対的なものにすぎず、物理的世界の複数の構成要素間の関係を特徴づける一つの形にすぎないのだろうか。後者の見地は、ライプニッツによってとりわけ表明された点である。ライプニッツは、「時間が継起の順序であるように」、空間は「共在の秩序である」と述べている（Körner 1955: 33=2000: 21-2）。こうした相対的見地からみた場合、世界（universe）は、さまざまな実体により構成される出来事の断片からなっており、そうした出来事の断片は、互いの、そして自身の構成要素との時間的関係を表している。一般的に相対主義者は、たとえあらゆる言明が何らかの特性を時間に帰属させているようにみえようとも、そうした特性を関わりあっている客体同士の一時的な関係に還元することが理論上可能であると主張する。反対に、絶対主義者は、時間は特殊的なものを指示すると述べている。つまり、時間が「流れ」、それが経過した結果、効果が現れるという見解を示している。言い換えれば、時間の矢が存在するというのである（Smart 1963: ch.7）。

どちらの立場も、単純に採用することはできない。別の場所で論じたように、自然的・社会的な実体は、結果を生みだす力を有しているが、そうした結果は、実体が互いに適切な空間的・時間的関係に置かれたときにのみ実現するであろう（Urry 1985）。だが、この定式があまりに単純すぎるということは、いまや自明である。時間的関係はかなり多様であるため、二つ以上の社会的実体間の「時間的関係」を特定することによって、単一の、あるいは予測可能な結果を得ることはできないのである。それは、いかなる時間概念が採用されるか次第である。それにもかかわらず、時間にはその他の要因に還元することのできない側面がある。たとえ、時間が「それ自体で」何かをなし遂げ、明確な力を有しているという点に人びとが疑いを抱くとしても、そうした側面の探究は社会科学がおこなうべきことなのである。注意が向けられるべきは、空間がもついくつかの性質と異なり、時間を知覚することが困難であるという点である（Elias 1992: 1=1996: 1）。

ここで浮上する一つの問題が、時間の伝統的な理解は時代遅れで不適切な考え方に基づいているということである。デュルケム、ソローキン、マートンなどが主張した、自然的時間と社会的時間との間にある根本的な区別は、自然の時間をめぐる不適切な理解に基づいている。アダムが述べるように、今日の物理学や生物学の知見や議論を踏まえた上で、時間について徹底的に再考する必要がある（Adam 1990=1997）。

アダムは、自然的時間と社会的時間との区別を（そしてまた、主体と客体や自然と文化の区別を）廃棄すべきだと述べている。社会科学者が、特に人間に固有であるとみなすものの多くは、実際には自然全般にみられる特性なのである。非自然的なものの一側面たるクロック・タイムがもつ性質は、自然的時間が社会的時間と区別されるようになるにつれ、逆説的にも社会科学が自然的時間の決定的な性質として認識してきたものなのである（Elias 1992=1996）。アダムは次のように簡潔に述べている。

> 過去・現在・未来、歴史的時間、時間の質的経験、「分節化されない変化（undifferentiated change）」をエピソードとして構造

化すること、これらすべては自然科学の主題の不可欠な時間的側面として認められている。クロック・タイム、不変の尺度、閉じた円環、完璧な対称性、そして可逆的時間は、われわれの創造物なのである。(Adam 1990: 150=1997: 244)

したがって、社会科学が用いてきたのは、自然科学における時間の不適切な概念であった。それは、ニュートン主義的あるいはデカルト主義的と描かれうるような、ほとんど時間とはいえない時間である。ニュートン主義的であるというのは、その概念が、絶対的時間の考え方に基づいているからである。つまり、「[絶対的時間は] 永遠なるものと無関係に、それ自体を通じて均等に流れる。……絶対的時間のフローは変化を免れている」(Adam 1990: 50=1997: 83-4における引用) ということである。絶対的時間には変化はなく、空間と同様に単位に無限に分割でき、長さを測定でき、数量によって表すことができ、可逆的である。そこで時間は、空間と同じように扱われている。つまり、前方および後方に移動することができる、測定可能な不変の長さとしてみなされているのである。また、それがデカルト主義的空間であるというのは、心と身体、反復とプロセス、量と質、形式と内容、主体と客体といった二元論に基づいていることを指している。コヴニーとハイフィールドは、「科学という偉大な体系は、時間が逆に流れたとしても、まったく同様に問題なく機能するだろう」(Coveney and Highfield 1991: 23=1995: 16) と述べている。

だが、自然における時間の概念は、いまや変容しつつある。それはもはや、ニュートン主義的かつデカルト主義的なものとみなされない。社会科学はそうした変化を見落としてきた。その結果、二つの問題が生じている。一つが、自然的時間／社会的時間という二分法が強化されること、もう一つが、二〇世紀における科学上のいくつかの優れた知見を、社会科学に組み込むことができないことである (Adam 1990=1997。また Elias 1992: 16=1996: 16 は、時間への反省を通じて、「自然、社会、個人が互いに埋め込まれ、相互依存する」やり方が明らかになると主張している)。

二〇世紀の四つの主要な科学的「発見」が、自然における時間の理解を変容させている。第一に、アインシュタインが論じたように、自身が準拠するシステムと独立して存在する固定的な時間は存在しない。時間は、ローカルなものであり、観察するシステムに内在した特質なのである。第二に、これもまたアインシュタインが明らかにしたことだが、時間と空間は四次元からなる空間―時間的実体へと融解され、そうして融解した空間―時間は、質量の影響により歪められる。第三に、時間生物学者が論証しているように、周期性が自然の主要な原理なのであり、とりわけ人間は単にクロック・タイムによって影響を受けるのではなく、それ自体が時計なのである。生物は、外的な物質世界の周期性に同調するために積載された、無数の身体時計によって構成されている (概日周期、概月周期、概年周期、ライフ・サイクル)。第四に、進化論者が主張するように、人間の身体的時間は人類すべての進化の歴史を含むまで拡張されなければならない。「われわれの身体的時間は、その有限性によって汲み尽くされるのではなく、その全体の進化の歴史をも含んでいる」(Adam 1990: 166, ch.2, 3, 7=1997: 270, ch.2, 3, 7。同様に Rifkin 1987=1989: ch.2; Hawking 1988) のである。

これらすべてが示唆しているのは、自然はその本性上、時間的であるということ、そして自然には多数の異なる時間が存在するということである。特に重要なのが、物理的時間はいまや、不可逆的かつ一方向的なものとして概念化されているということである。エディントンが述べているように、「時間の偉大さは、それが進むことにある」

(Coveney and Highfield 1991: 83=1995: 92からの引用)。その明白な例が、「ビッグバン」という特異点から放たれた宇宙論上の時間の矢により、宇宙が拡張するプロセスである (Coveney and Highfield 1991=1995)。したがって、自然法則は、歴史的なものとみなされるべきである。そして、時間から自由ないし時間が欠落している、あるいは可逆的な時間概念をもつ自然と、根本的に時間的である社会という単純な二項図式を構築することは不適切である。さらに、生物学者が明らかにしているように、人間のみが時間を経験し、時間を通じて自身の生活を組織化していると主張するのは誤りである。生物学的時間は、加齢に限定されず、時間的・動的・周期的な生物学的存在――つまりライフ・サイクルをもつ人間――の本質を、表現するものである。むろん、機械、建物、物質的景観といった「死物」でさえ、単に「自然的で」時間から自由であるわけではなく、固有の時間をもち、また変化、秩序、衰退の時間的プロセスを通して構築されているのである。

これまで、非空間的・不可逆的・多面的な時間の観念と、自然の時間と人間の時間との間にはっきりとした区別を敷くことができない点について簡潔に論じてきた。以下では、そうしたいくつかの考察が、どのように社会科学のもっとも困難な問題の一つと関わっているのかという点を検討する。つまり、より以前の「時間」である過去はどのように現在に影響を与えているのか、社会はいかにして過去を組み入れるのか、そして社会はどのように記憶するのか、といった問題である。

これらの問題は、多くの社会科学者が、実際にとり組んできた課題ではない (ただし、Game 1991: ch.5; Middleton and Edwards 1990; Elias 1992=1996、および人類学の数多くの研究を参照)。これらの社会科学者は、多くの場合、「過去の世代」の役割に関するマルクスの成果や、「無意識」の重要性をめぐるフロイトの成果に依拠してきた。いずれの場合でも、過去が現在において抑圧されたり、思い出されたりする社会的メカニズムの詳細な分析がおこなわれていない。この点は、遺産をめぐる集合的記憶の発展を分析する次節でさらに議論される。ここでは、記憶が部分的には生物学的で身体的であり、完全には社会的なものではないことを手短に検討しよう。

ベルクソンは、空間化した時間概念に疑問を呈し、時間あるいは「持続」は、時間的なものとしてみなされなければならないと主張した (Bergson 1950=2001; Game 1991: ch.5)。人は、不連続な要素あるいは不連続な現前とみなされる時点的なもの (time being) ではなく、時間的なもの (temporal) としてみなされるべきである。時間と身体は不可分に結びついている。人は、実際の時間について考えることはできないが、そうした時間を生きているのである。この点は、イリガライによって適切に理解されている。彼女は、「今日のあなたの身体は、昨日のそれと同じではない。あなたの身体は覚えている。あなたが思いだす必要はない」(Irigaray 1985: 215) と述べている。続けてイリガライは、「感覚的なここ―いまの色彩豊かなショー」(Game 1991: 100からの引用) の哲学を支持するのである。そこでは、現在とここ―いまとの間に、はっきりとした区別が敷かれている。ここ―いまにおける時間の運動は、現在を多かれ少なかれ不連続で切り離された実体として概念化することを不可能にしている。加えて、ここ―いまには、痕跡として保存される無数の記憶が存在しているのである。

ベルクソンはさらに、記憶は引き出しや貯蔵庫としてみなされるべきではないと述べている。というのも、そうした考え方は、空間と同じやり方で時間を理解する誤ったやり方に由来するものだからである。彼は、抽象的で、静的で、単一の時間概念を批判し、その代わりに生きられた時間、つまり浸透し、質的で、感覚的な時間を支持している。彼が述べるように、この説明のなかで記憶は、時間的なものとみなされるべきであり、「過去の上に過去を積みあげる」(Bergson 1913: 5-6=2001: 21) 空間的なものとみなされるべきではない。さらに、そうした記憶は、記憶の表象とはまったく異なっている。ゲームは、「いかなる表象も、空間化、切断、固定化に依拠している。過去・現在・未来の表象は、時間の否定である」(Game 1991: 97-8) と述べている。だが注目すべきは、ここでベルクソンは、空間それ自体が質的性質を有し、記憶の中核をなしているという点を検討するよりも、抽象的な空間の考え方に基づいているように思える点である。つまり、記憶は圧倒的に空間的であり、空間によって文脈化され、またシールズが社会的空間化と名づけたものを含んでいると考えているのである (Shields 1991a)。そのため、記憶が「空間的に」理解されるべきではないというとき、それは抽象的で単一なものとしての空間の感覚を意味している。

記憶の社会学を構築しようとする近年の試みは、コナートンによる『社会はいかに記憶するのか』に見出せる (Connerton 1989=2011)。彼は、「具体化の実践」と「刻印の実践」とを区別している。その上で、両者が、記憶が特定の社会に生きる人びとの身体的姿勢へと沈殿するあり方と、どのような関係をもっているのかについて考察している。具体化の実践は、進行中の身体的動作によって与えられるメッセージ、すなわちその身体が現前しているときにのみ現れる伝達である。刻印の実践は、たとえば写真、印刷、アルファベット、目録、テープなどのように、情報を保存し検索するための近代的装置である。それは、ベルクソンとは対極に位置する、貯蔵としての記憶である。刻印の実践は、人体が情報を伝達するのをやめたずっと後にも、情報を閉じ込め、保持するものである (この点と関連する声の文化と文字の文化との違いについてはOng 1982=1991およびFentress and Wickham 1992: 97)。

コナートンは、さまざまな具体化の実践、とりわけ、文化的に固有な身体的姿勢を通じた記憶と、それが共同的記憶に与える重要性について分析をおこなっている。彼はまた、声の文化から文字の文化への移行が、具体化の実践から刻印の実践への転換を意味し、多種多様な読み書き能力に依存するものであることに注意を向けている。だが、いずれの場合でも、引き継がれるもの、または引き継ぐものの一部は、一連の身体的手続き、身体技法、そして身振りである。過去は、単に何を考え実行するのかではなく、考え実行される文字通りのやり方を通じて、われわれに引き継がれるのである。たとえば、ものを書くときどのように座るのか、どのように立つのか、どのように食べるのか、どのように旅行をおこなうのか、といったようにである。

このことは、記憶の性質をめぐるさらなる議論と関係している。これまで、記憶が脳のなかで物理的に場所を占めており、その発現にはある種の活性化だけが必要であるという考え方を、すでに暗に否定してきた (Arcaya 1992)。われわれは、記憶の具体的な基盤を多少なりとも強調してきた。また、ミドルトンとエドワーズは、いかに「記憶と忘却は、重要な意味で社会的実践と一体となっているか。つまり、そうした社会的実践が、物質的にであれ社会的にであれ、日常的行為の中核をなす進化した振る舞いや発明の遺産であるのか」(Middleton and Edwards 1990: 1) という点に着目してきた。それは、さまざまな専門分野の数多くの研究において論じられてきた、きわめて重要な論点である。以下に列挙している分析は、還元不可能な記憶の社会的性質を明らかにしたものである。オーラル・ヒストリー (Thompson 1988=2002)、フォークロア研究 (Middleton and Edwards 1990: 3-4)、街並みと景観の歴史地理学 (Lowenthal and Binney 1981; Lowenthal

1985)、メディアおよびコミュニケーション研究 (Nerone and Wartella 1989)、過去によって結びつけられたコミュニティとしての「記憶の共同体」をめぐる社会学的・人類学的分析 (Bellah et al.1985=1991。「社会的記憶」に関してはFentress and Wickham 1992)、「体系化した忘却」の人類学 (Douglas 1986)、遺産とミュージアムの文化的分析 (Hewison 1987; Lumley 1988)、知識の地理学および社会学 (Abercrombie et al.1990; Thrift 1985)、そして記憶の社会心理学である。少なくともミドルトンとエドワーズによって認識されているように、記憶の社会心理学は、関連する幅広いテーマに関心をもっている (Middleton and Edwards 1990)。たとえば、一緒に家族写真を眺めるといった、人びとが共同でおこなう記憶法。人びとが、共有された記憶を生みだすためにおこなうべき方法。ある出来事や人物の歴史的重要性を高めたり、過去をめぐり対立する解釈を沈黙させるような記念式典という社会的実践。記憶を強化する社会的プロセス。記憶と忘却の修辞的組織化。そして制度的記憶がもつ性質と、それが一般化された未来だけでなく、現在と未来の主体の構成に与える影響力である。集合的記憶をめぐる社会心理学が扱うこうしたテーマから導かれる結論は、人びとが従事してきた文脈や共同記憶から切り離された記憶、つまり語用論や修辞法から切り離された脱文脈化した記憶など一つもないということである。

　したがって記憶は、それ以上単純化できない、社会的かつ非個人的なものなのである。コナートンの議論はまた、そうした記憶と忘却の社会的プロセスが身体を中心として展開していることを明らかにしている。記憶されるものの一部は、身体化されている。たとえば、座り方や立ち方、見方やくつろぎ方、聞き方や願い方、あるいは熟考の仕方や思い出し方といったようにである。記憶が身体化されているということは、それが生物学的な身体の周期性に還元可能であるということを意味してはいない。むしろ逆に、そうした周期性は、部分的には異なる社会的文脈の影響を受けている。特に、視覚、触覚、聴覚、臭覚などの知覚と関係するとき、記憶されるものは特定の身体的形態なのである。この点をプルーストは、「われわれの手足は、休眠した記憶で満ちている」(Lowenthal 1985: 203) と言い表している。記憶は、そうした知覚を前提としているが、知覚はそれ自体、社会的にとりとめもなく構築されている。ラドリーが述べるように、記憶は、特に人工物を中心として構築されるのである。たとえば、機械、家庭用品、建物、道路、工具、壁、野原などである (Radley 1990。それぞれが記憶を有している)。彼は次のように簡潔に述べている。

> 記憶は、言葉と同様に、物の世界で生じることである。人工物は文化と個人の記憶にとって決定的な役割を演じている。……客体の変わりやすさ、そのありふれた消費、そして客体を通じて得られる関係がもつ感覚的豊かさのなかで、人々は記憶を楽しんでいる。記憶は内省と回想のための物質的イメージとして後に再現されるよう調整されている。(Radley 1990: 57-8)

さらに人工物は、身体を通じて知覚されるものであるが、こうした知覚が生じる仕方やそれがもつ影響は、社会的生産、コミュニケーション、意味をめぐる複雑で歴史的に変化するプロセスから生じている。本章の最終節では、生産、コミュニケーション、意味のこうしたプロセスが、現在どのように根本的に変容しているのかという点を分析する。脱組織化資本主義は、時間、歴史、記憶に関するいくつかの重要な変化の到来を告げるものである。その変化は、瞬間的かつ進化論的な時間への移行というように両義的に要約されることができる。

四節　脱組織化資本主義と時間

ここで再び、ギデンズから議論を開始する。彼は三つの時間尺度について考察をおこなっている。つまり、日常的な時間の持続、生涯の現存在、そして歴史の長期持続である（Giddens 1981: 19–20）。それぞれの尺度は、その他の尺度を前提とし、また暗に指示し合っている。ギデンズは、そうした尺度がどのように社会システムの構造的実践と結びついているのか、という点に関心をもっている。だが、それは、一方で、量子物理学における認識できないほどの速度で生じている変化と、他方で、天文学の調査や生物学的進化にみる想像ができないほどゆっくりとした変化との間にあるような、中間的な時間尺度にほかならないのである（Adam 1990: 165=1997: 268–9）。ギデンズは、こうした両者の時間尺度を見逃している。

科学とテクノロジーを社会の構造的実践としてとらえた場合、両者には、ギデンズの時間尺度に適合しない二つの特性を見出すことができる。第一に、科学とテクノロジーは、多様な形の進化論的な適応を含む、何千年もかかる、かなり長期的で、認識することのできないような変化のプロセスに由来しているということである。「自然の征服」は、何世紀も要する長いプロセスである。そうしたプロセスは、計画も設計も欠いた何百万もの小さな変化と進歩の結果として生じている。その結果、非決定論的なやり方で、人間と「自然」の関係に大きな変化がもたらされるのである（われわれはいまやそのように評価できる。Adam 1990: 86–7=1997: 141–2）。

第二に、このような変容は、人間の意識的な経験を超えて存在する時間枠組みを基礎とした、現代の科学や技術へと結実している。

> もし電話、テレックス、ファックスといった機械が、何カ月、何週間、何日、そして何秒へと反応時間を短縮させているとすれば、コンピューターは、それを一秒もかからないほど短いものにしている。コンピューターの時間枠組みは、一〇億分の一秒ほどの時間的出来事と関係しているのである。（Adam 1990: 140=1997: 228）

リフキンは、アメリカの労働者のほぼ半数が就業中に、一秒も必要としないそうした電子機器を用いていると述べている（Rifkin 1987: 14=1989: 24–5）。その結果、多くの重要な活動が人間の意識できる範囲の外で生じるとき、時計によって構造化される社会的時間は、今日の人間社会の組織化と徐々に無関係になる。時間が人間の意識下を超えた速さで組織化されることは、以前には決して起こらなかった。リフキンは、次の世紀には、コンピューターによって、一〇億分の一秒という時間で決定がくだされるようになると語っている。

> コンピューターの世界で処理されている出来事は、われわれが決して経験できない時間領域に属している。新たな「コンピューター時間」は、時間の最後の抽象化と、人間の経験や自然の周期性からの完全なる分離を物語っている。（Rifkin 1987: 15=1989: 26）

このように、時間をめぐり二つの変化が生じている。一つが、きわめて長い期間をかけ、認識できないような変化を繰り返す、進化論的あるいは氷河的な時間理解である。もう一つが、経験したり観察することのできない、あまりに短い瞬間的な時間理解である。クロック・タイムは、それらの間に位置する、近代の組織化原理である。ポスト近代や脱組織化資本主義にいたるにつれ、われわれは氷河的ないし進化論的な時間や、瞬間的時間へと移行しているのである。

本書ではすでに、こうした問題のいくつかにとり組んできた。とりわけ第二章で、時間―空間の圧縮の結果として、加速する主体と客体が自身を空白化させているという、デヴィッド・ハーヴェイによるディストピア的シナリオについて議論をおこなった（Harvey 1989=1999）。ハーヴェイやその他の論者は、時間と空間を通じた移動が加速することで、街並みや景観を含むすべての客体が均質化し、フラット化し、破棄されるようになるのと同時に、社会関係が空虚になり、意味をなくし、長期的なコミットメントが失われていると論じている。われわれは、こうした悲観的シナリオに対してさまざまな点から反論をおこなった。そのために、特に第三章では、再帰性、とりわけ再帰的自己のもつ非認知的な美的―表出的次元の重要性を詳細に論じた。

だがわれわれは、このような再帰性の考え方が、時間の多様な側面や、そうした側面が脱組織化資本主義のなかで変容していることと、どのような特別なつながりをもっているのかという点を検討していなかった。瞬間的時間と氷河的時間はともに、再帰的自己の出現、特にその美的ないし表出的契機にとって中心的な意義を有している。

前者のケースにおいて、今日の時間がもつ瞬間的な性質は、強大な組織にそうした時間がもつ性質の利用を促し、多くの場合、社会関係のフラット化と脱埋め込み化をもたらしている。だが、瞬間的時間はまた、普通の主体にも利用可能である。普通の主体は、スイッチの操作ひとつで、また（ほとんど瞬間的な）高速度の通信手段を通じて、異なる文化を観察し評価することができる。それは、異なる文化と場所を瞬時に幅広く並置し、その間の比較を可能にする。さらにこのことは、そうした異なる文化や、それを象徴化したものを操る人びとの能力を高めている。したがって、今日の再帰性の一部には、多様な「現実的」ないし仮想的な形態をとる時間および空間の移動が含まれている。そうした再帰性は、時間やそれが有する瞬間的な性質を具体化することで可能になっているのである。

それに対して、今日の文化の第二の要素が、人間、動物、その他の「自然」の間の長期的な関係に関する再帰的な認識である。そうした再帰的意識のなかで、次のような考え方が生じている。第一に、人間は「自然」のすべての部分に対して、もはや単純に優越しているわけではないこと。第二に、人間は、自身のみならず、他の多くの種族の長期的な生存を保証することに特別な責任を負っていること。第三に、人間と自然の間には、長きにわたる歴史的な関係が存在しており、またそのように認識されるべきであること。そして第四に、たとえばオゾン層の減少の影響を検討するときのように、将来どのような関係が人間と自然の間に発展するのかは、多くの世代を経た後にのみ評価可能となることである（Yearley 1991）。したがって、こうした時間の氷河的観念は、人間と自然との関係がまさに長期的かつ進化論的であるという考えを示している。さらにそれは、目下の人類の歴史を超え、特定不可能な未来全体へと向かっている。

以下では、二種類のポスト近代の時間について、すなわち、瞬間的時間とともにはじまる脱組織化資本主義における時間について詳細な議論をおこなう。そこで、未来が現在へと融解し、「われわれがいま望む未来」が「未来」をめぐる不安や瞬間的なものの追求を象徴するようになっている、数多くの仕方について考察する（Adam 1990: 140=1997: 228）。本章では、後に進化論的時間について検討をおこなう。

有益な出発点となるのが、ギデンズが論じた、印刷にはじまり電子信号へと移行するメディアの発展を通じた近代的世界の変容である（Giddens 1991a: 24-7=2005: 26-30）。印刷はかなり重要なものであったが、それは手書きによる資料よりも容易に空間を覆うことができたためである。印刷は、同一の書物がますます多くの人びとに、同時に消費されることを可能にし（それはグーテンベルクによる聖書の印刷によってはじまった）、また文化的形式の驚くべき増殖と、その廃棄可能性の高まりをもたらした。グーテンベルグの印刷機がはじめて現れて以来、印刷物の量は、およそ一五年ごとに倍増し続けている（Giddens 1991a: 25=2005: 27）。加えてギデンズは、大量印刷メディアと電子コミュニケーションとの間にある、重要な相互依存関係について指摘している。かなり早い時期から、特に新聞と「ニュース」の概念が発展するなかで、大量印刷メディアは電子コミュニケーションに依存していた。初期の新聞は、場所から空間を分離する際に、重要な役割を演じた。だが、このプロセスは、印刷メディアと電子メディアが統合することによってのみ、ナショナルなレベルで、そして後にグローバルなレベルで重要性をもつようになったのである。それ以前、「ニュース」記事が描いたのは、身近な出来事であった。出来事がより遠く離れたものであれば、その報道もそれだけ遅くなった。そうした「ニュース」が歩みの遅い船によって海を横断し運ばれなければならない場合、なおさらであった。電信、後に電話、さらにコンピューターは、内容を決めるのは「出来事」であり、それが生じた場所ではないということを意味するものであった。たとえば新聞は、相当数の出来事の報道により構成されるようになったが、それらが選ばれるのは主に報道価値が理由であって、出来事が生じた場所は関係ないのである。

このように現代のメディアは、かなり固有の二つの性質を有している。一つは、ギデンズがコラージュ効果と呼ぶものである。それは、出来事が場所よりも重要になった後、メディアでの発表が、「報道価値がある」という点を除き、共通性のない話題や情報を並置するやり方を採用するようになったこと意味している（Giddens 1991a: 26=2005: 28-9）。多くの異なる場所からもたらされる話題はそれぞれ、秩序なく、任意の順序で並んでいる。そうした話題は、文脈や物語から出来事を抽出することに寄与する。つまり、ニュースの経験は、時間的・空間的に融合したコラージュであり、瞬間的時間がもっとも重要な意味をもつコラージュなのである。第二に、脱組織化資本主義のメディアを通じた経験は、「遠く離れた出来事の日常意識への侵入」（Giddens 1991a: 27=2005: 29）をともなっている。しばしば恐ろしいほどの悲劇的な出来事が、人びとの日常的な経験に劇的な形でもたらされる。その結果、互いにつながりのない話題のコラージュが日常生活に侵入し、それを形作るとき、時間—空間の文字通りの圧縮がそこに存在するのである。人びとは瞬間的にある悲劇から別の悲劇へと、なすすべなく「運ばれる」。したがってそこは、リスクに満ちた世界なのであり、日々決まりきったやり方で提示される報道価値をもった悲劇が時間的に組織化されたプロセスによって作りだされていることについて、人びとが理解する見込みなどほとんどない場所のように思われる。

さらにコラージュと圧縮の効果は、いわゆる三分間文化の発展と結びついている。三分間文化において、テレビやビデオの視聴者はチャンネルを次々に変えがちであり、長い間一つの番組を視聴するのに時間を費やすことがない。それどころか、いまや多くの番組がそうしたパターンを模倣している。これらの番組は、視覚と聴覚によるイメージ、つまり「サウンド・バイト」の嵐によって構成されており、それぞれはとても短く、前後の番組には何ら特別な関係がない。時間に対する瞬間的な考え方は、「ビデオ時間」として特徴づけることができる。

この点を表すもう一つのやり方が、待機に対する態度の変化である。われわれはすでに、「待機の文化」としての医療をめぐるフランケンバーグの議論に言及した。そうした文化において患者は、社会秩序を維持し自然秩序を修復するために、普段の時間のあり方から切り離され、他者による時間の組織化が容易に適用されるような新たな空間へと連れだされる（Frankenberg 1988: 148）。患者は、多くの場合、何時間も待つことになるが、医療スタッフは待つことはない（ただし興味深いことに、医療スタッフは、わずかでも患者によって制約されないような時間を少しも有していない）。

以上から一般化し、次のように述べることができる。待機する能力は、成長し、人となるために不可欠な要素なのである（Adam 1990: 124-5=1997: 203-4）。若年成人は、未来への信頼、つまり「未来」というものが存在し、それにいくぶん「現実味」があることへの一定の信頼を発展させなければならない。欲求充足の延期は、未来の見返りがある程度確かなものであり、部分的には自身の管理下にあるとき、もっとも起こりやすい。この種の待機は、「構造的に強い立場にある階級」においてもっとも生じる傾向にある。欲求充足の延期は、未来とのつながりへの信頼を必要としているが、それは社会構造において確固たる地位を占める人びとが有する特徴である（Adam 1990: 124-5=1997: 203-4）。だが、さまざまな証拠が示しているように、構造的に強い立場にある人びとの間においてでさえ、そうした欲求充足の延期の重要性が低下してきている。「私はいま、未来が欲しい」と書かれたTシャツが表しているように、瞬間的時間が未来を解体しているのである――ただし、狩猟社会や採集社会が、即座の欲求充足に対して同様の志向を有していたかもしれないということは興味深い点である。ノヴォトニーは次のように述べている。

> われわれは未来というカテゴリーを破棄し、拡張した現在のそれと入れ替えるようになっている。……未来というカテゴリーは縮小し、単なる現在の拡張となりつつある。というのも、科学と技術が、自身が生みだしたものを人びとに提供するための時間間隔を首尾良く減少させているからである。（Nowotny 1985: 14-5）

特に電話、テレックス、ファックス、電子信号などによって、瞬間的な応答が追求された結果、未来は消失しているようにみえ、もはや人びとに信頼されるものとして機能しなくなっている。そこから二つの点が帰結する。第一に、第三章で議論したように、近代の客観的時間は徐々に、一連の個人化した主観的時間性に道を譲りつつある。そのような時間は、自己産出的で、ギデンズが「ライフ・カレンダー」と呼ぶものと関わっている（Giddens 1991a=2005: ch.6）。時間に対する信頼やコミットメントはますます制度から切り離され、個人がライフ・ナラティブの主観的な時間を作りだすやり方と結びつくようになっている。

第二に、未来への信頼の欠如は、欲求充足の延期がなされなくなっていることを意味している。はっきりとしていることだが、日本やドイツよりもむしろ、瞬間的時間をより重視するアングロ-サクソン系の国々を含む西欧経済諸国の間で、大きな違いが存在している。以下の点は、特に北アメリカやヨーロッパの一部にみられる脱組織化資本主義において、待機の文化が事実上解体し、その代わりに瞬間的時間が浸透していることを示すものである。離婚の増大やその他の形態をとる家族の解体が生じており、またとりわけ女性の間で結婚中の浮気願望が高まっている（Lawson 1989）。同様に、保守的な批評家は、世代を経るごとに、家族への信頼、忠誠、コミットメントの感覚が減退し、家族関係がかなり使い捨て可能なものとなっていると述べている（Lasch 1980=1981）。そしてより一般的には、ファッション、製品、労働過程、アイデア、イメージの変わりやすさやはかなさが強調される「使い捨て社会」のなかで、製品とイメージがますます容易に破棄されるようになっている (Havey 1989: 285-6=1999: 365-6; Toffler 1970=1982)。すべてが「一時的接触」であるような場所で、製品、価値、そして個人的関係の「一過性」が高まっている (Lyotard 1984: 66=1994: 162; Harvey 1989: 113, 286=1999: 157, 366-7)。さらにこの点は、回転時間の加速化、および新たな製品やフレキシブルな種類の技術の増殖と関連している (Piore and Sabel 1984=1993)。日本の工場を除き、長期での雇用や仕事が減少し、短期的な労働契約となる傾向が高まっている (Harvey 1989: 287=1999: 368-9)。二四時間取引が増えたために、投資家やディーラーが証券や外国為替の売買のために待機する必要はなくなった (以下、本書第一一章)。製品を手に入れることがかなり容易になっているため、人は新たなスタイルやファッションを消費するためにどこかに旅行する機会を待つ必要がなくなった (アメリカの諸都市における「スタイルの百貨店」についてはHarvey 1989: 299=1999: 386)。また、「ルールではなく、選択だけが存在する」ようになったために、「ファッションではなく、さまざまなファッションが存在する」ようになった (Featherstone 1991: 83=2003: 21)。政治的選好はますます変わりやすくなっており、イギリスでは有権者の五分の二が選挙期間中に投票する候補者を変えている (Sarlvik and Crewe 1983)。また、記号が経済の基盤になるにつれ、そうした記号や製品の回転時間はかなり早まり、ある場合にはほとんど瞬間的になっている (Harvey 1989: 288=1999: 370)。より一般的な傾向として、社会的生活において速度の感覚が強まっている。少なくともヴィリリオにとって、そうした感覚は、時間および空間上のはっきりとした距離にとって代わるものである。あるいは、軍事であろうと、メディアであろうと、都市であろうと、「スピードの暴力」が場所を越境するとともに、破壊している (Virilio 1986=2001)。

この点は、一連の大きな変化の一部をなしており、そのため主体性の性質にとって重要な意味を有している。瞬間的時間の重視は、個々人の時間—空間の経路が互いに結びつかなくなったことを意味している。異なる人びとの時間の多様性がますます大きくなっている。大量消費パターンが、より多様化し、分節化したパターンにとって代わられるにつれ、人びとは集合的な組織化や構造化を免れるようになっている。そうした時間—空間的非同期化には数多くの指標が存在しているが、それはまた、イギリスやアメリカで特に際立っている。たとえば、他のことをしながら軽食を食べること (grazing) の重要性が高まり、決まった時間に、同じ場所で、家族や同僚と食事をともにする機会が減少していること。決められた時間に共通の活動を義務づけられた集団行動を基調とする大衆的旅行を嫌う、「自由で自律した旅行者」が増加していること。フレックス・タイムの広がりにより、従業員はもはや同じ時間に仕事をはじめたり終わったりしなくなったこと。そして、テレビ番組の録画・繰り返しの再生・分割が可能な家庭用ビデオが普及したことで、特定の番組を誰かと視聴したという真正な感覚が失われてしまっていることである。こうした点はまた、例外的に複雑な時間—空間の経路を生きている人びとの間で、いわゆる充実した時間といったものが重要になることと関係があるかもしれない。二人以上の人びとの間にかなり高い水準での時間—空間の非同期化が進んでいるため、短くとも中断されることのない「現前可能性」の甘美な瞬間を確保する努力がおこなわれているのである。

これまでのところ、われわれは瞬間的時間を未来についての確信の欠如と結びつけてきた。だが、時間にはいまだ議論されていない別の側面があり、それは過去がもつ魅力に強く訴えかけるものである。かつてノスタルジアは、形式上、特定の時間や場所に限定されていた。だが、とりわけニーチェは、いきすぎた懐古の念がいかに創造性を抑圧しうるものであるのかをめぐり警告をおこなった。同様に、一九世紀前半のフランスでは、「ノスタルジア」の病理に対する医学的な探究が数多くなされた。そこでノスタルジアは、過去に対する過度な欲望と、未来を予感させる時間としての現在を生きることへの拒否としてとらえられた（Roth 1992）。時代を経るにつれ、進歩、モビリティ、科学が工業社会の輪郭を変容させるなかで、そうしたノスタルジアは過去の産物となった。

　現在、再びノスタルジアが蔓延している。それがたとえ産業革命時代の「暗黒の悪魔の挽き臼」であれ、一九五〇年代のジュークボックスであれ、ほとんどすべての過去の経験や人工物を飲み込んでいる。ローウェンタールは、そうしたノスタルジアを「痛みの抜き取られた記憶」（Lowenthal 1985: 8）と特徴づけている。また、ヒューイスンが論じるように、イギリスは、工業製品ではなく、ノスタルジアや遺産の生産に特化するようになっている（Hewison 1987）。さらにそのような制度化した遺産は、体系だったやり方で、現在の社会的剥奪や不平等のあり方から人びとの目をそらす機能を有している（この議論を再検討したものとしてUrry 1990c=1995: ch.8）。こうしたノスタルジアは、理想化された過去、つまり歴史ではなく消毒された遺産に向けられている。ローウェンタールは、精神的不満ともいうべきものが存在していると述べている。

　かつて少数のエリートにとっての脅威や慰めであったノスタルジアは、いまや社会のほとんどの層を惹きつけ、また悩ましている。祖先探しに躍起な人びとは、そのルーツをアーカイブスに求めている。たとえば、何百万人の人びとが歴史的建造物に群がり、中流階級がアンティークに夢中になり、土産品が消費者市場に溢れかえる……。「現在に対する反感が高まり、過去への憧憬が増している」ことは、戦後の風潮をよく表していると言えよう。
（Lowenthal 1985: 11）

　同様にマイケル・ウッドが示すように、一九七〇年代まで、ノスタルジアを探求する旅は、「秘密にされ、また両面価値的」であった。というのも、人びとは、現在に対する支配と未来への近代主義的信念を手放すことを望まなかったためである。だが、

　いまや、現在はかなり苦痛に満ちたものであり……われわれが抱く数多くのノスタルジアやそれに対する率直さは、……全面的な放棄と現在からの逃避［を物語っている］。（Wood 1974: 346）

ここには、はっきりとそれとわかる数多くの特徴が存在している。瞬間的時間や計算不可能なリスクの増大によって未来が掘り崩された結果、未来に対する信頼が失われていること。現在の社会的生活は深く失望させるものであり、重要な点で、現在よりも過去——それはまさに黄金時代であった——が優先されるという信念が存在すること。歴史をもつ場所、人工物、家屋、田園などへの美的感覚が高まり、偉大な作品であろうが古いケーキの焼き型であろうが、歴史あるものすべてに価値があると考えられること。その一方で、ツーリストのまなざしに適した装いをもつよう遺産を手入れすることなど、ある種の過去の再現に対する需要が存在すること。人工物を通して歴史を再解釈すること——創られた歴史。それは、かつて存在した基底的な社会関係を部分的に覆い隠し、しばしば社会集団が社会的記憶をおこなうための手段として利用する闘争の歴史を書きあげるものである（たとえば、一九二六年のイギリスの炭鉱労働者［一九二六年のゼネスト］）。パロディよりも模造（pastiche）のほうがますます重要になること。それは「実際の」過去への接近を不可能にするとともに、見世物によって物語を置き換

えてしまうイメージやステレオタイプを通じて、過去が探求されてしまうためである。ひとたび歴史が「遺産」となると、つまり過去が「商品化」されると、過去は安全で、無害なものとなり、リスクや危険、破壊、誘惑を生みだす能力が奪われてしまうという考え。そして、歴史的主体が、自身の救済を追い求めるなかで、人類の普遍的救済に影響を与えるという信念が全般的に失われたことである（Relph 1976=1999; Lowenthal 1985; Lowenthal and Binney 1981; Hewison 1987; Vergo 1989; Corner and Harvey 1991; Morris 1991; Roth 1992; Fentress and Wickham 1992）。

　こうした遺産に対する批評は、とりわけライトによっておこなわれたが、指摘すべき論点がまだいくつか存在している。第一に、かなり多くの遺産の保護は、実際、打ち捨てられた建物や技術の破壊に対する人びとの抵抗の結果である。人びとは、再帰的に「われわれの歴史」を守ろうとしているのである。第二に、いくつかの遺産は、いくぶん美化されているとはいえ、闘争と抵抗の歴史をまさに確証するものである。第三に、人びとの歴史理解は、歴史産業が存在しない場合でさえ歪められているという点は十分に理解されるべきである。「本物の」歴史と「誤った」歴史との間には、そうしたはっきりとした区別をおこなうことはできないのである。第四に、遺産をめぐる批評は、国民、およびそうした国民を再生産しうるものに向けられた、比較的単純な見方に依拠している。だからこそ、スコットランドの遺産は、イングランドの場合よりも、外部に開かれ、多元的で、流動的な未来と結びついているのである（Morris 1991）。そして最後に、人びとが実際、どのようにそのような場所を追憶の基盤として活用しているのかが検討される必要がある。というのも、メラーが述べるように、そうした場所は、「自身の生活様式と結びついた記憶の出発点であり、そのなかで経済的困難や搾取された労働が、コミュニティ、近隣関係、および相互依存の感覚によって埋め合わされる」（Mellor 1991: 100）からである。ローウェンタールは、『過去は異国』における厳然としたテクストにおいて、次のように述べている。

> いく人かの保護活動家は、改変から過去を保護することにより、本物の過去を守っていると信じている。だが、遺産に手を加えることを避けることはできない。なぜならば、あらゆる認識行為は現存しているものを変化させるからである。受け継ぐことは変容させることであると意識するときにのみ、われわれは過去を実りあるものとして利用することができるのである。……われわれは、その場所が過去の人びとのものであると認めなくてはならない。……だが、その場所は、そこにたやすく戻ってくることはない。それは、遠く離れた異国にあるのだから。（Lowenthal 1985: 412）

　最後に、瞬間的時間の分析をめぐる、アダムの議論に立ち返る（Adam 1990=1997: ch.7）。彼女が述べるように、人間は、自分自身そして世界におけるその位置を、メタファーを通じて理解するようになっている。前近代に支配的であったのは、慣れ親しんだものであれ異質なものであれ、動物のメタファーであった。近代では、時計やさまざまな種類の装置や機械が支配的メタファーとなった。過去数十年で、近代のこうしたメタファーの限界が明白になっている。アダムは特に、写真のレンズによるメタファーを批判している。その箇所で彼女は、コンピューターによる瞬間的時間およびホログラムという二つのメタファーを提言している（前者についてはRifkin 1987=1989）。これまでのところ、前者について検討がなされたが、後者はそれほど明らかにされていない。ホログラフィーは、非連続性、部分と全体の関係、そして多元的視点をもつ焦点といった原理に基礎を置いている。情報は、個々の部分ではなく、その干渉縞に蓄積される。「ホログラムは、そのどの部分も、全体の情報を含み、暗示し、反響している。ここで焦点は、時間と空間を横断する連続した個々の粒子の運動ではなく、同時に集められる情報のすべてに向けられている」(Adam 1990: 159=1997: 257-8)。ホログラムという言葉は、「全体を記述する」ことを意味している。それは、因果的な決定論という言葉を不適切なものにする。ホログラムにおけるつながりは、同時的なものであり、すべての部分が他のすべての部分を含んでいる。ホログラムの原理は、瞬間的時間の理論にとりわけうまく適合するものである。

すでに述べたように、ポスト近代の時間は二つの要素から成立している。つまり、瞬間的時間と進化論的時間である。以下では後者に目を向けるが、次の二つの章でより詳細な議論をおこなうため、ここではそれをより簡潔にとり扱う。進化論的時間は、三つの要素によって構成されている(「時間の民主化」についてはRifkin 1987=1989: part 5)。

第一に、ギデンズが論じているように、時間と空間の空白化は何らかの単一の世界を作りだしている。そのなかで、グローバル・メディアという驚くべき制度を通じて、人びとは少なくとも自分たちは単一の「コミュニティ」の部分であると想像するようになっている。彼は、『他者』が存在しない場所でさまざまな機会や問題に直面するなかで、人類は、ある意味で一つの『われわれ』となっている」(Giddens 1991a: 27=2005: 30)と述べている。このようなグローバル化については、第一一章、とりわけグローバルな環境変化の文脈でさらに論じられる。その一つの帰結が、自然の再評価である。この考え方は、破棄されることができない見解としてますます認識されるようになり、人間は自然の保護に特別な責任を負っていると実際に考えられるようになっている。だが、そのためにはかなり長期的な視点を採用する必要があり、現在生きているすべての人間の生涯の時間をも超えて拡張されなければならない。そうした想像の結果として、未来世代の利益が部分的に考慮に入れられ、特にニュー・エイジや緑の哲学の影響のもと、今日、人類はもっとも長期的な時間地平に立つべく特別な責任があると信じられている。つまり、現在および未来の環境の劣化が、人類(および他の知覚可能な生物)に与える進化論的な影響を考慮に入れる必要があるというわけである。これは、目新しい考え方のようにみえる。ブルデューによる古典的な研究において、カビル族は自然の周期性に対して独自の認識を示している(Bourdieu 1990)。だが、そうした認識は、ほとんど想像不可能な未来への志向の結果ではなく、比較的短い時間地平と、時間経過への一種の従属の結果であった。カビル族は、自然への依存とそれに対する連帯を示しているが、時間に対しては冷淡なほど無関心なのである。それは、今日の進化論的な時間とはほど遠いものである。

第二に、場所、およびわれわれが輪郭を述べるに留めていた、瞬間的時間が有する複数の様式によって生みだされる「没場所性」に対するさまざまな抵抗のあり方への再評価が存在している。空間を、単にできるだけ素早く通り抜けるだけの場所ではなく、「散策」や「生活」のための場所として作り直す試みがなされている。このことは、時間の氷河的感覚を前提とし、歴史の重み、つまりその場所がもつすべての記憶の重みを感じ、それがいまだ多くの世代が共有する時間の基盤のなかにあると信じているかのようである。場所への愛着は、人が生まれ育つ場所、いま住んでいる場所、そして今後訪れるどの場所との関係のなかでも生じうるのである。レルフは、場所の現象学が何に由来するのかという点に関して、次のように述べている。

地理的・社会的知識の向上によるものであり、とりわけ関与とコミットメントの強度が高まるためである。愛着には連続性の感覚が深く染み込んでいるため、愛着が深まれば結果として、たとえとり巻く世界が変容してしまったとしても、その場所が存続し、一つの固有の実体として永続するであろうと感じることができる。(Relph 1976: 31=1999: 87)

あるいは、ルフェーヴルが示すように、ある種の空間は欲望を解き放つが、それは視覚化とメタファー化という二つの論理に依拠してのことである (Lefebvre 1991: 97-9=2000: 161-4)。反対に時間は、欲望されることがない。人は時間に引き寄せられないのである。レルフはまた、場所は積極的なものとしてとらえられる必要がないと論じている。そこには「場所の苦役」といったものが存在している。つまり、逃れることができず、永遠に変化しないような、ある特定の場所と容赦なく結びつけられていると感じられるのである (むろん、それはよく知られた他の場所との比較によるものであるが)。いくつかの場所は時間の負荷を帯びているが、だからといって必ずしもミュージアムのようになっているわけではない (Lowenthal 1985 : 243-4)。

そのような場所を散策することそれ自体、秩序の転覆をもたらすようなものである。遊歩者は、場所の本質を追い求めると同時に、それを消費している。つまり、消費と転覆が同時に存在しているのである (Game 1991: 150)。「時間があり余っている」かのようにおこなわれるこうした散策は、「時間の計算、テーラー主義、生産工程の対極にあり」、「探索、探求、想像が、遊歩者をラッシュ・アワーにいる群衆から分け隔てている」(Game 1991: 150)。また、いくつかの場所は、訪問者に散策するよう誘っているようにみえる。そうした場所は、セネットが「時間に満ちた場所」(Sennett 1991: ch.7) と呼ぶものと似ている。それは、「調子外れの」散歩のようなものである (遊歩者についての近年の分析は E. Wilson 1992)。

最後に、われわれはこれまで、「遺産産業」に対するいまやよく知られた批判に注意を向けてきた。そうした批判が等閑視しているのは、いくつかの歴史の表象がどれだけ一般大衆の抵抗から、つまり、人びとが氷河的時間の考え方に基づき運動をおこなっているという事実から生みだされているのかという点である (Urry 1990c=1995: ch.8)。たとえば、二〇〇万人もの会員を擁し、イギリスでもっとも大きな大衆組織であるナショナル・トラストは、多かれ少なかれ変わることのないイングランドらしさといったものを支持している。一九六〇年代に現れた初期の保護運動の多くは、その性格上、労働者階級 (plebeians) を母体としていた。これらの労働者階級は、鉄道エンジン、産業遺構、蒸気機関を用いた農業用トラクターなどの保存に関心を抱いていた。ウェールズにおけるいくつかの炭鉱跡地の保存は、地域の炭鉱夫やその家族らの団体の圧力の結果であった。こうした人びとは、「自身の」歴史、つまり長い時間をかけ過去から現在を経て未来を投影する、歴史がもつ複数の特性を死守しようとした。ランカシャーでは、閉鎖された炭鉱からぼた山を保存するキャンペーンさえ存在している。こうした努力はすべて、時間の氷河的概念を支持するものであり、また瞬間的時間がもつ大いなる破壊効果に、再帰的主体を通じて挑戦するものである。

まとめると、近代性をめぐる闘争は、クロック・タイムの重要性、および賃労働の期間や配列を拡張したり縮小したりする努力をめぐりおこなわれてきた。それに対して、脱組織化資本主義における闘争は、瞬間的時間および氷河的時間の概念という矛盾する時間原理に、より焦点を当てている。そうした闘争は、第一一章で議論するように、ローカルからグローバルまで、多岐にわたる空間的範囲でおこなわれている。実際、近年の東欧における重大な変革を引き起こしたプロセスの一つは、瞬間的時間と氷河的時間が結びつくことで生じる帰結に、それらの国々が対処することができなかったためだと述べることができるかもしれない。東欧は、近代主義的なクロック・タイムのなかで、一撃を加えられたのである。いくつかの国々は、瞬間的なファッション、イメージ、超小型コンピューターにとりわけ代表されるかなり高速化した時間と空間にも、自然、環境、そして歴史や場所の再主張に対する長期的関心にも対応することができなかった。そうした国々は、時間のひずみにとり残され、クロック・タイムを中心とした強制的な近代化に縛られているようにみえる（科学的管理がレーニンに魅力的に映ったことも、むろん注目されるべきである）。そして、近年のグローバルなプロセスは、単純な近代主義的時間に支配されたそうした孤島を存続不可能にしている。

グローバル化について直接検討する第一一章に進む前に、本章で手短に議論された空間―時間の変容の一つの側面である、旅行を通じて生じる距離の摩擦に対するさまざまな克服法の社会的組織化や帰結について検討をおこなう。

第Ⅳ部

グローバル化と近代

10 モビリティ、近代、場所

一節　旅行と近代

近代社会は移動の社会である。近代という概念の中心には移動の概念があり、近代社会は運動や旅行の性質や経験にいくつかの決定的な変化をもたらしてきた。この点は、独創性に富んだ数多くの論者によって探究され、近代都市には新たな形の旅行や新たな旅行経験がともなうと述べられた。たとえば、パリの都市改造（Haussmannization）について研究したボードレールや、ベルリンのような大都市の生活の慌ただしさについて研究したジンメルとベンヤミン、そして自動車が都市居住者の経験に与える影響に目を向けたル・コルビュジエなどである（Berman 1983; Lash and Friedman 1992）。町と都市の間をつなぐ輸送がもつ性格の変化、とりわけ鉄道の発達にともなう変化について、すでにいくつかの分析がなされている（MacKenzie and Richards 1986; Schivelbusch 1980=1982; Thrift 1990b）。また、輸送やコミュニケーションをめぐる新たな技術が有する影響、とりわけ「時間―空間の分離」を劇的に増幅させた一九世紀後半から二〇世紀初頭のテクノロジーの影響について、一般的な分析がいくつか存在している（本書第二章および Kern 1983=1993）。

ただし、これらの文献は、都市地域間の輸送形態の変化を、近代の性質をめぐるより一般的な議論と関連づけて論じていない。だが、多くの点で、こうした長距離輸送と旅行に関する新たな形態を理解することなしに、近代世界について想像することはできない。近代を象徴するのは遊歩者ではなく、むしろ鉄道の乗客、自動車の運転手、そして飛行機の乗客なのである。

加えて、旅行について論じたこの種の多くの作品は技術決定論に陥っている。現在の地点からみれば、それぞれの新たな輸送システムは、過去の輸送システムに対して技術的に優れているようにみえる。そのため、人びとは各々の時代で最新技術を最大限利用した旅行法を素早く、いとも簡単にみつけだしたと論じられている。だが、ことはそう単純ではない。新たな輸送技術と同じく重要なのが、組織的イノベーションである。それは、新たな技術が経済的に成功し、また近代世界の文化的象徴となることを、ある条件のもとでのみ保証するものである。組織的イノベーションの重要性を示す新たな技術の事例には、次のものがある。たとえば、初期の鉄道である。鉄道会社は当初、この新たな技術が、余暇や休暇に対してもつ潜在的な可能性に気づいていなかった。また、一九世紀後半の鉄道と蒸気船があげられる。両者が国際市場のなかでその可能性を押し広げるには、トマス・クック社によるバウチャー・システムというイノベーションが必要であった。さらに、それにはジェット・エンジンも含まれる。ジェット・エンジンが十分に成功をおさめるためには、ツアー・オペレーターによるパッケージ・ツアーというイノベーションが必要であった。そしてコンコルドである。それは特に優れた技術であったが、旅行産業のなかで対応するイノベーションは生じなかった。このように輸送技術が成功をおさめ、歴史上のある時代で支配的になるためには、それに対応する組織上の転換が必要なのである。

別の言い方をすれば、強調されるべきは、旅行の社会的組織化が決定的に重要であるという点である。何といっても旅行は一つの巨大産業であり、また近代的経験の組織化に影響を与えている産業なのである。組織化資本主義やフォード主義をめぐるこれまでの議論は、旅行が社会的に組織化される仕方の変容を考慮に入れていない。旅行は、いましがたみたような新たな輸送技術をめぐる問題以上の事柄なのである。したがって、旅行は単なる「派生需要」とみなされてはならない。

ここで指摘しておくべき一つの興味深い点は、二〇世紀の組織化資本主義を象徴する企業として従来みなされてきたフォード社が、実際に自動車——つまり輸送のための手段——を生みだしたということである。ただし、ここで問われるべき重要な問題は、信じられない規模での自動車旅行が、不可欠で、望ましく、また安全であると考えられるようになった理由である。自動車旅行は、空間を超える手段としては目新しく、潜在的に危険であったにもかかわらず、いかにして社会的に組織化されるようになったのだろうか。また、自動車旅行と、それとは異なる輸送手段やコミュニケーション形態による旅行との関係、とりわけ実際の移動により現前―可能性が変容しないような旅行との間の関係はどのようなものであろうか。ルーマン以後、われわれはコミュニケーションの重要性について学んでいるが、それは話の反面にすぎない（Luhmann 1989=2007）。モビリティがもつ性質について検討することがさらに必要である。というのも、モビリティは、さまざまな輸送、通勤、旅行およびツーリズムや、多様な形態をとるコミュニケーションの相互連関を含む、包括的カテゴリーとして理解されるものだからである。

以上を踏まえ、ここでは次の二つの点が強調される。第一に、典型的な近代的経験とは、多くの場合、長い距離を超えた高速度のモビリティの経験であること。第二に、そうしたモビリティは、単に存在してきたのではなく、発展および組織化がなされなければならなかったことである。ある意味で、西欧資本主義にとって「近代的経験の社会的組織化」は、工業製品生産の社会的組織化と同じくらい重要な成果である。それどころか、近代的経験の社会的組織化は、長い期間にわたりあらゆる人びとに影響を与えている点で、製造産業よりも重要である。というのも、製造産業の影響の範囲は比較的限定されており、大抵の先進社会で実際に雇用されている労働力のせいぜい半数にしか及んでいないからである。

それでは、モビリティの研究、すなわち輸送手段と旅行の多様な形態に関する研究は、なぜこれほど少ないのであろうか。この無関心は、学術界のある偏向に由来している。つまり、サービス産業よりも製造産業を、消費よりも生産を、「余暇」よりも「労働」を、モビリティよりも構造を、そして余暇における移動よりも労働に関連した移動を分析することが優先されることから、モビリティは複数の他のより重要なプロセスから本質的に派生するものとしてとらえられてしまっているのである。旅行の社会学の不在は、「学術界」内部でさまざまな優先事項が幅を利かせていることの証である。

いまやこうした限界のいくつかは、とりわけ新しい「都市研究」の文献のなかで明るみにだされつつある。モビリティの原因と結果は、都市生活の性質を決定づける中心的な要因としてますますみなされるようになっている。このことは、中流階級に該当する多様なカテゴリーに含まれる人びとに特に当てはまる点である。それは、一九世紀のパリや、二〇世紀のロサンゼルスを事例とする古典的研究のなかで示されている（前者に関してはBerman 1983、後者に関してはSoja 1989=2003およびDavis 1990=2001）。とはいえ、モビリティ研究には、これまで十分に検討されておらず、それゆえ分析を要するさらに二つの側面が存在している。都市地域間のモビリティの社会的組織化と、そうした移動が人びとの主体性に及ぼす影響である。

第一に、いくつかの組織的イノベーションは、多くの場合、人びとを高度に社会化するプロセスを通じて旅行の性質を変化させている。その例として次のものがあげられる。一八四〇年代に開業した、最初の主要な旅行代理店でありツアー・オペレーターでもあったトマス・クック＆サン社（Brendon 1991=1995）。一九世紀の都市中心部、とりわけ主要な鉄道駅のそばに数多く建築された歴史的価値のあるホテル（Mennell 1985=1989）。戦間期においてマス・ツーリストに上質な設備を提供した、余暇用キャンプ場の発展（Ward and Hardy 1986）。そして、戦後の北ヨーロッパで、大衆向けの海外旅行市場を切り開いたパッケージ・ツアーの増加である（Urry 1990c=1995）。

こうしたイノベーションが重要である理由は、近年のリスク研究によって説明されるようになっている。第三章でみたように、行為がおこなわれるローカルな文脈から社会関係が脱埋め込み化されていることが、近代の主たる特徴の一つであった（Giddens 1991a: 209=2005: 237）。脱埋め込み化とは、ローカルなつながりから諸々の社会関係を「切り離し」、より長い幅をもつ時間と空間を横断しながら、それらを再結合することである。脱埋め込み化は、信頼に依存している。人びとは、それについて限られた知識しかもたないような制度や手続きを信じる必要がある。信頼は、人びとに確信を与える専門家や専門知識の発展から生じており、そのなかには、時間—空間を横断して人びとを運ぶ複数の輸送形態についての知識も含まれている。モビリティは専門家に対する信頼の発展に依拠しているのであり、そうした専門家が——少なくとも当初は——大衆旅行や輸送のリスクを制限するシステムを作りだしてきたのである。

次節では、一九世紀中頃から後半における、トマス・クックとジョン・クックの役割について説明する。彼らこそが、旅行とツーリズムに関する専門知識をはじめて作りあげ、旅を比較的リスクの少ないものにしたのである。トマス・クックが同行した初期の旅行者の多くは、リスクを縮減し、信頼を生みだした彼の役割について雄弁に語っている。たとえそうした旅行が、現在からみれば、忍耐、危険、不確実性をともなう驚くべき偉業のようにみえるとしてもである。またソンタグは、写真が人びとのリスクを低減させる戦略となっている理由について、次のように書き記している。写真は、人びとが「不安を抱く空間を占有すること」を可能にする。「まさに写真を撮るという活動は、人びとを落ち着かせ、漠然とした方向感覚の喪失感を和らげる……どのように反応すればよいかわからないため、人びとは写真を撮るのである」（Sontag 1979: 9-10=1979: 16）。

ギデンズは、この種の専門知識の増大について、さらにいくつかの論評を加えている。第一に、それは日々の活動を脱技能化してしまう。旅行に関して述べれば、多くの人びとは、しばしばかなり長い距離を徒歩で旅行することを可能にした、ローカルな道や環境についての知識を失っている（この点は湖水地方の詩人たちの手記によく表れている）。とはいえ第二に、そうした専門家システムが、ただちに「生活世界の植民地化」をもたらすわけではない。専門知識と一般人の知識との間には、常に緊張が存在しているのである。旅行についていえば、人びとは適切な情報を入手するのに、旅行産業の専門家だけに頼ることはまずありえない。この点は、人びとが旅行をする際、膨大な書物と多くのクラブや団体を活用できることからもわかるであろう。また第三に、専門知識の増大は、単に非人格的な知識による人格的経験の支配をもたらすわけではない。むしろ、人格や人格的なものの本質は、近代のなかで変容しているのである。多くの点で、それを目にすることができる。たとえば信頼は、単に偶然に与えられるものではなく、働きかけられ、継続的に交渉され、また競われなければならない。また、近代において人びとは、しばしば地理的に遠く隔たった他者に対して自らを「オープンにする」こと、すなわちコスモポリタン的な態度を発展させることを学ばなければならない。さらに、自己は、近代社会がそれ自体に対してもつ再帰的知識の集合的形態への参加者となっている。ギデンズは次のように結論している。「われわれは、表象、輸送、コミュニケーションからなる近代システムが出現する以前よりも、はるかに徹底的に近代的世界の『内側』に生きる術を知っているのである」（Giddens 1991b: 211）。

さらに、近代的世界の「内側」に生きることは、こうした説明が示唆する事態よりも一層複雑である。というのも、近代システムは、時間―空間の分離という考え方には還元できない、まったく新しい形の経験を生みだしているからである。高速度のモビリティは、人びとが実際に近代的世界を経験する仕方、つまり主体性の生産に根本的な影響を与えている。こうした影響には次のものが含まれている。風景や町並みが、一つの枠組みを通じて典型的なやり方で眺められるようになっていること。風景が、素早く過ぎ去っていく一連のパノラマから構成されていること。自然は征服され、フラット化され、ときに無視されうるし、またそうされるべきものとなっていること。鉄道駅、空港、ホテルといった新たな公共圏が発展し、そのなかで目新しい形態をとる社会的活動が営まれていること。モビリティは社会的に組織化されねばならず、そのためにさまざまな形態の監視と規制が必要となること（とりわけ自動車旅行の場合がそうである）。モビリティの限定された文脈のなかで、新たな形態の社会的距離が学習されなければならないこと（ジンメルのいう「倦怠」の一般化）。社会的活動は、予定に沿って進められなければならないため、クロック・タイム、電話、日記、秘書、システム手帳、留守番電話などが重要になること。人びとが、互いに比較したり、並置したりしながら数多くの異なる場所にまなざしを向けるようになっていること。そして、自身やその社会的世界をめぐる人びととの知識を組織化する、おびただしい数にのぼる「場所の神話」が発展することである（Shields 1991a; Ousby 1990; MacKenzie and Richards 1986; Schivelbusch 1980=1982; Urry 1990c=1995; Morris 1990; Rojek 1993）。

したがって、モビリティは人びとが近代的世界を経験するやり方を変容させている。つまり、主体性や社交性の形態に加え、自然、風景や町並み、他の社会に対する美的評価を変化させているのである。マキャーネルによれば、モビリティは、近代社会を正当化すること、つまり近代社会を親しみ易く接近可能にするやり方に影響を及ぼしている（MacCannell 1976=2012）。観光のまなざしの客体の多くは、伝統社会における宗教的巡礼の客体と機能的に等価な役割を担っている。マキャーネルが示唆するように、人びとは近代的世界の有名な観光地へと旅行する（巡礼する）とき、実際のところ、自らの社会を崇拝しているのである。

　だが近代には、マキャーネルが見落としている、ある決定的に重要な側面が存在している。それは再帰性である。第三章で論じたように、現代社会の中心的な特徴は、人びとが自らの社会と世界内におけるその位置を、歴史的かつ地理的にモニタリングし、評価することができる点にある。社会が近代化すればするほど、主体がますます知識を身につけるようになり、自らの社会的存立条件を反省する能力が増大するのである。われわれはこの事態を「再帰的近代化」と特徴づけた。

　また、再帰性は認知的・規範的であるだけでなく、美的でもある点についてすでに論じた。美的再帰性は、感情の水準で作用し、異なる自然と異なる社会についての趣味判断と卓越化を中心として構成されるイメージとシンボルの増殖をともなっている。このような卓越化は、国民国家の内部およびその間で、モビリティが途方もなく拡大することを前提としている。それは、規範的・認知的な「解放」というよりも、むしろ美的な「コスモポリタニズム」の発展として描くことができる。コスモポリタニズムは、広範囲にわたる移動のパターン、他者に対する開かれた態度、率先してリスクをとる意思、そして、現在と過去におけるさまざまな自然、場所、社会がもつ違いを反省し美的に判断する能力を前提としている。実際、今日みられる歴史への誘惑（「遺産産業」）は、資本家による歴史の商品化の産物であるばかりでなく、美的再帰性の一要素でもある。

　したがって、これまでの議論から次のように述べることができる。第一に、一九世紀から二〇世紀の「西洋」において、さまざまな自然・社会環境の価値をめぐり再帰性が確立されてきたこと（Ousby 1990）。第二に、この再帰性は、部分的には美的判断に基礎を置いており、数多くの形態をとる現実的な、あるいは擬似的なモビリティが増殖することを通じて生みだされていること。第三に、モビリティは、コスモポリタン的態度、つまりさまざまな自然や社会を歴史的・地理的に経験し、弁別し、それに対してリスクをとる能力の増大を正当化するのに役立っていること。第四に、旅行やツーリズムの社会的組織化が、こうしたコスモポリタニズムを助長し、また構造化していること。したがってモビリティ、とりわけ日常の決まりきった出来事や労働と関係をもたないモビリティは、これまで学術界のなかで想定されてきたような瑣末で周辺的な活動ではない。モビリティは、美的再帰性の中核にあり、「文化」、「歴史」、「環境」がますます現代の北大西洋沿岸社会の中心的な要素となるに従い、以前にもまして重要性を高めているのである。

　次に検討するのは、現代のツーリズムと旅行に、つまりはコスモポリタン的な態度に変化が生じているか否かという点である。近代とポスト近代における知識と知識人の役割に関するバウマンの分析を経由しつつ、この問題にアプローチしよう（Bauman 1987=1995）。近代において強調されるのは、秩序をもった全体性、統制の追求、そして自然秩序に関して不可逆的に増大する知識である。知識人の任務は、「規則を制定すること（legislate）」、つまり物事を調停する権威ある言明を与えることにある。調停をおこなう権威は、より上位の知識によって正当化される。さまざまな手続的ルールが、真理、道徳判断、そして芸術的嗜好を確たるものにしている。これまでみてきたように近代は、リスクを極小化し、大衆の間に信頼を生みだす専門家である「立法者（legislator）」の役割を、知識人に与えているのである。

　それに対してポスト近代は、確実性の終焉を宣言するものである。際限がないほど多数の秩序モデルが存在するが、それぞれのモデルは、自身の正当性を立証する実践の観点からのみ意味をもっている。正当性の立証はある所与の実践に固有なものであるが、そのなかには歴史特殊的なものとみなされうる近代自体の基準も含まれている。知識システムは、内部から、つまり局所的で特殊的な所与の枠組みのなかでのみ評価可能である（Bauman 1987=1995）。したがって、知識人の任務は、もはや立法者ではなく、「解釈者（interpreter）」のそれとなる。解釈者の仕事は、諸々の言明を翻訳し、コミュニケーションを促進し、意味の歪みを防ぐことにある。知識人に残された仕事は、外部の人びとのために意味を解釈し、異なる意味領域の間のコミュニケーションを媒介することである。さらに、それぞれの意味システムは、互いにほぼ等しい立場にあり、真理、価値、美的価値観といったいくつかのヒエラルキー構造には上下関係は存在しないのである。

こうした転換は、近代とモビリティに関するこれまでの議論とどのように関連するのだろうか。第一に、ツーリズムや旅行産業から提供される専門知識の形態に、これと類似した変化が生じている。そこでは、訪問客がいつ、どこで、何を見物すべきかを指南する説教好きな立法者――それはベデカー・ガイド、ミシュラン・ガイド、ブルー・ガイドの姿勢に表れている――からの転換がみられる（Barthes 1972=2005）。それに代わり、訪問客は多様性に富んだ加工品、文化、意味システムを、興味をもって見物するよう仕向けられている。他よりも優れているとみなされるものなど存在せず、専門家の役割は、そうした加工品、文化、意味システムを訪問客に解釈することにある。実際、新たな専門知識の総体は、「解釈」とまさに結びつきながら発展している（たとえば『遺産解釈（*Heritage Interpretation*）』という雑誌をみよ）。同時に、誰もが旅行から何らかの利益を得ることができると考えられている。ある種の人びとだけがモビリティから利益を得るための知識、価値、美的洞察力を先んじて有しているとは、もはや考えられないのである。お金さえ払えば、（北大西洋の特定の国々や日本では）誰もが旅行にでかけ、たとえば、写真撮影という民主的だが節操を欠いた実践に参加する権利が与えられる（Sontag 1979=1979）。同様に、近頃の旅行者たちは、平凡な家財道具から拷問器具まで、手作りの彫刻から選りぬきの職人による彫刻まで、ありとあらゆる種類の加工品が展示されている博物館を訪れることができる（Urry 1990c=1995: ch.6）。それぞれのケースにおいて専門家は、評価よりも解釈により多く関与しているのである。

このように、近代からポスト近代への転換が、旅行とツーリズムの発展に少なくとも部分的には反映されていると考えることには、いくらかの根拠が存在している。それに対して、以下で探究されるのは、移動のパターンに生じている歴史的な転換が、組織化資本主義から脱組織化資本主義へのより広範な変化と関連があるか否かという点である。旅行の社会的組織化は、経済的活動や社会的活動といった異なる領域でみられる変化と、並行して生じている現象なのであろうか。

まず指摘すべきは、モビリティの研究は、生産と消費の間に従来設定されてきた区別や、個人旅行と輸送を消費の側に割り当てることが、どちらも理にかなっていないことを証明している。モビリティが消費としてのみ理解されるのは、生産がもっぱら物質的財の生産を意味するという疑わしい理由に基づいている。これには三つの問題がある。第一に、そのように割り当てることにより、財が実際には何のために用いられているのかという点が――つまり、結果として何が生産され、それが現実に、どのようなサービス（食事、旅行、娯楽など）として消費されているのかという点が、見逃されていること。第二に、どのような経済活動にも多種多様な「生産」ないし「製品」がみられるが、そのなかには、少なくとも物質的客体、サービス、データ、観念、イメージも同様に含まれているということ。そして第三に、「モビリティ」は、単に消費されるサービスであるだけでなく、このような多種多様な「製品」のすべて、そしてとりわけイメージの生産をも含みうるということである。

表10-1　資本主義、ツーリズム、旅行

資本主義の歴史的段階	旅行とツーリズムの形態
資本主義以前	組織的な探検
自由主義的資本主義	富裕層の個人的旅行
組織化資本主義	組織的なマス・ツーリズム
脱組織化資本主義	「ツーリズムの終焉」

では、組織化資本主義から脱組織化資本主義への転換は、一体どのようなものであろうか。モビリティの社会的組織化には、北大西洋社会における別の領域や局面で生じている変化を反映ないし予告さえするような、固有の変化が生じているのだろうか。『組織化資本主義の終焉』(Lash and Urry 1987) では、資本主義が、一連の歴史的な諸段階――自由主義的資本主義、組織化資本主義、脱組織化資本主義――を経由して推進している点を論じた。それぞれの段階は、旅行とツーリズムの特定の支配的な形態と結びついているようにみえる。その対応関係は、資本主義以前の社会に見出されるパターンとともに、**表10-1**に示されている。

旅行におけるこうした展開と相並んで、それと関連するいくつかの展開が「歓待」の性質をめぐり生じている。ヒールによれば、開かれた歓待が実践されている社会は、次のような特徴を有している。自明視されたホスト―ゲスト関係、よそ者は特別寛大に扱われるべきであるという信念、名誉が善行と結びついたエリートのエートス、すべての来訪者に対して寛大であるべきというイデオロギー、そして贈与交換が構造的に重要な意味をもち続けている社会システムである(Heal 1990: 389)。彼女によれば、近代初期(一四〇〇―一七〇〇年)のイングランドでは、ゲストとみなされた人びとに対して寛大さを示す、いくぶん洗練された習わしが存在していた。だが、富者に対する歓待と貧者に対する施しの間に、徐々に亀裂が生じていった。そして、

開かれた歓待のその他のほとんどの条件は、他の国ではいざしらず、イングランドではあまりみられなくなっていった。一六世紀の終わりにはすでに、宿屋と酒場のシステムはかなり大規模な発展を遂げていた。歓待は商業化され、家庭の文脈から切り離されていったのである(Heal 1990: ch.5)。ヒールはその原因を、市場のもつ影響力や歓待の市場化に対して敏感に反応する経済・社会構造が、イングランドにすでに存在していたことに求めている。

資本主義以前の社会が、開かれた歓待と商業化した歓待との混交により成立していたとすれば、自由主義的資本主義は、とりわけ鉄道と結びつくことで歓待が高度に商業的な様式をとるようになった時代の幕開けであった。たとえば一九世紀後半にロンドンで建設された多くのグランド・ホテルは、お金をもつすべての人びとに開かれた、富める紳士淑女が出会う公共空間であった。そのようなホテルは、食事をできうるかぎり迅速に提供するために、新たな形態の合理的組織を生みだした(エスコフィエが導入したイノベーションについてはMennell 1985=1989)。一九世紀末までに、組織化したマス・ツーリズムはイギリスで成功をおさめていた。その鍵となるいくつかの組織的なイノベーションについては、次節で議論をおこなう。そこで描かれるのは、歓待と旅行が、単に商業化されただけでなく、パッケージ化され、組織化されていったという点である。第三節では、脱組織化資本主義におけるサービスの性質について概説する。そこで示されるのは、脱組織化資本主義において、非物質的な形態の(とりわけイメージの)生産が支配的になるとすれば、それは多くの点でツーリズムが常々関係してきた事柄であるという点である。そうだとすれば、ツーリズムは、脱組織化資本主義の到来を予告していたということなのだろうか。つまり、自動車が組織化資本主義の典型であったように、「ツーリズム産業」は脱組織化資本主義の典型なのであろうか。脱組織化資本主義

において、文化、消費、グローバルなもの、ローカルなもの、そして環境への関心が支配的になるとすれば、旅行と歓待はそのすべての特徴を備えている。そうだとすれば、脱組織化資本主義とは、ツーリズムがもつ特性が融解し、そうした特性が現代の社会的・文化的経験を構造化し、支配するようになった画期的な時代のように思われる。その意味で、脱組織化資本主義は「ツーリズムの終焉」をともなうものである。文字通り移動していようとも、あるいは多様な記号的・電子的イメージの信じ難いほどの流動性を通じて擬似的にモビリティを経験していようとも、人びとはほとんどの時間をツーリストとして過ごしているのである。

「ツーリズムの終焉」というプロセスがもつ影響はどのようなものだろうか（むろん、マス・ツーリズムがもはや重要ではないと述べているわけではない）。一方で、現代の科学技術を通じてあらゆる場所が作りだされ、ほとんどすべての場所のシミュラークルが生産可能となり、また実際に生産されている。そして人びとは、市場の要求に応じて作りだされ再現される、ますます似通った一つの記号ネットワークにとり囲まれるようになっている。こうしたプロセスは、原則的に同一の記号とイメージの増殖を通して、同質化を推し進め、場所間の差異を縮減しているように思える。だが、他方で、場所のイメージは確かに際限なく作りだされていくが、生産される当のものは非常に多様である。それは、「造られた多様性」とでも呼びうるものである。また、人びとは、単なる「文化的判断力の喪失者」ではない。というのも、フェザーストンが「日常生活の美化」と名づける事態、つまり「日常生活の構造に浸透していく記号とイメージの急速なフロー」(Featherstone 1991: 67=2003: 99) が意味をもつようになるなかで、人びとはより多くの記号論的作業をおこなわなければならないからである。消費は、より熟練を必要とするものとなっている。なぜならば、あらゆる人びとは、ある意味で解釈学者となり、ほとんど瞬間的に組み立てられ、また組み立て直されうる、きわめて豊富で多様な記号とイメージの配列を解読し解釈しているからである。

二節　組織化したツーリズムの出現

一九世紀後半に拡大した、組織化ないし大衆化した旅行やツーリズムは、数多くの経済的・技術的・社会的発展によってはじめて可能となった。イギリスでは、次のような発展が生じた。実質所得の上昇、階級間の明確な隔離化をともなう急速な都市化、鉄道や蒸気船といった新たな輸送技術、作業のシステム化や労働時間および労働条件に関する規制の強化、旅行を促進し組織化する新たな手法、そして潜在的な旅行者を惹きつけるための数多くのロマンティックな「場所の神話」の開発である。

このようにして旅行は組織的に可能となり、同時に、イングランドの労働者階級の富裕層を皮切りに数多くの人びとの欲求の対象となっていった。海沿いで休暇をとるという習慣が、工業が高度に発達した一九世紀後半のランカシャーを端緒として、幅広い人びとの間で広まった。こうしたパターンを発展させたり、地域コミュニティに住む人びとがともに旅行し滞在することを可能にする組織的な形態を生みだす際に、とりわけ重要な役割を果たしたのが、パブ、教会、クラブといったボランタリーな組織である (Urry 1990c=1995: ch.2)。ウォルトンは次のよう述べている。「したがって、ランカシャー独自の余暇システムは、伝統的な余暇活動を維持し拡大していった労働者階級の連帯に基づくものであった……自分たちの欲求を満たすために、街全体で余暇にでかけることのできるリゾートを見出したのは、……ランカシャーの人びとだけであった」(Walton 1978: 39 また Walton 1983)。

よく知られているように、リゾートがそれぞれの社会的特徴を確立することで、互いをはっきりと区別することが可能となった。異なる「場所の神話」が、イギリスの新たな文化地理学を構築するのに貢献したのである。場所は、そこに長らく住んでいる住人の性質ではなく、そこに一時的に滞在する訪問客の性質と同一視されるようになった(一九世紀における旅行と輸送の大きな変化について論じたPerkin 1976; Shields 1991a; Thrift 1990bを参照)。

以下では、これまで比較的よく検討されてきた海沿いのリゾート開発ではなく、中流階級と上流階級の旅行がいかにして組織化されてきたのかという点について集中的に議論をおこなう。そこでは次の二つの発展に注意が向けられる。第一に、旅行代理店やツアー・オペレーターなどと今日では呼ばれる団体を通じて、大衆的な海外旅行が出現したこと。第二に、場所の神話が、文学現象および自然現象として構築されるようになった経緯である。

おそらく、一九世紀のイギリスで現れたもっとも印象的な経済組織は、一八四一年に創業されたトマス・クック＆サン社であった。クック社は一八六八年までにおよそ二〇〇万の人びとの旅行を組織した(そしていまや、世界でもっとも大きな旅行機関となった)。二〇世紀の組織化資本主義は「フォード主義」よりも「クック主義」として描く方が適切であるという主張には、いくらかの理由がある。以下では、ここ一世紀半のうちでもっとも重要な組織の一つである、クック社の発展のいくつかの側面について手短に述べよう。クック社は旅行を組織化する方法を開拓したが、そのことがまさに近代を可能にしたのである。ブレンドンが述べているように、トマス・クックが生みだしたのは、「過去に幾度となく繰り返された大規模な移住が小さく思えるほどの規模を誇る、世界でもっとも大きな産業を支える人間の大移動」であった(Brendon 1991: 3=1995: 17)。

むろんクック社よりずっと以前から旅行は存在していた。そのもっとも有名な事例が、中世の巡礼とヨーロッパ大陸へのグランド・ツアーであった(Urry 1990c: 4-5=1995: 8; Ousby 1990; Brendon 1991=1995: ch.1; Towner 1985)。それにもかかわらず、「ツーリスト」(この語は周遊旅行を意味し、一八世紀後半から使われはじめた。Ousby 1990: 18)の数は、ナポレオン戦争終結後に急速に増加した。とはいえ、多くの点で近代的な大衆旅行の幕開けを記念する年となったのが、一八四一年であった。それはまた、社会学―地理学的現象としての近代のはじまりを告げる年でもあった(Brendon 1991: 12=1995: 23)。この年に、国家の鉄道時刻表である全英鉄道時刻表がはじめて現れ、ヨークでヨーロッパ初の駅舎ホテルが開業し、現在のキュナード社の前身となる企業が最初の大西洋横断蒸気船事業を開始した。また、アメリカン・エキスプレス社の一部となったウェルズ・ファーゴ・カンパニー社が、一八四一年に創業した。そしてもっとも重要なのが、まさに最初の「ツアー」がトマス・クックによって組織されたことである。そのツアーでは、ラフバラで開催された禁酒演説会のために、四〇〇―五〇〇の「小旅行者」をレスターから汽車で往復させた。その一〇年前には、「観光(sightseeing)」という用語の英語への追加、およびカメラの画期的な発明という、二つの出来事が生じていた。

クックは、鉄道の潜在的可能性にいち早く気づいていた。ラフバラでの演説会の終わりに、彼は「絶対的禁酒主義と鉄道主義」へのいま一度の喝采を要求した(Brendon 1991: 12=1995: 23)。彼は鉄道を民主主義的で進歩的な力としてとらえており、「鉄道旅行は万人のための旅行である。貧しい者も裕福な者も旅にでることができる……鉄道旅行とは、共和制の自由と君主制の安全とを同時に享受することである」(Brendon 1991: 16=1995: 36より引用)と述べた。とはいえ、この民主主義革命のためには、いくつかの新たな形の社会的組織化が必要であった。当初鉄道会社は、大衆市場、つまり低所得層向けの旅客市場がもつ経済的な可能性に気づいていなかった。一八四二年には鉄道運賃精算所が設立され、一八四四年には鉄道会社に「労働者階級」への配慮を義務づけるグラッドストン鉄道法が可決されたが、それにより、複数の路線にわたる旅行を組織し、チケットを割安で発券するための専門家が必要となったのである。これこそがクックの成果であった。一八四五年に組織化されたカーナーボン、スノードン山、リヴァプールへの最初の専門的な周遊旅行以来、彼は旅行を簡易にし、大衆化し、安価にしたのである。ブレンドンによれば、クックはすぐさま「旅行の始祖」や「ツーリストの帝王」などと呼ばれるようになった（Brendon 1991: 17=1995: 38）。二等旅客と三等旅客からなる鉄道交通のシェアは、大きく拡大することになった（Thrift 1990b: 464）。

クックは、パブに飲みに行くことに代わり、旅行が健全で愉快な活動を提供する「合理的なレクリエーション」運動の一環、しかもその決定的な要素となると考えていた。旅行は「心に糧を与え……普遍的な友愛の情を養う……そして……階級間の明白な差異は、暴力や他の好ましくない手段を用いずともとり除かれる」（Brendon 1991: 31-2=1995: 60より引用）のである。

彼はまた、ツーリズムには訪問客を引き寄せるための、固有の神話が必要であることを認識しはじめていた。クックは一八四六年に、サー・ウォルター・スコットの小説と詩の驚くべき人気に便乗し、種々多様な「タータン・ツアー」を開始した。スコットが「スコットランドに、観光大国としての趣を与えた」と、クックは述べている（Brendon 1991: 38=1995: 70より引用）。彼はまた、旅先で何をみるべきか、それをどのように解釈すべきか、あるいは場合によっては、特定の景観を経験する前にどのような小説を読むべきか、といったことを指南するハンドブックを提供しはじめた。さらにクックのタータン・ツアーは、ときおりある種のノスタルジアを喚起し、特に蒸気機関車の時代以前に存在した、古き駅馬車の時代を人びとに思いださせたのである。

次に、クック社によって着手された、さらなるイノベーションと展開について手短に論じよう。それらは、二〇世紀初頭までに、「組織化したツーリズム」と呼びうるものをイギリスで生みだすことに寄与するものであった。

第一に、クックは一八五一年の万国博覧会の成功に多大な貢献をおこなった。それを、はじめての全国的なツーリスト・イベントとみなすことができる。当時のイギリスの人口はわずか一八〇〇万人だったにもかかわらず、六〇〇〇万人もの訪問者がやってきて、クリスタルパレスで三万八〇〇〇点の展示物を見物したのである。クックは一六万五〇〇〇人の旅行を組織した（Brendon 1991=1995: ch.4 以下）。これは、多数の労働者階級の人びとが「小旅行者」として汽車で旅行するようになる最初の契機であり、そうした旅行者はとりわけロンドンに旅行した。万国博覧会は一八四八年［ヨーロッパ各地で革命・改革運動が生じた年］のわずか三年後に開催されたため、多数の北部からの労働者が首都に一時滞在することを不安視する向きもあった。だが、万国博覧会は滞りなく終わりを迎えたことから、近代社会において大衆の移動は通常のことであるという考えが立証されることとなった。ウーズビーによれば、クックと彼の小旅行者たちは、「自分たちが革命家ではなくツーリストになる準備ができていることを証明した」のである（Ousby 1990: 91）。クックは一八五四年に次のように述べている。「世界全体が動くこの変化の時代に、変わらずにいることは一つの罪である。旅行万歳――安価な、安価な旅行万歳！」（Brendon 1991: 65=1995: 85より引用）。その重要な帰結の一つは、社会階級を隔てていた少なくともいくつかの障壁があまり目立たなくなったことにある。ツーリズムは社会階級の混ざり合いをもたらしたが、クックはそれをまったくもって有益なことだとみなしていた。彼は、自由移動の機会こそが、人間の自由にとってもっとも重要であると考えていたのである。またクック社は、ヴィクトリア時代のイギリスで、数多くの女性を旅行に導いた点で特に重要である。クック社によるツアーでは、女性の数は男性を凌駕していた。彼の会社のおかげで、独身女性がしばしば添乗員をつけず旅行にでることが可能になった。

第二に、クックは、パリやブリュッセル、ケルンへの訪問にはじまる、組織化した海外旅行にも着手した。パリにいたときクックは、オスマン通りの近代都市建築がきわめて魅力的な観光地になると考えたのである（Brendon 1991: 78=1995: 120）。クックはまた、スイスのアルプス地方を、旅行先にとり入れることに尽力した。スイスのアルプス地方は、ロマン主義作家や、それを「天と地の結び目」あるいは「失われたエデンの楽園の目にみえる囲壁」と呼んだジョン・ラスキンのおかげで、すでに人気を博していた（Brendon 1991: 81=1995: 144より引用）。清潔でゆったりとしたホテルが建設され、スイスは馴染みのものとなった。クック社のツーリズムは、清潔で秩序ある効率的な近代スイスの成立に寄与したのである。だが、興味深いことに、スイスへのツアーは、ロンドンの支配階級の間で怒りに満ちた反応を呼び起こすこととなった。ツーリストたちには、「クックの野蛮人ども」、「クックの略奪者たち」、「卑劣で下品な」群衆、オーストラリアに送り損なった「精神病患者」や「服役囚」といった罵り言葉が投げかけられた。マコーレーやラスキンといった指導的な知識人も、このスノッブ的な罵りに加わった（Brendon 1991: 89-95=1995: 156-66）。ところが、一八六〇年代以降、クック社が裕福な顧客向けの旅行、とりわけかつてないほどエキゾチックな場所を訪問先とする旅行を提供しはじめると、階級的偏見は減退していった。トマス・クックの息子であるジョン・クックは、会社が世界中のツーリズムを組織するようになったことにより、「野蛮からの船出」の主たる旗振り人となったのである（Brendon 1991: 183=1995: 315）。

第三に、クック社は数々のイノベーションを引き起こした。それらは旅行を、個々人によって手配され、リスクと不確実性に満ちたものから、豊富な専門知識に支えられたもっとも組織化され合理化された人間的活動の一つへと変容させた。クックによるイノベーションには、次のものが含まれている。異なる輸送手段や異なる国での輸送手段のためのチケットの先行手配。見学に適した場所や景色についての旅行案内やその他の資料の提供。イギリスではじまり、ヨーロッパ、そして世界中で導入されることとなる添乗員同行ツアー。交通費と宿泊費をまとめて請求する一括予約支払いの交渉。乗客による全旅程の予約と支払いを前もって可能にする、一つづりのチケットの形をとった鉄道クーポン。鉄道クーポンと同様に、自国の通貨で前もって購入され、クック社に認可された会社で使用が認められるホテル・クーポン。トラベラーズ・チェックの原型であり、ホテル、銀行、チケット業者を通じて交換可能な巡回手形の導入。手荷物を事前に送付することで乗客がヨーロッパ中を荷物なしで移動できるようにする、旅客手荷物の組織化。旅程のすべてを含んだ適度な料金設定で事前に計画されたコースを巡る、個人ツアー旅行の創設である。実際、マーク・トウェインは次のように述べている。

> かつてヨーロッパ旅行は、無知で、愚鈍で、無愛想な交通機関の社員たちによってもたらされる理不尽な仕打ち、妨害、やっかいごと、不快さのために、いまいましく屈辱的なものであった。……だが、クックはこうしたことすべてを解消し、旅行を単純で、簡単で、喜びに満ちたものにした。（Bredon 1991: 247=1995:

419より引用。また110=191–2, 163=277–8, 168=287–8, 253=428–30)

これまで、旅行に関する社会的組織化に、いくつかの決定的な変化が生じたという点を明らかにしてきた。加えて、クック社が、特定の場所をめぐる歴史的・文学的・文化的神話を利用することに関心を抱いていたと述べた。この問題は以下で、さらに詳細に検討されるであろう。その際、ここ二世紀の間、イングランドの観光地図の一翼を担うようになったストラトフォード・アポン・エーボンの事例が用いられる。ストラトフォード・アポン・エーボンの観光地化は、いかにして生じたのだろうか。なぜそしていかにして、ある種の神話が特定の場所と結びついたのだろうか。より広範なコミュニケーションのプロセスは、どのように旅行パターンを変容させたのであろうか。

ストラトフォード・アポン・エーボンは、驚くべきほどの成功をおさめ、観光の中心地となった。そこは、ホルダネスが「シェイクスピア崇拝」ないしシェイクスピア教と名づけた、組織化した福音派の故郷である（Holderness 1988; Ousby 1990: ch.1）。ストラトフォード地区で、最初のシェイクスピア記念祭がデヴィッド・ギャリックによって組織されたのが一七六九年であるが、それ以前は、二、三の孤立した唱道者はいたものの、シェイクスピア崇拝はほとんど存在していなかった。シェイクスピアは、いく人かの彼の同時代人とは異なり、ストラトフォード教会の人目につかない墓地に埋葬され、また一七世紀初頭にピューリタニズムが興隆したことにより、彼の戯曲はストラトフォード地区においてでさえ上演されなかったのである。

一八世紀になりようやくシェイクスピアの戯曲が広く上演されるようになったが、まさにそのときに、シェイクスピア崇拝者たちの巡礼がもついくつかの主要な特徴が確立されることとなった。それらの特徴は、機会主義、貪欲さ、そして地域の事業家間の自由な競争から生まれてきた。ホルダネスが述べている通り、「過去というのはそれ自体、占有を求め争う者たちの間の、つまりある文化産業内部の敵対企業間の熾烈な戦場」（Holderness 1988: 5）なのである。敬虔な巡礼者たちが目にしたのは、中世の街路が保存されてはいたものの、一人の永遠の天才の啓示が模造やでっちあげによってとり返しのつかないほど台無しにされている姿であった。でっちあげや典拠の疑わしい物語の産出の事例として、次のものがあげられる。シェイクスピアの母が住んでいたとされる家の特定。シェイクスピアのものとみなされる椅子。仲間の詩人たちとの飲み比べによってシェイクスピアが死んだという創られた物語。以前におこなった飲み比べの後、おそらくその下でシェイクスピアが一晩を過ごしたとされる樹木の特定。鹿の密猟で彼が逮捕されたという物語。彼の生誕地とアン・ハサウェイの家の特定――両者はともに各地で復元されている――である（Ousby 1990: ch.1。「シェイクスピア崇拝商法」について論じたHolderness 1988）。

二〇世紀までに、シェイクスピア生誕地保存会は、「シェイクスピア」のさまざまな表象を独占することを通して、これらのでっちあげのうちでもっとも悪質なものを排除していった。保存会は、ロイヤル・シェイクスピア劇団や研究機関であるシェイクスピア・センターとともに、「ストラトフォード・アポン・エーボン」の信頼できる建築物を規定してきたのである。シェイクスピア生誕地は神聖化され、崇拝と巡礼の非常に重要な対象となった。ストラトフォードへのツーリストたちは、神話的人物であるウィリアム・シェイクスピアを探し求め、聖なる地へと向かう儀式化した巡行の旅に参加する。ツーリストはそうした神話を探し求めるなかで、二〇世紀後半の生活のもつ特徴をすべて兼ね備えた、復元されたにすぎない一連の建築物と出会うのである。

こうした建築物の一つは、アン・ハサウェイの家として世界的に知られている。この名称には二つの問題がある。第一に、アン・ハサウェイがそこに住んでいたかどうかは正確には分かっておらず、第二に、彼女が「シェイクスピア」と結婚していたかどうかさえ定かではないのである（Holderness 1988: 6）。とはいえこの建築物は、時代を超えて巡礼と崇拝の対象であり続けてきた。それが、この建築物の価値が保証されている理由の一つなのである。この特定の建築物は必ずしも、「シェイクスピア」と呼ばれる何者かと、何らかの特別な関係を有していたわけではない。むしろ、そうした関係が想定され続け、この建築物がいまなお祝福され続けているのは、何百万もの人びとが過去にそうしてきたという理由からなのである。アン・ハサウェイの家は、同一のやり方で同じ建築物を崇拝し、巡礼という同様の行為をおこなってきたすべてのツーリストを表現する記号なのである。さらにいえば、こうした建築物は、理想化された歴史的過去という手垢のついていないイメージを表象するものである。ストラトフォードの建築物が表しているのは、色鮮やかにして静謐な「理想化された『イングランドの』過去である。そのように過去は、具現化され、国内・国際市場で売りにだされている商品のなかに組み込まれている」（Holderness 1988: 6）。

以上から明らかなのは、特定のシェイクスピア神話が構築され、イギリスや世界中のツーリストに販売されるプロセスなくして、ストラトフォードの歴史を理解することは不可能だということである。イギリスの偉大な作家の聖地は、ツーリズムに大きく依存することで維持されている。文化とツーリズムは分割不可能なのである。この点は、ホルダネスが指摘するさらなるいくつかの点によって補強される。第一に、今日われわれがもつ、エリザベス朝の劇場に関する知識の多くは、国外からの旅行者（ないしツーリスト）たちによって提供されたものである。旅行者たちが、エリザベス朝の「黄金時代」についての理解を、後世の学者に伝達したのである。第二に、一五七〇年代以降のロンドンおよびその近郊の専門劇場の建設は、かなりの数のツーリストがこの大都市に集まってくることを前提としていた。というのも、この頃、演劇は国民国家の名誉ある所有物となっていたからである。第三に、シェイクスピアは、文化産業の事業家階級に属していた。そして、この階級は、劇場（高級文化）を、社会的生活から切り離し、ツーリズムを文化の不可欠な付属物として生産することに関心を向けていた。ホルダネスは、この点を次のように要約している。

> この階級は、あらゆる観客をツーリストとなるよう促す、そうした一つの文化パターンを確立するのに貢献した。ツーリストとは、大都市の劇場への長期旅行に乗りだし、感動的な行事に敬意をもって参加することが求められ、……そして聖なる経験の記憶の保管庫としての、記念品となるプログラムを携えて帰還する人びとのことである。（Holderness 1988: 10）

今日こうした人びとは、何らかの重要な文化行事の記念Tシャツを携えて帰路につくであろう。

一八世紀後半から一九世紀の間に、他にも多数の場所の神話が発展した。場所の神話は、特定の種類の社会的空間に結びつけられるようになったが（たとえば上述のロンドン劇場）、そうした空間は、数多くの人びとが訪問することによってはじめて存在することができた。そのような空間がもつ特徴は、ツーリストのまなざしを前提としていた。つまり、そうした特徴は、見識を深める目的でしばしば長い距離を旅行する、好奇心に満ちた多数の訪問者によって、まなざしを向けられなければならなかったのである。全体的にであれ部分的にであれ、訪問客に依存する数多くの社会空間が発展すること、これが近代の特性なのである。訪問客は、そうした空間をとり囲み、また構築し、物質的対象を文化的対象に変容させる場所の神話に魅了されている。そのような場所は、ロンドンやストラトフォード・アポン・エーボンのような、ある社会の文化的中心であるかもしれないし、シールズが「辺境の地」と名づけるような、周縁的な空間に結びつけられているかもしれない（Shields 1991a）。

イギリスで過去二世紀にかけて発展してきたそうした場所の神話には、次のものがあげられる。一八世紀にはすでに過剰なほど商業化されていたと言われている、ブレナム宮殿やチャッツワース・ハウスのような、カントリー・ハウスと結びついた場所の神話（Ousby 1990: ch.2）。ストーンヘンジのようなさまざまな遺跡や、ヴィクトリア朝時代に非常に人気を博したファウンテンズ修道院のようなゴシック様式の遺跡（Ousby 1990: ch.3）。王室のスキャンダル、狂騒と享楽の領域としてのビーチ、情事に費やされる週末、そして興奮と暴力によって場所の神話が構成されているブライトン地区のリゾート（Shields 1991a: ch.2）。ストラトフォードのような文学的聖地と雄大な自然の聖地の双方を含んだ湖水地方――『ワーズワースの湖水地方案内［邦題：湖水地方案内］』がその両側面を象徴している（Wordsworth 1951=2010: Ousby 1990: ch.4; Andrew 1989: ch.7）。そしてより近年のものでは、都市・産業ツーリズムの発展と「本物の」コロネーション・ストリートへの訪問の増加とともに、労働者階級、コミュニティ、工業、アウトドア活動を表象するようになった「北部」イングランドである（Urry 1990c=1995: ch.6; Shields 1991a: ch.5）。

これまで、二〇世紀のツーリズムの特徴を導いたメカニズムについて概説してきた。以下では、「組織化したツーリズム」に関するいくつかの主要な要素について、主にイギリスを引き合いにだしつつ手短に述べる。説明を簡略化するため、まず労働者階級による国内ツーリズムを、次いで中流階級と上流階級による海外ツーリズムについて考察する（この区別が、他の多様な要素を考察の埒外に置いていることに留意されたい）。労働者階級のパターンの多くは海浜リゾートを中心に発展してきたため、その説明はきわめて簡潔なものになるだろう。というのも、他の研究のなかですでに、このテーマの多くの側面がまとめられているからである（Hern 1967; Walvin 1978; Walton 1978; Walton 1983; Ward and Hardy 1986; Urry 1990c=1995; Cross 1990; Shields 1991a）。

最初に述べておくべき点が、海辺での余暇は、一九世紀後半の雇用主による労働の合理化という文脈で生じてきたということである。労働は、遊び、宗教、祝祭とは切り離され、ますます時間拘束的かつ空間拘束的な活動へと発展していった。労働は、分化した一つの領域へと展開していき、その領域のなかで評価され、単なる怠惰の矯正手段とはみなされなくなった。新興の産業資本家たちは、新たに形成された労働者に対して、より多くの規律を課すよう尽力した（Pollard 1965）。出勤と時間厳守に関する厳しく馴染みのない規則が、さまざまな罰金や罰則とともに導入された。飲酒、怠惰、流血をともなうスポーツ、そして休暇に反対するキャンペーンが開始された。「合理的なレクリエーション」という考えが普及していくにつれて、多くの巡回見世物が廃止されるようになった（Rojek 1993）。

労働が合理化されるなかで、労働時間は徐々に減少していった。とりわけ重要だったのが、のちに「イギリス週間」として祝われるようになった半日休暇の取得である（Phelps and Brown 1968: 173）。さらに長い、一週間にわたる休暇（通常は無給）の取得は、イングランド北部、とりわけランカシャー州で先立って実現した。一部の雇い主が、次のような決断をおこなうようになったのである。「恒例となっている余暇期間中に工場全体を閉鎖することは、夏の間中、断続的に工場を止めるよりもましであったし、祝日をある合意された期間に組み込むことには利点もあった」（Walton 1981: 255）。

だが、特定の期間に一週間の休暇を取得することが徐々に広まったのは、明らかに労働者側、特にその豊かな層に主たる原因がある。労働者は、余暇期間こそが、自分たちの自律的なレクリエーションを発展させるものであると考えたのであった――また、ウォルトンの述べるように、「休暇はひとまとめに取得され、コミュニティ全体で祝われるべきだと、慣習により命じられていた」（Walton 1978: 35）。労働組合は二〇世紀を通して、有給休暇の導入を求め強い圧力をかけ続けた。いくつかの協約が一九二〇年までにとり決められたものの、戦間期にはそれ以上の進展はほとんどみられなかった。さまざまな議員提案法案が提出されたが、可決されることはなかった。だが、一九三七年に特別委員会が設立された後、一九三八年に「有給休暇法」が制定された（ただし、その影響は主に戦後にあった。この点についてはUrry 1990c: 26-7=1995: 47-9）。

一九四〇年までに、イギリスの主要なツーリズム産業はすでに発展を遂げていた。同産業は、とりわけ「人びとをひとまとめにとり扱えるように調整され、高度に能率的であり、都市から大挙してやってくる労働者を魅了し、うまく対処できるよう組織化されていた」（Walvin 1978: 107、またBrunner 1945）。余暇は健康によいものであり、充実した人格の基礎であるという見方が広く受容されていた。余暇は、市民権の一つの証と言うことができ、休息と享楽の権利となっていたのである（Cross 1990: 9）。

余暇の経験は、非常に統制されていた。それは一週間という時間区分を前提としていたため（Colson 1926）、週の半ばに休暇をとることはほとんど不可能であった。訪問客は、いつ食事をとるべきか、何を食べるのか、いつそれぞれの施設を使用することができるかについてあらかじめ伝えられていた。こうした組織化は、余暇用キャンプ場、とりわけバトリンが一九三六年にはじめた「高級」キャンプ場において、その極に達した。そこでは、レイ・ゴスリングが「まさしくベヴァレッジの余暇版」と呼ぶような、これまでにない贅沢な設備が提供された（Ward and Hardy 1986: 60）。ただし、興味深いことに、最初のキャンプ場がオープンしたときバトリンは、訪問客が退屈している様子がうかがえたことから、行楽客が組織化を求めているという考えにいたった。イギリス兵の有名な赤いコートを模した制服が発明されたのである――それを着たスタッフは「誘導、助言、説明、慰安、手助けをおこなうことになっており、通常、余暇に関する地上の天使のような役割を果たしていた」（Ward and Hardy 1986: 63より引用）。ウォードとハーディは、「ある宿泊地から別の宿泊地へと向かおうとも、その組み合わせに違いはない。同じパターンの娯楽、同じ食事、同じ種類の客室、同じ一週間の決まりきった行動というようにである」（Ward and Hardy 1986: 161）と結論をくだしている。

こうしたさまざまな点を例証するために、「組織化したツーリズム」に関する経験的研究ともっとも強い関連がある、一九三七年から一九三八年にかけてブラックプールでおこなわれたマス・オブザベーションによる研究を参照する（Cross 1990）。ブラックプールは世界で最初の、労働者階級に向けたリゾートであった。一九三〇年代には年間約七〇〇万人の訪問客が訪れたと言われており、当時のイギリスで、そしておそらくは世界でもっとも規模の大きなリゾートであった。一九三七年のオーガスト・バンク・ホリデーでは、驚くべきことに四二五本の特別列車が到着した（Walton 1990）。より興味深いのは、「ワークタウン」（ボルトンのこと）と呼ばれている町の住民のほとんどが、一週間の休暇をブラックプール付近で過ごしたということである。マス・オブザベーションはそれを次のようにまとめている。

> その休暇の前には、半数以上の人びとが何か特別なことがしたいと述べていたが、実際に、工場における慣習的な休暇を逃れることができたのは一〇%にも満たなかった。それは、多くの人びとにとって、ブラックプールへ行くことを意味していた。……ワークタウンの住民は、……大勢の人でひしめく場所に向かっている……ブラックプールは、もっとも混雑し、もっとも騒々しいリゾートである……余暇にブラックプールへ行くことは、土曜日の夜に町の中心にあるパブに行くのと同じくらい習慣的な出来事になっている。(Cross 1990: 49)

異常な数の人間が、ビーチ上のきわめて狭い空間に座っていた。ブラックプールが有する場所のイメージに反して、人びとが滞在中に求めることは、「セックスではなく、賑わいと騒々しさ」であった (Cross 1990: 191)。

ブラックプールのもう一つの呼び物が遊園地である。ブラックプールでもっとも規模の大きな遊園地が、都市中心部の南にあるプレジャー・ビーチである。その一部をデザインしたジョセフ・エンバートンは、次のように述べている。

> 遊園地の起源は村落の巡回見世物にある……村落の巡回見世物は可動式であったため、その構造は単純であった。しかし、交通機関の到来とともに内陸の人びとがリゾートを訪れはじめるようになると、より複雑な構造をもつものを導入することができるようになった。中世の遺物である巡回見世物は、やかましく不潔であった。われわれの問題は、清掃をおこなうこと、つまり混沌に秩序をもたらすことにあった。(Cross 1990: 98 より引用。強調はラッシュとアーリ)

次に、中流階級と上流階級の旅行とツーリズムについてみてみよう。特に目を引くのが、両大戦間期に、組織化したツーリズムの隆盛によって個人旅行の神話がついに瓦解したことである。イギリスでは、一九一五年がその鍵となる時期の一つとしてみなされよう。それは、イギリス政府が、近代的な写真つきの専用パスポートを導入した年である。こうしたパスポートは、いまでは移動にとって不可欠な要素とみなされているが、導入当初は動揺と反感を引き起こすものであった。フッセルは、次のように述べている。

> 近代的な神経症を類例のない仕方で促進するものはまだ他にもある……だが、パスポートの写真は、おそらくもっともたちの悪い小さな近代主義である……一九一五年以来常態化したパスポート写真の伝統は、近代的経験の屈辱的で不名誉な帰結なのである。(Fussell 1980: 26–7)

続けてフッセルは、どれほど多くの両大戦間期の文学が、フロンティアを横断する移動の問題と、パスポートと写真をめぐり生みだされる不安感に関心をもっていたのかを説明している。フロンティアがもつ脅威という漠然とした感覚が、両大戦間期の想像力の大部分を形づくった。それは、とりわけ作家やその友人が、列車に乗ってヨーロッパ中を、そして定期船に乗って大西洋中を旅行したことが原因である (Fussell 1980: 24–37)。実際、フッセルは次のように示唆している。フロンティアが断片化と分割、転遷、再配置を含意していることから、「近代的」な文学は「時間や伝統ではなく、現今の空間への関心をともなうものとなる。一切が含意するのは、現実が切り離され、分離させられ、ばらばらになっているということへの気づきであろう」(Fussell 1980: 36)。

両大戦間期の文学作品の多くは「旅行精神」に満ちており、逆に旅行が単なるツーリズムに転換することへの悲嘆を含むものはそれほど多くなかった。「旅行精神」が見出される事例としては、下記の作品があげられる。コンラッドの『放浪者』、イシャウッドの『さらばベルリン』『ノリス氏の列車乗り換え［邦題：ノリス氏の処世術］』、フォースターの『インドへの道』、サスーンの『心の旅路』、グリーンの『スタンブール特急』、オーウェルの『パリ・ロンドン放浪記』『カタロニア讃歌』、ヘミングウェイの『アフリカのグリーン・ヒル』、そしてマコーレーの『外国行き』である（詳細はFussell 1980）。この時代の文学的メタファーの多くは、鉄道や蒸気船といった近代的な輸送形態を前提としていたが、こうした作家のなかには、前近代の旅行がもつ性格を理解することに関心を向ける者もいた。

実際、フッセルは、蒸気船旅行やグランド・ホテルを個人旅行の最後の表現とみなしている。というのも個人旅行は、国際的で近代的な様式で設計された飛行機や空港にすぐさまとって代わられたのであるから。（Mennell 1985=1989、またホテルについて論じたWatkins 1984）。フッセルは、安全性と能率性を兼ね備えた画一的な国際航空サービスが確立した一九五七年が、組織化したツーリズムのピークであると考えている（Fussell 1980: 45。最初の航空便によるパッケージ・ツアーは一九四九年に登場した）。それは、受動的な消費者のためにすべてが準備され、いかなる作業（ないし労苦）をも必要としなくなった瞬間である。「旅行において場所がもつ意味は、没場所性という観光現象に屈することになった」（Fussell 1980: 70）。パッケージ化したツアーは、そうした組織化したツーリズムのなかで絶頂を迎えたのであった。

三節　旅行者サービス産業と脱組織化資本主義

すでに述べたように、一九五〇年代から一九八〇年代にかけて、組織化したツーリズムは、地中海へ向かうパッケージ化した、あるいは包括的なツアーという形をとっていた。このようなツアーのパターンは、イギリスに多大な影響を与えたが、それは、航空機輸送とコンピューター制御による予約システムという二つの新たな技術を大々的に利用する、ツアー・オペレーターの役割を担う総合企業がいち早く現れたためである（Urry 1990c: 48=1995: 86-7）。一九八〇年には、こうしたツアーがイギリス国内で約五〇〇万件も販売された。この数字は、一九八〇年代の終わりに九〇〇万件にまで低下する以前、ピーク時で一一〇〇万件にものぼった。かくして、イギリスのツアー・オペレーターは、海外への大衆向けのツーリズム市場の開拓に、類をみない成功をおさめたのであった。これらの企業は、他のヨーロッパ諸国の旅行会社よりも、圧倒的に低価格でツアーを販売することができた。その結果、そうしたツアーは、他のどの国よりもイギリスでありふれたものとなった（Milner 1987; Harlow 1990）。

とはいえ、イギリスを含むヨーロッパ大陸でのパッケージ・ツアーの販売数が近年落ち込んできていることや、象徴的には一九九一年三月のインターナショナル・レジャー・グループ（ＩＬＧ）社の劇的な倒産に示されているように、より一般的な文化的転換の兆しが現れている。どうやら近代という時代の特徴である組織化したツーリズムから、それ自体「ツーリズムの終焉」としか呼びえないような、より分化し断片化したモビリティのパターンへの転換が生じているようである。ＩＬＧ社という企業は、その子会社であるインタサン社やクラブ18―30社とともに、安価なパッケージ・ツアーの同義語だったのである。

「ツーリズムの終焉」は、旅行産業や接客産業の世界的な規模と広がりを鑑みた場合（ランカシャーのブラックバーンでは最近、「ツーリズムと余暇のためのチャプレン」が任命されたのである！）、ありそうにもない主張かもしれない。ツーリズムは、二〇世紀の終わりまでには、雇用と世界貿易のシェアの双方の点で世界一の産業となるであろう（ただし、ツーリズム関連雇用に関するいくつかの推計は明らかに誇張されたものである。近年の調査についてはJohnson and Thomas 1990)。国際旅客数は、一九八〇年代を通して年に四％ずつ増加しているのである（Latham 1990)。

「ツーリズムの終焉」が生じているという考えは、実際にツーリズムと関わっている社会関係の分析に端を発している。第五章で論じたように、文化産業の特徴は、金銭と知的財産権の交換にある。この交換こそが、文化産業にいくつかの共通の特徴をもたらし、そこで生じる典型的な論争や利害の衝突の多くを作りだしている。とりわけ、これまでみてきたように、文化産業は高度なデザイン集約性という特徴を有している。

旅行およびツーリスト産業も同様にデザイン集約的であり、したがって記号とシンボルを増殖させている。そこには三つの基本的な交換関係が存在している。そこで金銭と交換されるのは、第一に、動産を一時的に占有する権利、第二に、通常の居住地や職場と離れた場所にある宿泊施設や設備の一時的な利用、そして第三に、視覚的財である。

第一の交換は旅行に関わっている。乗客は、ある場所から別の場所へと移動する際、一つの、そして通常小さな空間を占有する権利を購入する。この権利は、その空間が静止してはいないこと、そして借用される時間は常に短く、販売者と購入者の双方の間でごく短期的なものであると認識されている点を除けば、住居を借りる権利と類似している。借用されるのは、特定の空間（予約した客船の船室）の場合もあるし、単に移動可能な範囲内の一つの空間（バスの自由席）の場合もある。

第二の交換関係は、ホテルのベッド、レストランのテーブル、スキー場のリフトなど、自宅から離れた空間を一時的に利用する権利が、金銭と交換されるところで生じている。ここでも再び、その所有は短期的で一時的なものだとみなされる一方で、借用される空間は自宅で利用するものよりも質的に優れていると考えられている。こうした空間の利用は、すでに接客サービスの市場化について論じた第一節で指摘したように、私的空間と公共空間の再組織化を通して可能となっている。

第三の交換は、風景や街の景観を眺め、それを記憶におさめる視覚的財が、金銭と交換される際に生じている——たとえ実際に、みたものを所有したり一時的に保有する権利など有していないとしてもである。すでに別の著作で論じたように、馴染みのない風景に「まなざし」を向けるこの能力こそが、ツーリズムの決定的な特性である（Urry 1990c=1995)。ツーリズムは、金銭と一時的な視覚的財との交換を前提としている。視覚的財は、訪問者が自宅から離れた空間を一時的に保有する権利をもつとき、獲得されうるものである。

こうした一連の区別をおこなったのは、われわれがどのような理由で「ツーリズムの終焉」へと向かっているのかを説明するためである。第一のタイプの交換は近年、以前にも増して普及している。ここ数年、人びとがおこなう旅行は、数のうえでも距離のうえでも著しく拡大している。その要因として、都市地域の拡大とそれに付随する通勤距離の増大、長距離通勤の発展、ビジネスや会議での出張の急増、自動車の所有とそれを用いた旅行の増加、旅行時間を著しく短縮させる高速列車や航空機の発展（時間—空間の圧縮の増進）があげられる。これらすべての結果が意味することは、休日に旅行をおこなうことが、もはやさして重要なイベントではなくなり、旅行を含む他の数多くの種類の社会的活動からツーリストであることを区別するのに有効ではなくなっているという点である。

第二のタイプの交換は、とりわけビジネス、会議、学術目的での滞在が増加するにともない、いくぶん普及してきている。

だが、もっとも重要な変化が、第三の形態の交換、つまり金銭と視覚的財との交換と関連して生じている。この変化は驚くべきものである。マス・メディアの発展は、視覚イメージのかつてない増殖と「日常生活の美化」をもたらしている（Featherstone 1991=2003）。イメージを購入することが異常なまでに普及しており、それは、視覚的財の購入や消費が、特定のツーリスト実践に決して限定されるものではないということを意味している。また、社会的活動のほとんどすべての側面が美化されている。このことが示唆するのは、視覚的消費は、買い物、飲食、スポーツ、余暇、教育、文化など、多岐にわたる文脈のなかで生じうるということである。この点をはっきり示す一つの典型的な例として、カナダのウェスト・エドモントン・ショッピングモールをあげることができる。

ある週末に一つの建物のなかで、……ディズニーランド、マリブ・ビーチ、バーボン・ストリート、サンディエゴ動物園、ビバリー・ヒルズのロデオ・ドライブ、オーストラリアのグレート・バリア・リーフ……を訪れている姿を想像してみてください。……世界最大級のショッピング・センターと言われているこのモールには、一一〇エーカーの敷地のなかに、六二八の店舗、一一〇のレストランと一九の映画館……一九階以上の高さのガラス製のドームで覆われた五エーカーのウォーター・パーク……が設置されています。……モール内の湖に備わった四隻の潜水艦をみてください。……ファンタジーランド・ホテルでは、さまざまなテーマに沿った客室が用意されています。あるフロアには古代ローマをテーマとした部屋が、別のフロアには「千一夜物語」をテーマとした部屋が、ポリネシアをテーマとした部屋が……といった風に。（Travel Alberta undated）

近年、視覚的消費がこれまでにないほど普及し、浸透してきている。それは、われわれが別のところで「脱分化」と名づけた事態を表している。近代という時代は、数多くの独立した制度的・規範的・美的領域が発展した、垂直的分化と水平的分化の時代であった。それぞれの領域は、それ固有の慣習と評価の様式を備え、高級文化と低級文化、科学と生活、アウラ的娯楽と大衆的娯楽といった多元的な区別（および規則を制定するヒエラルキー構造）をともなっていた（Urry 1990c: 83-5=1995: 148-52; Lash 1990b=1997）。

それに対して、ポスト近代は脱分化の時代であり、それぞれの領域の固有性と、垂直次元内部での規則制定の基準が崩れている。こうした内部崩壊は、メディアや日常生活の美化の広範な影響の結果である。文化的諸領域はますますアウラを失い、熟慮（contemplation）から消費（consumption）へ、そして「高級文化（high culture）」から「目抜き通り（high street）」への転換が生じているのである（われわれはここでN・ホワイトリーに感謝したい）。立法が解釈にとって代わられるにつれ、文化的対象と観衆との間にあったいくつかの差異は解消されている。加えて最後に、ポスト近代では、表象と現実との間の関係が問題化してくる。われわれは記号やシンボルをますます消費するようになっているため、そうした表象の様式から切り離された純然たる「現実」を考えることは難しくなっている。ツーリズムにおいて消費されるのは、視覚的な記号、あるいは場合によってはシミュラークルである。仮にツーリストとして振る舞っていないときでさえ、われわれはこうしたシミュラークルを消費しているのである。

視覚的消費の重要性は、たとえばウェスト・エドモントン・モールにみられる他所性（elsewhereness）のある街の景観のような、「テーマ化した」環境を生みだそうとする広範な傾向の強まりにみてとることができる。エーコは、こうした一見すると現実的で本物にみえる環境を、「ハイパー・リアリティの旅行」と呼んでいる（Eco 1986）。そうした場所は、みかけ上は、実物よりも「現実的」である。エーコは次のように要約している。「ディズニーランドがわれわれに教えてくれるのは、自然よりもテクノロジーが与えてくれるものの方がより現実的だ、ということである」（Eco 1986: 44）。ショッピング・センターと世界博覧会という二つの文脈で、そうした擬似的な現実はありふれたものとなっている。両方の場所で人びとは、数多くの文化の記号やシンボルにまなざしを向け、それを収集する――言い換えれば、ツーリストとして振る舞う――ことに熱中している（Shields 1991b; Urry 1990c=1995: ch.7）。これは、グローバルなミニチュア化とでも呼びうる、もっとも極端な形の「時間―空間の圧縮」によって可能となっている。

こうしたイメージの増殖に寄与しているのが、消費者たちに与えられる選択肢の目立った増加である。この点は、外食という社会慣行が過去数十年の間に並外れた発展を遂げたことを考えてみれば、すぐに理解することができる。この発展はもちろん、（すでに第六、七章でみたように）部分的には社会階級およびジェンダー関係の変化を原因としている。二〇―三〇年前、多くの人びとにとって外食は、余暇中にのみおこなわれる慣行であった。余暇以外のときに人びとがレストランにいき食事を楽しむのは、仕事場の食堂を除けばかなりまれであった。だが、いまでは外食という慣行は、アメリカを中心とする「西洋」において、ありふれたものとなっている（それは東欧諸国とかなり対照的である）。平均的なアメリカの都市には人口千人につき一軒のレストランがあり、たとえばシカゴにいたっては約一万軒のレストランが営業している（Pillsbury 1990: 6、またより一般的な分析をおこなったFinkelstein 1989）。アメリカのレストラン数は、一九六〇年代から一九八〇年代の間に二倍に増えている（Pillsbury 1990: 103）。さらに、代表的なアメリカの都市には、少なくとも百種類の異なるレストラン料理が存在すると言われている。ピルスブリーが述べるように、「大移動、文化変容のプロセス、そして食に関するテクノロジーの急激な発展により、新しいエキゾチックな食べ物が、事実上すべてのコミュニティに安価で提供されている」（Pillsbury 1990: 130）のである。カリフォルニア州は、ある種、料理の実験場の役目を担っており、こうした新たな料理の多くは、たとえ一見すると北アメリカの他の地方に根ざしたものである場合でも、まずカリフォルニアで試されることになる（アメリカのさまざまな都市間のレストラン利用率の著しい違いについてはPillsbury 1990: 86）。

こうした消費者の選択肢の広がりはまた、世界中で訪問可能な国が増加していることからも看取することができる。それは部分的には、世界銀行、米州開発銀行、国連開発計画、米州機構、ヨーロッパ共同体といった国際機関の役割によるものである（Pearce 1989: 45-8）。選択肢の広がりは、いまやイギリス国内で取得可能な休日がかなり多様に存在することからもみてとれる。それには、外国人を避けて過ごす週末、疲れを癒すための休暇、ミステリー・イベントを楽しむ週末、堅苦しい仕事から逃れて過ごす休暇、サッカーを楽しむ週末、ウィガンでの息抜きのための休暇、グランサムでゆったりと過ごす週末、そして「アイルランドのリオと呼ばれるベルファスト」への訪問が含まれる。そして最後に、地元から離れた場所にしろ近場にしろ、人びとが訪問することのできる博物館の選択肢の幅が、ここ数十年で膨大な数へと増加している。一九八〇年代のイギリスでは、新たな博物館が毎週のようにオープンしていたようである。世界中には信じられないような博物館がいくつか存在している。そのなかには、ケズィックの鉛筆博物館、アウシュヴィッツ博物館、ベルゲンのハンセン病博物館、ロンドンの歯の博物館、ロンバード街のシューズ博物館、ウィドネス市の化学博物館、シンガポールの捕虜博物館、マンチェスターのグラナダ・コロネーション通り博物館が含まれ、またネルソン・マンデラがかつて収監された牢獄を目玉とするロッベン島の博物館もおそらくその一つに該当するであろう（Urry 1990c=1995: ch.6; Rojek 1993）。

　このような選択肢の増大は、部分的には消費者側のある種の抵抗が原因となっている。すべての消費者が比較的同じように扱われるマス・ツアーの人気は、衰えているようである。たとえばプーンは、パッケージ化され標準化した「古いツーリズム」から、細かく区分され、融通がきき、個々の消費者に合わせた「新しいツーリズム」への移行について語っている（Poon 1989）。また、ブリティッシュ・エアウエイズ社のマーケティング・ディレクターは、「旅行ビジネスにおけるマス・マーケティングの終焉」に関して、「われわれは、市場を細かく区分するという点で、より洗練されなければならないだろう」と記している（Poon 1989: 94 より引用。Pearce 1989: ch.6）。

　パッケージ化したマス・ツーリズムからのこうした転換は、「ポスト・フォード主義的」消費へと向かう、より広範な変化を反映したものであると言えるかもしれない。**表10-2**は、ツーリズム産業の事例とともに、この変化がどのように特徴づけられるのかを示している。ツーリズムの発展が徐々に「ポスト・フォード主義的」パターンをとりつつあるという主張を例証する事例が、数多く存在していることは明らかである。ここでは次の三つの点について考えてみたい。第一に、いくつかの発展途上国での「オルタナティブ・ツーリズム」の展開、第二に、「ポスト・ツーリスト」とでも呼びうる事態の出現、そして第三に、近年のトマス・クック社の「グローバルに考え、ローカルに行動する」ことを模索する企業への転身である。

　第一に、大量かつ大規模なツーリズムの発展に反対する者は、マス・ツーリズムによってその経済・社会・環境構造が壊滅的被害を被っている発展途上国に配慮した、「オルタナティブ」・ツーリズムを、近年提唱するようになっている。オルタナティブ・ツーリズムは多くの主張を有している。自己決定、真正性、社会的調和、既存の環境の保全といった価値。地域の人びとや事業家と、その外部の代理店との間のより公正なパートナーシップ。開発規模の縮小と、地域にある技術、資源、建築様式、技法のより全面的な利用。ツーリズムが生みだす利益を、地域の施設、資源、そして環境の質に還元することである（Pearce 1989: 101-6）。こうしたオルタナティブ・ツーリズムの発展がいくぶん重要視されている例として、パプア・ニューギニアにおけるゲスト・ハウスの発展、フランス領ポリネシアにおけるバンガロー、ベリーズにおける「エコ・ツーリズム」、セネガルにおける「統合型農村ツーリズム」があげられる。より一般的には、マス・ツーリズムが環境に対してもつ影響、とりわけ海岸沿いの高層ホテルやマンションの建設は、いまや大いに批判されているのである。たとえばスペイン政府は、海岸沿いのさらなる開発を妨げ、またそれどころか、適切な許可なく建築された建物をとり壊そうとやっきになっている。環境に配慮した裕福なツーリストたちが、目にみえる社会的・環境的破壊をもたらすことのない開発に引き寄せられていることに、いまや多くの国々は気づいてきている。それは、マス・ツーリズムの影響で荒廃したことでよく知られている地中海のマヨルカ島で、いままさに生じていることである。海外からのツーリストたちは、実のところ、ある社会内部の再帰的プロセスの一端を担っており、その社会がたどるかもしれない未来の道筋に関する半ば意識的な評価に影響を与えている。ツーリズム・コンサーンやグリーン・フラッグ・インターナショナル

表 10－2　ポスト・フォード主義とツーリズム

ポスト・フォード主義的消費	ツーリズムの事例
●消費者が次第に支配的となり，生産者はより消費者指向的にならねばならないこと	ある種のマス・ツーリズム（余暇用キャンプ場やより安価なパッケージ・ツアー）の拒否と，選好の多様化
●消費者の選好がより移り気になること	繰り返しの訪問が減少し，代わりとなる名所やアトラクションが増加すること
●市場の細分化の拡大	ライフスタイル研究に基づく，ツアーやアトラクションの多元化
●消費者運動の発展	メディアを通じて提供される，オルタナティブ・ツアーやアトラクションについてのより豊富な情報
●それぞれがより短命である，数多くの新製品の開発	流行の変化による，観光地やそこで得られる経験の急速な転換
●非一大量生産／非一大量消費への選好を表明する人がますます増えること	「グリーン・ツーリズム」や，消費者に合わせて個別に仕立てられた保養所や宿泊施設の発展（たとえば田舎の邸宅を改築したホテル）
●消費が，徐々に「機能的」でなくなり，美化されていくこと	ツーリズムと，余暇，文化，小売業，教育，スポーツ，趣味との「脱分化」

などの組織は、ツーリストが余暇の選択の際に再帰的になるよう促し、ツーリズムがもつ自然環境、建造環境、そして「自然風の」環境に対する影響力を評価する努力をおこなっている。特に望まれていることは、ツアー・オペレーターがツーリズムの有害な影響を最小化すべく、目的地を選定することである。

第二に、すでに述べられているように、「ポスト・ツーリズム」とでもいうべき文化的パラダイムが、現代ツーリズムの一つの構成要素となっている（詳細は Urry 1990c=1995: ch.5）。このパラダイムは、数多くの構成要素からなっている。ポスト・ツーリストは、多数の観光のまなざしの典型的な対象物をみるために、家からでる必要はない。むしろそうした対象のほとんどは、テレビとビデオ・カセット・レコーダー（VCR）を通じて、まなざしが向けられ、比較され、文脈づけられ、そして再びまなざしを向けられることになる。いずれにせよ典型的なツーリストの経験は、名づけられた光景を一つの枠組みを通してみることにある。ただしそれはいまや、テレビのボタン一つで、手軽に自宅の居間で経験可能となり、また何度も何度も繰り返すことができるのである。それが意味するのは、ある景色をカメラのファインダーを通してみることと、テレビ画面を通してみることとの間にはほとんど違いはないということである。むろん、後者の方が環境への被害ははるかに少ない。したがって、仮想現実を経由したツーリズムは、二一世紀型の解決のあり方なのかもしれない。

さらに、ポスト・ツーリストは、与えられた選択群に生じている変化と、それがもつ楽しさに気がついている。ポスト・ツーリストは、高級文化と低級文化双方による制約を免れている。ポスト・ツーリストは、ある文化から別の文化へと簡単に移動し、二つの文化の間の差異を楽しんでいる。ポスト・ツーリストにとって世界は、言葉本来の意味でも比喩的な意味でも、一つの舞台なのである。そうした人びとは、興じられるゲームが複数あり、またそうしたゲームの選択に存在するパラドクスに喜びを見出すことができる。もはや正しい評価を盲目的に信奉する必要はなく、すべては解釈されるべきものとしてそこに存在している。実際のところもっとも重要なのは、ポスト・ツーリストが、自身がツーリストであるという点、そしてツーリズムは複数のテクストをもち、いかなる単一の真正な経験をも欠いた一連のゲームにすぎないという点を知っていることである。ポスト・ツーリストは、繰り返し列に並ばねばならないこと、外国為替と関わる困難に直面すること、豪華なパンフレットがポップ・カルチャーの一部分であること、一見するとその土地固有にみえる娯楽も多国籍風酒場と同じく人びとにより考案されたものであること、そして一風変わっていて興味深い伝統的な漁村はツーリズムからの収入がなければ生き残ることはできないことを知っているのである。ポスト・ツーリストは、皮肉好きでクールであり、また自意識過剰で、役割からの距離を常に意識している。イギリスのクラクトンやスペインのコスタブラーバといった「洗練されていない」海岸地帯でかつて得られた単純な楽しみといったものは、ますます経験することが難しくなっている。

最後に、トマス・クック社に立ち戻り、それがいかにしてグローバルに思考しローカルに行動することを試みているのかについて、簡潔に考察を加えてみよう（Brendon 1991=1995: ch.19）。クック社は、一九五〇年代から一九六〇年代を通じて、公務員的な気質を維持していた。この企業は、現場からのたたきあげの保守的な経営者たちによって経営されていたため、旅行については高度に精通していたものの、金融やマーケティングに関してはそうではなかった。クック社は（アメリカン・エキスプレス社とは異なり）クレジット・カード事業を展開することに失敗し、次第に台頭してきたパッケージ・ツアーをとり扱うライバル企業（たとえば一九六五年にはじめてイギリスに現れたトムソン社）とうまく競合することができなかった。さらにクック社は、航空会社の買収や、航空便の「チャーター契約」への投資を通じた垂直統合に失敗した。一九七〇年までに、国有企業となっていたクック社は、融通のきかない官庁的な位階昇進制度、近代的なテクノロジーの欠如、そして商売っ気のないイメージゆえに、大きな批判にさらされていた。だが、こうした批判にもかかわらず、クック社の信頼性、サービス、スタッフの献身、訓練、誠実さ、そして専門家気質に対する評判は高かった。ミッドランド銀行は一九七二年にクック社を買収したが、その理由は、当時クック社の商標が、世界で七番目によく知られていたためであった（クック社は一九九二年に、親会社の経営難のために売却された）。

過去二〇年の間に、とりわけテクノロジーに関して多くの変化が生じている。旅行は情報がものをいう産業であるが、一九七〇年代のクック社はいまだかなり鈍重な官僚制的手続きを通じて運営されていた。一九八〇年にクック社は旅行情報データベースを設置したが、それにより最新の旅行データを含む四万ものコンピューター処理されたページに、すべての支社からアクセスできるようになった。その他にも、個人情報コミュニケーション・システム、コンピューター制御のホテル予約システム、そして自動販売システムなど、複数のコンピューター・システムが導入された。また、かつて一九あった地位等級は、四にまで削減された。クック社は、いまや一四〇の国々にネットワークを配備するグローバル企業となっている。また、集権化と分権化の双方を促進するために、新たなグローバル管理システムが開発されてきた。管理はコンピューター設備の標準化を通じて中央からおこなわれるが、地方の責任者たちはローカルなレベルでイニシアティブを発揮することが可能であると言われている。さらにクック社は、一部の地域で、個々の顧客に合わせたツアーの提供を試みている。将来、個々の顧客のニーズに合った商品開発の多くは、コンピューター端末の前に座り、目的となる候補地の映像を確認し、そのうえで選択をおこなう（その後、自動的にデータ処理がなされる）個々の旅行者自身によって遂行されるであろう。

現在の地点からみれば、垂直統合をおこなわなかったクック社の決定は、事実、賢明であったように思われる。クック社は、旅行の、より厳密にいえば旅行情報の販売と投資に専門特化している。クック社はいつの時代にあっても、ホテルや、航空会社、あるいはいかなる形態の輸送手段をも所有してはいないのである。

四節　結論

本書の別の箇所で、二つの考え方について議論をおこなった。一つが「時間―空間の圧縮」であり、もう一つが同時発生的に生じている消費の「視覚化」と「再魔術化」であった。これらの観念はともに、旅行とツーリズムを分析するにあたって中心的な重要性をもっている。第二章で議論したように、「時間―空間の圧縮」とは、空間―時間次元の圧倒的な変容を意味している。たとえば詩人ハイネは、一九世紀におけるパリ―ルーアン間の鉄道開設の際に経験した大いなる予兆について語っている。「時間と空間という原初的な観念ですら揺らぎはじめている。空間が鉄道によって殺されているのである。あらゆる国の山や森がパリに向かって進行してきているかのように、私は感じている」(D. Harvey 1990: 426)。また、イギリスのある批評家は、次のように述べている。「このように距離が消滅していけば、われわれの国の地表は、いうなれば一つの巨大な都市にも満たないまでに縮んでしまうだろう」(D. Harvey 1990: 426)。二〇世紀後半にいたるまで空間を消滅させてきたのは、実際の旅行を通じた時間―空間の圧縮の問題だけでなく、擬似的な旅行、およびイメージと記号の極端なまでの増殖と普及であった。そうした記号とイメージは、圧倒的に視覚的なものであり、あらゆる種類の対象やサービスに結びつけられるようになっている。したがって消費は、単にまたはもっぱら機能的であったり、価格によって決定されたりするものではなく、「象徴的な」ものなのである。シールズはこれを「商品の再魔術化」――大量生産された商品が、象徴化によりアウラを再び帯びること――と特徴づけている（Shields 1991b）。

ここで、指摘しておかなければならない点が三つある。第一に、商品を「魔術化する」シンボルの多くは場所や旅行と結びつけられているが、それは、視覚および映像を通じた象徴化が、現代の消費にとって中心的な意義を有しているからである。旅行代理店の建物が、銀行ではなく、流行の家具専門店に似たデザインに変更されるようになっていることを、ここで付言しておくべきである（そしていまでは、しばしば旅行専門店と実際に呼ばれている）。

第二に、消費者たちは、かつてのようには、大衆消費主義の幻想に惑わされなくなっている。われわれはすでに、ポスト・ツーリストがもつ性質の輪郭を示した。同様に、ここでは、ポスト・ショッパー (post-shopper) なるものを仮定できるかもしれない。それは、部分的には皮肉好きないしはクールであり、複数の消費ゲームに戯れることができ、交換価値の恣意的な性格を知っている、そうした買い物客を意味している（Shields 1991b）。消費者たちは、「時間―空間の圧縮」を反映したイメージに、つまり「造られた多様性」にさらされている。こうした人びとは、イメージを解釈する記号論的作業に習熟しなければならない。そのうえで消費者たちは、自身の社会、製品、およびイメージ――ただし、そうしたイメージはそれ自体、記号論的社会とでも呼びうるものの一部をなしている――に対して、ますます再帰的になるのである。

第三に、時間─空間的障壁が徐々に消滅していくことに対する反応は複雑であり、単に受容だけをもたらしているわけではない。ハーヴェイが示唆しているように、相互連関がよりグローバルになればなるほど、世界中の人びとは、場所や近隣、地方やエスニシティ、そして伝統や遺産にますます固執するようになる。それはたとえ、コスモポリタンと呼ばれる人びとが紛れもなく存在するとしてもである。

イメージの流れが加速し、場所がもつ意味がますます失われるなかで、ルーツを探求することへの強い衝動がなお存在している。……社会空間がわれわれのなかから崩壊していく感覚によって生じる予感が……アイデンティティの危機へと翻訳されていく。われわれは何者で、どのような空間／場所に属しているのだろうか。(D. Harvey 1990: 427)

このように時間と空間、アイデンティティ、そしてイメージは、近代およびポスト近代における、こうしたさまざまな形態をとるモビリティによって不可避に変容しているのである。

11 グローバル化とローカル化

> このイングランド人男性は、アメリカを拠点とするとある多国籍企業のロンドン支社で働いていた。ある午後、彼は自身の日本車で帰宅した。ドイツ製の台所用品を扱う輸入会社で働く彼の妻はすでに帰宅していた。彼女の小さなイタリア車は、いつものように車の往来を素早く通り抜けたのである。ニュージーランド産のラム肉、カリフォルニア産のニンジン、メキシコ産の蜂蜜、フランス産のチーズ、そしてスペイン産のワインによる料理を楽しんだ後、二人はフィンランド製のテレビで、ある番組を視聴した。それは、フォークランド戦争を回顧し、賛美するものであった。番組を見終わった後、二人は興奮し、熱烈な愛国心を抱き、イギリス人であることに誇りを感じたのであった。(Williams 1983: 177)

本章は、いまや国民国家は現代の社会的生活の大きな問題にとっては小さすぎ、また小さな問題にとっては大きすぎるという、レイモンド・ウィリアムズやダニエル・ベルの主張と関係している(Williams 1983: 197-9; Bell 1987: 116)。特に、本書の随所で出会った一連の問題にとり組むつもりである。それは、今日の世界を特徴づけるグローバルな関係が有する特性と、それが国民、地方、地域に対してもつ意味をめぐる問題である。ここでは、主に経済の変容に焦点を合わせながら議論をおこなう。貨幣と金融を扱う最初の節では、経済の変化について独自の分析をおこなう。だが、ここでの主たる関心は、現状分析にとって決定的に重要となる、二つの異なる領域がもつグローバルな意義に置かれている。一つが、環境問題と「グローバルに考え、ローカルに行動する」ことの派生効果であり、もう一つが、「グローバル文化」の性質、およびそれが国民性(nationality)や地域性(locality)に果たす意義である。

近年、大きな変化が生じていることは明らかである。その変化により、グローバルな性質を帯びた関係が拡大し、人間による実践のさまざまな領域に影響を与えている。「グローバル・ガバナンス」の発展の結果、国民国家を、重要な経済・社会関係にとって相応しい権力容器として理解し続けることがますます難しくなっている(Held 1991; Giddens 1981)。チェルノブイリは、環境災害がいかなる国境をも知らないということを示してくれた。一九七三年に起こった石油価格の上昇は、国際的な変化を無視して、ナショナルな経済政策を実行することができないことを例証してくれた。そして、最近のオリンピック・ゲームは、世界人口の半数近くが同じ「文化的」経験の一部となることが想像可能であることを教えてくれた。これらの発展は、二つの問題を提起している。第一に、「社会」という主要な概念を中心として組み立てられている、伝統的理論に何が起こっているのだろうか。「社会」などというものは存在するのか。もし存在するとすれば、それは一体どのようなものか。また、国民経済は本当にこれからも存在し続けるのか。イギリス経済なるものはいまだ存在しているのか、といった問題である。第二に、たとえそうした疑問が存在するにしても、国際的／グローバルなプロセスの重要性はいくぶん誇張されすぎているのかもしれない。相並び進行する二つのプロセス、すなわちグローバル化とローカル化というプロセスが存在しているのではないか。もしそうしたプロセスが存在するとして、そのとき、適切な理論の発展にとってどのような意義があるのだろうか。

過去二世紀の間、「西側」では、社会が国民国家と同じ広がりをもち、民主主義的国家が、自身を統治し、その未来を決定する一つのコミュニティを構成するということが前提とされてきた（Held 1991; Held ed. 1993）。民主主義的国家は、「運命の国民共同体」を前提としていたのである。近年さまざまな変化が起こり、そうしたコミュニティ（あるいは社会）を、もはや主権としてみなさなくなってきている（Appadurai 1990; Crook et al. 1992; Held 1991; Jacques 1990; Jessop 1992; Keohane 1984=1998; Sklair 1990=1995）。

こうした変化には、第一に、トランスナショナルな実践の発展が含まれている。それは、資本、貨幣、商品、サービス、人、情報、技術、政治、アイデア、イメージ、そして規制の大規模なフローを生みだすことで、個々の国民国家を超越している。そのようなトランスナショナルな実践あるいはフローは、単純に一つの国からもたらされるものではなく、また一つの特定の地域からもたらされるわけでもない。そうした経済的・政治的・文化的実践は、個々の国民国家から相対的に自律しているのである。

第二に、むろんこれらの実践は、世界のすべての場所から等しく生じているわけではない。グローバル化とは、実際には発展した資本主義によるグローバル化なのである。なぜならば、非国家的なトランスナショナルな実践の展開のなかで、北大西洋沿岸諸国や日本が支配的な役割を演じているからである。そうしたトランスナショナルな実践は、その発展度と影響力ゆえに、ある特定の限られた都市に依存している（ハリウッド、シティ・オブ・ロンドン）。

第三に、ナショナルな政府は、トランスナショナルな実践によって生みだされる国境を越えるフローを管理することがますます難しくなっている。グローバルな相互依存性によって、国家による国境内活動の管理を可能にしてきた政策的手段の有効性が減少している。領土は、国民国家によってそれほどはっきりと統治されているわけではない。というのも国民国家は、自身が関与する活動の範囲と種類を減少させてきたためである。国家はかなり「空洞化」しているのである。

第四に、そのように高度な結びつきをもつグローバル秩序のなかで、国家の伝統的な活動領域の多くは国際的な協調なしに実行されることができない。そうした協調には、他の国との互恵的な取引や、より重要なものとして、トランスナショナルな慣行に基づく取引が含まれている。それと同時に、国家は、グローバルな相互連関がもたらす不安定な影響を打ち消すために、他の国家と政治的統合の水準を増大させなければならない。具体例として、ＧＡＴＴ、ＩＭＦ、世界銀行、ＯＡＳ、ＥＣ、ＯＰＥＣがあげられる。

第五に、グローバル・ガバナンスについて、ある予測されるパターンが発展しつつある。それには、トランスナショナルな官僚制組織、国際的な代表機構、そして相当数の国際機関が含まれている。国家の権利と義務、権力、能力は、再定義されているのである。ヘルドは次のように要約している。「国家の能力は、制限されてもいるし拡大されてもいる。というのも、国家は広範な機能を実行し続けることが許されているが、そうした機能はもはやグローバルあるいは地方レベルの関係やプロセスから孤立して維持されることはできないからである」(Held 1991: 208)。

その結果、第六に、北大西洋に存在するような国民国家を基盤とする社会とは異なる、さまざまな社会―空間的組織が現れてきている。国民国家と同じ広がりをもたない社会、かろうじて社会をなしている国民国家、そして「伝統的な」意味で国家とはいえない社会である。国民国家は、もはや市民社会を支配する自明で正統な権威の源泉ではない。将来、国民国家に基づく社会といった枠組みに合わない、多くの異なる種類の社会―空間的分類が現れるであろう。当然のことながら、北大西洋沿岸地域から離れれば、国民国家モデルはけっして支配的なものではなかったのである。

最後に、自身以外いかなる超越的な権威をもたない主権国家によって、世界が構成され、また分割されるという民主主義のウェストファリア・モデルは時代遅れになり、コスモポリタンな民主主義モデルにとって代わられるかもしれない(Held ed. 1993)。後者のモデルでは、集団と組織が基本単位となるであろう。そうした集団や組織は、多様で重複する権力のネットワークにより構成されるグローバルな秩序により生みだされ、また、コスモポリタンな市民社会へのアクセス権を有している。

これらの一連の変容は明らかに広範囲にわたるものであり、それはさまざまなグローバルなフローによって生みだされている。ルアードが続けて述べるように、凝集性のあるナショナルな社会がもはや存在しなくなるとき、「国際社会」が現れるようになる(Luard 1990)。この二つのプロセスが結びつくことにより、「諸社会」と一つの「国際社会」の間にある差異が小さくなるのである。第一に、今日の「諸社会」は、その内部に見出される信念、条件、利益、生活様式がかなり多様であるため、そこに共通性が存在するとは言い難い。第二に、さまざまなフローの「時間―空間の圧縮」を通じて、国際社会の「規模」は明らかに縮小している。そのことが、人びとの間の相互連関性、およびそうした連関性が存在するという意識を大いに高めている。このような国際社会は、次のように特徴づけられる。権力は分散されているが、それが発見される所では非常に集中していること。それぞれの社会の間の公的な関係は比較的わずかであり、そのため、国際機関によって行使される権限はかなり弱く、また予測することができないままに留まっていること。連帯感、とりわけ異なる人びとのあいだで育まれる連帯感が未発達であること。人びとが献身や忠誠の感覚を抱くことができる国際機関はわずかであること。そして、国際社会とはいかなるものか、そしてそれがどのように発展するかについてのコンセンサスがほとんど存在していないことである。むろん、こうした特徴は、アメリカや旧ソビエト連邦といった多くの「ナショナルな」社会の特性でもある。ここでは次の点が強調されるべきである。複数の社会をそれぞれはっきりと見分け、識別し、認識することがますます難しくなっていること。ナショナルでもグローバルでもない、それらが混在したいくつかの社会形態が発達しつつあること。そして、世界大に広がる諸社会の相互連関性が増大するなかで、民主主義的権利をめぐるいくつかの理論が時代遅れなっていることである。

こうした発展の最良の事例が、一九九二年以後のヨーロッパである。ECは伝統的な国民国家ではない。というのも、国家がもつと想定されるいくつかの特徴のうち、ECはとりわけ物理的強制力を集権化しておらず、軍事組織の強制力が集中していないからである（この区別については、Mann 1986: 26-7=2002: 32-3）。だがECは、いくつかのナショナルな諸社会が発展してきたやり方と、ある面で類似していることができるとなっている。そうした社会は、多様で、複雑で、ほんの一部しか重なり合うことのない権力のネットワークによって特徴づけられる（Bryant 1991）。一九九二年は、ある野心的な試みを象徴する年である。というのも、（四つの自由を通じての）貿易に関する非市場的な障壁に対する新自由主義的な規制緩和と、強力な地方ブロックを形成するという古くからの連邦主義者によるヨーロッパ計画とが結び合わされたためである（Ross 1992: 56）。

ECについて、二つの点が注目されるべきである。第一に、ECは、（「特定多数」決をますます用いることにより）個々の社会を強制し、また個々の国家の行為を不法なものとして非難する権限を有している。これまでのところ、ナショナルな議会に付与される権限は拡大している（たとえば、競争、貿易、為替相場、科学、テクノジー、そして調査に関する政策があげられる。Cooke 1990; Held 1991）。だが、本書のいたるところで述べられているように、国家間およびグローバルなフローが登場したことによって、こうした国家の権限の多くはすでに弱体化している。また、さまざまなEC指令を通して、国民国家は近隣諸国に対して新たな権限を得るであろう。一九八〇年代後半に、ジャック・ドロールは、新たなヨーロッパ空間を、完全なるヨーロッパ国家建設のための一連の政治によって満たすための取り組みを開始した。ロスが述べるように、「新たなヨーロッパは、その国家とグローバル市場との間に存在する『組織化した空間』となるであろう」（Ross 1992: 62）。一九九二年に生じた金融のフローと関連するいくつかの変化は、実際には通貨と金融に対する国家の規制をある程度増幅させるものとなるであろう。このことは、かつてない水準でおこなわれた一九八〇年代の規制緩和と比較するとき、よりはっきりと認識することができる（むろんイギリスにおいて特に当てはまる。Leyshon and Thrift 1992）。

第二に、ECはますます個々の地方や地域の要請に従い行動するようになっている。いくつかの地方や地域は、ブリュッセル／シュトラスブルグと直接に、そして別の地方や地域は、個々の社会／国民国家を通して交渉をおこなっている。およそ五〇のヨーロッパの都市とドイツの州がECレベルで代表されている。ある場合には、分野ごとの支援の獲得を目指し、異なる社会の複数の地方が同盟を組み、ECに対してより強力に働きかけをおこなっている。そのいくつかの徴候を、中立で脱中心化した「地方によって構成されるヨーロッパ」の設立の必要性を訴えるドイツの緑の党による主張や、「ヨーロッパのなかの独立」を要求するSNP（スコットランド国民党）の主張に見出すことができる。こうした流れの一つの興味深い例が、一九八八年に結ばれた「四つのエンジン」合意に看取することができる。この合意は、バーデン・ヴェルテンベルク州、ローヌ・アルプ地域圏、ロンバルディ州、カタルーニャ州の間で経済協力を発展させることを目的とするものであった（Cooke 1990）。ドーキンスが述べるように、一九九二年という年は、

> 地方の間の協力が存在するときにのみうまくいくだろう。そこでは、諸国家の首都間の協定は無関係である。皮肉にも、単一市場の成立は、地方が……中央政府から数多くの決定権を奪いとるための取り組みを支援するものとなっている。地方は、中央政府がローカルな出来事に介入しすぎていると常々感じているのである。（Dawkins 1990。一九九二年とそれが地方の発展に有する効果に

ついての分析は *Regional Studies* 26(4): 1992)

補完性原理は、国民国家（そして、特に閣僚会議）の権力に対抗し、地方／地域の権限をめぐる問題を直接提起するための原理である。少なくとも単一ヨーロッパ市場合意の後、政治的支配と代表制の新たな形態がヨーロッパに現れてきている。それは、一種の「無秩序状態」として描写されうるものである。そこには、下記のものが含まれる。数多くの異なる集団をともなう多元的代表制。単一の中心を欠いた権威の分裂状態（委員会、閣僚会議、議会）。政策や基金をめぐり、異なるレベル、機関、制度の間でおこなわれる開かれた競争。労働組合のような、強固で支配的な組織をもたない反コーポラティズム。そして中央と「地方」の間の力強い相互作用をともなう地域主義である（「ヨーロッパ化」の「可変的な幾何学」についてはRoss 1992）。

最後に、フレキシブルな専門化の問題を手短に振り返りつつ、こうした地方および地域のプロセスの重要性について考察する。ハーストとザイトリン（Hirst and Zeitlin 1990）は、『組織化資本主義の終焉』のテーゼには、とりわけ三つの固有の欠陥があると述べている。第一に、フレキシブルな専門化は、反動的なものではなく、むしろ能動的で戦略的に案出されたものとしてみなされるべきであること。第二に、フレキシブルな専門化は、企業間協力の複数のパターンを通して、特定のローカルな場所の内部で戦略的に生みだされていること。第三に、脆弱なマクロ経済政策を採用するイタリアのケースを除いたために、ローカル化した企業間協力の構築をめぐる成功事例の分析に失敗していることである。

彼らの議論は、重要な経済効果が、（『組織化資本主義の終焉』で論じられているように）基本的にはローカルなプロセスから、あるいは少なくとも非ナショナルなプロセスから生まれてくるということを例証するものである。ハーストとザイトリンは続けて、「［ローカルな］協力と協調を促す関係を築くための政治的・規範的・組織的手段」（Hirst and Zeitlin 1990: 44）が存在しなければならないと主張する。彼らは、地域において近接する企業同士の信頼と協調を制度化する必要性について語っている。つまり、適切な政策を実行するためには、「企業、労働者団体、公務員、政治家が相互に手をとり、協力することができる」、地域あるいは「地方の……『公共圏』」（Hirst and Zeitlin 1990: 44）が不可欠なのである。

しかしながら、彼らのフレキシブルな専門化に対する熱烈な信奉には二つの欠点が存在している。ローカルな関係の協調的性格をあまりにも誇張しすぎていること、そしてフレキシブルに専門化した地域といったものを可能にする、グローバルな経済的・政治的変化が有する役割を過小評価していることである（地域の政策的反応についてのさらなる議論は、Harloe et al. 1990）。また、注目すべきは、フレキシブルな専門化についての文献自体が、これまで述べてきたような実践によって特徴づけられる、新たな地域性の生産に重要な貢献をおこなっている点である。それは、再帰的近代化の好例である。

だが、彼らの主要な強調点は、ローカルなプロセスの重要性にある。一見したところでは、ローカル化が現代社会において中心的な重要性を有しているという考えには根拠がある。以下に記されているのは、ローカルな場所間あるいは地域間の差異をかなり強めているようにみえるいくつかのプロセスである。事業を分割し、異なる労働市場で異なる活動を配置する大企業の能力の増大。これまで比較的緊密であった地方経済の破壊。雇用口をめぐる地方政府間の競争、国際的な差異の発展、地方政策のローカル化。投票行動がナショナル・レベルで決定される傾向の減少と、いわゆる「ネイヴァーフッド」効果の重要性の増大。とりわけ国際的近代建築様式の人気が低迷するにともない、場所と立地がもつシンボルの重要性が色あせないこと。そして、ローカル志向の文化と政治の復権である（Hebdige 1990 によると、この点はイギリスにおける炭鉱のストライキとアシッド・ハウス・パーティの双方で見出される。Hebdige 1990、ただし Robins 1989a も参照）。ここで考察されたことは、地域が必然的に一元的なものであるとか、その結果が地元住民の要求通りのものとなっているということを意味してはいない。大まかに言えば、ローカルな権力は、反動的で、中央の決定に抵抗し、既存の社会組織形態のなかにニッチを探しだすことを通じて制度的・政策的対策を講じる傾向にある。

アミンとスリフトもまた、ローカルなものとグローバルなものは異なる場所で異なるやり方で交わり、そして、成長を可能にするローカルな条件の強健性には多くの空間的な可変性が存在していることを指摘している（Amin and Thrift 1992）。言い換えれば、グローバルなプロセスは、ある意味で、特定の地域と結びつけられ、その場所場所で自律的な成長に不可欠な基礎を生みだすことができるのである。彼らはまた、経済や制度と同様に、社会や文化もローカルな凝集性の発展を可能にする条件となることが、ますます理解されるようになっていると指摘している。それは、三つの点にみることができる（以下は Amin and Thrift 1992）。

第一が、解釈をめぐる問題である。あるセクターのグローバル化は、特定の地域のなかで、事業家がそうしたグローバルなプロセスを解釈し、提示するための手段を発展させる必要があることを意味している。ローカルな生産コンプレックスは、言説や説明が発展する文脈を供給することができるが、そうした言説や説明のなかで、明らかに距離のあるシステム（cf. ギデンズの専門家システム）が作られ、解釈がなされるのである。第二に、地域は、社会的相互作用のための文脈を提供する。そうした相互作用は、情報の収集、合意や同盟の形成、信頼あるいは暗黙の契約関係の強化、許容可能な行動についてのルールの発展のために必要不可欠である。そして第三に、場所は、ある程度脱中心化したシステムのなかで、生産と加工のイノベーションを生みだす条件となる。市場において隙間を発見する十分な数の知識をもつ人びと、発展するテクノロジーの新たな利用、そして迅速な応答が存在する地域で起業は可能となる。

本書では、経済の転換が社会的・空間的に影響を受けるさまざまなあり方を説明してきた。本章の最初の節では、経済の、つまりは貨幣自体の社会―空間的変容のさらなる側面を分析する。そこで、そうした貨幣と金融をめぐる変容が、グローバルなプロセスとローカルなプロセスの複雑な弁証法をともなうことが示される。つまり、金融のグローバル化それ自体が、ある固有のローカル化に依拠していることが明らかとなる。そうしたグローバル化は、かつてロンドン・シティが金融サービスにおいて、ローカル化した解釈、相互作用、イノベーションのための文脈を提供してきたやり方にとりわけ依存していたのである。

一節　貨幣と金融

スーザン・ストレンジによる関係的権力と構造的権力の間の区別を採用し、発展させることで本節をはじめよう（Strange 1988=1994）。関係的権力は、行為者Aが行為者Bにそれが存在しなければ生じなかった何かをおこなわせる力という、古典的なネオヴェーバー主義的パラダイムを指している。後者は全体構造を形成する権力であり、国家、政治的・経済的・文化的制度、国民階級などは、その全体構造のなかで作動し、決定をおこなわなければならない。一九世紀後半において、構造的権力はイギリスに集中していた。両大戦間の時期にはいかなる覇権国も存在していなかったが、そのことが、不況がかくも激しくなった理由を説明すると考えられている。一九四五年の合意以降、構造的権力はアメリカに集中することとなった。アメリカは、強制力と合意を独特のやり方で組み合わせることにより、覇権国へとのしあがった。一方で、二〇世紀末現在、構造的権力はいかなる国にも集中せず、特定の国によって行使されていない。他の国よりも明らかに強力な力をもつ国は存在しているが、構造的権力自体は、自由に漂い、あらゆる国を脱場所化し、また脱組織化するために働いているのである（有益なレビューとしてFoster 1989）。したがって、脱組織化資本主義は、単一の覇権国を有していないがゆえに、脱組織化しているのである(Gilpin 1987=1990)。どの国も一国で構造的権力を行使できない結果、いくつかの「国際的な公共財」が供給されなくなるかもしれない。なぜならば、新たな世界秩序のなかで周期的に生みだされる（ユーゴスラビアの崩壊は言うまでもなく、ソビエト連邦の解体のような）グローバルな問題に、特定の国々が責任を負ったり、実際に個々の権限を有したりする特別な理由はないからである。事実、脱組織化資本主義は、「グローバルな問題と唯一ローカルな解決」によって構成されるものとして定義されるかもしれない。

ストレンジにとってとりわけ重要なのは、経済を支配する構造的権力ではなく、信用を支配するより特化した構造的権力である。この権力は、生産の支配とも、流通の単なる手段としての貨幣の役割とも異なっている（Strange 1988: 30=1994: 40 およびAltvater 1990）。世界経済の脱領土化（あるいは脱ナショナル化）の主要な基盤となる信用を創造しているのが、この権力である。グローバルな生産システムから切り離され、またそれと同期性をもたない信用システムが組織化されている。このグローバルな信用システムは、規制を免がれており、市場を通して統治されている。それは、国内そして国際的なルールと規制を通じて効率的に管理される、流通手段としての貨幣の役割とは異なっている（Altvater 1990: 23）。加えて、このグローバルな信用システムは、もっぱら私的なものである。グローバルな信用システムの成長が、（ＩＭＦや世界銀行のような）いかなる公的資金をも上回る規模で、世界経済の新たな民営化をもたらしている。信用市場、特に金融の新たなイノベーションのための市場と、信用創造企業の私的なヒエラルキー構造が、国内および国際的な規制によって構成される公的なヒエラルキー構造を支配している。こうしたグローバルな形態をとる新たな信用は、国民国家の統制を受けることはないが、それでもなお、それぞれの国民国家に構造的権力を行使するのである（Leyshon and Thrift 1992）。

組織化資本主義との相違は明白である。北大西洋沿岸社会を特徴づけているのは、金融資本の集積回路である（Lash and Urry 1987: ch.7）。それは、銀行集団が産業を根本的に支配し、国内の通貨と経済を管理することによって成り立っている。そこでエリートは、特定の銀行を中心とする固有の集団のなかに組織化され、国民国家に影響を与えるため競合している（イギリスについてはScott and Griff 1984=1987）。こうした形態は、北大西洋沿岸地域のどの主要な国民国家のなかにも見出される。

脱組織化にともない、金融と工業はいまやどちらも国際化している。興味深いことに、両者の国際化は、別個の、また互いにあまり調整されていない資本の循環を通じておこなわれている。そのため、金融資本と産業資本は、個々の国民国家の境界において互いに無関連に現れ、決して調和することがない。もはや、ある国境の内部で、互いに競合する独立したライバルとなる帝国といったものは存在しないのである（イギリスについてはScott and Griff 1984=1987）。

信用と金融の国際化のいくつかの発展は、アメリカ、ヨーロッパ、日本の銀行による国際的な支店ネットワークの出現をともなっている。そのなかには、一九七〇年代初頭に成立する国際銀行グループ、特定の地域や産業の要求に応じる国際合弁銀行の設立、銀行とその他の金融機関との間にある多くの境界を浸食するさまざまな種類の規制緩和、銀行と他の金融機関との間の事業をめぐる合併と乗っ取り、国際金融による新たなコングロマリットの成立などが存在している。

一九六〇年代初頭以降に現れた多くの条件が、こうした発展の基盤を提供した。第一に、アメリカ企業がヨーロッパへの投資を大きく拡大させた。それは、とりわけ同時期に、多くのヨーロッパ諸国が活発な地方政策を設計し発展させ、周辺地方への対内投資を呼び込んだためである。世界全体の対外直接投資のグローバルなストックは、一九六〇年から一九七八年の間に、特に一九八〇年代後半に急速に拡大することとなった（Gill and Law 1988: 193）。

第二の条件が、当時存在していた規制枠組みにおける空白である（Strange 1988: 104-5=1994: 170-1）。アメリカ政府は、自国の海外支店、とりわけロンドンの支店に認められているドル預金を規制しようとしなかった。その上、イングランド銀行は、ポンド建てでおこなわれている金融取引を監視する一方で、ドル建てでおこなわれている、ロンドンにあるイギリスおよび海外の銀行の活動を規制しようとしなかった。つまり、ユーロダラーの発展は、アメリカおよびイギリス政府が規制をおこなわなかったために促進されることとなった。この点は、アメリカの事例において特に際立っていた。というのも、一般大衆および政府がともに、アメリカの領土の外部でおこなわれている金融活動に対して無関心であったからである。ストレンジによると、アメリカ政府は（準備預金制度など）あらゆる種類の権力を行使することができたにもかかわらず、そうはしなかった。「アメリカ人は政府の役割について独自の考えをもっており、アメリカ内部でおこなわれている活動、あるいはアメリカ経済および社会に直接に目にみえる形で影響を及ぼす活動が重要だと考えた」（Strange 1986: 51=2007: 83）からである。

加えて、第三の条件として、より全体的な経済発展が信用と金融の国際化を促進したことがあげられる。それには、以下のものが含まれている。特に急速に拡大するヨーロッパ市場を含む大規模な横断的投資を必要とする国際分業の発展、一九六〇年代後半にブームとなった合併のために資金を提供する必要性、新興工業国（ＮＩＣｓ）とヨーロッパ市場の間で貿易をおこなうための資金供給、ロンドンへの膨大な資金流入をもたらした一九七三年の石油危機、交換レートの自由化、ペーパー・ダラー・システムの成立、為替管理の緩和、国内銀行や（イギリスの住宅金融組合やアメリカの貯蓄貸付組合のような）他の金融機関に対する規制の解除と緩和、そしてオプションや先物における短期取引の拡大である（Brett 1983; Evans 1985; Strange 1986=2007, 1988=1994; Lash and Urry 1987; Budd and Whimster 1992）。

これまで、金融と信用の国際化を引き起こしたさまざまな要因に目を向けてきた。だが、一九六〇年代と一九七〇年代のこうした国際化は、ロンドンにおけるユーロドラー市場の発展に特に集中していた。したがって、グローバル化はローカル化を前提としていたのである。以下は、シティ・オブ・ロンドンがユーロカレンシー市場の発展の中心地となった、いくつかの要因である。たとえば、シティ・オブ・ロンドンは、信頼と信用を保障すると信じられている古い手続きをともなう伝統を有していたこと。特に海外投資に資金供給する際、利用可能な多くの専門知識が存在していたこと。とりわけ西ドイツの金融と比較したとき、「自国の」国内産業とそれほど強く結びついていなかったこと。そして、その他のいくつかの海外の金融センターと比較して、政府によってそれほど規制されていなかったことである（Ingham

1984; Strange 1986: 106=2007: 191; Evans 1985: 108-9)。ニューヨークのシティバンク社の責任者は、ロンドンがユーロダラー市場の中心となった理由を、次のように述べている。「ユーロダラー市場がロンドンに置かれているのは、イギリス政府がその市場を閉鎖することはないと人びとに信じられているからなのです。それが基本的な理由であり、それには千年の歴史が必要だったのです」(Ingham 1984: 41)。

言い換えれば、グローバルな金融プロセスの発展は、固有のローカルな構造を前提としていたのである。ロンドン・シティのケースで言えば、そのような千年の歴史を指している。一九八〇年代初頭まで、シティにあるすべての金融市場はインナー・スクエアーのなかに集中しており、非常に緊密な取引ネットワークを有していた(以下はPryke 1991; Amin and Thrift 1992)。その空間的緊密性が、信頼を支えるのに寄与したのである。すべての者が徒歩圏内にいたが、それは単に便利であるというだけでなく、監視を保障するものでもあった。シティはまた、とても強固な時間概念をともなう場所であった。つまりは、かなり堅固な「創られた伝統」を有していたのである。そうした伝統として、金融貴族制、イングランド人らしさ、そして男性により支配されたクラブ的雰囲気があげられる。一八世紀のコーヒー・ハウス以降、権力と伝統で満たされた独自の空間が発展したのである。そこは緊密で親密な空間であったが、義務を怠る外国の金融機関との過酷な対決によってではなく、大抵の場合、明記されていないルールを通して維持された(「私の言葉は、私の絆」は、後に「私の言葉は、私のジャンク・ボンド」にとって代わられた!)。法令遵守は口コミのプロセスを通じて強化されたが、それは、シティが有する極端なまでの緊密性/小規模性によって可能となった。信頼と統制は、場所から生じたのである。他のほぼすべての産業とは異なり、シティはそれまで、いかなる深刻な時間的・空間的分裂を経験したことがなく、「拡張した村」と終わりのない歴史の記念碑がいまだ存在している。したがって、ローカル化した社会的・文化的システムであったことが、旧来のシティの信頼を最大化することに寄与したのである(Pryke 1991: 216-7; Amin and Thrift 1992)。

ユーロカレンシー市場の活動場所となったのは、シティがそうした特別な空間だったからである。ところが、皮肉なことに、このような市場の発展がまさに、その固有の場所と、それが前提としていた監視や信頼のあり方を掘り崩しはじめた。一九七〇年代半ば以前、イングランド銀行は、「私の目の前にある銀行は、私が知っている銀行である」(Pryke 1991: 206からの引用)という言葉に基づき、取引をおこなっていた。イングランド銀行は、シティの境界と監視されるべき人びとの境界の双方を規定していた。そのようなシステムは、非常に濃い緊密性に依存するものであった。だが、一九七〇年代後半以降、シティの空間的形態は、むろんその社会的形態とともに変化しはじめた。それは、シティバンクからオールドウィッチへの移転とともにはじまった。プライクは、さらなる空間的変化について次のように要約している。

> シティは、文化的に親密で、ゆっくりとした帝国志向的な貿易金融体制の拠点ではなく、新しく、回転の速い資本主義の拠点となる運命にあった。……外国資本の数と規模が増大するなかで、さまざまなやり方で流入する資本をイギリスのルールに従属させてきた、バンク流の空間規制手法がもつ優越性が脅かされはじめたのである。(Pryke 1991: 210)

外国の銀行数は、一九六一年に一〇〇行あったが、一九八〇年代後半には約四五〇行にまで増大した。その多くは、五〇人から四〇〇人ものスタッフを雇用していた。このことは、シティの空間的変容を要請した。シティは、文字通り物理的に拡張されたのである。西はコベントガーデンまで、南はロンドン橋にあるヘイズウォーフ団地まで拡張され、その上、カナリーウォーフという不幸なほど余分な場所にまで拡張されるであろう。そうした拡張計画は、新たな情報技術と二四時間体制の電子取引によって促進されている（詳細はKing 1990: part 2)。興味深いことに、こうしたロンドンの変容は、ニューヨークの変容と多かれ少なかれ類似している。というのも、カナリーウォーフは、世界的金融センターを擁するバッテリー・シティ・パークを手本にしたものだからである。両者の「権力の景観」はかなり類似しているが、それは景観が、水平的かつ土地固有なものとは対照的に、垂直的に構築されているからである。また、両者の景観とも部分的には、相応しい文化資本を備えた者によって消費されるための公共空間であることから、空間が美化されている点でも類似している（Zukin 1992a)。

それとともに、そこにはバッドとウィムスターが「二都物語」と名づけたある社会的変容が存在した。スタンリーは、社交クラブ風の雰囲気を基盤とした古いシティについて、次のように要約している。

> 行動を統制するありふれたやり方には、モラルによる説得、眉をひそめること、飲みすぎに対する厳格な叱責、そして冷遇の可能性といったものがある。(Stanley 1992: 151)

しかし、これらすべてのことが、一九八〇年代の間に変わってしまった。それは、次のように描かれる時代である。

> 慣行が急速に変化することで、瞬間的なものだけが唯一確実であるという感覚を生みだした、パニックと過度の金融活動の時代……シティの規制的地位に置かれた主要な統制メカニズムとしての同一性は、解体したのである。(Stanley 1992: 156)

「貪欲すなわち善」は合い言葉となった。あるいはキャリル・チャーチルが、『深刻な貨幣』のなかで表現したように、

> とても多くの貪欲が存在するのは自然である。
> それは問題などではない。なぜなら自由は貨幣によって買えるのだから。(Churchill 1987: 109)

収入が増大するにつれ、富によるアノミーが生じた。「かつてこれほど多くの技術をもたない二四歳の若者が、これほど短い間に、これほど多くのお金を生みだすのをみたことがない」(Stanley 1992: 142からの引用)。人びとは、どれくらい多く、どのようなものを消費することができるのかによって評価されるようになった。シティの社交クラブ風の雰囲気への服従よりも、個人的な成功が至上命題となった。一九八〇年代のシティを特徴づけるアノミー状態のなかで、不法行為や、規制がもつ重要性の低下はありふれたものであった。個人はもはや、かつてのクラブ的な雰囲気によって維持されてきたサブカルチャーがもつ規則によって制限されていると感じてはいなかった。ここで、二つの結果が注目に値する。一つが、発見された不正行為の総額が、一九六〇年と比べて一〇〇倍にも増大したこと（Stanley 1992: 155–8)。もう一つが、シティで働く者の間で、別荘への需要が急増したことである。別荘は、新たな「反体制派」のための特権的財として、すなわち経済的・社会的・文化的価値の貯蔵手段としてますます機能するようになった（Thrift and Leyshon 1992)。

他の主要な金融センターと並び、ロンドンで生じているこうしたプロセスは、貨幣と金融のグローバルなフローの異常なまでの生産に影響を与えることとなった。外国為替市場において、日に六〇〇〇億ドルが取引された。それは、一年間の世界の貿易量と等しい規模である。東京市場の継続的発展により、一九九〇年代に変化が生じているとは

いえ、一九八九年までにロンドンは外国為替取引の主要センターとなっていた。注目すべきは、ロンドンの取引高の八〇%が、海外の銀行によって占められていたという点である（Coakley 1992: 61-2）。同様に、将来の利益などが担保された債券は、一九八〇年代後半には一〇兆ドルという信じがたい価値に達したのである。

その結果、個々の政府やIMFのような国際機関によって利用可能な金額が小規模にみえるほど多くの貨幣流通量をともないつつ、さらなる金融のプライバタイゼーションがおこなわれた。このことは、個々の通貨政策が計画されたり実施されたりすることが、ほとんど不可能であるということを意味している。それは特に、より小さく、より脆弱な国家にとって当てはまる（Strange 1986: 12-3=2007: 22）。国家が金利を管理する権利すら失われつつある。多くの外国為替市場は、インフレと利益率の不均衡を減少させるのに貢献している。というのも、投資に対する配当が、主要な西欧経済を通じて均等化されるためである。いまや外国為替市場は、ある意味で、いかなるナショナルな利益よりもグローバルな利益のために、世界的な通貨政策をおこなっているのである（Hutton 1990）。そのことが、制御不能状態をますます促進させ、ストレンジが「金融カジノ」と名づける事態を生みだしている。それは、「カジノのギャンブラーが手に負えず、政府による管理を完全に超えているような国際的金融システム」（Strange 1986: 21=2007: 34）である。

これまでのところ、主に一九六〇年代中頃から一九八〇年代中頃の間に生じた、世界の金融システムの発展に焦点を当ててきた。もっとも重要なことは、その発展が外国為替取引の量と流動性の未曾有の増大をともなっていた点にある。ここで、過去一〇年の間に起きた変容、つまりロンドン、ニューヨーク、東京という三つの世界都市を生みだすことになった変容について簡単に考察する。サッセンは、世界経済がグローバル化したことにより、いくつかの場所に、とりわけこれら三つの都市に中央管理機能がますます集中化しつつあると述べている（Sassen 1991）。実際、これらの都市は、きわめて重要な相互連関性、つまりはグローバル経済内部の集合的場所から生じる新たな都市システムを形成しつつある。こうした場所、つまり三つの都市のグローバルな密集性は、二種類の製品を独占することから生みだされている。第一の製品が、特化した生産者サービスである。それは、複合組織が、空間的に広がる工場とオフィスのネットワークを作動させるために必要とするものである。そして第二が、とりわけ証券化にみられる、ある種の金融イノベーションの「生産」と、国際株式においてグローバルな規模で瞬時の交換を可能にする電子交換取引の導入である（Sassen 1991: 5）。

両者の発展により、グローバル経済の重心が変化している。一九六〇年代および七〇年代には、金融は、巨大銀行、とりわけアメリカの多国籍銀行によって支配されていた。これらの銀行の重要性が相対的に低下し、新たな金融制度が発展するなかで、中心都市――グローバル都市――が決定的に重要になりつつある。世界金融を支配するのは、銀行よりもむしろ、ロンドン、ニューヨーク、東京という三つのポスト工業的な場所なのである。

これらの都市は、長い間ビジネスと金融の中心地であった。だが、この一〇年ほど、金融産業の変容を通じてある変化が起こっている。その特徴として、より少ない規制、より多くの多様性、より激しい競争、よりはっきりとした短期取引主義、銀行の市場シェアの低下、そして取引の規模と速度の増大をここではあげることができる（Sassen 1991: 168）。これらの都市では、金融取引の価値はその他のいかなる産業の価値をも凌駕しており、それゆえに、ロンドン、ニューヨーク、東京の都市形態を、世界の金融システムに果たしている役割から切り離すことはできない。サッセンの指摘によると、都市をめぐるほとんどの分析は、都市システムが基本的に国民国家と同じ広がりをもつと想定してしまっている。だが、近年の金融産業の変化により、ロンドン―ニューヨーク―東京というグローバルに広がる、一つの都市システムが生みだされている（Sassen 1991: ch.7）。グローバルな都市システムが形成過程にあることを示すのは、これらの都市間でおこなわれている競争ではなく、むしろその間の取引とつながりである。これらの都市には、「主要な生産者サービス企業の大規模な集積、世界の上位二四社を占める証券会社、世界の上位一〇〇社のうちの六三の銀行、グローバルな資本総額の八四％、そしてさまざまな商品や通貨と関連する市場の大規模な集積が含まれている」（Sassen 1991: 169）。それは、これら三つのグローバル都市が金融とサービス活動に関する取引の中心地として構築されるようなシステムなのである。それぞれの都市にとって互いの関係は、国内のつながりよりもある意味で重要である。サッセンは、グローバル都市のネットワークのなかで成長に貢献することが、それぞれの国に成長をもたらすとは限らないと示唆している（Sassen 1991: 9）。さらに、自由化と規制緩和を通して政府によって認可されているとはいえ、これらの都市のつながりは基本的には私的なものである。政府は、そこでおこなわれている取引に、限られた程度で参加できるにすぎない。したがって、これらの都市は、国内企業も外国企業も等しく活動することのできるグローバルな経済的空間を含んでいる。たとえばロンドンにある海外の証券会社の数は、一九六〇年に一〇社であったが、一九八〇年代後半には一二〇社を超えるまでに増大している。また、最大規模を誇る多数の銀行を含め、その二五％以上が日本の銀行であった（King 1990: 94-5）。こうして、証券取引のグローバル化が進行している。

　重要なことは、一九九二年という年に、グローバル化とローカル化に基づき確立されたばかりの都市のヒエラルキー構造が変容するかもしれないという点である。もしヨーロッパの金融サービスがより統合されれば、ヨーロッパ大に広がるヒエラルキー構造が発展するかもしれない。以下は、そのようなヒエラルキー構造の形成に寄与するいくつかの主要な規定要因である。最低限のサービス、ニッチ市場、企業消費者が集まる場所、資産やその他コスト、電気通信技術や空輸を含むインフラ、言語、そしてローカルなビジネス文化である（Begg 1992）。ベッグの研究は、グローバルな金融システムの三つのノードの一つとして、ロンドンが実際にその地位を維持するということを示している――ただし、パリやフランクフルトとの厳しい競争に直面するであろう。ロンドンは、その社会的・文化的組織性ゆえに、その地位を保ち続けると見込まれる。というのも、ロンドンは、判断、取引、生産イノベーションの中心だからである（Amin and Thrift 1992）。レイソンとスリフトは、一九八〇年代後半にロンドンが、その地位を再び主張するようになった理由を簡潔に述べている。

> 　競争的規制により、シティはヨーロッパの主要金融センターとしての地位を維持し、ヨーロッパに流入する金融ビジネスの大部分を手にすることができたのである。……シティが有する新たな金融産業の卓越性は、イギリス政府の意志を通じてなし遂げられた。政府は、金融をめぐる規制構造を、新たな国際的な金融システムのルールに従属させようとしたのである。（Leyshon and Thrift 1992: 58 および Moran 1991）

ヒエラルキー構造の第二のレベルは、ヨーロッパのさまざまな金融センターによって構成されるであろう。そこには、ロンドン、パリ、フランクフルトに加え、アムステルダム、ミラノ、マドリード、そしておそらくはブリュッセルが含まれる。第三のレベルは、専門性をもったニッチ市場向けの金融センターであり、エディンバラ、ダブリン、ルクセンブルグが含まれる。これらのレベルの他にも、さまざまなナショナルおよび地方レベルの金融センターが存在している。

単一ヨーロッパ市場は、金融サービスの相当な合理化、外部からのリストラや合併、そして国境を越えた協力を生みだすであろう（より一般的にはRamsay 1991）。グローバル化のもとで金融制度は、それまで担っていた伝統的な準行政的役割から、あからさまな競争状態へと転換すると考えられる（Begg 1992: 335）。

その結果、グローバル金融、証券化、資本コストの上昇、世界的な債務経済の発展を通じた、各国経済の脱国民化が生じている。支払い手段としての貨幣は、物質的プロセスを経て生みだされる価値をもはや表してはいない。債務経済やペーパー経済は、国民経済を牽引する国民国家と国際機関の双方の影響力を相当程度弱め、新たな都市システムを作りあげることで社会を分極化させ、「実体への」投資を不経済なものにし、ますます精巧になるカジノ資本主義へと人びとや資源を水路づけ、セクターあるいは地方や地域とは無関係に増大する貨幣を通じて国内の労働力の影響力を弱めている（Sassen 1991; Budd and Whimster 1992）。

実際、かなり推測に基づくものであるが、貨幣はかつて関係していた実体に基づくプロセスから離れ、自由に漂うシニフィアンとなっていると示唆される。オプション、スワップ、先物を通じて、貨幣は貨幣と取引されている。また、商品として交換されるものの多くが将来の貨幣をめぐる取引であるため、実際には何も交換されていないのである（Stanley 1992: 149–50）。したがって貨幣は、現実あるいは物質的なプロセスから切り離された、その他の無数の記号と相互に連関する特別重要な記号である。貨幣は、ポスト近代社会の記号システムの一部である、孤立したシニフィアンとして機能している。さらに、ポスト近代のアイデンティティの構築に寄与すると言われているのが、そうした記号の交換である。これらの記号とその間でおこなわれている交換が、いわゆる第一世界の人びとの現実をますます構成するようになっている（Baudrillard 1981=1982）。「貨幣」が世界を回しているという言い方は、それほど正確なものではない。貨幣も世界もともに、記号あるいはイメージによって構成されている。貨幣とは、加速度的に循環する世界なのである——それは、コンピューター画面に電子的に映しだされた純粋なシュミラークルである。

二節　自然と環境

あらゆる範囲の経済的・社会的問題が国民国家レベルで解決できるという考えは、組織化資本主義の特徴であった。貧困、健康、環境問題は、ナショナルな政治を通じて、とりわけ組織化資本主義のリスクと呼ばれうる問題を認識し、とり組むケインズ主義的福祉国家を通して対処された。国民国家による解決が、少なくともそれが当初考えられた観点からみて、もはや実行可能ではないことは、いまやよく知られるようになっている。脱組織化資本主義は、そのようなナショナルな戦略を無効化している。その重要な原因が、貧困の水準、健康と自然をめぐる基準、そして環境の性質に影響を与えるプロセスのグローバル化である。いまや「国家」のアジェンダには、国家間およびグローバルなレベルで認識されるプロセスや政治が含まれているのである。現在生じている問題やその理想的な現代的解決はグローバルなものであるが、それはまたこれまでみてきたように、部分的にはローカルなものでもある。環境のある側面は、ローカルなレベルにおいてのみ理解可能である。実際、ローカルなものは、多くの人びとがとり組むことができる環境のすべてである。把握され維持されることができるのは、ローカルな営みだけである。本節でわれわれは、グローバルなものとローカルなものの関係を描き直すことがもつ、いくつかの複雑な意義に関心をもつであろう。そこで、「グローバルに考え、ローカルに行動せよ」という、環境運動をめぐる洞察にあふれたモットーがもつ複数の含意について詳しく説明しよう。

　主流の政治的議論では、「社会」として知られるものと「自然」として知られるものとの関係が、あまりに単純に理解されすぎているように思える。社会と自然という二つの領域が、あたかも自律して存在していると考えられているのである。だからこそ、そうした関係がもつ二つの側面を調査し、またとり組むことが可能なのである。一方で、人間のさまざまな活動が、自然環境に対して有害な影響を及ぼしている。たとえば、炭素ガスの増大がグローバルな温暖化をもたらすというようにである（Yearley 1991: ch.1）。他方で、環境の変化が、人間の活動に対して影響を与えている。たとえば、ウクライナのチェルノブイリにおける爆発が、イングランドの湖水地方の牧羊産業に影響を及ぼすようにである。

　だが、社会と自然の関係はこうした事態よりも一層複雑である。第一に、人間は、自然の分割不可能な一部、あるいはその要素として理解されるべきである。一七世紀以降続く近代化の長いプロセスのなかで、自然は有機体というよりも、機械のように社会に外在するものとみなされてきた。養母としての自然といった初期の考え方は失われていったのである。自然はいつも女性化されてきたが、それは利用され、まさに「レイプ」されるものととらえられてきたのである（Merchant 1982=1985）。近代を通じて、自然は徐々に人間の探究の対象となり、その必要性ゆえに人類社会による従属の対象としてますます認識されるようになった。フランシス・ベーコンは、こうした考えを発展させた人物としてしばしば目されているが、この点を次のように要約している。「なぜなら人はただついてゆきさえすれば良い。つまり、放浪する自然を追跡しさえすれば良い。人は望むときに、自然を同じ場所に再び導き、連れだすことができるのだから」（Merchant 1982: 168=1985: 316）。自然は、「支配」されることを待っていると考えられた。ベーコンもその多くの作品のなかで、男性としての科学は女性としての自然を支配することができ、またそうすべきであると強調したのである。

　社会と自然の対置は、「西欧」において一九世紀の間に、その完全なる発展を遂げた。自然は、制圧と管理が求められる不自由と対立の領域へと格下げされた。なかでもヴァルター・ベンヤミンが述べたように、近代には、人類の進歩は人類と自然の間にある関係の変容よりも、「自然」に対する人類の支配の観点から測られ評価されるべきという信念がともなっていた。自然は支配されるべきであるという考え方は、人類例外論の教義を前提としている。つまり、人類はその他の種から根本的に区別され、また優越しているということ。人は、自身の運命を決定し、それを達成するために必要なことをすべて学ぶことができること。世界は広大であり、際限のない機会を与えてくれるということ。そして、人類社会の歴史は、終わりのない進歩の一部であるということである。さらに、こうした「自然」に対する支配は、環境を管理することよりも、資本主義的な工業化に加え、過酷な国家間競争や経済成長の最大化の追求からむしろ生みだされているのである。

　そうした教義の一つの欠陥は、われわれが「自然」と呼ぶ単一の実体など厳密にいえば存在しないということにある。自然は、ある物事の根本的特性に触れることを可能にする概念なのである。たとえば、世界の出来事の背後に控えている内在的動因、生物および非生物の全体、人的環境に対する自然環境、そして街や都市に対する田舎や田園地方といったものである（Strathern 1992: 172）。最後の三つの観念に注目するだけでも、それぞれの「自然」は、地理的に、そして歴史的に構成されていることがわかる。自然が課す制限は、固定的で永続的なものであるよりも、むしろ特定の歴史的・地理的な決定要因に依存するものとして認識されるべきである。加えて、人間が達成できる物事に制限を課すものとして、自然をとらえるべきではない。自然は、制約を課すものであると同時に、可能にするものでもある。「自然」が、比較的有益なやり方で、環境破壊的でない人間の活動を可能にする、多数の事例が存在している。「自然」は、飼い慣らされたり「支配される」べきものとして、あるいは必然的に人間の営為と合わないものとしてみなされるべきではないのである。

　したがって、一方で、人間の営為には自然による絶対的な制限が存在するという、マルサスのような保守的な立場に立つことを避ける必要がある。「自然」は、それが埋め込まれている社会関係に歴史的にも地理的にも依存しているため、絶対的な制限となることなどありえない。だが他方で、自然は人間の活動にいかなる制限をも課すことはないと考える、全面的な社会構築的理想主義の立場に立つこともまた避けるべきである。自然環境は、かなり大胆なやり方で、人間のエージェンシーに復讐をおこなっているのである。ベントンは、次のように述べ、このような問題ある二つの立場を避けている。「それぞれの形態の社会的／経済的活動は、固有の文脈的な条件、材料資源、エネルギー資源、自然に媒介された意図せざる結果と、独自の様式をもちつつ動的な相互連関を有しているという認識が求められている」(Benton 1989: 77)。したがって、自然／社会関係には、さまざまな形が想定され、また歴史的にも地理的にもその内容は異なっている。本節の後の部分で、今日の経済・社会関係のグローバル化が、現在どのように社会と自然の関係を変容させているのかについてより深く探究するつもりである。

　ただし、分析の際、経済還元主義を避けることが肝要である。「社会」は、それぞれの時代の経済によって採用される形式の問題ではない。第一に、それぞれの時代の社会は変化をともなう文化的構成を有し、それがそれぞれの社会で、実際に何が「自然」とみなされ、また何が「自然的」なのかについて定義をおこなったり、その内容を変化させたりしているのである。たとえば現代のイギリスでは、針葉樹よりも落葉樹がより「自然的」であるとみなされ、また賢明な消費者は「自然な」製品を買うべきであると考えられている (Strathern 1992: 173)。第二に、政治的定義もまた変化している。政治的定義により、自然環境および／あるいは建造環境のある特定の側面が、どのように、そしてなぜ保存に値し、あるいは破壊されるべきと考えられるのかが決定づけられている。そうした定義はまた、「自然をめぐる政治」と呼ばれうるものに影響を受けている。

　したがって自然は、多くの場合、もっとも劇的な（そして当然の！）やり方で人間社会に復讐をおこなっているが、そのような自然が、異なる時代にどのように経済的・文化的・政治的理由から生じているのかという点を理解することは重要である。第三章では、現代の「リスク社会」のなかで、自然がグローバルな規模で無差別な復讐を要求しているというベックの仮説を分析した。人間による自然の占有は、抽象的におこなわれるものではない。それは、人びとが従事するある種の社会的活動や、人びとが自然にまなざしを向け、経験する結果としての様式に依存しているのである。そのため、社会／自然関係は、非歴史的そして非地理的にとらえられるべきではない。「自然」は、レクリエーションやツーリズムといった活動を含め、歴史的そして地理的に固有な社会的プロセスに依存しているのである。A・ウィルソンは、どのように人びとが、独自の「自然をめぐる文化」を生みだしているかを描いている（A. Wilson 1992, また Romeril 1990; Urry

1992)。彼は、ツーリズムが農地をレジャーの資源として再定義するやり方を例証したが、それは現在、人間と自然の間の関係が組織化されるもっとも重要なやり方の一つとなっている。

その結果、ある時代やある社会のなかで不自然であるとか、環境に悪いとみなされ批判されていることは、他の時代や社会では必ずしもそのようにとらえられていないのである。たとえば、イギリスで一九世紀の資本主義的工業化の時代に急ごしらえされたテラス付きの住宅街は、現在では景観を損なうものとしてではなく、趣があり、伝統にのっとり、隠れ家的な人間的活動の見本として保存するに値するとみなされている。自然の「解読」と生産は学習されるものなのである。その学習プロセスは、異なる社会、異なる時代、社会内部の異なる集団ごとにかなり違っている。グローブ-ホワイトは、近年のこのようなプロセスを適切に要約している。「ある重要な意味において、高速道路、原子力、農業、保護――それらは今日、『環境と関わる』ものとはっきりとみなされている――はすべて、一九七〇年代の環境運動によって問題として創りだされなければならなかった」(Grove-White 1991: 4。関連する科学的議論と根拠についての有益な要約については Yearley 1991)。

加えて、われわれが現在、環境に有害であると特徴づけているこうした多くの発展は、ある意味では、個人や家庭においてなされる小さな決定――自動車を購入したり、セントラル・ヒーティングを用いたり、地中海に旅行したり、冷蔵庫を購入するなど――の結果なのである。環境問題の一部として今日とらえられているこれらの問題は、二つのプロセスによりもたらされている。一方で、何百万もの個々の家庭の決定が合成されることにより環境破壊が生じている。それに対して、国民国家は、ほとんど、あるいはまったく監視する機会をもっていない。他方で、複雑な社会的・政治的プロセスが、多くの問題を「環境と関係する」ものとして作りあげ、うまく並べたて、たとえほんの限られた成功しか得られないとしても、そうした問題をローカル、ナショナル、インターナショナルなレベルの多様な議題へと押し上げている(環境をめぐる政治についてのさまざまなデータや証拠については Lowe and Goyder 1983; Lowe and Flynn 1989; Rüdig 1986; Rootes 1990)。

自然の社会的構築をめぐる近年の変化の中心にあるのが、消費が有する構造的な重要性と性質の変容である。バウマンはそれを次のように体系化し要約している。

> 今日の社会において、消費行動(消費市場に適合した消費者の自由)は、生活の認知的・道徳的中心、つまり社会に統合をもたらす絆としての地位へと一斉に、そして着実に向かっている。……言い換えれば、それは、過去に――資本主義社会の「近代的」段階において――労働が占めていたのと同様の地位へと向かっているのである。(Bauman 1992: 49)

こうして、快楽原則が支配的になっている。快楽の探求は一つの義務なのである。なぜならば、財とサービスの消費が西欧社会のまさに構造的な基礎となったからである。その原則は、次節で議論されるグローバル・メディアを通して、世界的に拡張されるようになっている。

したがって、フーコーによって、あるいはホロコーストの事例を用いたバウマンによって描かれるような、標準化、拘束、規律権力といった諸原理を通じた社会統合の実現はより少なくなっている(Bauman 1989a=2006)。代わりに、社会統合は、市場の「魅力」を通して生みだされている。つまりそれは、商品、サービス、場所、環境の風変わりな配列を通じて、見ること、持つこと、聞くこと、試すこと、臭うこと、動くことによって生起される感覚や感情の混合のなかで生じるのである。そうした配列が、特定の「自然についての文化」を中心として組織される、今日の消費主義を特徴づけている（A. Wilson 1992）。近年、そのような市場が、画一化の天敵となることが判明している。そうした市場は、多種性、多様性、および変化のなかで、つまり気晴らしの快楽探求によるかなり急速な変化のなかで成長しているのである（Bauman 1992: ch.2）。

　こうした一連の変化が自然と自然環境に対して多くの意義をもつことは言うまでもない。第一に、圧倒的なグローバルな消費主義の発展が、自然環境にかなり甚大な結果を及ぼしていることは明らかである。それは、オゾン・ホール、地球温暖化、酸性雨、原子力事故、そして数多くのローカルな環境破壊に反映されている。「自然は、消費者の選択による単なる加工品となった」（Strathern 1992: 197）と考える西欧の消費主義は、環境運動によって激しく非難されている。翻って、このことは、近代そのものへのより広範な批判の一部としてみなされるものである。加えて注目すべきは、消費主義がまた、環境経済の発展を通じて環境をめぐる問題の解決へと応用されるようになりつつある点である。このことは、市場のなかで、つまり消費パターンがより正確に全体のコストを反映できるようさまざまな商品の価格を変化させることを通じて、持続可能な未来が生みだされているという点を示している（Pearce et al. 1989=1994）。消費主義は、人間の身体の新たな部分を獲得したり売買したりすることをも含んでいる。したがって、外在的で不自然な身体に対する内在的で自然な身体という自明な感覚は、ほり崩されているのである（Strathern 1992）。

　だが、ここにはさらなる論点が存在する。それは、消費主義それ自体の発展こそが、現在の環境破壊に対する批判や自然に対する文化的な注目にまさに寄与しているということである。エコロジーは、ある種の消費主義を部分的には前提としている。それは、社会的な出会い、あるいは視覚的な消費を通じて文字通り「消費」される、場所や環境、商品、サービスについての再帰性の高まりが、消費主義の一つの要素となっているためである（Urry 1992）。そのような消費を反省するとき、人びとは消費する義務だけでなく、ある特別な権利、すなわち消費者としての市民権をも発展させている。その権利には、たとえば空気、水、安全といった環境のある程度の質を享受する権利が人びとには与えられているという信念、そして同様の権利が未来の人びとや他の人びとにも拡張されるという信念が含まれている。

　ここで、過去数十年の間に明らかになりつつある、自然とその「消費」の社会的構築をめぐるいくつかの変化について要約する。それは部分的には、社会的・自然的関係のグローバル化によって生みだされたものである。こうした変化は、社会的な相互依存性の複雑な形式から生じる、社会的・個人的アイデンティティをめぐる重要な問題を提起している（Grove-White 1991; Strathern 1992）。それは、ストラザーンによって注目された、あるパラドクスをともなっている。つまり現代において、自然、自然的なものを評価すること、そして「自然保護」への関心が高まっているが、それらはすべて文化的構築物なのである。言い換えれば、自然を守るために、文化を必要とするようになっている。こうした理由からストラザーンは、「自然が文化的介入なしに生き残ることができないならば、そのとき自然と文化の間にある差異の概念的な崩壊」（Strathern 1992: 174）が生じると述べている。

　第一に、人間は自然から区別されたり、自然に反したりするよりも、自然の一部であるという文化的理解がますます進んでいる。そのように人間は自然の一部であることから、人間が自然を単に「征服する」ということは、あまり適切ではないと考えられている。加えて、自然の一部として、人間は自然に対して特別な責任があるとみなされている。このことは、部分的には、グローバルな規模で破壊をもたらす人間の例外的な能力のためである。人間はまた、再帰的に行為するという人間固有の能力ゆえに、そうした責任を有しているのである（第三章）。近代において再帰性は社会的実践によって成立しているが、そうした実践は自身について伝えられる情報を考慮に入れることで常に検証・改変され、その結果、自身の構造をも変化させている。ギデンズは、「近代という時代になってはじめて、慣習の改変が、物質的世界への技術的介入を含む、人間の生活のあらゆる側面に（原理的に）適用されるよう徹底化されるようになった」（Giddens 1990: 38-9=1993: 56）と述べている。

第二に、こうした再帰性により、近代を体現する西欧科学の方法が、それぞれ異なる判断形式をもつその他の多くの社会的活動よりも、正当性をもつものとしてもはや構築されなくなっている。自然とはいかなるものかという点を明らかにする際、科学は間違いなく文明的で、進歩的で、解放的な役割を果たしているとみなされていない。多くの場合、科学およびそれと結びついた技術は、解決ではなく問題そのものとしてとらえられているのである。それが特に当てはまるのが、規模があまりに大きいことからコントロール不可能な科学実験が、地球全体（あるいはその相当部分）を（有毒な廃棄物、農薬、そして原子力ともなう）実験室として、実際に実施されている場合である。リスク社会において科学が、リスクのほとんどを生みだしていると考えられている。ただし、その大半はわれわれの感覚によって知覚されえないのである。同時に、科学に対して自動的に与えられてきた社会的権威が失われているため、環境（および医）「学」の権威さえも弱まっている。それは結果的に、緑の運動にとって問題を生じさせる。なぜならば、非政府組織（ＮＧＯｓ）による数多くのキャンペーンにとって、科学は必然的に中心的役割を演じることとなるからである。ヤーレーは、「緑の運動はとりわけ科学に依存している」（Yearley 1991: 113）と述べている。化学や核による汚染が「感覚の無効化」という性質をもつため、リスクの特定には科学が必要なのである（Beck 1987: 156; Douglas and Wildavsky 1982）。

第三に、自然はますます「グローバル」、あるいは全体論的なものとみなされるようになっている。ブルントランド報告は、「われわれの共通する未来」について語っているが、それは、当然のことながら「核」の脅威をはじめとして自然に課せられているいくつかの脅威が、グローバルな特性を有していることが一つの原因である。こうした認識は、グローバルなマス・メディアの発展によって促進されている。グローバルなマス・メディアは、「一つの地球」に存在するすべてのコミュニティによって成り立つ「想像の共同体」を生みだしている（たとえば、Friends *of the* Earth）。さらには、人間以外の動物のみならず、熱帯雨林など他の自然的要素もまた、広範な権利――ある見方によると、人間と同等の権利――を有するとみなされる（Porritt 1984: 208）。文化的な観点から、自然は、対象としてではなく主体として部分的に理解されるようになっている。こうした考え方は、影響力のあるガイア仮説の極端な見解に組み入れられている（Lovelock 1987）。ガイア理論は、地球が特別な種類の主体、つまり超個体としてみなされるべきであると論じている。地球を居住に適した状態に保つため、大地の神たるガイアがその惑星に住む生き物を調整していると主張されているのである。たとえば、大気の二酸化炭素の量は、地球の温度を制御するものである。この考え方は、すべての現象は生命によって満たされ、この惑星は「崇拝」されるべきある種の地球意志を有しているという、驚くべき見方を強調している。ガイア理論は、自然が文化的な創造物であることを示す典型的な事例である。

最後に、いまだ生まれていない人びともまた、現在の世界の住民が享受するものと遜色のない質をもった環境を、広く相続する権利があるとみなされている。この種の考え方は以前にも存在した。たとえば、農民は、後世のために農地の管理をおこなうべきであるという考えである。しかし、この時代に固有なことは、全世界の将来世代が、一定の「自然」の相続権を有していると信じられている点にある。そうした自然には、地球の表面だけでなく、オゾン層の一定の状態もまた含まれている。むろん、オゾン層に穴が空いているか否かは誰も観察することができず、それはもっとも難解な科学理論に左右される事柄である。未来世代（「われわれの子どもやその子どもたち」）の利益の実現は、現在地球に住む相当数の成員の利益をほぼ確実に害するものとなるであろう。権利は、自然の管理といった旧来の考え方にみられるローカルなものではなく、進化論的でグローバルなものとして理解されている（時間をめぐる進化論的ないし氷河的な考え方については前出の第九章）。

とはいうものの、この時代の「自然」をめぐる単一の環境政治ないし「緑の」政治が、これまでおこなってきた説明に続いて生じているわけではない。そのように述べることはまったく馬鹿げたことである。たとえば、イギリスには、そうした政治に関与している組織が、少なくとも一四〇〇は存在している。環境をめぐる政治を、三つの水準に区別することが有益である。第一が、自然環境や建造環境のいまある特定の要素や特徴を変化から保護することである。そうした保護がとりわけ対象とするのは、「近代」にとって明らかに無用の長物としてみなされるものに由来する要素や特性である。「自然的」あるいは「伝統的」と特徴づけられるものは、保護されるかもしれない。しかし、それは部分的には、一昔前に人間が手を加えた産物なのである。

第二に、環境に損害を与える社会活動とみなされる特定の事柄に対する、法制化、課税、あるいは消費パターンの変化を通じた改革のためのとり組みが存在している。緑の消費主義、差別的消費税率、グリーン・ペアレンティング、企業による環境適合検査などの発展がその例に含まれる。しかしながら、これらの改革のいくつかは、「修正されない」ままでいる人びとや組織に対して、権威主義的できわめて厳しい不寛容を導く可能性がある。

そして第三に、工業社会、労働倫理、西欧消費主義の性質、および地球が全面的に酷使されている状況に対して、エコロジカルな変容を求める提案がなされている。グローバルな危機がグローバルな反応を生みだしているのである。というのも、グローバルな危機は発展途上国に対して特に破滅的な被害をもたらすことから、そうした危機に対して単なる保護や改良主義は、適切性を著しく欠いた対応とみなされるためである（Yearley 1991: ch.5）。

以上のことから、環境問題は経済的・社会的・政治的関係のグローバル化により変容しつつある。だが、環境とグローバル化とのつながりは、これまで示してきた事態よりもずっと複雑である。環境運動自体は、もっとも洞察にあふれたモットーを採用してきた。それは、「グローバルに考え、ローカルに行動せよ」というものである。このモットーは何を意味しているのだろうか。それには、どのような種類のグローバル―ローカル関係の再建が含まれているのだろうか。少なくとも、このモットーは二つのプロセスを指し示している。第一に、ローカルなレベルの環境問題の多くはグローバルな原因を有しており、そのため（酸性雨のような）問題の改善のためには国際的な合意が必要であること。第二に、そのような大規模な問題の多くは、ローカル化した解決を、つまり幅広い人びとによって別々になされる行為を必要としていることである。そうした人びとの多くは、（炭素燃料の使用を減少させることといった）変化から実際に利益を得てはいないのである。次にこれらのプロセスを検討しよう。

第一の点の帰結は、個々の政府の間で適切な協力がおこなわれるには、数多くの障害が存在するということである。なぜならば、それぞれの国は、想定される相手の行為にただ乗りするもっともな理由を有しているかもしれないからである。この点は、現在おこなわれている、地球温暖化防止のための炭素の排出削減をめぐる議論にみてとれる。当初イギリス政府は、二〇〇五年までに炭素の排出が一九九〇年の水準に戻るよう、炭素ガスの増大に歯止めをかけることを提案した。ここで興味深いことは、ナショナルな政府が環境をめぐる自国のとり組みについて、国際会議のなかで他国に向けて正当化しなければならないとますます感じるようになっている点である。その他の国際的「コミュニティ」の成員から不名誉が与えられるかもしれないという脅威が、ナショナルな政府に重大な制限を課すようになっている。最近の例として、イギリスの驚くべき数の「汚染されたビーチ」をめぐり、ECがイギリス政府に対しておこなった非難をあげることができる。興味深いことに、そうした状況のなかで多くの人びとは、ナショナルな国家が強力な権限を得て、汚染者を規制することを期待しているのである。ここで問題となっていることは、国家の影響力ではなく、その相対的な弱さである。

先の第二のプロセスは、ローカルな場面で多数の人びとから必要な行為を調達する際に生じる、重要な問題を提起している。それは、批判はあるものの、「共有地の悲劇」という古典的説明にみることができる。その説明のなかでハーディンは、牛飼いが家畜に牧草を食べさせている、共有地について議論している。各々の牛飼いは、牧草を食べる家畜の数を最大化しようとする。だが、その結果、共有地の受け入れ能力は限界に達し、安定ではなく悲劇が起こる。なぜならば、コストは全員で支えられるのに対して、家畜に牧草を食べさせることから得られる積極的な利益は、個々の牛飼いに与えられるためである。したがって、家畜の頭数が増えるごとに一頭あたりの利益が減るため、個々の牛飼いがそれぞれ家畜の群を拡大させることは合理的である。その結果、規制、国家、あるいはその他の規範が存在しないとき、「共有地の自由は、すべての者を破滅に導く」(Hardin 1968: 1244)のである。

ハーディンは、このシナリオは経験的にもありふれたものであると述べている。その例には、海での乱獲や農地の過剰な耕作が含まれる(Johnston 1989: 118-9)。また、アルプスの例を加えることもできる(Kettle 1990)。アルプス山脈は、七つの国に広がっているが、現在、常住人口はわずか一二〇〇万人しかいない。ところが、一時的人口はその一〇倍以上にのぼり、その数は急速に増大している。「アルプスは、低地ヨーロッパに単一の商品を供給する植民地として」再構成されている。「その商品は、……『産業化したスキー』である」(Kettle 1990: 7)。現在、アルプスには四万ものスキー滑走路が存在しているが、それらは、森を伐採し、牧草地をとり除き、川を移動させ、谷をコンクリートで固めることにより作りだされている。その一つの結果として、アルプスが暖冬化し、それがいまやいたる所で生じている不作の原因となっている。また、その地域では、交通や道路をめぐる大きな問題が存在している。アルプスの主要な課題の多くの部分は、七つの政府の間の幅広い協力によってのみとり組むことができる。その際、これらの政府は、自国の多数の住民の行為を規制しなければならないであろう。いくつかの点でアルプスは、共通の問題を抱える一つの「社会」を構築するのに寄与している。それは、個々の七つの国民国家と等しいものではない。

だが、以上は、ローカルなレベルで解決されるかもしれない、環境問題をめぐる比較的複雑でない事例である。たとえば牛飼いは、時間を超えた反復プロセスを通して、ある種の規制が望ましいという理解に達するようになるかもしれない。より複雑な状況は、数多くの地理的に離れた場所に住む相当数の人びとが、時間的および／あるいは地理的に離れた人びとを支援するため、いかなる明白な自己利益もなしに利他的に行動することが求められる場合である。一例をあげれば、炭素の排出制限のためには、かなり多くの自動車旅行の中止が必要となるということである。このことは、たとえば食生活の変化から個人的利益を得るような状況で、健康的な食事をおこなうといった事態とは対照的である。環境変化をめぐる多くのケースでは、地理的に離れた人びと、あるいはいまだ生まれていない人びとを支援するために、人は利他的に振る舞わなければならない。作りだされなければならない共通善は、時間的および／あるいは空間的に目にみえるものではない。だが、考察に値するのは、「地球村」という考えを支持するために、グローバル・メディアや超国家が決定的に重要な役割を演じることができるか否かという点である。地球村は、地球上の現在および未来の住民によって構成される、想像の共同体の構築を促すことができる。その住民たちは、自然が文化的に構築されることに留意しつつも、そうした「自然」の保護のために努力するかもしれない。

　このように国民国家は、グローバルおよびローカルなプロセスから圧力を受けている。だがこれまでのところ、われわれはグローバル化についてあまり多くのことを述べていない。ギデンズは、グローバル化を、地理的に離れた複数の地域を結びつける世界大の社会関係の強化として定義している。そこでは、ローカルな出来事が地理的に離れた事件によって形成され、またその逆のことも生じている（Giddens 1990=1993）。だが、地域は必ずしも単一なものとなるわけではない。ギデンズが述べるように、ローカルな変容と「ローカルな民族主義」の発生は、時間と空間を横断する社会的つながりの外部への拡張と同じくらい、グローバル化のプロセスの一部なのである（Giddens 1990: 64=1993: 86）。

　この主張はまた、デヴィッド・ハーヴェイによって強調され発展させられている（Harvey 1989=1999）。これまでみてきたように、ハーヴェイにとって、文化的・政治的変化に影響を与える主要なプロセスが「時間―空間の圧縮」である。それは、資本主義における労働時間の組織化のあり方の変化が、それぞれの場所がもつあらゆる種類の差異や絶対的空間が有する確実性を弱めることで、空間を変容させる点を説明するものである。すべてのことが、他の場所で展開している事柄に依存しているのである。それは、一九世紀および二〇世紀という時代が、空間を支配し結合させる新たな輸送および通信技術を過度に生みだし、多数の「小さな世界」やアパデュライが「想像された世界」と名づけるものを生産しているためである（Appadurai 1990、同様にLodge 1983=2001）。これまでみてきたように、なかでも時間―空間の圧縮をもっともよく例証しているのが記号とイメージである。世界的な産業は、製品のみならず、人、政府、場所、大学などのためにイメージを生産し、販売している。異なるイメージは、膨大な数にのぼり、またはかないものである。近年、自然や自然的なものが、そのなかに含まれるようになっている。つまり、グローバル化は、新しい地球大のイメージの循環や、地球全体（「一つの地球」）を表すイメージをも含んでいるのである。

　そのようなイメージあるいはテーマは、特に田園地方と結びつけられている。田園地方は、多くの社会集団にとってより魅力的なものに映り、環境運動における反アーバニズムを表現している（Capra 1982=1984）。田園地方は、魅惑的なものであるが、それには多くの理由が存在している。たとえば、明らかに「より自然に近く」、人混みがなく、機械と緑のない環境があり、またその環境は無造作で、複雑に入り組んでいるといった点があげられる。だが、田園地方の西欧式農業には、むろん「自然」なものなどほとんど存在してはいない。孤独になるためには、長い距離を旅行し、混雑した場所を迂回する必要がある。環境は高度に機械化されているため、人ができることといえば、「景観」をまさに選択的に構築することでそうした機械的な景色を避けることだけである。そして、いくつかの面で農業はもっとも合理化された産業の一つであり、さまざまな外的な規制に従っているため、その環境において無計画なものなどほとんど存在していない。実際、ダニエルスとコスグローヴが述べるように、田舎の景観は「その意味が作りだされ、拡張され、変化させられ、入念に仕立てあげられ、最終的にはボタンで消し去られる……点滅するテクスト」(Daniels and Cosgrove 1988: 8=2001: 21-2) なのである。そのようなイメージは、人工物、音、肌触り、写真によるイメージなどの寄せ集めにより構築されるさまざまな田舎の環境や、「野生」「をテーマとした」環境の構築にとって重要である。そうしたイメージは、高度に作りあげられた「自然」をもたらすが、とりわけ科学的保護の観点からみた場合、ほぼ確実に環境を破壊するであろう。ある特定の自然の構築にともなう環境破壊は、田舎というテーマが不自然に作られること、そして訪問者の大幅な増大が土着の動植物に影響を与えることから生じているのである。

ここで、さらに二つの点が指摘される必要がある。第一に、少なくとも二つの、まったく異なる種類の保全ないし保護が存在している。一方が、美的保護である。それは、美や風情というあらかじめ与えられている理解に沿って保護を与えるものである。他方が、科学的保護である。これは、自然環境のいくつかの要素が保全に値し、それがどのように保全されるべきかについて、現行の科学的思考に沿って保護を与えるものである。両者の考え方は、互いにまったく対照的である。その対照性は、美的感受性の変化にともなう特定の地域や場所への旅行需要の高まりを考慮に入れるとき、一層際立つものとなる（ただし、ワーズワースの「ロマン主義的エコロジー」のように、両者は必ずしも対立する必要はない。Bate 1991=2000)。

だが第二に、科学的保護自体は、純粋で構築されていない「自然」に関心をもっているわけではない。植物や動物は、実際にはある地域に「固有」ではない。固有であるということは、絶対的なことではないのである。ある地域にどのような種が発見されるかは、気候、大気、移動、土地利用などの状況によりさまざまであり、絶対的な自然など存在しえない。自然は、歴史的・地理学的な要因に依存するのである。特定の自然と結びついたある種の変化は、環境に対して害を与えるものであって、普遍的ではなく、特定の科学的保護の考え方に依存しているのである。だが、そうした害は、所与の歴史的・地理的自然に固有なのである。さらに、「自然」や「科学」はそれ自体、異なる政治的・文化的コンテクストのなかに埋め込まれている。

加えて、再帰性はいまや、オリジナルなものの生産よりも、オリジナルの複製をより本物らしくしたり、ハイパー・リアルなものにするシュミラークルの生産を可能にしている (Eco 1986)。現在では、ほとんどすべての物事は再現されることができる。それには、イングランドのリッチモンド区のテムズ川周辺の銀行に施された、クインラン・テリーによる新古典派風の地区開発のような一見すると本物にみえる古代建築や、火山によって破壊されてから一世紀後、いたるところで「再現」されるようになったニュージーランドのロトマハナ湖上流のピンク・テラスとホワイト・テラスのような、「自然な」特色をもった景観が含まれる (Urry 1990c: 146=1995: 260-1)。

ハーヴェイはまた、グローバル化がローカル化を生みだしていると述べている。「空間的障壁の解体は、空間の重要性の低下を意味しているわけではない」(Harvey 1989: 293=1999: 378)。時間的・空間的障壁の重要性が失われれば失われるほど、企業、政府、そして一般の人びとは、時間と空間を横断した場所の多様性に対して敏感になる。「空間的障壁が減少するにつれて、われわれは世界の空間が内包するものにより敏感になっていく」(Harvey 1989: 294=1999: 378)。時間的・空間的障壁が解体するにつれ、場所がもつ固有性が、すなわちその労働力、起業家精神、管理、建物、歴史、そして特に自然環境の特性がより重要になる。このことは、各々の場所が、ますます独特のイメージを形成し、場所、自然、伝統について特有の雰囲気を創造しようとする理由を説明してくれる。というのも、そのような雰囲気は、資本、高い技術をもつ有望な労働者、そして訪問者を惹きつけるかもしれないからである。

グローバル化とローカル化によって、環境に対する感受性が、つまりはその社会的・自然的・構築的特性に対する感受性が見直されている。グローバル化は、技術による社会関係への計り知れない脅威、および急速に高められたイメージの循環の双方を含んでいる。ローカル化は、新しい技術がもたらす地域に対する現実的な脅威と、複数の競合する場所をめぐるイメージの増殖をともなっている(Shields 1991a)。興味深いことに、互いの場所を異なってみせ、固有の場所のイメージと一貫したものにあつらえることに、あらゆる関心が向けられている。むろんこうした努力は、多くの場合、うまくいかないものである。たとえば、多くの目抜き通りに似通った「味わいのある」店が存在したり、近隣のリゾートが同じような堤防システムの部分として競合するマリーナを発展させるときのようである。そうした場所をめぐる地域間の競合は、部分的にはグローバル化によって、つまり資本と旅行の時間―空間の圧縮によってもたらされている。それは、投資、労働者、旅行者を惹きつけるために、多くの場所間の競争を強いている。国際的ツーリズムはいまや、他の国々の環境、とりわけ「自然あふれる」、「損なわれていない」、「緑豊かな」といったイメージと合致する環境を消費するために、地球が物色されるプロセスなのである。それは、特に自国の環境を搾取し尽くした豊かな国々によって進められている(Crick 1990)。

加えて、地域はその性質上、複雑なものである。ある場所に対して、異なる社会集団は異なる利害ないし関心を有している(Bagguley et al. 1990: ch.5)。ある者は雇用基盤の拡大から利益を得、別の者は店舗の拡大、レジャー施設や娯楽施設の改善、レジャーや行楽の安全化、場所がもつ「遺産」の再構築、そして自然環境の改善や健全化などから、それぞれ利益を得るであろう。したがって、個人や集団の利益は多種多様であり、物質的なものから文化的なもの、医療、そしてとりわけ美的なものまで存在している。むろん異なる集団は、異なる資源を用いながら、与えられた地域のなかで利益を実現している。たとえば、原子力施設が建てられるべきである、下水の排出口が建設されるべきではない、古いビル群が破壊されるよりもむしろ保存されるべきである、といった要求を保障することである。そのための資源には、貨幣や権力だけでなく、世論や組織力も含まれている。

だが、ある地域への関心はもっと複雑である。第一に、「利他的」な圧力団体が存在しているが、こうした団体は、他の集団の利益、あるいはそれどころか地域全体の利益になると自身が想定する事柄に責任を負うかもしれない。一つの例が、地域での発電所建設を止めるための反対運動である。そのような「利他的」集団の影響により、他の個人や集団の利益が損なわれるかもしれない。さらに、ある場所に現在住んではいないが、将来暮らすかもしれない人たち、あるいはそこを訪れるかもしれない人たちの利益が存在している。そうした人びと、特にツーリストの利益は、ローカルな場所のなかで直接に代表されることはないかもしれない。だが、間違いなくツーリストは、ある種のサービスや環境に対して利害を有しているのである。地域集団はさまざまな環境政策を主張し展開する際、こうした潜在的な住民や訪問者がもつ明白な利害に訴えかけていることに気づくかもしれない。

ある地域のなかに発見される二つの重要な利益が、「アメニティ」と「安全」である（Bagguley et al.1990: ch.5）。環境との関連において、双方は対立するかもしれない。「アメニティ」は人里離れた田園地方へのアクセスを意味しており、多くの場合、「国立公園」という形でよりよく保護されている。だが、それは同時に、アクセスを容易にするために、自然としてさほど美しくない地域への高速道路や鉄道網の整備をもともなっている。「安全」は、望ましく慣れ親しんだ条件を守るため、あるいは永続させるための能力を指している。たとえば、都市中心部の入り組んだ道路システムを維持するためにおこなわれている、地域の市民社会運動がその例である。それは環境の保全に適したものかもしれないが、道に迷いやすくなることで安心感を失う訪問者や、そうした狭い通りには安全性を欠いた「薄暗い路地」が存在していることを知っている女性にとって問題となるかもしれない。

以上の議論から、四つの一般的な結論が導きだされる。第一に、グローバルな環境問題の発展、とりわけ気候変動の進展は、ナショナルな政府がしばしば単独で行動したがらない点を例証するものとなっている。というのも、いかなる単一の政府の行動も、状況を直接改善することはできないからである。だが、他の政府が同じように行動するのであれば、そのとき、各国の行動は意味をもつことになる。したがって、国家は決定的な役割を演じるかもしれないが、それは他の多くの国が同様のやり方で行動するよう説得される（あるいは不名誉が与えられる）場合に限られるかもしれないのである。

第二に、ナショナルな政策は、通常、多数の個人が各々のローカルな場所で適切に行動をおこなうよう説得されるときにのみ成功するものである。そうした行動は、ある種の地域のつながりと愛着が存在するときにのみ生じるであろう。だが、人びとの地域に対するコミットメントや利害は多様かつ複雑であり、そうした利害の多様性は、多くの人びとが「ローカルに行動する」可能性に深刻な影響を与えるであろう。

第三に、ナショナルな政府は、グローバル化とローカル化に挟まれ圧力を受けている。ナショナルな政府は、個々の国家が統制できない「リスク社会」のグローバルな変化を通じて規制されている。加えて、ナショナルな政府は、地域を組織化する際に大きな困難を抱えている。というのも、国家のとり組みは住民によってしばしば異議を唱えられ、抵抗されるからである。それは部分的には、多くの人びとにとって環境とは、自分たちの地域を指すからである。

さらに第四に、異なる場所は、単に居住されるだけでなく訪問されもする。部分的には、場所はそうした訪問者によって構築されている。とりわけある種の「グリーン・ツーリズム」の意識が当然のものとなるにつれ、より多くの訪問者が環境改善を目的とするキャンペーンの推進に影響を与えるようになるかもしれない。そして、人びとが「自然」環境を経験することを徐々に期待するにつれ、ツーリズムはますます多くの国や多くの異なるタイプの環境へと広がるであろう。それは、特にイメージを循環させる手段が急激に発展することにより促進される。苛烈なグローバル競争にさらされた場所では、「自然」自体がますます評価され重宝される美徳やイメージとなることから、そこから逃れる見込みはほとんど存在していない。だからこそA・ウィルソンは、農業、レジャー、野生、技術といった固有の地理的特性を土地に明記しない、新たな「自然をめぐる文化」が必要であると述べるのである（A. Wilson 1992: 257）。

次節では、地域性に影響を与えるさらなるいくつかのプロセスを考察する。それはいわば、グローバルな競争を生みだし、また維持するための手段となる、グローバル文化と呼ばれるものの未曾有の発展プロセスである。

三節　グローバルな文化とナショナルな文化

「グローバルな文化」という考え方への関心が、目にみえて広がっている（特に*Theory Culture and Society* 1990）。そうした関心を高めているのが、巨大な国際メディア企業の登場である。（第五章で検討したように）国際メディア企業は、多くの場合、多数の国で攻撃的な合併や乗っ取り戦略を通じて入手したメディア企業の持ち株を所有し、国際市場で文化財を生みだし、多岐にわたる異なるメディアを運営し、その結果、特定の国民国家に結びつけられたナショナルなメディアがもつあらゆる意義をますます掘り崩すよう作用している。国際メディア企業は、その利益がグローバルなものであることから、自身の製品を流通させるために、国内市場よりもむしろ国際市場の開拓により多くの努力をおこなっている。国際メディア企業は、いかなるナショナルな境界ももたない、衛星のような新たな技術をとりわけ発展させている。こうした企業は、過去二〇年において、一般的な規制緩和や現代文化の市場化から特に利益を得てきた。トンプソンが、文化の「メディア化」と名づけた事態が存在しているのである（Thompson 1990: ch.4、また Brunn and Leinbach 1991）。

国際メディア企業の明らかな影響力と比べると、個々の消費者が弱い立場にあると推測することは難しいことではない。国際メディア企業は自身が生産する製品を消費する大衆を、世界規模で生みだす力を有していると述べても、異論はないであろう。『ダラス』や『ダイナスティ』、オリンピック、ベルリンの壁コンサート、『隣人』や『マペット』は、二〇世紀後半のグローバルな文化的な流行となりつつあるようにみえる。

しかし、そのような文化が、単一化をもたらすということは本当のところ真実なのであろうか。新たな大衆文化や大衆社会といったものは、はたして存在しているのだろうか。そのように述べることは、本書第二部で分析した数多くの論者が議論している、大量生産や大量消費の終焉という主張と一致しない（Aglietta 1987; Harvey 1989=1999; Altvater 1990）。単一のグローバルな文化など存在せず、文化のグローバル化を生みだす多数のプロセスが存在すると述べた方が、実際、より真実味が感じられるかもしれない。フェザーストンは、「一連の新たな『第三の文化』が存在するかもしれない。それは、単に国民国家間の双方向的な交換の産物として理解されることはできない、あらゆる種類の文化的フローのための水路なのである」（Featherstone 1990: 1）と述べた。ポスト近代主義についての文献は、このようなグローバル化のプロセスが、複数のローカルなポピュラー・カルチャーの増殖を導いていると示唆している。そうした文化は、特定の国民国家のなかの支配的なイデオロギーとほんのわずかに一致ないしは適合するにすぎないものである。

この新たなグローバルなプロセスは、二つの重要な特性を有している。第一に、ロバートソンが一貫して述べるように、グローバルなプロセスは単なる国家間関係から独立している（その例として、Robertson 1990）。したがって、ここでは、国際化という言葉よりも、グローバル化という用語を採用すべきである。なぜならば、前者は国民国家間のやりとりを表すものだからである（Featherstone 1990: 6）。また、注目すべきは、国民国家の発展がグローバル化に対する障害ではないという点である。というのも、国民国家はそれ自体、急速にグローバルに広がった理念だからである。だが近年、次のようなグローバルなプロセスが発展している。これまで議論されてきたような新たな形態のコミュニケーション、国境を越えた旅行の成長と国民国家とほとんど関係をもたない専門家同士の「小さな世界」の発展、国際的な機関や制度の拡大、グローバルなコンペや賞の発展、特に英語にみられる少数のコミュニケーション言語の出現、そして市民権と政治的民主主義をめぐる幅広く共有された考え方の進展である（南アフリカや東欧をみよ）。

第二に、こうしたグローバルなプロセスは優勢ではあるが、それは、支配的なイデオロギーをめぐる議論のなかで理解されているものとは異なった意味においてである（Abercrombie et al.1980; Thompson 1990）。今日の発展は、はっきりとした支配的なイデオロギー、つまり何らかの正当化、真意の隠蔽、同一化、断片化、そして物象化を含む一連の理念を生みだしてはいないのである（Thompson 1990: 60）。イデオロギーは近代の特性なのであり、その理念やそこで想定されるイデオロギー上の性質についていくぶん合理的な言説が存在している（Lash 1990a）。アバークロンビーたちが論じるように、そうした理念は、実際には、全体社会の結束よりも支配階級のつながりをもたらすよう作用していたのかもしれない（Abercrombie et al. 1980）。

ところが、ポスト近代になるにつれ、コミュニケーションや情報のグローバルなネットワークが決定的に重要になる。このことは、多くの点を含意している。たとえば、マス・コミュニケーションのメディア技術によって伝達される象徴的形式が、今日の文化的形式の中心となっていること。コミュニケーションや情報のグローバルなネットワークの発展が、象徴的形式を時間・空間的に散らばった多くの視聴者に到達することを可能にし、それによりイデオロギーのもつ射程を大きく広げていること。そうした発展により、トンプソンが「技術によって媒介された擬似―相互行為」（Thompson 1990: 268）と名づけたような新たな社会的相互行為が可能になっていること。なかでも重要なのは、そうしたネットワークの発展がイメージを作りだしていることにある。イメージは、理念にあまり頼らず、多様で多元的で、視聴者に多くの負担をかけるものである。そのようなイメージは、たとえば環境問題と関連する反対運動のなかで用いられるかもしれない。いくつかのイメージは高度にローカル化され、他のものは国民国家と一致し、また別のものはエスニシティの主張に貢献するかもしれない。ポスト近代的な文化的パラダイムが動員されている限り、こうしたコミュニケーションのネットワークは、旧来の近代的世界にも、理念やイデオロギーへの批判にも、それほど明確な形で属さなくなっている。

アパデュライは、この議論をさらに発展させ、グローバルな文化的フローがもつ五つの異なる次元について詳しく述べている。それは、異なる経路を進み、文化的中心や従属的周辺といった単純な考え方に意義を申し立てるものである（Appadurai 1990）。これらの次元は、アパデュライが「想像された世界」と名づけたものの構成要素となっている。想像された世界とは、地球全体に広がる諸個人や諸集団が有する、歴史に規定された想像力によって構成される複数の世界である。そうした世界は、流動的であり、また不規則に形成されている。

グローバルな文化的フローの五つの次元とは、以下のものを指している。エスノスケープ――ツーリスト、移民、難民、亡命者、ゲストワーカーなどから構成される移りゆく景観。テクノスケープ――ハイテクであれローテクであれ、機械的であれ情報的であれ、あらゆる種類の境界を横断するテクノロジーの運動。ファイナンスケープ――通貨市場、国内の証券取引、および商品投機を経由し、国内の回転扉を困惑するほどの速度で通過する膨大な量の貨幣。メディアスケープ――イメージを生産し広める電子工学的能力の普及と、それにより生みだされたイメージの増殖。イデオスケープ――啓蒙主義に部分的に由来する観念であり、多くの場合、国家あるいは反対運動のイデオロギーと部分的に結びついたイメージの連鎖である(Appadurai 1990: 296-300)。

われわれの主張は、第一に、「脱領土化」が以上のすべての空間的景観を特徴づけており、第二に、結果的にメディアスケープが文化の重要性を増大させ、イデオスケープを圧倒するということである(Thompson 1990 によって議論されている)。本節の残りの部分では、こうした主張が有する意義、とりわけ国民と国民国家に対してもつ意義を明らかにする。

第一に、もし今日の文化の多くがある程度ポスト近代的であるという点を受け入れるとすれば、それは、これまで論じてきたメディアスケープが、グローバルな、あるいは少なくともトランスナショナルなものであるということを意味している。バウマンがはっきりと述べているように、「近代のモデルとは異なり、ポスト近代のモデルを、国民国家という実体によって基礎づけることはできない」(Bauman 1989b: 152)。あるいは、大前がより直接に表現しているように、

> 政治的地図において、国家間の境界は以前と変わらずはっきりとしている……［だが、］国境を蝕むあらゆる力のなかで、おそらくはもっとも根強いものが情報のフローである。そうした情報はかつて政府が独占していた……世界で生じている出来事をめぐる知識の独占は、政府が、人びとをもてあそび、誤った方向へと導き、そして支配することを可能にした。……今日……世界中の人びとは、世界のあらゆる地域から直接に必要な情報を手に入れることがますます可能となっている。(Ohmae 1990: 18-9=1990: 56-7)

そうした一連のイメージや情報を構成するかもしれない要素として、異なるナショナルな文化から引きだされた事物が含まれうるということは、むろん注目すべきである。だが、アントニー・スミスが論じるように、「現れつつあるグローバルな文化は、いかなる場所とも、いかなる時代とも結びついていない。グローバルな文化は、文脈をもたず、あらゆる場所、あるいはどこでもない場所から引きだされた、まったく異なる要素の真の意味での寄せ集めである。それは、グローバルなコミュニケーション・システムによって構成された近代的［ポスト近代的］荷馬車と結びつけられている」(Smith 1990: 177)。人びとは徐々に、文化の生産者であるとともに消費者となっている。そして、両者を隔てている差異は、多かれ少なかれ解消されつつある。消費者は、世界の舞台へとますます突き進んでいる。消費者が有する権力の一部は、特定のナショナルな社会への忠誠や、その特定の製品やイメージへの忠誠の欠如に由来しているのである(Ohmae 1990: 3-5=1990: 29-32)。

加えて、生産のグローバルなプロセスのみならず、文化的製品が視聴者に受容されている状況もまた考慮に入れる必要がある。まさに『ダラス』のように、グローバルな番組は、異なる国や場所で、異なるやり方で読みとられている。視聴者は、家庭や職場における会話やＶＣＲ(ビデオ・カセット・レコーダー)の利用を通じて、番組を読みとり活用する能力を有している。視聴者にとって、グローバルな文化が存在することは思いもよらないことである。ある面で、集中化が進んだ生産と脱中心化し断片化した需要との間には、(少なくともある点では)ますます対立が存在するようになっている。

それに加えて、そうした文化的形式の生産のなかで、ある特定の役割が「コスモポリタン」によって演じられている。ハナーズが指摘しているように、ローカル／コスモポリタンの区別がはじめて展開されたとき、コスモポリタンは、地方に住むローカルな人びとと対照的に、単一のナショナルな社会の文脈のなかでその生を営む人びととしてみ

なされていた（Hannerz 1990: 237）。だが、もはやそうではなない。コスモポリタニズムは、異なるナショナルな文化に由来する多様な経験に開かれた、知的・美的態度を必要としている。そうした態度は、単一化を望むよりも、むしろ社会の間にある差異を追い求め、それを楽しむのである。ハナーズもまた、コスモポリタンは、「聴くこと、見ること、感じること、考えることを通じて他の文化へと向かう個人的能力を備えた準備状態」（Hannerz 1990: 239）にあることが必要だと述べている。

ハナーズは、コスモポリタンとツーリストの間にはっきりとした区別をおこなっているが、その際、映画『偶然のツーリスト』の主人公を例にあげている。この主人公は、他国への訪問をもっぱら観戦スポーツととらえる、反コスモポリタン的なツーリストに向けた旅行書を執筆していた。だが、コスモポリタンとツーリストとの対比は、あまりに誇張されている。またそれは、コスモポリタンの旅行に対する志向が、単なる「ツーリスト」の志向よりもはるかに洗練されているという中流階級の信念に基づくものである。

いくぶん多くのコスモポリタニズムがツーリズムによって直接生みだされ、重要な政治的転換に寄与している場所が存在することを、近年の二つの事例が示している。第一に、かつての「東欧」において、「西欧」（「他者」としての「西欧」）に旅行する自由は主要な要求であり、また消費者としての市民権がもつ要求の重要な要素であった。そうした要求は、過去一〇年あまりの間、東欧社会を不安定にした。「鉄のカーテン」の崩壊後、多くの東欧の人びとが、西欧の諸地域へと旅行するようになった。そのことは、ヴェニスなどの近隣地域の人口過密といった深刻な問題をもたらしている。第二に、イギリスにみられる、あるレベルのヨーロッパ統合に対するいくぶん積極的な態度は、ヨーロッパへのイギリス人ツーリストの大規模なフローを考慮に入れることなしに説明することはできない。そうしたフローは、ヨーロッパを危険や脅威というよりも、むしろエキゾチックでコスモポリタンなものにするプロセスを示している。ヘブディジは、「平凡なコスモポリタニズム」は、多くの人びとの日常経験の一部であると主張している。人びとは、直接であれ、居間のテレビを通じてであれ、ますます世界を旅する旅行者となっている。ヘブディジは次のように述べている。『欺かれる』ことは、二〇世紀後半を通じた消費文化の一部である。一九九〇年代において、「少なくとも『西欧』の」すべての者が多かれ少なかれコスモポリタンなのである」（Hebdige 1990: 20）。

こうしたコスモポリタニズムを、次のような理念型によって描くことができる。それは、六つの特色を有している。第一に、広範囲にわたる、現実的および擬似的なモビリティである。そのなかで、人はどこにでも旅行する権利をもつと考えられ、少なくとも当初はすべての環境を消費する権利を有するととらえられた。第二に、すべての場所、人、文化への好奇心と、そうした場所と文化を歴史的・地理的・人類学的に調査する最低限の基礎的能力である。第三に、他の民族や文化に対して開かれた態度と、訪問先の言語／文化のいくつかの要素を評価する意志／能力である。第四に、ツーリストを包み込んでいる環境の泡の外側にでることで生じる、リスクを引き受ける意志である。第五に、幅広い歴史的・地理的な知識の観点から自身の社会とその文化を位置づける能力である。それは、異なる自然、場所、社会について再考し、美的判断をおこなういくらかの能力を備えることを目的としている。第六に、ある固有の記号論的技術である。そうした技術は、ツーリストが発する記号を解釈すること、記号が表現する物事を理解すること、そして記号がどんなときに部分的に皮肉な意味をもち、またクールに、あるいは冷静に接近されるべきかを実際に知ることである。

こうしたコスモポリタニズムの発展は、結果として市民権がもつ性質の変化と結びついている。従来、市民権は、権利が地理的に定められた国民国家内の諸制度によって提供されるという考えに基づき理解されてきた（Held 1991）。だが、新種の「消費者市民権」が、四つの主要な特徴をともないつつ発展している。第一に、人は財やサービスを購入する能力を通じてますます市民となる。市民権は、政治的権利や義務の問題というよりも、消費の問題となっている（ジョン・メージャーによる「市民憲章」をみよ）。第二に、異なる社会の人びとは、幅広い多様な消費財、サービス、文化的製品にアクセスする権利をもつべきであると考えられる（Ohmae 1990=1990: 29-32）。第三に、人びとはツーリストとして、あらゆる国のなかで旅行することができるべきである。それを妨げようとする国々（中国、アルバニア、サウジアラビアなど）は、領土を越えて旅行する外国人の人権を侵害しているとみなされる。そして第四に、ある範囲の社会の人びとは、異邦人として訪れることを選んだどの社会でも、移動し、期間の定めなく居住する権利をもつとみなされる。ヘルドが論じているように、単に権利がますますグローバルになっているだけでなく、そうした権利には、世界中で他の文化や場所を消費するという要求が含まれているのである（Held 1991）。

ただし、グローバルなプロセスとして広くみなされているそのような発展は、国民性が無関係になるということを意味してはいない。本章の多くの部分は、国民国家を実際に弱体化させているプロセスの展開に関わっていた。だが、国民性は、それとは異なる問題である。いまやわれわれは、ナショナリストによる多くの慣行がもつ性質が、構築されたものであるということをよく知っている。だが、「グローバルな文化」が構築されているようにみえるのと同じように、ナショナルな文化が構築されているということは、実際に両者の文化が等しいものであるということを意味してはいない（Smith 1990: 178）。ナショナルな文化は、固有なものであり、時間に縛られ、また表出的である。その上、折衷主義的傾向はかなり抑制されている。スミスは、国民性がもつ三つの重要な構成要素について述べている。それは、受け継がれる世代間の連続性の感覚、特別な出来事と登場人物についての共有された記憶、そして経験をともにする集団の一員として共通の運命を感じることである（Smith 1990: 179）。実際、スミスは、国民性の多くはエスニックな起源を有しており、それゆえに、ある意味でエスニック集団ないし「エトニー」であると述べている（Smith 1986=1999）。多くの論者が示唆しているように、国民性は決して「近代的な」現象ではない。特に重要なのは「伝説と景色」であり、それらは個々のエトニーに、そしてある場合には特定の国民に、意味と感覚を与えている。

反対に、グローバルな文化と認識されるものは、こうした集合的記憶、世代の連続性、畏怖される景色、そして回顧されるべき黄金時代といった要素を有していない（Smith 1990）。そのため、スミスにとってグローバル化の影響は、エスニシティや国民性を強化するものであって、新たなグローバルな文化を生みだすものではない。文化の政治化、知識人の役割、文化戦争の増大とともに、新たなコミュニケーション・ネットワークは、既存のコミュニティの成員間のより濃密で激しい相互行為を可能にし、他の国民性やエトニーに対する競争心を強化している。むろん、現在こうしたエトニーの多くは国民国家と一致しないのであり、したがって民族復興の出現は、どちらかといえばグローバル化とローカル化の弁証法のさらなる実例となるものである（Smith 1984）。

だが、スミスが考察していないさらに多くの論点が存在している。第一に、イメージがまさに例外的な重要性をもつようになるにつれ、エトニー／国民性は、ますますイメージを通して構築されるようになるであろう。むろん、そのようなイメージは、今日の文化のなかで広められ、管理され、操作されるものである。それは、とりわけ国際的な旅行やツーリズムを目的として広められている。エトニーは、しばしば新たな「創られた伝統」をともないながら、「ツーリストのまなざし」の対象として構築されるようになっている。そのことが、疑いの余地なく、ある集団の成員が自身のエトニーに対して抱くアイデンティティの感覚を変化させるであろう。そのため、人びとは歴史、記憶、場所がもはや本当に自分のものではないと考えるかもしれない（Urry 1990c=1995）。興味深いことにマキャーネルは、「再構築されたエスニシティ」、つまり「エキゾチックな文化が重要なアトラクションとして現れるツーリズム向けのエスニシティ」（MacCannell 1992: 158）について語っている。その結果、ツーリズムは、「エスニックな属性の復興、保護、虚構的再創造を促進している。……ここで『再構築されたエスニシティ』とは、白人文化とツーリズムからの圧力に応じて現れる旅行者向けのアイデンティティ、そして政治的／エスニックなアイデンティティを指している」（MacCannell 1992: 159）。再構築されたエスニシティは、単なるエスニシティではなく、ある種のレトリックであり、より大きなシステムのなかのシンボリックな表出なのである。

国民性と国民国家との間には、さらに重要な関係が存在している。マックローンは、「国民国家、少なくとも『先進』世界のそれは、経済的・政治的・文化的統一性——つまり自足した『社会』——を有していた」という見方が、「徐々に自明ではなくなってきている」（McCrone 1992: 2）と述べている。そして、このことは、ある種の国民性を空白化、あるいは空虚化するであろう。マックローンは、スコットランドの事例を用いながら、さらに論じている。「文化的に抑圧的で同質的な英米文化から独立したスコットランド文化の探求は、イングランド系イギリス文化そのものが分裂している……という事実を無視している」（McCrone 1992: 193）。イングランド系イギリス文化は、部分的に分裂しているが、それは本章で分析したグローバル化のプロセス、および多様な形態をとる他の社会的アイデンティティが発展していることが原因である。新たな種類のソシエーションが発展しているが、その成員資格は自発的なものであり、そのコミットメントの対象はエスニシティでも国民でもない。そのようなつながりは、シュマーレンバッハにならい、近年「ブント」として特徴づけられている（Hetherington 1990）。そうした新たなソシエーションは、社会的生活の「脱伝統化」から生じている。というのも、人びとの好み、価値、規範は、教育、王室、政府、家族、法律といった「社会」制度によってそれほど規定されていないからである。このような新たなソシエーションは、新たな種類の社会的アイデンティティが試みられる重要な場所を提供し、また多くの場合、新たな技術を学ぶための文脈を供給するものである。

最後に注目すべきは、ここで分析されたグローバル—ローカル化のプロセスが、女性にどれほど大きな影響を与えているのかという点である。女性の関心は、男性よりも「ナショナルな」ものではないと考えられている（Enloe 1989 および特に Walby 1992）。この点は、さまざまな面で妥当する。たとえば、女性はローカルな政治に比べ、ナショナルな政治にはそれほど参加しない傾向にあること。女性はさほど好戦的でなく、したがって、ある意味でそれほど民族主義的ではないこと。女性は、ナショナル・アイデンティティを追求するために、他者を殺めたり、殺すよう脅迫することがあまりないこと。女性はより反戦運動に参加しやすいこと。そして、女性は国民国家の市民の一員としてナショナルなレベルであまり組み込まれることはなく、実際、ときに国家から多少なりとも排除されていることである。一方で女性は、どちらかいうとローカルなサービスや環境の質（特に安全）に関心を有した地域主義者のようにみえる。また他方で、ヴァージニア・ウルフの『三ギニー』に登場する女性平和主義者のように、より国際主義者であるようにもみえる。この女性は、「一人の女性として、私は祖国をもたない。一人の女性として、私は祖国をもつことを望まない。一人の女性として、私の祖国は世界全体なのだ」（Walby 1992より引用）と述べている。

重要なことであるが、社会的アイデンティティは、想像の共同体の問題、つまり、互いに決して出会うことのない何千何万の他者とともに、共通の歴史および宿命や運命を共有することの想像をめぐる問題である（Anderson 1989=2007。またスコットランドのケースへの応用はMcCrone 1992）。第一世界では、グローバル化とローカル化の弁証法によって、かなり多くの女性の間でナショナルな想像の共同体が破壊されているように思われる。結局は、エスニックな闘争やナショナルな闘争の犠牲者に対して、不釣り合いなほど慰めや援助を提供しなければならないのは女性なのである。

四節　結　論

本章では、グローバルなプロセスとローカルなプロセスの関係が再定義される多様なあり方、つまり新たなグローバル―ローカル関係が多様な社会活動の領域で現れるあり方について説明を試みた。一連の展開のなかで、国民性や国民国家の存続可能性をめぐる多様な問題が提起された。われわれは、国家がもはや巨大な権力をもたないと述べているわけではない。だが、せいぜいのところ国家にできるのは戦争をはじめたり、その恐怖を煽ることだけではないかと疑問に思う者もいるであろう。ある意味で、国家が直面する他の問題はかなりグローバルに展開しながらも、相当数の固有なローカルな関係を含んでいるため、とても克服できるようなものではない。そのため、核兵器を通じたグローバルな破壊を除けば、武力は外交において比較的行使しやすい力なのである。われわれが主張してきたことは、経済、政治、文化、環境に関する事柄を通して広がる、そうしたプロセスがもつ多層性であった。

より一般的に言えば、ロビンズが「グローバル―ローカル時代」と呼び、ソニーがその行動戦略を「グローバルなローカル化」として描くようなあり方を説明してきた（Robins 1989a）。小規模の地区から、移動する集団、規模の大きな地方、そしてエトニーにいたるまで、数多くの「ローカルな人びと」について語ってきた。それらはすべて、一連の新たな関係がグローバルなレベルで構築されるなかで作りかえられている。社会科学の課題は、こうした新たな種類のグローバル―ローカル関係を解明し、これまで考察してきた事柄であるナショナルな社会や経済に対して、そうした関係がもつ意義を探究することにある。この目新しい分析において、次の点をめぐり結論がくだされる必要がある。ここで描かれてきたプロセスが、循環的なものなのかそれとも構造的なものなのか。ローカル／グローバル関係は、断片的／全体的、あるいは生産者／消費者といったより広範な関係の部分集合なのか否か（Ohmae 1990=1990）。さらに、こうしたプロセスは、ナショナルな基盤の上に構造化されていると通常理解されている、階級、ジェンダー、エスニシティによる分断といかなる関係があるのかといった点である。加えて、脱組織化資本主義は、北大西洋沿岸地域のナショナルな運命共同体の解体をともなっている。この地域は、ある意味で分かりやすい仕方で自身を統治し、権利、義務、コミットメントが国民国家によって明確に所有される社会であった。

実際にマックローンは、われわれがポストナショナルな時代に向かっていると提起している。それは、以下の理由による。民族主義が、多くの伝統的な国民国家の墓掘り人になること。国民性の考え方が、エスニックな理念からより領域的な感覚へと移ってきていること（とりわけ、ユーゴスラビアがそうである。McCrone 1992: 218-9）。そして、国民国家は、もはやその境界を管理できず、その結果、観念、イメージ、資本、技術、環境をめぐるハザード、および人びとの大規模なフローを妨げることができなくなっていることである。それは、現代的経験なのである。移動する客体と再帰的主体が、ナショナルな運命共同体の解体をともなう脱組織化資本義を生みだしている。諸社会は、もはや自己を統治することを自明視することができず、（北大西洋沿岸地域では）権利、義務、コミットメントは、単に国民国家に帰属されるものではなくなっているのである。

三〇〇〇人以上が参加した隔年開催の第二六回ドイツ社会学会大会の直前、フランクフルト大学の高名な教授であるカール・オットー・ホンダーリッヒは、不安と動揺をもたらすことになる一篇の記事を『ディー・ツァイト』紙に寄稿した。知性溢れるオピニオンを掲載するこの週刊紙は、およそ四〇万人の教育者、専門職、政策決定者、そしてその他の「文化の仲介」活動に熱心で、公共圏における言説を担う人びとを購読者としている。そこでホンダーリッヒ（Honderich 1992）は、「社会学はドイツを失望させたか」と問いかけたのである。ホンダーリッヒによれば、社会学はきわめて限定的な意味でドイツを失望させているという。たとえば、近代化のプロセスをゲマインシャフトではなくゲゼルシャフトとしてとらえていること。個人化がより一層進展した社会を前提としていること。実際には「生活世界」を意味する社会的生活が何よりもまず「学習プロセス」であるという、普遍主義的な主張をおこなっていること。そして、大学教員たちがドイツの公共生活に提供しているものは、「わたし（the I）」によって構成される一面的な社会学にすぎないこと、である。

こうしたことは、ドイツの公共生活における失敗であるどころか裏切りでさえあった。というのも、近代化の最先端あるいはその「最高潮」にあってさえ、次のような現実が存在するからである。たとえば、庇護希望者に対するネオナチの攻撃、止むことのない移民の波、近隣の旧ユーゴスラビアでの民族浄化、そして容易に変わることのない「われわれ（the We）」を反映した集合的記憶の不完全な抑圧ゆえに、こうした問題に対してドイツが介入をおこないそうにないことである。学問における理論や文化の分析は、ドイツに「われわれ」の社会学を提供してこなかったのである。

実際、本書の大部分は、今日のグローバル化および情報化した時代を背景としながら、「わたし」の社会学の発展に専念している。記号と空間の経済がフローとして機能し、その結果、個別化が生じている。この点は、自己が、高速度で循環する財、イメージ、貨幣、アイデア、そして他者に直面するなかで、「われわれ」の共有された意味が空白化することを通じてもたらされている。あるいは、フローとしての記号と空間の経済が、ポスト物質的なものの要である権力／知識の情報様式となり、そのなかでイデオスケープとメディアスケープの言説が、共有された意味や背景を構成する慣行に根づいた自己に呼びかけている。さらに、そうした言説は、個別化、標準化、原子化のプロセスを通して、これらの自己を複数の「わたし」へと変容させているのである。そうではなく、記号と空間の経済が情報コミュニケーション構造として機能しているところでは、より不幸をもたらさないような個人化の様式を帰結している。それは、ある種の再帰性の様式を指しており、そのなかで「わたし」は力を与えられ、自身のライフ・ナラティブをモニタリングするだけでなく、社会構造の規則や資源を統制することが可能となる。しかしここでも自己は、根を奪われた「わたし」となる。つまり「われわれ」がもつ共有された意味や背景となる諸実践たる、コミュニティから投げだされ、漂流するのである。

それに対して本書は、「われわれ」についても同様に論じている。一方で、記号と空間の経済は、グローバル化する「われわれ」のフローからなるネットワークであり、同時に、潜在的にはグローバルな想像の共同体のフローからなるネットワークでもある。本書は、国家を横断しながら社会―構造変動について分析した『組織化資本主義の終焉』とはかなり異なり、国家間の社会分析をおこなっている。だが、フローの社会学が、グローバルな「われわれ」の構成に注意を向けているのであれば、再帰性、つまり美的あるいは解釈学的再帰性の社会学は、「われわれ」のローカルな見解がもつ可能性に注意を向けるものである。

こうした二つの「われわれ」の具体化は、グローバルなものについてのかなり異なる二つの理解と対応している。一つは、普遍的なものであり、それはグローバル化を社会学的にとり扱う際に、通常言及されるものである。この手の世界理解は、一方で、マルクス主義の世界システム理論に（Wallerstein 1990）、他方で、パーソンズ流の機能主義に見出すことができる（Robertson 1990）。いずれにせよ想定されているのは、特殊的なものに対する普遍的なものの勝利、より抽象的な社会関係のかつてない発展、多かれ少なかれ進化論的なホイッグ主義的歴史観、そして自由主義あるいはプロレタリアートによる解放のビジョンである。それと対置されるのが、ハイデッガーによる世界内存在という性質をより帯びた世界である（Dreyfus 1991=2000）。それは、媒介されたものの世界ではなく、直接的なものの世界である。そうした世界は、共有された意味と実践からなる関係へと「投げ入れられていること（thrownness）」を前提としている。そうした世界は、一般規則としての規範ではなく、そのような規則によらず規制される慣習やヘーゲルによる人倫の習俗、あるいはブルデューの「ハビトゥス」としての「習慣」（それは学習によるものであるが）から成り立っている。それは、再帰的にではなく、ルーティンを通じて作動する自己によって意味が達成される世界である。

グローバルというよりは「世界化」した、「われわれ」という根深いハイデッガー主義的な現象は、「新しい社会運動」を含めた新たなコミュニティのために政治的空間を開放しているようにみえる。このことは、抽象的な「わたし」が有する主体―客体という想定から離れ、エコロジカルな思考のための余地を開示している。だが、共有された意味、背景的行為と建築物、住居と思考からなるハイデッガー主義者の非言説的世界は、同時に人種差別的で他民族嫌悪の世界ときわめて近いところにある。アドルノやバウマンには失礼ながら、第三帝国に対する責任は、官僚的理性の「テクノロジー」だけでなく、こうした共有された意味、慣習、標語が深く根づいた世界にも求められるのである。

国際的空間における象徴と自己の循環は、こうした根をおろした存在に、別の「コスモポリタン的」様式を与えることはできないだろうか。今日われわれは、「ディアスポラ」という現象に遭遇している。それは、多様なエスニシティをもつ人びとが標準化し、個別化したゲゼルシャフト社会へと溶け込む「坩堝」の反対物である。それに対して、ディアスポラは移植されたコミュニティであると同時に、ホスト社会の不可欠な部分である（Bhabha 1990）。だからこそサルマン・ラシュディは、概念的な正確さをもって、自身を「浅黒いアジア系（イギリス人）」と呼ぶのである。この種のコスモポリタニズムは、「形あるものすべてが霧消する」という、マーシャル・バーマンによるマンハッタンでの純粋な「差異」とまったく異なっている（Berman 1983）。それは、偶有的であるのと同じくらい、ゲマインシャフトのように根づいたものでもある。

　世界の概念として「われわれ」を理解し直すなかで、「コミュニティ」という考えは同じような含みを有している。ここで再び「コミュニティ」は、一方で、抽象的で高度に媒介された普遍的なものとして、また他方では、具体的で直接的に作用する特殊的なものとして理解されている。本書で述べられているフローの社会―文化的幾何学のなかに、どの種のコミュニティがその基盤を見出すのであろうか。第一に、アンダーソン（Anderson 1989=2007）によってきわめて巧妙に描かれた、抽象的で媒介された「想像の共同体」があげられる。彼による想像の共同体は、その定義上、通常のコミュニティ、つまり直接的なコミュニティとは異なっている。両者が異なる理由は、彼のテーゼのなかにはっきりと示されている。民族主義によって想像される共同体は、前近代のゲマインシャフトとは異なり、本質的に近代の現象なのである。さらにアンダーソンは、想像の共同体が有する文脈が、そのなかで出来事が生じる抽象的な時間、そのなかで場所が配置される抽象的な空間、そして、そのなかで人びとと社会関係が規定される抽象的な社会的なものを含むと考えている。それは、ハイデッガーの世界内存在とまったく異なるところはない。というのも、そこで時間、空間、社会に関するデカルト主義的理解といったものは、存在の形而上学的なごまかしであるとはっきりと批判されているためである。またアンダーソンの考え方は、アラスデア・マッキンタイアによる、より直接的なコミュニティとも違いはない。というのも、そこでは善やその他の意味が、直に手に届くツールや行為のネットワークのなかで日常的に生産されるためである（MacIntyre 1981=1993）。

　だが一方で、アンダーソンによる想像の共同体のグローバルな見解と、他方で、ハイデッガー（もしくはテンニース）の見解に基づく直接的で完全なるゲマインシャフトだけが代替案なのだろうか。創られた共同体はどうだろうか。きわめて重要な意味で、すべてのコミュニティは、ある面では創られたものである。たとえわれわれが、家族を通して幼児としてその世界に投げ込まれる場合でも同じである。だが、この点でさえ、今日の再帰的近代のなかで二つの文脈の変化が生じている。第一に、多くの場合、われわれはコミュニティに投げ込まれているのではなく、――若者のサブカルチャーから新しい社会運動まで――どのコミュニティに加入べきかを自ら決めている。第二に、コミュニティの発明は、われわれがより頻繁に関与するある種の振る舞いとなっている。いまやコミュニティは、かつてないほど頻繁に創られ続けており、そうしたコミュニティの革新的な発明はほとんど常態化している。それはもはや例外ではなく、規則となっているのである。

　コミュニティの発明や、新たな（創られた）コミュニティに参加するという決定に関わる自己の刷新は、美的（解釈学的）な再帰性をともなっている。美的（解釈学的）な再帰性とは、認知的で規範的な反省が基づく、背景的想定や共有された実践を選択し、かつ／または革新することを意味している。同様にわれわれは、第三章で、認知的判断や道徳的判断とは異なり、なぜカント主義の美的判断は普遍的規則を特殊事例に適用しないのかを検討した。逆に、カントの美的判断が、イギリスのコモン・ローのように、過去の特殊な事例を新たな特殊な事例へと適用するやり方について議論した。だが、もし判断を、ある普遍的なもののある特殊的なものへの適用として厳密に理解するならば、それはまったくもって判断とはいえないであろう。それはむしろ、ガダマーの解釈学的理論の「予断」のようなものである。それは、あらゆる抽象的な道徳規則や判断に対する、ヘーゲルによる倫理的生活の規則により統治されない慣習（*Sitten*）の問題である。そうした慣習は、可能性と「倫理的実体」の条件となるものである。

この文脈において、ブルデューの『ディスタンクシオン』(Bourdieu 1984）における「趣味の共同体」の重要性を理解することができる。本書は、第三章で述べたように、カントの『判断力批判』を手本としている。ここで問題となっているのは、美的判断というより、より単調な日常生活での趣味である。そして、もし美的判断が重要な点ですでに予断であるのならば、毎日の趣味「判断」もまた予断なのである。ハイデッガーの世界内存在では、共有された意味が破綻したときにのみ、つまりいつものように意味を作りだしている背景的実践に破綻が生じたときにのみ、われわれは認知的・道徳的判断からなる主体―客体のカテゴリーへと足を踏み入れることになる。だが、趣味の（予めの）判断は、この種の主体―客体様式をともなっていない。そのような（予めの）判断は、すでに背景的実践、つまりは趣味の共同体の共有された前提となっている。それはまったく判断と言えたものではなく、慣習、つまりは習慣を意味している。そうした判断は、客観的にとらえることができる「規則」や構造ではない。なぜならば、われわれはすでにそうした慣習のなかで暮らしているからである。ここで論じられた予断とは性向のことであり、つまりはハビトゥスが有する志向を意味している。ハビトゥスは、再帰性を欠いたこうした趣味判断の背景的実践なのである。

ブルデューの著作で問題になっている、再帰性を欠いた共有された志向と性向は、まさに（直接的な）コミュニティの本質であり、同時に文化の本質でもある。ここで「文化」とは、「社会」の抽象的な規範と対置することで理解可能となる直接的なもの、つまり場所が有する基底的な意味と実践のことである。むろんそれは、世紀転換期のドイツで、解釈学が文化（*Kultur*）という言葉で意味した事柄であり、フランスの啓蒙思想による文明（*Zivilisation*）や、オーギュスト・コントのような実証主義者が抱いた「社会」の観念と対置されるものである。そこでの対立は、単なる方法論的な論争ではなく、生活様式をめぐる根本的な不一致にあった。問題となっているのは、規範を通じて統治される抽象化した社会的なものに規制された行為と対極にある生活の表意文字的様式であり、いわば日常生活の表意文字的「エスノメソドロジー」であった。

同様に、二一世紀への転換期にカルチュラル・スタディーズは、社会的なものがもつ、抽象的・非個人的・ゲゼルシャフト的な規則を拒絶した。だが、それには一つだけではなく、二つのやり方が存在している。一方で、社会的なものがもつ抽象的な青写真は、――それがマルクス主義であろうと、ケインズ主義的福祉国家であろうと、合理的選択に基づく新古典派であろうと、――コミュニティがもつ直接的な意味や実践としての文化によって拒否される。他方で、社会的なものは、グローバルなメディアスケープがもつ自在に浮遊するイメージとしての文化によって無視されることになる。

問題は、現在の記号と空間のグローバル経済では、そうした場所の共同体や創られた共同体でさえ、コミュニタリアンによる新しい社会運動と同じくらい容易に、異人種に対して攻撃的に振る舞う新しい部族になりうるということである。「新しい部族」は、その本性上、近年になり創られた共同体なのであり、それゆえに成員資格の選択をいくぶんともなうものである。さもなければ、それはただの「部族」にすぎなくなる。一般的に、密にネットワーク化した情報コミュニケーション構造からなる「管理された領域」では、多様な新しい社会運動からなる創られた共同体が現れる傾向にあり、それに対して、ネットワーク化が希薄な「荒廃した領域」――たとえば、美的（ないしそれ以外の）資源が一般大衆には手に入りにくい東ドイツ――では、新しい部族が創られる傾向にある。バウマン（Bauman 1987=1995）によって理解されているように、そうした解釈学は「他者」に向けた「通訳」の一部なのである。もしくはローティ（Rorty 1992）が示唆したように、それはあらゆる新しい部族からなる言語共同体間の「コスモポリタン的」解釈学なのである。まさにローティがそうしたコスモポリタニズムを普遍主義的解放と対置したように、われわれはバーバ（Bhabha 1990）に従いつつ、そうした言語共同体の間国民化を、抽象的で普遍主義的なグローバル化と対置することを望んでいる。

ここで問題となっている「われわれ」は、エスニック・アイデンティティやコミュニタリアンによる新しい社会運動と関係する現象であるだけでなく、仕事―生活や消費のなかに、つまりは階級構造に完全に組み込まれるものでもある。たとえば、ドイツと日本の「再帰的生産」は、「われわれ」に根をおろした情報構造の観点からでしか理解されることができない。つまり、第四章で指摘したように、市場によって統治される英米の生産システムにおける「わたし」は、低い信頼と機会主義を促し、現場での情報のフローや知識の習得を阻害することになる。市場を通じた労働市場のガバナンスは、英米の世界を次のような戦略的想定へと導いている。つまり、労働市場が緩慢でいるときには、資本が集合的に組織化した労働者を都合よく搾取し、逆に、労働市場に余裕がないときには、「労働者が資本を搾取する」という想定である。その結果、イギリスとアメリカでは、資本が労働者に徹底的に復讐し、一九八〇年代に労働組合の組織率が低下することとなった。ドイツでは資本と労働者との間の信頼をコーポラティズムに基づき制度化したことにより、労働組合が速やかに拡大し、強力な影響力が維持されることとなった。

さらに英米の資本主義の事業家が有する原子化した「わたし」にとって、訓練への投資は不合理なことである。というのも、こうした事業家は、功利主義的な労働者は訓練が終われば他の企業に転職することを知っているからである。それに対して、この種の投資は、集団としてのドイツ資本家の「組織化したわれわれ」（それは経営者団体や商工会議所に具体化され、専門大学によって支援されている）にとって合理的である。それはまた、企業「のため」でなく、企業「で」働く労働者との義務をともなう労働契約が、同じように制度化した一つの「われわれ」を構成する限り、個々の日本企業にとっても合理的である。このように、投資家と企業（同様に労働者――個人として、あるいは労使協議会を通じて）の信頼関係が、生産システムのすべての領域への情報のフローを促進するのである。

では、エージェンシーと構造との間、つまりこのような「わたし」と「われわれ」の間の弁証法の分析が、階級構造の変化にもつ意義はどのようなものであろうか。むろんよく知られているように、マルクスは、工業資本主義において即時的階級もしくは階級構造が、多かれ少なかれ対自的階級もしくは階級意識の決定要因になると的確にとらえていた。階級構造や階級意識が投票行動にもつ意義の低下、労働組合への加入率の低下、労働者階級のライフスタイルに対する反発などについて語ることは、ポスト工業主義、つまりは再帰的近代の分析者にとってありふれたものとなっている。本書の分析は、おそらくはこの点をさらに進め、マルクスのテーゼの反転を示唆している。つまり、この分析は、情報化した再帰的近代において階級構造を決定するのは、意識もしくは再帰性であると示しているのである。この暫定的な主張は、四つの点にみることができる。

第一に、再帰性の条件である情報コミュニケーション・ネットワークへのアクセスが、階級上の地位を決定づける不可欠な要因となる。回線、フロー、およびネットワークがきわめて希薄な「荒廃した領域」には、「三分の二社会」のアンダークラス、もしくは少なくとも底辺の三分の一が現れる傾向にある。つまり、生産様式よりも、むしろ「情報様式」における場所が、階級上の地位にとって決定的に重要な要因となるのである。同様に、尋常でない密度でネットワーク化が進むグローバル都市の中心部には、企業の本社、ビジネス、金融・法律サービス産業において、今日新たにみられる情報ブルジョアジーの上層が主に居住する傾向にある。

第二に、再帰性が生じる場所が、階級構造の形態を決定づけている。たとえば、――生産システムとの接合を通して――情報構造が再帰的生産にとって好ましい場所、つまりドイツや日本では、工業が競争力をもち、それに比例してかなり多数の（工業）労働者階級が存在している。イギリスやアメリカでは生産において再帰性が不足しているために、競争力の低下を通じて労働者階級の残党がいまやわずかに残るにすぎないような階級構造がもたらされている。それに付随し、市場が牽引する英米世界での再帰的消費の持続は、きわめて巨大な消費者向け先進サービス・セクターの存在を意味するものとなるであろう。そのなかには、再帰的で個人化した消費者が依存する専門家システムで雇用される、数多くの専門職が含まれている。このセクターは、コーポラティズムに基づくドイツや日本と比べ、「膨張する」英米世界の専門職中流階級に組み込まれるであろう。

第三に、コーポラティズムに基づく国（ドイツや日本）で再帰的生産は、情報技術の機械製造への適用のことを意味し続けるであろう。それに対して、新自由主義に基づく国（アメリカ、イギリス、フランス）では、再帰的生産は情報セクター自体の労働を含むことになる。コーポラティズムに基づく国では、高度熟練労働者階級が大部分を占める巨大な「中間層」が存在し続けるであろう。新自由主義に基づく国では、中流階級はずっと少なくなる――実際、かなりの割合の労働者階級は、たとえばイギリスに資本投下している企業から日本製品を輸出する仕事に従事するであろう。そうした国では、大学教育を受けた情報サービス・セクターや先進サービス・セクターの専門職と、社会階梯の最底辺の下級サービス産業や製造産業セクターのかなり多数の「ジャンク職」との間の分極化を悪化させることになる。こうした状況は、アメリカや西欧で、いわゆる「褐色系」移民の増加が見込まれることでさらに悪化するであろう。

最後に、大規模な中間層を擁するコーポラティズムに基づく国では、階層間の分断はより小さなままに留まるであろう。だが、成長と階層間平等を支えるまさにその集合的組織が、――「他者」を再帰的に排除することによって、――ジェンダーやエスニシティと結びついた、より大きな不平等を生みだしている。国家主義―コーポラティズム的手段を通じて、エスニック・マイノリティが企業構成員の地位と国籍の双方から排除されているのである。コーポラティズムに基づく男性中間層の高付加価値労働の別の側面が、女性の低い就労率なのである。

このように本書では、現代社会研究のためのカテゴリーを作り直すことに力を注いできた。そこには多数の概念上の革新が存在しているが、そのことは西洋社会科学における数多くの伝統的基盤の再整理を暗に意味している。

前章で論じたように、こうした社会科学の中心的な特徴は「諸社会」を研究することにあった。そこで、それぞれの社会の具体的な特質は、国民と国家の固有の関係に由来すると考えられた。ある社会の成員は特定の運命共同体を共有し、義務と責任の帰属先であり、また一定の権利を保障する国家によって統治されると、信じられていたのである。「諸社会」を分析する際、その成員の生活のほとんどの側面は、社会内在的な要因によって決定され、またそうした内在的要因は外在的要因とはっきりと区別されると想定されている。

　これは北大西洋沿岸地域のなかから生まれた定式であった。というのも、そうした地域はもっぱら、自分たちで自分たち自身をある意味で統治することができると信じうぬぼれる、国民社会が存在してきた場所だからである。同様に、社会は比較的自律したものであるという考えを中心にすえる活気に満ちた社会科学も、そのうぬぼれた社会のなかから生まれたのである。たとえば、一八世紀のスコットランド（ミラー、ファーガソン）、一九世紀中葉のイギリス（マルクス、エンゲルス、スペンサー）、世紀転換期のドイツとフランス（ヴェーバー、ジンメル、デュルケム、モース）、二〇世紀のアメリカ（ミード、パーソンズ、マートン）などである。

　いまやわれわれは、わずかばかり知恵をもつようになっている。経済的・社会的発展をめぐる問題は、それが世界人口の圧倒的多数にとって、まったく自己決定的でも自律的でもないことを明らかにしている。同様に、国境のないグローバルな環境問題の驚くべき出現、つまりリスクの誕生は、ある意味で「社会的なものの終焉」を示している。このことは、内在的に決定される「社会構造」を有する社会の終焉を意味している。本書が分析したのは、内在的に決定された社会を脱構築するプロセスであった。だが、社会的なものの終焉は、かなり強力ないくつかのプロセスによって次々と引き起こされている。そうしたプロセスを分析するために採用されたのが、フローの概念である。カステルは次のように述べている。「実際、組織ユニットが有していた中心的役割は、情報と決定のネットワークのそれへと移行している。言い換えれば、組織よりもむしろフローが、労働、決定、産出の説明の単位となっている」(Castells 1989: 142)。

　本書では、社会構造ではなくフローが分析された。われわれが示したのは、フローは単に人だけではなく——移民、ツーリスト、難民のフローはいまや記録的な数にのぼっているが——、アイデア、イメージ、テクノロジー、そして資本のフローでもあるということであった。こうした記号と空間の経済をめぐる分析では、フローが重なり合うことによる異型パターン、時間と空間を通じたフローの組織化、特定の場所でのフローの重なり合いがもつ効果、そして異なる歴史的な時期で異なるフローがもつ思いがけない影響に焦点が当てられた。われわれは、こうしたフローが、（ゲットーの空白化のように）内在的に決定される社会構造を破壊するとともに、（自然の文化的構築のような）再帰性の向上の条件を供給する、いくつかのやり方を検討してきたのである。

　確かに、社会という概念に対する批判はいたるところでおこなわれている。近年、数多くの論者が社会という考え方は役に立たないと主張しているが、それを置き換えようとする体系的な努力は比較的わずかである——そのもっとも重要なものがマンによる試みである(Mann 1986)。われわれは、いくつかのカテゴリーを発展させることで、カステルが「権力のフローからフローの権力への変容」(Castells 1989: 171) と特徴づけた事柄の検討に努めてきた。

　これまでに示唆してきたように、社会科学は個別の「社会」概念に基づき組織化されている。ただ、代替的なアプローチも存在しており、社会に関するいくつかのカテゴリー、つまり工業化、資本主義、組織化資本主義、後期資本主義、ポスト工業主義、ポスト・フォード主義などが、かなり広く論じられてきた。そのいくつかは有益であるものの、これらのカテゴリーは、諸社会の間に存在する歴史や現代世界のきわめて重大な差異を低く見積もるよう、研究者を誘導している。本書では、ドイツ、日本、いくつかの北欧諸国、イギリス、そしてアメリカの間で、蓄積の様式やサービスのパターンに大きな違いが存在する点を明らかにしてきた。実際、『組織化資本主義の終焉』では、「社会横断的」分析の重要性を実証し、一見すると同じような先進資本主義社会の間にも大きな差異がみられることを示した。だが、単に社会ごとに違いがあることを示すために、「社会横断的」研究をおこなっているわけではない。それでは、先に批判された「社会中心的な」定式化の類に舞い戻ってしまう。むしろわれわれが論じているのは、それぞれの社会の歴史と資本、技術、人、アイデア、そしてイメージの目下のフローとの相互作用を通じて、差異が複雑に生成されるということである。そうした差異は、これらのフローがそれぞれ歴史や地理を有していると考えられる場所や、固有のフローの増殖や再生産をともなう特定の社会のなかでいくつかのローカルなノードが存在する場所で生みだされているのである。

おおまかな意味においてではあるが、ここでは主に北大西洋沿岸の数多くの社会を「脱組織化資本主義」の生成物として特徴づけたい。そうした社会は、ポスト工業、ポスト近代、ポスト・フォード主義的であるが、それにもかかわらず、それぞれの社会の間には決定的な違いがある。だが、まったく任意の形態をとっているというわけでもない。たとえば、再帰的蓄積には、日本モデル、ドイツ・モデル、先進セクター・モデルという三つの主要な経路が存在している。

だがこのことは、個人的再帰性や制度的再帰性に関連する意義をめぐる、さらなるテーマを導くことになる。蓄積との関係のなかで、情報が生みだされ、流通し、伝播されるプロセスが、中心的な重要性をもつようになることが明らかとなった。われわれは、再帰的蓄積の三つの経路間の重大な差異だけではなく、情報の種類それ自体が異なっている点も考察した。それは、ドイツの場合ではより実践的であり、先進セクターではより抽象的であり、日本の場合では現場での話し合いの結果をより反映したものとなっている。

そのため、再帰性の体系化のあり方は、一見同じにみえる社会の間でも異なっているのである。どの社会も大まかに言えばポスト工業的であるが、ドイツではその進展は特に停滞している。それは、部分的には、家族構造（「公的な家父長制」のゆるやかな発展。Walby 1990）が原因であり、また部分的には、訓練と徒弟制に基づくドイツ製造産業がまさに成功をおさめていることが原因なのである。アメリカとイギリスがポスト工業的かつポスト近代的であることはよりはっきりしているが、スカンジナビア半島では、ある種の公共型のポスト工業社会が発展している。イギリスとアメリカでは、生産者向け先進サービスおよび消費者サービス産業が成長し、その結果、再帰性の大規模な制度化がおこなわれ、サービス産業が製造産業を支配する経済を生みだすこととなった。そのような社会では、「セラピー・サービス」さえも含む、多様で複雑なサービスの発展を通じて、個人的再帰性が制度化されるのである（Giddens 1991a=2005, 1992=1995）。

本書を通じて、再帰性が単に認知や倫理の問題ではなく、美をめぐる問題である点を強調してきた。そのような美的もしくは解釈学的再帰性は、社会的条件や自己との解釈的関係のなかで、生産と消費、批判、そしてコミュニティの基盤として積極的に作用している。より一般的には、近代化する再帰性の多様な形式の発展は、いくつかの分析者たちが好むポスト近代のディストピアに対抗するものとなっている。むろん脱組織化資本主義には、とてつもなく強力なモビリティの変容がいくらか生じてはいるが――実際、本書はそうした変容を系統立てて説明する一つの体系的な試みである――、それにともなうプロセスは、ポスト近代の「ディストピア的」解釈が示唆するものよりも、はるかに矛盾したものである。移動する客体――それには資本、技術、労働力やイメージも含まれる――だけでなく、再帰的主体も存在している。再帰的主体はそれぞれ、自身の行動をモニタリングすることができ、認知、道徳、あるいは美に関して再帰的であるシステムのなかに徐々に埋め込まれている。

本書では、「脱組織化資本主義」という用語を用いてきた。それは、個別社会の特徴を説明するのではなく、むしろ、予測される数多くの傾向が実際に進展している、そうした時代全体について論じるものである。組織化資本主義と脱組織化資本主義には、ある非対称性が存在している。

前者は、個々の社会に、つまり個別社会の水準で、特定の経済的・社会的・政治的・文化的関係構造に言及するものである。組織化資本主義は、そのすべてが北大西洋沿岸地域に位置する、一ダースかそこらの資本主義社会にしか注意を向けていない。それらの間にはかなりの違いがあるにもかかわらず、『組織化資本主義の終焉』で分析したように、そのいずれもが組織化資本主義社会と特徴づけられている。それ以外にも、組織化した中核と植民地あるいは準植民地関係にある、「かろうじて体をなしている」社会が多数存在している。

脱組織化資本主義は、さまざまなプロセスやフローによって、北大西洋沿岸地域の中核を構成する一ダースかそこらの組織化資本主義社会がもつ、そうしたパターンが変容する時代なのである。脱組織化資本主義を導くプロセスとフローは、以下の点を含んでいる。「自身の」領土を守ることに関心をもつ、一七〇ほどの「自己統治する」個々の資本主義諸国への資本とテクノロジーのフロー。金融市場とグローバルな都市システムの発展における時間―空間の圧縮。国際化した生産者サービス産業の重要性の高まり。いかなる国境ももたないリスクと、それに対する恐怖の一般化。特定の領土から部分的に自由な、文化とコミュニケーション構造の予測されるグローバル化。個人的・制度的・認知的形態、そしてとりわけ美的形態をとる再帰性の増殖。ツーリスト、移民、難民といった、地球を横断する大規模な個人的モビリティの増大。いずれかのカテゴリーに該当する移民によって提供される、とめどない消費者向け「流行」サービスを特に好む、コスモポリタン的趣向をもつサービス階級の成長。そうした脱組織化資本主義のフローを統制できない、国民国家の実効性と正当性の弱体化。ポスト近代のコスモポリタン的個人の典型的な故郷となる、社会や地域に合わせて設計し直された文化空間たる「新世界」の出現である（最後の点はLuke 1992。その例として、芸術業界、金融業界、医薬業界、広告業界、そしてLodge 1983=2001のなかでパロディ化されている学術業界があげられる）。ルークは、関連する変化を、場所からフローへ、空間からストリームへ、組織化したヒエラルキーから脱組織化へというように要約している（Luke 1992）。かつて、場所、ナショナルな空間、組織化したヒエラルキー構造の中心に位置づけられていた社会階級は、そうした脱組織化の犠牲者の一人なのである。社会階級は、一斉にローカル化されるとともにグローバル化され、つまりは人、イメージ、情報のフローによって変容させられている。ヒエラルキー構造によって組織化された実体という意味での階級は、急速に解体しつつあり、それとまさに同時に、社会的・空間的不平等が急激に拡大しているのである。

では、そうした形態をとる脱組織化は、千年紀の転換期における社会的・政治的生活にどのような影響を及ぼしているのだろうか。社会的活動のフローは、黙示録的な将来の恐怖を、不当で不適切なものとするのに十分な可能性を提示できるのだろうか。コンピューターと電気通信革命が結びつくことで、光の速さで膨大な視聴者への情報移転がおこなわれている。それにより、知識と権力が脱中心化し、「新たなソシエーション」は「従来の」制度から離れて発展することが可能になると考えられるかもしれない（Hetherington 1990）。リストンは次のように論じている。

> 携帯電話から通信衛星までテクノロジーを組み込んでいる国際コミュニケーション・システムは、世界や国民から秘密を守る能力を政府から奪いとり、（したがって）権力はその所有者を変えている。（なぜならば）世界中の人びとがみており、また世界的世論がもつ影響力が、テレコム・ネットワークによって転送され、注目を集めるなかで公表されるためである。（Wriston 1992: 575-6）

イギリス君主制の「脱伝統化」は、おそらくそのもっともわかりやすい事例である。別の事例は、湾岸戦争に先立ちクウェートが、イラクに併合される空間のなかの場所から、フローへと変容したやり方にみることができる。クウェートの資産は、世界の金融機関の画面上で、電子的コミュニケーションのストリームに転換されたのである（Luke 1992）。

さもなくば、こうしたフローはまた、徐々に拡大する「荒廃した領域」からなる悪夢のシナリオをもたらすことになるであろう。それは、倒壊する帝国（ＵＳＳＲ）、内部崩壊する国民国家（ユーゴスラビア）、統治不能な第一世界の都市（ロサンゼルス）、広大な砂漠化（東南アフリカ）、そして麻薬資本主義に支配される国々（コロンビア、Luke 1992）によって構成されている。荒廃した領域は、崩壊する（した）市民社会、「文明化プロセス」の脆弱な発展、逃れる能力をもつ人びとの「管理された領域」への逃避によって特徴づけられる。管理された領域は、経済的・政治的・文化的に安全な地域であり、しばしば脱組織化資本主義の荒廃した領域から人びとを隔てる強固な境界を備えている（Luke 1992、また本書第六章）。そのような区分は、むろんローカルな場所でもみることができる。そこでは、電子的な監視技術によって、三分の一社会と三分の二社会とが隔てられているのである。

そのため、ここではまったく異なる複数の可能性を思い描くことができる。一方がある種の脱組織化した分権の可能性であり、他方が現代の黙示録である。つまりその可能性とは、情報、知識、権力の広汎な慈悲深い再分配、もしくは地球の相当な部分に広がる統治不可能性の恐るべき危機である。こうした対照的なビジョンには多くの側面が存在している。ここでは、情報、国家、場所を中心とした、三つのビジョンについて論じる。

情報の増大は、解放とも抑圧とも理解することができる。一方で、新たな形態をとる情報技術の使用は、小規模なコミュニタリアニズム的公共圏の発展を促すかもしれない。場所や実践的な意志形成の新たな論理は、脱中心化したデータ・バンク、双方向的コミュニケーション・システム、そしてコミュニティに根づくマルチメディア・センターを基盤とすることで発展が可能となった（Castells 1989: 352）。新たなソシエーションは、階級、家族、教育、政治、君主制といった従来の制度から区別された、新たなテクノロジーと新たな権力の場を生みだすことができる。

他方で、情報技術は、新たな形態の支配をもたらし、読み書きがもつ批判的技能を浸食する可能性を有している。アガーが「高速資本主義」と名づけるものにより書物の力は損なわれ、ある種のフーコー主義的権力／知識のディストピアが進展するかもしれない。そこでは、道徳や実践知までもが認知的で技術的なシステムに変形され、私的であったものが標準化され規制されるようになる（それには読書という私的で批判的活動も含まれる。Agger 1989; Webster and Robins 1989: 340-1）。映像文化は、文字文化では不可能なやり方で公的に制御可能なのである。

同様に、国家の潜在的な進化は、肯定的にも否定的にも評価することができる。自由主義的民主主義と社会民主主義とともに，いい「ホロコースト」をもたらした近代主義的国民国家は，「空洞化」しつつある（第一一章でみたとおりである。Jessop 1992; Bauman 1989a=2006）。国家がもつ権力は，地域を越えた組織や国際的な組織へと上方委譲され，または地方政府や地域政府，あるいは民間部門へと下方委譲されつつある。権力はまた，内部に向かっては，物理的な強制手段を支配する代替組織に委譲され，外部に向かっては，相対的に自律した国家横断的な同盟へと委譲される。このように空洞化した国家は，正当性に異議が唱えられているまさにそのときに，自身の権力を弱体化させているのである。権力の弱体化は，これまで検討してきたようなフローに直面した際、権力が及ぶ範囲に限界が存在することから、そしてとりわけ国境内で情報のフローを管理できないことから，部分的には生じている。またそれは，外見上全能な「市場」に一致させる形で，自らの行為を正当化することが困難であることにより，部分的に引き起こされている（Ohmae 1990=1990）。このように国家は，ポスト近代のすさまじい複雑性に直面しているのである。この点は，一面では肯定的なものとしてとらえられるかもしれない。というのもそれは，今世紀の大半の時期で，戦争を遂行し，市民を投獄し，多くの住民を統治してきた，官僚主義的に組織化した国家の衰退の兆候だからである。国民国家の衰退は，地域政府や地方政府の増加に有利に働くかもしれない。そうした政府は，市民の要望に，つまりさらに多くの地域主義的で多元主義的な民主主義に，より効率的に応じることができるのである（Held ed. 1993）。だが，そのような進展は，悪夢のようなディストピアを強化するものとして受けとめられるかもしれない。政治に国家的文脈が欠けることで，途方もない社会的・空間的不平等が生じる。そこは，高度に規律化され管理された領域に隣接する，統治不可能な荒廃した領域である。そこでは，それぞれは互いを支え合うしかなく，また文明化したより均一な生存条件を押しつける強力な国家的権威が存在していない。国家的な社会階級の不在は，そうした脱組織化に対抗する余地がほとんどないことを意味している。同時に，多様な新世界に参加するコスモポリタンは，管理された領域をすばやく行き来することができ，他の旅行者を荒廃した領域に置き去りにし，そのなかでなんとかやっていくよう促し，そしておそらくは「空白化した集合場所」で互いに顔を合わせることになる（MacCannell 1992）。

最後に，フローは場所に対してもっとも甚大な影響を与えている。空間がもつ意味は，「フローの空間が……場所の空間にとって代わる」経験にどのように付与され，あるいはその経験のなかでいかに展開することができるのだろうか（Henderson and Castells 1987: 7; Watts 1992）。資本，イメージ，アイデア，テクノロジー，そして人の圧倒的な奔流によって非可視化されることで，場所は消失してしまうのだろうか。この猛烈な客体と主体のモビリティは，没場所性を生みだしてはいないのだろうか。そこではもっとも表面的な差異だけが，突き進むフローに抵抗しているのである。メイロウィッツが示唆するように，多くの人びとは，

もはや「自分の場所がわからない」ようである。なぜならば，伝統的にからみあった要素からなっていた「場所」は，電子メディアによってばらばらになってしまったからである……。われわれの世界は，多くの人びとにとって突然，無意味なものとなってしまったのかもしれない。というのも，近代の歴史においてはじめて，世界はいくぶん没場所的なものとなっているからである。(Meyrowitz 1985: 309)

あるいは，こうしたフローはそれ自体組織化され，文字通りの無差別的なものではなく，したがって場所は惹きつけもすれば拒絶もする

と論じられるかもしれない。むろん、場所という言葉はイメージを一面では意味している。だが、たとえそうであっても、場所は無味乾燥な没場所性によって単に飲み込まれているとはみなされないであろう。場所は、しばしば再構成・再想像され、ツーリストや事業家を惹きつけたり（管理された領域）、移民や低賃金の資本を（荒廃した領域へと）遠ざけたりしている。だが、場所は常に作りかえられてきたのである。この点に関して驚くべきものは何もない。今日生じている場所の再構成に特徴的なことは次の点である。場所のイメージ、特にその（美的）再帰性の重要性。グローバルなフローの影響、とりわけますます急速に場所を作りかえる、情報、イメージ、自発的な訪問者がもつ影響。そして、そのようなフローに対する国民国家（そして国民的階級）の相対的な脆弱性と、空前の規模での場所の再構成にフローが果たす影響である。マルクスであれば、より一般的化して次のように述べたかもしれない。「構築されたすべてのもの、あるいは『自然的な』すべてのものは」、現代のグローバルな記号と空間の経済のなかで「イメージへと霧消してしまうのである」。

訳者あとがき

本書は、Scott Lash and John Urry, 1994, *Economies of Signs and Space*, London: Sage の全訳である。

まず、著者二人の略歴と業績を振り返っておこう。

スコット・ラッシュは、一九四五年にアメリカ合衆国シカゴに生まれた。ミシガン大学卒業後、ノースウエスタン大学で修士号、ロンドン・スクール・オブ・エコノミクス（LSE）で博士号を取得した。その後、ロンドン大学ゴールドスミス・カレッジ、CCS（Centre for Cultural Studies）教授、同所長を歴任している。現在は、香港の中文大学教授、およびオックスフォード大学上級研究員である。ラッシュは、多様な経験的知見に基づきながら、現代の経済、社会、文化の理解を可能にするポスト近代の社会理論の構築をおこなってきた。一九八〇年代には、*The Militant Worker: Class and Radicalism in France and America*, London: Heinenmann Educational（1984）や、アーリとの共著である *The End of Organized Capitalism*, Cambridge: Polity（1987）を通じて、ポスト・マルクス主義の社会・経済理論を展開した。一九九〇年代以降は、*Sociology of Postmodernism*, London: Routledge（1990）（＝田中義久監訳『ポスト・モダニティの社会学』法政大学出版局、一九九七年）を皮切りに、ウルリッヒ・ベック（Ulrich Beck）やアンソニー・ギデンズ（Anthony Giddens）との共著 *Reflexive Modernization: Politics, Tradition and Aesthetics in the Modern Social Order*, Cambridge: Polity（1994）（＝松尾精文・小幡正敏・吐堂隆三訳『再帰的近代化――近現代における政治、伝統美的原理』而立書房、一九九七年）において、日本でもよく知られた「再帰的近代化」論争をおこなった。さらに、*Critique of Information*, London: Sage（2002）（＝相田敏彦訳『情報批判理論――情報社会における批判理論は可能か』NTT出版、二〇〇六年）では、高度に情報化され、メディアによる媒介が不可避となった現代社会における、「批判」という営みの限界と可能性を論じている。以降は、特に文化のグローバル化に関心を集中させており、セリア・ラリー（Celia Lury）との共著 *Global Culture Industry: The Mediation of Things*, Cambridge: Polity（2007）、マイク・フェザーストーン（Mike Featherstone）およびブライアン・ターナー（Brian Turner）との共著 *Culture and Social Theory*, London: Sage（2012）、また *Intensive Culture: Social Theory, Religion and Contemporary Capitalism*, London: Sage（2010）や *Emergent Globalization*, Cambridge: Polity（2014）といった著作を発表している。とりわけ近年は、中国や台湾といった東アジア圏に目を向けており、マイケル・キース（Michael Keith）、ヤーコプ・アーノルディ（Jakob Arnoldi）、タイラー・ロッカー（Tyler Rooker）とともに、*China Constructing Capitalism: Economic Life and Urban Change*, London: Routledge（2013）を発表している。近いうちに、*Experience: New Foundations for the Human Sciences*, Cambridge: Polity（2018）が出版される予定である。

ジョン・アーリは、一九四六年にロンドンに生まれた。ケンブリッジ大学経済学部を卒業し、同大学院で社会学の博士号を取得した。ランカスター大学社会学科教授をつとめ、社会学科長、社会科学部長、CeMoRe（Centre for Mobilities Research）所長、英国王立芸術協会フェローなどを歴任した。その後、二〇一六年三月に没する。アーリもまた、ポスト・マルクス主義の経済・社会理論の構築を課題として、キャリアを開始した。一九七〇年代には、*Reference Groups and Theory of Revolution*, London: Rutledge（1973）、一九八〇年代には、*The Anatomy of Capitalist Societies: The Economy, Civil Society and State*, London: Macmillan（1981）（＝清野正義監訳『経済・市民社会・国家——資本主義社会解剖学』法律文化社、一九八六年）、ラッシュとの共著 *The End of Organized Capitalisms*, Cambridge: Polity（1987）といった作品を発表している。一九九〇年以降は、*The Tourist Gaze: Leisure and Travel in Contemporary Societies*, London: Sage（1990）（＝加太宏邦訳『観光のまなざし——現代社会におけるレジャーと旅行』法政大学出版局、一九九五年）、*Consuming Place*, London: Routledge（1995）（＝吉原直樹・大澤善信監訳『場所を消費する』法政大学出版局、二〇〇三年）などの著作を通じて、「場所の社会学」を確立する。その後、本格的に展開しはじめたグローバル化を説明するために、「モビリティ（mobility）」概念を提唱し、「移動」という経験や現象が、社会、文化、経済、アイデンティティの変容や再編成に与える影響について分析を試みている。たとえば、*Sociology beyond Societies: Mobilities for the Twenty-First Century*, London: Routledge（2000）（＝吉原直樹監訳『社会を越える社会学』法政大学出版局、二〇〇六年）、*Global Complexity*, Cambridge: Polity（2003）（＝吉原直樹監訳『グローバルな複雑性』法政大学出版局、二〇一四年）、マイク・フェザーストーン、ナイジェル・スリフト（Nigel Thrift）との共編著 *Automobilities*, London: Sage（2005）（＝近森高明訳『自動車と移動の社会学』法政大学出版局、二〇一〇年）、ヨーナス・ラースン（Jonas Larsen）とカイ・アクスハウゼン（Kay Axhausen）との共著 *Mobilities, Networks, Geographies*: Aldershot: Ashgate（2006）、*Mobilities*, Cambridge: Polity（2007）（＝吉原直樹・伊藤嘉高訳『モビリティーズ——移動の社会学』作品社、二〇一五年）、キングスレイ・デニス（Kingsley Dennis）との共著 *After the Car*, Cambridge: Polity（2009）、アンソニー・エリオット（Anthony Elliott）との共著 *Mobile Lives*, London: Routledge（2010）（＝遠藤英樹監訳『モバイル・ライブズ――移動が社会を変える』ミネルヴァ書房、二〇一六年）といった著作がある。近年の*Offshoring*, Cambridge: Polity（2014）では仕事、税、レジャー、エネルギー、廃棄物、安全などの海外への移転がもたらす負の部分と、それを自国へと戻す運動がもつ意味について論じている。最後の著作となった*What is the Future?*, Cambridge: Polity（2016）では、過去におこなわれた未来をめぐる議論から、複雑なシステムやイノベーティヴな未来について語り、不確実性が高まるグローバル社会の指針となる議論をおこなっている。

こうした二人の研究歴からみた場合、本書はどのように位置づけられるであろうか。一方で、冒頭でのマルクスへの批判的言及にみられるように、本書はポスト・マルクス主義という共通の土台の上で執筆されたものである。つまり、「物」や「ヒエラルキー」を主要な原理としていた工業中心の組織化資本主義から、人や情報のフローに基づく脱組織化資本主義の編成原理の解明が主題となっている。他方で、本書は、ラッシュとアーリがそれぞれ新たな研究テーマへと向かう転換期の作品としてもとらえることができる。それは、同様に共著であった前作*The End of Organized Capitalism*が、その内容や章構成に一貫性がみられたのに対して、本章が扱うテーマや内容は多岐にわたり、ややもすれば散漫にさえみえる点からもうかがえる。だが、それは別の観点からとらえれば、一九九〇年代に互いに共通の土台から異なる方向へと飛び立つ、卓越した二人の社会学者の理論的エッセンスが詰まった作品であると評することができる。

＊　＊　＊

以下では、本書の内容を振り返り、後の二人の研究について説明した上で、その議論がもつ今日的意義について簡単に述べる。

本書は、「フロー」と「再帰性」という、現代社会の二つの構造化原理に焦点を当てながら、多様な経済・社会現象について解明することを目的としている。とりわけ、情報コミュニケーション構造や記号のフローを媒介にした美的再帰性に着目し、主に先進資本主義社会である北大西洋沿岸地域の国々の経済構造を分析している。

本書は大きく分けて四つの部分から構成されている。第Ⅰ部では、情報、コミュニケーション、貨幣、資本投資からなるフローとネットワークが、構造的分化と機能的統合を前提とした組織化資本主義にとって代わり、経済の脱組織化が推し進められ、それが主体の経験やアイデンティティに変化をもたらしている点が論じられている。そこで、ギデンズやベックにみられる認知的な再帰性だけではなく、意識下でも作用する美的再帰性や解釈学的再帰性の重要性が強調される。第Ⅱ部では、「再帰的蓄積」、つまり知識、情報、イメージを介した新たな資本蓄積のあり方が分析されている。その際、先進社会（日本、ドイツ、英米）における製造産業の主体（＝労働者）の編成原理の比較を通じて、再帰的蓄積の多様なあり方（集合的再帰性、実践的再帰性、言説的再帰性）が検討されている。さらに、文化産業へと議論が進められ、そのなかで、労働ではなく、デザインが付加価値の大部分を占めるようになっている点が述べられている。指摘されるべきは、そうした「デザイン集約性」は、出版、映画、テレビなどの文化産業だけでなく、製造産業においてもまた重要になってきている点である。その結果、デザインやイメージを生みだすサービス産業・労働の発展がもたらされ、そうした専門特化したサービス企業への外部委託化を通じて、旧来の組織化した企業はますます脱統合するようになっている。だが、あらゆる社会空間が再帰的蓄積の恩恵を受けるわけではなく、高度に情報コミュニケーション化が進む中心社会に暮らす再帰的近代社会の「勝者」と、旧来の製造産業に基づく経済構造からも情報コミュニケーション構造に基づく新たな経済からも排除された、逼迫したゲットーに住む人びとからなる「敗者」が生みだされている。第Ⅲ部では、空間と時間の多様な組織化のあり方が論じられている。サービス産業は、民間部門と公共部門の双方で、今日より重要な位置を占めるようになっている。感情労働やイメージ戦略を担うサービス産業の発展を通じて、商店、企業、地域のイメージが（再）生産され、そこに価値が付与されていく。そうした場所のマーケティングや消費サービス産業の発展は、投資や先進セクターの労働者を惹きつけるための重要な鍵となる。第Ⅲ部のもう一つのテーマが時間である。時間、とりわけクロック・タイムは近代社会の組織化の主要な原理であったが、コンピューターに体現される「瞬間的」時間に加え、環境への配慮、世代を超えた連帯への志向、過去や遺産への憧憬と関係する「氷河的」時間が、現代社会の編成に大きな影響を与えるようになっている。瞬間的時間と氷河的時間は部分的に対立するものであるが、ともに情報やイメージのフローを前提としていることから、現代社会の編成にとって重大な役割を担っている。そして第Ⅳ部では、モビリティが近現代社会の形成に果たしている役割について議論がなされる。ラッシュとアーリは、近代社会を特徴づけるモビリティ、とりわけツーリズムが、人びとの経験やアイデンティティ、あるいは場所のもつ意味を変容させているという。近代になり旅行が組織化され、そのなかであらゆる地域が自身を観光地として再生産するようになり、それにより「場所の固有性」が構築されるようになっている。また、脱組織化資本主義では、ツーリズムとその他多くの社会的実践との間の垣根は薄れ、移動およびそれにともなう「視覚的財の消費」や「日常生活の美化」がありふれたものとなる。そうしたモビリティを前提としたグローバル化は、ナショナルな国家の規制を弱めるものである。環境問題や紛争に対する国家の影響力の減退は、覇権国による「構造的権力」の不在を前提としており、そのなかで、ナショナルな運命共同体という意識は弱まり、代わりに新しい部族、環境運動、平和主義活動といった「新たなソシエーション（＝ゆるやかなつながりをもつ選択的な関係に基づく集団）」を通じた、ローカルあるいはグローバルな連帯が強まっている。以上から、ラッシュとアーリは、一方で国家からの解放と自由なコミュニケーションからなる「ユートピア」と、他方でコミュニティが視覚的テクノロジーによって媒介されることで人びとの批判的能力が奪われ、底辺を構成する人びとへの監視と管理からなるフーコー主義的な「ディストピア」の到来という、二つの可能性を示している（ただし、両者は同時に現れうる）。

本書の一つの主題である「再帰性」の社会学は、以後のラッシュの中心的な理論的指針となっている。本書の出版と同年の一九九四年、ラッシュは、ベックおよびギデンズと「再帰的近代化」について論争をおこなっている。ラッシュは、ベックやギデンズの再帰的近代化論を継承しつつ、批判的に論じ、行為を構造から分離させ、構造に対してエージェントの力を増大させる過程として、再帰的近代化をとらえる。ラッシュはさらに、再帰性を可能にする新たな構造的前提である、情報コミュニケーション構造について語っている。彼は、情報コミュニケーション構造のなかで、模倣的なものやイメージを媒介とする美的再帰性が、現代社会の編成に際して決定的に重要になると考えた。さらに、実践のなかで生じる意味や慣習を媒体とする「解釈学的再帰性」の観点から、後期近代の共同体回帰の基盤となる「われわれ」の回復を試みている。その後、二〇〇〇年代にラッシュは、情報化社会の進展にともなって、絶え間なく訪れる情報に対応して、思考よりも、行動や表現が重要になることを指摘する。彼は、行為に先立って思考があるのではなく、すべてが他者との相互反映的なコミュニケーション行為になる「現象学的再帰性」を提示している。こうした関心は、セリア・ラリーとの共著である *Global Culture Industry* (2007) のなかでも発展させられており、本書の第四章で論じられた文化が産業全体に与える意義を、グローバルなレベルで例証している。また、*Intensive Culture* (2010) では、グローバル経済・社会が、一般にイメージされる拡大と画一性をともなう「外在的 (extensive)」性質をもつだけでなく、ブランド、イメージ、ネットワークといった生きた情報システムに特徴づけられる「内在的 (intensive)」文化によって説明されている。そこでグローバル資本主義は、もはや商品の線形性によって統治されるシステムではなく、差異の凝縮や、その支配原理と合体した非線形の自己組織的な奔出によって統治されるものであると論じている。また、本書で提示されている事例はもっぱら西欧先進社会に限られていたが、日本語版への序文にも垣間見られるように、近年ラッシュは東洋的な関係性を重んじる考え方、とりわけ中国に関心を寄せるようになっている。ラッシュによると、中国の思想は、内包と外延、主体と客体といった西欧的な二分法的な区別の外部にあり、すべてが状況依存的で関係論的なものであることを指摘している。中国の資本主義を扱った*China Constructing Capitalism*（2013）では、そうした関係論的な視点から、西欧とは異なる中国独自の資本主義の構築や新自由主義の発展と、中国の都市生活の変容について議論をおこなっている。

　他方でアーリは、本書にみられた「ツーリズム」の社会学的分析を、一九九〇年代から本格化させることとなった。『観光のまなざし』（1990＝一九九五年）および『場所を消費する』（1995＝二〇〇三年）では、近代資本主義の発展を、工業的生産ではなく、ツーリズム産業の観点から分析している。マス・ツーリズムの発達を通じて生みだされた「まなざし」を通じて、空間が「住まう場所」から「消費する場所（＝観光地）」への転換をもたらしている。そうした観光のまなざしが、ツーリストを近代人として再認識させている。つまり、ツーリストは観光地を居住者のまなざしと異なる観察者のまなざしで眺めることによって、意識するか否かにかかわらず、混沌／秩序、自然／文化といった近代的な二分法的な見方を再生産しているというのである。またアーリは、本書の一つのテーマであったグローカル化に関して、「地域性（locality）の生産」や「場所の消費」という考え方を中心とした、空間編成をめぐる新たな社会学理論を展開している。二〇〇〇年代に入ると、社会科学の線形的な思考を脱構築して、予測不可能性と不可逆性によって特徴づけられ、「創発」が社会生活を変えていくグローバルな複雑性の研究へと移る。『グローバルな複雑性』（2003＝二〇一四年）では、本書で示された「国家規模の社会構造がグローバルな情報コミュニケーションにとって代わられるプロセス」に着目し、創発的な情報コミュニケーション・システムが、いかに高度な再帰性の基盤となっているのかを論じている。さらに場所への関心は必然的にアーリを、場所間の移動をめぐる研究、つまり「モビリティ」研究へと向かわせることとなった。移動という経験が、人びとの生活の方法やテンポやリズムを根本的に変化させるとともに、モビリティが階級、人種、ジェンダーなどの差異や排除を生みだしている点を描いた。それ以降もアーリは、本書で触れられている、環境問題や社会運動について積極的に議論をおこなった。

　このように本書の内容は、一九九〇年代以降のラッシュとアーリの研究を先取りするものとして位置づけることができる。

　では、四半世紀も前に発表された本書は、高度に発達した情報通信技術を通じた今日のグローバル社会の理解にいかに貢献できるのだろうか。たしかに、一九九〇年代半ばは、インターネット、携帯電話、バーチャル・リアリティといった技術はいまだ黎明期にあり、それが社会や一般の人びとに与える影響は未知数であった。また、経済や政治のグローバル化についても、（日本を除けば）西欧社会が支配的な地位にあり、現在の中国が有する経済的・政治的プレゼンスや、九・一一以後に顕在化した宗教のもつ政治的・社会的インパクトはいまだ潜在的なままに留まっていた。だが他方で、この時期には、東西冷戦は終焉やWorld Wide Webの開発・公開などにみられるように、真の意味で世界レベルでの人びとの移動や情報のフローが本格化しつつあり、経済のみならず社会、政治、文化のグローバル化が大きく進展した時代であった。「地球村」という言葉が表現しているように、世界は一つの「コミュニティ」としてとらえられ、環境汚染、経済・通貨危機、国際紛争は、局所的な問題としてではなく、「世界リスク」として認識・定義されるようになりつつあった。本書は、現在まで続くグローバル化がもつ特徴や、そうした空間が編成される基本的なメカニズム（ex. 人、物、情報のフロー、国境を越えた分業体制、時間・空間の標準化）、あるいはグローバルな場を前提とした世界的な競争を生き抜くためにローカルな集団、企業、地方政府が用いる多様な戦略（ex. 場所の神話の構築、サービス産業の誘致、財政支援）を理論的な視点からアプローチするものである。

本書の日本語版への序文においてラッシュは、こうした「記号と空間の経済」が、一九九四年から二〇一八年までの間にむしろより強化されたと述べている。それは、次のような現象に表れている。インターネットにみられる物質をまったくともなわない純粋な情報財の発展（ex. オンライン・ゲーム）、グローバル規模での訪問者の獲得競争と、そのための国家をあげての場所の神話、物語、イメージの構築（ex. 世界遺産）、グローバル・メディアを通じた、スペクタクルな出来事の世界的な同時経験（ex. アメリカ同時多発テロ、ワールドカップ）、情報へのアクセシビリティの向上による宗教的テクストに触れる機会の高まりと、それによる宗教性の高まり（ex. ムスリム意識の世界的な覚醒）、またそうした宗教的テクストのエージェント自身の解釈を通じた宗教の脱埋め込み化と新たな社会的文脈への再埋め込み化（ex.「ヨーロッパ・ムスリム」というアイデンティティ）、フラット化を求めるグローバル化の影響力とそれに対するローカルな人びとの抵抗（ex. スローフード運動やテロワール運動）、あるいは、経路依存的なローカルな文脈を利用したグローバル化の進展（ex. マクドナルドのグローバル戦略やＢＯＰ（Bottom of Pyramid）市場を次なる市場とする企業戦略）、先進社会における、クリエイティブ階級とプレカリアートの二極分化（ex. 勝ち組／負け組）。政治的な反グローバリズムの世界的な高まりと、ナショナルなものへの揺り戻し（ex. Brexit、極右政党の台頭）などである。

日本語版への序文のなかで、ラッシュは「記号と空間の経済」の今日における例として、軍隊に起源をもつロジスティクスやトヨタの子会社によって開発されたＱＲコードの普及などをあげている。こうした技術を通じて、西欧からのみでなくアジアからも、全世界へとあらゆる境界を越えて、情報やイメージといったとらえどころのない客体が広がり、商品、場所、人びとなどを次々に変化させていく。記号と空間の経済が局地的なものではなくなり、あらゆる人びとの日々の暮らしを覆うようになった時代のなかで、本書は、さまざまな社会現象を理解する際の指針として、今後もますます意義をもち続けることとなるであろう。

＊＊＊＊

最後に、本書の翻訳の経緯について述べる。本翻訳プロジェクトは、二〇一〇年八月、清水、川崎、笹島、中西、安達をオリジナル・メンバーとして開始された。その後、中西の在外研究や、出版社の変更、訳者の追加（藤間、鳥越）、監訳者の変更など紆余曲折あり、二〇一七年七月に七年七人がかりでようやく初稿を完成することができた。訳出分担は以下のとおりである。

監訳　安達智史
日本語版への序文　安達智史
まえがき　安達智史
第Ⅰ部
一章　中西眞知子
二章　安達智史
三章　中西眞知子
第Ⅱ部
四章　安達智史、清水一彦、川崎賢一
五章　清水一彦
六章　藤間公太
七章　安達智史
第Ⅲ部
八章　笹島秀晃
九章　安達智史
第Ⅳ部
一〇章　鳥越信吾
一一章　安達智史
一二章　清水一彦

翻訳のプロセスは、以下の通りである。①各章を担当者が訳し、②それを安達あるいは（安達の担当章を）ペアとなっている訳者がチェックをおこない、③指摘された修正箇所を安達が取捨選択のもと反映させ、④それを各訳者に返す。このプロセスを、三―四度繰り返した。また訳語の統一やいくつかの訳文について、複数回、話し合いをおこない、最終的に安達の裁量で確定をおこなった。以上の経緯から、安達が最終的な責任者となっているものの、各訳者の貢献も大であることは付言しておくべきである。（入念なチェックの後、なお残っているであろう訳文の問題の責任は、安達にあることは言うまでもないが。）

翻訳に関していくつかの注意点がある。翻訳の方針として、（原著に忠実に訳すことが基本であるが）形式的な文法よりも日本語として読みやすい形で訳出することを優先した。たとえば、能動態と受動態の置き換え、“we”の訳出の省略や別語への置き換え（ex.「ここでは」「本書では」など）、あるいは列挙された事例の区別がわかりにくい際の「第一」「第二」「第三」といった用語の追加などがあげられる。またいくつかの章の内容や引用部で、既訳があるものが複数存在した。翻訳の際に、それらの既訳を部分的に参考にすることはあったが、基本的にはすべてを独自に訳出した。訳注は最低限に留めた。その理由として、かなり多くの専門用語や固有名詞があり、それぞれに訳注を付すと膨大な量になり読みにくくなることに加え、インターネットが普及した時代であり、読者は疑問に感じた用語を比較的容易に調べられる環境にあることがあげられる。最後に、原著の引用や出典の記載に複数の誤りがあったが、確認できる範囲で修正をおこなった。

訳者である中西は、ラッシュの勤務するゴールドスミスで一年間在外研究をおこなっており、その際、両著者のもとを訪れている。二〇〇九年、ロンドンのニュークロスにあるロンドン大学ゴールドスミスにラッシュを訪ねた。その際、彼は「日本人など東洋人はとても再帰的で、日本の再帰性から得たものは大きい」と語っていた。ラッシュは、日本の「空気」に対して興味を示しており、中西にその説明を求める場面もあった。たしかに日本の「空気」は、彼の提示した解釈学的再帰性や集合的再帰性に通ずるものがあるのかもしれない。彼は当時から、西欧の限界を超えようとして、東洋へと研究関心を広げているようであった。その後の二〇一一年、ラッシュから紹介されて、本書の日本語版への序文の執筆を依頼するために、ランカスター大学にアーリを訪ねた。アーリは依頼を快諾するとともに、共著をめぐるラッシュとの興味深いエピソードを語ってくれた。彼によると、ラッシュは、アイデア豊富であり、どんどん議論が別のものへと飛んでいくのに対して、アーリは、そうした独創性を否定することなく、それに共通の理論的な枠組みを与えるという役割を担ったという。その意味で二人は、ベスト・パートナーだったのである。本書が、難解で知られるラッシュの他の作品よりも読みやすいものとなっているとすれば、それはアーリの献身のおかげかもしれない。

その後、二〇一六年三月におこなわれた三度目の翻訳会議の直前、アーリの訃報が舞い込んできた。それはあまりに早すぎ、今後も多数の著作や論文を発表していたであろうことを考えると、社会学界全体にとってきわめて大きな痛手であり、大変残念なことである。それは同時に、本邦訳がもつ意義がより一層強まったことを意味するものであり、その重責を感じつつ訳出につとめることとなった。本書の出版により、ラッシュとアーリの業績がより多くの人に伝わるとともに、混沌化、不確実性、不透明性が増加するグローバル化社会が深化するなかで、人びとが社会を観察し、次の行動をとるときに何らかの示唆を与えるものとなれば幸いである。ジョン・アーリ先生のご冥福を翻訳者一同心からお祈り申しあげる。

最後に、晃洋書房の阪口幸祐さん、丸井清泰さんには、翻訳出版を快く引き受けていただき、いろいろな場面で助けていただいた。また、編集作業には、翻訳作業に関して豊富な経験をもち、翻訳者の一員でもある、慶應義塾大学の鳥越信吾にとてもお世話になった。その他にも、本書の翻訳に際して貴重なご助言やご助力をいただいたすべての方々に、合わせて深く感謝申しあげる。

二〇一七年一一月

翻訳者一同に代わって
安達智史・中西眞知子

フローと再帰性の社会学
——記号と空間の経済——

二〇一八年四月二〇日　初版第一刷発行
二〇二一年六月一五日　初版第二刷発行

著　者　スコット・ラッシュ
　　　　ジョン・アーリ
監訳者　安達智史
訳　者　中西眞知子・清水一彦
　　　　川崎賢一・藤間公太
　　　　笹島秀晃・鳥越信吾
発行者　萩原淳平
発行所　株式会社　晃洋書房
京都市右京区西院北矢掛町七
電話　〇七五（三一二）〇七八八（代）
振替口座　〇一〇四〇—六—三二二八〇
監訳者の了解により検印省略
＊定価はカバーに表示してあります
印刷　創栄図書印刷（株）
製本　（株）藤沢製本
装丁　（株）クオリアデザイン事務所
ISBN 978-4-7710-2958-3

著者紹介

スコット・ラッシュ（Scott Lash）

1945年，アメリカ合衆国・シカゴ生まれ．LSEにて博士号取得．ランカスター大学教授，ロンドン大学ゴールドスミス・カレッジ，CCS教授，同所長を歴任．その後，香港の中文大学，香港市立大学教授およびオックスフォード大学上級研究員．1980年代，アーリとの共著『組織化資本主義の終焉』でポスト・マルクス主義社会・経済理論を展開．1994年，ベック，ギデンズと「再帰的近代化」論争をおこない，ポスト近代の社会文化理論を発展させる．以降，社会や文化のグローバル化に関心を示し，近年では，東アジアにも目を向けている．

著書：『ポスト・モダニティの社会学』（法政大学出版局，1997年），『再帰的近代化』（共著，而立書房，1997年），*Another Modernity*（Blackwell, 1999），『情報批判論』（NTT出版，2006年），*Intensive Culture*（Sage, 2010），*Emergent Globalization*（Polity, 2014），*Experience*（Polity, 2018）など．

ジョン・アーリ（John Urry）

1946年，イギリス・ロンドン生まれ．ケンブリッジ大学にて博士号取得．ランカスター大学社会学科教授，社会科学部長，CeMoRe所長，英国王立芸術協会フェローなどを歴任．2016年3月没．ポスト・マルクス主義の経済・社会理論を構築し，ラッシュと『組織化資本主義の終焉』を発表．本書の後，「場所の社会学」を確立し，さらに「モビリティ」概念を提唱して，移動がもつ社会，文化，経済への影響を分析する．遺作は『〈未来像〉の未来』．

著書：『観光のまなざし』（法政大学出版局，1995年），『場所を消費する』（法政大学出版局，2003年），『社会を越える社会学』（法政大学出版局，2006年），『グローバルな複雑性』（法政大学出版局，2014年），『モビリティーズ』（作品社，2015年），『オフショワ化する世界』（明石書店，2018年），『〈未来像〉の未来』（作品社，2019年）など．

訳者紹介（担当章順，＊は監訳者）

＊安達智史（あだち　さとし）［日本語版序文，まえがき，2，4，7，9，11章］

東北大学大学院文学研究科・博士（文学）．現在，近畿大学総合社会学部・准教授．第9回日本社会学会奨励賞（論文の部）（2010年），関西社会学会大会奨励賞（第62回大会，2011年）．『リベラル・ナショナリズムと多文化主義――イギリスの社会統合とムスリム』（勁草書房，2013年），『再帰的近代のアイデンティティ論――ポスト9・11時代におけるイギリスの移民第二世代ムスリム』（晃洋書房，2020年）など．

中西眞知子（なかにし　まちこ）［1，3章］

大阪大学大学院国際公共政策研究科・博士（国際公共政策）．現在，中京大学経営学部・教授．『再帰的近代社会――リフレクシィブに変化するアイデンティティや感性，市場と公共性』（ナカニシヤ出版，2007年），『再帰性と市場――グローバル市場と再帰的に変化する人間と社会』（ミネルヴァ書房，2014年），『グローバル社会の変容――スコット・ラッシュ来日講演を経て』（共編著，晃洋書房，2020年）など．

清水一彦（しみず　かずひこ）［4，5，12章］

一橋大学社会学部卒業．現在，文教大学情報学部メディア表現学科・教授．「“みゆき族”の社会的記憶変容における，『平凡パンチ』とVANの役割」『出版研究』（43，2012年），「「若者の読書離れ」という“常識”の構成と受容」『出版研究』（45，2014年），第38回日本出版学会賞（2016年度）清水英夫賞（日本出版学会優秀論文賞），「出版における言説構成過程の一事例分析」『出版研究』（48，2017年），分担執筆として『図説　日本のメディア［新版］』（藤竹暁・竹下俊郎編著，NHK出版，2018年）など．元雑誌『POPEYE』編集長．

川崎賢一（かわさき　けんいち）［4章］

東京大学社会学研究科修士（社会学）．現在，駒澤大学GMS学部・教授．『トランスフォーマティブ・カルチャー』勁草書房（2006年），『〈グローバル化〉の社会学』（共編）恒星社厚生閣（2010年），『〈若者〉の溶解』（共編）勁草書房（2016年）など．

藤間公太（とうま　こうた）［6章］

慶應義塾大学大学院社会学研究科・博士（社会学）．現在，国立社会保障・人口問題研究所社会保障応用分析研究部第2室・室長．『代替養育の社会学――施設養護から〈脱家族化〉を問う』（晃洋書房，2017年），『児童相談所の役割と課題――ケース記録から読み解く支援・連携・協働』（東京大学出版会，遠藤久夫・野田正人・藤間公太監修，国立社会保障・人口問題研究所編，2020年），「教育政策，福祉政策における家族主義」『教育社会学研究』（106，2020年）など．

笹島秀晃（ささじま　ひであき）［8章］

東北大学大学院文学研究科・博士（文学）．現在，大阪市立大学大学院文学研究科・准教授．“From Red Light District to Art District: Creative City Projects in Yokohama’s Kogane-cho Neighborhood,” *Cities,* (32, 2013)，「ニューヨーク市SoHo地区における芸術家街を契機としたジェントリフィケーション」『社会学評論』（67(1)，2016年）．

鳥越信吾（とりごえ　しんご）［10章］

慶應義塾大学大学院社会学研究科・博士（社会学）．現在，十文字学園女子大学社会情報デザイン学部・専任講師．『グローバル社会の変容』（中西眞知子・鳥越信吾編著，晃洋書房，2020年），「社会学総合誌にみる日本の理論・学説研究の歴史的動向」（大黒屋貴稔と共著）『知の社会学の可能性』（栗原亘・関水徹平・大黒屋貴稔編，学文社，2019年），「もう一つの時間の比較社会学」『作田啓一vs.見田宗介』（奥村隆編，弘文堂，2016年），「近代的時間と社会学的認識」『日仏社会学年報』（30，2019年）など．

人名索引

[ア　行]

アインシュタイン，A.（Einstein, A.）217
青木昌彦（Aoki, M.）21, 60-1, 64-6, 68-9, 73-4, 97
アダム，B.（Adam, B.）205-7, 210, 214, 216-7, 221-2, 224, 227-8
アッガー，B.（Agger, B.）298
アドルノ，T.（Adorno, T.）49, 130, 152, 290
アバークロンビー，N.（Abercrombie, N.）53, 57, 103, 106-7, 114, 127, 131-2, 220, 282
アパデュライ，A.（Appadurai, A.）258, 277, 282-3
アミン，A.（Amin, A.）22, 262, 265, 268
アーリ，J.（Urry, J.）15, 21-2, 25, 28, 34, 50, 54, 58, 61, 132, 150-1, 175, 179, 184, 186, 198, 203, 210, 216, 226, 229, 234-5, 237-40, 245-6, 248-53, 263-4, 271, 273, 278, 286
アレン，J.（Allen, J.）196
アンガー，B.（Unger, B.）124
アンダーソン，B.（Anderson, B.）287, 291
アンルー，J.（Unruh, J.）155
イェンセン，J.（Jensen, J.）158-9, 164
イリガライ，L.（Irigaray, L.）218
イレリス，S.（Illeris, S.）182, 194, 196
ヴァウターズ，C.（Wouters, C.）184-5
ヴァカン，L.（Wacquant, L.）18, 135, 143
ウィニコット，D.（Winnicot, D.）37
ウィムスター，S.（Whimster, S.）194, 264, 266, 269
ウィリアムズ，R.（Williams, R.）257
ウィリアムソン，O.（Williamson, O.）16, 21, 60, 89, 143, 190
ヴィリリオ，P.（Virilio, P.）225
ウィルソン，A.（Wilson, A.）271, 280
ウィルソン，W. J.（Wilson, W, J.）53, 134-6, 142-3
ウィルパート，C.（Wilpert, C.）169, 172, 174
ヴェイル，T.（Vail, T.）24
ヴェーバー，M.（Weber, M.）36, 134-5, 206-8, 262, 295
ウェルズ，P.（Wells, P.）94-6, 100
ヴェンダース，W.（Wenders, W.）50-1
ヴェンチューリ，R.（Venturi, R.）51
ウォーカー，R.（Walker, R.）59, 61, 86, 96-7, 181-2
ウォード，C.（Ward, C.）144, 234, 245-6
ウォルチ，J.（Wolch, J.）151
ウォルツァー，M.（Walzer, M.）47
ウォールディンガー，R.（Waldinger, R.）159-61
ウォルトン，J.（Walton, J.）239, 245-6
ウォルビン，J.（Walvin, J.）245-6
ウォーレン，E.（Warren, E.）155
ウーズビー，I.（Ousby, I.）235-6, 240-1, 243, 245
ウッド，M.（Wood, M.）226
ウッド，S.（Wood, S.）60-1, 63, 69, 188
エーコ，U.（Eco, U.）49, 152, 251, 278
エスピン-アンデルセン，G.（Esping-Andersen, G.）137, 145, 166-8, 180-1, 190, 199
エディントン，A. S.（Eddington, A. S.）217
エドワーズ，D.（Edwards, D.）218-20
エリアス，N.（Elias, N.）30, 216-8
エリアーデ，M.（Eliade, M.）46
エリクソン，E.（Erikson, E.）37, 39-40
エンジェル，D.（Angel, D.）88-9, 93
エンバートン，E.（Emberton, J.）247
大前研一（Ohmae, K.）283, 285, 287, 299
オーキー，R.（Oakey, R.）93
オッル，M.（Orru, M.）72-3
オリーガン，K.（O'Regan, K.）142

[カ　行]

カサルダ，J.（Kasarda, J.）139-43, 159
カステル，M.（Castells, M.）25, 85-8, 90-2, 96, 175, 202-3, 295, 298-9
ガダマー，H. G.（Gadamer, H. G.）5, 48, 292
ガットマン，H. G.（Gutman, H.）135
ガーフィンケル，H.（Garfinkel, H.）37
カールソン，J.（Carlzon, J.）185
ガンスマン，H.（Ganssmann, H.）57-8, 66, 169
カンター，R. M.（Kanter, R. M.）21, 91, 93-4, 190
カント，I.（Kant, I.）39, 42-5, 48, 57, 291-2
ギデンズ，A.（Giddens, A.）6, 13, 30, 32, 34-43, 50, 56, 58, 102, 204, 210-5, 221-4, 228, 234-5, 257, 262, 274, 277, 296
キーンホルツ，E.（Kienholz, E.）152
グエン，D. T.（Nguyen, D. T.）209-10
クック，J.（Cook, J.）234, 242
クック，P.（Cooke, P.）94-6, 99, 100, 194, 260
クック，T.（Cook, T.）187, 234, 240-2
クーパー，S.（Cooper, S.）93
クライン，M.（Klein, M.）39
グラバー，G.（Grabher, G.）84
グラムシ，A.（Gramsci, A.）47
クラング，P.（Crang, P.）186-7
クリストファーソン，S.（Christopherson, S.）25, 104-5, 155
グラノベッター，M.（Granovetter, M.）65, 81, 84, 87
グローブ-ホワイト，R.（Grove-White, R.）272-3
クロス，G.（Cross, G.）143-4, 168, 171, 173, 176, 245-7
クローネンバーグ，D.（Cronenberg, D.）51
ゲオルゲ，S.（George, S.）45
ゲーテ，J. W.（Goethe, J. W.）45, 48
ケトル，M.（Kettle, M.）276

ゲーム，A.（Game, A.） 218-9, 229
ケルン，H.（Kern, H.） 75-7, 84, 213, 232
小池和男（Koike, K.） 62-4
コヴニー，P.（Coveney, P.） 217-8
コスグローヴ，D.（Cosgrove, D.） 278
ゴスリング，R.（Gosling, R.） 246
コナートン，P.（Connerton, P.） 219-20
ゴフマン，E.（Goffman, E.） 35, 207
コリア，B.（Coriat, B.） 21, 60-1, 149
コール，R.（Cole, R.） 60, 65
コールマン，J.（Coleman, J.） 14
コールマン，O.（Coleman, O.） 152

［サ　行］

ザイトリン，J.（Zeitlin, J.） 22, 163, 195, 261
サクセニアン，A.（Saxenian, A.） 87-8, 195
サーチ兄弟（Saatchi & Saatchi） 127-8
サッセン，S.（Sassen, S.） 18, 25, 28, 53, 147-8, 150, 167, 171, 175, 184, 189-90, 202-3, 267-9
サッチャー，M.（Thatcher, M.） 6, 118
サベージ，M.（Savage, M.） 94, 196
サロー，L.（Thurow, L.） 63
サンデル，M.（Sandel, M.） 47
シェイクスピア，W.（Shakespeare, W.） 243-4
ジェームソン，F.（Jameson, F.） 15, 29, 152
ジャーヴィス，H.（Jarvis, H.） 154
シャンパーニュ，P.（Champagne, P.） 16
シュトラウス，L.（Strauss, L.） 29
2 シュトレーク，W.（Streeck, W.） 66, 75-6, 80, 113, 172, 174
シューマン，M.（Schumann, M.） 75-7, 84
ショーペンハウエル，A.（Schopenhauer, A.） 48
シリトー，A.（Sillitoe, A.） 127
シールズ，R.（Shields, R.） 121, 198, 219, 235, 240, 245, 251, 255, 279
シルバーストーン，R.（Silverstone, R.） 53
シンプソン，D.（Simpson, D.） 115-6
ジンメル，G.（Simmel, G.） 2, 13-4, 30, 45, 209, 232, 235, 295
ズーキン，S.（Zukin, S.） 54, 146, 152, 266
スケイピング，P.（Scaping, P.） 119, 121, 124-6
スコチポル，T.（Skocpol, T.） 136-7
スコット，A.（Scott, A.） 25, 81, 87, 91-2, 140, 195
スコット，J.（Scott, J.） 263
スタッブス，R.（Stubbs, R.） 109, 111, 121, 125
スタンバック，T.（Stanback, T.） 139
スタンレー，C.（Stanley, C.） 266, 269
ストーパー，M.（Storper, M.） 25, 59, 61, 86-7, 104-5, 155, 181-2
ストラザーン，M.（Strathern, M.） 270-1, 273
ストレンジ，S.（Strange, S.） 262-5, 267
スミス，A.（Smith, A.） 99, 109, 283, 285
スリフト，N.（Thrift, N.） 196, 208-9, 220, 232, 240-1, 260, 262-3, 265-6, 268
セネット，R.（Sennett, R.） 51, 229
セーブル，C.（Sabel, C.） 25, 76, 81, 105, 111, 225
ゾルゲ，A.（Sorge, A.） 66, 76-7
ソローキン，P.（Sorokin, P.） 205, 216
ソンタグ，S.（Sontag, S.） 234, 237

［タ　行］

ターナー，V.（Turner, V.） 46, 102, 121
ダニエルス，P.（Daniels. P.） 18, 20, 25, 188, 194
ダニエルス，S.（Daniels, S.） 278
ダニング，J.（Dunning, J.） 187
チェーリー，D.（Cherry, D.） 152
チャーチル，C.（Churchill, C.） 266
チョムスキー，N.（Chomsky, N.） 28
デイヴィス，M.（Davis, M.） 91, 147, 151-6, 234
ディディオン，J.（Didion, J.） 152
テイラー，C.（Taylor, C.） 6, 30, 41, 43, 45-9
デカルト，R.（Descartes, R.） 5, 8, 47-8, 51, 217, 291
デュルケム，E.（Durkheim, E.） 6, 13, 30, 38-9, 41, 43-5, 122-3, 205, 216, 295
デリダ，J.（Derrida, J.） 40, 49
テンニース，F.（Tönnies, F.） 30, 291
ドーア，R.（Dore, R.） 60-1, 63-5
トウェイン，M.（Twain, M.） 242
ドゥルーズ，G.（Deleuze, G.） 39-40
トゥレーヌ，A.（Touraine, A.） 47, 202
ドーキンス，W.（Dawkins, W.） 260
ドノバン，P.（Donovan, P.） 194
トーマス，S.（Thomas, S.） 117
トムスン，E.（Thompson, E.） 206, 209
トラクスラー，F.（Traxler, F.） 124
トランブレ，P.（Tremblay, P.） 187
ドルバック，P. H. D.（d'Holbach, P. H. D.） 48
ドルフィー，E.（Dolph, E.） 152
ドロール，J.（Delors, J.） 260
トンプソン，J.（Thompson, J.） 281-3

［ナ　行］

ニーチェ，F.（Nietzsche, F.） 43-4, 48, 225
ノヴォトニー，H.（Nowotny, H.） 210, 224
ノエル，T.（Noyelle, T.） 139, 179, 184, 189

［ハ　行］

ハイデッガー，M.（Heidegger, M.） 210-1, 290-2
ハイネ，H.（Heine, H.） 255
ハイフィールド，R.（Highfield, R.） 217
ハーヴェイ，D.（Harvey, D.） 29, 204, 222, 256, 277-8
ハーヴェイ，S.（Harvey, S.） 108
バウマン，Z.（Bauman, Z.） 45, 51, 131, 236-7, 272-3, 283, 290, 293, 299
バウムガルテン，A. G.（Baumgarten, A. G.） 45
パウンド，D.（Pound, E.） 49
ハースト，P.（Hirst, P.） 22, 163, 195, 261
バセット，K.（Bassett, K） 99, 184, 195

パーソンズ，T.（Parsons, T.） 30
バッド，L.（Budd, L.） 194, 264, 266, 269
パットナム，D.（Puttnam, D.） 116-8, 124
ハーディ，D.（Hardy, D.） 234, 245-6
ハーディン，R.（Hardin, R.） 276
ハナーズ，J.（Hannerz, U.） 283-4
バーバ，H. K.（Bhabha, H. K.） 291, 293
ハーバマス，J.（Habermas, J.） 13, 27, 30, 34-5, 44, 49, 51, 175
バフチン，M.（Bakhtin, M.） 121-2
バーマン，M.（Berman, M.） 232, 234, 291
ハリソン，B.（Harrison, B.） 25, 59, 61, 86-7, 147-9, 157, 194
ハリソン，T.（Harrison, T.） 49
バルト．R.（Barthes, R.） 49, 237
バーレイ，S.（Barley, S.） 90, 99
バンハム，R.（Banham, R.） 152
ビアンキーニ，F.（Bianchini, F.） 198
ピオレ，M.（Piore, M.） 25, 105, 225
ピザックリー，A.（Phizacklea, A.） 162-4
ヒューイスン，R.（Hewison, R.） 226-7
ヒュージ，M. A.（Hughes, M. A.） 141-2
ヒール，F.（Heal, F.） 238
ヒルシュホルン，L.（Hirschhorn, L.） 94, 187
ピルスブリー，R.（Pillsbury, R.） 251
ピンチョン，T.（Pynchon, T.） 152
フェザーストン，M.（Featherstone, M.） 15, 38, 50, 121, 225, 239, 250, 281
フーコー，M.（Foucault, M.） 29, 36, 39-40, 130, 272, 298
フッセル，P.（Fussell, P.） 247-8
プライク，M.（Pryke, M.） 265
ブラウン．P.（Brown, P.） 147, 155, 245
プラシュキー，O.（Plaschkes, O.） 104, 117
ブラッドベリ，R.（Bradbury, R.） 152
フランクリン，B.（Franklin, B.） 207
フランケンバーグ，R.（Frankenberg, R.） 214, 224
ブリント，S.（Brint, S.） 150
ブルゴワ，P.（Bourgois, P.） 143
プルースト，M.（Proust, M.） 40, 220
ブルーストーン，B.（Bluestone, B.） 147-9, 157
ブルデュー，P.（Bourdieu, P.） 6, 35, 41, 43-4, 53, 57, 86, 122, 150, 205, 228, 290, 292
ブルーベック，D.（Brubeck, D.） 152
ブルーム，A.（Bloom, A.） 29
ブルン，S.（Brunn, S.） 23
ブレイヴァマン，H.（Braverman, H.） 57
ブレンドン，P.（Brendon, P.） 240-1
フロイト，S.（Freud, S.） 218
プーン，A.（Poon, A.） 252
ベーコン，F.（Bacon, F.） 270
ベッグ，I.（Begg, I.） 268
ベック，U.（Beck, U.） 6, 30-6, 41, 43, 46, 50, 75, 102, 175, 271, 274
ベッケンバッハ，N.（Beckenbach, N.） 76
ヘブディジ，D.（Hebdige, D.） 262, 284
ヘリゲル，G.（Herrigel, G.） 22, 82-3
ベル，D.（Bell, D.） 29, 32, 102, 111-2, 150, 203, 257
ベルクソン，H.（Bergson, H.） 218-9
ベルツ，P.（Veltz, P.） 79-80
ヘルド，D.（Held, D.） 257-60, 285, 299
ベルトルッチ．B.（Bertolucchi, B.） 117
ベン，G.（Benn, G.） 34
ペン，R.（Penn, R.） 195
ベントン，T.（Benton, T.） 271
ベンヤミン，W.（Benjamin, W.） 30, 48-51, 112, 232
ポーター，V.（Porter, V.） 103, 115-6, 127
ボードリヤール，J.（Baudrillard, J.） 4-5, 14, 30, 122-3, 130, 152
ボードレール，C.（Baudelaire, C.） 5, 48, 50, 232
ホフマン，J.（Hoffmann, J.） 82-3
ホルクハイマー，M.（Horkheimer, M.） 130, 152
ホルダネス，G.（Holderness, G.） 243-4
ポルテス，V.（Portes, A.） 158-60, 164
ホワイトリー，N.（Whiteley, N.） 250
ホンダーリッヒ，K. O.（Honderich, K. O.） 289

［マ　行］

マキャーネル，D.（MacCannell, D.） 235-6, 286, 299
マクレーン，D.（McCrone, D.） 286-8
マーシャル，G.（Marshall, G.） 166, 183
マッキンタイア，A.（MacIntyre, A.） 46, 80, 291
マックイーン，M.（McQueen, M.） 187
マックローン，D.（McCrone, D.） 286-8
マッシー，D.（Massey, D.） 25, 182, 194, 200
マーティン，B.（Martin, B.） 102, 121-2
マーティン，G.（Martin, G.） 109
マーティン，R.（Martin, R.） 195-6
マートン，R.（Merton, R.） 205, 216, 295
マニロウ，B.（Manilow, B.） 120
マリガン，G.（Mulligan, G.） 152
マリンズ，P.（Mullins, P.） 199
マルクス，K.（Marx, K.） 1-3, 13-4, 29, 34, 43, 75, 125-6, 130, 134-5, 202, 206-8, 218, 290, 293, 295, 300
マルシュ，T.（Malsch, T.） 76
マン，M.（Mann, M.） 260, 295
マーンコプフ，B.（Mahnkopf, B.） 172
ミーガン，R.（Meegan, R.） 182
ミドルトン，D.（Middleton, D.） 218-20
ミラー，D.（Miller, D.） 53
ミンガス，C.（Mingus, C.） 152
ムーラエール，F.（Moulaert, F.） 95-6
村上泰亮（Murakami, Y.） 65
ムルガン，G.（Mulgan, G.） 18, 20, 23, 25, 94, 201
メイロウィッツ，J.（Meyrowitz, J.） 299
メラー，A.（Mellor, A.） 227
モース，M.（Mauss, M.） 6, 13-4, 30, 34, 39, 41-4, 122-3, 295
モーリス，M.（Maurice, M.） 77, 79

モロクワシチ, M.（Morokvasic, M.） 161-4

［ヤ 行］

ヤーレー, S.（Yearley, S.） 46, 222, 270, 272, 274-5
ユルゲンス, U.（Jürgens, U.） 60-1, 77-8, 84
ヨーティ, S.（Yorty, S.） 155

［ラ 行］

ライト, P.（Wright, P.） 227
ライプニッツ, G. W.（Leibniz, G. W.） 216
ラインバッハ, T.（Leinbach, T.） 23-4, 281
ラカン, J.（Lacan, J.） 39-40
ラスキン, J.（Ruskin, J.） 242
ラッシュ, C.（Lasch, C.） 29, 224
ラッシュ, S.（Lash, S.） 21-2, 25, 42, 49-50, 58, 61, 87, 111, 131-2, 150, 152, 167, 175, 232, 238, 247, 250, 263-4, 282
ラドリー, A.（Radley, A.） 220
ラング, J.（Lang, J.） 118
リー, C.（Lee, C.） 179-80
リオタール, J.（Lyotard, J.） 40, 122, 225
リストン, W.（Wrinston, W.） 298
リピエッツ, A.（Lipietz, A.） 111, 175
リフキン, J.（Rifkin, J.） 208-10, 217, 221, 227-8
リルケ, M.（Rilke, M.） 34, 45
リンカーン, J.（Lincoln, J.） 66
ル・コルビュジェ, C.（Le Corbusier, C.） 232
ルアード, E.（Luard, E.） 259
ルイス, O.（Lewis, O.） 135
ルカーチ, G.（Lukacs, G.） 45
ルーク, T.（Luke, T.） 101, 297-8
ルッツ, B.（Lutz, B.） 64, 79-80
ルフェーヴル, H.（Lefebvre, H.） 214, 229
ルーマン, N.（Luhmann, N.） 33, 39, 58, 175, 210, 233
レイション, A.（Leyshon, A.） 196, 260, 263, 266, 268
レイノルズ, H.（Reynolds, H.） 187, 197
レイン, D.（Laing, D.） 109-10, 120
レーガン, R.（Reagan, R.） 131, 149
レルフ, E.（Relph, E.） 227-9
ロイ, D.（Roy, D.） 206
ローウェンタール, D.（Lowenthal, D.） 219-20, 226-7, 229
ロケット, R.（Lockett, R.） 104-5, 109, 113, 127
ロス, G.（Ross, G.） 260-1
ローズ, H.（Rose, H.） 160-1
ローティ, R.（Rorty, R.） 49, 293
ロバートソン, R.（Robertson, R.） 281, 290
ロビンス, K.（Robins, K.） 22, 104, 109, 114-5, 262, 287, 298
ローレンス, D. H.（Lawrence, D. H.） 49

事 項 索 引

［ア　行］

［カ　行］

［サ　行］

［タ　行］

［ナ　行］

［ハ　行］

［マ　行］

参考文献

Abegglen, J. and Stalk, G. (1985) *Kaisha: The Japanese Corporation,* New York: Basic Books.（植山周一郎訳『カイシャ――次代を創るダイナミズム』講談社，1986 年）

Abercrombie, N. (1990) 'Flexible specialization in the publishing industry,' Unpublished paper, Department of Sociology, Lancaster University.

Abercrombie, N. (1991) 'The privilege of the producer,' in R. Keat and N. Abercrombie (eds), *Enterprise Culture,* London: Routledge.

Abercrombie, N., Hill, S. and Turner, B. (1980) *The Dominant Ideology Thesis,* London: Allen & Unwin.

Abercrombie, N., Hill, S. and Turner, B. (eds) (1990) *Dominant Ideologies,* London: Unwin Hyman.

Abler, R. P. (1991) 'Hardware, software and brainware: mapping and understanding telecommunications technologies,' in S. Brunn and T. Leinbach (eds), *Collapsing Space and Time: Geographic Aspects of Communications and Information,* London: Harper Collins.

Ackroyd, S., Hughes, J. and Soothill, K. (1989) 'Public sector services and their management,' *Journal of Management Studies,* 26: 603-20.

Adam, B. (1990) *Time and Social Theory,* Cambridge: Polity.（伊藤誓・磯山甚一訳『時間と社会理論』法政大学出版局，1997 年）

Adorno, T. (1970) *Ästhetische Theorie,* Frankfurt: Suhrkamp.（大久保健治訳『美の理論』河出書房新社，2007 年）

Adorno, T. and Horkheimer, M. (1972) *Dialectic of Enlightenment,* New York: Herder & Herder.（徳永恂訳『啓蒙の弁証法――哲学的断想』岩波書店，1990 年）

Agent Interview (1989) Interview with a London literary agent and senior commissioning editor with a newly established and fashionable London trade publisher, London, November.

Agger, B. (1989) *Fast Capitalism: A Critical Theory of Significance,* Urbana, IL: University of Illinois Press.

Aglietta, M. (1987) *A Theory of Capitalist Regulation: The US Experience,* London: Verso.

Aksoy, A. and Robins, K. (1992) 'Hollywood for the twenty-first century: global competition for critical mass in image markets,' *Cambridge Journal of Economics,* 16: 1-22.

Allen, J. (1988) 'Towards a Post-industrial Economy?' in J. Allen and D. Massey (eds), *The Economy in Question,* London: Sage.

Altvater, E. (1990) 'Fordist and post-Fordist international division of labour and monetary regimes' Paper, Pathways to Industrialization and Regional Development in the 1990' s Conference, UCLA, 14-18 March.

Amin, A. and Robins, K. (1990) 'The re-emergence of regional economies? The mythical geography of flexible accumulation,' *Environment and Planning D: Society and Space,* 8: 7-34.

Amin, A. and Thrift, N. (1992) 'Neo-Marshallian nodes in global networks,' *International Journal of Urban and Regional Research,* 16: 571-87.

Anderson, B. (1989) *Imagined Communities: Reflections on the Origin and Spread of Nationalism,* London: Verso.（白石隆・白石さや訳『定本　想像の共同体――ナショナリズムの起源と流行』書籍工房早山，2007 年）

Andrew, M. (1989) *The Search for the Picturesque: Landscape Aesthetics and Tourism in Britain, 1760-1800,* Aldershot: Scolar Press.

Angel, D. (1989) 'The labor market for engineers in the U.S. semi-conductor industry,' *Economic Geography,* 65: 99-112.

Angel, D. (1990) 'New firm formation in the semi-conductor industry: elements of a flexible manufacturing system,' *Regional Studies,* 24: 211-21.

Aoki, M. (1987) 'The Japanese firm in transition,' in K. Yamamura and Y. Yasuba (eds), *The Political Economy of Japan,* Vol. 1, *The Domestic Transformation,* Stanford, Calif.: Stanford

University Press.
Aoki, M. (1988) *Information, Incentives and Bargaining in the Japanese Economy,* Cambridge: Cambridge University Press.（永易浩一訳『日本経済の制度分析――情報・インセンティブ・交渉ゲーム』筑摩書房，1992年）
Aoki, M. (1989) 'The nature of the Japanese firm as a nexus of employment and financial contracts: an overview,' *Journal of the Japanese and International Economies,* 3: 345-66.
Aoki, M. (1990) 'The participatory generation of information rents and the theory of the firm,' in M. Aoki, B. Gustafsson and O. Williamson (eds), *The Firm as a Nexus of Treaties,* London: Sage.
Appadurai. A. (1990) 'Disjuncture and difference in the global cultural economy,' *Theory, Culture and Society,* 7: 295-310.
Arcaya, J. (1992) 'Why is time not included in modern theories of memory?,' *Time and Society,* 1: 301-14.
Argyris, C. (1972) *The Applicability of Organizational Sociology,* Cambridge: Cambridge University Press.
Asanuma, B. (1989) 'Manufacturer-supplier relationships in Japan and the concept of relation-specific skill,' *Journal of the Japanese and International Economies,* 3: 1-30.
Ashworth, G. and Voogd, H. (1990) *Selling the City: Marketing Approaches in Public Sector Urban Planning,* London: Belhaven.
Bagguley, P., Mark Lawson, J., Shapiro, D., Urry, J., Walby, S, and Warde, A. (1990) *Restructuring: Place, Class and Gender,* London: Sage.
Balaczs, G. (1991) 'Comment on compte des pauvres: la construction statistique de l'objet pauvreté,' paper for Poverty, Immigration and Urban Marginality in the Advanced Societies Conference, Paris, l0-11 May.
Banham, R. (1971) *Los Angeles: The Architecture of Four Ecologies,* New York: Harper & Row.
Barley, S., Freeman, J. and Hybels, R. (1991) 'Strategic alliances in commercial biotechnology,' paper for 10th European Group for Organization Studies (EGOS) Colloquium, Vienna, 15-17 July.
Barou, J. (1982) 'Immigration and urban social policy in France: the experience of Paris,' in J. Solomos (ed), *Migrant Workers in Metropolitan Cities,* Strasbourg: European Science Foundation.
Barthes, R. (1972) *Mythologies,* London: Cape.（下澤和義訳『現代社会の神話――1957』みすず書房，2005年）
Bassett, K. and Harloe, M. (1990) 'Swindon: the rise and decline of a growth coalition,' in M. Harloe, C. Pickvance and J. Urry (eds), *Place, Policies and Politics,* London: Unwin Hyman.
Bassett, K., Boddy, M., Harloe, M. and Lovering, J. (1989) 'Living in the fast lane: economic and social change in Swindon,' in P. Cooke (ed), *Localities,* London: Unwin Hyman.
Bate, J. (1991) *Romantic Ecology: Wordsworth and the Environmental Tradition,* London: Routledge.（小田友弥・石幡直樹訳『ロマン派のエコロジー――ワーズワスと環境保護の伝統』松柏社，2000年）
Baudrillard, J. (1981) *For a Critique of the Political Economy of the Sign,* St. Louis: Telos Press.（今村仁司・宇波彰・桜井哲夫訳『記号の経済学批判』法政大学出版局，1982年）
Bauman, Z. (1987) *Legislators and Interpreters: On Modernity, Post-modernity and Intellectuals,* Cambridge: Polity.（向山恭一・萩原能久・木村光太郎・奈良和重訳『立法者と解釈者――モダニティ・ポストモダニティ・知識人』昭和堂，1995年）
Bauman, Z. (1989a) *Modernity and the Holocaust,* Cambridge: Polity Press.（森田典正訳『近代とホロコースト』大月書店，2006年）
Bauman, Z. (1989b) 'Sociological responses to postmodernity,' in C. Mongardini and M. L. Maniscalco (eds), *Modernismo e Postmodernismo,* Roma: Bulzoni Editore.
Bauman, Z. (1992) *Intimations of Postmodernity,* London: Routledge.
Beck, L. W. (1965) 'Kant's two conceptions of the will in their political context,' in L. W. Beck, *Studies in the Philosophy of Kant,* Indianapolis: Bobbs-Merrill.

Beck, U. (1987) 'The anthropological shock: Chernobyl and the contours of the risk society,' *Berkeley Journal of Sociology,* 32: 153-65.
Beck, U. (1991) 'Die blaue Blume der Moderne,' *Der Spiegel,* 33: 50-1.
Beck, U. (1992a) *Risk Society: Towards a New Modernity,* London: Sage.（東廉・伊藤美登里訳『危険社会――新しい近代への道』法政大学出版局，1998 年）
Beck, U. (1992b) 'From industrial society to risk society: questions of survival, structure and ecological enlightenment,' *Theory, Culture and Society,* 9: 97-123.
Beckenbach, N. (1991) *Industriesoziologie,* Berlin: De Gruyter.
Begg, I. (1992) 'The spatial impact of completion of the EC internal market for financial services,' *Regional Studies,* 26: 333-47.
Begg, I. and Cameron, G. (1988) 'High technology location and the urban areas of Great Britain,' *Urban Studies,* 25: 361-79.
Bell, D. (1973) *The Coming of Post-Industrial Society: A Venture in Social Forecasting,* London: Heinemann.（内田忠夫・嘉治元郎・城塚登・馬場修一・村上泰亮・谷嶋喬四郎訳『脱工業社会の到来――社会予測の一つの試み［上・下］』ダイヤモンド社，1975 年）
Bell, D. (1979) *The Cultural Contradictions of Capitalism,* 2nd edition, London: Heinemann.（林雄二郎訳『資本主義の文化的矛盾』全三巻，講談社，1976-1977 年）
Bell, D. (1987) 'The world and the United States in 2013,' *Daedalus,* 116 (3): 1-31.
Bellah, R., Madsen, R., Sullivan, W., Swidler, A. and Tipton, S. (1985) *Habits of the Heart: Individualism and Commitment in American life,* Berkeley, Calif.: University of California Press.（島薗進・中村圭志訳『心の習慣――アメリカ個人主義のゆくえ』みすず書房，1991 年）
Benjamin, W. (1973) 'The work of art in an age of mechanical reproduction,' in W. Benjamin, *Illuminations,* London: Fontana.（佐々木基一訳『複製技術時代の芸術』晶文社，1999 年）
Benteler, P. (1991) 'Betriebliche Binnenstruktur und berufliche Bildung,' in U. Laur-Ernst (ed), *Neue Fabrikstrukturen: Veränderte Qualifikationen,* Bonn: Bundesinstitut für Berufsbildung.
Benton, T. (1989) 'Marxism and natural limits: an ecological critique and reconstruction,' *New Left Review,* 178: 51-86.
Berendt, J. (1984) *The Jazz Book,* London: Paladin.
Bergson, H. (1913) *Creative Evolution,* London: Macmillan.（松浪信三郎・高橋允昭訳『創造的進化』ベルグソン全集第 4 巻，2001 年）
Bergson, H. (1950) *Time and Free Will,* London: Allen & Unwin.（村治能就・広川洋一訳『時間と自由』ベルグソン全集第 1 巻，白水社，2001 年）
Berking, H. and Neckel, S. (1990) 'Die Politik der Lebensstile in einem Berliner Bezirk: Zu einigen Formen nachtraditionaler Vergemeinschaftung,' *Soziale Welt,* 7: 481-500.
Berman, M. (1983) *All that is Solid Melts into Air: The Experience of Modernity,* London: Verso.
Bernschneider, W., Schindler, G. and Schüller, J. (1991) 'Industriepolitik in Baden-Württemberg und Bayern,' in U. Jürgens and W. Krumbein (eds), *Industriepolitische Strategien,* Berlin: Sigma.
Bernstein, I. (1960) *The Lean Years: A History of the American Worker, 1920-1933,* Boston: Houghton Mifftin.
Berque, A. (1982) *Vivre l'espace au Japon,* Paris: Presses Universitaires de France.（宮原信訳『空間の日本文化』筑摩書房，1985 年）
Bhabha, H. K. (ed), (1990) *Nation and Narration,* London: Routledge.
Bianchini, F. (1991) 'Alternative cities,' *Marxism Today,* June: 36-8.
Blackburn, P., Coombs, R. and Green, K. (1985) *Technology, Economic Growth and the Labour Process,* New York: St Martin's Press.
Bluestone, B. and Harrison, B. (1982) *The Deindustrialization of America,* New York: Basic Books.（中村定訳『アメリカの崩壊』日本コンサルタント・グループ，1984 年）
Boase, M. (1989) Interview with Martin Boase, an advertising executive, BMP DDB Needham, London, 16 August.
Boltanski, L. (1987) The *Making of a Class: Cadres in French Society,* Cambridge: Cambridge University Press.

Boltanski, L. and Thevenot, L. (1988) *Les économies de la grandeur,* Paris: Presses Universitaires de France.（三浦直希訳『正当化の理論——偉大さのエコノミー』新曜社，2007 年）

Bordwell, D., Staiger, J. and Thompson, K. (1985) *The Classical Hollywood Cinema: Film Style and Mode of Production to 1960,* New York: Columbia University Press.

Bourdieu, P. (1984) *Distinction: A Social Critique of the Judgement of Taste,* London: Routledge.（石井洋二郎訳『ディスタンクシオン——社会的判断力批判』藤原書店，1990 年）

Bourdieu, P. (1987) 'Legitimation and structured interests in Weber's sociology of religion,' in S. Whimster and S. Lash (eds), *Max Weber: Rationality and Modernity,* London: Allen & Unwin.

Bourdieu, P. (1990) 'Time perspectives of the Kabyle,' in J. Hassard (ed), *The Sociology of Time,* London: Macmillan.

Bourdieu, P., Darbel, A. and Schnapper, D. (1969) *L'amour de l'art: les musées d'art européens et leur public,* Paris: Editions de Minuit.（山下雅之訳『美術愛好——ヨーロッパの美術館と観衆』木鐸社，1994 年）

Bourgois, P. (1991) 'In search of respect: the new service economy and the crack alternative in Spanish Harlem,' paper for Poverty, Immigration and Urban Marginality Working Conference, Maison Suger, Paris, 10-11 May.

Boyer, R. (1986) 'Rapport salarial, croissance et crise,' in R. Boyer (ed), *La flexibilité du travail en Europe,* Paris: Découverte.（井上泰夫訳=解説『第二の大転換——EC 統合下のヨーロッパ経済』藤原書店，1992 年）

Brabourne, J. (1989) Interview with Lord Brabourne, honorary president, British Film Technicians and Producers Association, London, 11 July.

Brater, M. (1991) 'Ende des Taylorismus: Paradigmenwechsel in der Berufspädagogik?,' in U. Laur-Ernst (ed), *Neue Fabrikstrukturen: Veränderte Qualifikationen,* Bonn: Bundesinstitut für Berufsbildung.

Bratton, J. (1991) 'Japanization at work: the case of engineering plants in Leeds,' *Work, Employment and Society,* 5: 377-95.

Braverman, H. (1974) *Labor and Monopoly Capital: The Degradation of Work in the Twentieth Century,* New York: Monthly Review Press.（富沢賢治訳『労働と独占資本——20 世紀における労働の衰退』岩波書店，1978 年）

Brendon. P. (1991) *Thomas Cook: 150 Years of Popular Tourism,* London: Secker & Warburg.（石井昭夫訳『トマス・クック物語——近代ツーリズムの創始者』中央公論社，1995 年）

Brett, E. (1983) *International Money and Capitalist Crisis: The Anatomy of Global Disintegration,* London: Heinemann.

Brint, S. (1988) 'Upper professionals of the "dual city": a high command of commerce, culture and civic regulation,' paper for Dual City Working Group, New York, 11-12 December.

Brown, P. and Scase, R. (1991) 'Social change and economic disadvantage in Britain,' in P. Brown and R. Scase (eds), *Poor Work: Disadvantage and the Division of Labour,* Milton Keynes: Open University Press.

Brunello, G. (1988) 'Transfers of employees between Japanese manufacturing enterprises: some results from an enquiry on a small sample of large firms,' *British Journal of Industrial Relations,* 26: 119-32.

Brunn, S. and Leinbach, T. (1991) 'Introduction,' in S. Brunn and T. Leinbach (eds), *Collapsing Space and Time: Geographic Aspects of Communication and Information,* London: Harper Collins.

Brunner, E. (1945) *Holidaymaking and the Holiday Trades,* Oxford: Oxford University Press.

Brusco, S. (1990) 'Small firms and the provision of real services,' discussion paper for Flexible Specialization in Europe Workshop, ILO, Zurich, 25-6 October.

Brusco, S. and Righi, E. (1989) 'Local government, industrial policy and social consensus: the case of Modena (Italy),' *Economy and Society,* 18: 405-24.

Bryant, C. (1991) 'Europe and the European Community,' *Sociology,* 25: 189-207.

Budd, L. and Whimster, S. (1992) *Global Finance and Urban Living: A Study of Metropolitan*

Change, London: Routledge.
Budzinski, M. and Clemens, K. (1991) *Rausland oder: Menschenrechte für alle,* Göttingen: Lamuv Verlag.
Burrage, M. (1972) 'Democracy and the mystery of the crafts: observations on work relationships in America and Britain,' *Daedalus,* 101: 141-62.
Burton, D. (1992) 'Banks go to market,' PhD dissertation, Department of Sociology, Lancaster University.
Busch, K. (1989) 'Nation-state and European integration: structural problems in the process of economic integration within the European community,' in M. Gottdiener and N. Komninos (eds), *Capitalist Development and Crisis Theory,* Basingstoke: Macmillan.
Butterwegge, C. and Isola, H. (eds), (1990) *Rechtsextremismus im vereinten Deutschland,* Berlin: LinksDruck Verlag.
Campbell, J., Hollingsworth, J. R. and Lindberg, L. (eds) (1991) *Governance of the American Economy,* Cambridge: Cambridge University Press.
Campbell, A., Sorge, A. and Warner, M. (1988) 'Manufacturing products with microelectronics: sectoral strengths and the social construction of actors in Britain and Germany,' paper for The Impacts of Structural and Technological Change on the Labour Market, Research Unit Labour Market and Employment (IIM), Wissenschaftszentrum (WZB), Berlin, 20-1 October.
Capra, F. (1982) *The Turning Point: Science, Society, and the Rising Culture,* London: Wildwood House.（吉福伸逸・上野圭一・田中三彦・菅靖彦訳『ターニング・ポイント――科学と経済・社会, 心と身体, フェミニズムの将来』工作舎, 1984 年）
Cargill, T. and Royama, S. (1988) *The Transition of Finance in Japan and the United States: A Comparative Perspective,* Stanford, Calif.: Hoover Institution.
Carlzon, J. (1987) *Moments of Truth,* Cambridge, Mass.: Ballinger.（堤猶二訳『真実の瞬間――SAS（スカンジナビア航空）のサービス戦略はなぜ成功したか』ダイヤモンド社, 1990 年）
Casey, B. (1991) 'Recent developments in the German apprenticeship system,' *British Journal of Industrial Relations,* 29: 205-22.
Castells, M. (1989) *The Informational City: Information Technology, Economic Restructuring, and the Urban-Regional Process,* Oxford: Blackwell.
Castles, S. and Kosack, G. (1973) *Immigrant Workers and Class Structure in Western Europe,* London: Oxford University Press.
Cawson, A. (1989) 'Sectoral governance in consumer electronics in Britain and France,' paper for Comparing Capitalist Economies: the Governance of Economic Sectors Conference, Bellagio, Italy, 31 May.
Champagne, P. (1990) *Faire l'opinion: le nouveau jeu politique,* Paris: Editions de Minuit.（宮島喬訳『世論をつくる――象徴闘争と民主主義』藤原書店, 2004 年）
Cheng, M. T. (1991) 'The Japanese permanent employment system,' *Work and Occupations,* 18: 148-71.
Christopherson, S. and Storper, M. (1986) 'The city as studio: the world as back lot: the impact of vertical disintegration on the location of the motion picture industry,' *Environment and Planning D: Society and Space,* 4: 305-20.
Churchill, C. (1987) *Serious Money,* London: Methuen.
Clairmonte, F. and Cavanagh, J. (1984) 'Transnational corporations and services: the final frontier,' *Trade and Development,* 5: 215-73.
Coakley, J. (1992) 'London as an international financial centre,' in L. Budd and S. Whimster (eds), *Global Finance and Urban Living: A Study of Metropolitan Change,* London: Routledge.
Coffey, W. J. (1992) 'The role of producer services in systems of flexible production,' in H. Ernste and V. Meier (eds), *Regional Development and Contemporary Industrial Response: Extending Flexible Specialization,* London: Belhaven.
Cohen, S. and Zysman, J. (1987) *Manufacturing Matters,* New York: Basic Books.（大岡哲・岩田悟志訳『脱工業化社会の幻想――「製造業」が国を救う』TBS ブリタニカ, 1990 年）

Cole, R. (1971) *Japanese Blue Collar: The Changing Tradition,* Berkeley, Calif.: University of California Press.

Cole, R. (1989) *Strategies for Learning: Small-Group Activities in American, Japanese and Swedish Industry,* Berkeley, Calif.: University of California Press.

Coleman, J. (1990) *Foundations of Social Theory,* Cambridge, Mass.: Harvard University Press.（久慈利武監訳『社会理論の基礎［上・下］』青木書店，2004-2006 年）

Collins, J. (1989) *Uncommon Cultures: Popular Culture and Post-Modernism,* New York: Routledge.

Colson, F. (1926) *The Week: An Essay on the Origin and Development of the Seven-Day Cycle,* Cambridge: Cambridge University Press.

Commission of the European Communities (1990) *European Economy: Social Europe, The Impact of the Internal Market by Industrial Sector: The Challenge for the Member States,* Brussels: Commission of the European Communities.

Connerton, P. (1989) *How Societies Remember,* Cambridge: Cambridge University Press.（芦刈美紀子訳『社会はいかに記憶するか――個人と社会の関係』新曜社，2011 年）

Cooke, P. (1988) 'Flexible integration, scope economies and strategic alliances: social and spatial mediations,' *Environment and Planning D: Society and Space,* 6: 281-300.

Cooke, P. (ed), (1989) *Localities: Changing Face of Urban Britain,* London: Unwin Hyman.

Cooke, P. (1990) 'Globalization of economic organization and the emergence of regional interstate partnerships,' paper for Structural Change in the West Conference, Cambridge, September.

Cooke, P. and Wells, P. (1991) 'Uneasy alliances: the spatial development of computing and communication markets,' *Regional Studies,* 25: 345-54.

Coriat, B. (1976) *Science, Technique et Capital*. Paris: Seuil.

Coriat, B. (1979) *L'Atelier et le Chronomètre*. Paris: Bourgois.

Coriat, B. (1985) 'L'accord de 1984 dans l'automobile et la nouvelle stratégie syndicale,' *Travail,* 9: 21-26.

Coriat, B. (1990) *L'atelier et le robot: essai sur le fordisme et la production de mass à l'âge de l'électronique,* Paris: Bourgois.

Coriat, B. (1991) *Penser à l'envers: Travail et organisation dans l'entreprise japonaise,* Paris: Bourgois.（花田昌宣・斉藤悦則訳『逆転の思考――日本企業の労働と組織』藤原書店，1992 年）

Corner, J. and Harvey, S. (eds), (1991) *Enterprise and Heritage: Crosscurrents of National Culture,* London: Routledge.

Cornford, J. and Robins, K. (1992) 'Development strategies in the audiovisual industries: the case of northeast England,' *Regional Studies,* 26: 421-35.

Coser, L., Kadushin, C. and Powell, W. (1982) *Books: The Culture and Commerce of Publishing,* New York: Basic Books.

Cousins, C. (1986) 'The labour process in the state welfare sector,' in D. Knights, and H. Willmott (eds), *Managing the Labour Process,* London: Gower.

Cousins, C. (1987) *Controlling Social Welfare: A Sociology of State Welfare Work and Organizations,* Brighton: Wheatsheaf.

Coveney, P. and Highfield, R. (1991) *The Arrow of Time: A Voyage Through Science to Solve Time's Greatest Mystery,* London: Flamingo.（野本陽代訳『時間の矢，生命の矢』草思社，1995 年）

Crang, P. (1993) 'A new service society: on the geographies of service employment,' PhD dissertation, Department of Geography, University of Cambridge.

Crick, M. (1990) 'Tourist, locals and anthropologists: quizzical reflections on "otherness" in tourist encounters and in tourism research,' paper for the World Congress of Sociology, Madrid, July.

Crook, S., Pakulski, J. and Waters, M. (1992) *Postmodernization: Change in Advanced Society,* London: Sage.

Cross, G. (1990) *Worktowners at Blackpool: Mass-Observation and Popular Leisure in the 1930s,*

London: Routledge.
Cross. M. (1987) 'Migrant workers in western European cities: forms of inequality and strategies for policy,' *Migration,* 2: 3-15.
Cross. M. and Etzinger, H. (1988) 'Caribbean minorities in Britain and the Netherlands: comparative questions,' in M. Cross and H. Entzinger (eds), *Lost Illusions: Caribbean Minorities in Britain and the Netherlands,* London: Routledge.
Cross, M. and Johnson, M. (1988) 'Mobility denied: Afro-Caribbean labour and the British economy,' in M. Cross and H. Entzinger (eds), *Lost Illusions: Caribbean Minorities in Britain and the Netherlands,* London: Routledge.
Crouch, C. (1977) *Class Conflict and the Industrial Relations Crisis*. London: Heinemann.
Crouch, C. and Finegold, D. (1991) 'Comparative occupational training systems: the role of employers' associations and trade unions,' European Group of Organizational Studies Conference, Vienna, July.
Curtis, S. (1989) *The Geography of Public Welfare Provision*. London: Routledge.
Daniel, W. and Milward, N. (1984) *Workplace Industrial Relations in Britain,* London: Heinemann Educational Books.
Daniels, P. (1985) *Service Industries: A Geographical Appraisal,* London: Methuen.
Daniels, P. (1987) 'The geography of services,' *Progress in Human Geography,* 11: 433-47.
Daniels, P. (1991) 'Internationalization, telecommunications and metropolitan development: the role of producer services,' in S. Brunn and T. Leinbach (eds), *Collapsing Time and Space: Geographic Aspects of Communications and Information,* London: HarperCollins.
Daniels, S. and Cosgrove, D. (1988) 'Introduction: iconography and landscape,' in D. Cosgrove and S. Daniels (eds), *The Iconography of Landscape: Essays on the Symbolic Representation, Design and Use of Past Environments,* Cambridge: Cambridge University Press. (千田稔・内田忠賢監訳『風景の図像学』地人書房，2001 年)
Dankbaar, B. (1989) 'Sectoral governance in the automobile industries of West Germany, Great Britain and France,' discussion paper for Comparing Capitalist Economies: Variations in the Governance of Sectors Conference, Bellagio, Italy.
Davidoff, L. (1973) *The Best Circles: Society, the Season and Etiquette,* London: Croom Helm.
Davis, M. (1990) *City of Quartz: Excavating the Future in Los Angeles,* London: Verso. (村山敏勝・日比野啓訳『要塞都市 LA』青土社，2001 年)
Dawkins, W. (1990) 'Rhone-Alpes,' *Financial Times,* 27 March.
de Jong, M., Machielse, K. and de Ruijter, P. (1992) 'Producer services and flexible networks in the Netherlands,' in H. Ernste and V. Meier (eds), *Regional Development and Contemporary Industrial Response: Extending Flexible Specialization,* London: Belhaven.
de Jong, W. (1989) 'The development of inter-ethnic relations in an old district of Rotterdam between 1970 and 1985,' *Ethnic and Racial Studies,* 12: 257-78.
Deleuze, G. (1972) *Proust and Signs,* New York: G. Braziller .
Demes, H. (1989) 'Die pyramidenförmige Struktur der japanischen Automobilindustrie und die Zusammenarbeit zwischen Endherstellern und Zuliefern,' in N. Altmaun and D. Sauer (eds), *Systemische Rationalisierung und Zulieferindustrie: sozialwissenschaftliche Aspekte zwischenbetrieblicher Arbeitsteilung,* Frankfurt: Campus.
Department of the Environment (1990) *Tourism and the Inner City,* London: HMSO.
Department of Trade and Industry Official (1989) Interview with a civil servant charged with cinema industry, London, 15 July.
Deutschmann, C. (1986) 'Economic restructuring and company unionism: the Japanese model,' discussion paper for Research Unit Labour Market and Employment, Wissen-schaftszentrum, Berlin.
Deutschmann, C. and Weber, C. (1987) 'Das japanische "Arbeitsbienen"-Syndrom: Auswirkungen der Rundum-Nutzung der Arbeitskraft' , discussion paper, Wissenschaftszentrum, Berlin.
Donovan, P. (1990a) 'Industry shuns Southeast,' *The Guardian,* 15 January.
Donovan, P. (1990b) 'The tragic truth behind an urban disaster story,' *The Guardian,* 20

January.
Dore, R. (1973) *British Factory - Japanese Factory: The Origins of National Diversity in Industrial Relations,* Berkeley, Calif.: University of California Press.（山之内靖・永易浩一訳『イギリスの工場・日本の工場』筑摩書房，1987 年）
Dore, R. (1986) *Flexible Rigidities: Industrial Policy and Structural Adjustment in the Japanese Economy, 1970-1980,* Stanford, Calif.: Stanford University Press.
Dore, R. (1987) *Taking Japan Seriously:* A Confucian Perspective on Leading Economic Issues, London: Athlone.
Dore, R. (1989) 'Where we are now: musings of an evolutionist,' *Work, Employment and Society,* 3: 425-46.
Douglas, M. (1986) *How Institutions Think,* London: Routledge.
Douglas, M. and Wildavsky, A. (1982) *Risk and Culture: An Essay on the Selection of Technological and Environmental Dangers,* Los Angeles: University of California Press.
Dreyfus, H. (1991) *Being-in-the-World: A Comment on Heidegger's 'Being and Time,'* Cambridge, Mass.: MIT Press.（門脇俊介・貫成人・轟孝夫・榊原哲也・森一郎訳『世界内存在――『存在と時間』における日常性の解釈学』産業図書，2000 年）
Dubofsky, M. (1968) *When Workers Organize: New York City in the Progressive Era,* Amherst, Mass.: University of Massachusetts Press.
Dunning, H. and McQueen, M. (1981) *Transnational Corporations in International Tourism,* New York: UN Centre on Transnational Corporations.
Durkheim, E. (1947) *The Elementary Forms of the Religious Life,* London: Allen & Unwin.（山﨑亮訳『宗教生活の基本形態［上・下］』筑摩書房，2014 年）
Durkheim. E. and Mauss, M. (1970) *Primitive Classifications,* London: Cohen & West.（小関藤一郎訳『分類の未開形態』法政大学出版局，1980 年）
Eagleton, T. (1989) *The Ideology of the Aesthetic,* Oxford: Blackwell.（鈴木聡・藤巻明・新井潤美・後藤和彦訳『美のイデオロギー』紀伊国屋書店，1996 年）
Eco, U. (1976) *A Theory of Semiotics,* Bloomington, Ind.: Indiana University Press.（池上嘉彦訳『記号論［1・2］』岩波書店，1980 年）
Eco, U. (1986) *Travels in HyperReality,* London: Picador.
Economic Development, Wigan (undated) *I've never been to Wigan but I know what it's like,* Wigan: Economic Development Office.
Eder, K. (1988) *Die Vergesellschaftung der Natur,* Frankfurt: Suhrkamp.（寿福真美訳『自然の社会化――エコロジー的理性批判』法政大学出版局，1992 年）
Elias, N. (1992) *Time: An Essay,* Oxford: Blackwell.（井本晌二・青木誠之訳『時間について』法政大学出版局，1996 年）
Enloe, C. (1989) *Bananas, Beaches and Bases: Making Feminist Sense of International Politics,* London: Pandora.
Erbe, M. (1987) 'Berlin im Kaiserreich (1871-1918),' in W. Ribbe (ed), *Geschichte Berlins,* Zweiter Band, *Von der Märzrevolution bis zur Gegenwart*. Munich: Beck.
Erikson, E. (1963) *Childhood and Society,* New York: Norton.（仁科弥生訳『幼児期と社会［1・2］』みすず書房，1977-1980 年）
Esping-Andersen, G. (1990) *The Three Worlds of Welfare Capitalism,* Cambridge: Polity.（岡沢憲芙・宮本太郎監訳『福祉資本主義の三つの世界――比較福祉国家の理論と動態』ミネルヴァ書房，2001 年）
Evans, T. (1985) 'Money makes the world go round,' *Capital and Class,* 24: 99-124.
Evans-Pritchard, E. (1940) *The Nuer: A Description of the Modes of Livelihood and Political Institutions of a Nilotic People,* Oxford: Oxford University Press.（向井元子訳『ヌアー族――ナイル系一民族の生業形態と政治制度の調査記録』岩波書店，1978 年）
Fainstein, S. and Fainstein, N. (1989) 'The racial dimension in urban political economy,' *Urban Affairs Quarterly,* 25: 187-99.
Family Firm Editor (1990) Interview with a senior publisher with a position on the board of a long-established British family firm, recently acquired by an American company, London,

January.
Featherstone, M. (1990) 'Global culture: an introduction,' *Theory, Culture and Society,* 7: 1-14.
Featherstone, M. (1991) *Consumer Culture and Postmodernism,* London: Sage.（川崎賢一・小川葉子編著訳『消費文化とポストモダニズム（改訂版）』恒星社厚生閣，2003 年）
Feldman, R. (1986) *Japanese Financial Markets: Deficits, Dilemmas, and Deregulation,* Cambridge, Mass.: MIT Press.
Fentress, J. and Wickham, C. (1992) *Social Memory (New Perspectives on the Past),* Oxford: Blackwell.
Fevre, R. (1991) 'Emerging alternatives to full-time and permanent employment,' in P. Brown and R. Scase (eds), *Poor Work: Disadvantage and the Division of Labour,* Milton Keynes: Open University Press.
Finkelstein, J. (1989) *Dining Out: A Sociology of Modern Manners,* Cambridge: Polity.
Flecker, J., Thompson, P. and Wallace, T. (1991) 'Taking control: an analysis of the organizational consequences of mergers and acquisitions in the UK and Austria,' paper for 10th European Group for Organization Studies (EGOS) Colloquium, Vienna, 15-17 July.
Fletcher, W. (1989) Interview with Winston Fletcher of the advertising firm Delaney Fletcher Slaymaker Delaney/Bozell, London, 31 August.
Flora, P. and Heidenheimer, A. (eds), (1981) *The Development of Welfare States in Europe and America,* London: Transaction Books.
Florida, R. and Kenny, M. (1990) *The Breakthrough Illusion: Corporate America's Failure to move from Innovation to Mass Production,* New York: Basic Books.
Fogelson, R. (1971) *Violence as Protest: A Study of Riots and Ghettos,* Garden City, N. Y.: Doubleday.
Foster, J. (1989) 'The uncoupling of the world order: a survey of global crisis theories,' in M. Gottdiener and N. Komninos (eds), *Capitalist Development and Crisis Theory: Accumulation, Regulation and Spatial Restructuring,* Basingstoke: Macmillan.
Foucault. M. (1984) *Histoire de la sexualité,* Vol. 2, L'Usage des plaisirs, Paris: Gallimard.（渡辺守章・田村俶訳『性の歴史［Ⅰ-Ⅲ］』，新潮社，1986-1987 年）
Frankenberg, R. (1988) '"Your time or mine?": an anthropological view of the tragic temporal contradictions of biomedical practice,' in M. Young and T. Schuller (eds), *The Rhythms of Society (Reports of the Institute of Community Studies),* London: Routledge.
Frieden, B. and Sagalyn, L. (1989) *Downtown Inc.: How America Rebuilds Cities,* Cambridge, Mass.: MIT Press.（北原理雄監訳『よみがえるダウンタウン——アメリカ都市再生の歩み』鹿島出版会，1992 年）
Funke, H. (1991) *'Jetzt sind wir dran': Nationalismus im geeinten Deutschland,* Berlin: Aktion Suehnezeichen/Frieden-dienste.
Fussell, P. (1980) *Abroad: British Literary Travelling between the Wars,* Oxford: Oxford University Press.
Gabriel, Y. (1988) *Working Lives in Catering,* London: Routledge.
Gadamer, H.-G. (1955) 'Bemerkungen über den Barock,' in E. Castelli (ed), *Retorica e Barocco: atti del III Congresso Internazionale di Studi Umanistici,* Rome: Fratelli Bocca Editori.
Game, A. (1991) *Undoing the Social: Towards a Deconstructive Sociology,* Milton Keynes: Open University Press.
Gans, P. (1990) 'Changes in the structure of the foreign population of West Germany since 1980,' *Migration,* 7: 25-49.
Ganssmann, H. (1990) 'Ein Versuch über Arbeit,' unpublished mimeo, Institut für Soziologie, Freie Universität Berlin.
Ganssmann, H. (1991) 'Der nationale Sozialstaat und die Wirtschaft der neuen Bundesländer,' paper, Freie Universität Berlin, October.
Garnham, N. (1990) *Capitalism and Communication: Global Culture and the Economics of Information,* London: Sage.
Garnsey, E. and Roberts, J. (1991) 'High technology acquisition and anti-synergy,' paper for

10th European Group for Organization Studies (EGOS) Colloquium, Vienna, 15-17 July.

Gershuny, J. (1978) *After Industrial Society?: The Emerging Self-Service Economy*. London: Macmillan.

Gershuny, J. and Miles, I. (1983) *The New Service Economy: The Transformation of Employment in Industrial Societies,* London: F. Pinter.（阿部真也監訳『現代のサービス経済』ミネルヴァ書房，1987 年）

Ghirardo, D. (1988) 'See-through cities: Houston and Los Angeles,' paper for ICA Conference on the City, London, October.

Giarini, O. (ed), (1987) *The Emerging Service Economy,* Oxford: Pergamon.

Giddens, A. (1981) *A Contemporary Critique of Historical Materialism Vol. 1., Power, property and the state,* London: Macmillan.

Giddens, A. (1984) *The Constitution of Society: Outline of the Theory of Structuration,* Cambridge: Polity.（門田健一訳『社会の構成』勁草書房，2015 年）

Giddens, A. (1985) *The Nation-State and Violence,* Cambridge: Polity.（松尾精文・小幡正敏訳『国民国家と暴力』而立書房，1999 年）

Giddens, A. (1990) *The Consequences of Modernity,* Cambridge: Polity.（松尾精文・小幡正敏訳『近代とはいかなる時代か？――モダニティの帰結』而立書房，1993 年）

Giddens, A. (1991a) *Modernity and Self-Identity: Self and Society in the Late Modern Age,* Cambridge: Polity.（秋吉美都・安藤太郎・筒井淳也訳『モダニティと自己アイデンティティ――後期近代における自己と社会』ハーベスト社，2005 年）

Giddens, A. (1991b) 'Structuration theory: past, present and future,' in C. Bryant and D. Jary (eds), *Giddens' Theory of Structuration: A Critical Appreciation,* London: Routledge.

Giddens, A. (1992) *The Transformation of Intimacy: Sexuality, Love, and Eroticism in Modern Societies,* Cambridge: Polity.（松尾精文・松川昭子訳『親密性の変容――近代社会におけるセクシュアリティ，愛情，エロティシズム』而立書房，1995 年）

Gill, S. and Law, D. (1988) *The Global Political Economy: Perspectives, Problems, and Policies,* Hemel Hempstead: Harvester Wheat-sheaf.

Gilpin, R. (1987) *The Political Economy of International Relations,* Princeton: Princeton University Press.（佐藤誠三郎・竹内透監修，大蔵省世界システム研究会訳『世界システムの政治経済学――国際関係の新段階』東洋経済新報社，1990 年）

Glasmeier, A. (1985) 'Innovative manufacturing industries: spatial incidence in the United States,' in M. Castells (ed), *High Technology, Space and Society*. Newbury Park, Calif.: Sage.

Glasmeier, A. (1988) 'Factors governing the development of high tech industry agglomerations: a tale of three cities,' *Regional Studies,* 22: 287-301.

Goe, W. R. (1990) 'Producer services, trade and the social division of labor,' *Regional Studies,* 24: 327-42.

Goffman, E. (1968) *Asylums: Essays on the Social Situation of Mental Patients and Other Inmates,* Harmondsworth: Penguin.（石黒毅訳『アサイラム――施設被収容者の日常世界』誠信書房，1984 年）

Gould, P. (1991) 'Dynamic structures of geographic space,' in S. Brunn and T. Leinbach (eds), *Collapsing Space and Time: Geographic Aspects of Communications and Information,* London: Harper Collins.

Grabher, G. (1989) 'Industrielle Innovation ohne institutionelle Innovation? Der Umbau des Montankomplexes im Ruhrgebiet,' paper for Unit Labour Market and Employment, Wissenschaftszentrum (WZB), Berlin.

Grabher, G. (1990) 'On the weakness of strong ties: the ambivalent role of inter-firm relations in the decline and reorganization of the Ruhr,' paper for Unit Labour Market and Employment (IIM), Wissenschaftszentrum (WZB), Berlin.

Granovetter, M. (1974) *Getting a Job: A Study of Contacts and Careers,* Cambridge, Mass.: Harvard University Press.（渡辺深訳『転職――ネットワークとキャリアの研究』ミネルヴァ書房，1998 年）

Granovetter, M. (1985) 'Economic Action and Social Structure: the problem of embeddedness,'

American Journal of Sociology, 91: 481-510.
Granovetter, M. (1990) 'Entrepreneurship, development and the emergence of firms,' discussion paper, FS I, Wissensschaftszentrum, Berlin.
Grant, W. (1991) 'Globalization and comparative economic governance,' paper for Comparing Capitalist Economies: Modes of Economic Governance Conference, Switzerland, April.
Green, A. (1992) 'Post-compulsory education and training in Europe: integrated systems and the roles of the social partners,' paper for British Sociological Association Annual Conference, Kent University, Canterbury, 6-9 April.
Gregory, D. (1985) 'Suspended animation: the stasis of diffusion theory,' in D. Gregory and J. Urry (eds), *Social Relations and Spatial Structures,* London: Palgrave.
Grill, V. B. and Sontheimer, M. (1991) 'Der Zug der Vergessen,' *Die Zeit,* 39 (19 September): 13-6.
Grove-White, R. (1991) 'The emerging shape of environmental conflict in the 1990s,' *Royal Society of Arts Lecture:* 437-47.
Gutman, A. (1991) 'Communitarian critics of liberalism,' in S. Lash (ed), *Post-Structuralist and Post-Modernist Sociology,* Aldershot: Edward Elgar.
Gutman, H. G. (1976) *The Black Family in Slavery and Freedom, 1750-1925,* New York: Pantheon.
Habermas, J. (1975) *Legitimation Crisis,* Boston: Beacon Press.（細谷貞雄訳『晩期資本主義における正統化の諸問題』岩波書店，1979 年）
Habermas, J. (1981) *Theorie des kommunikativen Handels,* Frankfurt: Suhrkamp.（河上倫逸・M. フーブリヒト・平井俊彦訳『コミュニケイション的行為の理論（上・中・下）』未來社，1985-1987 年）
Habermas, J. (1984) *The Theory of Communicative Action, Vol. 1: Reason and the Rationalization of Society,* Cambridge: Polity.（河上倫逸・M. フーブリヒト・平井俊彦訳『コミュニケイション的行為の理論（上）』未來社，1985-1987 年）
Habermas, J. (1987) *The Philosophical Discourse of Modernity,* Cambridge: Polity.（三島憲一ほか訳『近代の哲学的ディスクルス』岩波書店，1999 年）
Haller, M. (1990) 'The challenge for comparative sociology in the transformation of Europe,' *International Sociology,* 5: 183-204.
Hannerz, U. (1990) 'Cosmopolitans and locals in world culture,' *Theory, Culture and Society,* 7: 327-51.
Hardin, G. (1968) 'The tragedy of the commons: the population problem has no technical solution; it requires a fundamental extension in morality,' *Science,* 162: 1243-8.
Harloe, M., Pickvance, C. G. and Urry, J. (eds), (1990) *Place, Policy and Politics: Do Localities Matter?* London: Unwin Hyman.
Harlow, J. (1990) 'Britain heads the Euro Holiday League,' *Daily Telegraph,* 8 September.
Harrington, M. (1962) *The Other America: Poverty in the United States,* New York: Macmillan.
Harrison, B. and Bluestone, B. (1988) *The Great U-Turn,* New York: Basic Books.（田中孝顕訳『危険な大転進――アメリカはどこへ向かうべきか？』騎虎書房，1990 年）
Harvey, D. (1989) *The Condition of Postmodernity: An Enquiry into the Origins of Cultural Change,* Oxford: Blackwell.（吉原直樹監訳『ポストモダニティの条件』青木書店，1999 年）
Harvey, D. (1990) 'Between space and time: reflections on the geographical imagination,' *Annals of the Association of American Geographers,* 80: 418-34.
Harvey, S. (1989) 'Deregulation, innovation and Channel Four,' *Screen,* 30: 60-79.
Hassard, J. (1990) 'Introduction: the sociological study of time,' in *The Sociology of Time,* London: Palgrave Macmillan.
Hassard, J., Rowlinson, M. and McArdle, I. (1991) 'Competitive strategies for changing markets: process and product quality in the electronics industry,' paper for 10th European Group for Organization Studies (EGOS) Colloquium, Vienna, 15-17 July.
Häusler, J. (1992) 'Adapting to an Uncertain Environment: R&D in the west German machinery industry,' in H. Ernste and V. Meier (eds), *Regional Development and Contemporary*

Industrial Response: Extending Flexible Specialisation, London: Belhaven.
Hawking, S. (1988) *A Brief History of Time,* London: Bantam.
Hayek, F. A. (1944) *The Road to Serfdom,* London: Routledge & Kegan Paul.（村井章子訳『隷従への道——全体主義と自由』日経BP社，2016年）
Heal, F. (1990) *Hospitality in Early Modern England,* Oxford: Clarendon.
Heald, S. (1991) 'Tobacco, time and the household economy in two Kenyan societies: the Teso and the Kuria,' *Comparative Studies in Society and History,* 33: 130-57.
Hebdige, D. (1990) 'Fax to the future,' *Marxism Today,* January: 18-23.
Heclo, H. (1974) *Modern Social Politics in Britain and Sweden: From Relief to Income Maintenance,* New Haven, Connecticut.: Yale University Press.
Heidegger, M. (1977) *The Question Concerning Technology and Other Essays,* New York: Harper Torchbooks.
Heidegger. M. (1978) *Being and Time,* Oxford: Blackwell.（熊野純彦訳『存在と時間［1-4］』岩波書店，2013年）
Held, D. (1991) 'Democracy, the Nation-State and the Global System,' in D. Held (ed), *Political Theory Today,* Cambridge: Polity.
Held, D. (ed), (1993) *Prospects for Democracy: North, South, East, West,* Cambridge: Polity.
Henderson, J. (1989) *The Globalization of High Technology Production: Society, Space and Semiconductors in the Restructuring of the Modern World,* London: Routledge.
Henderson, J. and Castells, M. (1987) 'Introduction,' in J. Henderson and M. Castells (eds), *Global Restructuring and Territorial Development,* London.: Sage.
Hepworth, M. (1991) 'Information technology and the global restructuring of capital markets,' in S. Brunn and T. Leinbach (eds), *Collapsing Time and Space: Geographic Aspects of Communication and Information,* London: Harper Collins.
Hern, A. (1967) *The Seaside Holiday,* London: Cresset.
Herrigel, G. (1988) 'Industrial order in the machine tool industry: a comparison of the US and Germany,' paper for Comparing Capitalist Economies: Variations in the Governance of Sectors Conference, Madison, Wisconsin.
Hetherington, K. (1990) 'The homecoming of the stranger: new social movements or new sociations,' Lancaster Regionalism Group Working Paper No. 39, Department of Sociology, Lancaster University.
Hewison, R. (1987) *The Heritage Industry: Britain in a Climate of Decline,* London: Methuen.
Hill, R. C. (1989) 'Comparing transnational production systems: the automobile industry in the USA and Japan,' *International Journal of Urban and Regional Research,* 13: 462-80.
Hill, S. (1990) 'Management and the flexible firm: the total quality model,' paper, Department of Sociology, London School of Economics, September.
Hirsch, P. M. (1990) 'Processing fads and fashions: an organization-set analysis of cultural industry systems,' in S. Frith and A. Goodwin (eds), *On Record: Rock, Pop and the Written Word,* London: Routledge.
Hirschhorn, L. (1985) 'Information technology and the new services game,' in M. Castells (ed), *High Technology, Space, and Society,* London: Sage.
Hirst, P. and Zeitlin, J. (eds), (1989) *Reversing Industrial Decline?: Industrial Structure and Policy in Britain and Her Competitors,* Oxford: Berg.
Hirst. P. and Zeitlin, J. (1990) 'Flexible specialization vs sost-fordism: theory, evidence and policy implications,' paper for Pathways to Industrialization and Regional Development in the 1990s Conference, UCLA, 14-18 March.
Hochschild, A. R. (1983) *The Managed Heart: Commercialization of Human Feeling,* Berkeley, Carif.: University of California Press.（石川准・室伏亜希訳『管理される心——感情が商品になるとき』世界思想社，2000年）
Hoffmann, J. (1991) 'Innovationsforderung in Berlin und Baden-Württemberg: zum regionalen Eigenleben technologie-politischer Konzepte,' in U. Jürgens and W. Krumbein (eds), *Industriepolitische Strategien: Bundeslander im Vergleich,* Berlin: Sigma.

Hofmann-Axthelm, D. (1992) 'Identity and reality: the end of the philosophical immigration officer,' in S. Lash and J. Friedman (eds), *Modernity and Identity,* Oxford: Blackwell.
Hohfeld, W. N. (1919) *Fundamental Legal Conceptions,* New Haven, Conn.: Yale University Press.
Holderness, G. (1988) 'Bardolatry: the cultural materialist's guide to Stratford-upon-Avon,' in G. Holderness (ed), *The Shakespeare Myth,* Manchester: Manchester University Press.
Holloway, S. R. (1990) 'Urban economic structure and the urban underclass: an examination of two problematic social phenomena,' *Urban Geography,* 11: 319-46.
Honderich, K. O. (1992) 'Hat die Soziologie Deutschland versagt?' *Die Zeit,* 24 September.
Hönekopp, E. (1991) 'Ost-West Wanderungen: Ursachen und Entwicklungstendenzen: Bundesrepublik Deutschland und Österreich,' *Bundesarbeitsblatt,* 1: 115-33.
Horne, J. C. Van (1985) *Japan's Financial Markets: Conflict and Consensus in Policy Making,* London: Allen & Unwin.
Huber, B. and K. Unger (1982) 'Politische und rechtliche Determinanten der Ausländerbeschäftigung in der Bundesrepublik Deutschland,' in H. J. Hoffmann-Nowotny and K. O. Honderich (eds), *Ausländer in der Bundesrepublik Deutschland und in der Schweiz,* Frankfurt: Campus.
Hughes, M. A. (1989) 'Misspeaking truth to power: a geographical perspective on the "underclass" fallacy,' *Economic Geography,* 65: 187-207.
Hughes, M. A. (1990) 'Formation of the impacted ghetto: evidence from large metropolitan areas, 1970-1980,' *Urban Geography,* 11: 265-84.
Hurtz, A. (1991) 'Thesen über zu erwartende Qualifikationsveranderungen bei der Einführung rechnerintegrierter Formen der Produktion,' in U. Laur-Ernst (ed), *Neue Fabrikstrukturen: veraenderte Qualifikation. Ergebnisse eines Workshops,* Bonn: Bundesinstitut für Berufsbildung.
Husbands, C. T. (1991) 'The mainstream right and the politics of immigration in France: major developments in the 1980s', *Ethnic and Racial Studies,* 14: 170-98.
Hutton, T. and Ley, D. (1987) 'Location, linkages and labor: the downtown complex of corporate activities in a medium-size city, Vancouver, British Columbia,' *Economic Geography,* 63: 126-41.
Hutton, W. (1990) 'A world without borders ... but would the UK economy still be on the margins?,' *The Guardian,* 6 June.
Illeris, S. (1989a) 'Producer services: the key sector for future economic development,' *Entrepreneurship and Regional Development,* 1: 267-74.
Illeris, S. (1989b) *Services and Regions in Europe,* Aldershot: Fast Report, Avebury.
Ingham, G. (1984) *Capitalism Divided?: City and Industry in British Social Development,* London: Macmillan.
Irigaray, L. (1985) *Speculum of the Other Women,* Ithaca, NY: Cornell University Press.
Jaccard, P. (1960) *Histoire sociale du travail, de l'antiquité à nos jours,* Paris: Payot.
Jacques, M. (1990) 'After Communism,' *Marxism Today,* January.
Jakobson, R. (1960) 'Linguistics and poetics,' in T. A. Sebeok (ed), *Style in Language,* Cambridge, Mass.: Harvard University Press
Jameson, F. (1981) *The Political Unconscious: Narrative as a Socially Symbolic Act,* London: Methuen.（大橋洋一・木村茂雄・太田耕人訳『政治的無意識――社会的象徴行為としての物語』平凡社，1989 年）
Jameson, F. (1984) 'Postmodernism or the cultural logic of late capitalism,' *New Left Review I,* 146: 53-92.
Jameson, F. (1988) 'Cognitive mapping,' in C. Nelson and L. Grossberg (eds), *Marxism and the Interpretation of Culture,* London: University of Illinois Press.
Janelle, D. G. (1991) 'Global interdependence and its consequences,' in S. Brunn and T. Leinbach (eds), *Collapsing Time and Space: Geographic Aspects of Communication and Information,* London: Harper Collins.

Jargowsky, P. and Bane, M. J. (1991) 'Ghetto poverty in the United States, 1970-1980,' in C. Jencks and P. Peterson (eds), *The Urban Underclass,* Washington, DC: Brookings Institution.

Jencks, C. (1991) 'Is the American underclass growing?,' in C. Jencks and P. Peterson (eds), *The Urban Underclass,* Washington, DC: Brookings Institution.

Jessop, B. (1992) 'The Schumpeterian workfare state,' Lancaster Regionalism Group Working Paper No. 43, Department of Sociology, Lancaster University.

Johnson, K. and Mignot, K. (1982) 'Marketing trade unionism to service industries: an historical analysis of the hotel industry,' *Services Industries Journal,* 2: 5-23.

Johnson, P. and Thomas, B. (1990) 'Employment in tourism,' *Industrial Relations Journal,* 21: 36-48.

Johnston, R. K. (1989) *Environmental Problems: Nature, Economy and State,* London: Belhaven.

Jones, P. and North, J. (1991) 'Japanese motor industry transplants: the West European dimension,' *Economic Geography,* 67: 105-23.

Jürgens, U. (1990) 'The transfer of Japanese management concepts in the international automobile industry,' in S. Wood (ed), *The Transformation of Work?,* London: Unwin Hyman.

Jürgens, U. (1991a) 'The changing contours of work in the car industry,' paper, Abteilung Regulierung von Arbeit: Technik-Arbeit-Umwelt, Wissenszentrum (WZB), Berlin.

Jürgens, U. (1991b) 'Internationalization strategies of Japanese and German automobile companies,' paper for Production Strategies and Industrial Relations in the Process of Internationalization Symposium, Tohoku University, Sendai, Japan, 14-18 October.

Jürgens, U. and Reutter, W. (1989) 'Verringerung der Fertigungstiefe und betriebliche Interessenvertretung in der deutschen Automobilindustrie,' in N. Altmann and D. Sauer (eds), *Systematische Rationalisierung und Zulieferindustrie,* Frankfurt: Campus.

Jürgens, U., Dohse, K. and Malsch, T. (1986) 'New production concepts in West German car plants,' in Tolliday, S. and Zeitlin, J. (eds), *Between Fordism and Flexibility,* Oxford: Blackwell.

Jürgens, U., Malsch. T. and Dohse, K. (1989) *Moderne Zeiten in der Automobilfabrik,* Berlin: Springer.

Kanter, R. M. (1984) 'Variations in managerial career structures in hi-tech firms,' in P. Osterman (ed), *Internal Labor Markets,* Cambridge, Mass.: MIT Press.

Kasarda, J. (1990) 'Structural factors affecting the location and timing of urban underclass growth,' *Urban Geography,* 11.

Kawasaki, S. and McMillan, J. (1987) 'The design of contracts: evidence from Japanese subcontracting,' *Journal of the Japanese and International Economies,* 1.

Kealy, E. (1990) 'From craft to art: the case of sound mixers and popular music,' in S. Frith and A. Goodwin (eds), *On Record,* London: Routledge.

Keane, J. (1984) *Public Life and Late Capitalism,* Cambridge: Cambridge University Press.

Keat, R. and Abercrombie, N. (eds), (1991) *Enterprise Culture,* London: Routledge.

Keohane, R. (1984) *After Hegemony,* Princeton: Princeton University Press. (石黒馨・小林誠訳『覇権後の国際政治経済学』晃洋書房，1998年)

Kern, H. and Schumann, M. (1984) *Das Ende der Arbeitsteilung? Rationalisierung in der industriellen Produktion,* Munich: Beck.

Kern, S. (1983) *The Culture of Time and Space, 1880-1918,* London: Weidenfeld & Nicolson. (浅野敏夫訳『時間の文化史』法政大学出版局，1993年，浅野敏夫・久郷丈夫訳『空間の文化史』法政大学出版局，1993年)

Kettle, M. (1990) 'Slippery slopes,' *Marxism Today,* 7 January.

King, A. (1990) *Global Cities,* London: Routledge.

King, S. (1988) 'Stephen King, advertising executive,' *Campaign,* 16 September.

Knox, P. (1990) 'The new poor and a new urban geography,' *Urban Geography,* 11.

Kochan, T. (ed), (1985) *Challenges and Choices Facing American Labor,* Cambridge, Mass.: MIT Press.

Kochan, T., Katz, H. and McKensie, W. (1986) *The Transformation of American Industrial Relations,* New York: Basic Books.

Kocka, J. (1969) *Unternehmensverwaltung und Angestelltenschaft am Beispiel Siemens, 1847-1914,* Stuttgart: Klett-Cotta.

Kocka, J. (1987) 'Bürgertum und Bürgerlichkeit als Probleme der deutschen Geschichte vom späten 18, zum frühen 20, Jahrhundert,' in J. Kocka (ed), *Bürger und Bürgerlichkeit im 19, Jahrhundert,* Göttingen: Vandenhoeck & Ruprecht.

Koehler, H. (1987) 'Berlin in der Weimarer Republik, 1918-1932,' in W. Ribbe (ed), *Geschichte Berlins, Zweiter Band, Von der Märzrevolution bis zur Gegenwart,* Munich: Beck.

Koenig, P., W. Ammann and Mehrländer, U. (1988) *Berufswahl und handwerkliche Berufsausbildung türkischer Jugendlicher: Ergebnisse eines Modelprojektes,* Bonn: Verlag Neue Gesellschaft.

Koike, K. (1984) 'Skill formation systems in the US and Japan,' in M. Aoki (ed), *The Economic Analysis of the Japanese Firm,* North Holland: Elsevier.

Koike, K. (1987a) 'Human resource development and labor-management relations,' in K. Yamamura and Y. Yasuba (eds), *The Political Economy of Japan,* Stanford, Calif.: Stanford University Press.

Koike, K. (1987b) 'Skill formation systems: a Thai-Japan comparison,' *Journal of the Japanese and International Economies,* 1: 408-40.

Koike, K. (1988) *Understanding Industrial Relations in Modern Japan,* London: Macmillan.

Koritz, D. (1991) 'Restructuring or destructuring?: de-industrialization in two industrial heartland cities,' *Urban Affairs Quarterly,* 26: 497-511.

Körner, S. (1955) *Kant,* Harmondsworth: Penguin.（野本和幸訳『カント』みすず書房，2000 年）

Laing, D. (1989) Interview with D. Laing, editor of *Music Week,* London, 11 July.

Lamont, M. (1992) *Money, Morals and Manners: The Culture of the French and of the Upper American Middle Class,* Chicago: University of Chicago Press.

Lane, C. (1988) 'Industrial change in Europe: the pursuit of flexible specialization in Britain and West Germany', *Work, Employment and Society,* 2: 141-68

Lasch, C. (1980) *The Culture of Narcissism,* London: Sphere.（石川弘義訳『ナルシシズムの時代』ナツメ社，1981 年）.

Lash, S. (1988) 'Discourse or figure?: postmodernism as a regime of signification,' *Theory, Culture and Society,* 5: 311-36

Lash, S. (1990a) 'Coercion as ideology: the German case,' in N. Abercrombie, S. Hill and B. Turner (eds), *Dominant Ideologies,* London: Unwin Hyman.

Lash, S. (1990b) *Sociology of Postmodernism,* London: Routledge.（田中義久監訳，清水瑞久・須藤広・佐幸信介・宮沢昭男訳『ポスト・モダニティの社会学』法政大学出版局，1997 年）

Lash, S. (1991) 'Disintegrating firms,' *Socialist Review,* 21: 99-110.

Lash, S. and Friedman, J. (eds), (1992) *Modernity and Identity,* Oxford: Blackwell.

Lash, S. and Urry, J. (1987) *The End of Organized Capitalism,* Cambridge: Polity.

Latham, J. (1990) 'Statistical trends in tourism and hotel accommodation, up to 1988,' in C. Cooper (ed), *Progress in Tourism, Recreation and Hospitality Management,* Vol. 2. London: Belhaven.

Law, R. and Wolch, J. (1991) 'Homelessness and Economic Restructuring,' *Urban Geography,* 12: 105-36.

Lawson, A. (1989) *Adultery: An Analysis of Love and Betrayal,* Oxford: Blackwell.

Leborgne, D. and Lipietz, A. (1990) 'Open issues and fallacies of post-Fordism,' paper for Pathways to Industrialization and Regional Development in the 1990s Conference, UCLA, 14-18 March.

Lee, C. (1984) 'The service sector, regional specialization and economic growth in the Victorian economy,' *Journal of Historical Geography,* 10: 139-55.

Lefebvre, H. (1991) *The Production of Space,* Oxford: Blackwell.（斎藤日出治訳『空間の生産』青木書店，2000 年）

Leithauser, G. (1986) 'Des flexibilités ... et pourtant une crise: la République Fédérale d'Allemagne,' in R. Boyer (ed), *La flexibilité du travail en Europe,* Paris: Editions de la Découverte.（井上泰夫訳『第二の大転換――EC統合下のヨーロッパ経済』藤原書店，1992年）

Lepenies, W. (1989) *Die Drei Kulturen: Soziologie zwischen Literatur und Wissenschaft,* Munich: Hanser.（松家次朗・吉村健一・森良文訳『三つの文化――仏・英・独の比較文化学』法政大学出版局，2002年）

Levi-Strauss, C. (1950) *Marcel Mauss,* London: Routledge.

Lewis. J. and Townshend, A. (eds), (1989) *The North-South Divide,* London: Paul Chapman.

Lewis, O. (1961) *The Children of Sanchez,* New York: Random House.（柴田稔彦・行方昭夫訳『サンチェスの子供たち［1・2］』みすず書房，1969年）

Leyshon, A. and Thrift, N. (1992) 'Liberalization and consolidation: the Single European Market and the remaking of European financial capital,' *Environment and Planning A,* 24: 49-81.

Limage, L. J. (1987) 'Economic recession and migrant/minority youth in Western Europe and the United States,' *International Migration Review,* 25: 399-413.

Lincoln, J., Hanada, M. and McBride, K. (1986) 'Organizational structures in Japanese and US manufacturing,' *Administrative Science Quarterly,* 31: 338-64.

Lipietz, A. (1984) 'Mondialisation de la crise générale du fordisme,' *Les Temps Modernes,* 41: 697-736.

Lipietz, A. (1992) *Towards a New Economic Order: Post-Fordism, Ecology and Democracy,* Cambridge: Polity.

Lively, P. (1991) *City of the Mind,* London: Deutsch.

Lockett, R. (1989) Interview with Roy Lockett, deputy general secretary, Association of Cinema and Television Technicians, London, 12 July.

Lodge, D. (1983) *Small World,* Harmondsworth: Penguin.（高儀進訳『小さな世界――アカデミック・ロマンス』白水社，2001年）

Lovelock, J. (1987) *Gaia: A New Look at Life on Earth,* revised edition, Oxford: Oxford University Press.

Lowe, P. and Flynn, A. (1989) 'Environmental politics and policy in the 1980s,' in J. Moran (ed), *The Political Geography of Contemporary Britain,* London: Macmillan.

Lowe, P. and Goyder, J. (1983) *Environmental Groups in Politics,* London: Allen & Unwin.

Lowenthal. D. (1985) *The Past is a Foreign Country,* Cambridge: Cambridge University Press.

Lowenthal, D. and Binney, M. (eds), (1981) *Our Past Before Us: Do We Save It?,* London: Temple Smith.

Luard, I. (1990) *International Society,* London: Macmillan.

Luhmann, N. (1982) *The Differentiation of Society,* New York: Columbia University Press.

Luhmann, N. (1986) *Love as Passion,* Cambridge: Polity Press.（佐藤勉・村中知子訳『情熱としての愛――親密さのコード化』木鐸社，2005年）

Luhmann, N. (1989) *Ecological Communication,* Cambridge: Polity.（庄司信訳『エコロジーのコミュニケーション――現代社会はエコロジーの危機に対応できるか？』新泉社，2007年）

Luke, T. (1992) 'New world order or neo-world orders: power politics and ideology in the informationalizing global order,' paper for Theory, Culture and Society 10th Anniversary Conference, Champion, Pennsylvania, 16-19 August.

Lumley, R. (ed), (1988) *The Museum Time-Machine,* London: Routledge.

Lury, C. (1990) 'Flexible specialization in the advertising industry,' paper, Department of Sociology, Lancaster University.

Lury, C. (1993) *Cultural Rights,* London: Routledge.

Lutz, B. and Veltz, P. (1989) 'Maschinenbauer versus Informatiker - Gesellschaftliche Einflüsse auf die fertigungstechnische Entwicklung: Deutschland und Frankreich,' in K. Duell and B. Lutz (eds), *Technikentwicklung und Arbeitsteilung im internationalen Vergleich,* Frankfurt: Campus.

Lyotard, J. (1984) *The Postmodern Condition: A Report of Knowledge,* Manchester: Manchester University Press.（小林康夫訳『ポスト・モダンの条件――知・社会・言語ゲーム』水声社，1994

年)
MacCannell, D. (1976) *The Tourist: A New Theory of the Leisure Class,* London: Macmillan.（安村克己・須藤廣・高橋雄一郎・堀野 正人・遠藤英樹・寺岡伸悟訳『ザ・ツーリスト――高度近代社会の構造分析』学文社，2012 年）
MacCannell, D. (1992) *Empty Meeting Grounds: Tourist Papers,* London: Routledge.
MacIntyre, A. (1981) *After Virtue,* London: Duckworth.（篠崎榮訳『美徳なき時代』みすず書房，1993 年）
MacIntyre, A. (1988) *Whose Justice? Which Rationality?,* London: Duckworth.
MacKenzie, J. and Richards, J. (1986) *The Railway Station: A Social History,* Oxford: Oxford University Press.
McCrone, D. (1992) *Understanding Scotland,* London: Routledge.
Maffesoli, M. (1991) *Les temps des tribus: le déclin de l'individualisme dans les sociétés de masse,* Paris: Livre de Poche.（古田幸男訳『小集団の時代――大衆社会における個人主義の衰退』法政大学出版局，1997 年）
Mahnkopf, B. (1989) 'Gewerkschaftspolitik und Weiterbildung: Chancen und Risiken einer qualifikationsorientierten Modernisierung gewerkschaftlicher (Tarif-)Politik,' discussion paper for FS I, *Arbeitsmarkt und Beschäftigung,* Wissenschaftszentrum, Bertin.
Mahnkopf, B. (1990) 'Training, further training and collective bargaining in the Federal Republic of Germany,' Report for OECD Directorate for Social Affairs, Manpower and Education, Wissenschaftszentrum, Berlin.
Mahnkopf, B. (1991) 'Vorwärts in der Vergangenheit? Pessimistische Spekulationen über die Zukunft der Gewerkschaften in der neuen Bundesrepublik,' in U. Busch, M. Heine, H. Herr, A. Westphal (eds), *Wirtschaftspolitische Konsequenzen der deutschen Vereinigung,* Frankfurt: Campus.
Mahnkopf, B. (1992) 'Towards a skill-oriented modernization of trade union policy,' in E. Matzner (ed), *Feasible Full Employment: On the Socio-Economics of Comparative Institutional Advantage,* Aldershot: Edward Elgar.

Maier, H. (1987) 'Das Modell Baden-Württemberg: Über institutionelle Voraussetzungen differenzierter Oualitatsproduktion', paper for Unit Labour Market and Employment, Wissenschaftszentrum, Berlin.
Mair, A., Florida, R. and Kenney, M. (1990) 'The new geography of automobile production: Japanese transplants in North America,' *Economic Geography,* 66: 352-73.
Malecki, E. (1985) 'Industrial location and corporate organization in high technology industries,' *Economic Geography,* 61: 345-69.
Malsch, T. (1987) 'Arbeit und Kommunikation im informatisierten Produktionsprozess', paper for International Institute for Comparative Social Research/Labour Policy, Wissenschaftszentrum, Berlin.
Malsch, T. and Weissbach, H.-J. (1987) 'Informationstechnologien zwiscben Zentralsteurung und Selbstregulation', paper for International Institutc for Comparativc Social Research/Labour Policy, Wissenschaftszcntrum, Berlin.
Mann, M. (1986) *The Sources of Social Power,* Cambridge: Cambridge University Press.（森本醇・君塚直隆訳『ソーシャル・パワー――社会的な＜力＞の世界歴史 1　先史からヨーロッパ文明の形成へ』NTT 出版，2002 年）
Mark Lawson, J., Savage, M. and Warde, A. (1985) 'Gender and local politics: struggles over welfare policies, 1918-1939,' in L. Murgatroyd, M. Savage, D. Shapiro, J. Urry, S. Walby and A. Warde, *Localities, Class and Gender,* London: Pion.
Marketing Director (1989) Interview with the marketing director of a newly established, small but expanding publishing firm with good literary reputation, London, December.
Markusen, A. and Bloch, R. (1985) 'Defensive cities: military spending, high technology and human settlements,' in M. Castells (ed), *High Technology, Space and Society,* Beverly Hills, Calif.: Sage.
Mars, G. (1984) *The World of Waiters,* London: Allen & Unwin.

Marsden, D. and Ryan, P. (1990) 'Institutional aspects of youth employment and training policy in Britain,' *British Journal of Industrial Relations,* 28: 351-69.

Marshall, G. (1986) 'The workplace culture of a licensed restaurant,' *Theory, Culture and Society,* 3: 33-48.

Martin, B. (1981) *A Sociology of Contemporary Cultural Change,* Oxford: Blackwell.

Martin, R. (1989) 'The political economy of Britain's north-south divide,' in J. Lewis and A. Townshend (eds), *The North-South Divide,* London: Paul Chapman.

Marx. K. (1976) *Capital,* Vol. 1, Harmondsworth: Penguin.（資本論翻訳委員会訳『資本論［1 - 4］』新日本出版社，1983 年）

Marx, K. and Engels, F. (1976) *Collected Works,* Vol. 6, London: Lawrence & Wishart.（今村仁司・三島憲一・鈴木直・塚原史・麻生博之訳『マルクスコレクションII』筑摩書房，2008 年）

Massey, D. (1984) *Spatial Divisions of Labour: Social Structure and the Geography of Production,* London: Macmillan.（富樫幸一・松橋公治監訳『空間的分業——イギリス経済社会のリストラクチャリング』古今書院，2000 年）

Massey, D. (1991) 'A global sense of p]ace,' *Marxism Today,* June: 24-9.

Massey, D. and Meegan, R. (1982) *The Anatomy of Job Loss,* London: Methuen.

Maurice, M. and Sorge, A. (1990) 'Industrielle Entwicktung und Innovationsfähigkeit der Werkzeugmaschinenhersteller in Frankreich und der Bundesrepublik Deutschland: Gesellschaftliche Analyse der Beziehungcn zwischen Qualifikation und Wirtschaftsstruktur,' discussion paper for Labour Market and Employment Unit, Wissenschaftszentrum, Berlin.

Maurice, M., Sellier, F. and Silvestre, J.-J. (1982) *Politique d' éducation et organisation industrielle en France et en Allemagne,* Paris: Presses Universitaires de France.

Mauss, M. (1979a) 'Body techniques,' in *Sociology and Psychology,* London: Routledge (originally published, 1934).（有地亨・伊藤昌司・山口俊夫訳『社会学と人類学［I・II］』弘文堂，1973 年）

Mauss, M. (1979b) 'A category of the human mind: the notion of the person, the notion of "self",' in *Sociology and Psychology,* London: Routledge.（有地亨・伊藤昌司・山口俊夫訳『社会学と人類学［I・II］』弘文堂，1973 年）

Mehrländer, U. (1983) *Türkische Jugendliche: Keine beruflichen Chancen in Deutschland?* Bonn: Verlag Neue Gesellschaft.

Mehrländer, U. (1984) 'Turkish youth: occupational opportunities in the Federal Republic of Germany,' *Environment and Planning C, Government and Policy,* 2: 375-81.

Mehrländer, U. (1987) 'Sociological aspects of migration policy: the case of the Federal Republic of Germany,' *International Migration*. 25: 87-96.

Mellor, A. (1991) 'Enterprise and heritage in the dock,' in J. Corner and S. Hervey (eds), *Enterprise and Heritage: Cross Currents of National Culture,* London: Routledge.

Melucci, A. (1989) *Nomads of the Present,* London: Radius.（山之内靖・貴堂嘉之・宮崎かすみ訳『現在に生きる遊牧民——新しい公共空間の創出に向けて』岩波書店，1997 年）

Mennell, S. (1985) *All Manners of Food,* Oxford: Blackwell.（北代美和子訳『食卓の歴史』中央公論社，1989 年）

Merchant, C. (1982) *The Death of Nature: Women, Ecology and the Scientific Revolution,* London: Wildwood.（団まりな・垂水雄二・樋口祐子訳『自然の死——科学革命と女・エコロジー』工作舎，1985 年）

Meyer-Dohm, P. (1991) 'Zum Verhältnis von Erstausbildung und Weiterbildung im Betrieb', paper for Symposium: Bildung und Beschäftigung in Japan und Deutschland: Neue Anforderungen in den neunziger Jahren, Deutsch-Japacnisches-Zentrum, Berlin, 2 December.

Meyrowitz, J. (1985) *No Sense of Place: The Impact of Electronics,* Oxford: Oxford University Press.

Middlemas, K. (1975) *Politics in Industrial Society* : *The Experience of the British System Since 1911,* London: Deutsch.

Middleton, D. and Edwards, D. (1990) 'Introduction,' in D. Middleton and D. Edwards (eds), *Collective Remembering,* London: Sage.

Miller, D. (1987) *Material Culture and Mass Consumption,* Oxford: Blackwell.

Milner, M. (1987) 'Where the squeeze is not only on holidaymakers,' *The Guardian,* 20 August.

Minces, J. (1973) *Les travailleurs étrangers en France,* Paris: Seuil.

Mitter, S. (1986) 'Industrial restructuring and manufacturing homework: immigrant women in the UK clothing industry,' *Capital and Class,* 27: 37-80.

Mommsen, W. (ed), (1981) *The Emergence of the Welfare State in Britain and Germany, 1850-1950,* London: Croom Helm.

Monden, Y. (1983) *Toyota Production System,* Atlanta, Ga.: Institute of Industrial Engineers. (門田安弘『トヨタシステム――トヨタ式生産管理システム』講談社，1985 年)

Moore. T. and Laramore, A. (1990) 'Industrial change and urban joblessness: an assessment of the mismatch hypothesis,' *Urban Affairs Quarterly,* 25: 640-58.

Moran, M. (1991) *The Politics of the Financial Services Revolution: The USA,* the UK and Japan, London: Macmillan.

Morgan, K. and Sayer, A. (1988) *Microcircuits of Capital,* Cambridge: Polity.

Morishima, M. (1991) 'Information sharing and firm performance in Japan,' *Industrial Relations,* 30.

Morokvasic, M. (1991) 'Die Kehrseite der Mode: Migranten als Ftexibilisierungsquelle in der Pariser Bekleidungsproduktion: ein Vergleich mit Berlin,' *Prokla,* 83: 264-84.

Morokvasic, M., Waldinger, R. and Phizacklea, A. (1990) 'Business on the ragged edge: immigrants and minority business in the garment industries of Paris, London and New York,' in R. Waldinger, H. Aldrich and R. Ward (eds), *Ethnic Entrepreneurs,* London: Sage.

Morpurgo, J. (1979) *Allen Lane: King Penguin,* London: Hutchinson. (行方昭夫訳『ペンギン帝国を築いた男』中央公論社，1981 年)

Morris, A. (1991) 'Popping the cork: history, heritage and the stately home in the Scottish borders,' in G. Day and G. Rees (eds), *Regions, Nations and European Integration,* Cardiff: University of Wales Press.

Morris, M. (1990) 'Metamorphoses at Sydney Tower,' *New Formations,* 11: 5-18.

Morten, J. (1989) Interview with John Morten, general secretary, Musicians Union, London, 11 July.

Moulaert, F., Chikhaoui, Y. and Djellal, F. (1991) 'Locational behaviour of French high-tech consultancy firms,' *International Journal of Urban and Regional Research,* 15: 5-23.

Moulaert, F., Martinelli, F. and Djellal, F. (1989) 'The functional and spatial division of labour of information technology consultancy firms in Europe,' International Symposium on Regulation, Innovation and Spatial Development, Cardiff, September.

Moynihan, D. P. (1965) *The Negro Family: A Case for National Action,* Washington, DC: US Department of Labor.

Mulgan, G. (1989) 'The changing shape of the city,' in S. Hall and M. Jacques (eds), *New Times,* London: Lawrence & Wishart.

Mulgan, G. (1991) *Communication and Control: Networks and the New Economics of Communication,* Cambridge: Polity.

Mullins, P. (1991) 'Tourism urbanization,' *International Journal of Urban and Regional Research,* 15: 326-42.

Mumford, L. (1960) 'Universal city,' in C. Kraeling and R. Adams (eds), *City Invisible,* Chicago: University of Chicago Press.

Murakami, Y. (1987) 'The Japanese model of political economy,' in K. Yamamura and Y. Yasuba (eds), *Political Economy of Japan,* Stanford, Calif.: Stanford University Press.

Myerscough, J. (1988) *The Economic Importance of the Arts in Britain,* London: Policy Studies Institute.

Needelmann, B. (1988) '"Psychologismus", oder Soziologie der Emotionen? Max Webers Kritik an der Soziologie Georg Simmels,' in O. Rammstedt (ed), *Simmel und die fruhen Soziologie,* Frankfurt: Suhrkamp.

Nerone, J. and Wartella, E. (1989) 'Introduction to special issue on social memory,'

Communication, 11: 85-8.
Neumann, L. (1992) 'Decentralization and privatization in Hungary,' in H. Ernste and V. Meier (eds), *Regional Development and Contemporary Industrial Response,* London: Belhaven.
Nguyen, D. T. (1992) 'The spatialization of metric time,' *Time and Society,* 1: 29-50.
Nietzsche, F. (1956) *The Genealogy of Morals,* New York: Anchor Books.（木場深定訳『道徳の系譜』岩波書店，1964 年）
Nowotny, H. (1975) 'Time structuring and time measurement: on the interrelation between timekeepers and social time,' in J. Fraser and N. Lawrence (eds), *The Study of Time,* Berlin: Springer-Verlag.
Nowotny, H. (1985) 'From the future to the extended present: time in social systems,' in G. Kirsch, P. Nijkamp and K. Zimmerman (eds), *Time Preferences: An Interdisciplinary Theoretical and Empirical Approach,* Berlin: Wissenschaftszentrum.
Noyelle, T. (1986) 'Services and the world economy: towards a new international division of labour,' ESRC Workshop on Localities in an International Economy, Cardiff, September.
Noyelle, T. and Dutka, A. (1988) *International Trade in Business Services: Accounting, Advertising, Law and Management Consulting,* Cambridge, Mass.: Ballinger.
Noyelle, T. and Stanback, T. (1985) *The Economic Transformation of American Cities,* Totowa, NJ: Rowman & Allanheld.
Oakey, R. and Cooper, S. (1989) 'High technology industry: agglomeration and the potential for peripherally sited small firms,' *Regional Studies,* 23: 347-60.
O'Brien, P. (1989) 'Steel: the United States and Japan since World War II,' paper for Comparing Capitalist Economies: The Governance of Economic Sectors Conference, Bellagio, May.
Offe, C. (1981) 'The attribution of public status to interest groups: observation on the West German Case,' in S. Berger (ed), *Organizing Interests in Western Europe,* Cambridge: Cambridge University Press.
Offe, C. (1984) *Contradictions of the Welfare State,* London: Hutchinson.
Offe, C. (1985) *Disorganized Capitalism,* Cambridge: Polity. 29
Ohmae, K. (1990) *The Borderless World: Power and Strategy in the Interlinked Economy,* London: Collins.（田口統吾訳『ボーダレス・ワールド』プレジデント社，1990 年）
Ong, W. (1982) *Orality and Literacy: The Technologizing of the Word,* London: Methuen.（桜井直文・林正寛・糟谷啓介訳『声の文化と文字の文化』藤原書店，1991 年）
O'Regan, K. and Quigley, J. (1991) 'Labor market access and labor market outcomes for urban youth,' *Regional Science and Urban Economics,* 21: 277-93.
Orru, M., Hamilton, G. and Suzuki, M. (1989) 'Patterns of inter-firm control in Japanese business,' *Organization Studies,* 10: 549-74.
Ousby, I. (1990) *The Englishman's England,* Cambridge: Cambridge University Press.
Parsons, T. (1937) *The Structure of Social Action,* New York: McGraw Hill.（稲上毅・厚東洋輔・溝部明男訳『社会的行為の構造［1－5］』木鐸社，1976–1989 年）
Parsons, T. (1968) *The Structure of Social Action,* 2nd edition, New York: Free Press.（稲上毅・厚東洋輔・溝部明男訳『社会的行為の構造［1－5］』木鐸社，1979–1998 年）
Patrick, H. and Rohlen, T. (1987) 'Small-scale family enterprises,' in K. Yamamura and T. Yasuba (eds), *Political Economy of Japan,* Stanford, Calif.: Stanford University Press.
Pearce, D. (1989) *Tourist Development,* Harlow: Longman.
Pearce, D., Barbier, D. and Markandya, A. (1989) *Blueprint for a Green Economy,* London: Earthscan.（和田憲昌訳『新しい環境経済学――持続可能な発展の理論』ダイヤモンド社，1994 年）
Peck, J. (1991) 'The politics of training in Britain: contradictions in the TEC initiative,' *Capital and Class,* 44: 23-34.
Penn, R. (1990) 'Changing patterns of employment in Rochdale, 1981-1984: "postindustrialism" or "resurgent industrialism"? evidence from the social change and economic life initiative,' Working Paper WP51, Department of Sociology, Lancaster University.
Percy, S. and Lamb, H. (1987) 'The squalor behind the bright fast food lights,' *The Guardian,* 22 August.

Perkin, H. (1976) 'The "social tone" of Victorian seaside resorts in the Northwest,' *Northern History,* 2: 180-94.

Peterson, P. (1991) 'The urban underclass and the poverty paradox,' in C. Jencks and P. Peterson (eds), *The Urban Underclass,* Washington, DC: Brookings Institution.

Phelps, E. and Brown, E. (1968) *A Century of Pay: The Course of Pay and Production in France Germany Sweden the United Kingdom and the United States of America 1860-1960,* London: Macmillan.

Phizacklea, A. (1990) *Unpacking the Fashion Industry: Gender, Racism, and Class in Production,* London: Routledge.

Pillsbury, R. (1990) *From Boarding House to Bistro: The American Restaurant Then and Now,* Boston: Unwin Hyman.

Pinch, S. (1989) 'The restructuring thesis and the study of public services,' *Environment and Planning A,* 21: 905-26.

Pine, R. (1987) *Management of Technical Change in the Catering Industry,* Aldershot: Avebury.

Piore, M. and Sabel, C. (1984) *The Second Industrial Divide: Possibilities for Prosperity,* New York: Basic Books.（山之内靖・永易浩一・石田あつみ訳『第二の産業分水嶺』筑摩書房，1993年）

Plaschkes, O. (1989) Interview with Otto Plaschkes, chief executive, British Film and Television Producers Association, London, 14 July.

Pollard, S. (1965) *The Genesis of Modern Management: A Study of the Industrial Revolution in Great Britain,* London: Edward Arnold.

Poon, A. (1989) 'Competitive strategies for a "new tourism",' in C. Cooper (ed), *Progress in Tourism, Recreation and Hospitality Management,* Vol. 1, London: Belhaven.

Porritt, J. (1984) *Seeing Green: The Politics of Ecology Explained,* Oxford: Blackwell.

Porter, V. (1985) *On Cinema,* London: Pluto Press.

Porter, V. (1989) Interviewed at the Polytechnic of Central London, July.

Portes, A. and Bach, R. (1985) *Latin Journey: Cuban and Mexican Immigrants in the United States,* Berkeley, Calif.: University of California Press.

Portes, A. and Jensen, J. (1989) 'The enclave and the entrants: patterns of ethnic enterprise in Miami before and after Mariel,' *American Sociological Review,* 54: 929-49.

Poster, M. (1990) *The Mode of Information: Poststructuralism and Social Context,* Cambridge: Polity.

Pryke, M. (1991) 'An international city going "global": spatial change in the City of London,' *Environment and Planning D: Society and Space,* 9: 197-222.

Radley, A. (1990) 'Artefacts, memory and a sense of the past,' in D. Middleton and D. Edwards (eds), *Collective Remembering,* London: Sage.

Ramsay, H. (1991) 'The community, the multinational, its workers and their charter: a modern tale of industrial democracy,' *Work, Employment and Society,* 4: 541-66.

Ratcliffe, I. (1988) 'Race, class and residence: Afro-Caribbean households in Britain,' in M. Cross and H. Etzinger (eds), *Lost Illusions: Caribbean Minorities in Britain and the Netherlands,* London: Routledge.

Razin, E. (1988) 'Entrepreneurship among foreign immigrants in the Los Angeles and San Francisco metropolitan regions,' *Urban Geography,* 9: 283-301.

Relph, E. (1976) *Place and Placelessness,* London: Pion.（高野岳彦・石山美也子・阿部隆訳『場所の現象学――没場所性を超えて』筑摩書房，1999年）

Rex, J. and Moore, R. (1967) *Race, Community and Conflict: A Study of Sparkbrook,* Oxford: Oxford University Press.

Reynolds, B. (1989) *The Hundred Best Companies to work for in the UK,* London: Fontana/ Collins.

Reynolds, H. (1988) '"Leisure revolution": prime engineer of regional recovery,' *Daily Telegraph,* 2 December.

Riddle, D. (1986) *Service-Led Growth: The Role of the Service Sector in World Development,* New

York: Praeger.
Rifkin, J. (1987) *Time Wars: The Primary Conflict in Human History,* New York: Henry Holt.（松田銑訳『タイムウォーズ——時間意識の第四の革命』早川書房，1989 年）
Rights and Contract Manager (1989) Interview with the rights and contracts manager of a new, small, but high profile general publishing company, London, December.
Ritzer, G. (1992) *The McDonaldization of Society,* London: Sage.（正岡寛司監訳『マクドナルド化する社会』早稲田大学出版部，1999 年）
Robertson, R. (1990) 'Mapping the global condition: globalization as the central concept,' *Theory, Culture and Society,* 7: 15-30.
Robins. K. (1989a) 'Global times,' *Marxism Today,* December: 20-7.
Robins, K. (1989b) 'Reimagined communities? European image spaces beyond fordism,' *Cultural Studies,* 3: 150-62.
Rojek, C. (1993) *Ways of Escape: Modern Transformations in Leisure and Travel,* London: Macmillan.
Romeril, M. (1990) 'Tourism: the environmental dimension,' in C. Cooper (ed), *Progress in Tourism, Recreation and Hospitality Management,* Vol. 1, London: Belhaven.
Rootes, C. (1990) 'The future of the "new politics": a European perspective,' *Social Alternatives,* 8: 7-12.
Rorty, R. (1992) 'Cosmopolitanism without emancipation: a response to Lyotard,' in S. Lash and J. Friedman (eds), *Modernity and Identity,* Oxford: Blackwell.
Rose, H. (1980) 'Blacks and Cubans in metropolitan Miami's changing economy,' *Urban Geography,* 10: 464-86.
Ross, G. (1992) 'Confronting the New Europe,' *New Left Review,* 191: 49-68.
Roth, M. (1992) 'The time of nostalgia: medicine, history and normality in 19th-century France,' *Time and Society,* 2: 271-86.
Roy, D. (1990) 'Time and job satisfaction,' in J. Hassard (ed), *The Sociology of Time,* London: Macmillan.
Rüdig, W. (1986) 'Nuclear power: an international comparison of public protest in the USA, Great Britain, France and West Germany,' in R. Williams and S. Mills (eds), *Public Acceptance of New Technologies,* London: Croom Helm.
Saatchi & Saatchi (1987) *Annual Report and Accounts: Year ended 30 September 1987,* London: Saatchi & Saatchi.
Sabel, C. (1982) *Work and Politics: The Division of Labour in Industry,* Cambridge: Cambridge University Press.
Sabel, C. (1990) 'Skills without a place: the reorganization of the corporation and the experience of work,' paper for British Sociological Association Annual Conference, Guildford, Surrey, 2-5 April.
Sabel, C., Herrigel, G. et al (1987) 'Regional prosperities compared: Massachusetts and Baden-Württemberg in the 1980s,' discussion paper ILM-IIM, Wissenschaftszentrum, Berlin.
Sako, M. (1988) 'Neither markets nor hierarchies: a comparative study of the printed circuit board industry in Britain and Japan,' paper for Comparing Capitalist Economies: the Governance of Economic Sectors Colloquium, Madison, Wisconsin, May.
Sakson, A. (1991) 'Die neueren Wanderungsbewegungen polnischer Arbeitskräfte: eine Dokumentation,' *Prokla,* 83: 285-90.
Sarlvik, B. and Crewe, I. (1983) *Decade of Dealignment: The Conservative Victory of 1979 and Electoral Trends in the 1970s,* Cambridge: Cambridge University Press.
Sassen, S. (1988) *The Mobility of Labour and Capital: A Study in International Investment and Labor Flow,* Cambridge: Cambridge University Press.（森田桐郎ほか訳『労働と資本の国際移動——世界都市と移民労働者』岩波書店，1992 年）
Sassen, S. (1991) *The Global City: New York, London, Tokyo,* Princeton: Princeton University Press.
Savage, M., Barlow, J., Dickens, P. and Fielding, T. (1992) *Property, Bureaucracy and Culture:*

Middle-class Formation in Contemporary Britain, London: Routledge.

Saxenian, A. (1985) 'Silicon Valley and Route 128: regional prototypes or historical exceptions?,' in M. Castells (ed), *High Technology, Space and Society,* Beverly Hills, Calif.: Sage.

Saxenian, A. (1989) 'The Cheshire cat's grin: innovation, regional development and the Cambridge case,' *Economy and Society,* 18: 448-77.

Sayad, A. (1977) 'Les trois âges de l'immigration algériennes,' *Actes de la recherche en sciences sociales,* 15: 59-81.

Sayer, A. (1986) 'New developments in manufacturing: the just-in-time system,' *Capital and Class,* 30: 43-72.

Scaping, P. (1989) Interview with Peter Scaping, executive officer, British Phonographic Industry (trade association of record companies), London, 19 July.

Schivelbusch, W. (1980) *The Railway Journey: Trains and Travel in the Nineteenth Century,* Oxford: Blackwell.（加藤二郎訳『鉄道旅行の歴史――19世紀における空間と時間の工業化』法政大学出版局，1982年）

Schlegel, J. (1991) 'Introductory address: Das deutsche Bildungs-und Beschäftigungssystem,' Symposium, Deutsch-Japanisches-Zentrum, Berlin, 1-3 December.

Schmitter, P. (1979) 'Still the century of corporatism?' in P. Schmitter and G. Lehmbruch (eds), *Trends toward Corporatist Intermediation,* London: Sage.（山口定監訳『現代コーポラティズム 1――団体統合主義の政治とその理論』木鐸社，1984年）

Schmitter, P. (1981) 'Interest intermediation and regime governability in contemporary Western Europe and North America,' in S. Berger (ed), *Organizing Interests in Western Europe,* Cambridge: Cambridge University Press.

Schmitter, P. (1982) 'Reflections on where the theory of neo-corporatism has gone and where the praxis of neo-corporatism may be going,' in G. Lehmbruch and P. Schmitter (eds), *Patterns of Corporatist Policy-Making,* London: Sage.

Schmitter, P. (1988) 'Sectors in modern capitalism: modes of governance and variations in performance,' paper for Colloquium Comparing Capitalist Economies, Madison, Wisconsin, May.

Schneider, M. and Phelan, T. (1990) 'Blacks and jobs: never the twain shall meet?,' *Urban Affairs Quarterly,* 26: 299-312.

Schoeneberg, U. (1982) 'Bestimmungsgründe der Integration und Assimilation ausländischer Arbeitnehmer in der Bundesrepublik Deutschland und der Schweiz,' in H. J. Hoffmann-Nowotny and K. O. Honderich (eds), *Ausländer in der Bundesrepublik Deutschland und in der Schweiz,* Frankfurt: Campus.

Schwengel, H. (1991) 'British Enterprise Culture and German *Kulturgesellschaft,*' in R. Keat and N. Abercrombie (eds), *Enterprise Culture,* London: Routledge.

Scott, A. (1986) 'Industrial organization and location: division of labor, the firm and spatial process,' *Economic Geography,* 62: 215-31.

Scott, A. (1988a) *Metropolis: From the Division of Labor to Urban Form,* Berkeley, Calif.: University of California Press.（水岡不二雄監訳『メトロポリス――分業から都市形態へ』古今書院，1996年）

Scott, A. (1988b) *New Industrial Spaces: Flexible Production Organization and Regional Development in North America and Western Europe,* London: Pion.

Scott, J. and Griff, C. (1984) *Directors of Industry: The British Corporate Network, 1904-76,* Cambridge: Polity.（仲田正機・橋本輝彦監訳『大企業体制の支配構造――イギリス金融資本と取締役兼任』法律文化社，1987年）

Sengenberger, W. (1988) 'Flexibility in the labour market: internal versus external adjustments in international comparison,' paper for Structural and Technological Change on the Labour Market Conference, Wissenschaftszentrum, Berlin.

Senior Contract Manager (1989) Interview with a senior contract manager with 30 years' experience in a number of well-known publishing houses; now with long-established house

recently acquired by a US company, London, October.

Sennett, R. (1991) *The Conscience of the Eye: The Design and Social Life of Cities,* London: Faber & Faber.

Shapiro, D., Abercrombie, N., Lash, S. and Lury, C. (1992) 'Flexible specialization in the culture industries,' in H. Ernste and V. Meier (eds), *Regional Development and Contemporary Industrial Response,* London: Belhaven.

Sheard, P. (1989) 'The Japanese general trading company as an aspect of inter-firm risk sharing,' *Journal of the Japanese and International Economies,* 3: 308-22.

Shelp, R. (1982) *Beyond Industrialization: Ascendancy of the Global Service Economy,* New York: Praeger.（佐藤浩訳『サービス取引の自由化――ポスト工業化時代の課題』日本経済新聞社，1982年）

Shields, R. (1991a) *Places on the Margin: Alternative Geographies of Modernity,* London: Routledge.

Shields, R. (1991b) 'The individual, consumption cultures and the fate of community,' paper for British Sociological Association Conference, Manchester, April.

Shimokawa, K. (1986) 'Product and labour strategies in Japan,' in S. Tolliday and J. Zeitlin (eds), *Between Fordism and Flexibility: The Automobile Industry and Its Workers,* Oxford: Blackwell.

Silverstone, R., Hirsch, E. and Morley, D. (1990) 'Information and communication technologies and the moral economy of the household,' CRICT Discussion Paper, Brunel University, October.

Simmel, G. (1950) *The Sociology of Georg Simmel,* New York: Free Press.

Simmel, G. (1990) *Vom Wesen der Moderne: Essays zur Philosophie und Aesthetik,* Hamburg: Junius Verlag.

Sisson, K. (1987) *The Management of Collective Bargaining: An International Comparison,* Oxford: Blackwell.

Sklair, L. (1990) *Sociology of the Global System,* Hemel Hempstead: Harvester.（野沢慎司訳『グローバル・システムの社会学』玉川大学出版部，1995年）

Skocpol, T. (1991) 'Targeting within universalism: politically viable policies to combat poverty in the United States,' in C. Jencks and P. Peterson (eds), *The Urban Underclass,* Washington, DC: Brookings Institution.

Smart, J. (1963) *Philosophy and Scientific Realism,* London: Routledge.

Smith, A. (1984) 'Ethnic myths and ethnic revivals,' *European Journal of Sociology,* 25: 283-305.

Smith, A. (1986) *The Ethnic Origins of Nations,* Oxford: Blackwell.（巣山靖司ほか訳『ネイションとエスニシティ――歴史社会学的考察』名古屋大学出版会，1999年）

Smith. A. (1990) 'Towards a global culture?' *Theory, Culture and Society,* 7: 171-92.

Smith, S. (1989) Interview with Steve Smith, chief executive, British Record Retailers Trade Association and former producer, London, 19 July.

Smith, S. L., Dickson, K. and Smith, H. (1990) '"How was it for them?" High technology research collaboration and the constraints of "disorganized capitalism",' paper for British Sociological Association Annual Conference, Guildford, April.

Soja, E. (1989) *Postmodern Geographies,* London: Verso.（加藤政洋・水内俊雄・大城直樹・西部均・長尾謙吉訳『ポストモダン地理学――批判的社会理論における空間の位相』青土社，2003年）

Soja, E., Morales, R. and Wolff, G. (1983) 'Urban restructuring: an analysis of social and spatial change in Los Angeles,' *Economic Geography,* 59: 195-230.

Sontag, S. (1979) *On Photography,* Harmondsworth: Penguin.（近藤耕人訳『写真論』晶文社，1979年）

Sorge, A. (1991) 'Strategic fit and the societal effect: interpreting cross-national comparisons of technology, organization and human resources,' *Organization Studies,* 12: 161-90.

Sorge, A. and Streeck, W. (1988) 'Industrial relations and technical change: the case for an extended perspective,' in R. Hyman and W. Streeck (eds), *New Technology and Industrial*

Relations, Oxford: Blackwell.
Sorokin, P. (1937) *Social and Cultural Dynamics,* Vol. 2, New York: American Books.
Sorokin, P. and Merton, R. (1937) 'Social time: a methodological and functional analysis,' *American Journal of Sociology,* 42: 615-29.
Stanback, T. (1985) 'The changing fortunes of metropolitan economies,' in M. Castells (ed), *High Technology, Space and Society,* Beverly Hills, Calif.: Sage.
Stanley, C. (1992) 'Cultural contradictions in the legitimation of market practice: paradox in the regulation of the city,' in L. Budd and S. Whimster (eds), *Global Finance and Urban Living,* London: Routledge.
Stinchcombe, A. (1959) 'Bureaucratic and craft administration of production: a comparative study,' *Administrative Science Quarterly,* 4: 168-87.
Stölting, E. (1991) 'Festung Europa: Grenzziehungen in der Ost-West-Migration,' *Prokla,* 83: 249-63.
Storper, M. and Harrison, B. (1990) 'Flexibility, hierarchy and regional development: the changing structure of industrial production systems and their forms of governance,' discussion paper, D902, School of Architecture and Urban Planning, UCLA, Los Angeles.
Storper, M. and Walker, R. (1989) *The Capitalist Imperative,* Oxford: Blackwell.
Strange, S. (1986) *Casino Capitalism,* Oxford: Blackwell.（小林襄治訳『カジノ資本主義』岩波書店，2007年）
Strange, S. (1988) *States and Markets,* London: Pinter.（西川潤・佐藤元彦訳『国際政治経済学入門——国家と市場』東洋経済新報社，1994年）
Strathern, M. (1992) *After Nature: English Kinship in the Late Twentieth Century,* Cambridge: Cambridge University Press.
Streeck, W. (1982) 'Organizational consequences of neo-corporatist cooperation in West German labor unions,' in G. Lehmbruch and P. Schmitter (eds), *Patterns of Corporatist Policy-Making,* London: Sage.

Streeck, W. (1989) 'Skills and the limits of neoliberalism: the enterprise of the future as a place of learning,' *Work, Employment and Society,* 3: 89-104.
Streeck, W., Hilbert, J., van Keyelaer, K., Maier, F. and Weber, H. (1987a) *The Role of the Social Partners in Vocational Training and Further Training in the Federal Republic of Germany,* Berlin: Labour Market and Employment Unit.
Streeck, W., Hilbert, J., van Kevelaer, K., Maier, F. and Weber, H. (1987b) *Steuerung und Regulierung der beruflichen Bildung: die Rolle der Sozialpartner in der Ausbildung und beruflichen Weiterbildung in der Bundesrepublik Deutschland,* Berlin: Sigma.
Stubbs, R. (1989) Interview with Roger Stubbs, senior marketing executive of EMI Records, London, 14 July.
Suzuki, Y. (ed), (1987) *The Japanese Financial System,* Oxford: Clarendon.
Takagayi, S. (1988) 'Recent developments in Japan's bond and money markets,' *Journal of the Japanese and International Economies,* 2: 63-91.
Taylor, C. (1989) *Sources of the Self: The Making of the Modern Identity,* Cambridge: Harvard University Press.（下川潔・桜井徹・田中智彦訳『自我の源泉——近代的アイデンティティの形成』名古屋大学出版会，2010年）
Tenbrock, F. (1991a) 'Eine Chance für America,' *Die Zeit,* 43 (18 October): 39-40.
Tenbrock, F. (1991b) 'Jenseits von Schwarz und Weiss,' *Die Zeit,* 42 (11 October): 41-2.
Thompson, E. (1967) 'Time, work-discipline and industrial capitalism,' *Past and Present,* 36: 57-97.
Thompson, J. (1990) *Ideology and Modern Culture: Critical Social Theory in the Era of Mass Communication,* Cambridge: Polity.
Thompson, P. (1988) *The Voice of the Past: Oral History,* Oxford: Oxford University Press.（酒井順子訳『記憶から歴史へ——オーラル・ヒストリーの世界』青木書店，2002年）
Thrift, N. (1985) 'Files and germs: a geography of knowledge,' in D. Gregory and J. Urry (eds), *Social Relations and Spatial Structures,* London: Macmillan.

Thrift, N. (1990a) 'The making of a capitalist time consciousness,' in J. Hassard (ed), *The Sociology of Time,* London: Palgrave Macmillan.

Thrift, N. (1990b) 'Transport and communication 1730-1914,' in R. Dodgshon and R. Butlin (eds), *An Historical Geography of England and Wales,* 2nd edition, London: Academic Press.

Thrift, N. and Leyshon, A. (1992) 'In the wake of money: the City of London and the accumulation of value,' in L. Budd and S. Whimster (eds), *Global Finance and Urban Living,* London: Routledge.

Toffler, A. (1970) *Future Shock,* New York: Random House.（徳山二郎訳『未来の衝撃』中央公論社，1982 年）

Touraine, A. (1974) *The Post-Industrial Society,* New York: Wildwood.（西川潤訳『脱工業化の社会』河出書房新社，1970 年）

Towner, J. (1985) 'The Grand Tour: a key phase in the history of tourism,' *Annals of Tourism Research,* 12(3): 297-333.

Townsend, P., Corrigan, P. and Kowarzik, U. (1987) *Poverty and Labour in London,* London: Low Pay Unit.

Travel Alberta (undated) *West Edmonton Mall,* Edmonton: Alberta Tourism.

Traxler, F. and Unger, B. (1989) 'Industry or infrastructure? A cross-national comparison of governance, its determinants and economic consequences in the dairy industry,' paper for Comparing Capitalist Economies Conference, Bellagio, Italy, May-June.

Tremblay, P. (1990) 'The corporate structure of multinational enterprises in tourism: transaction costs and information,' paper for World Congress of Sociology, Madrid, August.

Turner, V. (1969) *The Ritual Process: Structure and Anti-structure,* London: Allen Lane.（富倉光雄訳『儀礼の過程』思索社，1976 年）

Uekusa, M. (1987) 'Industrial organization: the 1970s to the present,' in K. Yamamura and Y. Yasuba (eds), *Political Economy of Japan,* Stanford, Calif.: Stanford University Press.

Urry, J. (1985) 'Social relations, space and time,' in D. Gregory and J. Urry (eds), *Social Relations and Spatial Structures,* London: Macmillan.

Urry, J. (1987) 'Some social and spatial aspects of services,' *Society and Space,* 5: 5-26.

Urry, J. (1990a) 'Conclusion: places and policies,' in M. Harloe, C. Pickvance, J. Urry (eds), *Place, Policy and Politics,* London: Unwin Hyman.

Urry. J. (1990b) 'Lancaster: small firms, tourism and the "locality",' in M. Harloe, C. Pickvance, J. Urry (eds), *Place, Policy, and Politics,* London: Unwin Hyman.

Urry, J. (1990c) *The Tourist Gaze,* London: Sage.（加太宏邦訳『観光のまなざし——現代社会におけるレジャーと旅行』法政大学出版局，1995 年）

Urry, J. (1991) 'Time and space in Giddens' social theory: a critical appreciation,' in C. Bryant and D. Jary (eds), *Giddens' Theory of Structuration,* London: Routledge.

Urry, J. (1992) 'The tourist gaze and the "environment",' *Theory, Culture and Society,* 9: 1-26.

Veblen, T. (1953) *The Theory of the Leisure Class: An Economic Study of Institutions,* New York: Mentor.（小原敬士訳『有閑階級の理論』岩波書店，1961 年）

Vergo, P. (ed), (1989) *The New Museology,* London: Reaktion.

Virilio, P. (1986) *Speed and Politics: An Essay on Dromology,* New York: Semiotext.（市田良彦訳『速度と政治——地政学から時政学へ』平凡社，2001 年）

Wacquant, L. (1989) 'The ghetto, the state and the new capitalist economy,' *Dissent,* Fall: 508-20.

Wacquant, L. (1991) 'From "black metropolis" to "hyper-ghetto": race, state and economy in the transformation of the black ghetto in the post-fordist era,' paper for Poverty, Immigration and Urban Marginality in the Advanced Societies Working Conference, Paris, 10-11 May.

Walby, S. (1990) *Theorizing Patriarchy,* Oxford: Blackwell.

Walby, S. (1992) 'Woman and nation,' *International Journal of Comparative Sociology,* 33: 81-100.

Walby, S., Greenwell, J., Mackay, L. and Soothill, K. (1994) *Medicine and Nursing: Professions*

in a Changing Health Service, London: Sage.
Waldinger, R. (1986-7) ‘Changing ladders and musical chairs: ethnicity and opportunity in post-industrial New York,’ *Politics and Society,* 15: 369-401.
Waldinger, R. (1989) ‘Immigration and urban change,’ *Annual Review of Sociology,* 15: 211-32.
Walker, R. (1985) ‘Is there a service economy? The changing capitalist division of labor,’ *Science and Society,* 49: 42-83.
Walker, R. (1988) ‘The geographical organization of production-systems,’ *Environment and Planning D: Society and Space,* 6: 377-408.
Wallerstein, I. (1990) ‘Culture as the ideological battleground of the modern world-system,’ *Theory, Culture and Society,* 7: 31-55.
Walton, J. (1978) *The Blackpool Landlady: A Social History,* Manchester: Manchester University Press.
Walton, J. (1981) ‘The demand for working-class seaside holidays in Victorian England,’ *Economic History Review,* 34: 249-65.
Walton, J. (1983) *The English Seaside Resort: A Social History, 1750-1914,* Leicester: Leicester University Press.
Walton, J. (1990) ‘Afterword: Mass Observation’s Blackpool and some alternatives,’ in G. Cross (ed), *Worktowners at Blackpool: Mass-Observation and Popular Leisure in the 1930s,* London: Routledge.
Walvin, J. (1978) *Beside the Seaside: A Social History of the Popular Seaside Holiday,* London: Allen Lane.
Ward, C. and Hardy, D. (1986) *Goodnight Campers! The History of the British Holiday Camp,* London: Mansell.
Ward, R. and Cross, M. (1991) ‘Race, employment and economic change,’ in P. Brown and R. Scase (eds), *Poor Work: Disadvantage and the Division of Labour,* Milton Keynes: Open University Press.

Warren, P. (1989) Interview with Peter Warren of J. Walter Thompson Advertising Agency, London, 20 August.
Watkins, D. (1984) *Grand Hotel: The Golden Age of Palace Hotels, an Architectural and Social History,* London: Dent.
Watts, M. (1992) ‘Space for everything (a commentary),’ *Cultural Anthropology,* 7: 115-29.
Weber, M. (1930) *The Protestant Ethic and the Spirit of Capitalism,* London: Unwin Hyman. (大塚久雄訳『プロテスタンティズムの倫理と資本主義の精神』岩波書店，1989 年)
Weber, M. (1972) *Wirtschaft und Gesellschaft: Grundriss der verstehenden Soziologie, Studienausgabe, besorgt von J. Winckelmann,* Tübingen: Mohr (Paul Siebeck).
Webster, F. and Robins, K. (1989) ‘Plan and control: towards a cultural history of the information society,’ *Theory and Society,* 18: 323-51.
Weir, M. (1992) *Politics and Jobs: The Boundaries of Employment Policy in the United States,* Princeton, NJ: Princeton University Press.
Weiss, J. (1987) ‘On the irreversibility of Western rationalization and Max Weber’s alleged fatalism,’ in S. Whimster and S. Lash (eds), *Max Weber: Rationality and Modernity,* London: Allen & Unwin.
Wenders, W. (1991) ‘Inflation der Bilder,’ *Tip,* 19/91 (12-25 September): 26-31.
Whiteley, N. (1987) *Pop Design: Modernism to Mod,* London: Design Council.
Whitley, R. (1990) ‘Eastern Asian enterprise structures and the comparative analysis of forms of business organization,’ *Organization Studies,* 11: 47-74.
Whitley, R. (1991) ‘The social construction of business systems in east Asia,’ *Organization Studies,* 12: 1-28.
Whyte, W. (1948) *Human Relations in the Restaurant Industry,* New York: McGraw-Hill.
Wieworka, J. (1991) ‘Popular and political racism in Europe: unity and diversity,’ paper for British Sociological Association Annual Conference, Kent University, Canterbury, April.
Williams, K., Williams, J., Haslam, C. and Wardlow, A. (1989) ‘Facing up to manufacturing

failure,' in P. Hirst, and J. Zeitlin (eds), *Reversing Industrial Decline?: Industrial Structure and Policy in Britain and Her Competitors,* Oxford: Berg.
Williams, R. (1983) *Towards 2000,* London: Chatto & Windus.
Williamson, O. (1975) *Markets and Hierarchies: Analysis and Antitrust Implications,* New York: Free Press.（浅沼萬里・岩崎晃訳『市場と企業組織』日本評論社，1980 年）
Williamson. O. (1985) *The Economic Institutions of Capitalism,* New York: Free Press.
Willis, P. (1977) *Learning to Labour: How Working Class Kids Get Working-Class Jobs,* Aldershot: Gower.（熊沢誠・山田潤訳『ハマータウンの野郎ども――学校への反抗・労働への順応』筑摩書房，1985 年）
Wilpert, C. (1991) 'Migration and ethnicity in a non-immigration country: foreigners in a united Germany,' *New Community,* 18: 49-62.
Wilson, A. (1992) *The Culture of Nature: North American Landscape from Disney to the Exxon Valdez,* Oxford: Blackwell.
Wilson, E. (1992) 'The invisible flâneur,' *New Left Review,* 191: 90-110.
Wilson. W. J. (1978) *The Declining Significance of Race: Blacks and Changing American Institutions,* Chicago: University of Chicago Press.
Wilson, W. J. (1987) *The Truly Disadvantaged: The Inner City, the Underclass and Public Policy,* Chicago: University of Chicago Press.（平川茂・牛草英晴訳『アメリカのアンダークラス――本当に不利な立場に置かれた人々明石書店，1999 年）
Wilson, W. J. (1991a) 'Public policy research and "The Truly Disadvantaged",' in C. Jencks and P. Peterson (eds), *The Urban Underclass,* Washington, DC: Brookings Institution.
Wilson, W. J. (1991b) 'Studying inner-city social dislocations: the challenge of public agenda research,' *American Sociological Review,* 56: 1-14.
Wolch, J. (1991) 'Urban homelessness: an agenda for research,' *Urban Geography,* 12: 99-104.
Wood, M. (1974) 'Nostalgia or never: you can't go home again,' *New Society,* 7 November: 343-6.
Wood, S. (1989a) 'The Japanese management model: tacit skills in shop floor participation,' *Work and Occupations,* 16: 446-60.
Wood, S. (1989b) 'The transformation of work?,' in S. Wood (ed), *The Transformation of Work?: Skill, Flexibility and the Labour Process,* London: Unwin Hyman.
Wood, S. (1991) Untitled mimeo on work organization in Japan, London School of Economics, London.
Wordsworth, W. (1951) *A Guide through the District of the Lakes,* London: Hart-Davis.（小田友弥訳『湖水地方案内』法政大学出版局，2010 年）
Wouters, C. (1989) 'The sociology of emotions and flight attendants: Hochschild's *Managed Heart,*' *Theory, Culture and Society,* 6: 95-123.
Wriston, W. (1992) 'The twilight of sovereignty,' *Royal Society of Arts Journal,* 140 (August-September): 167-77.
Yearley, S. (1991) *The Green Case: A Sociology of Environmental Issues, Arguments and Politics,* London: Harper Collins.
Zolberg, A. (1990) 'Stranger encounters,' in I. Simon-Barrouh and P-J. Simon (eds), *Les étrangers dans la ville: Le regard des sciences sociales,* Paris: L'Harmattan.
Zukin, S. (1988) *Loft Living: Culture and Capital in Urban Change,* London: Radius.
Zukin, S. (1992a) 'Postmodern urban landscapes: mapping culture and power,' in S. Lash and J. Friedman (eds), *Modernity and Identity,* Oxford: Blackwell.
Zukin, S. (1992b) 'The city as a landscape of power: London and New York as global financial capitals,' in L. Budd and S. Whimster (eds), *Global Finance and Urban Living,* London: Routledge.